Boller
Hartmann

Volkswirtschaftslehre

kompetenzorientiert

zur Fachhochschulreife

Merkur
Verlag Rinteln

Wirtschaftswissenschaftliche Bücherei für Schule und Praxis
Begründet von Handelsschul-Direktor Dipl.-Hdl. Friedrich Hutkap †

Verfasser:
Dr. Eberhard Boller, Dipl.-Hdl., Siegen
Gernot B. Hartmann, Dipl.-Hdl., Emmendingen

Umschlagfotos:
Fotolia 33064312 XL – © pizuttipics – Fotolia.com.jpg (kleines Bild unten)
Fotolia 42575657 XL – © Andres Rodriguez – Fotolia.com.jpg (großes Bild)
Seite 42: www.colourbox.de

* * * * *

3. Auflage 2017

Gesamtherstellung:
MERKUR VERLAG RINTELN Hutkap GmbH & Co. KG, 31735 Rinteln
E-Mail: info@merkur-verlag.de
lehrer-service@merkur-verlag.de
Internet: www.merkur-verlag.de

ISBN 978-3-8120-**0619-4**

Vorwort

Dieses Lehrbuch richtet sich nach dem **Bildungsplan für die Höhere Berufsfachschule, Bereich Wirtschaft und Verwaltung, Volkwirtschaftslehre** in Nordrhein-Westfalen vom 3. Juni 2013.

Das **vorliegende Lehrbuch** verfolgt stringent die im Bildungsplan ausdrücklich aufgeführte Kompetenzentwicklung im Fach **Volkswirtschaftslehre,** welche insbesondere auf den Erwerb einer umfassenden **Handlungskompetenz** im Fachbereich Wirtschaft und Verwaltung abstellt.

Ziel des Fachs Volkswirtschaftslehre gemäß Bildungsplan ist es, die Schülerinnen und Schüler zur Wahrnehmung und Analyse von gesamtwirtschaftlichen Prozessen zu befähigen, **individuelle Handlungsfähigkeit** in verantwortlicher Stelle zu entwickeln und die **kritische Reflexion** gesamtwirtschaftlicher Zusammenhänge im Berufsfeld „Wirtschaft und Verwaltung" zu ermöglichen. Zugleich sollen die Absolventinnen und Absolventen auf künftiges Handeln als **mündige Akteure des Wirtschaftslebens** vorbereitet werden und die Fähigkeit zur **kritischen Partizipation** erwerben.

Das **Hauptaugenmerk der Verfasser** dieses Buches lag auf einer **breiten Entwicklung von Kompetenzen,** die zur **Bewältigung von ökonomischer Komplexität moderner Gesellschaften** notwendig sind. Vielfältige Aufgabenstellungen zur Entscheidungsfindung und Handlungsvorbereitung kommen in den **zunehmend komplexeren Anforderungssituationen** zum Einsatz. So werden umfassende Kompetenzen zum **ganzheitlichen Handeln** entwickelt und **vernetztes Denken** und **Kooperationsfähigkeit** geübt. Daraus resultiert eine belastbare **Wirtschaftskompetenz** zur Übernahme von Verantwortung im privaten, beruflichen und öffentlichen Leben, die dazu beiträgt, den unterschiedlichen Anforderungen einer menschenwürdigen und Ressourcen angemessenen Gestaltung von Gesellschaft, Ökonomie und Ökologie gerecht zu werden.

Für die Arbeit mit diesem Lehrbuch möchten wir auf Folgendes hinweisen:

- Das Lehrbuch orientiert sich **exakt** an den im Bildungsplan für die jeweiligen **Handlungsfelder aufgeführten Zielformulierungen.**
- Das Lehrbuch ist genauestens nach den im Bildungsplan aufgeführten **Handlungsfeldern** und Anforderungssituationen aufgebaut. Dabei beschreiben die jeweils zu Beginn formulierten **Anforderungssituationen** – wie im Bildungsplan gefordert – berufliche, fachliche und öffentliche/gesellschaftliche und/oder persönliche **Problemstellungen,** in denen sich Absolventinnen und Absolventen bewähren müssen.
- Jede Anforderungssituation enthält zudem am Ende **konkrete kompetenzfördernde Arbeitsaufträge,** welche auf die Zielformulierungen des Lehrplans abstellen und entsprechend der jeweiligen Anforderungssituation in einem **situativen Kontext** eingefügt sind. Zu diesen an den Zielformulierungen orientierten Arbeitsaufträgen finden sich im **Lösungsbuch** für Lehrkräfte entsprechend ausführliche **„Lösungshorizonte".**
- Die **formulierten Anforderungssituationen** erlauben den Schülerinnen und Schülern ausgehend von **persönlicher und empathischer Betroffenheit** eigene Maßstäbe zu reflektieren. Die **subjektive Beurteilung** von gesellschaftlichen und wirtschaftlichen Problemen führt zudem zur **Auseinandersetzung mit kontroversen volkswirtschaftlichen Positionen.**

- Die oft sehr theoretischen Inhalte der Volkswirtschaftlehre wurden zum besseren Verständnis und zur Veranschaulichung bewusst mit **vielfältigen Beispielen** aus der **Lebens- und Erfahrungswelt** der Schülerinnen und Schüler unterlegt.
- Am **Ende eines jeden Kapitels** findet sich ein **umfangreiches Kompetenztraining.** Dieses beinhaltet im Wesentlichen **komplexe und realitätsnahe Problemstellungen** unter Berücksichtigung der **Erfahrungswelt** der Lernenden. Das Kompetenztraining dient in erster Linie dem **selbstgesteuerten Lernen** und einer **aktiven Beteiligung** der Lernenden. Im Zentrum steht dabei die Förderung des Einsatzes von **erworbenem Wissen,** nicht zuletzt, um eine **reflektierte Vertiefung** und **Erweiterung** bisheriger **Lernprozesse** zu ermöglichen.
- Von den Autoren wurde bewusst darauf geachtet, dass die im Bildungsplan aufgeführten Kompetenzen inhaltlich **vollständig und umfassend** thematisiert werden, sodass außerhalb des Lehrbuches **keine zusätzlichen Materialien** erforderlich sind. Dabei bleibt den **Lehrkräften** genügend **didaktischer Freiraum, eigene Schwerpunkte** oder **regionale Besonderheiten** zu berücksichtigen.
- Zahlreiche Abbildungen, aktuelle Schaubilder, Begriffsschemata und Gegenüberstellungen erhöhen **die Anschaulichkeit und Einprägsamkeit** der Informationen.
- Mit dem Einsatz von **Icons, Bildern** und **Farbe** verfolgen wir zwei Ziele: Zum einen möchten wir die vorhandene **didaktische Struktur** des Lehrbuchs (Anforderungssituation, Merksätze, Kompetenztraining) noch „augenscheinlicher" machen; zum anderen denken wir, dass Farbe und Bilder – sinnvoll eingesetzt – die Lust auf das Erlernen volkswirtschaftlicher Inhalte und damit auch den **Lernerfolg** steigern kann.
- Ein **ausführliches Stichwortverzeichnis** hilft Ihnen dabei, Begriffe und Erläuterungen schnell aufzuführen.

Wir hoffen, mit der Vorlage dieses Buches die erforderlichen Unterrichthilfen zur Erreichung der gemäß Bildungsplan angestrebten Kompetenzen geben zu können. Für jede Art von Anregungen und Verbesserungsvorschlägen danken wir allen Benutzern im Voraus.

Wir wünschen Ihnen einen **guten Lehr- und Lernerfolg!**

Die Verfasser

Inhaltsverzeichnis

Handlungsfeld 1: Unternehmensstrategie und Management

Anforderungssituation 1.1
Verhalten, Entscheiden und Handeln in einer Volkswirtschaft 13

1 **Wirtschaftssubjekte im volkswirtschaftlichen Umfeld** 15
1.1 Wirtschaftsteilnehmer Haushalt, Unternehmen und Staat 15
1.2 Ökonomische Modelle 15
1.3 Wirtschaftssektoren in Deutschland 17
1.4 Konsumverhalten der Menschen 18
1.4.1 Problemstellung 18
1.4.2 Erklärungsansätze zum Konsumverhalten 19
1.4.3 Veränderung der Konsumwünsche 21
1.4.4 Fehlentwicklungen im Konsumverhalten 21

2 **Entstehung von Nachfrage** 24
2.1 Begriff und Arten der Bedürfnisse 24
2.2 Bedarf 26
2.3 Nachfrage 27

Anforderungssituation 1.2
Problem der Knappheit und Handlungsansätze zum Umgang mit diesem Phänomen 29

3 **Bedürfnisse und Güter** 30
3.1 Begriff Güter 30
3.2 Arten der Güter 30

4 **Problem der Knappheit von Gütern** 33
4.1 Notwendigkeit des wirtschaftlichen Handelns 33
4.2 Ökonomisches Prinzip 35
4.3 Anwendungsbeispiele für das wirtschaftliche Prinzip 36
4.4 Nutzentheorie 37
4.4.1 Begrifflichkeit 37
4.4.2 Erstes Gossen'sches Gesetz 38
4.4.3 Zweites Gossen'sches Gesetz 40
4.5 Kritische Betrachtung des ökonomischen Prinzips 41
4.5.1 Homo oeconomicus und menschliches Verhalten in der Realität 41
4.5.2 Verantwortungsvoller Umgang mit der Knappheit natürlicher Ressourcen 43

Anforderungssituation 1.3
Relevanz, Entwicklung und Funktion des Geldes einschließlich der Problemstellungen wie „Geldillusion" und „Verschuldung" 47

5 **Relevanz des Geldes für das Funktionieren einer Volkswirtschaft** 48
5.1 Begriff Arbeitsteilung 48
5.2 Volkswirtschaftliche Arbeitsteilung 48
5.3 Geldwirtschaft als logische Folge der Arbeitsteilung 50
5.3.1 Entstehung, Arten und Funktionen des Geldes 50
5.3.1.1 Geschichtliche Entwicklung des Geldes und der Geldarten 50
5.3.1.2 Geldmengenbegriffe der Europäischen Zentralbank 56
5.3.1.3 Währung und Währungsarten 57
5.3.2 Funktionen (Aufgaben) des Geldes 58

6 **Ermittlung, Vergleich und Bewertung von Preisniveauveränderungen** 60
6.1 Verbraucherpreisindex zur Ermittlung von Preisniveauveränderungen 60
6.2 Harmonisierter Verbraucherpreisindex (HVPI) 62

6.3 Kritik am Verfahren zur Messung von Preisniveauänderungen 63
6.4 Problem der Geldillusion dargestellt am Beispiel der Lohnentwicklung 63

7 Verschuldung der Konsumenten 68
7.1 Gründe für den privaten Schuldenberg 68
7.2 Mögliche Auswege aus der Schuldenfalle 68
7.2.1 Schuldnerberatung 68
7.2.2 Budgetplanung im privaten Haushalt 69
7.2.3 Verbraucherinsolvenz (Privatinsolvenz) 70

Anforderungssituation 1.4
Einfache und komplexe Wirtschaftskreisläufe als Modellvorstellung vom Funktionieren einer Volkswirtschaft 73

8 Einfache und komplexe Wirtschaftskreisläufe 74
8.1 Erklärungsfähigkeit von ökonomischen Modellen und ihre Grenzen 74
8.2 Einfacher Wirtschaftskreislauf 75
8.3 Erweiterter Wirtschaftskreislauf 76
8.4 Vollständiger Wirtschaftskreislauf 77
8.5 Gegenseitige Abhängigkeit der Wirtschaftssektoren 79

Handlungsfeld 2: Beschaffung

Anforderungssituation 2.1
Entstehung, Entwicklung und Funktionsweise von Märkten 83

1 Bestimmungsgrößen der Nachfrage und Auswirkungen bei deren Änderung 84

2 Bestimmungsgrößen des Angebots und Auswirkungen bei dessen Änderung 92

3 Markt als Ort der Preisbildung 100
3.1 Begriff Markt 100
3.2 Marktarten 101
3.3 Preisbildung auf dem vollkommenen Polypolmarkt 103
3.3.1 Bildung des Gleichgewichtspreises 103
3.3.2 Voraussetzungen des vollkommenen Marktes 107
3.3.3 Wechselwirkungen zwischen Angebot, Nachfrage und Preis 108
3.3.4 Bedeutung der Preisgesetze 109
3.4 Funktionen des Preises im Modell des vollkommenen polypolistischen Marktes 110

Anforderungssituation 2.2
Die Bedeutung des internationalen Handels unter Berücksichtigung unterschiedlicher Währungen 115

4 Bedeutung des Außenhandels für eine Volkswirtschaft 116
4.1 Gründe für die internationale Arbeitsteilung 116
4.2 Risiken der internationalen Arbeitsteilung 118

5 Verschiedene Wechselkursmechanismen – Chancen und Risiken von Wechselkursschwankungen 122
5.1 Außenwert des Geldes 122
5.2 Bestimmungsfaktoren der Wechselkurse 123
5.3 Verschiedene Wechselkursmechanismen 128
5.3.1 Freie Wechselkurse (Floating) 128
5.3.2 Relativ feste (stabile) Wechselkurse 129
5.3.3 System absolut fester Wechselkurse 132
5.3.4 Zusammenfassender Überblick über internationale Währungsordnungen 132

Handlungsfeld 3: Leistungserstellung

Anforderungssituation 3.1
Funktion und Tragweite der einzelnen Produktionsfaktoren sowie deren Möglichkeiten zur effizienten Kombination ... 135

1	**Produktionsfaktoren Boden (Umwelt), Arbeit (Bildung) und Kapital**	136
1.1	Begriff Produktionsfaktoren	136
1.2	Produktionsfaktor Boden (Umwelt)	136
1.2.1	Natürliche Ausstattung eines Landes	136
1.2.2	Leistungen des Produktionsfaktors Boden (Umwelt)	138
1.2.3	Ökologische Folgen durch die Nutzung der Natur als öffentliches Gut	139
1.2.4	Nachhaltigkeit des Wirtschaftens	140
1.3	Produktionsfaktor Arbeit (Bildung)	141
1.4	Produktionsfaktor Kapital	143
1.4.1	Begriff Kapital und die Kapitalbildung	143
1.4.2	Kapitalbildung und Investition	144
2	**Kombination der Produktionsfaktoren**	149
2.1	Begriffsklärungen	149
2.1.1	Produktion	149
2.1.2	Betriebs- und volkswirtschaftliche Kostenbegriffe	149
2.2	Produktionspotenzial und Transformationskurve	151
2.2.1	Produktionspotenzial	151
2.2.2	Transformationskurve	151
2.3	Optimale Allokation der Produktionsfaktoren	154
2.4	Kostengünstigste Kombination der Produktionsfaktoren (Minimalkostenkombination)	155
2.4.1	Begriff Minimalkostenkombination	155
2.4.2	Produktion als Kombinations- und Substitutionsprozess	155
2.5	Ökonomische und soziale Folgen einer Faktorsubstitution	157

Anforderungssituation 3.2
Die Ermittlung des Bruttoinlandsprodukts als ein quantitatives Konzept zur Wohlstandsmessung ... 160

3	**Berechnung und kritische Würdigung des Bruttoinlandsprodukts als Wohlstandsindikator**	162
3.1	Begriff des Wirtschaftswachstums	162
3.2	Bruttoinlandsprodukt (BIP) und Bruttonationaleinkommen (BNE)	163
3.3	Entstehung und Verwendung des Bruttoinlandsprodukts und die Verteilung des Volkseinkommens	164
3.3.1	Entstehungsrechnung	165
3.3.2	Verwendungsrechnung	166
3.3.3	Verteilungsrechnung	166
3.4	Kritik am Modell des BIP als Wohlstandsindikator	168
3.5	Alternative Wohlstandsindikatoren	169
3.5.1	Net Economic Welfare (NEW)	169
3.5.2	Human Development Index (HDI)	171

Anforderungssituation 3.3
Analyse wirtschaftspolitischer Rahmenbedingungen zur Optimierung strategischer Unternehmensentscheidungen ... 175

4	**Analyse wirtschaftspolitischer Rahmenbedingungen**	176
4.1	Begriff und Ziele der Wirtschaftspolitik	176
4.1.1	Begriff der Wirtschaftspolitik	176
4.1.2	Wirtschaftspolitische Ziele und ihre Zielbeziehungen	177

4.1.2.1 Ziele des Stabilitätsgesetzes sowie deren Messgrößen und Zielerreichungsgrade 177
4.1.2.2 Sozial verträgliche Einkommens- und Vermögensverteilung 183
4.1.2.3 Erhaltung der natürlichen Lebensgrundlagen 183

5 Wirtschaftsschwankungen als Konjunkturzyklus 184
5.1 Phasen des Konjunkturzyklus 184
5.2 Ursachen für Wirtschaftsschwankungen 187

Handlungsfeld 4: Absatz

Anforderungssituation 4.1
Preisbildungsprozesse auf unterschiedlichen Märkten und deren Auswirkungen auf den Wettbewerb 191

1 Preisbildung des vollkommenen Angebotsmonopols und des vollkommenen Angebotsoligopols 192
1.1 Preisbildung des vollkommenen Angebotsmonopols 192
1.1.1 Grundlagen 192
1.1.2 Preis-Absatz-Kurve des Monopolisten 193
1.1.3 Monopolistische Mengenpolitik 194
1.1.4 Monopolistische Preispolitik 194
1.2 Preisbildung des vollkommenen Angebotsoligopols 196
1.2.1 Preisbildung bei kooperativem Verhalten 197
1.2.2 Preisbildung bei nicht kooperativem Verhalten 197

2 Preisbildung auf unvollkommenen Märkten 201
2.1 Preisbildung auf dem unvollkommenen Polypolmarkt 201
2.2 Preisbildung des unvollkommenen Angebotsmonopols 202
2.3 Preisbildung auf dem unvollkommenen Oligopolmarkt 203
2.4 Marktformen und Marktmacht 204

3 Chancen und Risiken von Kooperation und Konzentration für das Marktgeschehen 207
3.1 Individual- und Kollektivmonopole 207
3.2 Ursachen der Konzentration 207
3.3 Ziele der Konzentration 208
3.4 Arten der Konzentration durch Unternehmenszusammenschlüsse 209

4 Notwendigkeit und Auswirkungen einer Wettbewerbskontrolle 210
4.1 Grundlagen der Wettbewerbspolitik 210
4.2 Kartellkontrolle 210
4.3 Missbrauchsaufsicht 212
4.4 Fusionskontrolle (Zusammenschlusskontrolle) 214

Anforderungssituation 4.2
Veränderungen des Preisniveaus unter besonderer Berücksichtigung der Auswirkungen auf das Verhalten der Wirtschaftssubjekte und der Stellenwert des Euro im weltwirtschaftlichen Kontext 216

5 Preisniveauänderungen durch Inflation und Deflation sowie deren Auswirkungen für die Volkswirtschaft 217
5.1 Inflation 217
5.1.1 Begriff Inflation 217
5.1.2 Arten und Ursachen der Inflation 219
5.1.3 Ursachen der Inflation (Inflationstheorien) 221
5.1.4 Wirkungen der Inflation 224
5.2 Deflation 226
5.2.1 Begriff Deflation 226
5.2.2 Arten der Deflation 226
5.2.3 Ursachen der Deflation 227
5.2.4 Wirkungen der Deflation 227

5.3 Zusammenhänge von Binnenwert und Außenwert des Euro 228
6 Stellenwert des Euro im weltwirtschaftlichen Kontext 229
6.1 Grundlegendes 229
6.2 Die Eurokrise 231

Anforderungssituation 4.3
Der Stellenwert des Außenhandels für die deutsche Volkswirtschaft: Absatzmöglichkeiten auf internationalen Märkten einer globalisierten Welt 237
7 Der Stellenwert des Außenhandels für die deutsche Volkswirtschaft 238
8 Geschichtlicher und aktueller Hintergrund der EU 240
8.1 Integrationsstufen der Europäischen Union (EU) 240
8.2 Organe der Europäischen Union (EU) 242
8.3 Stellenwert der Europäischen Union (EU) 244
9 Effekte und Herausforderungen der Globalisierung 247
9.1 Begriff und Elemente der Globalisierung 247
9.2 Verflechtung des internationalen Handels 247
9.3 Chancen und Risiken der Globalisierung 249
10 Ursachen und Wirkungen von Ungleichgewichten im Außenhandel 252
10.1 Begriff der Zahlungsbilanz 252
10.2 Gliederung der Zahlungsbilanz 252
10.3 Zahlungsbilanzungleichgewichte 254
10.3.1 Ursachen für Zahlungsbilanzungleichgewichte 254
10.3.2 Folgen von Zahlungsbilanzungleichgewichten 255
10.3.3 Maßnahmen zur Beeinflussung des Außenhandels 256

Handlungsfeld 5: Personal

Anforderungssituation 5.1
Sozialpolitik als Instrument zur Gestaltung gesellschaftlicher Beziehungen 262
1 Sozialpolitik als Instrument zur Gestaltung gesellschaftlicher Beziehungen 264
1.1 Leitbilder und Ziele der Sozialpolitik 264
1.2 Primärverteilung des Volkseinkommens 265
1.3 Instrumentarium der staatlichen Einkommensverteilung und Sozialpolitik 269
1.3.1 Sekundärverteilung des Volkseinkommens 269
1.3.2 Systeme der sozialen Sicherung in Deutschland (Überblick) 272
1.3.2.1 Aufbau und Aufgaben der Sozialversicherung 272
1.3.2.2 Grundsicherung 277
1.3.2.3 Weitere Sozialleistungen 277
1.3.3 Probleme der sozialen Sicherung in Deutschland 278

Anforderungssituation 5.2
Arbeitslosigkeit und die Notwendigkeit einer Beschäftigungs- und Bildungspolitik 284
2 Phänomen Arbeitslosigkeit 285
2.1 Grundlegendes 285
2.2 Ursachen und Entstehungsarten der Arbeitslosigkeit 287
2.3 Individuelle und volkswirtschaftliche Folgen der Arbeitslosigkeit 292
2.3.1 Psychologische Auswirkungen der Arbeitslosigkeit auf die Arbeitslosen 292
2.3.2 Finanzielle Folgen der Arbeitslosigkeit 293
2.4 Ziel und Träger der Arbeitsmarktpolitik 295
2.5 Maßnahmen und Wirkungen von Arbeitsmarkt- und Bildungspolitik 296
2.5.1 Kurzfristig wirksame Instrumente (Beispiele) 296
2.5.2 Langfristig wirksame Instrumente (Beispiele) 297
2.6 Nichtstaatliche Maßnahmen zur Bekämpfung der Arbeitslosigkeit 300

Handlungsfeld 6: Investition und Finanzierung

Anforderungssituation 6.1
Konjunkturindikatoren zur Prognose der wirtschaftlichen Entwicklung als Basis für unternehmerisches und wirtschaftspolitisches Handeln ... 305

1 Konjunkturindikatoren zur Prognose der wirtschaftlichen Entwicklung ... 307
1.1 Realwirtschaftliche Konjunkturindikatoren ... 307
1.2 Finanzwirtschaftliche Konjunkturindikatoren ... 308
1.3 Früh-, Präsenz- und Spätindikatoren ... 308
1.4 Beurteilung der Indikatoren hinsichtlich ihrer Diagnose- und Prognosefähigkeit ... 309

Anforderungssituation 6.2
Wirtschaftspolitische Instrumente zur Steuerung der Konjunktur ... 312

2 Antizyklische Fiskalpolitik als nachfrage- und angebotsorientierte Wirtschaftspolitik ... 313
2.1 Grundlagen der antizyklischen Fiskalpolitik (Finanzpolitik) ... 313
2.2 Nachfrageorientierte Wirtschaftspolitik (Fiskalismus) ... 316
2.3 Angebotsorientierte Wirtschaftspolitik (Monetarismus) ... 318

3 Exemplarische wachstums- und strukturpolitische Maßnahmen ... 321

4 Kombination und Wechselwirkungen staatlicher Maßnahmenbündel ... 324
4.1 Kombinierter Einsatz wirtschaftspolitischer Instrumente ... 324
4.2 Wechselwirkungen wirtschaftspolitischer Maßnahmen ... 326

Anforderungssituation 6.3
Geldpolitik durch die Europäische Zentralbank – Funktion und Wirkung der geldpolitischen Instrumente ... 330

5 Geldpolitik der EZB: Funktion und Wirkung der geldpolitischen Instrumente ... 332
5.1 Zusammenhang von Geldmenge und Inflation ... 332
5.1.1 Geldschöpfung und -vernichtung ... 332
5.1.1.1 Geldschöpfung und -vernichtung durch die Europäische Zentralbank ... 333
5.1.1.2 Vorgang der Geldschöpfung und -vernichtung durch eine Zentralbank ... 334
5.1.1.3 Geldschöpfung und -vernichtung durch Kreditinstitute ... 336
5.1.1.4 Bedeutung des Modells der Giralgeldschöpfung ... 337
5.1.2 Geldmenge und Gütermenge ... 338
5.1.2.1 Handelsvolumen ... 338
5.1.2.2 Geldmenge ... 339
5.1.2.3 Preisniveau ... 341
5.1.2.4 Kaufkraft ... 342
5.1.2.5 Verkehrsgleichung des Geldes ... 343
5.2 Geldpolitik am Beispiel des Euroraumes ... 346
5.2.1 Europäische Wirtschafts- und Währungsunion (WWU) ... 346
5.2.2 Europäische Zentralbank (EZB) ... 348
5.2.3 Europäisches System der Zentralbanken (ESZB) ... 349
5.2.4 Deutsche Bundesbank ... 350
5.2.5 Geldpolitische Instrumente der Europäischen Zentralbank ... 352
5.2.5.1 Mindestreservepolitik ... 352
5.2.5.2 Offenmarktpolitik ... 354
5.2.5.2.1 Instrumente der Offenmarktpolitik ... 354
5.2.5.2.2 Kategorien der Offenmarktpolitik ... 358
5.2.5.3 Ständige Fazilitäten ... 360
5.2.5.4 Zusammenfassender Überblick der Geldpolitik der EZB ... 361

Stichwortverzeichnis ... 365

Handlungsfeld 1: Unternehmensstrategie und Management

Anforderungssituation 1.1
Verhalten, Entscheiden und Handeln in einer Volkswirtschaft

Der Schüler Maximilian Mutschke sitzt abends gemeinsam mit seinen Eltern und seiner Schwester im Wohnzimmer, um den in einigen Monaten anstehenden Familienurlaub zu planen. Gleich zu Beginn des Gesprächs wird jedoch deutlich, dass die Wünsche und Interessen der vier Familienmitglieder weit auseinanderliegen.

So bevorzugt Maximilian einen etwa zweiwöchigen Urlaub in einem großen Luxushotel, mit „All-inclusive-Verpflegung" und funktionsfähigem WLAN, damit er auch während des Urlaubs über seine sozialen Netzwerke ausgiebig kommunizieren kann. Als Reiseziel kommt für ihn nur ein sonniger Urlaubsort auf einer spanischen Insel mit vielfältigen Möglichkeiten zum abendlichen Ausgehen in Betracht.

Dieser Wunsch stößt jedoch sogleich bei seiner Schwester Karla auf erheblichen Widerstand. Sie legt ihrem Bruder einen im Internet recherchierten Artikel vor, in dem auf die durch den Massentourismus verursachten Folgen hingewiesen wird und lehnt deshalb eine solche Reise kategorisch ab.

Negative Auswirkungen des Massentourismus für die betroffenen Länder

Längst ist es nicht mehr nur Mallorca oder Ibiza. Seit Öffnung des Eisernen Vorhangs vor 20 Jahren und der damit verbundenen Erweiterung der Reiseziele für westliche Staaten, haben auch immer mehr osteuropäische Länder mit den negativen Auswirkungen des Massentourismus zu kämpfen. Die einen mussten es schon live erleben, die anderen kennen es aus den Medienberichten, die in Boulevard-Magazinen über heimische Bildschirme flimmern: Urlaubszeit bedeutet für einen gewissen Anteil der Bevölkerung jedes Jahr das Gleiche: in den Süden zu fahren, um in „All-Inclusive-Resorts" mit absoluter Hemmungslosigkeit der heutigen Spaßgesellschaft zu frönen. Dies bedeutet nicht selten, tägliches „Saufen bis zum Umfallen". Die Kehrseite dieser Feier-Orgien ist dann häufig am nächsten Morgen sichtbar. Die Urlaubsgäste liegen volltrunken am Strand neben ihrem Erbrochenen und einem Haufen leerer Bierflaschen. Ein nicht gerade appetitlicher Anblick, der sowohl am Image des Gastlandes als auch am Image der Gäste nagt.

Neben diesen unmittelbaren Auswirkungen ergeben sich mittelfristig auch indirekte Konsequenzen für das Gastland. Jeder Massentourismus, seien es die Wintersport-Gebiete in den Alpen oder die Badeorte am Mittelmeer, braucht eine gewisse Infrastruktur. Übernachtungsmöglichkeiten und Freizeitangebote schießen wie Pilze aus dem Boden und verdrängen das über Jahrhunderte gewachsene Bild der Altstädte oder machen aus einem abgeschiedenen Bergdorf ein Luxustouristik-Hotel, in dem die Preise in den Einkaufsmärkten und die Wohnungsmieten nur noch für Leute bezahlbar bleiben, die dorthin kommen, um in den zwei Wochen ihres Urlaubs so richtig auf den Putz zu hauen und bestimmt nicht um jeden Euro zweimal umzudrehen.

Dies hat gravierende Folgen: Über die Jahre und Jahrzehnte wird sich in diesen Orten die Bevölkerungsstruktur ändern. [...] Weiterhin wird sich die gewachsene lokale Kultur den eingeschleppten Gepflogenheiten mit der Zeit unterordnen und diese an manchen Stellen ganz ersetzen. Das liegt daran, dass es den Urlaubsgästen weniger um die Entdeckung der Kultur der Einheimischen geht, als vielmehr auch in der „Fremde" die aus der Heimat gewohnten Strukturen vorzufinden.

Dass man auf Mallorca oder Ibiza Urlaub machen kann, ohne ein Wort Spanisch zu sprechen, ist vielleicht noch das Normalste. Der Trend geht aber mittlerweile dahin, dass sich regelrechte Parallelwelten entwickeln, in denen die Urlauber beim deutschen Metzger oder Bäcker einkaufen, sich vom deutschen Arzt behandeln lassen oder durch den deutschen Anwalt juristisch vertreten lassen können. Hier wurden bereits die Einheimischen aus dem Markt gedrängt. Die negativen Folgen des Massentourismus sind unübersehbar. [...]

Quelle: www.technihima.in-team.biz

Karla wünscht sich eher eine einwöchige Urlaubsreise in eine ruhige und abgelegene Pension an einem See; vorzugsweise in einem skandinavischen Land. Dort hätte man dann vor allem ganz viel Ruhe zum Lesen.

Die Mutter äußert den Wunsch, eine speziell auf Familien zugeschnittene Bildungsreise nach Ägypten anzutreten, wobei in den drei Wochen mindestens zehn verschiedene historische Orte bereist werden sollten.

Der Vater hingegen würde einen 10-tägigen Urlaub im Wohnmobil bevorzugen. Als mögliches Ziel nennt er die italienischen Dolomiten, vor allem wegen der vielfältigen Möglichkeiten von Outdoor-Aktivitäten, die er zum Stressabbau dringend benötigt. Bezüglich der Dauer des Urlaubs weist er darauf hin, dass ihm im Zuge der Urlaubsplanung und -absprachen im Betrieb nur zwei Urlaubswochen in den Ferien zustehen würden und die wolle er nicht komplett für eine Reise einplanen. Schließlich müsse er sich im Anschluss an die Urlaubsreise noch ein paar Tage zu Hause erholen, bevor es mit der Arbeit wieder losgeht.

Urlaubswünsche der Familie Mutschke

Kompetenzorientierte Arbeitsaufträge:

1. Stellen Sie sich vor, Sie gewinnen eine „Traumreise ihrer Wahl" bei einem lokalen Radiosender. Formulieren Sie möglichst ausführlich Ihre eigenen Wünsche, Bedürfnisse und Interessen hinsichtlich einer solchen Urlaubsreise!
2. Nennen Sie vor dem Hintergrund der vorangestellten Anforderungssituation mögliche Wirtschaftsteilnehmer, die Einfluss auf die Urlaubsplanung der Familie haben!
3. Zeigen Sie auf, inwiefern Sie bei Ihrer in Aufgabe 1 durchgeführten Urlaubsplanung die Interessen Ihres gesellschaftlichen Umfeldes (Familie, Freunde, Schule usw.) berücksichtigen würden!
4. Erläutern Sie ausführlich, welche Wirkungen Ihre persönliche wirtschaftliche Situation konkret auf die in Aufgabe 1 zusammengestellte Urlaubsplanung hat, falls Sie diesen Urlaub selbst oder durch Ihre Eltern finanzieren müssten!
5. Stellen Sie sich vor, ein Tourismusexperte würde Sie über negative Auswirkungen Ihrer in Aufgabe 1 geplanten Traumreise informieren.
   5.1 Erläutern Sie zunächst kurz drei mögliche negative Auswirkungen Ihres unter 1. geplanten Urlaubs, die Sie auf gar keinen Fall davon abhalten würden, Ihren „Traumurlaub" umzuplanen!
   5.2 Formulieren Sie mindestens drei negative Auswirkungen, die Sie in einem solchen Fall dazu veranlassen würden, Ihre Traumreise so umzuplanen, dass diese Auswirkungen vermieden würden!

1 Wirtschaftssubjekte im volkswirtschaftlichen Umfeld

1.1 Wirtschaftsteilnehmer Haushalt, Unternehmen und Staat

Jeder von uns kommt tagtäglich mit **wirtschaftlichen Sachverhalten** in Berührung. Ganz gleich, ob wir in den unterschiedlichsten Geschäften lebensnotwendige oder weniger notwendige Waren kaufen, ob wir eine Kinokarte erwerben, mit dem Handy telefonieren, per Internet über entsprechende Portale entgeltlich Musik herunterladen oder ob wir eine Schule besuchen bzw. einen Ausbildungsplatz mit dem Ziel annehmen, später durch die Ausübung einer entsprechenden Arbeit Geld zu verdienen. Wir alle konsumieren tagtäglich vielfältige Produkte und Dienstleistungen, die andere Menschen bzw. Unternehmen oder staatliche Einrichtungen erzeugt haben und für uns bereithalten.

In der Volkswirtschaftslehre bezeichnet man als **Wirtschaftssubjekt** jede **wirtschaftlich selbstständig handelnde Einheit.** Dies kann z. B. ein privater Haushalt, ein Unternehmen, ein Kreditinstitut oder ein Staat sein.

Wenn wir früher oder später einer Arbeit in einem Unternehmen oder einer staatlichen Einrichtung nachgehen, interessiert uns nicht nur, ob die Arbeit Spaß macht oder zumindest nicht als unangenehm empfunden wird und ob wir ein gutes Betriebsklima vorfinden, sondern auch die Höhe der Vergütung.

Wenn wir das verdiente Geld schließlich ausgeben, werden wir uns zumeist die Frage stellen, ob die Preise der Güter und Dienstleistungen, die wir kaufen wollen, angemessen und für unsere verfügbaren Geldmittel verkraftbar sind. Wir sind, ob wir wollen oder nicht, Glieder einer Gesellschaft und damit der Wirtschaft.

- Die **Wirtschaft** ist ein wichtiger Teil unseres Lebensbereichs, der im Kern die **Versorgung mit Gütern und Dienstleistungen** zum Gegenstand hat.
- Die **Volkswirtschaft** ist die Summe aller Einrichtungen und sozialen Handlungen, die der **Bedarfsdeckung** – also der Versorgung mit Gütern und Dienstleistungen – innerhalb eines Staates dienen.

1.2 Ökonomische Modelle

(1) Beobachtung ökonomischer Sachverhalte

Mit dem Alltagswissen über wirtschaftliche Erscheinungen können wir nicht erklären, weshalb bestimmte **ökonomische** (wirtschaftliche) Sachverhalte so und nicht anders ablaufen. Dies ist vielmehr Aufgabe wissenschaftlicher Untersuchungen (Analysen). Bei der Erkenntnisgewinnung kann die Volkswirtschaftslehre dabei weniger auf die in anderen wissenschaftlichen Bereichen üblichen kontrollierten Laborversuche oder Experimente zurückgreifen. Der Wirtschaftswissenschaftler muss vielmehr zu untersuchende Zusammenhänge und mögliche ursächliche Gesetzmäßigkeiten in erster Linie gedanklich durchdringen. Hierbei kommt der **Beobachtung der Wirklichkeit** eine besondere Bedeutung zu.

(2) Modellbildung

Mit Blick auf die vielen Verzahnungen des Wirtschaftsgeschehens ist es jedoch nahezu unmöglich, alle Bereiche bei der Gewinnung von Erkenntnissen mit zu berücksichtigen. Somit vollzieht sich ökonomisches Denken typischerweise in Form von **Modellen,** die lediglich einen Teil der komplexen Realität (Wirklichkeit) abbilden. Mit ihrer Hilfe lassen sich die Grundzüge des Wirtschaftsprozesses oder gar das Zusammenspiel von Haushalten, Unternehmen, dem Staat und anderen Wirtschaftssubjekten vereinfacht darstellen.

- **Modelle** sind eine **gedankliche Hilfskonstruktion** zur **vereinfachten** Abbildung der Realität.
- Einfache Modelle abstrahieren die Wirklichkeit und werden anschließend dem **Prinzip der abnehmenden Abstraktion** folgend durch schrittweise Einführung zusätzlicher, realitätsnaher Annahmen nach und nach verbessert.

Beispiel:

Untersucht man in der Volkswirtschaftslehre den Verlauf der nachgefragten Menge, so beschränkt sich diese Betrachtung beispielsweise auf die Änderung der Nachfragemenge bei Variation des Preises des nachgefragten Gutes.

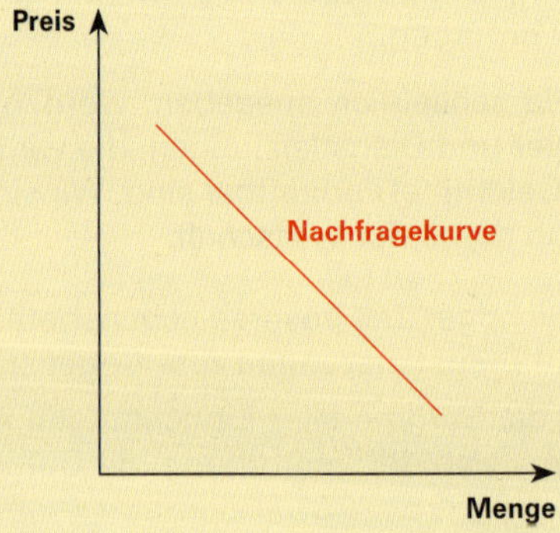

Dabei bleiben andere Faktoren, z.B. die Einkommensentwicklung, die Veränderung der Qualität des nachgefragten Produktes, die Bedeutung dieses Produktes innerhalb der Bedürfnishierarchie des Nachfragers oder gar die Preisentwicklung anderer Güter, zunächst außen vor. Erst nach und nach werden in das vereinfachte Ausgangsmodell auch diese Faktoren mit einbezogen, um komplexere Zusammenhänge zu veranschaulichen und gedanklich zu durchdringen.

Als weiteres typisches Beispiel für die Vorgehensweise nach dem Prinzip der abnehmenden Abstraktion kann der Übergang vom Modell des einfachen Wirtschaftskreislaufs zum erweiterten Wirtschaftskreislauf angeführt werden (vgl. Kapitel 8.3).

(3) Ceteris-paribus-Klausel

Ein wertvolles Hilfsmittel bei der Konstruktion von Modellen ist die sogenannte Ceteris-paribus-Klausel **(„unter sonst gleichen Bedingungen"),** die es im Kern ermöglicht, den Einfluss einer Größe als **Ursache** (in vorgenanntem Beispiel die Preisänderung) auf eine andere Größe im Sinne einer **Wirkung** (in obigem Beispiel die nachgefragte Menge) isoliert unter Konstanz der übrigen Bedingungen zu untersuchen.

Beispiel:

So ermöglicht diese Klausel eine Aussage darüber zu treffen, wie sich die nachgefragte Menge nach Gut X ändert, wenn der Preis für dieses Gut fällt und alle anderen Bedingungen (z. B. Qualität dieses Gutes, Einkommen der Haushalte, Preise anderer Güter) unverändert bleiben.

1.3 Wirtschaftssektoren in Deutschland

(1) Gliederung der Wirtschaftssektoren

Untergliedert man die verschiedenen Zweige einer **arbeitsteiligen** Wirtschaft in **vertikaler** (senkrechter) Richtung, so lassen sich folgende Wirtschaftsbereiche unterscheiden:

Wirtschaftsbereiche	Erläuterungen	
Erzeugung (primärer Sektor)	Die Funktion dieses Sektors ist die **Bereitstellung** von Rohstoffen. Hierzu zählen beispielsweise land- und forstwirtschaftliche Betriebe, Fischereien, Bergbauunternehmen, Kiesgruben, erdöl- und erdgasfördernde Betriebe.	
Weiterverarbeitung (sekundärer Sektor)	Gegenstand dieser Unternehmen ist die **Umwandlung** der Rohstoffe in Investitions- und Konsumgüter.	
Verteilung (tertiärer Sektor)	Unternehmen dieser Wirtschaftsstufe übernehmen die **Verteilung** der Güter vom Produzenten bis zum Endverbraucher. Hierzu zählen in erster Linie Handelsbetriebe.	
sonstige Dienstleistungsbetriebe	Die Übernahme von **Hilfsfunktionen** bei der Erzeugung, Weiterverarbeitung und Verteilung von Gütern obliegt den Dienstleistungsunternehmen, die **ebenfalls** dem **tertiären Sektor** zugerechnet werden (z. B. Kreditinstitute, Versicherungen, Verkehrsbetriebe).	

2 Boller - ISBN 978-3-8120-0619-4

(2) Bedeutung der Wirtschaftssektoren

Die Bedeutung der einzelnen Wirtschaftssektoren **verändert** sich im Zeitablauf. Wie nachfolgende Abbildung zeigt, hat sich auch in Deutschland in den letzten zweihundert Jahren eine deutliche Verlagerung vom primären zum sekundären und schließlich zum tertiären Sektor vollzogen. Nicht ohne Grund spricht man hierzulande nicht mehr von der Industrie-, sondern von der **Dienstleistungsgesellschaft,** da mittlerweile **mehr als 70 % aller Arbeitsplätze** im tertiären Sektor angesiedelt sind. Die Ursachen für diesen **Strukturwandel** sind sehr vielschichtig, wie beispielsweise: Veränderung der Nachfrage, neue Technologien oder Produktivitätsfortschritte.

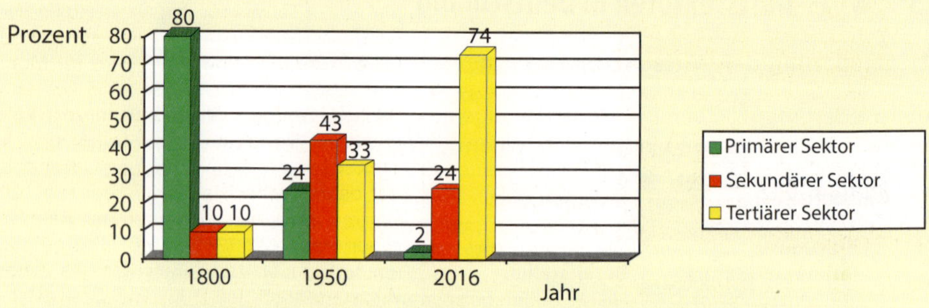

Prozentuale Aufteilung der Erwerbstätigen in Deutschland gegliedert nach den drei Sektoren

1.4 Konsumverhalten der Menschen

1.4.1 Problemstellung

Das zur Verfügung stehende Einkommen einer Privatperson kann entweder für Konsumzwecke ausgegeben oder gespart werden.

Unter **Konsum**[1] versteht man die Inanspruchnahme von Gütern zur unmittelbaren Bedürfnisbefriedigung.

Das Konsumverhalten (Verbraucherverhalten) ist neben der Höhe des Einkommens von vielen anderen Faktoren abhängig und verändert sich im Laufe der Zeit.

1 **Konsumieren:** verbrauchen, verzehren.

Durchschnittlich 859 Euro im Monat gaben die privaten Haushalte in Deutschland im Jahr 2015 fürs Wohnen aus. Damit macht der Bereich Wohnen und Energie mehr als ein Drittel des gesamten Konsumbudgets aus. Zweitgrößter Posten mit 332 Euro im Monat waren die Ausgaben für Essen, Trinken und Tabakwaren, die knapp 14 Prozent ausmachen. An dritter Stelle der Haushaltsrechnung kommen die Ausgaben für Verkehr und Mobilität, darunter fallen unter anderem Ausgaben rund ums Auto, Fahrräder sowie Tickets für den Nah- und Fernverkehr. Insgesamt hatten die deutschen Haushalte Ausgaben von 2391 Euro im Monat. Zehn Jahre zuvor, im Jahr 2005, waren es noch 1996 Euro. Die Ausgabenstruktur in Ost- und Westdeutschland ähnelt sich. Mit 1986 Euro pro Monat lag das Gesamtbudget ostdeutscher Haushalte aber rund 20,5 Prozent unter den Ausgaben der westdeutschen Haushalte (2499 Euro). Das geht aus der im Januar veröffentlichten „Laufenden Wirtschaftsrechnung" des Statistischen Bundesamtes hervor. Bundesweit werden jährlich 8000 Haushalte zu ihren Einnahmen und Ausgaben befragt.

Das **Konsumverhalten** der Verbraucher wird laufend **wissenschaftlich erforscht,** da es sowohl für die Entwicklung der gesamten **Volkswirtschaft** als auch für die Selbstverwirklichung jedes **Einzelnen** von großer Bedeutung ist.

Um das Konsumverhalten der Verbraucher zu ermitteln, werden insbesondere folgende zwei Fragen gestellt:

- Wie lässt sich das Konsumverhalten der Verbraucher erklären?
- Wie verwirklichen (realisieren) die Verbraucher ihre Konsumwünsche?

1.4.2 Erklärungsansätze zum Konsumverhalten

Im Folgenden stellen wir ökonomische und soziologische Erklärungsansätze zum Konsumverhalten (Verbraucherverhalten) vor.

(1) Ökonomische Erklärungsansätze zum Konsumverhalten

Ökonomische Erklärungsansätze zum Konsumverhalten unterstellen, dass der Verbraucher sich immer nach dem **ökonomischen Prinzip**[1] verhält. Dieses besagt, dass der Verbraucher versucht, die Ware möglichst billig zu erwerben **(Minimalprinzip)** bzw. mit dem

1 **Prinzip:** Grundsatz. Näheres zum ökonomischen Prinzip siehe Kapitel 4.2.

vorhandenen Geld möglichst viele Waren zu kaufen **(Maximalprinzip).** Der Preis eines bestimmten Gutes bestimmt also vorwiegend das Kaufverhalten.

Der **gut informierte** und **rational**[1] **handelnde** Konsument zeigt nach dem ökonomischen Ansatz auf einem Markt mit mehreren Anbietern folgende theoretische Grundverhaltensweisen:

- **Steigt** der **Preis** eines Gutes, **sinkt** die nachgefragte **Menge** dieses Gutes.
- **Fällt** der **Preis** eines Gutes, **steigt** die nachgefragte **Menge** dieses Gutes.

Die Hauptkritik an den ökonomischen Erklärungsansätzen des Konsumverhaltens bezieht sich auf die Tatsache, dass **allein** wirtschaftliche Überlegungen als entscheidend für Kaufhandlungen angesehen werden. Sowohl die subjektiven Wahrnehmungen der Konsumenten als auch das soziale Umfeld von Konsumentscheidungen werden außer Acht gelassen.

(2) Soziologische Erklärungsansätze zum Konsumverhalten

Die soziologischen[2] Ansätze untersuchen hinsichtlich des Konsumverhaltens die Wechselbeziehungen zwischen dem einzelnen Verbraucher und seiner **sozialen Umwelt.** Typische soziologische Ansätze sind beispielsweise das Bezugsgruppenmodell und das Meinungsführermodell.

Bezugsgruppenmodell	Unter Bezugsgruppen werden solche Gruppen verstanden, mit denen sich ein Mensch identifiziert, und zwar unabhängig davon, ob er dieser Gruppe angehört oder nicht. Für das Konsumverhalten bedeutet dies, dass sich der Konsument bei seiner Kaufentscheidung an den Norm- und Wertvorstellungen (Verhaltensregeln) bestimmter sozialer Gruppen (Familie, Freundeskreis, Kollegen, soziale Schicht) ausrichtet. Das Einhalten von diesen Norm- und Wertvorstellungen wird von seinem sozialen Umfeld belohnt, das Abweichen bestraft. Von besonderer Bedeutung als Bezugsgruppen sind die Familie und die Clique. 
Meinungsführermodell	Meinungsführer (opinion leaders) gelten als besonders sachverständig und kompetent, ihre Ansichten und Urteile werden von vielen Gruppenmitgliedern anerkannt und/oder übernommen. Das Meinungsführermodell besagt, dass diese Meinungsführer das Kaufverhalten und die Kaufentscheidungen von Gruppenmitgliedern in stärkerem Maß beeinflussen als andere. 

1 **Ratio:** Verstand, rational: vom Verstand gesteuert, vernünftig.

2 **Soziologisch:** von den Zusammenhängen in der menschlichen Gesellschaft ausgehend.

1.4.3 Veränderung der Konsumwünsche

Das Konsumverhalten hat sich in den letzten Jahrzehnten grundlegend verändert. Der Verbraucher, der seinen Bedarf im Rahmen eines starr geplanten Verhaltens deckt, wird seltener. Stattdessen rückt die spontane, erlebnishafte Bedürfnisbefriedigung in den Vordergrund.

Gründe für die Veränderung des Konsumverhaltens sind u. a.:

- Die vergangenen Jahre waren durch einen **Wertewandel** hin zur Individualisierung und Erlebnisorientierung gekennzeichnet.
- Immer mehr **Frauen** sind berufstätig und haben ein **eigenes Einkommen.**
- Die Globalisierung beeinflusst den Lebensstil. Das große Warenangebot vervielfacht die **Konsumalternativen.**
- Die Verbraucher sehen im Konsum eine Belohnung für die geleistete Arbeit. **Einkaufen** („Shoppen") wird zu einer beliebten Form der **Freizeitgestaltung.**

Der **Wandel vom Versorgungs- zum Erlebniskonsum** begann zunächst im Urlaubs- und Freizeitbereich und hat mittlerweile auch den Bereich der allgemeinen Lebensführung erreicht.

Die Erlebnisqualität wird zu einem immer wichtigeren Kaufkriterium. Konsumgüter ohne erkennbaren Erlebniswert verlieren zunehmend an Attraktivität.

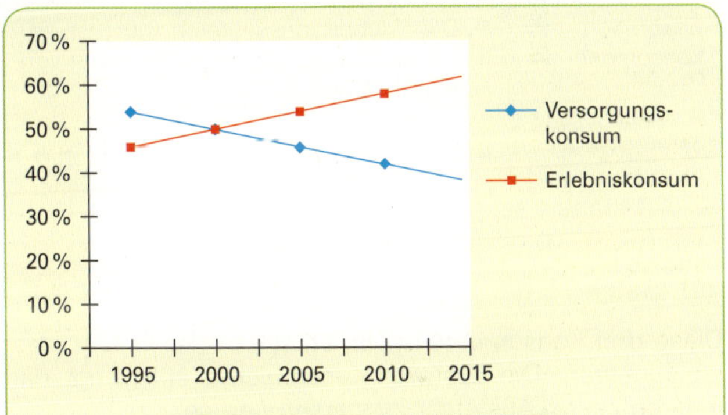

Trend zum Erlebniskonsum[1]

1.4.4 Fehlentwicklungen im Konsumverhalten

Die zunehmende Konsumorientierung führt nicht selten zu einem **Konsumzwang.** Gekauft wird nicht mehr in erster Linie, um seine Versorgung sicherzustellen, sondern um akzeptiert zu werden oder um Spaß zu haben – koste es, was es wolle.

1 Quelle: B.A.T. Freizeit-Forschungsinstitut.

(1) Konsumententypen

Insbesondere die folgenden drei Konsumententypen schieben sich immer stärker in den Vordergrund:

Anpassungs-konsument	■ Die Anpassungskonsumenten wollen sich nicht ausschließen, haben Angst vor dem „Out-Sein“ und passen sich daher an. Sie sind fasziniert vom Konsumieren und Leben in einer Freizeitwelt zwischen Partys, Shoppen, Superstar und teuren Autos. Sie leben häufig über ihre Verhältnisse. ■ Zu den Anpassungskonsumenten zählen überwiegend Jugendliche, vor allem Schüler und Auszubildende.
Geltungs-konsument	■ Die Geltungskonsumenten tragen ihre erworbenen Konsumgüter zur Schau. Für sie gehören Geld und Geltung zusammen und sie lassen sich ihren demonstrativen Konsum von anderen bestätigen. Dabei sind ihnen ihre persönlichen Interessen wichtiger als feste Bindungen. ■ Zu den Geltungskonsumenten sind überwiegend Singles und Ledige unter 40 Jahren zu rechnen.
Erlebnis-konsument	■ Die Erlebniskonsumenten möchten in der Freizeit etwas Außergewöhnliches unternehmen und sich damit von „familiären“ Typen abgrenzen. Alltägliches langweilt sie. Sie könnten die Erfinder der Wegwerf-Gesellschaft gewesen sein. ■ Zu den Erlebniskonsumenten gehören überwiegend Männer unter 40 Jahren, vor allem ledige und geschiedene.

(2) Gefahren der Konsumorientierung

Diese drei Konsumententypen stehen in der Gefahr, dass sie aus einem „Frust heraus“ konsumieren. Die Lust auf Konsumieren entspringt dann der Angst vor der eigenen inneren Leere. Aus einer zu starken und sehr zeitintensiven Konsumorientierung heraus erwachsen insbesondere folgende Gefahren:

- Die **Bereitschaft** der Menschen, **selbst Verantwortung und Verpflichtungen zu übernehmen** und sich gegenseitig in bestimmten Situationen zu helfen, **sinkt**. Gegenseitige Anteilnahme und Hilfe wird zur bezahlten Dienstleistung.
- Die Konsumgesellschaft bringt persönliche **Desorientierung** und **Verhaltensunsicherheit** mit sich. Man hat Angst vor dem Verlust von sozialen Statussymbolen und damit auch der Anerkennung. Konsum überdeckt die innere Leere, die man aus eigener Kraft nicht füllen kann.
- Das Kreditkartenzücken ist oftmals sichtbarer Ausdruck einer neuen Form der Konsumabhängigkeit. Das **„Über-die-eigenen-Verhältnisse-Leben“** ist ein weiteres Merkmal dieser Fehlentwicklung im Verbraucherverhalten.

Diese Gefahren dürfen nicht unterschätzt werden. Der Konsument muss daher in die Lage versetzt werden, Konsumentscheidungen mehr mit Vernunft und weniger vom Gefühl her zu treffen. Der Informationsaustausch mit Freunden, aber auch Verbraucherberatungsstellen können helfen, den Weg zu einem **verantwortungsbewussten** Konsumverhalten zu finden.

Allgemein gilt: Je informierter die Menschen als Verbraucher sind und je größer ihre Unabhängigkeit gegenüber den Verlockungen des Konsumangebots ist, desto stärker können sie die Entwicklung der Konsumgesellschaft beeinflussen, sie in ihrem Sinne mitgestalten und verändern.

Jeder **Einzelne** kann durch seine Kaufentscheidung auf die **Produktionsentscheidung** der Anbieter einwirken und damit die **Entwicklung** von Wirtschaft, Gesellschaft und Umwelt mitbestimmen.

Kompetenztraining

1

1. Erläutern Sie, worin sich allgemein die ökonomischen und soziologischen Erklärungsansätze des Verbraucherverhaltens unterscheiden!
2. Beschreiben Sie, warum das Konsumverhalten nicht nur aus rein ökonomischer Sicht erklärt werden kann!
3. Erläutern Sie das Bezugsgruppen- und das Meinungsführermodell! Gehen Sie anschließend darauf ein, welche Aufgaben beide Modelle im Kaufentscheidungsprozess eines Verbrauchers haben!
4. Führen Sie an, durch welche Handlungsweisen Kaufrisiken vermindert werden können!
5. Erläutern Sie an zwei auf Ihre Person bezogenen Beispielen, wie verschiedene Bezugsgruppen bzw. Meinungsführer Einfluss auf Ihre Kaufentscheidung nehmen können!

2 Lesen Sie zunächst nachfolgenden Text zum Konsumverhalten!

Konsumverhalten – Die tägliche Verführung

Niemand schöpfte Verdacht. Nicht die Freundinnen, denen Gina Morgenson den prickelnden Schaumwein aus Australien einschenkte und die Bodylotion einer Naturproduktserie ans Herz legte. Nicht die Nachbarn, denen Eric Morgenson beim Barbecue seinen neuen Grill präsentierte. Nicht die Mitschüler, denen die Söhne ihre coolen Rucksäcke und Snowboards vorführten. Vertrauensvoll wie Lämmer folgten Nachbarn und Freunde den Morgensons – und kauften und kauften, was immer diese sympathische, gut situierte Familie ihnen anpries. Sie ahnten nicht, dass sie Teil eines verblüffenden Experiments waren und wie Marionetten dem Willen eines einzigen Mannes folgten.

Martin Lindstrom ist ein zierlicher, jungenhaft wirkender Mann, man sieht ihm nicht an, welche Macht er hat. Doch Lindstrom gilt als Marketing-Guru. Er berät Firmen, die ihre Produkte erfolgreicher vermarkten wollen. Er weiß, wie man Menschen verführt. Und er sorgte dafür, dass die Einwohner von Laguna Beach in Kalifornien […] plötzlich ganz verrückt nach bestimmten Markenprodukten waren. Inspiriert von dem Hollywoodfilm *The Joneses – Verraten und verkauft*, in dem vier als Familie getarnte Marketingagenten ihren Nachbarn neue Produkte unterjubeln, wollte Lindstrom herausfinden, welchen Einfluss Freunde und Bekannte auf Kaufentscheidungen haben. Er stellte den Film mit einer echten Familie nach, den Morgensons. Eine eigens engagierte Castingagentin hatte sie nach monatelanger Suche gefunden. Die Morgensons waren sozial gut vernetzt, erfolgreich und sahen gut aus – sie verkörperten den amerikanischen Traum. Lindstrom ließ 35 Kameras und 25 Mikrofone in ihrem Haus verstecken, um vier Wochen lang zu beobachten, wie sie ihren Freunden und Nachbarn bei jeder Gelegenheit die ausgewählten Seifen, Weine oder Schuhe aufzuschwatzen versuchten. Das Ergebnis übertraf Lindstroms kühnste Erwartungen: Jeder der Freunde kaufte später im Schnitt drei der gelobten Produkte.

Tagtäglich werden wir systematisch von Marketingexperten und Werbegenies manipuliert. Mit immer raffinierteren Methoden versuchen sie, die geheimsten Wünsche und Gefühle der Menschen zu ergründen und ihre Konsumgewohnheiten auszuspionieren – um sie dann zum Kauf immer neuer Produkte zu verführen.

Und nur allzu bereitwillig gehen wir auf ihre Manipulationen ein, geben den Versuchungen nach. Denn Kaufen verspricht Glück – weckt doch jedes neue Produkt die Hoffnung, das Leben noch ein klein wenig besser zu machen. Die Tricks der Marketingstrategen und Verkäufer treffen heute mehr denn je auf eine verunsicherte Gesellschaft, die nach

Halt und Bestätigung sucht, oft auch nur nach Beschäftigung. Kaufen ist ein Hobby geworden, ein Mittel zur Stimmungsregulation und Selbstoptimierung, manche sagen sogar: eine neue Weltreligion.

Doch das Glück in Tüten ist trügerisch. Wen hat nicht schon einmal nach dem Rausch das schlechte Gewissen beschlichen (Dispokredit! Klimawandel! Welthunger!) und das schale Gefühl, dass immer mehr nie genug ist – wohl aber Geld, Zeit und Energie kostet. [...]

Quelle: ZEIT Online vom 31.05.2012.

Aufgabe:

Beschreiben Sie mit eigenen Worten, inwieweit dieser Artikel Ihr persönliches Konsumverhalten bzw. Ihre Konsummotive konkret beschreibt. Gehen Sie dabei insbesondere darauf ein, durch wen und in welcher Form Ihr Einkaufsverhalten beeinflusst wird!

2 Entstehung von Nachfrage

2.1 Begriff und Arten der Bedürfnisse

(1) Begriff Bedürfnisse

Unter Bedürfnissen versteht man **Mangelempfindungen** der Menschen, die diese zu beheben möchten. Die Bedürfnisse sind die **Antriebe** (Motive) für das wirtschaftliche Handeln der Menschen.

Die Wirtschaftswissenschaft unterstellt, dass die Bedürfnisse der Menschen **unersättlich** sind, sie also fortwährend bestrebt sind, einen **immer höheren Versorgungsgrad** zu erreichen.

(2) Gliederung der Bedürfnisse

Gliederung der Bedürfnisse nach der Dringlichkeit

Bedürfnis	Erläuterungen	Beispiele
Existenzbedürfnisse	Sie sind körperliche Bedürfnisse. Sie müssen befriedigt werden: Ihre Befriedigung ist lebensnotwendig.	■ Hunger, Durst; ■ das Bedürfnis, sich vor Kälte schützen zu wollen.
Kulturbedürfnisse	Sie entstehen mit zunehmender kultureller, also auch technischer, wirtschaftlicher oder künstlerischer Entwicklung, weil die Ansprüche, die der Einzelne an das Leben stellt, wachsen.	■ Sich modisch kleiden wollen; ■ der Wunsch nach einer Ferienreise; ■ ein eigenes Auto fahren wollen.
Luxusbedürfnisse	Von Luxusbedürfnissen spricht man, wenn sich die Bedürfnisse auf Sachgüter oder Dienstleistungen richten, die sich in einer bestimmten Gesellschaft nur wenige Begüterte leisten können.	■ Eine sehr teure Luxusuhr tragen; ■ eine Villa mit Swimmingpool und/oder ■ eine Segeljacht besitzen wollen.

Eine **genaue Abgrenzung** zwischen Kultur- und Luxusbedürfnissen ist nicht immer ohne Weiteres möglich. Gemeinsam ist ihnen, dass ihre Befriedigung **nicht** unbedingt lebensnotwendig ist.

Gliederung der Bedürfnisse nach dem Bedürfnisträger

Bedürfnis	Erläuterungen	Beispiele
Individualbedürfnisse[1]	Sie richten sich auf Güter, die der Einzelne für sich allein (bzw. innerhalb seiner Familie, d. h. seines privaten Haushalts) konsumieren kann.	Die Wünsche, Pizza zu essen, Getränke zu sich zu nehmen, ein eigenes Smartphone oder Auto zu besitzen.
Kollektivbedürfnisse[2]	Sie werden mit Gütern befriedigt, die allen Mitgliedern der Gesellschaft zur Nutzung zur Verfügung stehen sollten.	Wünsche, auf einer Landstraße Motorroller zu fahren, ein öffentliches Verkehrsmittel zu benutzen, an einer staatlichen Universität zu studieren; das Bedürfnis, in einer sauberen Umwelt zu leben.

Mit **zunehmender Industrialisierung** ist zu beobachten, dass die **Kollektivbedürfnisse anwachsen.** Die Ansprüche an den Staat werden immer umfangreicher (z. B. Forderungen nach besseren Schulen, mehr Universitäten, mehr Umweltschutz, besseren Straßen).

Gliederung der Bedürfnisse nach der Bewusstheit der Bedürfnisse

Bedürfnis	Erläuterungen	Beispiele
Offene Bedürfnisse	Bei offenen Bedürfnissen handelt es sich um solche Mangelempfindungen, die dem Einzelnen bewusst sind.	Im Anschluss an eine Doppelstunde Sport verspürt ein Schüler den Wunsch, etwas zu trinken, um seinen Durst zu löschen.
Latente[3] **Bedürfnisse**	Sie sind beim Einzelnen unterschwellig vorhanden und müssen erst noch durch die Umwelt geweckt werden. Die Bewusstwerdung dieser im Unterbewusstsein bereits existenten Wünsche wird durch einen „äußeren Reiz" ausgelöst.	So hat gewiss jeder schon einmal die Erfahrung gemacht, dass er beim Shopping – angelockt von einer Schaufensterauslage oder einem herrlichen Essensduft – etwas gekauft hat, was bis zu diesem Zeitpunkt nicht auf seiner „Einkaufsliste" stand.
Manipulierte[4] **Bedürfnisse**	Bei manipulierten Bedürfnissen handelt es sich um ein Mangelempfinden, das gezielt von Werbung, Politik, Medien oder anderen Manipulatoren erzeugt wird. Dabei spricht insbesondere die Werbung nicht nur (latent) vorhandene Bedürfnisse an, sie erzeugt vielmehr bei den Zielgruppen auch neuartige Bedürfnisse.	Das Image der aktuellen Pop- und Rock-Stars und die damit verbundene Art, sich zu schminken oder zu kleiden, wird regelmäßig von gewissen Medien zur Mode stilisiert und infolge millionenfach verkauft. Zudem wird häufig beim Kauf eines Produktes eine Elitezugehörigkeit unterstellt oder ein Produkt mit Sexualität verknüpft, um es auf diese Weise attraktiv zu machen („sex sells"). Weitere Beispiele sind Modetrends bei Frisuren, Schönheitsidealen, Körperschmuck.

1 Individualbedürfnis: Bedürfnisse des Einzelnen (von Individuum: Einzelwesen).

2 Kollektiv: Gesamtheit, Gemeinschaft.

3 Latent: versteckt.

4 Manipulieren: Menschen bewusst und gezielt beeinflussen oder lenken.

Bedürfnispyramide nach Maslow

> Der Mensch wird, wenn er **vernünftig (rational)** handelt, zunächst die Bedürfnisse zu befriedigen suchen, die ihm am **dringlichsten** erscheinen.

Der amerikanische Psychologe Abraham Maslow hat deshalb das Konzept einer Bedürfnispyramide entwickelt. Nach Maslow wird der Wunsch zur Befriedigung der Bedürfnisse einer höheren Pyramidenstufe erst dann erreicht, wenn die Bedürfnisse der Vorstufe weitestgehend befriedigt sind.

A. Maslow

Beispiel:

Ein Schüler kauft einen Pullover und erfüllt damit ein **Grundbedürfnis,** weil er nicht frieren möchte. Fordert er bewusst eine gute Faserqualität, so erreicht er damit das **Sicherheitsbedürfnis.** Mit der Auswahl von Farbe und Design befriedigt er das **soziale Bedürfnis** und zum Teil das Geltungsbedürfnis. Beim Einkauf erwartet er Beratung und Anregung zum Kombinieren mit Hemd, Tücher, Schals, Jacke und befriedigt damit sein **Geltungsbedürfnis.** Indem er eine besondere Marke kauft (der Pullover trägt das Zeichen einer Premiummarke) in der Absicht, einen Lebensstil zu erreichen, wird ein Statuskauf vorgenommen. So trägt der Pullover durch die Selbststilisierung zur **Selbstverwirklichung** bei.

2.2 Bedarf

Da die Bedürfnisse der Menschen unbegrenzt sind, können sie mit Blick auf die nur **begrenzt** vorhandenen (finanziellen) **Mittel** nicht alle befriedigt werden. Der **Teil** der Bedürfnisse, der sich von dem **verfügbaren** Taschengeld oder Einkommen bzw. den Ersparnissen realisieren lässt, wird als Bedarf bezeichnet.

Beispiel:

Der 17-jährige Philipp, der sein monatliches Taschengeld schon aufgebraucht hat, würde sich gerne den neuesten James-Bond-Film im Kino ansehen. Leider bleibt dieser Wunsch zunächst ein Bedürfnis. Erst wenn er zu Beginn des neuen Monats von seinen Eltern seine 50,00 EUR Taschengeld erhält, könnte er sich den Film im Kino anschauen. Das Bedürfnis wird erst dann zum konkreten Bedarf.

> Die mit **Kaufkraft** versehenen Bedürfnisse bezeichnet man als **Bedarf.**

2.3 Nachfrage

Die **Nachfrage** ist der Teil des Bedarfs, der **tatsächlich** am Markt an Gütern und Dienstleistungen **nachgefragt** wird.

Der Bedarf muss **nicht** in vollem Umfang mit der am Markt tatsächlich nachgefragten Gütermenge übereinstimmen, da unterschiedliche Gründe dazu führen können, dass Güter, die in den Bedarfskreis des Einzelnen fallen, letztlich nicht nachgefragt werden.

Die Nachfrage des Einzelnen basiert also auf dessen Bedürfnissen. Dabei ist die konkrete Nachfrage von verschiedenen Kriterien abhängig, wie beispielsweise den Preisen der Güter, der Konsumsumme und Bedürfnisstruktur des Nachfragenden.

Mit welchen Tricks die Unternehmen in der heutigen Zeit arbeiten, um die Bedürfnisse des Einzelnen zu beeinflussen und somit seine **Nachfrage** bzw. konkrete Kaufentscheidung zu **lenken,** verdeutlicht nachfolgender Artikel.

Mit diesen 7 Psycho-Tricks manipuliert uns die Werbung

Von Kleidungsfabrikanten bis hin zu Autoherstellern – jedes Unternehmen will auf dem globalen Markt gegen die Konkurrenz bestehen. Daher buhlen Firmen weltweit mit Marketingstrategien um Kunden. Sie investieren hohe Summen in Werbekampagnen und versuchen, mit ihrem Produkt Individualität zu suggerieren. Der Konsument soll denken, fühlen, schmecken: Das will ich haben!

Unternehmen wollen Werbung machen, die im Kopf bleibt. Das gelingt nur selten. Und noch seltener erinnern sich die Kunden an eine Werbung, weil sie besonders gut war.

Letztlich ist es die Kreativität des Marketing-Teams, die über den Erfolg der Werbung entscheidet. Und in dem Wissen greifen die Werbemacher zu gewieften Tricks, um uns Konsumenten zu manipulieren. Oft genügen schon ein paar simple Tricks, um die Aufmerksamkeit der Kunden zu erhaschen.

Die Huffington Post nennt 7 Wege, wie Sie in den Bann der Werbeindustrie gezogen werden:

1. Farben sind sehr wichtig

Die Farbwahl ist beim Marketing von enormer Bedeutung. Denn Farben rufen beim Betrachter Emotionen hervor und wecken bestimmte Assoziationen. Blau setzen wir beispielsweise mit Treue und Beständigkeit gleich, während wir rot in Verbindung mit Energie, Liebe und Stärke bringen. Gelbtöne symbolisieren tendenziell Fröhlichkeit und Intelligenz.

2. Produkte in der rechten Hand zeigen

Studien zum Komsumentenverhalten zeigen, dass wir Produkte eher attraktiv finden, wenn der Darsteller in der Werbung sie in der Hand hält – in der sie die große Mehrheit der Verbraucher auch hält. Fast 90 Prozent der Menschen weltweit sind Rechtshänder. Daher bewerben Unternehmen ihre Produkte in den meisten Fällen auch entsprechend.

3. Sound muss sein

Nicht nur in der Fernseh-Werbung, sondern auch bei Online-Kampagnen erzielen Firmen einen höheren Effekt, wenn die Werbung mit Ton unterlegt ist. Laut einer Untersuchung der Online-Plattform Media-analyzer hat Online-Werbung mit Sound sogar die doppelte Werbewirkung als ohne Ton.

4. Bilder links, Text rechts

Auch die grafische Anordnung in der Werbung spielt eine bedeutende Rolle bei der Wahrnehmung des Betrachters. Denn wo das Auge zuerst hingelenkt wird, beeinflusst, wie Konsumenten das Gesamtbild eines beworbenen Produktes unterbewusst wahrnehmen. Am stimmigsten wirkt die Anzeige auf uns, wenn Bilder auf der linken und der Text auf der rechten Seite platziert sind. Der Grund: Dinge im rechten Gesichtsfeld werden auch von der rechten Gehirnhälfte aufgenommen. Und die ist besser im Auswerten und Verarbeiten von Bildern, während die rechte Hälfte dazu optimiert ist, Texte zu verstehen.

5. Abgerundete Ecken

Nicht umsonst ließ sich Apple 2012 das Rechteck mit abgerundeten Ecken patentieren. Gerade Design-Objekte nehmen wir automatisch als attraktiver wahr, wenn sie keine scharfen Kanten haben. Dasselbe gilt für Textfelder. Schrift in Kästen mit runden Ecken lesen wir deutlich lieber als in rechteckigen Umrahmungen.

6. Haarfarbe des Models

Eine Studie zur Medienanalyse zeigt, dass die Haarfarbe des Models in der Werbung einen großen Einfluss darauf hat, wie wir das Produkt wahrnehmen. Braune Haare eignen sich der Studie nach am besten für Kosmetikprodukte, Schokolade und Autos. Blonde Haare sind gute Werbeträger für Waschmittel, Milchprodukte und Zeitschriften.

7. Neutrale Gesichter

„Unser Gehirn wird unwiderstehlich angezogen von Gesichtern", erklärte A. K. Pradeep, Forscher auf dem Gebiet Neuromarketing „Bloomberg Businessweek". Am meisten Aufmerksamkeit erregen beim Kunden seinen Worten nach Gesichter mit neutralem Ausdruck. In der Werbung reagiert das Gehirn also nicht wie vielleicht angenommen auf lächelnde, offene Gesichter. Viel interessanter wirken auf uns Gesichter, die uns Rätsel aufgeben, weil wir den Menschen dahinter nicht einschätzen glauben zu können.

Quelle: The Huffington Post vom 30.04.2014.

Kompetenztraining

3 1. Bilden Sie zu der folgenden Aussage vier Beispiele und begründen Sie Ihre Ansicht!

„Die Feststellung, dass die Bedürfnisse den ganzen wirtschaftlichen Prozess in Gang setzen, ist eine Vereinfachung und wird der heutigen Wirklichkeit nicht voll gerecht. Es ist nicht immer so, dass zuerst Bedürfnisse vorhanden sind und als solche empfunden und dann durch Kaufentschluss und Kaufkraft zur wirksamen Nachfrage werden, dass dann Güter und Mittel produziert werden, um dem Bedürfnis zu entsprechen. Immer häufiger geht die Produktion einfach neue Wege und schafft Güter, für die zunächst keine Nachfrage vorhanden sein kann, weil niemand diese Güter kennt: Die Nachfrage muss vielmehr erst geweckt werden [...]"

Quelle: Aus: Störig, Wirtschaft im Entscheidungsbereich, 6. Aufl., Frankfurt/München 1971, S. 27.

2. Nennen Sie je fünf eigene Beispiele für lebensnotwendige und nicht lebensnotwendige Bedürfnisse!
3. Erklären Sie an einem eigenen Beispiel, warum in Deutschland die heutigen Kulturbedürfnisse vor wenigen Jahrzehnten noch Luxusbedürfnisse waren!
4. Erläutern Sie, worin sich die Existenzbedürfnisse von den Kulturbedürfnissen unterscheiden!
5. 5.1 Beschreiben und interpretieren Sie das folgende Schaubild:

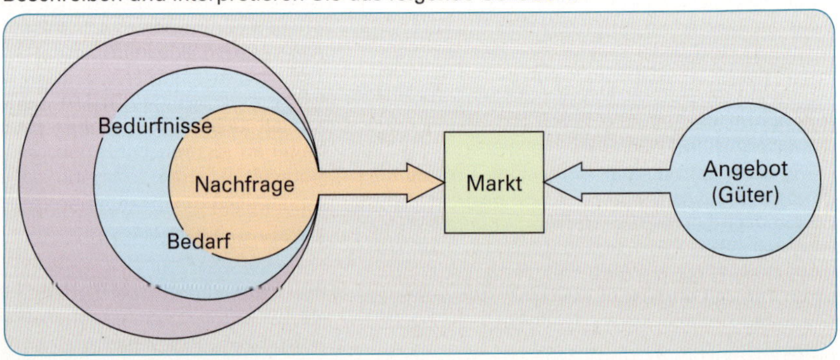

5.2 Teilen Sie die Bedürfnisse

5.2.1 nach ihrer Dringlichkeit und

5.2.2 nach den gesellschaftlichen Befriedigungsmöglichkeiten ein!

Nennen Sie zu jeder Bedürfnisart mindestens zwei selbst gewählte Beispiele aus Ihrem Lebensbereich!

Anforderungssituation 1.2
Problem der Knappheit und Handlungsansätze zum Umgang mit diesem Phänomen

Michel Knappstein besucht zurzeit die Höhere Berufsfachschule an einem Berufskolleg für Wirtschaft mit dem Ziel, anschließend eine Ausbildung zum Industriekaufmann zu beginnen. Bis zum Erwerb der Fachhochschulreife in knapp zwei Jahren wohnt er nach wie vor bei seinen Eltern. Neben der Annehmlichkeit eines großen Zimmers mit eigenem Bad und Balkon erhält er von seinen Eltern ein monatliches Taschengeld in Höhe von 80,00 €.

Da Michel aber mit diesem Geld selten auskommt, hat er seit nunmehr drei Monaten einen Aushilfsjob in einem Supermarkt angenommen, wo er zweimal die Woche stundenweise Regale einräumt. Für diese Tätigkeit bekommt er 120,00 € monatlich.

Von dem ihm zur Verfügung stehenden Geld muss Michel im Wesentlichen seine Kleidung, sein Pre-paid-Handy sowie seine Freizeitaktivitäten bestreiten. Am Wochenende geht Michel gerne mit seinen Freunden ins Kino, Restaurant oder in eine gemütliche Musikkneipe, wobei er an solchen Abenden durchschnittlich 25,00 € ausgibt.

In dem nun folgenden Monat steht Michel mal wieder vor großen Problemen, was seine geplanten Ausgaben anbelangt. Da Michel vor einer Woche endlich volljährig geworden ist, möchte er ab nächsten Monat endlich einen eigenen Vertrag für ein neues Smartphone abschließen, ebenso wie viele seiner Freunde und Klassenkameraden. Ein solcher Vertrag muss nach seinen Vorstellungen nicht nur ein ganz bestimmtes Smartphone beinhalten, sondern auch die Flatrate-Komponenten einschließen. Außerdem möchte Michel eine Versicherung zu dem Smartphone abschließen. Insgesamt betragen die monatlichen Gesamtkosten für das Tarifpaket einschließlich der Versicherung ca. 30,00 €, wobei jedoch im ersten Monat zusätzlich einmalig ca. 100,00 € zu zahlen sind.

Für den nächsten Monat hat Michel zudem einen Friseurbesuch vorgesehen, der ihn ca. 25,00 € kosten wird. Auch für die Schule benötigt er dringend neue Schreibutensilien und ein im Internet noch entgeltlich herunterzuladendes Softwarepaket, Gesamtkosten hierfür ca. 30,00 €. Des Weiteren haben zwei seiner besten Freunde in den nächsten drei Wochen Geburtstag, für Geschenke sind mindestens 40,00 € einzuplanen, da sie sich jeweils einen Gutschein fürs Kino inklusive Popcorn und Getränk gewünscht haben.

Zu allem Überfluss veröffentlicht sein Lieblingssänger zu Beginn des nächsten Monats auch noch sein neues Album, ein absolutes Muss für Michel, auch wenn die CD 15,00 € kosten soll. Schließlich hat er nach sehr langer Zeit im nächsten Monat endlich einmal wieder die Gelegenheit mit einem seiner Freunde und dessen Vater zu einem Heimspiel seines Bundesligavereins zu fahren. Die Eintrittskarte würde ihn 25,00 € kosten. Auf diese Gelegenheit wartet Michel seit fast einem Jahr vergebens, da die Heimspiele seines Lieblingsvereins stets ausverkauft sind. Es ist wohl unnötig zu erwähnen, dass Michel natürlich auch im nächsten Monat mit seinen Freunden am Wochenende gerne ausgehen möchte.

Kompetenzorientierte Arbeitsaufträge:

1. Definieren Sie die unterschiedlichen Güterarten, die Michel im nächsten Monat kaufen möchte!
2. Ordnen Sie seine konkreten Wünsche den Güterarten (Sachgüter, Dienstleistungen und Rechte) zu!
3. Formulieren Sie das Problem, mit dem sich Michel im nächsten Monat auseinandersetzen muss!
4. Versetzen Sie sich in die Situation von Michel. Erarbeiten Sie selbstständig mögliche Handlungsansätze zum Umgang mit diesem „Knappheitsproblem"!
5. Erläutern Sie kurz den in diesem Zusammenhang wichtigen Ansatz des „Homo oeconomicus"!
6. Nehmen Sie kritisch Stellung, inwiefern das alltägliche menschliche Verhalten von dem Konzept des „Homo oeconomicus" tatsächlich bestimmt wird! Zeigen Sie zudem an einem konkreten Beispiel aus der vorangestellten Anforderungssituation, bei welcher Entscheidung dieses Konzept möglicherweise in den Hintergrund rücken könnte!

3 Bedürfnisse und Güter

3.1 Begriff Güter

Bedürfnisse wollen befriedigt werden. Wer Hunger hat, braucht Nahrung. Wer Durst hat, braucht Getränke, um seinen Durst zu stillen. Wer friert, braucht Kleidung. Wer Neues wissen möchte, braucht Informationen (z. B. eine Zeitung, das Internet). Und wer krank ist, braucht eine ärztliche Beratung. Der Gebrauch oder Verbrauch aller Sachen und Dienstleistungen, die der Bedürfnisbefriedigung dienen, erhöhen das Wohlbefinden des Menschen. Man sagt, dass die Bedürfnisbefriedigung „Nutzen" stiftet.

Die Mittel, die dem Menschen **Nutzen stiften,** heißen **Güter.**

3.2 Arten der Güter

(1) Freie Güter und wirtschaftliche Güter

Freie Güter

Die freien Güter, d. h. solche, die in **unbeschränktem** Maße zur Verfügung stehen (z. B. Luft, Sonnenstrahlen, Meerwasser), können von jedem Menschen nach Belieben in Anspruch genommen werden. Sie sind nicht Gegenstand des Wirtschaftens. Allerdings ist zu bemerken, dass sich die Zahl der freien Güter durch den Raubbau an der Natur (Vernichtung der Tierwelt, Verschmutzung der Binnengewässer, der Meere und der Luft) immer mehr verringert. Die ehemals freien Güter werden zu wirtschaftlichen Gütern und es gilt, sie mit Verstand (rational) zu verwalten und zu verteilen.

Wirtschaftliche Güter

Diese Güter stehen nur beschränkt zur Verfügung, d. h., sie sind **knapp.** Da ihre Gewinnung bzw. Herstellung Kosten verursacht, werden sie gegen Entgelt am Markt angeboten und erzielen einen Preis. Zu den wirtschaftlichen Gütern zählen die **Sachgüter**[1] (z. B. Lebensmittel, Kleidung, Fahrzeug), die **Dienstleistungen**[2] (z. B. Beratung durch einen Rechtsanwalt, Unterricht, Durchführung eines Dauerauftrags durch die Bank) oder **Rechte**[2] (z. B. Patente, Lizenzen).

Beispiel:

Zwischen den Begriffen **Knappheit** und **Seltenheit** besteht ein Unterschied. Malt der Hobbykünstler Fröhlich z. B. ein Bild, so besteht dieses Bild nur ein Mal auf der Welt. Das Bild ist „selten". Will indessen kein Mensch dieses Bild haben, geschweige denn kaufen, ist das Bild nicht knapp. Knappheit liegt nur vor, wenn die Bedürfnisse nach bestimmten Gütern größer sind als die Zahl dieser verfügbaren Güter.

(2) Konsumgüter und Produktionsgüter

Güterart	Erläuterungen	Beispiele
Konsumgüter	Güter, die der unmittelbaren Bedürfnisbefriedigung dienen, nennt man Konsumgüter (konsumieren: verzehren). Man spricht deshalb auch von **Gegenwartsgütern.**	■ Laptop, ■ Smartphone, ■ Motorroller, ■ eine Kiste Mineralwasser.
Produktionsgüter	Güter, die zur Herstellung (Produktion) von Wirtschaftsgütern benötigt werden, heißen Produktionsgüter. Weil die Produktionsgüter letztlich der Erzeugung von Konsumgütern dienen sollen, heißen sie auch **Zukunftsgüter.**	■ Rohstoffe, ■ Fabrikgebäude, ■ Handelshäuser, ■ maschinelle Anlagen, ■ Transportanlagen, ■ Werkzeuge.

(3) Private und öffentliche Güter

Die wirtschaftlichen Güter lassen sich nach deren Eigenschaften in Bezug auf Rivalität und Ausschließbarkeit unterteilen.

Rivalitätsprinzip	Kann ein Gut stets von nur **einem** Konsumenten oder Produzenten genutzt werden, so herrscht Rivalität in Bezug auf die Nutzung des Gutes. Ist ein Gut hingegen nur **kollektiv** nutzbar, so spricht man von fehlender Rivalität im Konsum.
Ausschlussprinzip	Während bei einem Teil der Güter alle von der Inanspruchnahme ausgeschlossen werden, die nicht den geforderten Preis zu zahlen bereit sind, wird die Nutzung bei dem anderen Teil der Güter nicht von der Zahlung eines Entgelts abhängig gemacht, da dies entweder technisch nicht möglich ist (z. B. Straßenbeleuchtung, Leuchtturm, äußere Sicherheit) oder nicht zweckmäßig erscheint (z. B. Schulbildung, innere Sicherheit).

1 Sachgüter stellen **materielle Güter** dar.

2 **Dienstleistungen** und **Rechte** stellen **immaterielle Güter** dar.

Auf der Basis dieser Eigenschaften lassen sich die wirtschaftlichen Güter – wie nachfolgende Übersicht verdeutlicht – in vier Gruppen unterteilen.

		Rivalitätsprinzip möglich	
		Ja	**Nein**
Ausschlussprinzip möglich	**Ja**	**private Güter** Beispiel: ■ Smartphone	**Kollektivgüter** Beispiel: ■ Kabelfernsehen
	Nein	**gesellschaftliche Güter (Allmendegüter)**[1] Beispiel: ■ Umwelt	**(reine) öffentliche Güter** Beispiel: ■ Landesverteidigung

- **Private Güter** sind dadurch gekennzeichnet, dass sowohl Konkurrenz in Bezug auf deren Nutzung besteht als auch alle von der Inanspruchnahme ausgeschlossen werden können, die nicht den geforderten Preis zu zahlen bereit sind.
- Alle anderen Güter haben **„öffentlichen Charakter"**, da ihnen entweder die Ausschließbarkeit und/oder die Rivalität im Konsum fehlen. Funktionieren weder das Rivalitäts- noch das Ausschlussprinzip, spricht man von **rein öffentlichen Gütern.**

(4) Problem von Allmendegütern

Allmendegüter sind Güter, von deren Nutzung andere Nachfrager nicht ausschließbar sind und bei denen die Nutzungsansprüche der Nachfrager rivalisieren.

Bei Allmendegütern herrscht **Rivalität in der Nutzung,** d.h., der Konsum eines Nutzers mindert den Konsum eines anderen Nutzers, wobei es keinen (einfachen) Ausschluss von der Nutzung des Gutes gibt. Dadurch entsteht ein externer Effekt auf Dritte.

Externe Effekte liegen immer dann vor, wenn durch die Produktion bzw. den Konsum anderen Wirtschaftssubjekten Vorteile **(externe Erträge)** oder Nachteile **(externe Kosten)** entstehen, ohne dass der Verursacher dafür einen Ertrag erhält bzw. die Kosten trägt.

1 **Allmende:** gemeinsam genutztes Gemeindeland.

Beispiel:

Unterstellen wir, dass der Staat einigen hauptberuflichen Fischern ein größeres Gewässer zum Fischfang kostenlos zur Verfügung stellt. Individuell rational handelt der einzelne Fischer, wenn er zur Steigerung seines Einkommens möglichst viele Fische in dem Gewässer fängt. Durch dieses Verhalten

kommt es allerdings zu einer Abnahme des Fischbestandes, sodass die Fischerei in diesem Gewässer eventuell eingestellt werden muss. Jeder Fischer schädigt also durch sein individuell rationales Verhalten seine Kollegen.

Unter dem Aspekt der kollektiven Rationalität wäre also eine andere Handlungsweise wünschenswert.

Weiten wir das Beispiel auf den weltweiten Fischfang aus, so tritt als externer Effekt die Überfischung der Weltmeere auf und damit ein Problem für die Nahrungsmittelversorgung der Weltbevölkerung.

Maßnahmen zur **Reduzierung dieses Allmendeproblems** können sein:

- **Nutzungs- oder Mengenbeschränkungen:** Es wird eine Lizenzgebühr verlangt oder es werden Mengenkontingente festgelegt.
- **Privatisierung:** Verkauf der Gewässer an einen Privatmann, der gegen ein Nutzungsentgelt den Fischern Fangrechte verkauft.
- **Kooperation der Betroffenen:** Jedem Fischer wird ein bestimmter Seeabschnitt zugeteilt. Weil die Abschnitte unterschiedliche Fischbestände haben, rotieren die jeweiligen Seegebiete zwischen den Betroffenen.

Die **Übernutzung eines Allmendegutes** mindert den Nutzen eines anderen Nachfragers und wirkt sich zudem auf Dritte aus.

4 Problem der Knappheit von Gütern

4.1 Notwendigkeit des wirtschaftlichen Handelns

Den unbegrenzten Bedürfnissen des Menschen stehen nur begrenzte Mittel (knappe Güter) gegenüber. Aus der Knappheit der Gütervorräte folgt, dass der Mensch bestrebt sein muss, mit den vorhandenen Gütern vernünftig (z. B. sparsam) umzugehen, um die **bestmögliche** Bedürfnisbefriedigung zu erzielen. Der Mensch ist gezwungen zu wirtschaften.

Unbegrenzte Bedürfnisse

↯ — Lösung ⟶ **Wirtschaftliches Handeln**

Knappe Güter

3 Boller - ISBN 978-3-8120-0619-4

Private Haushalte – Quelle und Ziel wirtschaftlicher Aktivität

Eine alleinerziehende, arbeitslose Mutter erhielt im Jahr 2010 auf Basis der als „Hartz IV" bezeichneten Grundsicherung für Arbeitsuchende als Regelleistung monatlich 359 Euro, für ihre 16-jährige Tochter 281 Euro sowie zusätzlich Miet- und Heizkosten für die Unterkunft. Das Kindergeld wurde als Einkommen angerechnet. Dass die Notwendigkeit, mit den verfügbaren Mitteln sinnvoll umzugehen, existenziell ist, liegt in diesem Fall auf der Hand, da der Spielraum für freie Entscheidungen denkbar knapp ist.

Ein verheirateter Vorstandsvorsitzender einer Bank und Vater einer Tochter hätte angesichts der Finanzkrise zwei Jahre zuvor auch Grund zum Klagen gehabt. Er musste sich mit nur zehn Prozent seines Vorjahreseinkommens begnügen. Statt 14 Millionen erhielt er nur 1,4 Millionen Euro. Mag die Höhe dieses so erheblich gekürzten Einkommens für die meisten Menschen unvorstellbar sein, so sind auch in diesem Fall möglicherweise Verbindlichkeiten zu begleichen, und es besteht der Wunsch, den erreichten Lebensstandard zu halten.

Auch wenn die beiden Beispiele extreme Gegensätze abbilden, weisen sie doch Gemeinsamkeiten auf. Sowohl die alleinerziehende Mutter und ihre Tochter als auch der Bankmanager mit seiner Familie werden zu der Gruppe der privaten Haushalte gezählt. Die privaten Haushalte sind die kleinsten wirtschaftlichen Einheiten, die im Gegensatz zu den Unternehmen für die eigene Bedarfsdeckung wirtschaften. Die eigenständige Haushaltsführung stellt sie vor komplexe organisatorische und wirtschaftliche Herausforderungen. Sie verlangt vielfältige Abwägungen, die einerseits frei und selbstbestimmt, andererseits aber auch von sozialen Konventionen und Normen oder durch andere soziale Akteure und Institutionen beeinflusst, beeinträchtigt oder begrenzt getroffen werden.

Im Grundsatz müssen beide eingangs genannten Haushalte wirtschaften, um ihre Bedürfnisse zu befriedigen, auch wenn die ihnen zur Verfügung stehenden Mittel unterschiedlich sind. Dass sie wirtschaften müssen, resultiert aus der Annahme, dass Bedürfnisse grundsätzlich unbegrenzt sind, aber die zur Verfügung stehenden Mittel knapp, weshalb immer Entscheidungen zu treffen sind, welche Ziele mit welchen Mitteln angestrebt werden.

So fragt sich vielleicht die alleinerziehende Mutter in dem einen Haushalt, ob sie sich und ihrer Tochter ab und zu etwas Besonderes gönnen könnte, ob sie die bisher frei einteilbare Zeit gegen ganztägige Arbeitszeit – oft mit nur geringfügig höherem Einkommen – eintauschen oder eine weit entfernte Arbeit mit weniger Zeit für die Tochter annehmen sollte. Dem Bankmanager in dem anderen Haushalt mag sich trotz seines hohen Einkommensniveaus die Frage stellen, ob er den erreichten Lebensstandard halten kann oder weniger Arbeitszeit aufwenden sollte, um mehr Zeit mit der Familie zu verbringen.

Relativ betrachtet ist so für jeden Haushalt etwas knapp. Entscheidungen zur Verwendung des Einkommens, der Zeit und der verfügbaren Güter sind unumgänglich und bedingen immer einen Verzicht auf mögliche Alternativen. Denn man kann nicht zur gleichen Zeit an seinem Arbeitsplatz tätig sein, Kinder aufziehen, Freunde besuchen, Urlaub machen und lange schlafen. Ob für 200 Euro notwendige Lebensmittel gekauft werden oder für zwei Millionen Euro ein als standesgemäß angesehenes Anwesen – in beiden Fällen stehen die Mittel für andere Verwendungszwecke zu diesem Zeitpunkt nicht zur Verfügung.

Quelle: Informationen zur politischen Bildung, Heft 308.

- Unter **Wirtschaften** versteht man ein **planvolles** menschliches **Handeln,** um eine optimale Bedürfnisbefriedigung zu erreichen.
- Sind die Bedürfnisse größer als die Gütermenge, die zu ihrer Befriedigung bereitsteht, liegt **Knappheit** vor.

4.2 Ökonomisches Prinzip

(1) Begriff

Die Wirtschaftswissenschaft unterstellt i. d. R. in ihren Modellen, dass die wirtschaftenden Menschen und deren Organisationen (die Wirtschaftssubjekte) grundsätzlich nach dem wirtschaftlichen (ökonomischen) Prinzip handeln. Diese **vereinfachende Verhaltensannahme** geht von einem Menschen aus, der sich bei seinen Handlungen stets vom Verstand, nicht aber von Gefühlen leiten lässt. Man spricht vom **„Homo oeconomicus"**.

In der Wirklichkeit sind die wirtschaftlichen Handlungen der Menschen keineswegs immer rational (vernunftgesteuert) bestimmt. Man denke z. B. an sogenannte „Spontankäufe", bei denen man sich von geschickten Verkäufern geradezu „überrumpeln" lässt. Eine große Rolle im Wirtschaftsleben spielen auch Machtstreben, Prestigedenken[1] oder auch Neidgefühle.

Der Grundsatz, seine Handlungen stets nach Vernunftsgesichtspunkten auszurichten, heißt **Rationalprinzip.** Wendet man das Rationalprinzip in der Wirtschaft an, spricht man vom **ökonomischen Prinzip.**

Zur Umsetzung des wirtschaftlichen Handelns sind zwei Handlungsmöglichkeiten denkbar: nach dem Maximal- und Minimalprinzip.

Von der Maximierung des Nutzens

Um angesichts der Vielzahl von Optionen zu ermessen, welche Entscheidung für welche Alternative unter Berücksichtigung von Bedürfnissen und Knappheit rational ist, bieten sich Kosten-Nutzen-Analysen an. Ökonomen beziehen dabei nicht nur die Kosten des gewünschten Gutes ein, sondern auch die Kosten für die entgangene zweitbeste Alternative, die sogenannten Verzichts-, Alternativ- oder Opportunitätskosten.

Warum dies sinnvoll ist, wird deutlich bei der Entscheidung, entweder ein Studium oder eine Ausbildung aufzunehmen. Die Entscheidung für ein Studium bedingt den Verzicht auf das gegenwärtige Ausbildungseinkommen, während die Entscheidung für eine Ausbildung den Verzicht auf ein höheres Einkommen in der Zukunft bedeuten kann. Die Berücksichtigung der Lebenshaltungskosten während dieser Zeit ist dagegen irrelevant, denn sie fallen in beiden Fällen an. Manche Verzichtskosten einer Ausbildung lassen sich allerdings schwer beziffern, wie etwa die individuelle Bereicherung durch Bildung, die größeren Freiheiten des Studienalltags oder die besseren Anstellungs- und Entfaltungsmöglichkeiten nach einer akademischen Ausbildung.

Da von knappen Ressourcen ein bestimmter Druck ausgeht und fortgesetzte Irrtümer kostspielig sind, unterstellen Ökonomen, dass Menschen aus der Menge möglicher Alternativen vorrangig jene auswählen, die am ehesten ihrem Nutzen dienen. Sie unterstellen, dass die Menschen fähig sind, zweckrational entweder verfügbare Mittel so einzusetzen, dass sie den größtmöglichen Nutzen daraus ziehen (Maximumprinzip), oder die Kosten zu minimieren, um einen bestimmten Nutzen zu realisieren (Minimumprinzip).

Die Ökonomen nehmen mit dem Modell des homo oeconomicus an, dass Individuen ihren Nutzen maximieren wollen, während ihre Entscheidungen durch Preise, Einkommen, Institutionen (die sogenannten Restriktionen) eingeschränkt werden, und dass individuelle Verhaltensänderung auf der Änderung von Restriktionen basiert, weniger aber aufgrund veränderter Werthaltungen erfolgt. Mit diesen Annahmen können Ökonomen einfachere Modelle entwickeln, denn Werte sind schwierig zu modellieren und zu messen.

Quelle: Informationen zur politischen Bildung, Heft 308.

1 **Prestige:** positives Ansehen, Geltung.

(2) Maximalprinzip

Das **Maximalprinzip** besagt: Mit den **gegebenen Mitteln** ist der **größtmögliche (maximale) Erfolg (Nutzen)** anzustreben.

Beispiel:

Die Schülerin Leonie fährt mit 200,00 € nach Köln zum Shoppen. Mit diesem Geld möchte sie möglichst viele modische Kleidungsstücke kaufen.

(3) Minimalprinzip

Das **Minimalprinzip** besagt: Einen **geplanten Erfolg** (Nutzen) mit dem **geringsten (minimalen) Einsatz an Mitteln** zu erreichen.

Beispiel:

Der Schüler Nils möchte sich einen ganz bestimmten Laptop kaufen. Hierzu vergleicht er im Internet verschiedene Lieferanten, um so das preisgünstigste Angebot herauszufinden.

Unsinnig, d. h. logisch nicht umsetzbar, wäre die Formulierung des ökonomischen Prinzips dergestalt, dass mit geringstmöglichen Mitteln ein größtmöglicher Erfolg angestrebt werden soll. So ist es beispielsweise undenkbar, ohne jeglichen Lernaufwand alle Prüfungsaufgaben richtig zu beantworten.

4.3 Anwendungsbeispiele für das wirtschaftliche Prinzip

(1) Private Haushalte

Ein **privater Haushalt** (z. B. ein einzelner Verbraucher [Einpersonenhaushalt] oder eine Familie [Mehrpersonenhaushalt]) handelt dann nach dem ökonomischen Prinzip, wenn er sein Nettoeinkommen (gegebene Mittel) so verwendet, dass er einen höchstmöglichen Nutzen erzielt **(Nutzenmaximierung)** oder ein geplantes Einkommen mit dem geringstmöglichen Arbeitsaufwand erreichen möchte **(Aufwandsminimierung).**

Beispiel:

Kauft eine Person für ihren Haushalt „blindlings" ein, ohne auf Preise und Qualitäten zu achten, verschwendet sie ihr Haushaltsgeld. Auf diese Weise wird sie für sich und ihre Familie nicht den höchstmöglichen Nutzen erzielen, der mit dem gegebenen Budget (geplante Ausgabensumme) erreichbar wäre.

Nach dem ökonomischen Prinzip, und zwar nach dem Maximalprinzip, handelt die Person dann, wenn sie die Preise vergleicht und die jeweils günstigsten Kaufmöglichkeiten wahrnimmt, um so mit dem vorhandenen Budget möglichst viele Güter einkaufen zu können.

(2) Betriebe

Ein **Betrieb** richtet sich dann nach dem ökonomischen Prinzip, wenn er mit den geplanten Kosten je Zeitabschnitt einen größtmöglichen Gewinn zu erzielen trachtet **(Gewinnmaximierung)**. Der Betrieb handelt auch dann nach dem ökonomischen Prinzip, wenn er einen geplanten Gewinn mit dem geringstmöglichen Mitteleinsatz erreichen möchte **(Kostenminimierung)**.

Beispiel:

Ein Handwerksmeister, der nicht darauf achtet, dass sparsam mit Material und sorgfältig mit Maschinen und Werkzeug umgegangen wird, verstößt gegen das ökonomische Prinzip, in diesem Fall gegen das Sparprinzip (Minimalprinzip).

4.4 Nutzentheorie

4.4.1 Begrifflichkeit

Der Begriff „Nutzen" lässt sich auf zweierlei Art verwenden. So zieht man den Nutzenbegriff einerseits zur **Erklärung menschlichen Handelns** heran, indem man beispielsweise folgende Aussage trifft: „Das einzelne Wirtschaftssubjekt verhält sich so, dass es seinen Nutzen möglichst maximiert."

Andererseits kann der Begriff des Nutzens auch bei der **Beurteilung von Alternativen** verwendet werden. Wirtschaftssubjekte treffen beispielsweise Konsumentscheidungen, indem sie verschiedene Konsumalternativen auf der Basis einer **subjektiven Nutzeneinschätzung** sortieren, um dann schließlich ihre Wahl zu treffen.

Beispiel:

Leonie und Michel machen gemeinsam mit ihren Eltern einen Sonntagsausflug mit dem Fahrrad. Bei einer Rast an einem Ausflugslokal dürfen sie sich entweder ein Erfrischungsgetränk oder ein Eis aussuchen. Beide entscheiden sich jeweils für eine Flasche Apfelschorle, da ihnen das Getränk unter den gegebenen Umständen offensichtlich einen größeren Nutzen stiftet als ein Eis.

In der ökonomischen Theorie versteht man unter dem Nutzen das Maß für die Fähigkeit eines Gutes oder einer Gütergruppe, die Bedürfnisse eines wirtschaftlichen Akteurs (z. B. eines Privathaushalts) zu befriedigen.

Der **Nutzen** ist ein **Maß für die Bedürfnisbefriedigung,** die ein Konsument durch den Konsum von Gütern erzielt.

4.4.2 Erstes Gossen'sches Gesetz[1]

(1) Gesamtnutzen und Grenznutzen

Den meisten Menschen ist bewusst, dass bei zunehmender Bedürfnisbefriedigung irgendwann einmal eine **Sättigung** eintritt. Wir hören dies tagtäglich im Radio und im Fernsehen, wenn z. B. gesagt wird, dass der Absatz an DVD-Playern stagniere oder gar zurückgehe, weil der Markt gesättigt sei. Ähnliche Feststellungen werden auch bei anderen Produkten getroffen.

Beispiel:

Angenommen, ein Jugendlicher isst für sein Leben gern Bananen. Er plant eine durchschnittliche tägliche Ausgabe von 3,60 € für Bananen. Sein Nutzen (der Umfang seiner individuellen Zufriedenheit) entwickelt sich mit zunehmendem Bananenverzehr wie in nachfolgender Tabelle angegeben. Dabei unterstellen wir, dass der Nutzen messbar ist.

Preis je Banane in €	Gekaufte Menge in Stück	Gesamtnutzen (willkürliche Maßeinheiten)	Grenznutzen (willkürliche Maßeinheiten)
3,60	1	20	20
1,80	2	35	15
1,20	3	45	10
0,90	4	50	5
0,72	5	50	0
0,60	6	45	–5

Die Tabelle bedarf einiger Erläuterungen. Man erkennt, dass unser Verbraucher seinen Nutzen steigern kann, wenn die Preise sinken und er sich demzufolge mit zusätzlichen Bananen versorgen kann. Bei einer Preissenkung von 0,90 € auf 0,72 € könnte er sich sogar 5 Bananen kaufen, falls er bei seinem Haushaltsplan bleiben möchte. Wenn er jedoch ökonomisch handelt, wird er dies nicht tun, sondern sein Geld für andere Zwecke ausgeben, weil sein Grenznutzen mit zunehmendem Bananenkonsum nicht mehr steigt. Der Grund: Mehr als $4\,^{1}/_{2}$ Bananen will er pro Tag unter keinen Umständen essen; die Bananen werden ihm zuwider. Die Sättigungsgrenze ist bei $4\,^{1}/_{2}$ Bananen erreicht.

- Der Nutzen ist **ordinal,**[2] nicht aber **kardinal**[3] messbar, weil niemand sagen kann, um das Wievielfache der Nutzen steigt oder fällt, wenn die ihm zur Verfügung stehenden Wirtschaftsgüter vermehrt oder vermindert werden.
- Die **individuellen** Nutzenempfindungen weichen voneinander ab.

In den beiden nachfolgenden Abbildungen ist die Entwicklung des **Gesamtnutzens** mit zunehmender Güterversorgung dargestellt. Der Gesamtnutzen steigt **unterproportional**[4]

1 Hermann Heinrich Gossen (1810–1858) war der Begründer der sogenannten Grenznutzenschule. Seine Erkenntnisse fanden in der damaligen Zeit jedoch keine Beachtung.

2 **Ordinal:** der Ordnung nach, der Reihenfolge nach (z. B. besser – schlechter, schöner – weniger schön – hässlich).

3 Eine kardinale Messung liegt vor, wenn mithilfe eines Maßstabs (kg, m², m³ usw.) eine exakte Unterscheidung vorgenommen werden kann. „Kardinal" (lat.) heißt wörtlich „Haupt ...", „Grund ...". Die Kardinalzahl ist die Hauptzahl.

4 **Proportional:** im gleichen Verhältnis; unterproportional: langsamer zunehmend als eine Bezugsgröße.

bis zur **Sättigungsgrenze.** Wird die Sättigungsgrenze überschritten, nimmt der Gesamtnutzen ab.

Da der Gesamtnutzen mit zunehmender Güterversorgung nur degressiv zunimmt, nimmt der **Grenznutzen** ab. Der Grenznutzen wird **negativ,** wenn der Konsument die **Sättigungsgrenze überschreitet.**

Im oberen Teil der Abbildung stellen die grünen Felder die Grenznutzen (Nutzenzuwachs je zusätzliche Gütereinheit) dar.[1] Sie entsprechen dem Inhalt der Felder im unteren Teil der Abbildung. Der Gesamtnutzen im oberen Teil der Abbildung ergibt sich aus der Addition der grünen Felder bzw. aus der **Gesamtnutzenkurve.** Aus der Grafik ist ersichtlich, dass z. B. der Gesamtnutzen bei 4 Gütereinheiten 50 Nutzeneinheiten (Maßstab für die Intensität der Nutzenempfindung) beträgt.

Das blaue Feld im oberen Teil der Abbildung zeigt die Abnahme des Gesamtnutzens, wenn die Sättigungsgrenze überschritten wird. Der Gesamtnutzen sinkt auf 45 Nutzeneinheiten. Der Grenznutzen ist also negativ, wie das blaue Feld im unteren Teil der Abbildung erkennen lässt.

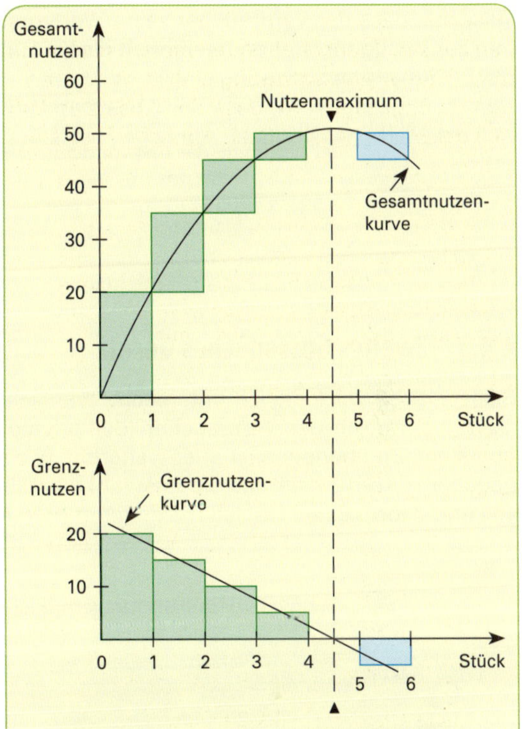

Gesamtnutzen und Grenznutzen

- Der **Gesamtnutzen** ist die Summe aller Nutzenempfindungen eines Verbrauchers bei einem bestimmten Versorgungsniveau.
- Der **Grenznutzen** ist der Nutzenzuwachs, der dann entsteht, wenn der Verbraucher eine zusätzliche Gütereinheit konsumiert.

(2) Gesetz der Wertabnahme

Der Zusammenhang zwischen Versorgungsniveau und Nutzenentwicklung ist der Volkswirtschaftslehre schon seit langem bekannt. Er wurde von Hermann Heinrich Gossen erstmalig formuliert und daher als „Erstes Gossen'sches Gesetz" bezeichnet.

Das **Erste Gossen´sche Gesetz** besagt: Mit zunehmender Bedürfnisbefriedigung nimmt der Grenznutzen ab.[2]

1 **Grenzwerte** sind Zwischenwerte. Sie müssen daher in einer grafischen Darstellung auch als Zwischenwerte eingetragen werden.

2 Andere sprechen vom **„Gesetz der Wertabnahme"**. „Gesetze" im volkswirtschaftlichen Sinne stellen keine Naturgesetze dar. Es handelt sich vielmehr um Tendenzen, die immer wieder von Ausnahmen durchbrochen sein können.

(3) Bedeutung des Gesetzes vom abnehmenden Grenznutzen

Die Bedeutung des Gesetzes vom abnehmenden Grenznutzen besteht in der Erklärung der Tatsache, dass der Verbraucher seine Wertvorstellungen von einem Gut nach der letzten ihm zur Verfügung stehenden Einheit dieses Gutes ausrichtet.

„Der Platz des Wassers auf unserer Wertskala wird nicht durch den unendlich großen Nutzen eines Glases Wasser bestimmt, das uns vor dem Verdursten retten würde, wenn uns nur dieses eine Glas zur Verfügung stünde, sondern durch den Nutzen der letzten Dosis, die wir zum Baden oder zum Blumengießen benutzen."

Quelle: Röpke, W.: Die Lehre von der Wirtschaft, S. 25.

4.4.3 Zweites Gossen'sches Gesetz

Bisher haben wir lediglich untersucht, wie sich **Gesamtnutzen** und **Grenznutzen** entwickeln, wenn sich der Verbraucher (der private Haushalt) **einem Wirtschaftsgut** gegenübersieht. Zu überlegen ist aber weiterhin, wie sich der Verbraucher verhält, wenn er bei gegebener Konsumsumme die **Auswahl** unter **mehreren Arten von Konsumgütern** treffen soll und dabei seinen Nutzen maximieren möchte.

Beispiel:

Angenommen, ein privater Haushalt (ein Verbraucher) hat folgende Bedürfnisstruktur:

Getränke	Brot	Fleisch	Gemüse	Seife	Genussmittel	
6						vom Haushalt gekaufte Gütermenge
5	5					
4	4	4				
3	3	3	3			
2	2	2	2	2		nicht befriedigte Bedürfnisse
1	1	1	1	1	1	

Die Zahlen bedeuten die Grenznutzen je Einheit der genannten Güter. Die Versorgung mit einer ersten Einheit Getränke (z.B. einer Flasche Milch) bringt beispielsweise einen Nutzenzuwachs von 6 Einheiten, die Beschaffung einer ersten Einheit Gemüse (z.B. 1 kg Rotkraut) schafft dem Haushalt nur einen Nutzen von 3 Einheiten. Noch weniger Wert legt der Haushalt auf Genussmittel (z.B. 1 Tafel Schokolade). Die Grenznutzenwerte in der Tabelle drücken also zugleich die Dringlichkeit der Bedürfnisse nach den einzelnen Gütern aus.

Nehmen wir weiter an, dass unser Haushalt 10 GE zur Verfügung hat und jede Gütereinheit 1 GE kostet, so wird er 4 Einheiten Getränke, 3 Einheiten Brot, 2 Einheiten Fleisch und 1 Einheit Gemüse kaufen. Der Rest der Bedürfnisse bleibt unbefriedigt. Ein restloser Nutzenausgleich ist nur möglich, wenn die Güter vollständig teilbar sind. Bei nicht restlos teilbaren Gütern wäre z.B. ein vollständiger Nutzenausgleich nicht möglich, wenn der Haushalt 12 GE ausgeben wollte. Bei 15 GE hingegen kann der Ausgleich wieder geschaffen werden.

Unser Beispiel zeigt, dass das **Maximum der Bedürfnisbefriedigung** dann erreicht ist, wenn sich die **Grenznutzen der zur Verfügung stehenden Güter ausgleichen.** Jede andere Verwendungskombination erbringt einen niedrigeren Gesamtnutzen (Summe aller Grenznutzen).

Beweis:

Kauft der Haushalt mit seinen 10 GE 4 Einheiten Getränke, 3 Einheiten Brot, 2 Einheiten Fleisch und 1 Einheit Gemüse, beträgt sein Gesamtnutzen 40 Nutzeneinheiten (6 + 5 + 4 + 3 + 5 + 4 + 3 + 4 + 3 + 3).

Kauft er hingegen statt Gemüse eine zusätzliche Einheit Fleisch, beträgt sein Gesamtnutzen nur 39 Nutzeneinheiten (18 Nutzeneinheiten bei den Getränken, 12 beim Brot und 9 beim Fleisch). Nur im Fall des Grenznutzenausgleichs hat er ökonomisch gehandelt, also seinen Gesamtnutzen maximiert.

Das **Zweite Gossen'sche Gesetz** besagt: Der private Haushalt (der Verbraucher) hat dann seinen Nutzen maximiert, wenn sich die Grenznutzen der von ihm verwendeten Güter ausgleichen **(Gesetz des Nutzenausgleichs).**

4.5 Kritische Betrachtung des ökonomischen Prinzips

4.5.1 Homo oeconomicus und menschliches Verhalten in der Realität

(1) Begriff Homo oeconomicus

Wirtschaftssubjekte, die ihr **gesamtes** Handeln ausschließlich an dem **ökonomischen Prinzip** ausrichten, bezeichnet man als **„Homo oeconomicus".**

Wirtschaftssubjekte sind die wirtschaftlich handelnden Einzelpersonen, Gruppen und Organisationen (z. B. Betriebe, staatliche Stellen, Gewerkschaften, Unternehmensverbände).

Handlungsbestimmend für den Homo oeconomicus ist das Streben nach **Nutzenmaximierung (Konsumenten)** bzw. nach **Gewinnmaximierung (Produzenten).** Viele Modelle der Volkswirtschaftslehre basieren auf dieser Fiktion[1] des Homo oeconomicus.

In der Realität hingegen lässt sich aufzeigen, dass Wirtschaftssubjekte ihr Handeln eben nicht ausschließlich an dem ökonomischen Prinzip ausrichten, sondern nicht selten andere Motive das Handeln des Einzelnen prägen.

Beispiele:

- Vorführungen im Kino werden am Wochenende besser besucht als Vorführungen unter der Woche, und das, obwohl diese mitunter wesentlich preiswerter angeboten werden.
- Ein Landwirt arbeitet weiterhin in seinem Betrieb, obwohl er bei gleicher Anzahl von Arbeitsstunden in einem Unternehmen ein wesentlich höheres Einkommen erzielen könnte.

1 **Fiktion:** Vorstellung, Vermutung.

(2) Spieltheorie

Mit der wissenschaftlichen Untersuchung rationalen Verhaltens beschäftigt sich unter anderem die Spieltheorie. Die spieltheoretische Modellbildung geht von einem allgemeinen Entscheidungsproblem für mehrere Individuen aus und betont die Aspekte von Konflikt und Kooperation, die sich aus der konkurrierenden Zielsetzung der einzelnen Individuen ergeben. Wie derartige Untersuchungen den „Homo oeconomicus" widerlegen, soll am Beispiel des **„Ultimatum-Spiels"** verdeutlicht werden.

Beispiel: Ultimatum-Spiel

Bei diesem Spiel handelt es sich um die Simulation einer ökonomischen Entscheidung. Die Grundidee des Spiels besteht darin, dass ein feststehender Betrag (z.B. 1000,00 €) unter zwei Personen (A und B) aufgeteilt werden soll. Dabei muss Spieler A dem Spieler B unter Angabe eines Ultimatums ein Angebot unterbreiten, wie viel Letzterer erhalten soll. Die strengen Spielregeln sehen vor, dass beide Personen nicht miteinander kommunizieren dürfen, sodass keine Verhandlungen im eigentlichen Sinne stattfinden. Des Weiteren gilt, dass das Spiel nicht wiederholbar ist. Spieler B hat nach Unterbreitung des Angebots nunmehr zwei Optionen (Möglichkeiten):

- Er nimmt dieses Angebot an mit der Konsequenz, dass der Betrag dann entsprechend dem Vorschlag des Spielers A zwischen beiden Personen aufgeteilt wird.
- Lehnt B das Angebot ab, so gehen beide Parteien leer aus; der Geldbetrag ist unwiderruflich verloren.

Der Wirtschaftstheorie folgend müsste eigentlich gelten, dass Spieler A im Sinne der Nutzenmaximierung dem Spieler B einen möglichst geringen Betrag anbietet, um sein Einkommen zu maximieren. Spieler B hingegen müsste dem ökonomischen Prinzip folgend jeden Betragsvorschlag akzeptieren. So bedeutet beispielsweise ein Angebot von 1,00 €, dass Spieler B bei Annahme des Angebots diesen Euro erhält, wohingegen er im Falle einer Ablehnung nichts erhalten würde.

Tatsächlich aber zeigen die Ergebnisse dieses spieltheoretischen Versuchs, dass im Gegensatz zur bloßen Maximierung des Nutzens (hier Einkommens) die meisten Menschen hohen Wert auf Fairness legen. So haben nur wenige Spieler in der Rolle der Person A eine stark „ungleiche" Verteilung vorgeschlagen. Gleichzeitig war zu beobachten, dass die Bereitschaft der Spieler B, einen Verteilungsvorschlag zu akzeptieren, abnahm, je schlechter der Verteilungsschlüssel für ihn ausfiel.

Wie die **Spieltheorie** belegt, richten Menschen ihr gesamtes Handeln nicht ausschließlich an dem ökonomischen Prinzip aus, vielmehr scheinen andere Werte – wie beispielsweise **Solidarität, Fairness** und **Gerechtigkeit** – ihnen gleichfalls von Bedeutung zu sein.

Grenzen rationaler Nutzenmaximierung

Im realen Leben stößt das Prinzip der Nutzenmaximierung an seine Grenzen. [...]

Die rationale Entscheidung für den größten Vorteil hat insofern ihre Grenzen, als Kosten und Nutzen der Entscheidungsalternativen oft ungewiss und für die Zukunft schwer vorauszusehen sind. Informationen müssen nicht nur angemessen ausgewählt, wahrgenommen und berücksichtigt, sondern auch bewertet und gewichtet werden. [...]

- Menschen neigen zu Unterschätzungen und Überschätzungen, vermeiden gerne aktive Entscheidungen und entwickeln Daumenregeln, um den Entscheidungsdruck zu senken.

- Sie vergleichen in der Regel sehr wohl, suchen dabei aber – vor allem, wenn sie sich über den Wert eines Gutes unsicher sind – nach bestimmten Ankern wie zum Beispiel Marken oder Preisen, die nicht unbedingt etwas mit der gegebenen Entscheidung zu tun haben müssen.

  Ihre Angst vor Verlusten ist größer als die Freude über Gewinne. So halten sie an Entscheidungen fest, wenn „versunkene" Kosten durch frühere Entscheidungen damit verbunden sind. Kreditkarten und Flatrates lindern den Schmerz des Bezahlens, da sie die Vorstellung erzeugen, „etwas umsonst" zu bekommen. Die Konsumnachfrage reagiert sensibler auf Preiserhöhungen als auf Preissenkungen.
- Aus Gründen der Fairness sind Menschen auch bereit zu Opfern. Wenn sie negative Handlungen anderer sanktionieren, reagiert das Belohnungszentrum im Gehirn positiv.
- Auch Kooperation wirkt sich als Nutzen aus. So scheinen Menschen eher bereit, umsonst Hilfe zu leisten als gegen Bezahlung. Monetäre Anreize berücksichtigen eben nur einen Teil der zugrundeliegenden Motive. Sie können auch das Gegenteil bewirken und freiwillige Kooperation verdrängen.

Für ein gutes Leben, für Glück und Zufriedenheit ist der absolute materielle Wohlstand oft weniger bedeutsam als angenommen, wichtiger sind Veränderungen in Wohlfahrt und Besitz sowie der Vergleich mit anderen.

Quelle: Informationen zur politischen Bildung, Heft 308.

4.5.2 Verantwortungsvoller Umgang mit der Knappheit natürlicher Ressourcen

Neben dem ökonomischen Prinzip werden in neuerer Zeit auch andere Prinzipien genannt. Diese weiteren Prinzipien sind – im Unterschied zu den ökonomischen Prinzipien – allesamt geprägt von einer **wirtschaftsethischen Grundhaltung.** Im Zentrum dieser Prinzipien stehen also Werte wie etwa Verantwortung und Gerechtigkeit. Die Rechtfertigung derartiger wirtschaftsethischer Normen ergibt sich aus den Folgen wirtschaftlichen Handelns für andere Menschen und die Umwelt. Die zugrunde liegenden Maßstäbe des Handelns im Sinne dieser Prinzipien orientieren sich in erster Linie an **Gerechtigkeit** und einen **verantwortungsvollen Umgang** mit der Knappheit natürlicher Ressourcen.

Beispiele für **weitere Prinzipien des Wirtschaftens** sind:

<table>
<tr><td>Ökologisches Prinzip</td><td>Mit der zunehmenden Umweltbelastung durch die Industriestaaten und der gleichzeitigen Erkenntnis der Endlichkeit der Rohstoffvorräte rückten in den letzten Jahrzehnten verstärkt ökologische Aspekte in den Fokus des wirtschaftlichen Handelns.

Ziel des Handelns nach dem ökologischen Prinzip sollte es sein, bei allen (wirtschaftlichen) Handlungen die Umweltbelastungen und den Ressourcenverbrauch möglichst auf ein Minimum zu reduzieren. Als Beispiele für einen schonenden Umgang mit dem Leistungsfaktor Natur (Umwelt) können angeführt werden:
■ umweltfreundliche Produktionstechniken (Reduzierung des Ressourcenverbrauchs, Einbau von Filteranlagen),
■ Produktion und Kauf umweltfreundlicher Produkte (Mehrwegflaschen bzw. -verpackungen, Produkte aus nachwachsenden Rohstoffen),
■ Recycling von gebrauchten Rohstoffen. Weltweit werden rund 80 % aller gefertigten Produkte nach einmaliger Benutzung weggeworfen. Vor dem Hintergrund der Knappheit der Ressourcen tritt in einer funktionierenden Kreislaufwirtschaft an die Stelle des Wegwerfens in immer stärkerem Maße das Recycling. Dabei fließen Rohstoffe aus nicht mehr benötigten Gütern als Sekundärrohstoffe wieder in die Produktion ein.</td></tr>
</table>

Im Rahmen des Handelns nach dem ökologischen Prinzip ist es durchaus möglich, dass die Umsetzung umweltbewusster Maßnahmen mit höheren Kosten einhergehen kann. Nicht zuletzt deshalb versucht der Staat in einigen Bereichen unter ökologischen Gesichtspunkten auf die Entscheidungen der Wirtschaftssubjekte Einfluss zu nehmen, z. B. über Aufklärungsbroschüren, Umweltschutzgesetze, Steuern (höhere Besteuerung umweltschädlicher Güter) oder Subventionen (Zuschuss für Solaranlagen, verbilligte Kredite für energetische Sanierung von Wohnhäusern).

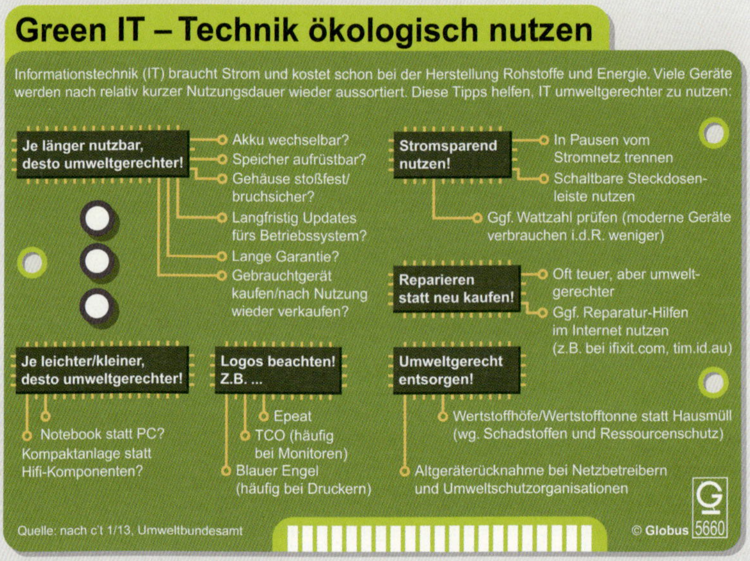

Angemessenheitsprinzip

Viele kleinere Betriebe (z. B. Einzelhandelsbetriebe, Handwerker) handeln nach dem Angemessenheitsprinzip. Sie sind zufrieden, wenn der Betrieb nach Ansicht der Geschäftsinhaber einen **angemessenen Gewinn** abwirft.

Humanprinzip

Das **Humanprinzip** zielt auf den Leistungsfaktor Arbeit ab. Es besagt, dass die Arbeit der **Selbstverwirklichung und -bestätigung** dient und sich unter humanen (menschlichen) Bedingungen vollziehen soll.

Prinzip der gerechten Güterverteilung

Im Rahmen dieses Zieles wird eine „angemessene" Verteilung von materiellen Gütern und Ressourcen angestrebt. Dabei ist jedoch nicht nur der Zugang zu den Gütern der Befriedigung von Grundbedürfnissen wie Ernährung, Kleidung oder Wohnung gemeint, sondern auch eine Chancengleichheit bzw. Chancengerechtigkeit in Bezug auf medizinische Versorgung oder Zugang zu Bildung.

Kompetenztraining

4

1. Erläutern Sie, welchem Zweck die Bereitstellung der Güter durch die Volkswirtschaft dient!
2. 2.1 Führen Sie aus, worin sich die freien Güter von den wirtschaftlichen Gütern unterscheiden!

   2.2 Bilden Sie hierzu jeweils zwei Beispiele!
3. Es ist nicht selten, dass ein Gut einmal ein Produktionsgut, einmal ein Konsumgut ist. Beispiel: Strom im Industriebetrieb – Strom im Haushalt.

Aufgabe:

Geben Sie weitere Beispiele (mindestens vier) an!

4. Ordnen Sie folgende Mittel der Bedürfnisbefriedigung den Sachgütern oder den Dienstleistungen zu:

   Nahrungsmittel, Öl, Anlageberatung, Gebäude, Massage, Auto, Maschinen, Leistungen eines Zahnarztes, Kran, Blumenstrauß, Unternehmertätigkeit.

5. Begründen Sie, warum die Luft und das Wasser zunehmend zu wirtschaftlichen Gütern werden!

6. **Projektvorschlag mit regionalem Bezug**

   Von der Möglichkeit, bisher rein öffentliche Güter in sogenannte private Güter „umzuwandeln", berichtet nachfolgender Artikel:

Hickhack um Koalitionsplan – Niemand hat die Absicht, Autobahnen zu privatisieren!

Von Benjamin Bidder und Alexander Jung

Nach dem SPIEGEL-Bericht über die geplante Privatisierung der Autobahnen fällt das Dementi der Regierung dünn aus. SPD und Union treiben das Projekt seit zwei Jahren voran. Doch wie sinnvoll ist es? Ein Überblick über die Fakten.

Die Bundesregierung übt sich in Schadensbegrenzung. Es sei „völlig unstrittig", dass Autobahnen und Bundesstraßen im Eigentum des Bundes bleiben würden, sagte ein Sprecher vom Finanzministerium am Montag. [. . .]

Alle Aufregung also fehl am Platze? Nicht ganz: Die Bundesregierung verfolge schon das Ziel, den Bau und Betrieb von Autobahnen neu zu ordnen, so der Sprecher des Finanzministeriums. Die geplante Infrastrukturgesellschaft solle „effizient operieren" – und dabei sollten auch „private Expertise und privates Kapital" zum Einsatz kommen. Mit anderen Worten: Das Finanzministerium beantwortet die Frage, ob die umstrittene Privatisierung der Autobahnen kommt, entschieden mit: jein.

Was plant die Bundesregierung genau?

Die Idee einer Privatisierung ist seit Längerem auf dem Tisch. Eine Expertenkommission sollte schon 2014 im Auftrag der Bundesregierung Konzepte für eine „Stärkung von Investitionen in Deutschland" ausarbeiten. Ihr Vorschlag: Die Schaffung einer „Verkehrsinfrastrukturgesellschaft". Gemeint ist damit ein privatrechtlich organisiertes Unternehmen, dem die Autobahnen gehören. Als Vorbild wird häufiger die Deutsche Bahn AG genannt, die 1994 das staatliche Schienennetz übernommen hat. Die „Autobahn AG" soll Investoren gewinnen, mindestens 50,1 % der Anteile soll aber der deutsche Staat halten. [. . .]

Was wären die Vorteile einer Privatisierung?

Die Bundesregierung und die von ihr zu Rate gezogenen Wirtschaftsexperten sind überzeugt: Deutschland investiert nicht nur zu wenig Geld in sein Straßennetz. Autobahnen und Bundesstraßen werden darüber hinaus auch schlecht gemanagt.

Bislang obliegen Pflege und Ausbau der Fernstraßen den Bundesländern. Insgesamt sind in den Landesstraßen-Bauverwaltungen derzeit rund 30.000 Menschen beschäftigt. Die Kleinstaaterei in der Autobahnplanung führt immer wieder zu Verwerfungen. Bei der letzten Mittelfreigabe im September präsentierten beispielsweise sechs Bundesländer kein einziges baureifes Straßenprojekt, das bevölkerungsreichste Land Nordrhein-Westfalen nur ein einziges. Die Große Koalition ist nun der Auffassung, dass eine zentrale Straßenbau-Planung bessere Ergebnisse erzielen kann. [. . .]

Die Autobahn-Gesellschaft könnte dann auch zusätzliche Gelder aus der Privatwirtschaft aufnehmen. So plant das Finanzministerium bis zu 49,9 % der neuen privatwirtschaftlichen Betreibergesellschaft an private Investoren zu verkaufen. In der Tendenz könnte also mehr Geld in Deutschlands Straßennetz fließen. Das wäre sinnvoll: Experten schätzen den Investitionstau in Deutschland auf 90 bis 100 Mrd. Euro.

Wer würde profitieren?

Vor allem die deutsche Versicherungs- und Bankenbranche. [. . .]

Quelle: Spiegel-Online vom 14.11.2016 (Zugriff: 05.02.2017).

Aufgabe:

Diskutieren Sie für Ihre Kommune oder Stadt weitere Möglichkeiten der Umwandlung öffentlicher Güter in private Güter! Gehen Sie bei Ihren Vorschlägen auch auf die konkrete Umsetzung ein und erläutern Sie mögliche Probleme bei der Umsetzung!

5

1. Nennen Sie zwei eigene Beispiele für das Handeln nach dem ökonomischen Prinzip

   1.1 im privaten Haushalt und

   1.2 im wirtschaftlichen Betrieb!

2. Begründen Sie, warum Minimalprinzip und Maximalprinzip zwei Ausprägungen des wirtschaftlichen Prinzips darstellen!

3. Franziska Rudolph ist Sekretärin und verdient monatlich 2 300,00 EUR netto. Sie legt monatlich 300,00 EUR von vornherein bei ihrer Bank an, den Rest gibt sie für Miete, Lebensmittel, Kleidung, Körperpflege, Genussmittel und Unterhaltung aus. Sie macht regelmäßig Preisvergleiche und informiert sich beim Kauf von Gebrauchsgütern in Vorbraucherzeitschriften über Preise und Qualitäten, sodass sie grundsätzlich so preiswert wie möglich kaufen kann.

   Aufgabe:

   Nach welchem Prinzip **und** nach welcher Ausprägungsform dieses Prinzips handelt sie?

   A nach dem wirtschaftlichen Prinzip?
   B nach dem Minimalprinzip?
   C nach dem Maximalprinzip?
   D nach dem Bedarfsprinzip?
   E nach dem Angemessenheitsprinzip?

   Kreuzen Sie die richtige Antwortkombination an! (Falls Ihnen das Buch nur leihweise überlassen wurde, schreiben Sie die Lösungsnummer bitte in Ihr Heft!)

   3.1 A, C ①
   3.2 A, B ②
   3.3 A, D ③
   3.4 A, E ④
   3.5 B, E ⑤
   3.6 B, D ⑥
   3.7 A, E ⑦
   3.8 D, E ⑧

4. Beurteilen Sie diese Formulierung des ökonomischen Prinzips:

   „Mit möglichst geringem Aufwand an Mitteln soll der größtmögliche Erfolg erzielt werden."

5. Zwischen dem ökonomischen Prinzip und den Prinzipien der Humanisierung der Arbeit und der Schonung der Natur besteht ein inneres Spannungsverhältnis.

   Aufgaben:

   5.1 Formulieren Sie ein Beispiel, wo es zwischen diesen Prinzipien zu Spannungen kommen kann!

   5.2 Diskutieren Sie die Frage, ob zwischen den drei Prinzipien eine Abstufung nach der Dringlichkeit möglich ist!

6

1. Unterscheiden Sie die Begriffe Gesamtnutzen und Grenznutzen!

2. Erläutern Sie, warum der Nutzen nicht kardinal messbar ist!

3. Der Grenznutzen eines privaten Verbrauchers je 10 g Chips entwickelt sich mit zunehmender Chipsmenge wie folgt:

Chipsmenge insgesamt	10	20	30	40	50	60
Grenznutzen je 10 g Chips in Nutzeneinheiten	60	35	25	15	10	0

   Aufgaben:

   3.1 Zeichnen Sie die Gesamtnutzenkurve und die Grenznutzenkurve!

   3.2 Führen Sie aus, welche Aussagen sich aufgrund dieser Kurven machen lassen!

4. Erläutern Sie, welche Bedeutung der Grenznutzen für die Nutzenerwägungen eines Haushalts hat!

5. Formulieren Sie das Erste Gossen´sche Gesetz!

6. Beweisen Sie mithilfe eines selbst gewählten Beispiels (mindestens drei Güter bzw. Gütergruppen), dass ein privater Haushalt sein Nutzenmaximum dann erreicht, wenn die Grenznutzen der ihm zur Verfügung stehenden Güter gleich sind!

7. Definieren Sie das Zweite Gossen´sche Gesetz!

Anforderungssituation 1.3
Relevanz, Entwicklung und Funktion des Geldes einschließlich der Problemstellungen wie „Geldillusion“ und „Verschuldung“

Lisa, eine Schülerin der Höheren Berufsfachschule, erwartet den Besuch ihrer besten Freundin Jacqueline, die eine Ausbildung zur Friseurin absolviert. Im Vorfeld des Besuchs hat Jacqueline bereits angedeutet, dass sie dringend mit Lisa über ein Problem sprechen müsse.

Nachdem es sich die beiden Freundinnen bei einer Tasse Latte Macchiato gemütlich gemacht haben, erzählt Jacqueline, was sie so bedrückt. Seit sie vor einem Jahr die Ausbildung zur Friseurin begonnen hat, ist sie zu Hause ausgezogen und wohnt nun in einer Ein-Zimmer-Wohnung zur Miete. Mit der Ausbildungsvergütung, dem Trinkgeld der Kunden sowie dem Kindergeld, das ihre Eltern ihr auszahlen, war der Schritt in die „eigenen vier Wände“ damals möglich, was Jacqueline seit dieser Zeit auch sehr genießt.

Doch in den letzten Monaten wächst ihr die finanzielle Belastung mehr und mehr über den Kopf. Jacqueline führt dies vor allem auf die enormen Preissteigerungen beim Strom, Gas, Sprit für ihren Roller und bei den sonstigen Nebenkosten des Lebensunterhalts zurück. Nunmehr habe auch noch ihr Vermieter angekündigt, dass er die Kaltmiete ab nächsten Monat um 20,00 € anheben wird. Jacqueline bestreitet auch nicht, dass sie in den letzten Monaten nicht immer so genau auf ihre Ausgaben beim Shoppen oder Ausgehen geachtet hat. Auch das neue Smartphone und der in diesem Zusammenhang abgeschlossene Vertrag habe sicher mit dazu beigetragen, dass ihr Girokonto mehr und mehr ins Soll geraten sei. Die finanzielle Schieflage hat sich zudem dadurch verschärft, dass bei den meisten Kunden das „Geld nicht mehr so locker sitzt“, ihre Einnahmen aus Trinkgeldern somit deutlich zurückgegangen sind.

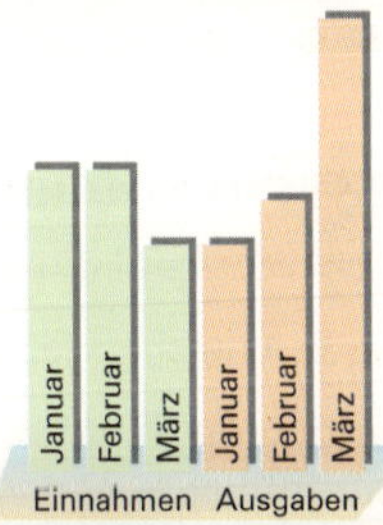

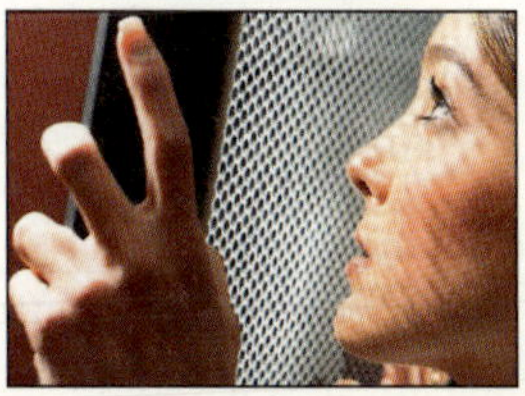

Jacqueline macht sich nicht nur Gedanken darüber, wie sie die Wohnung während ihrer Ausbildung dauerhaft halten kann, auch die Rückzahlung ihrer Schulden bei der Bank belastet sie stark. Diese hat sich sogar schon schriftlich bei ihr gemeldet und um kurzfristige Rückmeldung gebeten, wie sie sich die Rückführung ihrer Kontoüberziehung konkret vorstellt. Abschließend betont Jacqueline, dass sie sich immer größere Sorgen um ihre Zukunft macht. Als Friseurin ist das monatliche Einkommen auch nach der Ausbildung relativ gering und ihr stellt sich zunehmend die Frage, wie sie sich mit einem solchen Gehalt dauerhaft eine Wohnung oder gar ein Auto leisten kann, zumal in ihren Augen ja alles immer teurer wird. An einen Urlaub oder andere Annehmlichkeiten sei da ja später wohl gar nicht zu denken. Erstmals sei ihr nun richtig bewusst, wie sehr doch das Einkommen und somit das für die Lebensgestaltung zur Verfügung stehende Geld einem Menschen enorme Sorgen bereiten können und sie frage sich ernsthaft, wie das alles weitergehen soll. Jacqueline geht in ihren Überlegungen sogar so weit, dass sie sich fragt, ob man das Geld nicht ganz einfach abschaffen sollte, zumal man ja in der früheren Menschheitsgeschichte wohl auch ohne Geld ausgekommen sei und damit doch auch ohne derlei Geldsorgen.

Lisa versteht die Probleme ihrer Freundin nur allzu gut und erzählt, dass ihre Eltern auch seit einiger Zeit heftig über das Thema Geld diskutieren. Das Ganze habe nunmehr dazu geführt, dass ihre Eltern sich entschlossen haben, die Stadtwohnung zu kündigen und gemeinsam mit ihr aufs Land zu ziehen, wo man ein Einfamilienhaus kaufen möchte. Der wesentliche Grund hierfür sei – soweit sie es verstanden habe – die Angst davor, dass die Ersparnisse eines Tages nichts mehr wert seien. Ihr Vater habe in den letzten Tagen immer wieder von seinen Großeltern erzählt, deren Geld auch quasi über Nacht für wertlos erklärt wurde. Lisa berichtet, dass sich ihr Vater mehr und mehr darüber aufregt, dass die Menschen in unserer heutigen Zeit trotz dieser Erfahrungen aus der Vergangenheit immer noch der Illusion unterliegen, dass Geld immer seinen Wert behalte. Mit Blick auf die ganze öffentliche Diskussion zur Eurokrise und die in den Euroländern ansteigenden Staatsschulden wollen Lisas Eltern nun das über Jahre angesparte Geld gegen ein bebautes Grundstück eintauschen. Da der Kaufpreis und die anstehende Renovierung der Immobilie die Ersparnisse jedoch übersteigen, wollen Lisas Eltern sogar noch einen entsprechenden Kredit zur Finanzierung des Einfamilienhauses aufnehmen. Ihr Vater würde an der Stelle immer wieder betonen, dass die Verschuldung wegen einer Immobilie für ihn kein allzu großes Problem darstelle, zumal sich der deutsche Staat ja auch seit vielen Jahrzehnten mehr und mehr verschulde. Und was der Staat kann, das könne er schließlich allemal.

Kompetenzorientierte Arbeitsaufträge:

1. Bestimmen Sie die in der Anforderungssituation genannten Akteure und Betroffenen der Verschuldung!
2. Erläutern Sie mögliche Gründe für die zunehmende Verschuldung von Jacqueline!
3. Erarbeiten Sie in Kleingruppen die Tragweite einer zunehmenden Verschuldung von Jacqueline und entwickeln Sie mögliche Auswege aus der individuellen Schuldenfalle!
4. Erläutern Sie mögliche Entstehungsgründe, die zu der Entwicklung von Geld geführt haben könnten!
5. Zählen Sie mögliche Funktionen auf, die Geld erfüllen muss!
6. Erläutern Sie, was man unter der „Geldillusion" versteht!
7. Beschreiben Sie kurz das Verfahren, wie man die Veränderungen des Preisniveaus hierzulande misst! Nehmen Sie anschließend kritisch zu diesem Messverfahren Stellung!
8. Sammeln Sie gemeinsam mit Ihrem Sitzpartner mögliche Ursachen für die über Jahrzehnte zunehmende Verschuldung des deutschen Staates!

5 Relevanz des Geldes für das Funktionieren einer Volkswirtschaft

5.1 Begriff Arbeitsteilung

Müsste jeder Einzelne die von ihm benötigten Schuhe, Kleider, Nahrungsmittel usw. selbst herstellen, so würde ihm dies wohl nur mühsam und wahrscheinlich in schlechter Qualität gelingen. Sicher würde er weder eine besondere Fähigkeit, noch eine überdurchschnittliche Geschicklichkeit bei der Herstellung dieser Güter erlangen, da er die einzelnen Güter nicht häufig genug herstellt. Der Ertrag seiner Arbeit wäre sehr gering.

Unter **Arbeitsteilung** versteht man die Auflösung einer Arbeitsleistung in Teilverrichtungen und/oder das Zusammenwirken von Arbeitenden in der Weise, dass jeder Arbeitende eine besondere Aufgabe erfüllt.

5.2 Volkswirtschaftliche Arbeitsteilung

Gütererstellung und Bedarfsdeckung erfolgen in verschiedenen **Zweigen der Wirtschaft.** Die arbeitsteilige Wirtschaft lässt sich vertikal („senkrecht") oder horizontal („waagerecht") einteilen.

Eine **vertikale volkswirtschaftliche Arbeitsteilung** liegt vor, wenn die Wirtschaftszweige stufenmäßig von der Urproduktion bis hin zum Verbrauch eingeteilt werden.

Im Allgemeinen wird die Volkswirtschaft in folgende **Wirtschaftsstufen** eingeteilt:

Erzeugungsbetriebe	Darunter fallen die **Urproduktionsbetriebe** (Landwirtschaft, Fischerei, Jagd, Bergbau), die **Produktionsmittelbetriebe** (z. B. Herstellung von Maschinen, Fertigteilen, Werkzeugen für den eigenen und fremden Bedarf) und die **Konsumgüterbetriebe** (z. B. Herstellung von Konserven, Getränken, Kühlschränken, Radiogeräten).
Verteilungsbetriebe	Sie bringen die Güter in die Nähe des Verbrauchers (Großhandel, Einzelhandel, Außenhandel).
Verbrauch	Er findet in den **privaten** und **öffentlichen Haushalten** statt. Öffentliche Haushalte (öffentliche Gemeinwesen, im weitesten Sinne der „Staat“) sind z. B. die Haushalte des Bundes, der Länder, der Gemeinden. Die Haushalte stellen gewissermaßen das letzte Glied der Wirtschaft dar.

In die gesamte vertikale Gliederung der Wirtschaft lassen sich die **Dienstleistungsbetriebe** nicht ohne Weiteres einfügen, weil sie **allen Wirtschaftsstufen dienen.** Zu den Dienstleistungsbetrieben rechnen die **Verkehrsbetriebe,** die die Beförderung von Gütern von Betrieb zu Betrieb und an die Haushalte übernehmen, die **Banken** (Kreditinstitute), die **Versicherungen,** die **Mittlerbetriebe** (Makler, Vertreter, Kommissionäre) und die **Werbeagenturen.** Ferner müssen auch die Betriebe der **Rechtsanwälte,** der **Steuerberater,** der **Wirtschaftsprüfer** und die **Auskunfteien** zu den Dienstleistungsbetrieben gerechnet werden.

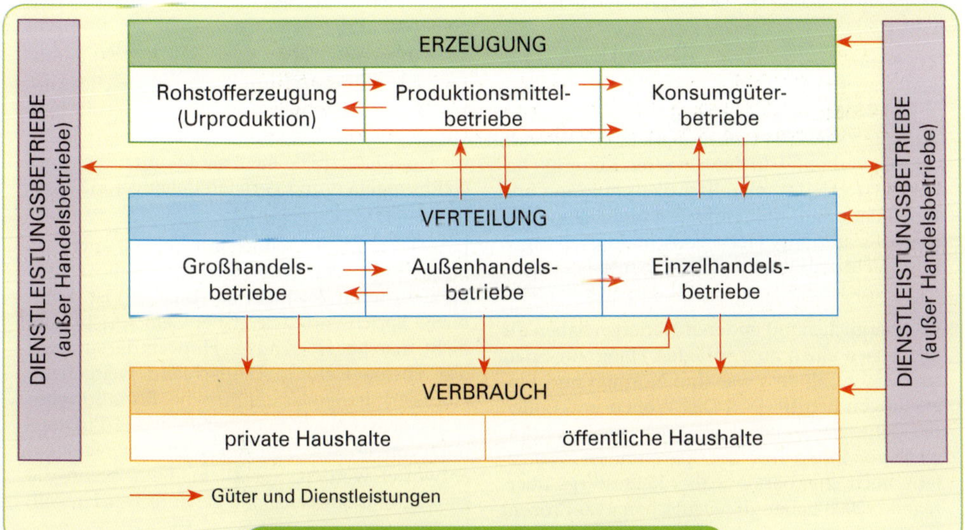

Vertikale Arbeitsteilung der Wirtschaft

Jede Wirtschaftsstufe umfasst wiederum eine Vielzahl von Betrieben, die gewissermaßen auf gleicher Ebene liegen **(horizontale Arbeitsteilung),** weil keine Stufe in einem Betrieb allein alle erforderlichen Leistungen erbringen kann.

4 Boller - ISBN 978-3-8120-0619-4

Die **Aufteilung der Volkswirtschaft** in die Wirtschaftsstufen **Erzeugung, Verteilung** und **Verbrauch** bezeichnet man als **volkswirtschaftliche Arbeitsteilung.**

5.3 Geldwirtschaft als logische Folge der Arbeitsteilung

5.3.1 Entstehung, Arten und Funktionen des Geldes

5.3.1.1 Geschichtliche Entwicklung des Geldes und der Geldarten[1]

Ist von „Geld" die Rede, so meint man zunächst zu wissen, was das ist. Soll man aber den Begriff Geld definieren, so stößt man auf Schwierigkeiten. Nicht anders ergeht es den Wissenschaftlern, die immer wieder aufs Neue daran gehen, das Wesen des Geldes zu deuten. Begriff und Aufgabe des Geldes kann man nur verstehen, wenn man sich über seine Entstehungsgründe Gedanken macht.

Umgang mit Geld

[...] Wie wir mit Geld umgehen, hat Folgen: Erfolg, Zufriedenheit, vielleicht sogar Glück – obschon Geld allein ja nicht glücklich machen soll – kann der erlangen, der Geld souverän einsetzt. Wer dazu nicht in der Lage ist, wird zum Opfer seiner Lebensumstände, seines Verhaltens, mitunter auch seiner Anhäufung von Finanzmitteln. [...]

Zu Beginn des 20. Jahrhunderts war Sparsamkeit eine Pflicht, Verschuldung tabu. Entsprechende Einstellungen und ein entsprechendes Verhalten sind bis heute in der älteren Generation weit verbreitet. In den jüngeren Kohorten haben sie sich indes relativiert. Verschuldung und Ratenkäufe sind weit verbreitet und gelten nicht mehr als anstößig. Hedonistische Einstellungen und „Geld als Mittel zu Konsum und Lebensgenuss" spielen heute eine größere Rolle.

[...] Verglichen mit anderen Nationen haben die Deutschen einen ausgeprägten Hang zur Sparsamkeit, zumindest was ihre Normen und Einstellungen betrifft. [...] Das Wollen und Sollen der Deutschen unterscheidet sich jedoch mittlerweile von ihrem Tun. Die Sparquote ist zwar relativ hoch, international aber keineswegs überragend. 2008 haben die Deutschen 11,6 Prozent ihres verfügbaren Einkommens gespart [...]. In Österreich, Frankreich, Irland, Spanien und der Schweiz wurde aber 2008 gleich viel oder sogar mehr gespart.

[...] Untersuchungen belegen, dass ältere Menschen im Vergleich zu jüngeren weniger gern Schulden machen, zufriedener mit der eigenen finanziellen Lage und mit dem erreichten Besitzstand sind, weniger Risikolust verspüren, sparsamer mit Geld umgehen, ihren Finanzhaushalt disziplinierter führen und Geld strenger kontrollieren, ehrlicher in Geldgeschäften sind, mit Geld positivere Assoziationen verbinden.

[...] Jugendlichen wird heute oft nachgesagt, sie gäben sehr viel Geld für unvernünftige Dinge aus (insbesondere für das Telefonieren, für Computerspiele etc.), sie könnten nicht mit Geld umgehen und gerieten daher oft in Schulden. [...]

[...] Der richtige Umgang mit Geld ist auch von Normen geprägt, etwa Normen, wie über Geld zu sprechen (oder nicht zu sprechen) ist. Zahlreiche Sprichworte wie „Über Geld spricht man nicht, man hat es", sind ein Hinweis darauf, dass das Thema Geld in Deutschland weitgehend tabuisiert ist. Jeder empirische Sozialforscher weiß, dass Fragen zum persönlichen Einkommen von großen Bevölkerungsteilen nicht beantwortet werden, vor allem dann, wenn die genaue Einkommenshöhe genannt werden soll. [...]

Die Tabuisierung hat Folgen: [...] Wer nicht mit Geld umgehen kann, fällt der Missachtung vieler Mitmenschen anheim, wird möglicherweise

1 Vgl. zu diesem Kapitel Grupp, D. C.: Geld zu jeder Zeit, Geschichten vom Geld am Rande der Geschichte, 3. Aufl., o. J., S. 5 und S. 12.

gar als lebensuntüchtig bezeichnet. Dessen ungeachtet ist souveränes Umgehen mit Geld kein Thema. Selbstzweifel und Unsicherheiten müssen die betroffenen Menschen in der Regel mit sich selbst austragen. Lernen, mit Geld umzugehen und Geldkompetenz werden so nicht gefördert.

Aber nicht nur die Tabuisierung trägt dazu bei, dass Wissen über kompetentes Umgehen mit Geld sich so zögernd verbreitet. Hinzu kommt: Geld hat in bestimmten Bevölkerungsteilen ein schlechtes Image. Wer sich als „Finanzfuchs" erweist, genießt einen eher schlechten Ruf. Die Beschäftigung mit Geld gilt als wenig rentabel, sowohl was finanzielle Gewinne als auch Lustgewinn und soziale Anerkennung betreffen. Viele Menschen sind, möglicherweise bedingt durch paternalistische Traditionen des „Versorgungsstaats", im Bereich der persönlichen Finanzen unmündig. Sie sind es einfach nicht gewohnt, in diesen Bereichen aktiv zu werden.

Geld gilt in großen Bevölkerungsteilen als schwierige Materie. Das schreckt ab, sich damit zu befassen. Dass viele dieser Menschen sich in Beruf und Freizeit mit mindestens ebenso schwierigen Sachverhalten befassen, widerspricht dem nicht. Geld gilt weithin als abstrakte, lebensferne Angelegenheit. Populär: Geld ist nicht „sexy".

Quelle: Stefan Hradil, „Wie gehen die Deutschen mit Geld um?", in: APuZ 26/2009. S. 33ff.

(1) Tauschlose Wirtschaft

In früheren Zeiten, als die Menschen noch in sogenannten „geschlossenen Hauswirtschaften" lebten, gab es keinen oder nur geringen Gütertausch. Die weitaus meisten der von den Menschen benötigten Güter wurden von ihnen innerhalb der Großfamilie (in der geschlossenen Hauswirtschaft) selbst hergestellt. Die geschlossene Hauswirtschaft war daher Produktions- und Verbrauchsstätte zugleich. In der Regel war daher ein Tauschmittel („Geld") nicht erforderlich.

(2) Naturaltauschwirtschaft

In reiner Form wird es diese tauschlose Wirtschaft jedoch nicht gegeben haben. Die einzelnen Großfamilien konnten sich sicher manche Dinge nicht oder nicht in ausreichendem Maß selbst beschaffen (z.B. Rohstoffe wie Salz, Metalle, Bernstein). Andere Güter wird man in Mengen hergestellt haben, die den eigenen Bedarf überstiegen. Es war also möglich,

Ware gegen **Ware**

zu tauschen. Dieser **unmittelbare** (direkte) Tausch war jedoch umständlich und zeitraubend.

(3) Warengeldwirtschaft

Der größte Nachteil der Naturaltauschwirtschaft war, dass es kein Gut gab, das **allgemein** als Tauschmittel anerkannt wurde. Es war daher ein großer Fortschritt in der wirtschaftlich-gesellschaftlichen Entwicklung, als sich die Menschen in bestimmten Regionen auf ein einziges Tauschgut einigten, dem alle einen Tauschwert zumaßen, obwohl das Gut mitunter zu einem unmittelbaren Gebrauch überhaupt nicht zu verwenden war.

Ein von allen Tauschpartnern anerkanntes **Zwischentauschgut** bezeichnet man als **Geld.**

Die Warengeldwirtschaft ist die erste Stufe der Geldwirtschaft. An die Stelle des unmittelbaren Tauschs tritt der **mittelbare** (indirekte) Tausch:

Ware gegen **Geld** – **Geld** gegen **Ware**

Als allgemeines Tauschmittel (Geld) fanden anfänglich Waren mit verhältnismäßig langer Lebensdauer Verwendung, die notfalls zugleich der unmittelbaren Bedürfnisbefriedigung dienen konnten (Warengeld als Nutzgeld).

Solches Nutzgeld waren beispielsweise Vieh (heutige Bezeichnungen für Geld oder Geldeinheiten wie pecus, pecunia = Vieh lassen darauf schließen),[1] Pfeilspitzen oder Spieße (z. B. Obolus[2] = Bratspieß oder Drachme[3] = eine Handvoll Spieße).

Warengeld kam gleichermaßen als Schmuckgeld vor (z. B. Muscheln, Perlen und Edelmetalle). Besonders die Edelmetalle (Gold, Silber, Kupfer) hatten gegenüber den übrigen Waren Vorteile: Sie waren verhältnismäßig leicht transportierbar und teilbar.

Rechts und links chinesische, in der Mitte ein russischer Teeziegel

Schmuckgeld aus dem Sudan
Quelle: Archiv Dr. Runge, Hamburg

Zu dem geldgeschichtlich wohl interessantesten Tauschmittel zählt das nebenstehend abgebildete Steingeld von einer Inselgruppe aus Mikronesien, einem Gebiet im westlichen Pazifik.

Auf die Geschichte dieses Steingeldes, welches sogar zeitweise mit der Deutschen Mark in einem festen Austauschverhältnis stand, soll in der anschließenden Abhandlung näher eingegangen werden.

Quelle: Geldmuseum in Frankfurt am Main

Das oben abgebildete Steingeld ist ein auf der Insel Ulithi in Yap-Islands, einem Bundesstaat von Mikronesien, verwendetes Tauschmittel. Es besteht aus Stein, welcher auf den benachbarten Inseln gefunden wurde. Die Steine wurden von Männern mit Kanus teilweise über eine Entfernung von etwa 210 Seemeilen (ca. 390 km) nach Yap-Islands gebracht. Die Größe der Steine reicht von 10 cm Durchmesser bis hin zu Scheiben mit einem Durchmesser von 3 Metern. Der Wert des Steines lag darin, dass auf dem Atoll von Yap-Islands keine natürlich entstandenen Steine zu finden sind. Einer Legende nach soll es derartiges Steingeld seit 500 bis 600 Jahren auf Yap-Islands geben.

1 Auch heute noch wird das aus dem Lateinischen stammende Wort „pekuniär" im Sinne von geldlich verwendet.

2 Wenn jemand „seinen Obolus" (gr.) entrichtet, hat er einen kleinen Beitrag bezahlt. Ein Obolus war im alten Griechenland eine kleine Silber-, später Kupfermünze.

3 Die Drachme war eine griechische Münze.

Für jeden einzelnen Stein gab es eine mündliche Erzählung darüber, wie er nach Yap gebracht wurde und welche Abenteuer dabei überstanden werden mussten. Es kam auch vor, dass jemand bei so einer Expedition starb. So fand man beispielsweise auf der Insel Gagil einige Steine, in die jeweils die Namen der bei der Expedition Verunglückten eingraviert worden waren.

Gegen Ende des 19. Jahrhunderts erhöhte sich die Menge an Steingeld in großem Maße, was zu einer „Inflation" bei dem Steingeld führte. Die Geschichte dieser Inflation basiert auf folgenden Ereignissen:

Im Jahr 1871 fischten die Bewohner der Inselgruppe Yap nach einem mehrtägigen Sturm den Schiffbrüchigen David O'Keef aus dem Wasser. Der Medizinmann brachte den jungen Mann irisch-amerikanischer Abstammung schnell wieder auf die Beine. Da er ohne Schiff seine Reise nicht fortsetzen konnte, nutzte er die Zeit, um die Lebensweise der Inselbewohner zu studieren. Vor allem die riesigen und enorm schweren Steinräder, von ein bis zwei Meter Durchmesser und einem Loch in der Mitte, hatten es ihm angetan.

Ein „Rai", manchmal auch „Fai" genannt, hatte eindeutig einen hohen Wert. Sie lehnten an den Hütten oder säumten den Wegesrand. Für einen mannshohen Stein konnten zur damaligen Zeit zirka 3 000 Kokosnüsse eingetauscht werden, ein Stein von 35 Zentimeter Durchmesser brachte 400 dieser Früchte. Wurde mit einem Rai bezahlt, steckten mehrere Männer eine Holzstange durch das Loch und schleppten ihn weg. Dabei wogen einige Exemplare über 3 000 Kilogramm! Fand ein Besitzerwechsel von einem der ganz großen „Geldstücke" statt, ließ man ihn einfach stehen. Da die Eigentümer bekannt waren, wurde ein Transport zum neuen Eigentümer überflüssig. Ein Inselbewohner brachte es zu hohem Ansehen und großem Einfluss, wenn er in mehreren Dörfern Steine besaß.

David O'Keef fand heraus, dass das Steingeld aus Aragonit bestand, eine Gesteinsart, welche es nur auf der 210 Seemeilen entfernten Nachbarinselgruppe Palau gab. Der Transport erfolgte in kleinen Auslegerkanus und dauerte, günstiges Wetter vorausgesetzt, mindestens fünf Tage. Nicht selten gerieten die kleinen Boote mitten im Stillen Ozean in ein Unwetter, kenterten und Mann und Stein fielen ins Wasser. So war die Geldbeschaffung nicht nur mühsam, sondern auch äußerst gefährlich. Aber das war noch nicht alles. Um das Gestein auf Palau abbauen zu dürfen, mussten die Männer aus Yap-Islands zusätzlich für die Bewohner schwerste Arbeiten verrichten.

Dann erst durften sie sich ihrer eigentlichen Aufgabe, der Gelderzeugung, widmen. Mithilfe von Feuer wurde der Stein vom Fels gespalten, dann wurde er mit Muschelwerkzeugen in die runde Form gebracht und schließlich mittels Korallen in die Mitte ein Loch gebohrt.

Als O'Keef nach Monaten seine Reise auf einem vorbeikommenden Schiff fortsetzen konnte, beschloss er, mit dem Transport der Steine Geld zu verdienen. In Hongkong organisierte er eine chinesische Dschunke sowie Eisenwerkzeuge. Nach seiner Rückkehr setzte in Yap-Islands eine regelrechte Steingeldhysterie ein. Die Geldstücke wurden aufgrund der neuen Möglichkeiten immer größer und schwerer. Dreißig Jahre lang transportierte er Steingeld und bekam dafür von den Inselbewohnern „Kopra", das Fruchtfleisch der Kokosnuss. Diesen Kokosnuss-Rohstoff konnte O'Keef bei einer deutschen Handelsvertretung in Zahlung geben und bekam dafür andere Güter oder europäisches Geld. Teilweise verpfändeten die Bewohner mehrere Jahresernten, um die Transportkosten zu bezahlen. Die Insel wurde zu dieser Zeit von Deutschen verwaltet. Die damalige Kolonialverwaltung erwarb mehrere große Exemplare des Steingeldes und sicherte sich so den Status eines reichen und mächtigen Häuptlings. Durch die Eingliederung in das Geldsystem wurde die Kolonialverwaltung gleichzeitig auch in das System der sozialen und politischen Rangklassen eingebunden. So herrschte ein gutes Verhältnis zwischen den Insulanern und der deutschen Kolonialmacht. Die Kolonialverwaltung brachte die Steine ins Verhältnis zur deutschen Währung, machte sie also konvertierbar.[1] Ein Stein von acht bis zehn Zentimeter Durchmesser hatte den Wert von fünfundzwanzig Pfennig, ein Stein von bis zu zwanzig Zentimeter Durchmesser repräsentierte fünfzig Pfennig und ein Stein mit 40 Zentimeter wurde dem Zweimarkstück gleichgesetzt.

1 Unter Konvertierbarkeit bzw. Konvertibilität versteht man die freie Austauschbarkeit der Währungen verschiedener Länder zum jeweiligen Wechselkurs.

1914, zu Beginn des Ersten Weltkrieges, verließen die Deutschen die Region. Man zählte im Jahre 1929 über 13 000 Steine auf der Insel. Heute sind noch zirka 6 500 Steine vorhanden, ihr Gebrauch reduziert sich auf rituelle Zahlungen, dient aber durchaus noch als Brautpreis oder zur Demonstration von Reichtum. Dabei bleibt der Stein in der Regel unbewegt vor Ort, nur der Eigentümer wechselt. David O'Keef war zu seiner Zeit auf Yap-Islands sehr beliebt und erlangte hohes Ansehen. Im Jahre 1901 kam er von einer Seereise nicht zurück. So wie er aus dem Meer gekommen war, ging er dorthin zurück.

Quelle: Wikipedia sowie Blauwasser 04/2005.

(4) Wägegeldwirtschaft

Die Verwendung des Metalls (Barren, Stäbe) als allgemeines Tauschmittel war zwar ein Fortschritt, brachte jedoch beim Zahlungsvorgang einige Mühe mit sich. Die Metallstücke mussten abgeschlagen, auf ihren Feinheitsgehalt geprüft und gewogen werden. (Die Bezeichnung Rubel[1] deutet darauf hin: Rubel = abgeschlagenes Stück.)

(5) Münzgeldwirtschaft

Es waren im 7. Jh. v. Chr. die **Lyder,**[2] die die Münze erfanden. Die von den Metallstäben oder -barren abgeschlagenen Scheiben wurden mit einer **Prägung** versehen, mit der der König den Feingehalt und das Gewicht garantierte. Manche Münznamen erinnern an diese Entwicklungsstufe des Geldes, z. B. Gulden[3] (= gülden, aus Gold), Sou[4] (lat. Solidus, d. h. aus solidem Gold) oder Pfund[5] bzw. Livre[6] (= Angabe des Gewichts des Metalls).

Silbertetradrachme von Athen (um 460 v. Chr.)
Vorderseite: Kopf der Göttin Athene
Rückseite: Eule

Griechische Münze mit dem Kopf des Poliorketes von Makedonien (306 – 283 v. Chr.)

Solidus aus Gold mit dem Kopf Konstantins des Großen (um 280 – 337 n. Chr.)

Chinesische Käschmünze (500 v. Chr. – 1912)

Mainzer Pfennig (um 780) – Die Buchstaben CAROLUS sind das Signet Karls des Großen (742 – 814)

Hohlpfennig (Brakteat) Heinrichs des Löwen (1129 – 1195) 2. Hälfte des 12. Jahrhunderts

Maria-Theresientaler – Zahlungsmittel bis in die Gegenwart (z. B. in Afrika)

---

1 Der Rubel ist die Währungseinheit Russlands und einiger Nachfolgestaaten der früheren Sowjetunion.

2 Das Reich der Lyder befand sich im 6. und 7. Jahrhundert v. Chr. an der Westküste Kleinasiens. Der letzte Lyderkönig hieß Krösus. Die Lyder waren ein Handelsvolk. Ihr Gold fanden sie im goldführenden Fluss Paktolos.

3 Der Gulden (abgekürzt hfl) war bis zur Einführung des Euro die Währungseinheit der Niederlande.

4 Der Sou ist das französische 5-Centimes-Stück. (1 französischer Franc = 100 Centimes.)

5 Das englische Pfund (£) ist die Währungseinheit Großbritanniens.

6 Livre (frz.): Pfund (alte Währungseinheit Frankreichs).

Münzen, deren Metallwert dem aufgeprägten Wert (= Nennwert, Nominalwert) entsprachen, heißen **Kurantmünzen.** Damit auch Güter geringeren Wertes mit Geld bezahlt werden konnten, gab es sogenannte **Scheidemünzen,** deren Nennwert **über** dem Metallwert lag. Beim heute gültigen Münzgeld liegt der Nennwert regelmäßig über dem Metallwert (unterwertig ausgeprägte Münzen).

(6) Papiergeldwirtschaft

Weil den Kaufleuten des Mittelalters die Aufbewahrung des Geldes in ihren Häusern zu unsicher war, entstanden Kaufmannsbanken, die Edelmetallbeträge gegen Quittung („Noten“) in Verwahrung nahmen. Bald gewöhnte man sich daran, diese Scheine selbst zu übertragen und nicht das bare Geld. Im Prinzip war damit das **Papiergeld** (die Banknote) entstanden.

Die Zahlungen mit Papiergeld konnte man so lange unbedenklich vornehmen, wie man sicher sein konnte, dass die Banken bei Vorlage des Papiers die entsprechende Münzgeldsumme auszahlten. Jedoch merkten die Banken bald, dass nicht alle Noten zur gleichen Zeit eingetauscht wurden, dass sie also mehr Noten ausgeben konnten (z. B. Kredite gewähren konnten), als Deckung in Münzen vorhanden war. Das konnte nur so lange gut gehen, wie die Banken diese **Geldschöpfung** nicht übertrieben und vor allem das **Vertrauen** der Geldanleger in die Banken vorhanden war. In dem Augenblick nämlich, in dem alle Anleger zugleich die Auszahlung ihrer Guthaben forderten, musste sich herausstellen, dass die Bank nicht in der Lage war, alle Guthaben auszuzahlen.

Nach einer Reihe von Bankzusammenbrüchen übernahmen daher die **Staaten** die Aufsicht über die Banken. Nur zuverlässige Banken erhielten das Recht, Noten in Umlauf zu bringen, ein Recht, das heutzutage allein die Zentralnotenbanken (z. B. die Europäische Zentralbank) kraft Gesetzes besitzen.

(7) Giralgeldwirtschaft

Seit mehr als 100 Jahren gewinnt das **Giralgeld** zunehmend an Bedeutung. Es existiert nur auf den **Girokonten** der Kreditinstitute.

Das Wort **„Giro“** kommt von „Kreis“, „Ring“. Gelder, die auf Girokonten liegen, kann man von Konto zu Konto überweisen, weil die Kreditinstitute gewissermaßen „ringförmig“ miteinander in Verbindung stehen. Girokonten sind laufende Konten (Kontokorrentkonten), die dem „laufenden“ Zahlungsverkehr dienen.

- Unter **Giralgeld (Buchgeld)** versteht man **Guthaben bei Banken,** über die der Bankkunde **täglich** verfügen kann. Sie stehen der Bank also nur „auf Sicht“ zur Verfügung, daher auch die Bezeichnung **„Sichteinlagen“.**
- Obwohl Giralgeld **kein gesetzliches Zahlungsmittel** ist, wird es normalerweise allgemein als Zahlungsmittel akzeptiert. Giralgeld kann **jederzeit** in **Bargeld** umgewandelt werden.

(8) Elektronisches Geld

Eine Weiterentwicklung stellt das „elektronische Geld“ (E-Geld) dar. Es handelt sich dabei um Werteinheiten in Form einer Forderung gegen die ausgebende Stelle, die

- auf elektronischen Datenträgern gespeist sind,
- gegen Entgegennahme eines Geldbetrags ausgegeben werden und
- von Dritten als Zahlungsmittel angenommen werden, ohne gesetzliches Zahlungsmittel zu sein [§ 1a III ZAG].

Kein elektronisches Geld liegt vor, wenn Herausgeber und Akzeptant[1] der Werteinheiten identisch[2] sind und wenn die Werteinheiten lediglich Vorauszahlungen für bestimmte Sach- oder Dienstleistungen darstellen (z. B. Telefonkarten).

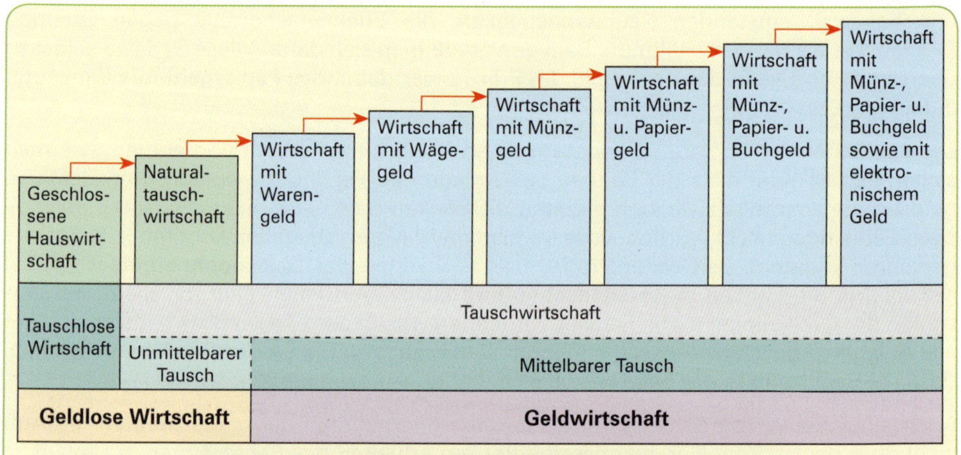

Entwicklungsstufen des Geldes und der Wirtschaft

5.3.1.2 Geldmengenbegriffe der Europäischen Zentralbank

Die Europäische Zentralbank (EZB) unterscheidet folgende Geldarten:

(1) Bargeld

Hierunter fallen Münzen und Banknoten.

Münzen	Die in Deutschland umlaufenden Euro-Münzen sind durchweg **Scheidemünzen,** weil ihr Materialwert niedriger als ihr Nennwert ist (unterwertig ausgeprägte Münzen). Die deutschen Euro-Münzen werden im Auftrag der Bundesregierung von den staatlichen Prägeanstalten geprägt und von der Deutschen Bundesbank in Umlauf gebracht. Das Gleiche gilt für die übrigen Euro-Länder, deren Münzen im Auftrag der jeweiligen Regierungen geprägt und von den zuständigen nationalen Zentralbanken in Umlauf gebracht werden.[3]

1 **Akzeptieren** (lat.): annehmen, einverstanden sein. Der Akzeptant ist derjenige, der die von ihm herausgegebene Werteinheit gegen die versprochene Leistung annimmt.

2 **Identisch** (lat.): völlig gleich, übereinstimmend, ein und dasselbe.

3 Im Gegensatz zu den Euro-Banknoten besitzen die Euro-Münzen eine Seite mit nationalen Motiven (z. B. die deutschen Euro-Münzen das Brandenburger Tor oder den Bundesadler).

Banknoten	Das alleinige Recht zur Ausgabe von Banknoten besitzt die Europäische Zentralbank.

(2) Täglich fällige Einlagen (Sichteinlagen)

Hierunter versteht man die Summe aller jederzeit (d. h. bei Sicht) fälligen Einlagen der privaten Haushalte, der Unternehmen (Nichtbankenunternehmen) und der zum Staatssektor gehörenden Länder, Gemeinden und Sozialversicherungsträger.

Die Summe aus **Bargeldumlauf** und **täglich fälligen Einlagen** bezeichnet die EZB mit dem Symbol M1. Die Geldmenge M1[1] ist das am engsten gefasste monetäre Aggregat.[2]

M1 = Bargeldumlauf + täglich fällige Einlagen

Indem man zur Geldmenge M1 die **kurzfristigen Einlagen,** d. h. die Einlagen mit vereinbarter Laufzeit von bis zu zwei Jahren und die Einlagen mit vereinbarter Kündigungsfrist von bis zu drei Monaten hinzuzählt, erhält man die Geldmenge M2.

M2 = M1 + kurzfristige Einlagen

Die weit gefasste Geldmenge M3 ergibt sich, indem man zu M2 bestimmte **marktfähige Verbindlichkeiten des Bankensektors**[3] (z. B. Schuldverschreibungen mit einer Laufzeit von weniger als zwei Jahren, Geldmarktpapiere wie z. B. Bankakzepte und Repogeschäfte)[4] hinzurechnet.

M3 = M2 + sonstige marktfähige Verbindlichkeiten des Bankensektors

5.3.1.3 Währung und Währungsarten

Der Begriff Währung stammt aus dem Mittelhochdeutschen „werunge" und bedeutet „Gewährleistung". Gewährleistet (garantiert) werden soll der Wert des Geldes eines Staates.

Die gesetzliche Regelung des Geldwesens eines Staates oder einer Wirtschafts- und Währungsunion bezeichnet man als **Währung.**

Je nach dem **Stoff,** aus dem eine Währung besteht bzw. an den die umlaufende Geldmenge gebunden ist, spricht man von **gebundener** oder von **freier (manipulierter**[5]**) Währung**.

1 M von money (engl.): Geld.

2 **Aggregieren** (lat.): zusammenfassen, zusammenzählen. Aggregat: Zusammenfassung. Monetär (lat.): geldlich, geldmäßig, in Geld ausgedrückt.

3 Der Fachausdruck für Bankensektor heißt Sektor der Monetären Finanzinstitute (MFI-Sektor). Er umfasst vor allem die nationalen Zentralbanken, die EZB, Kreditinstitute und andere Finanzinstitute.

4 Die Kreditinstitute können sich beim ESZB finanzielle Mittel beschaffen, indem sie beleihungsfähige Wertpapiere an das ESZB für eine bestimmte Zeit verkaufen. Diese Geschäfte bezeichnet man als Pensions- oder Repo-Geschäfte. **Repo** ist die Abkürzung für Repurchase (engl. Rückkauf). Das „o" am Ende hat sich wegen der Aussprache durchgesetzt.

5 **Manipulieren**: handhaben, verändern.

Gebundene Währungen	Sie sind an ein Währungsmetall gebunden (z. B. Gold oder Silber).
Freie Währung	Hier ist die Bindung an einen Stoff (z. B. Gold) aufgehoben. Es handelt sich also um eine **reine Papierwährung.** Die Geldmengenvermehrung bzw. -verminderung ist durch die Notenbank frei manipulierbar. Eine freie Währung wird deshalb auch als manipulierte Währung bezeichnet. Dies schließt nicht aus, dass auch **manipulierte Währungen** durch Gold und Devisen „gedeckt" sein können. Die Gold- und Devisenbestände haben jedoch nur die Aufgabe, dem internationalen Zahlungsausgleich (z. B. der Bezahlung von Importen) zu dienen. Die Währung der Europäischen Wirtschafts- und Währungsunion ist eine manipulierte Währung.

5.3.2 Funktionen (Aufgaben) des Geldes

(1) Grundfunktionen des Geldes

Geld ist alles, was die Funktionen des Geldes erfüllt. Die wesentlichen Funktionen des Geldes sind in der nachstehenden Abbildung wiedergegeben:

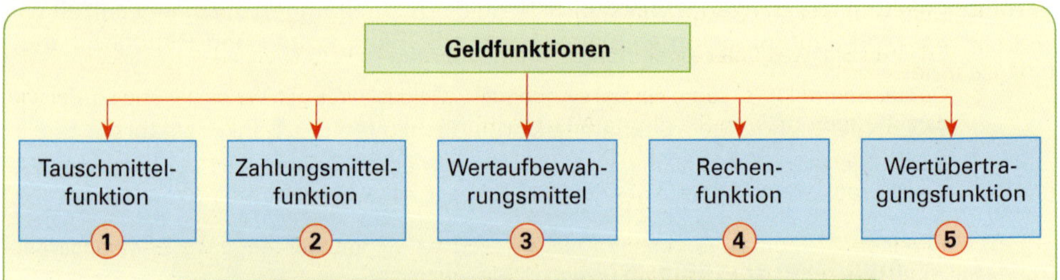

Die wesentlichsten Funktionen (Aufgaben) des Geldes

1. **Geld ist allgemeines Tauschmittel.** Als allgemein anerkanntes Tauschmittel ermöglicht es, den *indirekten* Tausch vorzunehmen, also Güter zu kaufen und zu verkaufen.
2. **Geld ist Zahlungsmittel.** Auch andere Vorgänge als Tauschgeschäfte können mit Geld bewerkstelligt werden. So kann man mit Geld einen Kredit gewähren, Schulden tilgen, Steuern zahlen oder einen Strafzettel begleichen.
3. **Geld ist Wertaufbewahrungsmittel.** Geld muss man nicht sofort ausgeben, sondern man kann es „aufbewahren", also sparen. Diese Funktion hat das Geld natürlich nur dann, wenn sein Wert nicht durch Inflation aufgezehrt wird.
4. **Geld als Recheneinheit.** Das Geld ist der Maßstab (der Wertmesser) für die verschiedenartigsten Güter. Mithilfe der in Geld ausgedrückten Preise können diese addiert werden. Nur so ist es beispielsweise möglich, Bilanzen und Gewinn- und Verlustrechnungen zu erstellen, die Wirtschaftlichkeit und Rentabilität eines Betriebs zu errechnen.
5. **Geld ist Wertübertragungsmittel.** Das Geld macht es möglich, Vermögenswerte zu übertragen, ohne dass körperliche Gegenstände übereignet werden müssen. So kann man Geld verschenken oder vererben.

(2) Gesetzliches Zahlungsmittel

Das Geld kann seine Funktionen (Aufgaben) nur wahrnehmen, wenn die Wirtschaftssubjekte **Vertrauen** in das Geld besitzen. Gestützt wird dieses Vertrauen durch die gesetzliche Bestimmung, dass jeder Schuldner, der mit **Banknoten** zahlt, dies mit befreiender Wirkung tut, und dass jeder Gläubiger das Notengeld in Zahlung nehmen muss. In den modernen Volkswirtschaften ist das Geld also gesetzliches Zahlungsmittel.

In den Ländern des Euroraums sind die **Euro-Banknoten** gesetzliches Zahlungsmittel. Obwohl die **Euro-Münzen** von den nationalen Regierungen geprägt und von den nationalen Zentralbanken in Umlauf gebracht werden, sind auch sie in allen Euroländern gesetzliches Zahlungsmittel. Allerdings ist außer den ausgebenden Behörden niemand verpflichtet, mehr als fünfzig Münzen im Gesamtbetrag von 100,00 EUR bei einer einzelnen Zahlung anzunehmen. Man sagt deswegen auch, dass Münzen „beschränkt gesetzliche Zahlungsmittel" sind.

Kompetenztraining

7
1. Berichten Sie kurz über die geschichtliche Entwicklung des Geldes und der Geldarten!
2. Unterscheiden Sie die Begriffe Bargeld und Giralgeld!
3. Erklären Sie die Geldmengenaggregate M1, M2 und M3!
4. Definieren Sie den Begriff Währung!
5. Erklären Sie, was unter einer manipulierten Währung zu verstehen ist!
6. Günter Schmölders[1] sagte einmal sinngemäß: „Geld ist, was gilt, wo es gilt und so viel wie es gilt". Interpretieren Sie diesen Ausspruch!
7. Sehen Sie sich die Abbildungen verschiedener Münzen auf der S. 54 an! Versuchen Sie zu erklären, woher die Redewendung „Eulen nach Athen tragen" kommt!

8 Die einzelnen Geldfunktionen können nicht isoliert betrachtet werden. Jede Geldtransaktion erfüllt mehrere oder gar alle Aufgaben des Geldes zugleich.

Aufgabe:

Übertragen Sie die Tabelle in Ihr Hausheft und kreuzen Sie an, welche der nachfolgend genannten Geldfunktionen in den unten stehenden Beispielen jeweils erfüllt werden!

① Tauschmittelfunktion
② Zahlungsmittelfunktion
③ Wertaufbewahrungsfunktion
④ Rechenfunktion
⑤ Wertübertragungsfunktion

Beispiele	**Funktionen**				
	①	②	③	④	⑤
Barkauf eines Taschenrechners in einem Kaufhaus.					
Ulf nimmt einen Bankkredit in Anspruch und hebt diesen in bar ab.					
Witwe Bolte steckt monatlich 10,00 € in ihr Sparschwein.					
Malermeister Maier erstellt einen Kostenvoranschlag.					
Onkel Otto schenkt seinem Neffen 100,00 € zum Geburtstag.					

1 Günter Schmölders, geb. 1903, bedeutender Finanzwirtschaftler und Volkswirt, schrieb u.a. über Psychologie des Geldes (1966), Geldpolitik (2. Aufl. 1968) und Finanzpsychologie (2. Aufl. 1970).

6 Ermittlung, Vergleich und Bewertung von Preisniveauveränderungen

6.1 Verbraucherpreisindex zur Ermittlung von Preisniveauveränderungen

Den einzelnen Verbraucher interessiert es weniger, wie sich das allgemeine Preisniveau verändert. Selbst die Preissteigerungen bei bestimmten Luxusgütern kümmern den durchschnittlichen Verbraucher nicht: Ihm ist es gleichgültig, ob irgendein Luxusauto nunmehr statt 90 000,00 € stolze 100 000,00 € kostet. Selbst bei den Gütern des täglichen Bedarfs wirken sich Preissteigerungsraten bei den einzelnen Gütern unterschiedlich auf das Budget (das „Haushaltsgeld") eines privaten Haushalts aus. Steigen z. B. die Preise für eine Streichholzschachtel von 0,50 € auf 1,00 €, also um 100 %, ist dies für den Einzelnen wenig bedeutsam. Steigen indessen die Preise für Energie (Strom, Gas, Benzin usw.) um 100 %, trifft dies die einzelnen Bürger recht empfindlich.

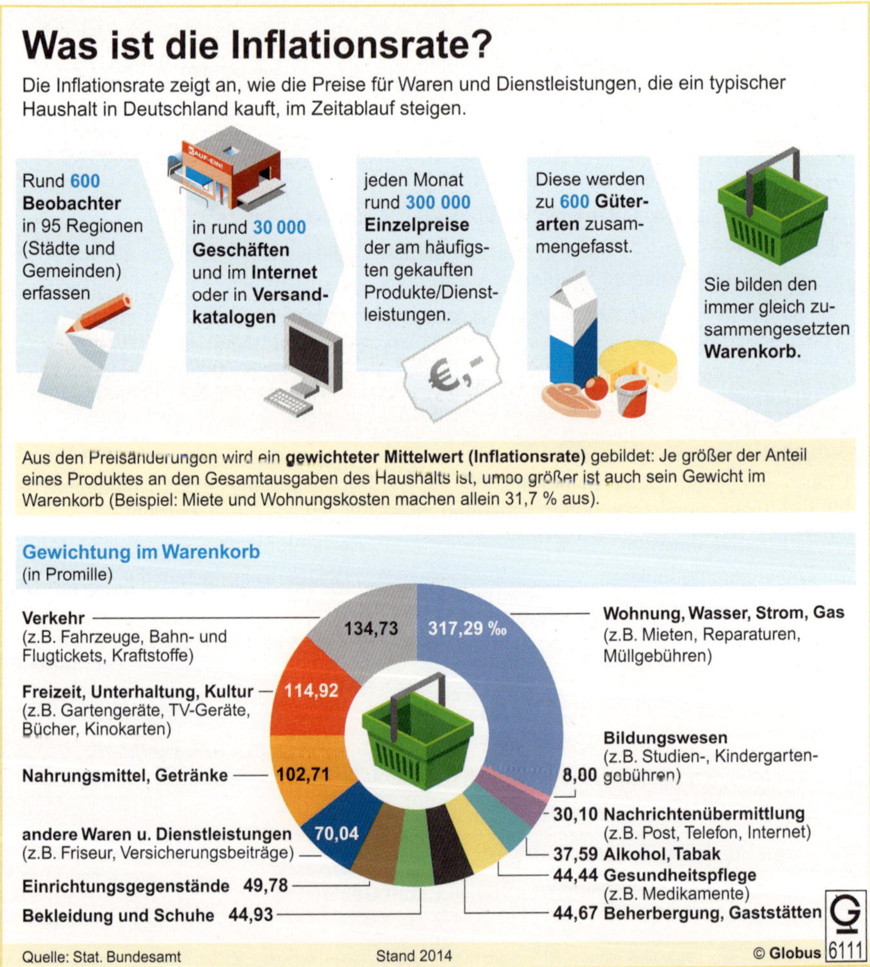

Um ermitteln zu können, wie sich die Preisveränderungen der Konsumgüter auf die privaten Haushalte auswirken, hat das **Statistische Bundesamt (DESTATIS)** in Wiesbaden neben vielen anderen **Indizes**[1] den Verbraucherpreisindex entwickelt.

Der **Verbraucherpreisindex** erfasst die Preisänderungen bei ca. 700 Sachgütern und Leistungen **(„Warenkorb“)**, die vom privaten Haushalt gekauft werden.

Da nicht alle Güter das gleiche Gewicht im Warenkorb besitzen, musste das Statistische Bundesamt ein **„Wägungsschema“** erstellen. Das Wägungsschema wird entwickelt, indem man für ein **Basisjahr** die durchschnittlichen Ausgaben eines durchschnittlichen Haushalts für verschiedene Güter und Leistungen in Prozenten seiner Gesamtausgaben ermittelt.

Beispiel:

Um den Vorgang der Preisindexberechnung deutlich zu machen, sei ein sehr vereinfachtes Wägungsschema zugrunde gelegt (5 statt 700 Positionen):

Warenkorb	Wägungsschema Jahr 00		Preise		
			01	02	03
1. Nahrungsmittel	615,00 GE	41 %	615,00 GE	615,00 GE	615,00 GE
2. Kleidung	600,00 GE	40 %	600,00 GE	660,00 GE	660,00 GE
3. Wohnung	150,00 GE	10 %	200,00 GE	200,00 GE	200,00 GE
4. Brennstoffe	60,00 GE	4 %	60,00 GE	60,00 GE	180,00 GE
5. Dienstleistungen	75,00 GE	5 %	75,00 GE	75,00 GE	75,00 GE
Gesamtausgaben	1 500,00 GE	100 %	1 550,00 GE	1 610,00 GE	1 730,00 GE

Die Indexzahlen werden wie folgt ermittelt:

Das Basisjahr 00 wird mit 100 Punkten angesetzt. Die angenommene Verteuerung der Wohnungsausgaben um 50,00 GE im Jahr 01 (= $33\,^1/_3$ %) bewirkt bei Konstanz aller anderen Preise eine Erhöhung der Lebenshaltungskosten um 3,3 Punkte auf 103,3.[2]

Steigen im Jahr 02 z. B. die Preise für Kleidung um 10 %, erhöhen sich die Lebenshaltungskosten um 4 Punkte auf 107,3 Punkte.[3]

Die angenommene Steigerung der Brennstoffkosten um 200 % im Jahr 03 bewirkt allein eine Steigerung der Lebenshaltungskosten auf 115,3 Punkte.

Insgesamt gilt also, dass Preissteigerungen bei bestimmten Waren und Diensten sich auf den Verbraucherpreisindex umso stärker auswirken, je größer ihr prozentualer Anteil (ihr „Gewicht“) an den Gesamtausgaben eines durchschnittlichen Haushalts ist.

1 **Indizes:** Mz. von Index; ein Index ist wörtlich ein „Anzeiger“. Der Preisindex zeigt also Preisveränderungen an. Wichtige Preisindizes sind z. B.: Index der Einkaufspreise landwirtschaftlicher Betriebsmittel, Index der Grundstoffpreise, Index der Großhandelsverkaufspreise und der Index der Einzelhandelspreise.

2 Berechnung: 1 500,00 GE (00) ≙ 100 Punkte
1 550,00 GE (01) ≙ x Punkte

$$x = \frac{100 \cdot 1550}{1500} = \underline{\underline{103{,}3 \text{ Punkte}}}$$

3 Berechnung: 1 500,00 GE (00) ≙ 100 Punkte
1 610,00 GE (02) ≙ x Punkte

$$x = \frac{100 \cdot 1610}{1500} = \underline{\underline{107{,}3 \text{ Punkte}}}$$

Das Wägungsschema muss von Zeit zu Zeit den neuen Verbrauchsstrukturen angepasst werden.[1] Die Waren nämlich, die von einem durchschnittlichen Haushalt heute gekauft werden, sind nicht mehr die gleichen wie die im Jahr 2000 oder im Jahr 2005.

Beispiel:

Man braucht hier nur an Konsumgüter wie z. B. DVDs, das Telefonieren mit Handys, Laptops, Digitalkameras, CD-Player, MP3-Player, Espresso-Maschinen oder die Internetnutzung zu denken.

Beispiel:

Im Jahr 01 lag der Verbraucherpreisindex bei 103,3. Im Folgejahr 02 steigt er auf 104,3. Hieraus ergibt sich folgende Rechnung:

Allgemeine Teuerungsrate = (neuer Index : alter Index) · 100 – 100

Allgemeine Teuerungsrate = (104,3 : 103,3) · 100 – 100 = 0,97 Prozent

Im Jahr 02 beträgt die Teuerungsrate gegenüber dem Vorjahr also 0,97 Prozent.

Die **Kaufkraft** gegenüber dem Vorjahr errechnet sich wie folgt:

Veränderung der Kaufkraft = (alter Index : neuer Index) · 100 – 100

Veränderung der Kaufkraft des Geldes = (103,3 : 104,3) · 100 – 100 = –0,96 Prozent.

Die Kaufkraft des Geldes hat also im Beobachtungszeitraum um 0,96 Prozent **abgenommen.**

Fazit: Mit steigendem Preisniveau **sinkt** die Kaufkraft des Geldes, denn mit einer Geldeinheit kann man jetzt **weniger** Güter kaufen.

6.2 Harmonisierter Verbraucherpreisindex (HVPI)

Vom Statistischen Bundesamt wird zusätzlich zum VPI der **Harmonisierte Verbraucherpreisindex (HVPI)** erstellt. Wichtigste Aufgabe des HVPI ist der Vergleich der Preisveränderungsraten zwischen den Mitgliedsländern der Europäischen Union (EU).

Die Europäische Union hat verbindliche Regeln für die Berechnung des HVPI aufgestellt, deren Einhaltung vom **Statistischen Amt der Europäischen Union (Eurostat)** überwacht wird. Aufgrund der nationalen Harmonisierten Verbraucherpreisindizes berechnet Eurostat die Harmonisierten Verbraucherpreisindizes für die Europäische Union, die **E**uropäische **W**ährungs**u**nion (EWU) und den **E**uropäischen **W**irtschafts**r**aum (EWR).[2]

Der HVPI für das Euro-Währungsgebiet weist folgende Kennzahlen aus (Basisjahr 2015):

Jahr	2010	2011	2012	2013	2014	2015	2016
HVPI	93,2	95,5	97,5	99,1	99,9	100	100,4

Quelle: Monatsberichte der Europäischen Zentralbank, mehrere Jahrgänge.

1 Die letzte Umstellung des Wägungsschemas auf neuere Verbrauchsverhältnisse erfolgte 2013. Neues Basisjahr ist das Jahr 2010 (Index = 100).

2 Dem Europäischen Wirtschaftsraum gehören neben den EU-Ländern noch Island, Liechtenstein und Norwegen an.

6.3 Kritik am Verfahren zur Messung von Preisniveauänderungen

Obwohl der Verbraucherpreisindex der am häufigsten gebrauchte Indikator zur Messung der Preisniveaustabilität ist, muss sein Aussagegehalt dennoch relativiert werden.

Zur **Kritik** dieses Messkonzepts können folgende Punkte angeführt werden:

- Bei der Messung findet einzig die **private** Bedürfnisbefriedigung Berücksichtigung. Sie erfasst allerdings nur einen Teil der volkswirtschaftlichen Produktion und spiegelt die Preisniveauänderungen somit nur unzureichend wider.
- Inwiefern jemand von der Geldwertveränderung betroffen ist, hängt im Wesentlichen von seiner **Einkommensverwendung** ab, also davon, ob sein Konsumverhalten tatsächlich durch den Warenkorb repräsentiert wird.
- **Kaufverträge bzw. Transaktionen zwischen Haushalten** finden **keine** Berücksichtigung. Das ist zum Beispiel bei Käufen von gebrauchten Fahrzeugen ebenso von Bedeutung wie bei allen Käufen auf privaten Flohmärkten oder bei Internetauktionen. Da derartige Transaktionen nicht in den Verbraucherpreisindex mit einfließen, führt dies zu Ungenauigkeiten bei der Messung der Preisniveaustabilität.
- Erfasst werden nur die **offiziellen Laden- oder Listenpreise;** Rabatte, Sonderaktionen (z. B. Preisnachlässe für Vereinsmitglieder, Personalkäufe) und Fabrikverkäufe bleiben unberücksichtigt.
- Preiserhöhungen können auf **Qualitätsverbesserungen** eines Produkts zurückzuführen sein. Streng genommen liegt dann keine Inflation vor. Derartige Qualitätsverbesserungen werden jedoch nur bei Gütern mit technischem Fortschritt im Preisindex angemessen berücksichtigt.

6.4 Problem der Geldillusion dargestellt am Beispiel der Lohnentwicklung

Unter **Geldillusion** versteht man die Unfähigkeit der Wirtschaftssubjekte, zwischen dem **nominalen** Wert und dem **realen** Wert des Geldes zu unterscheiden.

Im Allgemeinen neigt man dazu, den Wert des Geldes nominal zu bewerten. Dieses ist besonders verheerend in Zeiten hoher Inflation,[1] wo der nominale Wert des Geldes durch die Inflation aufgebläht wird, wie auch nachfolgender Artikel verdeutlicht.

Inflation

Experten warnen Sparer vor „Geldillusion"

Das lange nicht mehr gefürchtete und fast vergessene Inflationsgespenst ist plötzlich wieder da. Die anziehende Preissteigerung vernichtet Rendite bei der Geldanlage. Doch viele Sparer sind schlecht auf die neue Situation vorbereitet. [...]

100,00 € von heute sind in 30 Jahren nur noch 55,00 € wert

Seitdem die Kosten für Strom und Gas, Milch und Brot, Benzin und Diesel in die Höhe schießen, reduzieren viele Deutsche nun ihre Shopping-Lust. Dabei trifft eine Inflation nicht in erster Linie den Konsumenten. Schließlich wird das Geld immer weniger wert, und damit sinkt die

1 **Inflation:** wörtlich „das Sichaufblähen"; Geldentwertung durch Erhöhung des Preisniveaus. Näheres zur Inflation in der Anforderungssituation 4.2, Kapitel .

Kaufkraft. Je eher man also etwas kauft, desto besser. Stattdessen sind vor allem Anleger die Leidtragenden. Bei der Geldanlage sind von 10 000,00 € bei einer Inflationsrate von 3 % nach 20 Jahren nur noch gut die Hälfte übrig, bei einer Teuerung von 4 % bleiben gar nur 4 500,00 €. Gerade bei langfristigen Sparprozessen wie der Altersvorsorge muss die Geldentwertung berücksichtigt werden. Immerhin betrug die Inflationsrate im Durchschnitt der vergangenen 50 Jahre 2,8 % pro Jahr. Ein Geldbetrag von heute 100,00 € ist selbst bei durchschnittlich 2 % Inflation pro Jahr in 30 Jahren sogar nur noch 55,00 € wert.

Doch die Anleger ignorieren das. Der klassische Sparer klammert die Inflation mental aus. Für ihn ist Geld auch in 20 Jahren das Gleiche wert wie heute, nämlich der Betrag, der draufsteht. Ökonomen warnen Anleger vor dieser sogenannten „Geldillusion". Was wirklich zählt, ist die reale Rendite, nämlich die Rendite abzüglich der Inflation.

Vor allem Tages- und Festgeldkonten betroffen

Hauptleidtragende der Inflation sind Halter festverzinslicher Papiere und Rentenfonds. Denn der Kupon (die jährliche Zinszahlung) bleibt gleich, während die Lebenshaltungskosten stetig steigen. Bei einer Inflationsrate von 3 % verlieren Zinszahlungen von 1 000,00 € im Verlauf von 10 Jahren 26 % ihrer ursprünglichen Kaufkraft. Ein Rechenbeispiel: Aktuell liegt die reale Rendite bei zehnjährigen Bundesanleihen bei 1,6 % (4,2 % minus 2,6 %). Die Gefahr besteht darin, dass der Kupon gleich bleibt, die Inflationsrate aber steigt. Anleger erleiden dann unmerklich einen Vermögensverlust.

Extrem ist auch die Situation beim Blick auf das klassische Anlagegebaren vieler Bundesbürger. Sie legen ihr Erspartes noch immer mit großere Vorliebe auf niedrig verzinste Tages- und Festgeldkonten zu bestenfalls 4 % an. Werden von diesen Erträgen die Steuern abgerechnet – im Schnitt etwa ein Drittel – bleiben netto gerade noch 2,7 % übrig. [...]

Textquelle: DIE WELT vom 09.11.2007.

Die Entwicklung eines Preisindex lässt im Allgemeinen keine Aussage darüber zu, ob sich der Lebensstandard der Arbeitnehmer (und Arbeitgeber) verbessert oder verschlechtert hat. Neben der Qualitätsverbesserung der angebotenen Güter muss vor allem die Entwicklung des Nettolohns berücksichtigt werden.

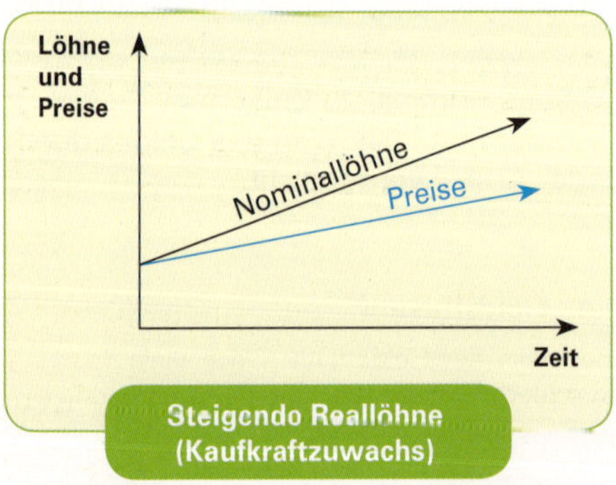

Steigende Reallöhne (Kaufkraftzuwachs)

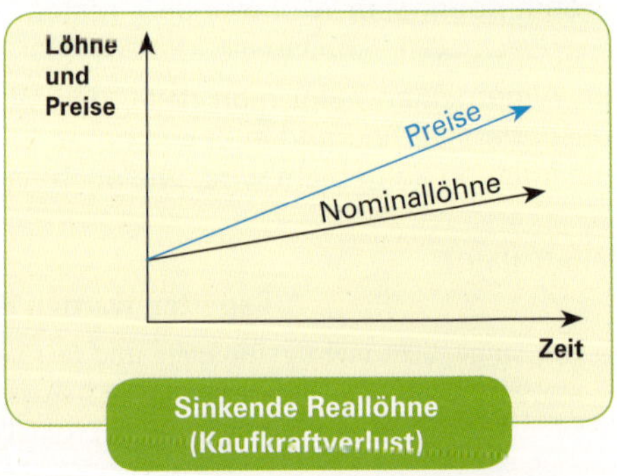

Sinkende Reallöhne (Kaufkraftverlust)

Was der Arbeitnehmer am Monatsende ausbezahlt erhält, nennt man **Nettolohn.** Dieser Nettolohn entspricht längst nicht dem, was der Arbeitgeber für die Arbeitskraft aufzuwenden hat. Zu berücksichtigen ist nämlich, dass der Arbeitgeber i. d. R. die Hälfte der Sozialversicherungsbeiträge zu tragen hat. Zieht man von dem Betrag, den der Arbeitgeber insgesamt für den Arbeitnehmer aufzuwenden hat, den Arbeitgeberanteil ab, erhält man den **Bruttolohn.** Dieser erscheint auf der Lohnabrechnung des Arbeitnehmers. Vom

Bruttolohn werden die Sozialversicherungsbeiträge (der sog. Arbeitnehmeranteil) und die Lohn- und Kirchensteuer abgezogen.

Beispiel:[1]

Vom Arbeitgeber aufzubringender Betrag (tatsächliche Lohnkosten)	3000,00 €
– Arbeitgeberanteil an der Sozialversicherung ca.	350,00 €
– sonstige Personalnebenkosten (z. B. 13. Monatsgehalt, Urlaubsgeld, Entgeltfortzahlung im Krankheitsfall)	750,00 €
= Bruttolohn	1900,00 €
– Arbeitnehmeranteil an der Sozialversicherung ca.	350,00 €
– Lohnsteuer, Solidaritätszuschlag und ggf. Kirchensteuer	325,00 €
= Nettolohn	**1225,00 €**

Der in der Lohn- bzw. Gehaltsabrechnung „genannte“ Lohn ist der **Nominallohn.**[2] Aus der Sicht des Arbeitnehmers ist dies sein **Nettolohn.**

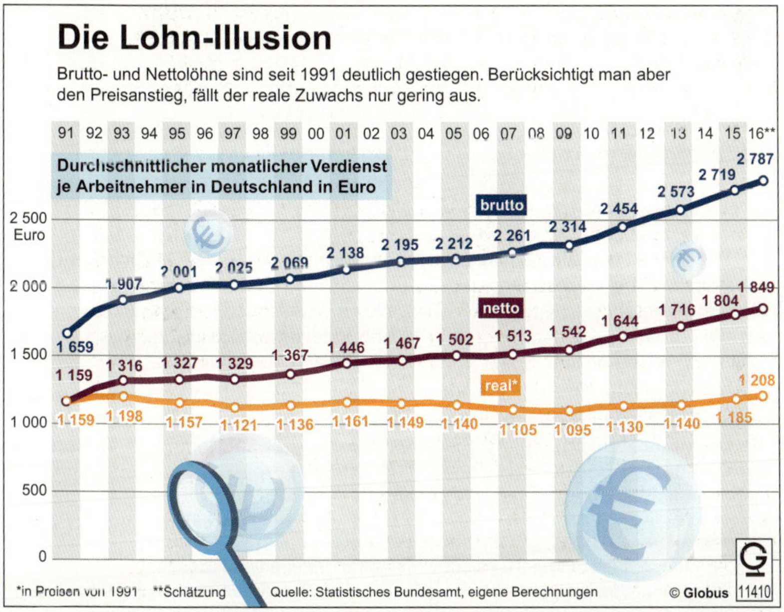

Auf den ersten Blick kann sich die Einkommensentwicklung der letzten Jahre in Deutschland sehen lassen. Die durchschnittlichen Bruttomonatsverdienste je Arbeitnehmer erhöhten sich von 1659 Euro im Jahr 1991 auf schätzungsweise 2787 Euro im Jahr 2016; das ist ein Plus von 68 %. Und auch netto – also nach Abzug von Steuern und Sozialversicherungsbeiträgen – gab es über die Jahre einen ordentlichen Zuwachs: Plus 60 % (von 1 159 auf 1849 Euro) lautet das Ergebnis im Vergleich zu 1991. Berücksichtigt man jedoch die Geldentwertung durch den Anstieg der Verbraucherpreise, dann schrumpft dieser Zuwachs erheblich – und zwar auf 4,2 %. Denn die Verbraucherpreise in Deutschland sind seit dem Jahr 1991 um über 50 % gestiegen. Berücksichtigt man diese Entwicklung, dann ist die Kaufkraft der Nettomonatsverdienste im Jahr 2016 nur um 49 Euro höher als im Jahr 1991. Mit anderen Worten: Die Realeinkommen der Arbeitnehmer haben sich von 1991 bis 2015 nur im Schneckentempo erhöht – der Arbeitnehmer von heute kann sich gerade einmal für rund 50 Euro (in Kaufkraft des Jahres 1991) mehr leisten als vor 25 Jahren.

1 Die Zahlen sind gerundet und beziehen sich auf einen ledigen Arbeitnehmer unter 50 Jahren.

2 „Nominal“ kommt von „nominell“, d. h. dem Namen nach, dem Nennwert nach.

5 Boller - ISBN 978-3-8120-0619-4

Der **Nominallohn** sagt nichts darüber aus, wie viel sich ein Arbeitnehmer dafür kaufen kann.

- Steigt der Nominallohn schneller als das Preisniveau, nimmt der Lebensstandard trotzdem zu. Mit anderen Worten: Der **Reallohn** (real: wirklich) ist gestiegen.
- Steigen Preise und Nettolohn in gleichem Maße, hat sich der Reallohn nicht verändert. Steigen indessen die Nominallöhne schwächer als die Preise, nimmt der Reallohn (die Kaufkraft) ab.

Kompetenztraining

9 1. Der Verbraucherpreisindex eines Landes entwickelte sich wie folgt:

Jahr	00	01	02	03	04
Preisindex	100	105,1	110,8	117,9	125,7

Aufgaben:

1.1 Analysieren Sie diese Daten und beschreiben Sie, wie sie gewonnen werden!

1.2 Erläutern Sie, warum man aus dem Preisindex allein keine Aussage über die Entwicklung des Lebensstandards machen kann!

2. Der Professor Theo Rettisch lehrt Volkswirtschaftslehre und ist immer bemüht, die wissenschaftlichen Theorien auch praktisch umzusetzen. Seine Tochter Leonie, die zurzeit noch eine Fachoberschule besucht, ist ebenfalls an ökonomischen Fragen sehr interessiert. Damit die jährlichen Verhandlungen zwischen Vater und Tochter bezüglich der Taschengelderhöhung etwas problemloser verlaufen, haben beide Folgendes vereinbart:

Leonie erhält eine Erhöhung ihres Taschengeldes in der Höhe der gestiegenen Preise der Güter und Dienstleistungen in ihrem „Warenkorb", d. h. der Güter und Dienstleistungen, die sie monatlich konsumiert. Sie erhält diese Erhöhung jedoch nicht automatisch, sondern sie muss jedes Jahr „berichten", um wie viel Prozent ihre Ausgaben gestiegen sind. Dabei bedient sie sich folgenden Schemas:

„Warenkorb" von Leonie	Preis je Einheit im Basisjahr P_0	Menge im Basisjahr Q_0	Wert im Basisjahr $P_0 \cdot Q_0$	Preis je Einheit im Berichtsjahr 1 P_1	Wert im Berichtsjahr 1 $P_1 \cdot Q_0$	Preis je Einheit im Berichtsjahr 2 P_2	Wert im Berichtsjahr 2 $P_2 \cdot Q_0$
Zeitschriften	7,50	2		8,00		8,20	
Schokolade	1,00	20		1,10		1,20	
Handy	1,50	30		1,40		1,60	
Kosmetik	1,00	30		1,10		1,20	
Kino	6,00	2		6,00		6,50	
Wert des „Warenkorbs"							

Verbraucherpreisindex	100		
Preissteigerung/Taschengelderhöhung	–		

Quelle: In Anlehnung an: Geld & Geldpolitik, Deutsche Bundesbank, Frankfurt am Main 2006.

Formel zur Berechnung des Verbraucherpreisindexes: $\frac{\Sigma P_n \cdot Q_0}{\Sigma P_0 \cdot Q_0} \cdot 100$

n = jeweiliges Berichtsjahr

Aufgaben:

2.1 Übertragen Sie die vorangestellten Tabellen in Ihr Hausheft und ermitteln Sie den Wert des „Warenkorbs" von Leonie und somit die Höhe des Taschengeldes im Basisjahr!

2.2 Angenommen, die Mengen in Leonies „Warenkorb" verändern sich nicht, d. h., dass Leonie in den beiden Berichtsjahren die gleiche Menge der Güter und Dienstleistungen konsumiert wie im Basisjahr. Ermitteln Sie den Wert des „Warenkorbs" für Leonies Berichtsjahre 1 und 2!

2.3 Ermitteln Sie, wie hoch der Verbraucherpreisindex im Berichtsjahr 1 ist!

2.4 Berechnen Sie, wie hoch die Preissteigerung bzw. Taschengelderhöhung für Berichtsjahr 1 gegenüber dem Basisjahr ausfällt!

2.5 Ermitteln Sie, wie hoch der Verbraucherpreisindex im Berichtsjahr 2 ist!

2.6 Berechnen Sie, wie hoch die Preissteigerung bzw. Taschengelderhöhung für Berichtsjahr 2 gegenüber dem Berichtsjahr 1 ausfällt!

10

1. Übertragen Sie die nachfolgende Tabelle in Ihr Hausheft und berechnen Sie die fehlenden Größen:

Veränderungsrate des Preisniveaus (Preissteigerungs- bzw. -senkungsrate)	+4 %		+7 %	−1 %	
Kaufkraftzu- bzw. -abnahme		−5 %			+2 %

2. Geben Sie die Bedingungen an, unter denen die Reallöhne

   2.1 steigen, 2.2 gleichbleiben oder 2.3 sinken!

3. Erläutern Sie, warum es falsch ist, den Bruttolohn zur Berechnung der Reallohnentwicklung heranzuziehen!

4. Der vom Statistischen Amt eines Landes ermittelte Preisindex für die Lebenshaltung ist in den Jahren 02, 08, 12 und 20 jeweils auf eine neue Basis (= 100) gestellt worden.

   Vom Jahr 20 bis April 26 stieg der Preisindex für die Lebenshaltung auf 140,6.

   Aufgaben:

   4.1 Führen Sie an, welche in der Zeit vom Jahr 00 bis 20 eingetretenen Veränderungen das Statistische Amt veranlasst haben könnten, den dem Index zugrunde liegenden Warenkorb mehrfach neu aufzustellen!

   4.2 Erläutern Sie, in welchem Verhältnis das durch Preisindizes gemessene Preisniveau zum Geldwert steht!

   4.3 Berechnen Sie in Prozenten die Geldwertänderung (Kaufkraftverlust), die vom Basisjahr 20 bis April 26 eingetreten ist!

5. Der Preisindex eines Währungsgebiets entwickelte sich wie folgt:

Jahre	00	01	02	03	04	05	06
Preisindex	92	97	99	100	97,5	101	105

Aufgaben:

Berechnen Sie

5.1 die jährlichen Preisveränderungsraten,

5.2 die jährliche Kaufkraftveränderung und

5.3 den Kaufkraftverlust in den Jahren 00 bis 06!

7 Verschuldung der Konsumenten[1]

7.1 Gründe für den privaten Schuldenberg

Die **Kreditfinanzierung des Konsums** ist in Deutschland so kräftig gestiegen, dass viele Familien den laufenden Zahlungsverpflichtungen nicht mehr nachkommen können. Konsumentenkredite sind in aller Regel leicht zu bekommen. Neben den Banken vergeben vor allem Einrichtungs- und Versandhäuser sowie Elektronikmärkte großzügig Ratenkredite. Viele Verbraucher verlieren dabei die Übersicht über ihre finanziellen Möglichkeiten.

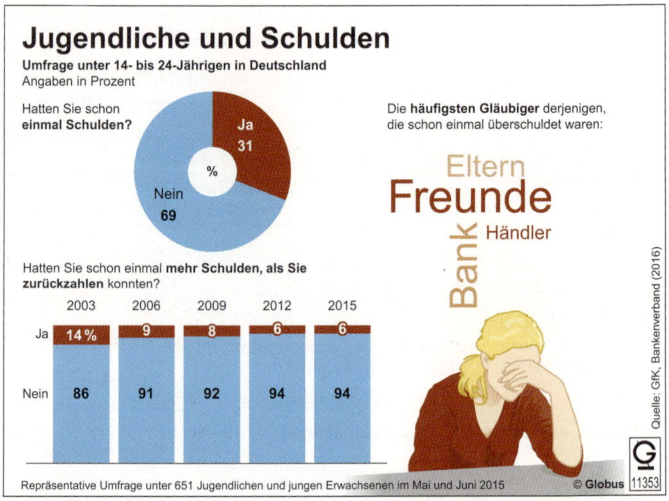

Kommt zu einem falschen Konsumverhalten noch **Arbeitslosigkeit, Krankheit** oder eine **Ehescheidung** dazu, wird der Schuldenberg schnell zu groß.

Eine **Überschuldung** liegt vor, wenn das **Vermögen** des Schuldners **kleiner** ist als die bestehenden **Schulden.**

7.2 Mögliche Auswege aus der Schuldenfalle

7.2.1 Schuldnerberatung

Annahme von Hilfe

Drückt der Schuldenberg einen Konsumenten bereits, so ist es wichtig, dass er sich nicht von den Schulden in die Enge treiben lässt, sondern Hilfe bei einem professionellen Berater sucht – je früher, desto besser.

Viele gemeinnützige Organisationen (z. B. DRK, Caritas) bieten Schuldnerberatungsdienste an. Nach dem Sozialgesetzbuch XII hat jede Privatperson einen Rechtsanspruch auf Schuldnerberatung.

Die Schuldnerberatung befasst sich zunächst mit den Ursachen für die Schulden und entwickelt anschließend Vorschläge zur Bewältigung des Schuldenstandes.

1 Auf die Darstellung der Verschuldung von Staaten wird an dieser Stelle aus exemplarischen Gründen verzichtet.

Situationsanalyse

Zuerst erfolgt eine Analyse der Situation und der Ursachen für die Schulden. Grundlage sind dabei die Erstellung einer vollständigen **Schuldenliste** sowie die lückenlose Zusammenstellung aller laufenden **Einnahmen** (z. B. Lohneinkommen, Arbeitslosengeld, Kindergeld, Verdienste aus Nebentätigkeiten) und **Ausgaben** (z. B. Miete, Stromkosten, Versicherungen, Kreditraten).

Hilfsangebot

Die Schuldnerberater können in vielfältiger Weise bei der Bewältigung der privaten Krisensituation helfen:

- Aufarbeitung der persönlichen und beruflichen Gründe für die Überschuldung,
- Erstellung eines Haushaltsplans, der Einsparmöglichkeiten zur Verringerung von Ausgaben aufzeigt,
- Überprüfung, ob alle möglichen gesetzlichen Sozialleistungen (z. B. Wohngeld) und Verdienstmöglichkeiten ausgeschöpft werden,
- Unterstützung bei Verhandlungen mit den Gläubigern, um Schuldenstundungen[1] zu erreichen,
- Beratung im Zusammenhang mit Mahnbescheid, Vollstreckung und Pfändung, und, sofern nicht zu vermeiden,
- Begleitung während des Verbraucherinsolvenzverfahrens.

7.2.2 Budgetplanung im privaten Haushalt

Der Bedarf eines Haushalts ergibt sich aus den Bedürfnissen (Wünschen) der Haushaltsmitglieder. Sollen die **Bedürfnisse** der einzelnen Haushaltsmitglieder optimal befriedigt werden, müssen sie nach ihrer **Dringlichkeit** geordnet werden. Erst dann können die zur Verfügung stehenden (Geld-)Mittel so verteilt werden, dass der von Haushaltsmitgliedern angestrebte Lebensstandard im Rahmen dieser Mittel erreicht wird.

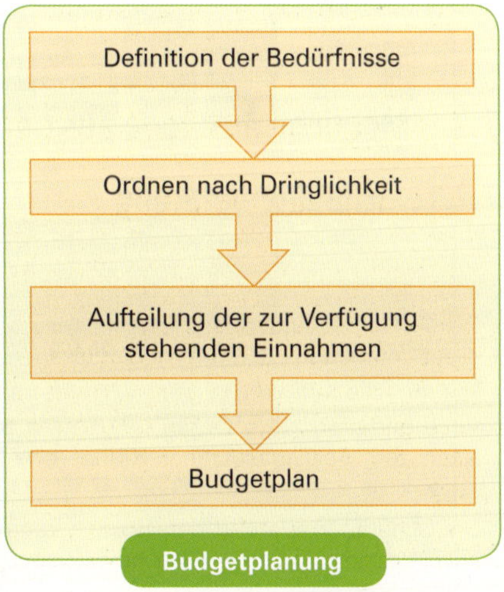

Die einfachste Form, die zur Verfügung stehenden Mittel mit den Bedürfnissen der Haushaltsmitglieder in Einklang zu bringen, ist die **Gegenüberstellung** der in einem bestimmten Zeitraum (z. B. einem Monat) **zu erwartenden Einnahmen mit den zu erwartenden Ausgaben** im Rahmen eines Haushaltsbudgets.

1 **Schuldenstundungen** bedeuten eine Verlängerung der Zahlungsfrist.

7.2.3 Verbraucherinsolvenz (Privatinsolvenz)

(1) Begriff Insolvenzverfahren

Das **Insolvenzverfahren** ist ein **gerichtliches** Verfahren. Es verfolgt den Zweck, das (pfändungsfähige)[1] Vermögen des Schuldners gleichmäßig und anteilig auf die Gläubiger zu verteilen. Dem redlichen Schuldner wird außerdem die Möglichkeit verschafft, sich von seinen restlichen Verbindlichkeiten zu befreien.

Das Insolvenzverfahren kann über das **Vermögen von Unternehmen oder von Privatpersonen** eröffnet werden. Ziel des Insolvenzverfahrens ist es, hochverschuldeten Unternehmen über ein gerichtliches Verfahren die Existenz zu sichern bzw. Privatpersonen eine Perspektive (Aussicht) zu eröffnen, ihre Schulden abzutragen.[2]

(2) Ablauf des Verbraucherinsolvenzverfahrens

Das **Verbraucherinsolvenzverfahren** ist für Schuldner gedacht, die **natürliche Personen** sind und die **keine selbstständige wirtschaftliche Tätigkeit** ausüben oder ausgeübt haben.

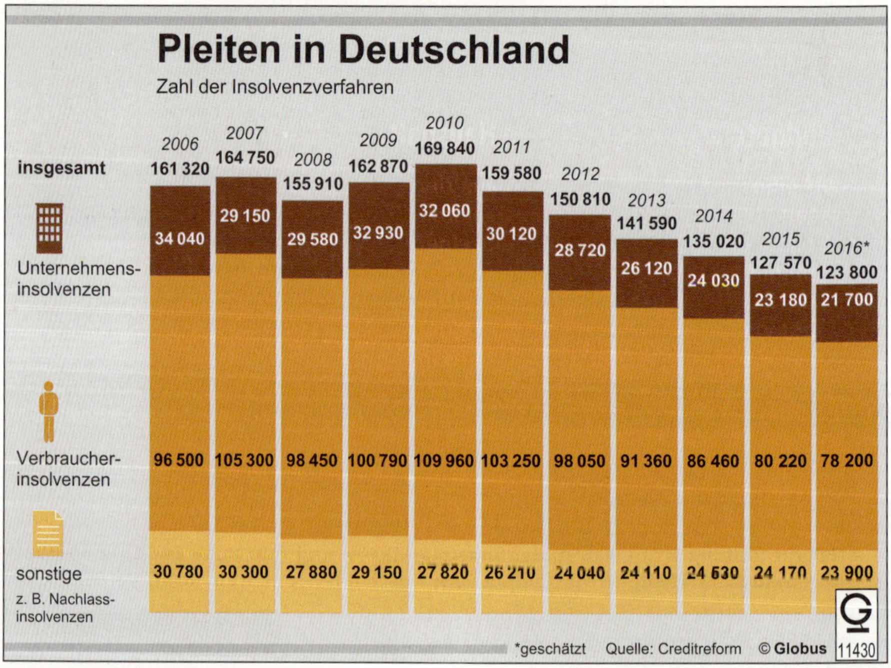

1 Bestimmte bewegliche Sachen sind **unpfändbar,** um die wirtschaftliche Existenz des Schuldners nicht zu gefährden, z. B. Kleidungsstücke, Wäsche, Betten, Haus- und Küchengeräte. Unpfändbar sind auch Gegenstände, die der Erwerbstätigkeit des Schuldners dienen, z. B. das Auto des Taxifahrers.

2 Aufgrund des Bildungsplans wird auf die Unternehmensinsolvenz nicht eingegangen.

Der Schuldner muss versuchen, sich außergerichtlich mit seinen Gläubigern auf der Grundlage eines **Schuldenbereinigungsplans** zu einigen. Kommt eine außergerichtliche Schuldenregulierung (z. B. durch Stundung und/oder teilweisen Schuldenerlass) nicht zustande, kann der Schuldner das **vereinfachte gerichtliche Insolvenzverfahren** beantragen.

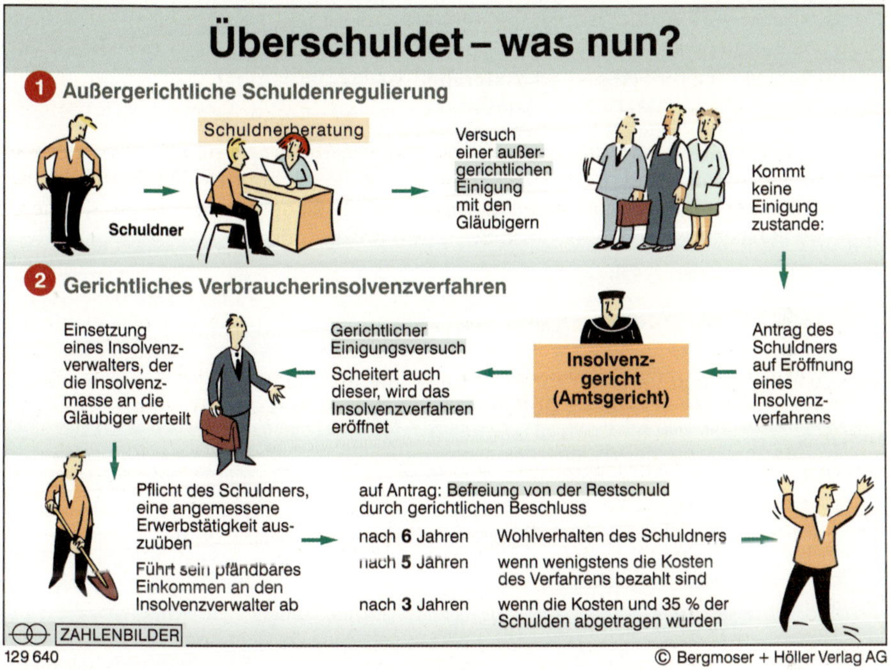

Liegen keine Ablehnungsgründe für eine **Restschuldbefreiung** vor, so beschließt das Gericht, dass der Schuldner Restschuldbefreiung erlangen kann, wenn er während der **„Wohlverhaltensperiode"** seinen Verpflichtungen nachkommt und auch am Ende dieser Periode keine Gründe für die Versagung der Restschuldbefreiung vorliegen.

Kompetenztraining

11 Lesen Sie zunächst den folgenden Text:

Der Schulden-Fall

Er trug Zeitungen aus, saß an der Supermarktkasse und fuhr Pizza aus. Und doch reichte das Geld nicht. Heute ist Maximilian hoch verschuldet – und weiß nicht, warum.

Maximilian* lacht. Er redet schnell, von Geld, von Motorrollern und davon, dass er gar nicht weiß, wie alles kam. Und dann lacht er wieder. Maximilian hat 9 000 Euro Schulden – mindestens, denn so genau weiß er das nicht.

Viel Geld hatten Maximilian und seine Mutter nie. Der Vater verließ die Familie vor Maximilians Geburt. Für Taschengeld reichte es trotzdem, auch weil die Mutter immer arbeitete, als Kellnerin, dann als Bürokraft über eine

* Name von der Redaktion geändert

Zeitarbeitsfirma. Dann kam die Kündigung. Und dann Hartz IV. Für Maximilians Taschengeld reichte es nicht mehr – also suchte sich der damals 14-Jährige einen Job. „Angefangen habe ich mit Zeitungsaustragen", sagt er. Seitdem hat Maximilian nebenbei immer gearbeitet: Mit 14 als Zeitungsausträger, mit 17 an der Supermarktkasse, mit 18 als Pizzafahrer. „Insgesamt waren es bestimmt mehr als zehn verschiedene Jobs", sagt er. Mit dem besten Kumpel kauft er ferngesteuerte Autos. Maximilian zahlte selbst, der Freund bekam es von den Eltern. Dann wollten die beiden Freunde Skateboarder werden. Maximilian ging arbeiten, sein Freund zu den Eltern.

Eigentlich hat der 22-jährige Hannoveraner immer gearbeitet, hat immer gewusst, wo das Geld herkommt. Doch dann gab es diesen Moment, als er Geld abheben wollte, obwohl das Konto leer war. Es funktionierte, weil die Bank ihm erlaubte, das Konto zu überziehen. „Da hab' ich mich gefeiert", erinnert sich Maximilian. „Und ich fand das lustig". Als Maximilian den Überziehungskredit das erste Mal ausreizte, störte ihn das nicht. Er ging einfach zur Bank und bekam eine Aufstockung. Und dann noch eine. Als Maximilian im Mai 2011 jedoch seinen Job als Kellner in einem Café verlor, wurde es schwierig, die Schulden überhaupt kurzfristig auszugleichen. Ernste Sorgen machte er sich aber nicht: „Ich war überzeugt, dass ich da schon wieder rauskomme."

Wie Maximilian geht es immer mehr jungen Menschen. Seit 2004 hat sich die Zahl der verschuldeten Jugendlichen unter 20 Jahren mehr als verdreifacht. Insgesamt waren nach dem aktuellen „SchuldnerAtlas 2011" der Wirtschaftsauskunftsdatei Creditreform etwa 6,4 Millionen Menschen in Deutschland überschuldet. Mehr als ein Viertel davon ist unter 30 Jahre alt.

Woran liegt nun diese Zunahme? „Junge Menschen mit unbeständigen 400-Euro-Jobs sollten keine Dispokredite[1] bekommen", sagt Kathrin Franke, Sozialpädagogin von der Caritas Jugendsozialarbeit in Hannover. Mit der neu gewonnen Freiheit durch den „Dispo" könnten vor allem junge Menschen aus einkommensschwachen Familien nur selten umgehen. [...]

Der 22-Jährige trifft sich regelmäßig mit der Pädagogin. [...] Bei ersten Gesprächen erstellten sie gemeinsam einen Haushaltsplan. „Zunächst müssen sich die Finanzen stabilisieren" sagt Franke. Maximilian muss sich dabei an die Ausgabengrenzen halten. Selbstständig sollen die Schuldner werden, sagt Franke: „Maximilian kann seine Probleme alleine lösen, aber das muss er lernen. Ist die Lage etwas stabiler, können Verhandlungen mit Gläubigern beginnen. „Wir versuchen, Vergleiche zu erreichen, bei denen die Gläubiger auf einen Teil der Schulden verzichten", sagt Franke. [...]

„Die Jugendlichen wollen an der Gesellschaft teilhaben", sagt Franke. Komsum kostet. Und in einer Gesellschaft, die immer mehr ausgrenzt, kann Konsum Teilhabe sein. Ich habe, also bin ich. Statt ihre Situation einzusehen und anzufangen, die Schulden zu bezahlen, geben sie ihr Geld lieber für Handy, Internet oder mit Freunden in der Stadt aus. Tatsächlich hat sich die Art der Verschuldung nach Angaben von Creditreform besonders unter Jugendlichen gewandelt. Waren früher vor allem Krankheit und Arbeitslosigkeit Schuldenfallen, seien es heute Handy-, Auto- und Internetverträge. Wer an jeder Ecke die Möglichkeit einer Null-Prozent-Finanzierung bekommt, sehe Schulden nicht mehr als Makel an. [...]

THERESA KRUSE UND ANSGAR NEHLS/ZiSH

Quelle: ZiSH – die junge Redaktion, in der Hannoverschen Allgemeinen Zeitung vom 27.03.2012, S. 23.

Aufgaben:

1. Nennen Sie die Ursachen dafür, dass es zu einer Überschuldung Maximilians gekommen ist!
2. Erläutern Sie, auf welchem Wege Maximilian aus der Schuldenfalle herauskommen soll!
3. Nehmen Sie begründet zu der Aussage Stellung, dass die Verschuldung Jugendlicher immer häuiger aus dem Wunsch heraus entsteht, am Konsum teilhaben zu wollen!

---

1 Der **Dispostionskredit** (kurz „Dispo") ermöglicht es, in einem begrenzten Rahmen auch dann Geld vom Konto abzuheben, wenn es kein Guthaben mehr aufweist. Der Überziehungsbetrag wird im Regelfall hoch verzinst.

Anforderungssituation 1.4 Einfache und komplexe Wirtschaftskreisläufe als Modellvorstellung vom Funktionieren einer Volkswirtschaft

Melek Ünver strebt eine Ausbildung zur Industriekauffrau an und absolviert als Schülerin der Höheren Berufsfachschule zurzeit ein Praktikum bei der Solartech Müller KG. Nach einigen Tagen im Betrieb nimmt sich Herr Kunz, einer der Geschäftsführer, ausgiebig Zeit für Melek und erklärt ihr, von wie vielen Akteuren der Erfolg des Unternehmens abhängt.

Quelle: TÜV SÜD

Dabei führt er zunächst an, wie wichtig es für die Zukunft des Unternehmens sei, auch in den nächsten Jahren hinreichend motivierte und gut ausgebildete Fachkräfte zu bekommen. Nicht umsonst investiere das Unternehmen sehr viel Geld in die Ausbildung der Mitarbeiter, da ohne sie der Erfolg der vergangenen Jahre so nicht möglich gewesen wäre. Herr Kunz lässt nicht unerwähnt, dass die Mitarbeiter des Unternehmens übertariflich bezahlt werden und zudem eine erfolgsabhängige Prämie erhalten.

Weiterhin führt Herr Kunz an, dass auch dem Staat eine wesentliche Rolle für den künftigen Erfolg des Unternehmens zukommt. Nur wenn die Regierung auch in Zukunft die Solarenergie fördere, könnten die Absatzerfolge auf dem heutigen Niveau gefestigt werden. Ohne diese staatlichen Förderungen würden viele Abnehmer von einer Investition in Solarparks absehen, da diese sich dann nicht mehr für sie lohnen würde. Auch die Rolle des Staates als Geldgeber lässt Herr Kunz nicht außen vor, da der Staat dem Unternehmen unter bestimmten Voraussetzungen zinsgünstige Investitionsdarlehen oder gar Subventionen zukommen lässt.

Als wichtige Partner bezeichnet Herr Kunz die Banken, die das Unternehmen seit der Existenzgründung vor etwa zehn Jahren begleitet haben. Herr Kunz weist vor allem darauf hin, dass es dem Unternehmen ohne die Finanzierung durch die Banken gar nicht möglich gewesen wäre, derartige Investitionen durchzuführen, geschweige denn die seit Gründung stark verbesserte Auftragslage zu bewältigen. Schließlich habe das Unternehmen durch die Absatzsteigerungen der letzten Jahre nicht nur neu investieren müssen, auch der vermehrte Material- und Lohnaufwand musste finanziell bewältigt werden. Zudem musste das Unternehmen neue Fertigungshallen pachten, um die eingehenden Aufträge zeitnah zu bearbeiten.

Sorge macht Herrn Kunz die zunehmende Konkurrenz aus dem Ausland, die bei der Herstellung von Solaranlagen nicht nur technisch aufholt, sondern vor allem mit niedrigeren Preisen den Wettbewerb auf den Märkten anheizt. Dies habe bereits dazu geführt, dass einige kleinere Konkurrenten der Solartech Müller KG im Inland aus dem Markt gedrängt wurden, was nicht zuletzt zum Verlust der Arbeitsplätze geführt hat. Dies belaste nicht nur die Sozialversicherung, sondern führe auch zu geringeren Steuereinnahmen des Staates. Herr Kunz weist zudem darauf hin, dass durch die Schließung dieser heimischen Betriebe auch die Existenz einer Vielzahl von Zulieferbetrieben massiv betroffen ist. Abschließend führt er jedoch auch an, dass die Solartech Müller KG mittlerweile wichtige Zulieferer im Ausland hat, die zuverlässig und pünktlich wichtige Komponenten zu sehr günstigen Preisen liefern.

Kompetenzorientierte Arbeitsaufträge:

1. Bestimmen Sie, welche Wirtschaftssubjekte in der vorangestellten Anforderungssituation aufgeführt sind!
2. Erläutern Sie beispielhaft die in der Anforderungssituation aufgezeigten Beziehungen der Wirtschaftssubjekte untereinander!
3. Beschreiben Sie an zwei Beispielen, wie sich veränderte Aktivitäten eines Wirtschaftssubjektes auf die monetären und realen Ströme im Wirtschaftskreislauf auswirken!
4. Diskutieren Sie die Grenzen der Erklärungsbedürftigkeit von ökonomischen Modellen in Bezug auf realwirtschaftliche Prozesse!

8 Einfache und komplexe Wirtschaftskreisläufe

8.1 Erklärungsfähigkeit von ökonomischen Modellen und ihre Grenzen

Während sich die Betriebswirtschaftslehre mit dem **einzelnen Betrieb** befasst, betrachtet die Volkswirtschaftslehre **Globalgrößen**[1] (z. B. die Summe **aller** Unternehmen, die Summe **aller** privaten Haushalte). Danach beschreibt und untersucht die Betriebswirtschaftslehre in erster Linie **einzelwirtschaftliche** Entscheidungen. Die Volkswirtschaftslehre (Nationalökonomie) beschäftigt sich hingegen mit der Frage, wie die großen **wirtschaftlichen Einheiten** untereinander wirken (kooperieren), damit die Güterversorgung der Unternehmen und der privaten Haushalte sichergestellt wird.

- Um wirtschaftliche Vorgänge besser verstehen zu können, verwendet man in der Volkswirtschaftslehre **Modelle.** Ein Modell ist ein von der Wirklichkeit weitgehend losgelöstes Denkschema, dessen Ergebnisse nur unter den von vornherein festgelegten Voraussetzungen gültig sind.
- Diese Voraussetzungen – auch **Prämissen** genannt – sind notwendig, weil nur so eindeutige Aussagen gemacht werden können.
- Die Modelle haben die **Aufgabe, wesentliche Eigenschaften** einer Erscheinung **verständlich und deutlich sichtbar zu machen.**

Beispiel:

So bedient sich z. B. der Architekt des Modells, wenn er zeigen will, **wie** das von ihm geplante Gebäude im Wesentlichen aussehen soll. Der Physiker zeigt am Atommodell den prinzipiellen Aufbau eines Atoms, obwohl ein Atom natürlich nicht so aussieht wie das aus Kugeln aufgebaute Modell.

Wenn im Folgenden immer wieder einfache Modelle aus der Volkswirtschaftslehre vorgestellt werden, muss man sich darüber im Klaren sein, dass die Aussagen der Modelle umso begrenzter sind, je einfacher die Modellstruktur[2] ist. Modellaussagen dürfen also in Bezug auf die Wirklichkeit nie als absolut wahr bzw. als absolut richtig betrachtet werden. Immer ist zu überprüfen, ob die Modellvoraussetzungen in der Wirklichkeit **wenigstens näherungsweise** gegeben sind oder nicht.

Beispiel:

Der Aussage, dass der Preis einer Ware steigt, wenn die Nachfrage nach diesem Gut unter sonst gleichen Bedingungen zunimmt, würden wohl die meisten Menschen zustimmen. Liegen bestimmte Voraussetzungen vor, ist diese Aussage richtig; liegen sie jedoch nicht vor, ist die Aussage falsch. So ist es durchaus denkbar, dass die Nachfrage nach Smartphones steigt, der Preis jedoch wegen des harten Konkurrenzkampfes der Anbieter gleichzeitig fällt.

1 **Global:** umfassend. Das Wort stammt von Globus (lat.) Kugel, Erdkugel. Der Begriff „global" wird dementsprechend auch im Sinne von erdumfassend verwendet.

2 **Struktur:** Aufbau.

8.2 Einfacher Wirtschaftskreislauf

Für unsere einführenden Überlegungen „bauen" wir das Modell einer Volkswirtschaft, in der es **keinen Staat** und **keine Außenhandelsbeziehungen** gibt. Aber auch jetzt ist diese Volkswirtschaft noch viel zu kompliziert, um sie in Worten oder zeichnerisch darstellen zu können. Wir fassen deshalb sämtliche Unternehmen zum **Sektor**[1] **„Unternehmen"** und sämtliche privaten Haushalte zum **Sektor „private Haushalte"** zusammen.

Das **Zusammenwirken der Sektoren „Unternehmen" und „privater Haushalt"** lässt sich dann wie folgt darstellen:

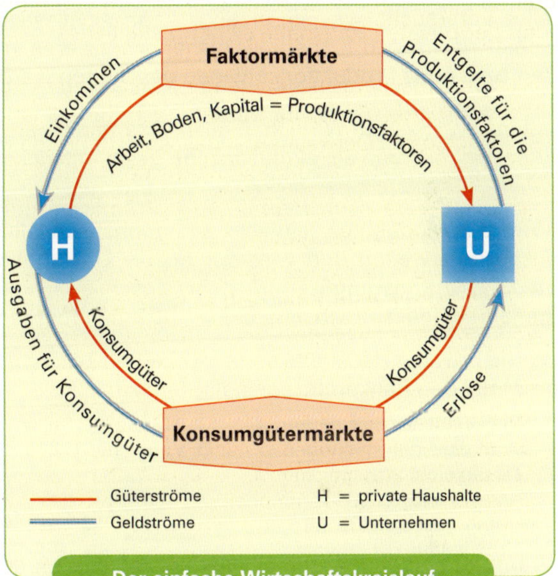

Der einfache Wirtschaftskreislauf

1. Die privaten Haushalte stellen den Unternehmen ihre Arbeitskraft, Kapital oder auch Boden zur Verfügung. Da Arbeit und Boden zur Erzeugung von Gütern notwendig sind, spricht man auch von **Produktionsfaktoren**[2] oder kurz von „Faktoren". Der Markt, auf dem Produktionsfaktoren angeboten und nachgefragt werden, heißt **Faktormarkt.**

   In der **Volkswirtschaftslehre** werden die Produktionsfaktoren **Natur** (z.B. Boden), **Arbeit, Kapital** (produzierte Produktionsmittel wie z.B. Maschinen, Fabrikhallen, Beförderungsmittel, immaterielle[3] Anlagen wie z.B. EDV-Software, Datenbanken und Urheberrechte) und **Bildung** (z.B. technisches und wirtschaftliches Wissen) unterschieden.

   Die Produktionsfaktoren sind die Grundelemente, die bei der Produktion mitwirken.

2. Für die geleistete Arbeit und die den Unternehmen zur Verfügung gestellten sonstigen Produktionsfaktoren erhalten die privaten Haushalte **Einkommen** in Form von Löhnen, Gehältern, Gewinnen, Mieten, Zinsen oder Pachten. Dem **realen Strom** bzw. **Güterstrom** (auch Arbeitsleistungen sind im wirtschaftlichen Sinne Güter) steht ein **monetärer Strom** bzw. **Geldstrom** (Einkommensstrom) gegenüber.

3. Die privaten Haushalte, so nehmen wir zunächst an, geben ihr gesamtes Einkommen wieder aus, indem sie bei den Unternehmen **Sachgüter** oder **immaterielle Güter** (Dienstleistungen, Rechte) kaufen und bezahlen.

4. Die von den Unternehmen an die privaten Haushalte verkauften Güter sind Konsumgüter. Der Markt, auf dem Konsumgüter angeboten und nachgefragt werden, heißt

1 **Sektor:** Ausschnitt; hier: die Zusammenfassung gleichartiger wirtschaftlicher Einheiten, also von Wirtschaftssubjekten. Auf den im Bildungsplan angeführten Aspekt des produktiven Beitrages der einzelnen Wirtschaftssektoren im Hinblick auf Wachstum und Wohlstand wurde bereits in Kapitel 1.3 im Rahmen dieses Handlungsfeldes hingewiesen. Eine Vertiefung erfolgt – wie im Bildungsplan vorgesehen – im Rahmen des Handlungsfeldes 3, Anforderungssituation 3.2.

2 **Faktor** (lat.): Mitbewirker.

3 **Materiell:** stofflich. Im Gegensatz hierzu bedeutet „immateriell" nicht stofflich.

Konsumgütermarkt. Dem **Konsumgüterstrom** steht ein **Geldstrom** an die Unternehmen gegenüber. Der in Geld gemessene Wert der an die privaten Haushalte verkauften Güter stellt für die Unternehmen **Erlöse** (Umsatz) dar.

8.3 Erweiterter Wirtschaftskreislauf

Das einfache Modell zeigt eine Wirtschaft, in der die privaten Haushalte ihr gesamtes Einkommen je Zeitabschnitt (= Periode, z. B. ein Jahr) verbrauchen. Eine Wirtschaft aber, die alles verbraucht, was sie erzeugt, kann nicht wachsen; sie ist **stationär.** Soll eine Wirtschaft wachsen, d. h. mehr als bisher produzieren, müssen ihre Produktionsanlagen erweitert bzw. neue Produktionsanlagen geschaffen werden.

Eine **wachsende** Wirtschaft, also eine Wirtschaft, die von Jahr zu Jahr mehr erzeugt, bezeichnet man als **evolutorische**[1] (sich entwickelnde) Wirtschaft.

Wird das Modell des „einfachen Wirtschaftskreislaufs" um den **Sektor „Banken"** (Kreditinstitute) erweitert und wird der **Sektor Unternehmen** in die **Investitionsgüterindustrie** und in die **Konsumgüterindustrie** (einschließlich Handel) aufgeteilt, treten zu den bisher genannten gesamtwirtschaftlichen Strömen folgende hinzu:

1. Die privaten Haushalte sparen **(S)** einen Teil ihrer Einkommen und führen die gesparten Mittel den Banken (Kreditinstituten) zu.

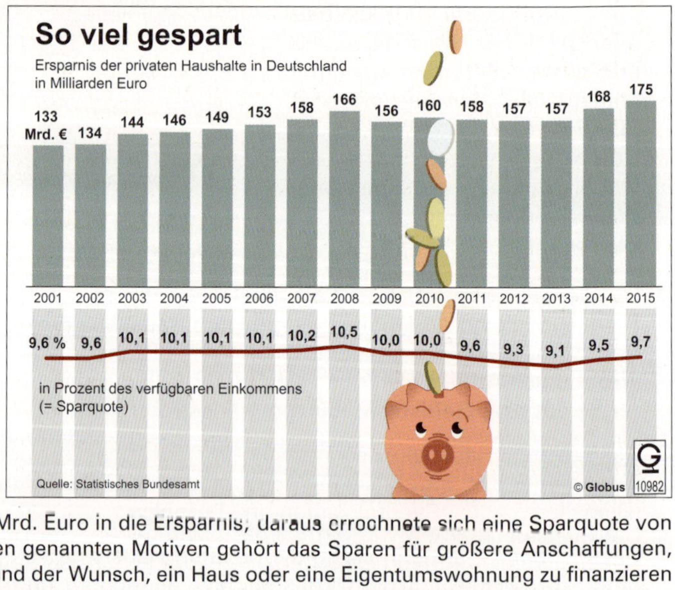

Die Bundesbürger haben sich von den niedrigen Zinsen nicht abschrecken lassen und auch 2015 kräftig gespart. 175 Mrd. Euro legten die privaten Haushalte im vergangenen Jahr „auf die hohe Kante". Das waren 9,7 % ihres verfügbaren Einkommens. Das bedeutet, dass von jeweils 100 Euro, der einem Haushalt für Ausgaben zur Verfügung stand, durchschnittlich 90,30 Euro für Konsumzwecke ausgegeben wurden; 9,70 Euro wurden gespart. Im Jahr zuvor gingen vom verfügbaren Einkommen 168 Mrd. Euro in die Ersparnis; daraus errechnete sich eine Sparquote von 9,5 %. Zu den am häufigsten genannten Motiven gehört das Sparen für größere Anschaffungen, die Vorsorge für das Alter und der Wunsch, ein Haus oder eine Eigentumswohnung zu finanzieren oder zu renovieren.

2. Die Banken stellen die Mittel den Unternehmen zur Verfügung, die ihre Produktionsanlagen erweitern und/oder ihre Vorräte aufstocken, also **investieren (I).**

1 **Evolution** (lat.): Entwicklung.

3. Die Investitionsgüterindustrie verkauft die von ihr hergestellten **Investitionsgüter** (Produktionsmittel) an die Konsumgüterindustrie. Die Verkaufserlöse aus diesen Lieferungen fließen der Investitionsgüterindustrie zu **(Investitionsgütermärkte).**

In der nebenstehenden Abbildung wurden die Güterströme nicht eingezeichnet, um die Übersichtlichkeit zu wahren. Im Übrigen stellen auch die Dienstleistungen der **Kreditinstitute** „Güter" im wirtschaftlichen Sinne dar (z. B. Verwaltung der eingelegten Gelder, Kreditgewährung). Der Ausgleich von Kreditangebot und Kreditnachfrage vollzieht sich auf den **Finanzmärkten.**

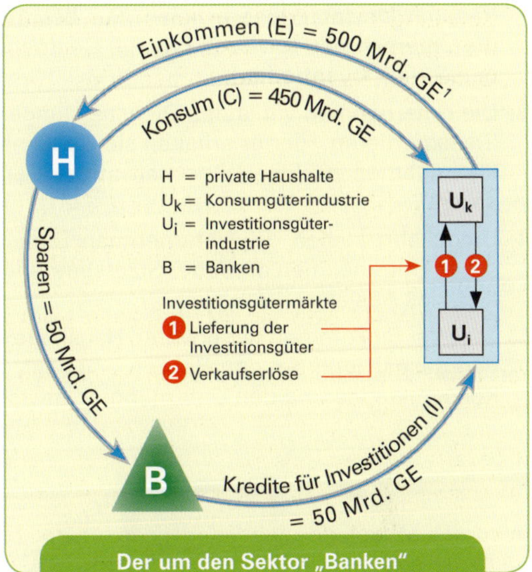

Der um den Sektor „Banken" erweiterte Wirtschaftskreislauf

8.4 Vollständiger Wirtschaftskreislauf

- Eine Volkswirtschaft ohne **Staat** ist nicht denkbar. Dem Staat fällt unter anderem die Aufgabe zu, mit wirtschafts- und gesellschaftspolitischen Maßnahmen den **Wirtschaftsablauf** zu **steuern**. In der Bundesrepublik Deutschland fließen durch den staatlichen Sektor[2] **knapp 50 %** des Bruttoinlandsprodukts, also des Gesamtwerts aller erzeugten Güter.[3]
- Eine moderne Wirtschaft ohne **außenwirtschaftliche Beziehungen** (geschlossene Volkswirtschaft) ist ebenfalls kaum vorstellbar. Unterschiedliche **Rohstoffvorkommen**, unterschiedliches **technisches Wissen** und die **Ansprüche** der Bevölkerung zwingen dazu, Güter einzuführen (zu importieren) und auszuführen (zu exportieren). Der binnenwirtschaftliche Wirtschaftskreislauf wird also um den **außenwirtschaftlichen** Kreislauf **erweitert** (offene Volkswirtschaft).

Zu den bereits bekannten Kreislaufströmen treten nunmehr noch folgende Geldströme (auf die Darstellung entsprechender Güterströme wird verzichtet) hinzu:

1. Ein Teil der Einkommen der privaten Haushalte und Unternehmen wird vom **Staat** (den **öffentlichen Haushalten**) in Form von **Steuern** und anderen gesetzlichen **Abgaben** (z. B. Sozialversicherungsbeiträge) einbehalten.
2. Die Staatseinnahmen werden wieder ausgegeben. Sie fließen zum Teil den privaten Haushalten in Form von **Gehältern** und **Löhnen** für die Staatsbediensteten zu. Ein weiterer Teil wird für die Vergabe von **Staatsaufträgen** an die Unternehmen verwendet, die

1 GE = Geldeinheiten (z. B. €, US-$, £, Rubel).

2 Zum Sektor „Staat" gehören vor allem der Bund, die Länder, die Kreise, die Gemeinden und die Sozialversicherungsträger.

3 Das Bruttoinlandsprodukt ist der in Geld gemessene Wert der Gesamterzeugung einer Volkswirtschaft einschließlich des durch die Produktion verursachten Wertverlusts der Produktionsanlagen (Abschreibungen). Vgl. hierzu ausführlich Anforderungssituation 3.2, Kapitel 3.2.

dadurch **Umsatzerlöse** erzielen. Für besonders förderungswürdige Zwecke erhalten die Unternehmen (oft auch Private) Geldbeträge, die nicht mehr zurückgezahlt werden müssen **(Subventionen).**

3. Die Unternehmen verkaufen Dienstleistungen und Sachgüter an das **Ausland (Export).** Sie exportieren. Hierfür erhalten sie Geldeinnahmen oder Forderungen. Ihre Umsatzerlöse nehmen zu. Eine Wirtschaft mit **Außenhandelsbeziehungen** heißt **„offene Wirtschaft“.**
4. Umgekehrt kaufen die Unternehmen Dienstleistungen und Sachgüter von ausländischen Unternehmen und/oder Staatsbetrieben **(Import).** Ein entsprechender Geldstrom fließt ins Ausland.
5. Teile der Einkommen der privaten Haushalte sowie der Gewinne der Unternehmen werden gespart und bei den Banken angelegt. Diese gewähren den privaten Haushalten Konsumkredite und den Unternehmen Investitionskredite.

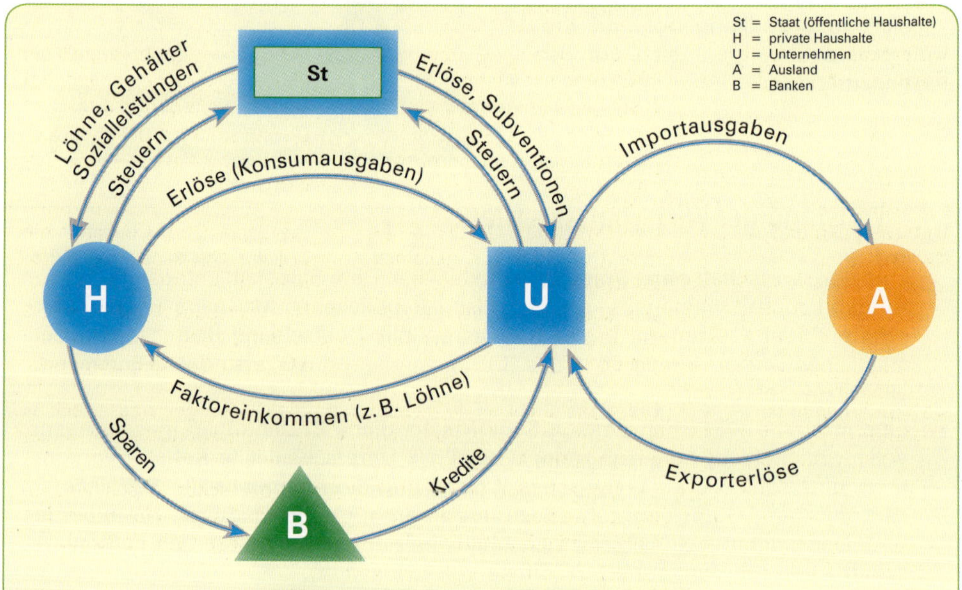

Der vollständige Wirtschaftskreislauf

Zu den **Auswirkungen auf die monetären und realen Ströme** im erweiterten Wirtschaftskreislauf sind in nachfolgender Tabelle Beispiele aufgeführt.

Beziehung zwischen	Geldkreislauf	Güterkreislauf
Haushalt und Staat	■ Der Auszubildende Carsten Clever bezahlt von seinem Weihnachtsgeld die Kfz-Steuer. ■ Familie Müller erhält Kindergeld.	■ Hans Schmidt arbeitet als Lehrer an einer staatlichen Schule. ■ Die Stadt Siegen baut eine neue Spielstraße.

Beziehung zwischen	Geldkreislauf	Güterkreislauf
Haushalt und Banken	■ Der vermögende Daniel Duck erhält eine Zinsgutschrift für sein Sparguthaben. ■ Der Angestellte Ralf Schupp zahlt an seine Bank Kontoführungsgebühren.	■ Der Immobilienbesitzer Hans Becker vermietet sein Geschäftshaus an die Sparkasse Siegerland. ■ Die Volksbank Gießen verkauft einem Münzsammler eine Goldmünze.
Haushalt und Ausland	■ Dem in Luxemburg arbeitenden Egon Kling wird sein Gehalt an die Sparkasse Duisburg überwiesen. ■ Die preisbewusste Tanja Spar bezahlt ihren in Italien gekauften Kleinwagen.	■ Der Spekulant Bodo Bostellani legt einen Teil seines Vermögens in den USA an. ■ Ein kalifornischer Winzer versendet eine Kiste Wein an einen deutschen Weinliebhaber.
Unternehmen und Staat	■ Die Hinkelstein AG überweist ihre Körperschaftsteuer an das zuständige Finanzamt. ■ Der Staat tätigt Subventionszahlungen an deutsche Unternehmen.	■ Die Hochbau GmbH erstellt ein neues Berufsschulgebäude im Auftrag eines Landkreises. ■ Die städtische Müllabfuhr entsorgt den Müll der Firma Ballast GmbH.
Unternehmen und Banken	■ Die Computer GmbH erhält eine Gutschrift für gelieferte Hardware. ■ Die Kölner Bank eG belastet die Fritz Verzug AG mit Sollzinsen.	■ Die Paper GmbH beliefert die örtliche Sparkasse mit Büromaterial. ■ Die Volksbank Ruhr Mitte eG verkauft der „Second-Hand KG" ausrangierte Büromöbel.
Unternehmen und Ausland	■ Die Maschinenbau AG erhält eine Dividendenzahlung auf ausländische Aktien. ■ Die Möbel Import GmbH überweist eine Rechnung an einen italienischen Zulieferer.	■ Die Duisburger Wassertechnik OHG entsendet einen Ingenieur in den Sudan. ■ Ein deutsches Maschinenbauunternehmen mietet ein Betriebsgebäude in Portugal.

8.5 Gegenseitige Abhängigkeit der Wirtschaftssektoren

Sie kennen diese zarten Gebilde, die man als Mobile bezeichnet. Der leiseste Windhauch setzt sie in Bewegung. Jedes am Gestänge hängende Figürchen, Tierchen oder was auch immer, bewegt sich scheinbar unabhängig von allen anderen. In Wirklichkeit aber hängt die Bewegung eines dieser Gegenstände von den Bewegungen aller anderen Gegenstände ab: Wird nur ein Gegenstand angestoßen, bewegen sich alle anderen auch. **„Interdependenz"** nennt man diese Erscheinung, also gegenseitige Abhängigkeit.

Die Fähigkeit des Menschen, **gegenseitige Abhängigkeiten** zwischen mehreren Bereichen (z. B. zwischen den Wirtschaftssektoren, der Wirtschaft und der Gesellschaft, der Wirtschaft und der Natur) zu entdecken und zu bewerten, bezeichnet man als **„vernetztes Denken"**.

Dieses Denken in Zusammenhängen wird an den folgenden zwei einfachen Beispielen verdeutlicht.

Beispiel 1:

Der Staat kürzt die Ausgaben, um zu sparen. Unter anderem kauft er weniger Sachgüter und Dienstleistungen bei den Unternehmen. Dadurch sinken die Erlöse der Unternehmen und ihre Gewinne nehmen ab. Die Unternehmen wiederum schütten weniger Gewinne aus; den Unternehmerhaushalten fließen geringere Einkommen als zuvor zu. Außerdem haben die Unternehmen weniger Aufträge, müssen also u. U. Arbeitskräfte entlassen. Somit verdienen auch die Arbeitnehmerhaushalte weniger. Die Folge ist, dass auch die privaten Haushalte weniger Geld für Konsumgüter ausgeben können. Die Unternehmen erleiden also erneute Erlöseinbußen. Die Gewinne nehmen weiter ab bzw. die Verluste zu. Aufgrund der gesunkenen Gewinne und Haushaltseinkommen nehmen aber auch die Steuereinnahmen des Staates ab.

Auch das Ausland kommt nicht „ungeschoren" davon. Da die Unternehmen mit sinkenden Aufträgen rechnen müssen, importieren sie auch weniger Rohstoffe, Halb- und Fertigwaren. Folglich nimmt das Ausland auch weniger Geld ein, sodass es selbst weniger bei den inländischen Exporteuren kauft.

Die Kreditinstitute spüren ebenfalls den wirtschaftlichen Rückgang. Da sich die Unternehmen sinkenden Umsätzen gegenübersehen, fragen sie auch nicht mehr so viel Kredite nach, denn kein vernünftiger Mensch investiert (kauft z. B. eine neue Maschine), wenn sich diese Investition nicht lohnt.

Beispiel 2:

Angenommen, die privaten Haushalte fangen an, plötzlich mehr zu kaufen als zuvor. Sie blicken optimistisch in die Zukunft, beispielsweise deswegen, weil Experten zunehmend fallende Energiepreise und ein kräftiges Wirtschaftswachstum vorhersagen. Ein Wunschtraum vielleicht, aber wer weiß? Die Wirkung auf unsere empfindliche Wirtschaft ist verblüffend. Die Umsätze der Unternehmen steigen. Sie machen deshalb wieder Gewinne. Folglich nehmen sie auch wieder mehr Kredite auf, um die Aufstockung der Lager zu finanzieren. Hält die Konsumfreudigkeit der privaten Verbraucher an, werden von den Unternehmen auch wieder zusätzliche Arbeitskräfte eingestellt. Die Arbeitslosigkeit nimmt ab.

Auch der Staat hat Grund zur Freude. Die Steuereinnahmen steigen wieder, sodass er seinerseits mehr ausgeben kann. So kann er beispielsweise den Unternehmen wiederum mehr Aufträge erteilen. Die Gewinne steigen weiterhin. Die Gewerkschaften können kräftigere Lohnerhöhungen durchsetzen, sodass die Einkommen der Arbeitnehmer wachsen.

Auf die Dauer spürt auch das Ausland den Aufschwung. Die inländischen Importeure führen mehr Rohstoffe, Halb- und Fertigwaren ein. Auf diese Weise wird wiederum das Ausland in die Lage versetzt, selbst mehr zu importieren.

Kompetenztraining

12

1. Erläutern Sie anhand eigener Beispiele, wie ein einzelner wirtschaftlicher Betrieb in einem wechselseitigen Bezug zu anderen Wirtschaftseinheiten (z. B. anderen Unternehmen, privaten Haushalten, dem Staat) steht!
2. Erklären Sie die Notwendigkeit und die Grenzen der Modellbildung in der Volkswirtschaftslehre!
3. Zeichnen Sie einen einfachen Geldkreislauf, wenn Sie annehmen, dass die privaten Haushalte nicht sparen und für Konsumgüter von Periode zu Periode 1 000 Mrd. GE ausgeben!

4. Erklären Sie die Begriffe monetärer Strom und realer Strom!
5. Erklären Sie die Begriffe Güter- und Faktormarkt!
6. Erweitern Sie den einfachen Geldkreislauf aus Aufgabe 3, indem Sie unterstellen, dass die Haushalte 20 % ihres Einkommens sparen und bei den Banken anlegen. Weiterhin sei angenommen, dass die über Kredite zu finanzierenden Investitionsvorhaben der Unternehmen sich mit den Ersparnissen der Haushalte decken.
7. Zeichnen Sie ein vervollständigtes Kreislaufschema mit den Sektoren private Haushalte, Staat, Unternehmen, Banken und Ausland! Benutzen Sie hierzu folgende Werte:

a)	Einkommen der privaten Haushalte vom Staat (Lohn, Gehälter, Sozialleistungen)	300 Mrd. GE
b)	Von den Unternehmen bezogene Einkommen der privaten Haushalte	700 Mrd. GE
c)	Sparen der privaten Haushalte	200 Mrd. GE
d)	Von den privaten Haushalten an den Staat abgeführte Steuern und Sozialabgaben	250 Mrd. GE
e)	Von den Unternehmen an den Staat abgeführte Steuern, Abgaben und Gebühren	150 Mrd. GE
f)	Vom Staat von den Unternehmen gekaufte Sachgüter und Dienstleistungen	100 Mrd. GE
g)	Von den Unternehmen in Anspruch genommene Kredite der Banken	200 Mrd. GE
h)	Die Ex- und Importe der Unternehmen gleichen sich aus und betragen je	80 Mrd. GE

Berechnen Sie die Höhe der Konsumausgaben der privaten Haushalte und zeichnen Sie diesen Geldstrom in Ihr Kreislaufschema ein! Prüfen Sie, ob der Geldkreislauf geschlossen ist!

8. Zeigen Sie die Wechselwirkungen zwischen den Sektoren der Volkswirtschaft am Beispiel folgender Impulse (= Anstöße) auf:

Aufgaben:

8.1 Der Export steigt beträchtlich, weil im Ausland die Preise schneller als im Inland steigen.

8.2 Der Staat erhöht die Steuern, die die Unternehmen und die privaten Haushalte zu zahlen haben.

9. Das Arbeitseinkommen, das den privaten Haushalten zufließt, ist das Bruttoarbeitsentgelt (Bruttolöhne und -gehälter).

Setzt man von den Bruttolöhnen und -gehältern die direkten Steuern (Lohnsteuer, Kirchensteuer, Solidaritätszuschlag) und die Sozialversicherungsabgaben der Arbeitnehmer ab (gesetzliche Krankenkasse, soziale Pflegeversicherung, gesetzliche Rentenversicherung und gesetzliche Arbeitslosenversicherung), erhält man die Nettolöhne und -gehälter.

Neben dem Arbeitseinkommen erhalten die privaten Haushalte Sozialleistungen (z. B. Geldleistungen der Sozialversicherungen). Die Summe aus Nettolöhnen und -gehältern sowie Sozialleistungen bildet das **Masseneinkommen.**

Addiert man zum Masseneinkommen die Nettounternehmens- und Vermögenseinkommen (versteuerte Gewinne, Zins- und Pachteinkommen), gelangt man zum **verfügbaren Einkommen.**

Werden die Konsumausgaben der privaten Haushalte vom verfügbaren Einkommen abgesetzt, ergibt sich das Sparen der privaten Haushalte, das für Investitionen zur Verfügung steht.

6 Boller - ISBN 978 3 8120-0619-4

Aufgaben:

9.1 Berechnen Sie das verfügbare Einkommen einer Volkswirtschaft mithilfe folgender Angaben:

Bruttolöhne und -gehälter	904,6 Mrd. €
Direkte Steuern und Sozialversicherungsabgaben	311,5 Mrd. €
Von den privaten Haushalten empfangene Sozialleistungen	347,1 Mrd. €
Nettounternehmens- und Vermögenseinkommen	430,0 Mrd. €
Sparen der privaten Haushalte	138,1 Mrd. €

9.2 Ermitteln Sie die Konsumausgaben der privaten Haushalte!

9.3 Berechnen Sie die Sparquote (prozentualer Anteil des Sparens am verfügbaren Einkommen)!

10. Die Beziehungen der Wirtschaftssubjekte werden modellhaft als Wirtschaftskreislauf dargestellt. Dieser Wirtschaftskreislauf zeigt die Güter- und Geldströme zwischen den beteiligten Wirtschaftssubjekten. Der Geldkreislauf einer offenen Volkswirtschaft mit staatlicher Aktivität weist folgende Werte aus (Angaben in Mrd.€):

Einkommen der privaten Haushalte vom Staat	**700**
Einkommen der privaten Haushalte von den Unternehmen	**1 700**
Ersparnisse der privaten Haushalte	**240**
Einnahmen des Staates von privaten Haushalten	**850**
Einnahmen des Staates von den Unternehmen	**650**
Exporte der Unternehmen	**500**

Aufgaben:

10.1 Erläutern Sie, worin sich die offene von der geschlossenen Volkswirtschaft unterscheidet!

10.2 Berechnen Sie die Konsumausgaben der privaten Haushalte!

10.3 Ermitteln Sie die von den Unternehmen in Anspruch genommenen Kredite!

10.4 Ermitteln Sie die Importausgaben der Unternehmen bei ausgeglichener Handelsbilanz!

10.5 Nennen Sie drei Formen von Einkommen, die den privaten Haushalten von den Unternehmen zufließen!

10.6 Nennen Sie vier Formen von Einnahmen des Staates von privaten Haushalten und von Unternehmen!

10.7 Nennen Sie zwei Formen von Transferzahlungen des Staates an die privaten Haushalte!

Handlungsfeld 2: Beschaffung

Anforderungssituation 2.1
Entstehung, Entwicklung und Funktionsweise von Märkten

Der 18-jährige Schüler Max Schlaumeier verdient sich gerne ein wenig Geld zusätzlich. Da Max schon recht früh in seinem Leben für sich erkannt hat, dass er gerne „sein eigenes Ding macht", kam für ihn kein normaler Job infrage, sodass er sich vor drei Monaten selbstständig machte. Zu diesem Zweck hat er gemeinsam mit seinem Vater den Kleinwohnwagen des Großvaters zu einem schönen „Marktstand" umgebaut und mit tollen Graffitis versehen. Mit dem mobilen Verkaufsstand fährt er dann zu verschiedenen Festen in der näheren Umgebung seines Wohnortes, um frisch zubereitete Crêpes zu verkaufen.

Zurzeit überlegt Max, ob er seinen Crêpestand für das eintägige Stadtfest seines Wohnortes am Sonntag anmelden soll, an dem vielfältige Marktstände die Einkaufspassage bereichern und zudem alle örtlichen Geschäfte geöffnet haben. Nach Auskunft der Organisatoren dieses Festes müsste er für den Stand eine Tagesgebühr von 150,00 € entrichten. Max verkauft die Crêpes zurzeit mit drei verschiedenen Belägen. Nach seiner Berechnung betragen die Kosten pro Crêpe inklusive Crêpetüte und Serviette unabhängig vom Belag ca. 1,00 €. Den Verkaufspreis hat Max seit Beginn seiner Geschäftstätigkeit auf 2,50 € festgelegt.

Da Max für das Backen eines Crêpes nur eine Herdplatte zur Verfügung steht, kann er während des zehnstündigen Brunnenfestes maximal 300 Crêpes herstellen und verkaufen. Dieser „Engpass" ist Max schon seit Längerem ein Dorn im Auge. Grundsätzlich wäre er in der Lage, zwei Herdplatten gleichzeitig zu bedienen und somit die oft langen und auch geschäftsschädigenden Warteschlangen an seinem Stand zu vermeiden. Die Anschaffung einer zweiten Herdplatte hat Max jedoch bisher noch zurückgestellt, da diese Spezialplatten sehr teuer sind.

Kompetenzorientierte Arbeitsaufträge:

1. Angenommen, Sie wollen bei herrlichem Sonnenschein dieses Stadtfest besuchen. Bestimmen Sie, welche Faktoren konkret Ihr Einkaufsverhalten an den einzelnen Ständen bzw. in den Geschäften beeinflussen!
2. Erläutern Sie beispielhaft, wie sich Preisänderungen auf Ihr Nachfrageverhalten auswirken!
3. Angenommen, Crêpes zählen zu Ihren absoluten Lieblingsspeisen. Kurz bevor Sie den Marktstand von Max erreichen, sehen Sie, wie er den Preis pro Crêpe um 1,00 € erhöht. Erläutern Sie, welche Auswirkung diese Preiserhöhung auf Ihre Kaufentscheidung hat, wenn es keinen anderen Crepêstand gibt und Sie über ausreichend Taschengeld verfügen! Geben Sie an, wie Ihre Entscheidung ausfallen würde, wenn Crêpes nicht Ihre einzige Lieblingsspeise wäre!
4. Erläutern Sie, wie Sie sich verhalten würden, wenn es weitere Crêpestände auf dem Markt geben würde und Sie unbedingt Crêpes essen möchten!
5. Diskutieren Sie, welche Auswirkungen es auf die Preisgestaltung von Max hat, ob es Konkurrenzanbieter gibt oder nicht!
6. Angenommen, Max hätte mit einem Verkaufspreis von 2,00 € kalkuliert. Nunmehr stellt er aber fest, dass die beiden anderen Crêpesanbieter 2,50 € pro Crêpe nehmen. Erläutern Sie kurz, welche Auswirkungen sich für Max ergeben, wenn er sich den anderen Anbietern anpassen möchte!
7. Aus den Erfahrungen der Vergangenheit heraus ist Ihnen bei Crêpes ein Preis von 4,00 € in Erinnerung. Erläutern Sie, was konkret die in Aufgabe 6 formulierte preisliche Ausgangssituation für Sie bedeutet!

8. Max hat noch immer keine Entscheidung getroffen, ob er für das Stadtfest seinen Stand anmelden möchte. Von den Organisatoren erfährt er, dass er der einzige Anbieter von Crêpes sein wird. Unterstellen Sie, dass Max einen Verkaufspreis von 2,50 € für realistisch hält. Berechnen Sie, wie viele Crêpes er verkaufen müsste, damit er keinen Verlust erleidet; bei welcher Verkaufsmenge also seine „Gewinnschwelle" läge! Ermitteln Sie, wie hoch der für ihn maximal auf dem Stadtfest erzielbare Gewinn wäre!

1 Bestimmungsgrößen der Nachfrage und Auswirkungen bei deren Änderung

Neben der Qualität spielt der Preis eines Gutes, das wir zu kaufen beabsichtigen, eine entscheidende Rolle. Wir wissen aber auch, dass die Kaufentscheidungen der einzelnen Verbraucher höchst unterschiedlich sind, ganz einfach deshalb, weil ihre Bedürfnisse verschieden und ihre Einkommen bzw. Vermögen unterschiedlich hoch sind.

(1) Individuelle[1] Nachfrage

Wir beschränken uns im Folgenden auf den privaten Haushalt (den privaten Verbraucher) als Nachfrager nach Konsumgütern. Das Nachfrageverhalten des privaten Haushalts hängt von zahlreichen Faktoren ab. Beispielhaft seien genannt:

Einflussfaktoren	Erläuterungen	Beispiele
Individuelle Nutzeneinschätzung	Die individuelle Nachfrage nach Gütern ist von Nachfrager zu Nachfrager unterschiedlich, weil Dringlichkeit und Rangordnung der Bedürfnisse (die Bedürfnisstrukturen) verschieden sind.	▪ Steigt bei Jugendlichen das Bedürfnis nach Energy-Drinks, so wird die Nachfrage nach diesen Getränken spürbar zunehmen (**Rechtsverschiebung** der Nachfragekurve). ▪ Kommen Rucksäcke als Schultaschen aus der Mode, wird deren Nachfrage deutlich zurückgehen (**Linksverschiebung** der Nachfragekurve).
Verfügbares Einkommen bzw. Vermögen	Die individuelle Nachfrage wird durch das verfügbare Einkommen (z. B. Gehalt abzüglich Steuern und Sozialversicherungsabgaben) sowie die Höhe und Struktur des Vermögens bestimmt und begrenzt.	▪ Beginnt ein Schüler mit der Berufsausbildung, so steigt in der Regel sein frei verfügbares Einkommen im Vergleich zum bisherigen Taschengeld. Als Folge wird sich seine Nachfrage in vielen Bereichen deutlich erhöhen, beispielsweise Ausgaben für das Handy, Kinobesuche, Kleidung (**Rechtsverschiebung** der Nachfragekurve). ▪ Wird ein Jugendlicher nach seiner Ausbildung nicht übernommen, sinkt sein verfügbares Einkommen und somit auch sein Konsum (**Linksverschiebung** der Nachfragekurve).

1 **Individuum:** der Einzelne; individuell: auf die einzelne Person bezogen, persönlich.

Einflussfaktoren	Erläuterungen	Beispiele
Preis des nachgefragten Gutes	Bei gegebenem Einkommen und gegebenem Vermögen bestimmt u. a. der Preis eines Gutes, ob und in welcher Menge ein Gut nachgefragt wird.	■ Verteuern sich Kinokarten, wird die Nachfrage nach Kinobesuchen wahrscheinlich zurückgehen. ■ Verbilligt sich das Telefonieren und Surfen mit Smartphones, wird die Nachfrage erkennbar steigen.
Preise anderer Güter		
■ **Preise von Substitutionsgütern**	Bei austauschbaren Gütern (Substitutionsgütern) wird ein Verbraucher bei steigendem Preis des Gutes A die Nachfrage nach dem Gut A einschränken oder ganz einstellen und seine Nachfrage nach dem Substitutionsgut B erhöhen.	In einer Schülercafeteria werden mittags Schnitzelbrötchen und Pizzastücke angeboten. Steigt der Preis von Schnitzelbrötchen, dürfte sich die Nachfrage nach Pizzastücken deutlich erhöhen. 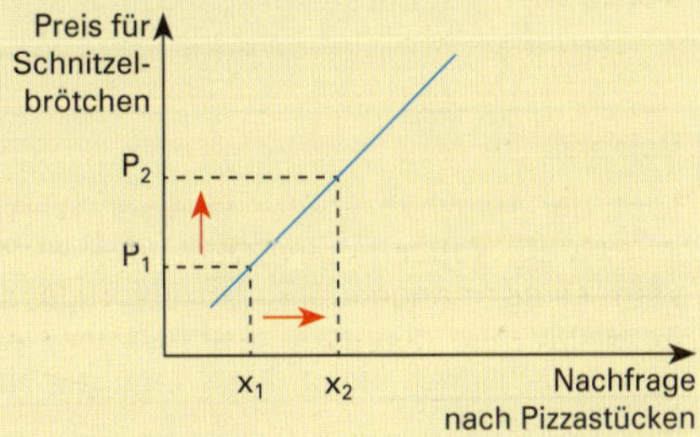
■ **Preise von Komplementärgütern**	Bei sich gegenseitig ergänzenden Gütern (Komplementärgütern) wird der Verbraucher seine Nachfrage einschränken, wenn der Preis eines oder mehrerer Komplementärgüter steigt.	Steigt der Preis für Tintenpatronen, dürfte die Nachfrage nach Tintenstrahldruckern zurückgehen. 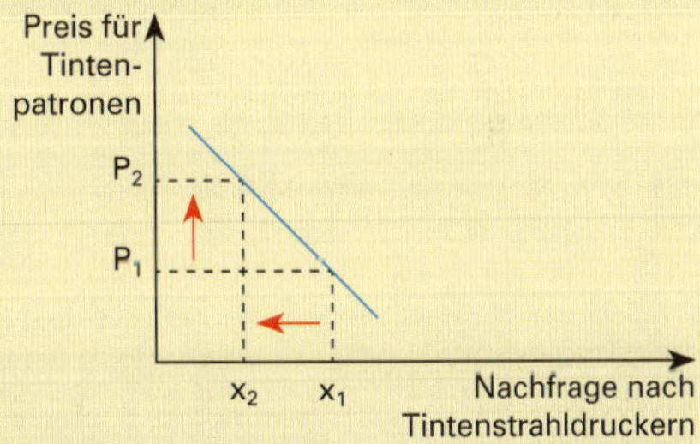

Nicht nur die gegebenen (aktuellen) Güterpreise beeinflussen das Verbraucherverhalten, sondern auch die erwartete Preisentwicklung. Erwarten die Verbraucher steigende Preise, nimmt die Nachfrage zu. Wird mit sinkenden Preisen gerechnet, nimmt die Nachfrage ab.

Lassen wir alle anderen Bestimmungsgründe der individuellen Nachfrage außer Acht, dann kann man folgende **Beziehungen zwischen Preis und nachgefragter Menge** annehmen **(„Gesetz der Nachfrage")**:

- Mit **steigendem** Preis eines Gutes **sinkt** die Nachfrage nach diesem Gut.
- Mit **sinkendem** Preis eines Gutes **steigt** die Nachfrage nach diesem Gut.

Das Gesetz der Nachfrage beschreibt das normale Nachfrageverhalten eines privaten Haushalts.

Die **Nachfragekurven** sind von privatem Haushalt zu privatem Haushalt unterschiedlich, weil die Bedürfnisstrukturen und die Einkommens- und Vermögensverhältnisse verschieden sind.

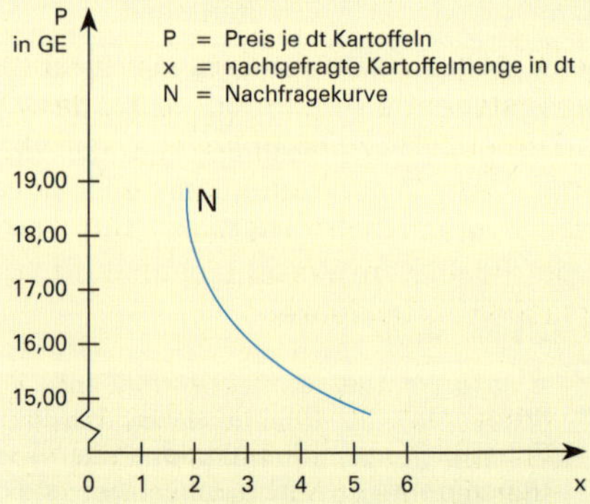

Normale Nachfrage eines 4-Personen-Haushalts nach Kartoffeln

Beispiel:

Legt der Haushalt Müller weniger Wert auf Teigwaren, sondern bevorzugt er Kartoffeln, wird seine mengenmäßige Nachfrage nach Kartoffeln nur geringfügig abnehmen, wenn der Kartoffelpreis steigt. Man sagt, die Nachfrage ist preisunelastisch. Preiselastisch ist hingegen seine Nachfrage nach Teigwaren. Steigen die Preise der Teigwaren, wird der Haushalt Müller weniger oder gar keine Teigwaren mehr nachfragen.

Wie nachfolgende Abbildungen verdeutlichen, reagiert die Nachfrage in Abhängigkeit von den oben angeführten Faktoren **unterschiedlich stark** (elastisch) auf Preisänderungen.

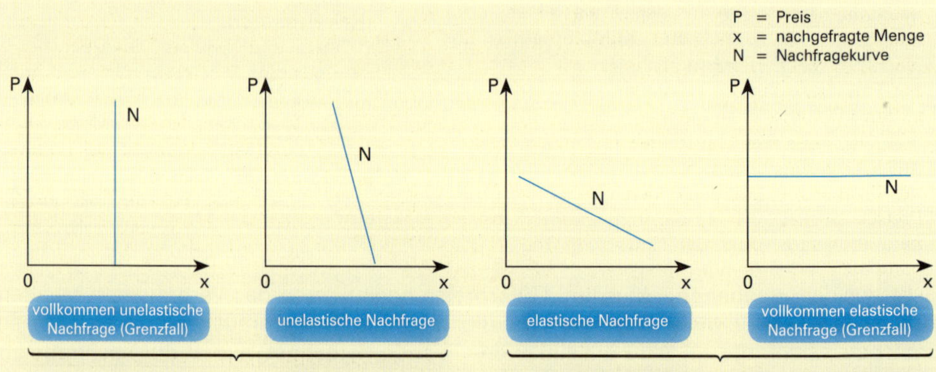

Vor allem bei lebensnotwendigen und für lebensnotwendig erachteten Gütern (Güter des Zwangsbedarfs, z. B. Wasser, Medikamente, Süßstoff für Zuckerkranke, Zigaretten für Raucher).

Vor allem bei nicht lebensnotwendigen Gütern (Güter des Wahlbedarfs, z. B. Ferienreisen, Zweitwagen, Kinobesuche, Restaurantbesuche).

Mögliche Nachfragekurven

(2) Atypische (anomale) Nachfrage

Es ist sogar möglich, dass die Nachfragefunktion eine **anomale Gestalt** aufweist (vgl. nebenstehende Abbildung), d. h., dass bei **steigenden Preisen** mit **steigender Nachfrage** und umgekehrt zu rechnen ist. Diese Umkehrung des „Nachfragegesetzes" (**anomale** oder **inverse Nachfrageelastizität**) lässt sich in der Realität im Wesentlichen auf folgende Ursachen zurückführen:

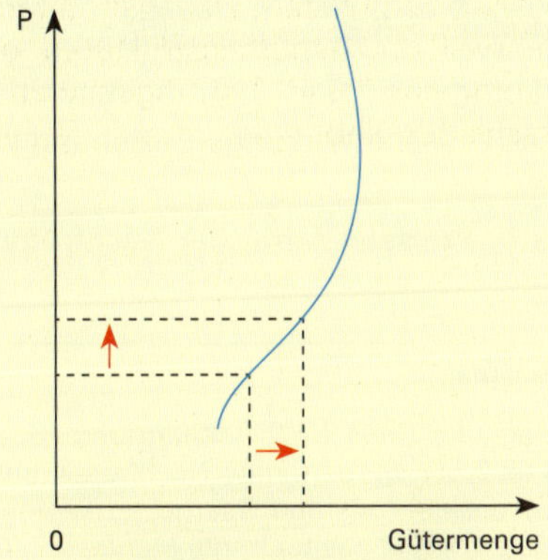

Snob-Effekt (anomale Nachfrage)

- Die Nachfrager **schließen von dem Preis direkt auf die Qualität eines Produktes,** sodass bei einem höheren Preis wegen der vermuteten höheren Qualität mehr von dem betreffenden Gut nachgefragt wird **(„Qualitätsvermutungseffekt").**
- Die Nachfrager kaufen ein teures Markenprodukt, um sich von der Masse abzuheben **(„Snob-Effekt").** Dieses Phänomen lässt sich u. a. bei Bekleidung beobachten, der erst von einem gewissen Preis an ein Wert beigemessen wird **(Snob-Value),** schon deshalb, weil nicht jeder diesen hohen Preis bezahlen kann.

Entdeckt wurde das „anomale" Nachfrageverhalten allerdings nicht bei reichen, sondern bei besonders **armen** Haushalten, und zwar schon im 19. Jahrhundert von dem englischen Nationalökonomen Robert Giffen. Nicht zuletzt deshalb wird die anomale Nachfragereaktion auch als **Giffen-Fall** bezeichnet. So stellte Giffen in Londoner Armenvierteln fest, dass bei Haushalten mit sehr geringem Einkommen der Brotkonsum bei steigenden Preisen anstieg. Als Erklärung fand er heraus, dass die Haushalte auf die vor dem Brotpreisanstieg teilweise gekauften höherwertigen Güter wie Fleisch oder Fisch verzichteten. Um satt zu werden, kauften die Haushalte von dem eingesparten Geld trotz Brotpreisanstieg mehr Brot; denn im Brot blieben die sättigenden Kalorien immer noch **verhältnismäßig** billig.

Mit Zunahme des Brotpreises musste die ärmere Bevölkerung zur Deckung des täglichen Kalorienbedarfs also ihr Einkommen mehr und mehr auf das lebensnotwendige Brot verwenden und auf den Konsum von höherwertigen Gütern gänzlich verzichten. Die durch den Verzicht auf höherwertige Güter entstandenen Einschnitte bei der Sättigung mussten durch eine entsprechende Ausweitung der täglichen Brotnachfrage ausgeglichen werden.

Derartiges Verhalten kann heute noch in **Kriegs- und Krisengebieten** beobachtet werden, wo die Haushalte trotz steigender Lebensmittelpreise mehr Lebensmittel einkaufen.

(3) Preiselastizität der Nachfrage

Die aus einer Preisänderung resultierende Mengenänderung der Nachfrage lässt sich mithilfe der sogenannten **„Preiselastizität der Nachfrage"** messen. Sie gibt an, um wie viel Prozent sich die nachgefragte **Menge (Wirkung)** ändert, wenn der **Preis (Ursache)** um ein Prozent geändert wird.

Diese Ursache-Wirkungs-Beziehung lässt sich wie folgt errechnen:

$$\textbf{Preiselastizität der Nachfrage } (El_{dir}) = \frac{\text{Relative Mengenänderung in Prozent}}{\text{Relative Preisänderung in Prozent}}$$

Beispiel:

Liegt der Preis für ein Kilogramm Spargel bei 4,00 €, so werden viele Nachfrager bereit sein, für diesen Preis den Spargel zu kaufen, sodass die am Markt nachgefragte Menge entsprechend hoch ausfällt.

Wird jedoch das Kilo Spargel für 8,00 € angeboten, dürfte die am Markt nachgefragte Menge an Spargel sinken.

Für diesen Fall errechnet sich die Preiselastizität demzufolge:

$$\text{Preiselastizität der Nachfrage} = \frac{-50\,\%}{100\,\%} = -0{,}5.$$

Das Ergebnis lässt sich wie folgt interpretieren: **Erhöht** sich der **Preis** für Spargel um **ein Prozent,** so **sinkt** die nachgefragte **Menge** um **0,5 Prozent.** Die Nachfrage reagiert **unterproportional elastisch** auf die Preisänderung.

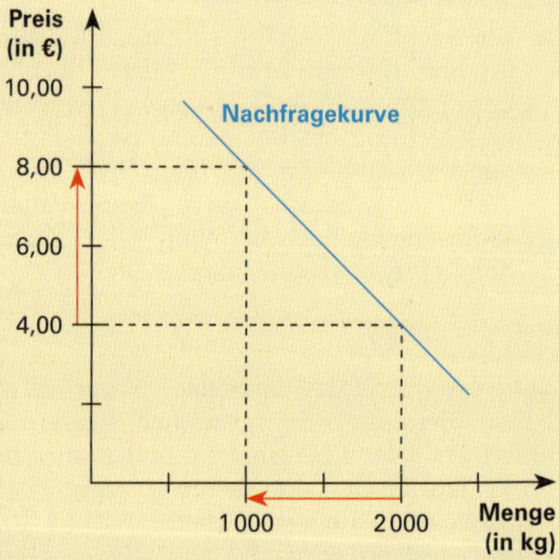

- Ist die Nachfrage **elastisch** ($El_{dir} > 1$), führen **Preissenkungen** zu **steigenden** Umsätzen, **Preiserhöhungen** zu **sinkenden** Umsätzen.
- Ist die Nachfrage **unelastisch** ($El_{dir} < 1$), führen **Preissenkungen** zu **Umsatzrückgängen, Preissteigerungen** zu **steigenden Umsätzen.**

(4) Indirekte Preiselastizität der Nachfrage (Kreuzpreiselastizität)

- Die **Kreuzpreiselastizität (indirekte Preiselastizität der Nachfrage, El_{ind})** ist das Verhältnis einer prozentualen Nachfrageänderung für ein **Gut A** zu einer prozentualen Preisänderung eines **Gutes B.**
- $El_{ind} = \dfrac{\text{prozentuale Nachfrageänderung für das } \textbf{Gut A}}{\text{prozentuale Preisänderung für das } \textbf{Gut B}}$

Art der indirekten Preiselastizität	Erläuterungen	Beispiele
Komplementär-elastizität	Bei der indirekten Preiselastizität der Nachfrage ist die Elastizitätskennziffer (der Elastizitätskoeffizient) **negativ,** wenn es sich um **Komplementärgüter** handelt. Anbieter, die Komplementärgüter herstellen bzw. vertreiben (z. B. Smartphone-Handytarife), müssen die Preisentwicklung der Komplementärgüter beobachten. **Steigen** die Preise der **Komplementärgüter,** sind unter sonst gleichen Bedingungen **Nachfragerückgänge** nach dem eigenen Produkt zu erwarten. Für Anbieter von Komplementärgütern ist es demnach lebenswichtig, den **langfristigen Trend** (Entwicklungsrichtung) auf dem Komplementärgütermarkt zu beobachten.	Steigt der Preis für Benzin von 1,00 GE auf 1,10 GE, nimmt – so sei angenommen – die Nachfrage nach Autos mit hohem Benzinverbrauch von 2000 auf 1600 Stück je Periode ab. Die Komplementärelastizität beträgt –2. Dies besagt, dass der Prozentsatz der Nachfrageverringerung beim Gut A (Autos) doppelt so groß ist wie der Prozentsatz der Preiserhöhung beim Gut B (Benzin).
Substitutions-elastizität	Bei **Substitutionsgütern** ist die Elastizitätskennziffer positiv. Für Anbieter ist es nicht nur wichtig, die Reaktionen der Käufer bei eigenen Preisänderungen vorauszuschätzen, sondern auch die Preisentwicklung bei **Konkurrenzprodukten,** die in der Regel den Charakter von Substitutprodukten besitzen (Autos verschiedener Hersteller, Getränke mit unterschiedlichen Inhalten), zu beobachten. Bei Preiserhöhungen der Substitutionsgüter kann es daher sinnvoll sein, eigene Preiserhöhungen zu unterlassen, um einen größeren Marktanteil zu gewinnen. Eigene Preiserhöhungen führen hingegen dazu, dass die Kunden auf Konkurrenzprodukte (Substitute) ausweichen. Die steigende Zahl eng verwandter Produkte bringt so eine **Schwächung der Marktmacht** der **Anbieter** und eine **Stärkung der Marktmacht** der **Verbraucher** mit sich.	Steigt der Preis für Schweinefleisch von 10,00 GE auf 12,00 GE je kg, nimmt die Nachfrage nach Brathähnchen – so sei unterstellt – von 1000 Stück auf 1100 Stück je Periode zu. Die Substitutionselastizität beträgt +0,5. Dies besagt, dass die Haushalte in dem betreffenden Gebiet auf Hühnerfleisch ausweichen, falls deren Preis konstant bleibt. Der Prozentsatz der Nachfrageerhöhung nach dem Gut A (Hähnchen) ist halb so groß (0,5) wie der Prozentsatz der Preiserhöhung des Gutes B (Schweinefleisch).

(5) Marktnachfrage (Gesamtnachfrage für ein Gut)

Unterstellt man, dass sich die Mehrzahl aller Nachfrager nach dem „Gesetz der Nachfrage“ verhalten und fasst man gedanklich alle individuellen Nachfragekurven zusammen, erhält man die Marktnachfragekurve (Gesamtnachfragekurve nach **einem** Gut).

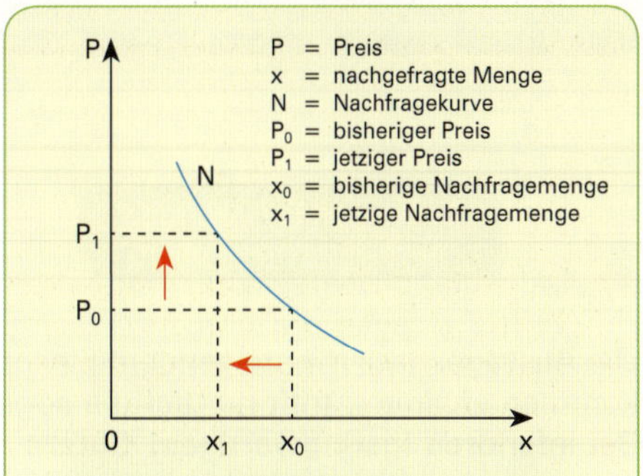

Normale Gesamtnachfrage

Die **Marktnachfragekurve** zeigt, wie groß die mengenmäßige Nachfrage nach einem Gut bei unterschiedlichen Preisen dieses Gutes ist.

(6) Nachfrageverschiebungen

Eine Nachfragekurve gilt nur für einen bestimmten Zeitpunkt, denn in der Wirtschaft verändern sich die Nachfrageverhältnisse laufend, d.h., die Nachfragekurven **verschieben** sich. Solche Verschiebungen treten z.B. ein, wenn sich die Bedürfnisse ändern, die Preise anderer Güter steigen oder fallen, die Zahl der Nachfrager wächst oder schrumpft (z.B. aufgrund einer Bevölkerungszunahme oder -abnahme) oder die Einkommen steigen.

- **Zunehmende Nachfrage** bedeutet, dass bei gegebenen Preisen mehr nachgefragt wird: Die Nachfragekurve verschiebt sich nach „rechts".
- **Abnehmende Nachfrage** bedeutet, dass bei gegebenen Preisen weniger nachgefragt wird: Die Nachfragekurve verschiebt sich nach „links".

Beispiel:

- Durch neue Studien wird belegt, dass regelmäßiges Joggen schon bei zwei Stunden pro Woche die durchschnittliche Lebenserwartung um mehrere Jahre ansteigen lässt. Diese Erkenntnis wird über einen längeren Zeitraum in verschiedenen Medien sehr umfangreich thematisiert. Daraufhin nimmt die Nachfrage nach Joggingschuhen stark zu.

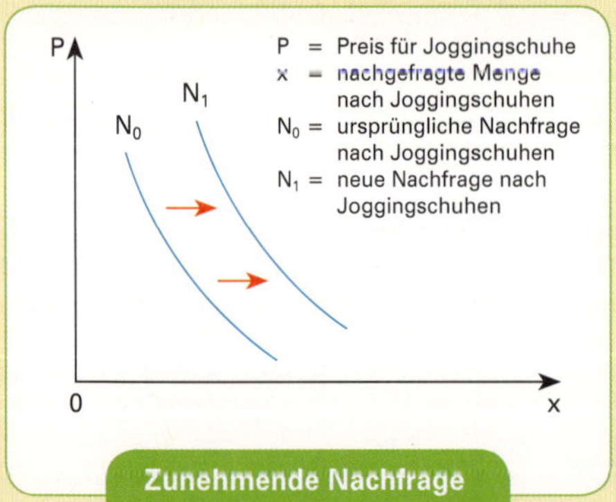

Zunehmende Nachfrage nach Joggingschuhen

- Aufgrund der Antiraucherkampagne mag es sein, dass einige Haushalte das Rauchen ganz aufgeben bzw. einige Haushalte den Konsum senken. Die Nachfrage nach Zigaretten wird also bei gleichen Preisen und gleichbleibenden Einkommen insgesamt zurückgehen. Die Nachfragekurve verschiebt sich nach **„links"**.

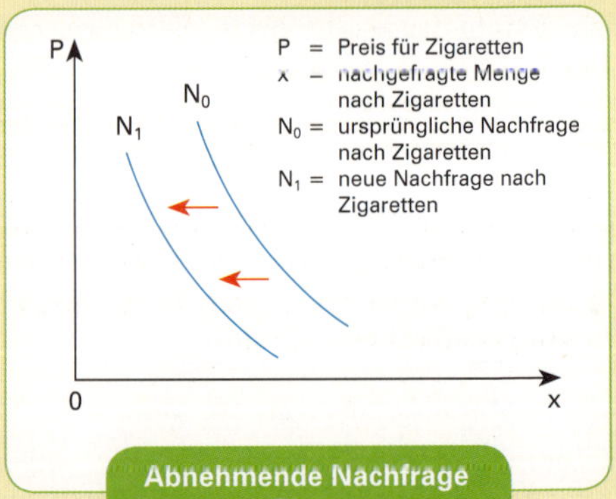

Abnehmende Nachfrage nach Zigaretten

Die Aussage, dass mit steigendem Einkommen die Nachfrage zu- und mit sinkendem Einkommen abnimmt, trifft nur auf die sogenannten **superioren (höherwertigen) Güter** zu. Bei **inferioren (geringwertigen) Gütern** nimmt die Nachfrage ab, wenn die Einkommen steigen.

(7) Einkommenselastizität der Nachfrage

Wie sich die nachgefragte Menge eines Gutes in Abhängigkeit von der Einkommensentwicklung der Haushalte ändert, lässt sich mittels der sogenannten **Einkommenselastizität** messen. Die Einkommenselastizität der Nachfrage gibt an, um wie viel Prozent sich die nachgefragte Menge (= Wirkung) ändert, wenn das Einkommen der Haushalte (= Ursache) um ein Prozent variiert. Diese Ursache-Wirkungs-Beziehung lässt sich wie folgt errechnen:

$$\textbf{Einkommenselastizität der Nachfrage} = \frac{\text{Relative Mengenänderung in Prozent}}{\text{Relative Einkommensänderung in Prozent}}$$

Das **Vorzeichen** der Einkommenselastizität macht eine Aussage über die Art der Nachfrageänderung in Abhängigkeit von der Einkommensentwicklung. Ist die Einkommenselastizität der Nachfrage **negativ,** handelt es sich zumeist um ein **inferiores Gut** (auch „Sättigungsgut" genannt). Einfache Güter der Lebenshaltung (z. B. Wasser) werden mit steigendem Einkommen von den Konsumenten durch höherwertige Güter (z. B. Fruchtsäfte) ersetzt.

Ein positives Vorzeichen der Einkommenselastizität hingegen kennzeichnet **superiore Güter** (auch „Nichtsättigungsgüter" genannt).

Beispiel:

Das Einkommen eines Haushaltes steigt aufgrund einer Beförderung des Hauptverdieners von 1500,00 € auf 1800,00 €. Der Haushalt kauft nunmehr statt der bisherigen 8 Brote im Monat nur noch 6 Brote.

Berechnen Sie die Einkommenselastizität des Haushaltes und erläutern Sie, um welche Güterart es sich handelt!

Für den vorangestellten Fall errechnet sich die Einkommenselastizität der Nachfrage wie folgt:

$$\text{Einkommenselastizität der Nachfrage} = \frac{-25\,\%}{20\,\%} = -1{,}25$$

Das Ergebnis lässt sich wie folgt interpretieren: Die Einkommenselastizität ist im vorliegenden Fall negativ; es handelt sich somit um ein inferiores Gut. Einfache Güter zur Lebenshaltung – wie das hier zugrunde gelegte Brot – sind ein typisches Beispiel für inferiore Güter, da sie bei steigendem Einkommen von den Konsumenten durch höherwertige Güter (z. B. Brötchen, Croissants) ersetzt werden.

Ob ein Gut inferior oder superior ist, entscheiden die persönlichen (subjektiven) Einstellungen und Empfindungen der Nachfrager. Zum Beispiel kann ein von den Nachfragern als inferior eingeschätztes Lebensmittel einen höheren Nährwert und/oder gesünder sein als ein „superiores" Lebensmittel.

2 Bestimmungsgrößen des Angebots und Auswirkungen bei dessen Änderung

Während die **Nachfrager** das Interesse haben, zu **möglichst niedrigen** Preisen zu kaufen, ist das Interesse der **Anbieter** darauf gerichtet, zu **möglichst hohen Preisen** zu verkaufen. Die Interessenlagen der Marktpartner sind also entgegengesetzt.

(1) Individuelles Angebot

Wir beschränken uns im Folgenden auf das Angebotsverhalten der privaten Betriebe (Unternehmen). Das individuelle Angebot wird von zahlreichen Faktoren mitbestimmt. Folgende Beispiele seien genannt:

Zielsetzung des Anbieters	Marktstellung des Anbieters	Tatsächliche und/oder erwartete Marktlage	Kosten und Kostenstruktur des Anbieters
Zum Beispiel: ▪ Gewinnmaximierung, ▪ Kostendeckung, ▪ Ausweitung des Marktanteils, ▪ Ausschaltung der Konkurrenz, ▪ Sicherung eines angemessenen Gewinns, ▪ Umweltschutz.	▪ Polypolistisches, oligopolistisches oder monopolistisches Verhalten.[1]	▪ Konjunkturlage, ▪ Absatzpreise der Konkurrenz, ▪ Stand und Entwicklung der Nachfrage, ▪ technische und/oder modische Entwicklung, ▪ Konkurrenzbedingungen.	▪ Preise der Produktionsfaktoren, ▪ technischer Stand (technisches Wissen) des Anbieters.

(2) Kosten und Kostenstruktur des Anbieters

- Bei reproduzierbaren[2] Gütern stellen die **Selbstkosten** je Stück (Stückkosten) i. d. R. die **Preisuntergrenze** der Anbieter dar, denn auf längere Sicht muss jeder Anbieter seine Gesamtkosten decken, wenn er überleben (am Markt bleiben) will.
- Die Gesamtkosten setzen sich aus **fixen Kosten** und **variablen**[3] **Kosten** zusammen.

Die **fixen Kosten** sind in ihrer absoluten Höhe von der Beschäftigung des Betriebs unabhängig. Sie fallen unter sonst gleichen Bedingungen von Periode zu Periode (z. B. von Monat zu Monat) in gleicher Höhe an.

1 Siehe Kapitel 3.2.

2 **Reproduzierbare Güter** sind solche, die immer wieder in gleicher Art hergestellt werden können.

3 **Variabel** (lat., frz.): beweglich, veränderlich.

Beispiele:

Pachten, Mieten, Löhne und Gehälter für die Stammbelegschaft, Grundsteuer.

Die absolute Höhe der **variablen Kosten** hängt von der Beschäftigung des Betriebs ab.

Beispiele:

Rohstoffverbrauch (im Industriebetrieb), Umsatz zu Einstandspreisen (Bezugspreisen) im Handelsbetrieb, Löhne und Gehälter für Leiharbeitskräfte.

Mit zunehmender Beschäftigung, d.h. mit zunehmender Kapazitätsauslastung,[1] sinken die **Selbstkosten je Stück (Stückkosten),** weil der Anteil der fixen Kosten an der einzelnen Leistungseinheit (z.B. Stückzahl eines bestimmten Erzeugnisses, verkaufte Waren) abnimmt. Mit abnehmender Beschäftigung tritt der umgekehrte Effekt ein. Man spricht vom **Gesetz der Massenproduktion.**

Beispiel:

Die Huber-KG kann maximal 500 Werkstücke je Periode herstellen. Die variablen Kosten je Stück (k_v) betragen 200,00 €, die fixen Kosten 100 000,00 € je Periode.

Hergestellte Menge in Stück (x)	Fixe Kosten in € (K_f)	Variable Kosten in € (K_v)	Gesamtkosten in € (K_G)	Stückkosten in € (k_G)
100	100 000,00	20 000,00	120 000,00	1 200,00
200	100 000,00	40 000,00	140 000,00	700,00
300	100 000,00	60 000,00	160 000,00	533,00
400	100 000,00	80 000,00	180 000,00	450,00
500	100 000,00	100 000,00	200 000,00	400,00

Die Gesamtkosten (K_G) eines Unternehmens setzen sich aus der Summe von fixen Kosten (K_f) und variablen Kosten (K_v) zusammen und hängen vor allem von der **Ausbringungsmenge** ab.

Allgemein gilt:

$$\mathbf{K_G (x)} = K_f + K_v (x)$$

wobei sich die gesamten variablen Kosten aus der Multiplikation der variablen Kosten pro Stück und der hergestellten Produktionsmenge ergeben:

$$\mathbf{K_v (x)} = k_v \cdot x$$

(3) Gewinnschwelle (Break-even-Point)

Folgt das Unternehmen dem Ziel der **Gewinnmaximierung,** so wird es bei **linearem (proportionalem)** Kostenverlauf und mindestens die Stückkosten abdeckenden Marktpreisen die Menge am Markt **anbieten,** die bei **Vollauslastung** der vorhandenen Produktionskapazität hergestellt werden kann.

1 **Kapazität:** Leistungsfähigkeit eines Betriebs je Zeiteinheit.

Wie nachfolgende Abbildung verdeutlicht, übersteigen bei einer **niedrigen** Ausbringungsmenge die Gesamtkosten die Gesamterlöse, also das Produkt von Menge und Preis. Es wird **kein Gewinn** erzielt. Erst ab einer bestimmten Absatzmenge – auch **„Break-even-Point"** oder **„Gewinnschwelle"** genannt – gelangt das Unternehmen in die Gewinnzone.

Rechnerisch lässt sich die **Gewinnschwelle** wie folgt berechnen:

$$\textbf{Gewinnschwelle}\ (x) = \frac{K_f}{p - kv} \quad \textbf{oder} \quad K_f + k_v \cdot x = x \cdot p$$

Da ab diesem Punkt der Gewinn umso höher ausfällt, je größer die produzierte Absatzmenge ist, wird das Unternehmen den **maximalen Gewinn** (= Differenz zwischen Kosten und Erlösen) dann erreichen, wenn es bis zur Kapazitätsgrenze produziert, da in diesem Punkt der **Abstand** zwischen der Erlös- und der Kostengeraden am größten ist.

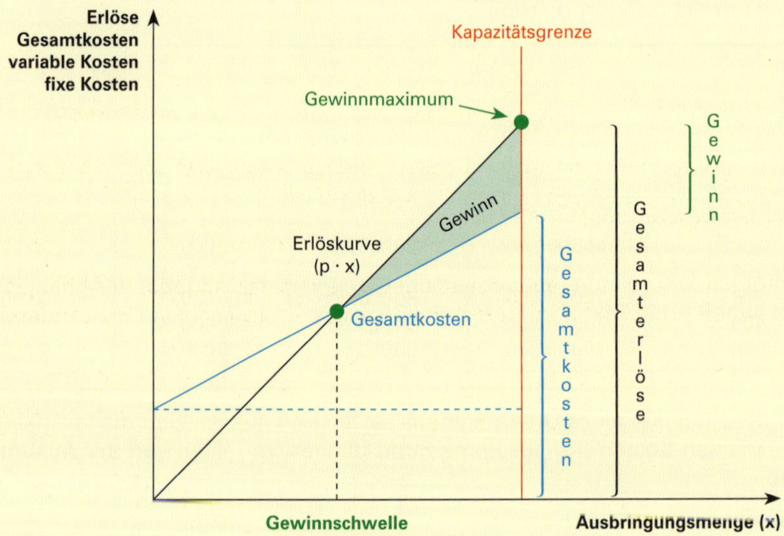

Zusammenhang zwischen Kosten und Angebotsmenge bei linearem Kostenverlauf

(4) Gesetz des Angebots

Im Folgenden beschränken wir uns auf die Betrachtung des **Zusammenhangs zwischen Preis und Angebot.** Die Wirtschaftstheorie sieht i. d. R. folgende Beziehungen zwischen Preis und Angebotsmenge **(„Gesetz des Angebots")**:

- Mit **steigendem** Preis eines Gutes **steigt** das Angebot für dieses Gut.
- Mit **sinkendem** Preis **sinkt** das Angebot für dieses Gut.

Das Gesetz des Angebots lässt sich wie folgt begründen: Mit steigenden Absatzpreisen wird der Anbieter versuchen, sein Angebot mengenmäßig auszuweiten, weil er sich zusätzliche Gewinne verspricht. Bei sinkenden Preisen wird er sein Angebot verringern oder (längerfristig) ganz aus dem Markt nehmen, weil die Gewinne sinken oder Verluste entstehen.

Die **Angebotskurven** sind von Anbieter zu Anbieter unterschiedlich, weil Zielsetzungen, Marktstellungen, Marktsituationen und Kostenstrukturen verschieden sind.

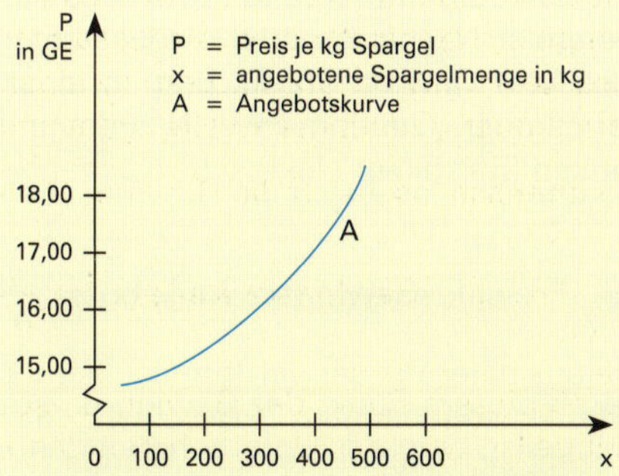

Normales Angebot eines landwirtschaftlichen Betriebs bei unterschiedlichen Preisen

Beispiel:

Das Angebot ist in der Regel vollkommen elastisch, wenn ein Anbieter unterbeschäftigt ist, sodass er bei steigender Nachfrage nicht die Preise erhöhen möchte, um den Absatz nicht zu gefährden. Sein Angebot wird jedoch dann vollkommen unelastisch, wenn er an seiner Kapazitätsgrenze angelangt ist: Er kann die Preise erhöhen, nicht aber sein mengenmäßiges Angebot.

Wie nachfolgende Abbildungen verdeutlichen, reagiert das Angebot in Abhängigkeit von den oben angeführten Faktoren, **unterschiedlich stark** (elastisch) auf Preisänderungen.

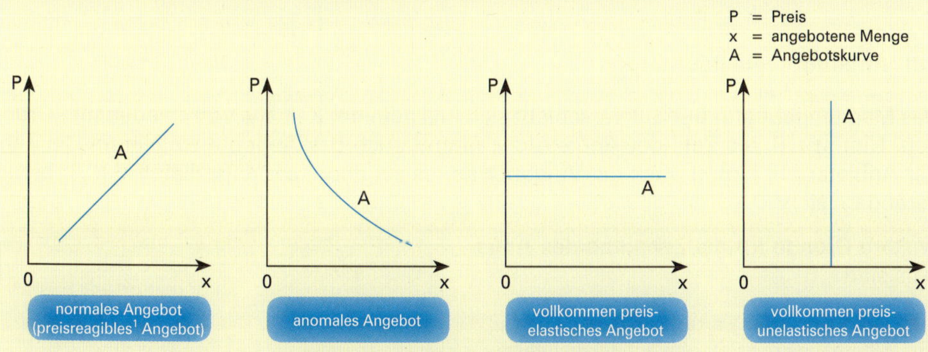

Mögliche Angebotskurven

(5) Atypisches (anomales) Angebot

Das Gesetz des Angebots beschreibt das normale Angebotsverhalten. Es gibt jedoch wesentliche Ausnahmen. Nach dem **Gesetz der Massenproduktion** nehmen die Stückkosten bei zunehmender Produktion ab, bei abnehmender Produktion jedoch zu. Markt-

1 **Reagibilität:** Eigenschaft bzw. Fähigkeit, sehr sensibel zu reagieren.

starke Unternehmen mit hohem Fixkostenanteil[1] werden daher versuchen, bei zurückgehender Nachfrage ihre Produktion und damit ihr Angebot bei **steigenden** Preisen zu drosseln, um ihre Stückkosten zu decken **(anomales Angebot).** Umgekehrt sind sie in der Lage, bei zunehmender Nachfrage ihr Angebot auszuweiten und die Absatzpreise zu **senken** (Beispiele: elektrische Küchengeräte, Smartphones, Tablet-PCs, Digitalkameras).

(6) Preiselastizität des Angebots

Die aus einer Preisänderung resultierende Mengenänderung des Angebots lässt sich mithilfe der sogenannten **„Preiselastizität des Angebots"** messen. Sie gibt an, um wie viel Prozent sich die angebotene **Menge (Wirkung)** ändert, wenn der **Preis (Ursache)** um ein **Prozent** geändert wird. Diese Ursache-Wirkungs-Beziehung lässt sich wie folgt errechnen:

$$\textbf{Preiselastizität des Angebots} = \frac{\text{Relative Mengenänderung in Prozent}}{\text{Relative Preisänderung in Prozent}}$$

(7) Marktangebot (Gesamtangebot) für ein Gut

Unterstellt man, dass sich die Mehrzahl aller Anbieter eines Gutes nach dem „Gesetz des Angebots" verhalten, und fasst man gedanklich alle individuellen Angebotskurven zusammen, erhält man die Marktangebotskurve (Gesamtangebotskurve) für *ein* Gut.

Die **Marktangebotskurve** zeigt (wie alle Angebotskurven), wie groß das mengenmäßige Angebot für ein Gut bei unterschiedlichen Preisen dieses Gutes ist.

(8) Angebotsverschiebungen

Das Marktangebot für ein Gut verschiebt sich im Laufe der Zeit aus verschiedensten Gründen. Nimmt z. B. die Zahl der Anbieter zu, nimmt auch das Angebot zu. Nimmt die Zahl der Anbieter ab, nimmt auch das Angebot ab, es sei denn, die Kapazitäten der Anbieter verändern sich.

Weitere Gründe für die Zunahme des Angebots sind z. B.

- der **technische Fortschritt** (aufgrund des Übergangs der Betriebe auf anlageintensivere Produktionsverfahren erweitern sich die Kapazitäten und damit das mögliche Angebot),
- die **Zukunftserwartungen** der Unternehmer (aufgrund zusätzlicher Investitionen nimmt das Angebot zu) und
- **Faktorpreissenkungen** (die bisherigen Mengen können nunmehr zu niedrigeren Preisen angeboten werden).

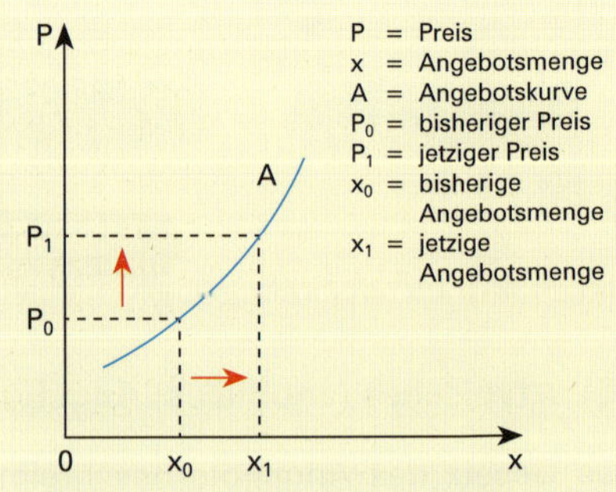

Normales Gesamtangebot

1 **Fixkosten** = Festkosten.

Das Umgekehrte gilt, wenn das Marktangebot abnimmt.

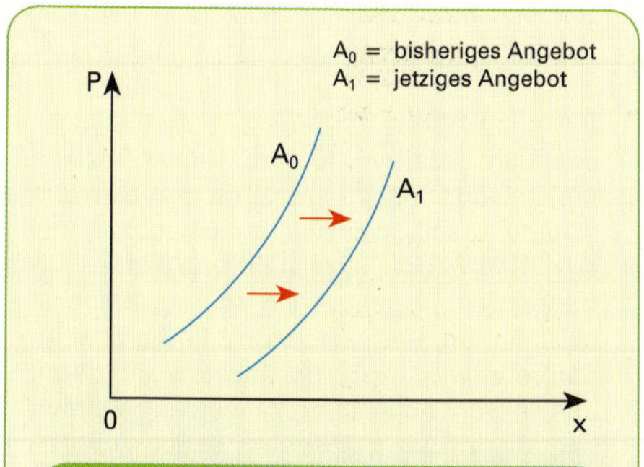

Zunehmendes Angebot aufgrund steigender Anbieterzahl

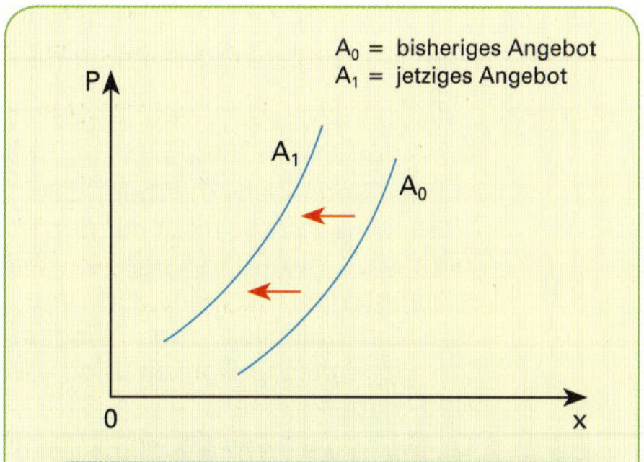

Abnehmendes Angebot aufgrund sinkender Anbieterzahl

Kompetenztraining

13

1. Die privaten Haushalte Armbruster, Brecht und Czerny haben ein gleich hohes Nettoeinkommen. Ihre Haushaltsbücher zeigen für den Monat Januar u.a. folgende Posten (in GE = Geldeinheiten):

Güterarten	Armbruster	Brecht	Czerny
Backwaren	30 GE	5 GE	33 GE
Teigwaren	25 GE	8 GE	26 GE
Gemüse	20 GE	15 GE	22 GE
Fleisch- und Wurstwaren	15 GE	20 GE	0 GE
Milch- und Milchprodukte	12 GE	14 GE	5 GE
Eier	5 GE	10 GE	0 GE
Nicht alkoholische Getränke	10 GE	16 GE	20 GE
Alkoholische Getränke	0 GE	22 GE	10 GE
⋮	⋮	⋮	⋮

Aufgaben:

1.1 Kennzeichnen Sie die Bedarfsstrukturen der drei Haushalte!

1.2 Schätzen Sie ab, wie die drei Haushalte auf Preiserhöhungen von Backwaren, Fleisch- und Wurstwaren und alkoholischen Getränken reagieren!

2. Welche Zusammenhänge bestehen normalerweise unter sonst gleichen Bedingungen zwischen dem Preis eines Gutes und der Nachfrage nach diesem Gut? Warum?

3. Nennen und begründen Sie mindestens zwei Ursachen für Nachfrageverschiebungen!

4. Erläutern Sie, welche Faktoren das Anbieterverhalten der Unternehmen auf dem Markt mitbestimmen können! Nennen und begründen Sie mindestens zwei Bestimmungsgründe des Anbieterverhaltens!

5. Führen Sie an, welche Zusammenhänge normalerweise unter sonst gleichen Bedingungen zwischen dem Preis eines Gutes und dem Angebot für dieses Gut bestehen!

6. Nennen und begründen Sie mindestens zwei Ursachen für Angebotsverschiebungen!

7 Boller - ISBN 978-3-8120-0619-4

7. Anbieter und Nachfrager treten auf dem Markt mit entgegengesetzten Interessen auf. Welches sind diese Interessen?

8. Lesen Sie zunächst nachstehenden Text und beantworten Sie sodann die anschließenden Fragen!

Im Allgemeinen machen wir uns recht wenig Gedanken darüber, dass wir mit unserer Nachfrage nicht nur den Preis, sondern auch die Charaktereigenschaften der angebotenen Produkte (z.B. ihre Qualität, ihre Gefährlichkeit oder Ungefährlichkeit, ihre Umweltschädlichkeit oder -verträglichkeit) mitbestimmen.

Nehmen wir z.B. ein Tankerunglück. Es verursacht nicht nur Umweltschäden, die kaum wieder gutzumachen sind, sondern auch gewaltige Kosten, um wenigstens die schlimmsten Folgen zu beseitigen. Es wird uns klar, dass wir als Verbraucher letztlich die Ursache für die entstandenen Umweltschäden sind, weil wir die Produkte, die aus dem Erdöl hergestellt werden, nachfragen. Wir möchten sie sogar möglichst billig haben, was wiederum die Schiffseigner veranlasst, auch die ältesten und damit unsicheren Öltanker einzusetzen. Scheinbar sparen wir die Kosten eines sicheren und damit teureren Transports. Tatsächlich bürden wir sie der Allgemeinheit auf, wir wälzen sie als sogenannte Social Costs (= soziale Kosten) ab.

Aufgaben:

8.1 Nennen Sie mindestens zwei weitere Beispiele für derartige „soziale Kosten"!

8.2 Unterbreiten Sie Vorschläge für mögliche Maßnahmen, um die Entstehung sozialer Kosten zu verringern!

8.3 Nennen Sie mindestens zwei Beispiele, wie die Verbraucher das Angebot in Richtung zu mehr Umweltverträglichkeit beeinflussen können!

8.4 Nennen Sie mindestens zwei Beispiele dafür, wie die Anbieter auf die Verbraucher Einfluss nehmen können, damit diese verstärkt auf umweltverträgliche Produkte „umsteigen"!

14

1. Nachdem die Preise für Rindfleisch von 4,00 € je kg auf 3,00 € je kg gesunken sind, reagierten die Landwirte mit einer Reduzierung der Angebotsmenge um 25 Prozent.

Aufgaben:

1.1 Berechnen Sie die Preiselastizität des Angebots!

1.2 Interpretieren Sie das Ergebnis!

2. Die Siegener Bank AG erhöht die monatliche Grundpauschale für Girokonten von 10,00 € auf 15,00 €. Nach der Preiserhöhung musste der Marktbereichsleiter feststellen, dass aufgrund dieser Veränderung ca. 100 der ursprünglich 5000 Kunden ihre Girokonten zu Konkurrenzinstituten verlagerten.

Aufgaben:

2.1 Berechnen Sie die Preiselastizität der Nachfrage!

2.2 Interpretieren Sie das Ergebnis! Gehen Sie hierbei insbesondere auf mögliche Gründe für das Verhalten der Nachfrager ein.

3. Für die Anbieter ist die Reaktion der Nachfrager auf Preisänderungen des jeweils nachgefragten Gutes von großer Bedeutung.

Aufgaben:

3.1 Entscheiden Sie, welches Nachfrageverhalten in folgenden Fällen vorliegt!

3.1.1 Eine Preissteigerung von 50 % bewirkt keine Mengenänderung bei dem betreffenden Gut.

3.1.2 Eine Preissteigerung von 10 % führt zu einer Mengenzunahme von 15 % bei dem betreffenden Gut.

3.2 Was versteht man unter einer starren Preiselastizität der Nachfrage? Suchen Sie nach möglichen Beispielen, in denen mit einer derartigen Reaktion der Nachfrager zu rechnen ist!

3.3 Nach einer Einkommenserhöhung um 412,50 € auf nunmehr 3 162,50 € monatlich erhöht der Haushalt seinen Konsum von Wurst- und Fleischwaren vom Biolandwirt von 8,00 kg auf 11,60 kg monatlich. Gleichzeitig sinkt der Konsum abgepackter Wurst- und Fleischwaren vom Discounter um 5,40 kg auf 3,60 kg.

Berechnen Sie die jeweilige Einkommenselastizität der Nachfrage! Erläutern Sie kurz das Ergebnis Ihrer Berechnungen!

4. Neben dem Preis des nachgefragten Gutes beeinflussen allerdings auch die Preise anderer Güter die nachgefragte Menge.

Aufgaben:

4.1 Erklären Sie diese Zusammenhänge anhand der Wirkung von Preisänderungen von Substitutions- und Komplementärgütern!

4.2 Gehen Sie dabei jeweils auf ein konkretes Beispiel ein und stellen Sie die jeweilige Beziehung grafisch dar!

4.3 Entscheiden Sie, um welche Güterarten es sich in den nachfolgenden Fällen handelt!

4.3.1 Eine Preissteigerung bei Gut A von 30 % bewirkt eine Nachfragemengenzunahme bei Gut B um 15 %.

4.3.2 Eine Preissteigerung bei Gut A von 50 % bewirkt eine Nachfragemengenabnahme bei Gut B um 25 %.

5. Gemäß einer Marktstudie liegt die Preiselastizität der Nachfrage nach Alkopops bei 0,4. Sie sind Politiker und haben sich das Ziel gesetzt, den Konsum derartiger Getränke um 20 % einzudämmen, um so die Gefahr für Jugendliche, dem Alkohol zu verfallen, zu verringern. Eine Flasche dieses Getränkes kostet augenblicklich 3,00 €.

Aufgabe:

Berechnen Sie, auf wie viel € der Preis für eine Flasche steigen muss, damit Sie Ihr Ziel erreichen!

6. Nachdem die Preise für Schweinefleisch an der Rohstoffbörse in der jüngeren Vergangenheit aufgrund diverser Hinweise auf eine hohe Dioxinbelastung dieses Lebensmittels von 1 500,00 € je Tonne auf 1 387,50 € je Tonne sukzessive gefallen sind, haben die betroffenen Agrarbetriebe die Produktion deutlich zurückgefahren, sodass die Angebotsmenge um 1 950 Tonnen auf 11 050 Tonnen zurückgegangen ist.

Aufgabe:

Ermitteln Sie die Preiselastizität des Angebots!

7. Ein kleiner Handwerksbetrieb stellt Schneeschieber her. Der Absatzpreis des Anbieters beträgt 30,00 €. Seine maximale Kapazität liegt bei 200 Stück pro Tag, seine fixen Kosten pro Tag bei 1 500,00 €, die variablen Kosten pro Stück bei 15,00 €.

Aufgabe:

Berechnen Sie die Gewinnschwelle pro Tag!

8. Die Mockenhaupt Running AG, ein mittelständischer Hersteller von handgefertigten Marathon-Laufschuhen, hat im letzten Geschäftsjahr insgesamt 6 200 Schuhe auf Bestellung hergestellt und zu einem Preis von 400,00 € pro Stück direkt an die Endverbraucher absetzen können.

Die fixen Kosten des Unternehmens beliefen sich auf 450 000,00 €, der Betriebsgewinn betrug 480 000,00 €.

Aufgabe:

Ermitteln Sie die variablen Kosten je Laufschuh!

3 Markt als Ort der Preisbildung

3.1 Begriff Markt

In einer marktwirtschaftlich orientierten Wirtschaftsordnung stellen alle Wirtschaftssubjekte – also die **Haushalte** (in der Regel als **Nachfrager**) sowie die **Unternehmen** (zumeist in der Rolle der **Anbieter**) – ihrem **Eigeninteresse** folgend **selbstständig** Wirtschaftspläne auf. Dabei versuchen die **Anbieter** (Unternehmen) ihre Pläne am Ziel der **Gewinnmaximierung** auszurichten, wohingegen sich die **Nachfrager** (Haushalte) bei ihren Planungen überwiegend an dem Ziel der **Nutzenmaximierung** orientieren.

Die **Gegensätzlichkeit** dieser Planungsgrundlage wird deutlich, wenn man sich vor Augen führt, dass die **Anbieter** im Rahmen ihrer Zielsetzung bemüht sein werden, entsprechend **hohe Preise** durchzusetzen. Die **Nachfrager** demgegenüber versuchen, mit den ihnen zur Verfügung stehenden Mitteln (Bilanzgerade) ein **möglichst hohes Nutzenniveau** zu realisieren, also zu möglichst **niedrigen Preisen** ihren Bedarf zu decken.

Beide „Parteien" sind bestrebt, ihre individuellen Planungen am Markt zu realisieren.

- So ermöglicht der Markt den **Anbietern,** ihre Güter entsprechend ihren Zielvorstellungen anzubieten und sich über die Nachfrage zu informieren.
- Den **Nachfragern** hingegen bietet der Markt die Möglichkeit, sich über das Angebot zu informieren und ihre Kaufentscheidung unter Berücksichtigung der Nutzenmaximierung zu treffen.

Ökonomisch betrachtet versteht man unter **Markt** den Ort, an dem Angebot und Nachfrage aufeinandertreffen.

Letztlich erfolgt über den Markt ein **Ausgleich** zwischen den **entgegengesetzten** Interessen von Anbietern und Nachfragern, da sich als Ergebnis des Marktgeschehens ein Preis (der sogenannte Gleichgewichtspreis) bildet, über den die unterschiedlichen Zielsetzungen der Marktteilnehmer „ausbalanciert" werden **(Selbststeuerungsmechanismus des Marktes).**

3.2 Marktarten[1]

Wer den Begriff Markt hört, denkt vermutlich zunächst an solche Märkte wie z. B. den Wochenmarkt, den Supermarkt oder den Flohmarkt. Des Weiteren werden einem sicher Begriffe wie Arbeitsmarkt oder Wohnungsmarkt einfallen. Auch Zeitungsanzeigen enthalten oft Überschriften wie Gebrauchtwagenmarkt oder Stellenmarkt.

Je nachdem, von welchem **Gesichtspunkt** aus man die Märkte betrachtet, kann man verschiedene **Einteilungen** vornehmen, und zwar:

1. nach dem Umfang der staatlichen Marktbeeinflussung

- **freie** Märkte: Märkte ohne jeden Staatseingriff, wie sie im Modell der freien Marktwirtschaft vorausgesetzt werden.
- **regulierte** (gelenkte) Märkte: Märkte, auf denen der Staat eingreift, wenn er seine politischen Ziele gefährdet sieht.

2. nach der Art der gehandelten Sachgüter und Leistungen

- **Warenmärkte:** Märkte, auf denen Sachgüter gehandelt werden. Die Warenmärkte können wieder in Konsumgütermärkte und Produktionsgütermärkte (Investitionsgütermärkte) eingeteilt werden.[2]
- **Immobilienmärkte** (Grundstücksmärkte): Märkte, auf denen bebaute und unbebaute Grundstücke angeboten und nachgefragt werden.
- **Kreditmärkte:** Märkte, auf denen kurz- oder langfristige Geldmittel gehandelt werden, also Geld- und Kapitalmärkte.
- **Arbeitsmärkte:** Märkte, auf denen die Nachfrage nach Arbeitskräften und das Angebot von Arbeitskräften aufeinandertrifft.

Grundstücksmärkte, Geld- und Kapitalmärkte sowie Arbeitsmärkte bezeichnet man auch als **Faktormärkte.**

3. nach räumlich-zeitlichen Gesichtspunkten

- **zentralisierte**[3] Märkte: Märkte, auf denen das gesamte Angebot und die gesamte Nachfrage an einem bestimmten Ort aufeinander treffen; zentralisierte Märkte sind **Punktmärkte** wie z. B. Wochenmärkte, Großmärkte, Auktionen, Versteigerungen, Börsen. In der Regel sind zentralisierte Märkte zugleich **organisierte Märkte,** d. h. Märkte mit einer Marktordnung (z. B. Regelung des Beginns und des Endes einer Marktveranstaltung, Begrenzung des Teilnehmerkreises).
- **dezentralisierte** Märkte: Märkte, auf denen Angebot und Nachfrage weder am gleichen Ort noch zur gleichen Zeit aufeinander treffen; die meisten Märkte der Wirklichkeit sind dezentralisierte und zugleich **unorganisierte Märkte.** Beispiele: Schuhmarkt, Weinmarkt, Lebensmittelmarkt, Textilmarkt.

---

1 Man spricht auch von „Marktformen im weiteren Sinne".

2 Um uns das Marktgeschehen zu verdeutlichen, wollen wir uns im Folgenden auf die Konsumgütermärkte beschränken.

3 Von Zentrum (Mitte); zentralisieren: auf einen Punkt zusammenfassen.

4. nach qualitativen Gesichtspunkten (nach der Einheitlichkeit bzw. Uneinheitlichkeit der Marktpreisbildung)

- **vollkommene** Märkte:[1] Märkte, auf denen es nur einen einheitlichen Preis für ein bestimmtes Gut geben kann).
- **unvollkommene** Märkte: Märkte, auf denen es für ein bestimmtes Gut unterschiedliche Preise gibt.

5. nach der Anzahl der Anbieter und Nachfrager

- **polypolistische** Märkte[2] (= vollständige Konkurrenz, d.h. unzählige Anbieter und Nachfrager treten auf dem Markt auf);
- **oligopolistische** Märkte[3] (= Märkte, bei denen auf einer und/oder beiden Marktseiten nur wenige Konkurrenten vorhanden sind);
- **monopolistische** Märkte[4] (= Märkte, bei denen sich auf einer und/oder beiden Marktseiten nur ein Marktbeteiligter befindet);

Matrix der Marktarten nach der Zahl der Marktteilnehmer[5]

Zahl der Nachfrager / Zahl der Anbieter	einer	wenige	viele
einer	zweiseitiges Monopol	Angebotsmonopol mit oligopolistischer Nachfrage	Angebotsmonopol
wenige	Nachfragemonopol mit oligopolistischem Angebot	zweiseitiges Oligopol	Angebotsoligopol
viele	Nachfragemonopol	Nachfrageoligopol	vollständige (polypolistische) Konkurrenz

vollkommene Märkte | unvollkommene Märkte

Aufgrund dieser Matrixdarstellung erhält man 9 verschiedene Marktformen. Beachtet man, dass (theoretisch) **jede** Marktform **vollkommen** oder **unvollkommen** sein kann, ergeben sich 18 Marktformen.

1 Vgl. hierzu die Ausführungen in Kapitel 3.3.2.

2 Die Vorsilbe poly... bedeutet in Fremdwörtern „viel“, z.B. in „Polygamie“ die Vielehe.

3 Die Vorsilbe olig... bedeutet in Fremdwörtern „wenig“, z.B. in „Oligarchie“ die Herrschaft weniger.

4 Die Vorsilbe mono... bedeutet in Fremdwörtern „ein“, z.B. in „Monotonie“ die Eintönigkeit.

5 Dieses Marktformenschema stammt von Heinrich von Stackelberg (1905–1946).

3.3 Preisbildung auf dem vollkommenen Polypolmarkt

3.3.1 Bildung des Gleichgewichtspreises

Um den Preis als Regulator verstehen zu können, ist es zweckmäßig, sich einen Markt mit sehr vielen Anbietern und sehr vielen Nachfragern vorzustellen **(Polypol).** Auf diesem Markt liegt **vollständige Konkurrenz** (vollständiger Wettbewerb) vor. Eine Marktform wie das Polypol kommt in der Wirklichkeit in reiner Form recht selten vor. Ein wichtiges Beispiel für das Polypol ist die Börse.

Die **Börse** ist ein Markt für einheitliche (homogene) Waren oder Wertpapiere, der regelmäßig an einem bestimmten Ort stattfindet **(Punktmarkt, zentralisierter Markt).**

Beispiel:

Die Warenbörsen erhalten von den Käufern und Verkäufern Kauf- oder Verkaufsaufträge. Dabei können Käufer und Verkäufer ihre Aufträge limitieren, d. h. begrenzen. Ein Käufer kann z. B. den Warenmakler[1] beauftragen, eine bestimmte Warenmenge **höchstens** zu 63,00 € je Gewichtseinheit zu kaufen. Sollte der Kurs (= der an der Börse festgelegte Preis) am Kauftag höher sein, wird der Auftrag nicht ausgeführt.

Ein Verkäufer kann den Warenmakler beauftragen, eine bestimmte Warenmenge zu **mindestens** 61,00 € zu verkaufen. Ist der Kurs (Preis) am Verkaufstag niedriger, wird der Auftrag ebenfalls nicht ausgeführt.

Werden die Kauf- und Verkaufsaufträge nicht limitiert (nach oben oder unten begrenzt), werden die zum Kauf nachgefragten bzw. die zum Verkauf angebotenen Waren „bestens“, d. h. zu dem am Abschlusstag gültigen Kurs (Preis) ge- oder verkauft.

Angenommen, bei einem Warenmakler laufen für eine Ware einheitlicher Qualität folgende Aufträge ein:

Kaufaufträge (= Nachfrage)	Verkaufsaufträge (= Angebot)
50 dt[2] bestens	30 dt bestens
45 dt zu 61,00 € höchstens	45 dt zu 61,00 € mindestens
20 dt zu 62,00 € höchstens	85 dt zu 62,00 € mindestens
70 dt zu 63,00 € höchstens	40 dt zu 63,00 € mindestens
20 dt zu 64,00 € höchstens	35 dt zu 64,00 € mindestens

Der Makler hat nun die Aufgabe, festzustellen, bei welchem Preis (Kurs) der höchste Umsatz erzielt werden kann.

Dazu muss festgestellt werden, welche Umsätze (= Menge · Preis) bei den einzelnen Preisen möglich sind:

1 Ein Makler ist ein Kaufmann, der Geschäfte für andere vermittelt. Für seine Tätigkeit erhält er eine Maklergebühr (Courtage), die von beiden Vertragspartnern (Käufer, Verkäufer) je zur Hälfte zu zahlen ist.

2 1 dt = 1 Dezitonne = ein Zehntel einer Tonne = 100 kg.

Mögliche Preise (Kurse)	Durchführbare Kaufanträge (Nachfrage)	Durchführbare Verkaufsaufträge (Angebot)	Umsetzbare Mengen	Umsatz (Menge · Preis)
60,00 €	205 dt[1]	30 dt[3]	30 dt	1800,00 €
61,00 €	205 dt	75 dt	75 dt	4575,00 €
62,00 €	160 dt[2]	160 dt	160 dt	9920,00 €
63,00 €	140 dt	200 dt	140 dt	8820,00 €
64,00 €	70 dt	235 dt	70 dt	4480,00 €

In diesem Beispiel beträgt der vom Makler festgesetzte Preis 62,00 € je dt, weil hier der größtmögliche Umsatz getätigt werden kann. Man spricht vom **Gleichgewichtspreis.**

Der **Gleichgewichtspreis** bringt Angebot und Nachfrage zum Ausgleich, er „räumt den Markt".

Zu beachten ist aber, dass die Anbieter, die einen höheren Preis erzielen wollten, und die Nachfrager, die nur einen geringeren Preis bezahlen wollten, leer ausgehen.

Handelt es sich um **reproduzierbare Güter** (immer wieder neu herstellbare Güter), kommt in den Preisforderungen der Anbieter die Höhe ihrer **Produktionskosten** zum Ausdruck. (Je höher die Produktionskosten jedes einzelnen Anbieters sind, desto höher muss auch seine Preisforderung sein.) In den Preisvorstellungen der Käufer kommen, falls es sich um **Konsumgüter** handelt, ihre individuellen **Nutzenvorstellungen** zum Ausdruck. (Je höher der individuelle Nutzen ist, desto mehr ist der Einzelne zu zahlen bereit.)

Ganz wesentlich ist die Erkenntnis, dass nur der Gleichgewichtspreis (Einheitspreis) den Markt räumen kann. Setzt der Börsenmakler beispielsweise einen Kurs von 61,00 € je dt fest, beträgt die Nachfrage 205 dt, das Angebot nur 75 dt (Unterangebot → Übernachfrage → Angebotslücke). Der Börsenmakler wird also den Preis **heraufsetzen.**

Ist bei einem gegebenen Preis das Angebot kleiner als die Nachfrage **(Angebotslücke),** wird der Preis steigen.

Märkte mit Angebotslücken werden als **Verkäufermärkte** bezeichnet. Die Anbieter (Verkäufer) haben eine **starke Stellung,** weil im Verhältnis zur Nachfrage zu wenig Güter angeboten werden.

Umgekehrt ist es, wenn der Börsenmakler beispielsweise einen Preis von 63,00 € je dt bestimmt. Dann beläuft sich das Angebot auf 200 dt, die Nachfrage lediglich auf 140 dt (Überangebot = Unternachfrage = Nachfragelücke). Der Makler wird also den Preis **herabsetzen.**

Ist bei einem gegebenen Preis die Nachfrage kleiner als das Angebot **(Nachfragelücke),** wird der Preis sinken.

1 Bei einem Preis (Kurs) von 60,00 € wollen alle Auftraggeber kaufen, auch diejenigen, die eigentlich einen höheren Kurs zu zahlen bereit sind.

2 Bei einem Preis von 62,00 € kaufen die Auftraggeber nicht mehr, die höchstens 61,00 € anlegen wollten. Die Käufer, die nicht limitiert haben, kaufen jedoch zu jedem Kurs.

3 Es verkaufen nur die Auftraggeber, die nicht limitiert haben. Alle anderen wollen einen höheren Preis erzielen.

Märkte mit Nachfragelücken heißen **Käufermärkte.** Die Nachfrager (Käufer) haben eine **starke Marktstellung,** weil im Verhältnis zur Nachfrage zu viel Güter angeboten werden.

Das Zahlenbeispiel von S. 104 lässt sich auch grafisch veranschaulichen. Tragen wir an der x-Achse (waagerechte Achse des Koordinatensystems) die angebotenen bzw. nachgefragten Gütereinheiten (im Beispiel dt) und an der y-Achse (senkrechte Achse) die möglichen Preise (hier € je dt) ab, erhalten wir folgende **Angebots- und Nachfragekurven**:

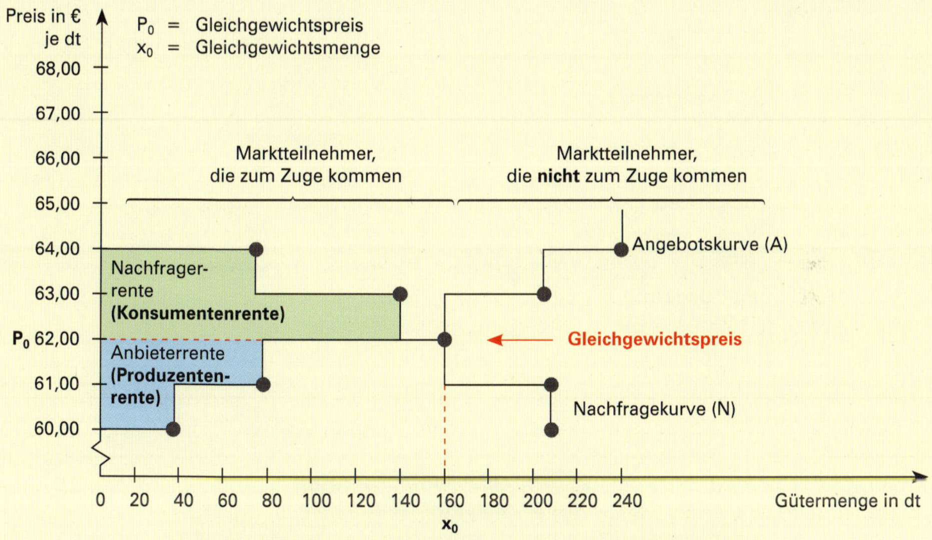

Gleichgewichtspreis und Gleichgewichtsmenge

Normalerweise gilt:

- Mit steigendem Preis steigt das mengenmäßige Angebot, mit sinkenem Preis sinkt das mengenmäßige Angebot **(„Gesetz des Angebots")**.[1]
- Mit steigendem Preis sinkt die mengenmäßige Nachfrage, mit sinkendem Preis steigt die mengenmäßige Nachfrage **(„Gesetz der Nachfrage")**.[2]

Die Gleichgewichtsmenge wird zum **Gleichgewichtspreis** abgesetzt. **Jeder Anbieter,** der bereit war, **zum** Gleichgewichtspreis (Grenzanbieter) **oder** einem **niedrigeren** Preis seine Güter zu verkaufen, kommt zum Zuge. Gleichzeitig erhält **jeder Nachfrager,** der bereit war, dieses Gut **zum** Gleichgewichtspreis (Grenznachfrager) **oder** einem **höheren** Preis zu kaufen, die von ihm gewünschte Gütermenge. Im Umkehrschluss bedeutet dies, dass die Anbieter, die auch zu einem niedrigeren Preis als dem Gleichgewichtspreis bereit gewesen wären, ihre Produkte zu verkaufen, einen über ihren Planungen liegenden „Mehrerlös" erzielen. Diesen Mehrerlös **multipliziert** mit der **abgesetzten** Menge bezeichnet man als **Produzentenrente.** Mit Ausnahme des Grenzanbieters erzielen alle Anbieter, die zum Zuge kommen, diesen Mehrerlös.

1 Siehe Kapitel 2.

2 Siehe Kapitel 1.

Die Nachfrager, die auch zu einem höheren Preis als dem Gleichgewichtspreis bereit gewesen wären, die Güter zu kaufen, erzielen – mit Ausnahme des Grenznachfragers – aufgrund der „Minderausgaben" einen Nutzengewinn (= **Konsumentenrente**).

Wenn man sich nun vorstellt, dass sehr viele (theoretisch „unendlich" viele) Anbieter und Nachfrager auf dem Markt sind, verschwinden die „Treppen" aus der Angebots- und aus der Nachfragekurve. Es ergibt sich nachstehendes Bild.

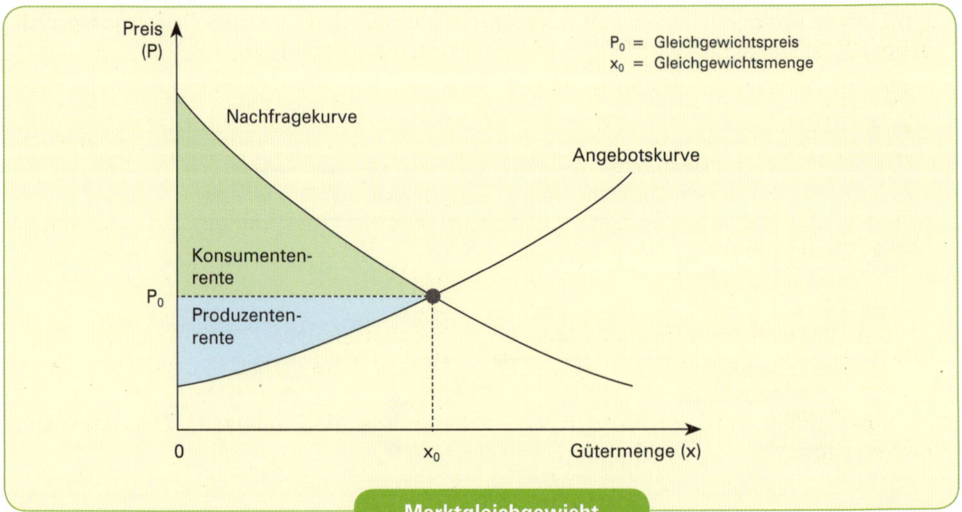

Marktgleichgewicht

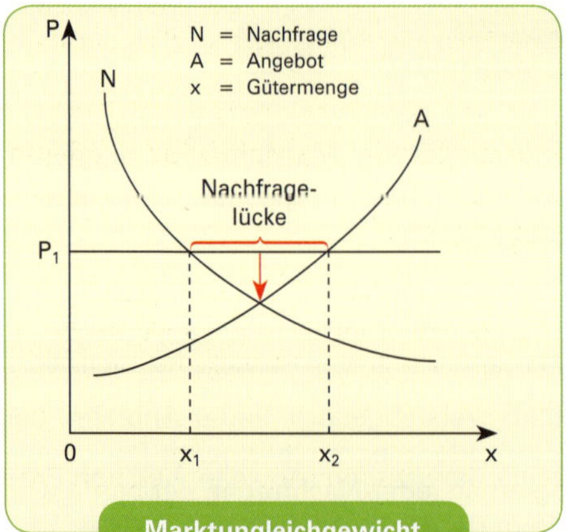

Marktungleichgewicht

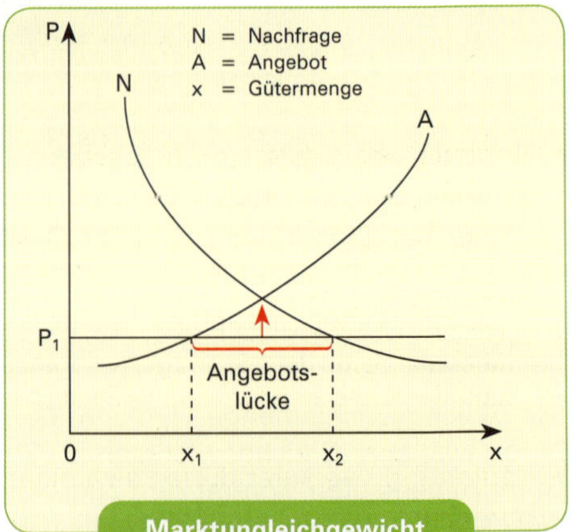

Marktungleichgewicht

Bei einer **Nachfragelücke** (bei einem Angebotsüberhang) ist der Marktpreis (P_1) **höher** als der Gleichgewichtspreis. Die Nachfragelücke $\overline{x_1x_2}$ wird geschlossen, wenn der Preis **sinkt.**

Bei einer **Angebotslücke** (bei einem Nachfrageüberhang) ist der Marktpreis (P_1) **niedriger** als der Gleichgewichtspreis. Die Angebotslücke $\overline{x_1x_2}$ wird geschlossen, wenn der Preis **steigt.**

3.3.2 Voraussetzungen des vollkommenen Marktes

Aus unserem Modell lassen sich nun eine ganze Reihe von Erkenntnissen ableiten.

Zunächst haben wir festgestellt, dass für die Ware ein einheitlicher Preis, eben der **Einheitspreis** (Gleichgewichtspreis) besteht. Die Frage ist, unter welchen **Voraussetzungen** (= Prämissen) ein solcher Einheitspreis entstehen kann.

- Ein Einheitspreis entwickelt sich nur dann, wenn auf dem Markt **vollkommen gleichartige** Güter gehandelt werden: Die Güter müssen **homogen** sein.

Beispiele:

- Banknoten,
- Benzin mit einer bestimmten Oktanzahl,
- Aktien einer bestimmten Aktiengesellschaft.

- Angebot und Nachfrage müssen gleichzeitig an einem bestimmten Ort aufeinandertreffen **(Punktmarkt).**

Beispiel:

Nur die an einem bestimmten Tag bei einem Börsenmakler zusammenlaufenden Kauf- und Verkaufsaufträge bestimmen den Kurs (den Preis) des Tages.

- Anbieter und Nachfrager müssen eine **vollständige Marktübersicht (Markttransparenz)** besitzen.

Beispiel:

Ein Verbraucher hat dann eine vollständige Marktübersicht, wenn er die Preise und Qualitäten aller angebotenen Waren kennt. Ein Anbieter besitzt dann eine vollkommene Marktübersicht, wenn ihm die Kaufabsichten beim Kunden bekannt sind. (Vollständige Markttransparenz findet sich folglich nur an der Börse.)

- Anbieter und Nachfrager müssen **sofort** auf Änderungen der Marktsituation reagieren können.

Beispiel:

Der Börsenspekulant hat jederzeit die Möglichkeit, sich über das Internet an der Börse über den Stand der Nachfrage, des Angebots und der Kurse zu informieren (Markttransparenz). Zugleich hat er die Möglichkeit, z. B. bei steigenden Kursen mehr anzubieten oder weniger nachzufragen (schnelle Reaktionsfähigkeit).

- Käufer und Verkäufer dürfen sich nicht gegenseitig bevorzugen (Abwesenheit von **Präferenzen** = Bevorzugungen).

Beispiele:

Eine **sachliche Präferenz** liegt vor, wenn ein Käufer der Meinung ist, dass das Produkt des Herstellers A besser als das des Herstellers B ist, auch wenn beide Produkte objektiv gleich (homogen) sind. Eine **zeitliche Präferenz** ist gegeben, wenn z. B. ein Käufer den Lieferer A bevorzugt, weil dieser schneller liefern kann. Von **räumlicher Präferenz** spricht man z. B., wenn die räumliche Nähe des Marktpartners zu Bevorzugungen führt. **Persönliche Präferenzen** bestehen z. B. dann, wenn ein Kunde ein Gespräch aufgrund einer besonders freundlichen Bedienung bevorzugt.

Fehlt nun eine der genannten Bedingungen, spricht man von einem **unvollkommenen Markt.** Annähernd vollkommene Märkte sind die Ausnahme, unvollkommene Märkte sind die Regel.

Das äußere Merkmal des unvollkommenen Marktes ist, dass es für eine Güterart **unterschiedliche Preise** gibt.

Die **Gründe für die Unvollkommenheit der Märkte** sind im Einzelnen:

- Eine bestimmte Güterart wird in verschiedenen Qualitäten, Abmessungen, Aufmachungen, Farben usw. hergestellt. Das Gut ist **heterogen** (= verschiedenartig).
- Angebot und Nachfrage treffen weder am gleichen Ort noch zur gleichen Zeit zusammen (= **dezentralisierte, nicht organisierte Märkte**).
- Anbietern und Nachfragern **fehlt die Marktübersicht.** (Der Verbraucher weiß beispielsweise i. d. R. nicht, was die Milch im übernächsten Geschäft kostet.)
- Käufer und Verkäufer hegen persönliche, sachliche, räumliche oder zeitliche **Präferenzen.**

3.3.3 Wechselwirkungen zwischen Angebot, Nachfrage und Preis

Die Steuerungsfunktion des Marktes lässt sich am besten verstehen, wenn man das Marktgeschehen im Zeitablauf betrachtet, in das Modell also Angebots- bzw. Nachfrageverschiebungen einbezieht.

Im Normalfall gelten folgende **„Preisgesetze"**:

- Bei gleichbleibendem Güterangebot führt eine Nachfrageerhöhung zu steigenden Preisen.
- Bei gleichbleibendem Güterangebot führt eine Nachfragesenkung zu fallenden Preisen.

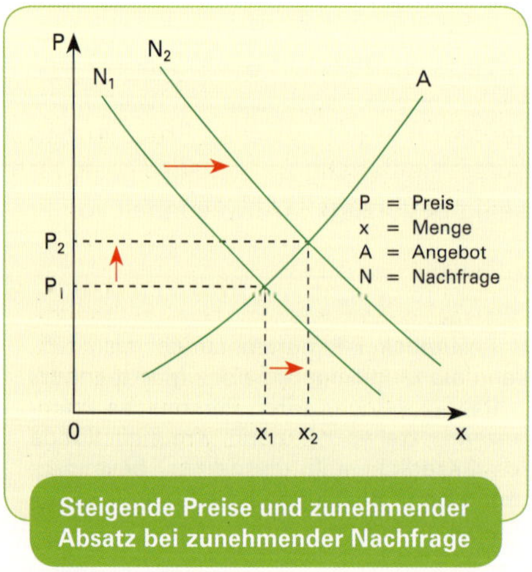

Steigende Preise und zunehmender Absatz bei zunehmender Nachfrage

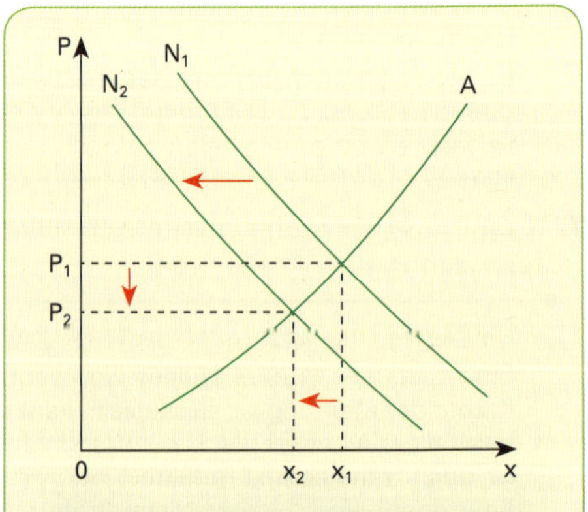

Sinkende Preise und abnehmender Absatz bei abnehmender Nachfrage

Desgleichen kann der Fall eintreten, dass das Angebot bei einem bestimmten Preis und bei gleichbleibender Nachfrage zu- oder abnimmt. So geht z. B. das Angebot landwirtschaftlicher Produkte bei Missernten zurück, während es bei Rekordernten zunimmt.

Im Normalfall gelten folgende **„Preisgesetze"**:

- Bei gleichbleibender Nachfrage führt eine Angebotserhöhung zu sinkenden Preisen.
- Bei gleichbleibender Nachfrage führt eine Angebotssenkung zu steigenden Preisen.

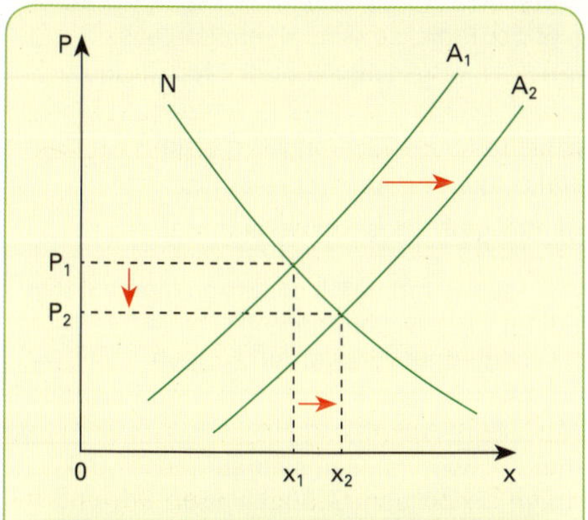

Sinkende Preise und zunehmender Absatz bei zunehmendem Angebot

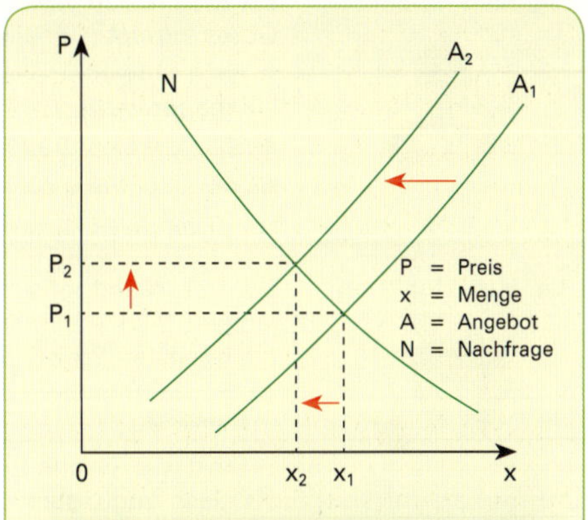

Steigende Preise und abnehmender Absatz bei abnehmendem Angebot

Diese sogenannten **Preisgesetze** werden jedoch nur dann wirksam, wenn man von einer **normalen Angebotskurve** (also vom Gesetz des Angebots) und von einer **normalen Nachfragekurve** (also vom Gesetz der Nachfrage) ausgeht.

3.3.4 Bedeutung der Preisgesetze

Die bisherigen Überlegungen zeigen, dass in einer freien Marktwirtschaft Preis, Angebot und Nachfrage (kurz: die Märkte) die Volkswirtschaft selbsttätig (automatisch) steuern. Was für die Güterpreise gilt, trifft im Modell auch auf die übrigen Marktpreise zu.

Beispiele:

- So wird der **Arbeitsmarkt** über die **Löhne** (Preise für die Arbeitskraft) reguliert. Ist das Arbeitsangebot hoch und die Arbeitsnachfrage niedrig, wird eben der Lohn so lange sinken, bis der „Markt geräumt" ist.
- Gleichermaßen werden die **Kreditmärkte** mithilfe des **Zinsmechanismus** gesteuert. Ist das Kreditangebot niedrig, die Kreditnachfrage hoch, wird der Zins so lange steigen, bis auch hier die Kreditnachfrage dem Kreditangebot entspricht. Somit erübrigen sich jegliche staatliche Eingriffe in das Marktgeschehen.

3.4 Funktionen[1] des Preises im Modell des vollkommenen polypolistischen Marktes

Ausgleichsfunktion 	Der Gleichgewichtspreis ist der Preis, bei dem der höchstmögliche Umsatz erzielt wird. Alle Nachfrager, die den Gleichgewichtspreis bezahlen wollen (oder können), und alle Anbieter, die zum Gleichgewichtspreis verkaufen wollen (oder können), kommen zum Zuge. „Der freie Preis räumt den Markt".
Signalfunktion 	Sie äußert sich darin, dass der freie Marktpreis den Knappheitsgrad eines Gutes anzeigt (signalisiert). Steigt der Preis, so wird erkennbar, dass ■ sich entweder das Güterangebot bei gleichbleibender Nachfrage verknappt hat, ■ sich die Nachfrage bei gleichbleibendem Güterangebot erhöht hat oder ■ die Nachfrage schneller als das Güterangebot gestiegen ist. Der fallende Preis zeigt die gegenteilige Marktsituation an.
Lenkungsfunktion 	Der freie Marktpreis steuert das Angebot und damit die Produktion auf diejenigen Märkte hin, auf denen die größte Nachfrage herrscht und folglich die höchsten Preise (und damit Gewinne) erzielt werden können. **Beispiel:** Sinkt die Nachfrage nach Rindfleisch zugunsten der Nachfrage nach Geflügelfleisch, werden die Rindfleischpreise sinken und die Geflügelpreise steigen. Die Landwirte stellen sich auf die Produktion von Geflügelfleisch um und schränken die Produktion von Rindfleisch ein.
Erziehungsfunktion 	Da der Preis bei vollkommener polypolistischer Konkurrenz vom einzelnen Nachfrager nicht beeinflussbar ist, zwingt er die Produzenten, ihre Kosten zu senken, wenn sie rentabel anbieten wollen. Die Verbraucher werden dazu erzogen, möglichst sparsam (möglichst preisgünstig) einzukaufen, wenn sie ihren Nutzen maximieren wollen.

Kompetenztraining

15 1. Entscheiden Sie, welcher Marktart bzw. welchen Marktarten Sie folgende Märkte zurechnen!

1.1 In der Europäischen Union (EU) gibt es unzählige Landwirte, die Getreide verschiedener Sorten und Qualitäten anbauen und zahlreichen Käufern anbieten.

1.2 Auf dem Schuhmarkt konkurrieren sehr viele Einzelhandelsunternehmen. Sie bieten ihre Waren einer unübersehbar großen Zahl von möglichen Kunden an.

1.3 Auf diesem Markt (z. B. der Frankfurter Börse) werden u. a. Aktien gehandelt. Der Kurs (der Preis) der Aktien wird von Skontroführern[2] festgelegt.

1.4 In der Zeitung finden Sie die Rubriken „Zu vermieten" bzw. „Mietgesuche".

1.5 Auf diesem Markt treten zahlreiche Leute, die einen Pkw auf Raten kaufen wollen, als Nachfrager auf, um ihren Autokauf finanzieren zu können.

1 **Funktionen:** hier im Sinne von Aufgabe.

1 **Skontro** (it.) bedeutet weiterführen, fortschreiben. Das „Skontrobuch" ist das Auftragsbuch eines Maklers. Skontroführer sind Unternehmen, die zur Feststellung des Börsenpreises (des Kurses) an einer Wertpapierbörse zugelassen sind [§ 25 BörsG]. Die Skontroführer haben die Funktion eines Maklers.

1.6 Überall im Land bieten die Bäckereien ihre frischen Backwaren an.

1.7 Außer dem Bund darf kein Unternehmen gewerbsmäßig Euromünzen prägen lassen.

2. Stellen Sie eine Matrix wie auf S. 102 auf und füllen Sie diese mit einem selbst gewählten praktischen Beispiel je Marktform aus!

3. Legen Sie mit eigenen Worten dar, wie der Preis im vollkommenen Polypol den Markt zum Ausgleich bringt!

4. Angenommen, auf einem Wochenmarkt treten folgende Anbieter frischer und absolut gleichwertiger Pfifferlinge auf, wobei jeder Anbieter 10 kg auf den Markt bringt:

   Die Mindestpreisvorstellungen der Anbieter sind:

Anbieter	A	B	C	D	E	F
Preis je kg in Euro	10,00	11,00	12,00	13,00	14,00	15,00

   Als Nachfrager treten 50 Einkäufer auf, die höchstens Folgendes ausgeben und je 1 kg kaufen wollen:

Einkäufer	1–10	11–20	21–30	31–40	41–50
Preisvorstellungen je kg in Euro	13,00	12,50	12,00	11,50	11,00

   Aufgabe:

   Zeichnen Sie die Angebots- und die Nachfragekurve! Stellen Sie den Gleichgewichtspreis fest!

5. In Aufgabe 4 haben wir zwar so getan, als ob es sich um einen vollkommenen polypolistischen Markt handle. In Wirklichkeit ist dies jedoch nicht der Fall. Begründen Sie diese Aussage!

6. Erläutern Sie, warum die Börse dem Modell des vollkommenen polypolistischen Marktes ziemlich nahe kommt!

7. In den folgenden Fragen ist unterstellt, dass sich sowohl das Angebot als auch die Nachfrage „normal" verhalten, also preisreagibel sind. Entscheiden Sie, wie sich dann Preis und umgesetzte Menge entwickeln, wenn

   7.1 bei gleichbleibendem Angebot die Nachfrage zunimmt!

   7.2 bei gleichbleibendem Angebot die Nachfrage abnimmt!

   7.3 bei gleichbleibender Nachfrage das Angebot zunimmt!

   7.4 bei gleichbleibender Nachfrage das Angebot abnimmt!

8. Auf einem Markt besteht für ein Gut folgende Gesamtnachfrage und folgendes Gesamtangebot:

Preis je Stück in €	Gesamte Nachfragemenge	Gesamte Angebotsmenge
5,00	2500	1500
5,20	2250	1750
5,40	2000	2000
5,60	1750	2250
5,80	1500	2500

   Aufgaben:

   Entscheiden Sie, welche der folgenden Aussagen durch das obige Zahlenbeispiel bestätigt werden kann!

   (1) Bei einem Preis von 5,80 € besteht ein Nachfrageüberhang von 1000 Stück.

   (2) Der Gleichgewichtspreis bildet sich bei einer Nachfragemenge von 2250 Stück.

(3) Bei einem Preis von 5,00 € ergibt sich ein Angebotsüberhang von 1000 Stück.
(4) Bei einem Preis von 5,60 € ergibt sich eine Gleichgewichtsmenge von 1750 Stück.
(5) Bei einem Preis von 5,20 € ergibt sich ein Nachfrageüberhang von 500 Stück.

9. Ordnen Sie den nachfolgenden Begriffen die im Schaubild aufgeführten Ziffern zu!

a) Preis	
b) Menge	
c) Nachfragekurve	
d) Angebotskurve	
e) Angebotsdefizit	
f) Nachfragedefizit	
g) Gleichgewichtspreis	
h) Gleichgewichtsmenge	
i) Produzentenrente	

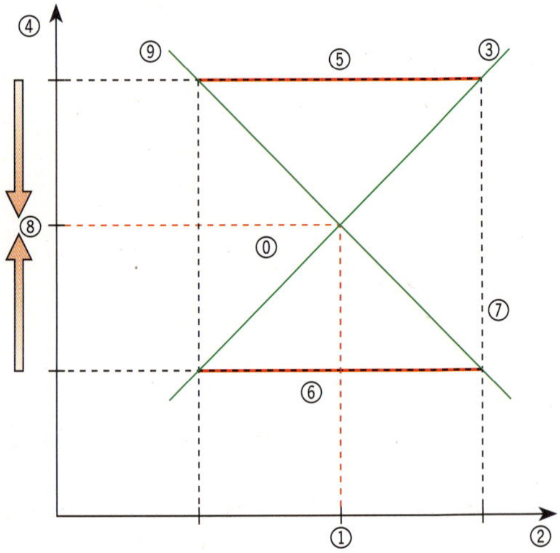

16 1. Auf dem Markt für Vitamine herrscht bezüglich einer bestimmten Vitaminart folgende Nachfrage- und Angebotssituation:

Preis der Vitaminart in €	30,00	25,00	20,00	15,00	10,00	5,00
Nachgefragte Stücke in 100	0	1	3	5	7	9
Angebotene Stücke in 100	6,5	5,5	4,5	3,5	2,5	1,5

Aufgabe:

Zeichnen Sie die Angebots- und Nachfragekurve je 5,00 € bzw. je 100 Stück ≙ 1 cm und bestimmen Sie den Gleichgewichtspreis und die zu diesem Preis umsetzbaren Stückzahlen!

2. Die Polypolpreisbildung stellt einen Ausgleichsmechanismus zwischen den gegensätzlichen Interessen der Anbieter und Nachfrager dar.

Aufgaben:

2.1 Erläutern Sie, welches die gegensätzlichen Interessen der Anbieter und Nachfrager sind!

2.2 Begründen Sie, warum es sich bei der Polypolpreisbildung um einen Mechanismus, d.h. um ein sich selbstständig regelndes System, handelt!

3. Begründen Sie, wie sich folgende Datenänderungen auf den Gleichgewichtspreis bei vollständiger und vollkommener Konkurrenz auswirken! Es wird unterstellt, dass sich alle übrigen Bedingungen nicht ändern. Angebot und Nachfrage verhalten sich normal.

Aufgaben:

3.1 Die Gewerkschaften setzen Arbeitszeitverkürzungen bei vollem Lohnausgleich durch. Die Unternehmer ersetzen die ausgefallenen Arbeitsstunden vollständig durch Neueinstellungen.

3.2 Die Nachfrage nach Kalbfleisch geht zurück, weil die Verbraucher fürchten, dass die Züchter die Tiere mit gesundheitsschädlichen Stoffen mästen.

3.3 Der Staat senkt die Kostensteuern.

3.4 Rationalisierungsmaßnahmen der Unternehmer führen zu steigender Produktivität.

3.5 Die Verbraucher fürchten Preiserhöhungen; sie sparen deshalb weniger.

4. Bei einem Makler an einer Warenbörse gehen folgende Kauf- und Verkaufsaufträge ein:

Kaufaufträge	Verkaufsaufträge
10 t bestens	15 t bestens
15 t zu 80,00 € höchstens	10 t zu 81,00 € mindestens
5 t zu 81,00 € höchstens	20 t zu 82,00 € mindestens
20 t zu 82,00 € höchstens	5 t zu 83,00 € mindestens
30 t zu 83,00 € höchstens	25 t zu 84,00 € mindestens
25 t zu 84,00 € höchstens	30 t zu 85,00 € mindestens

Aufgabe:

Ermitteln Sie, welchen Kurs der Warenmakler festlegt!

5. Angenommen, in dem Beispiel auf S. 103 würden alle Anbieter „bestens" verkaufen wollen.

Aufgabe:

Berechnen Sie, wie hoch dann der Gleichgewichtspreis (Kurs) ist!

6. Erläutern Sie, welche Aussagen sich treffen lassen, wenn das Angebot und die Nachfrage gleichzeitig zu- oder abnehmen! (Begründen Sie Ihre Antworten zeichnerisch, d. h. mithilfe der Angebots- und Nachfragekurven!)

17

1. Für ein bestimmtes Gut gelten am Markt folgende Angebots- und Nachfragebedingungen (x = Menge; p = Preis):

Nachfrage: $x(p) = 28 - 4p$; Angebot: $x(p) = 4 + 2p$;

Ermitteln Sie den Gleichgewichtspreis und die Gleichgewichtsmenge!

2. Gegeben sei ein freier Markt in Form eines zweiseitigen Polypols, der sich im Gleichgewicht befindet. Entscheiden Sie, welche der folgenden Aussagen auf diesen Markt zutrifft!

2.1 Das Güterangebot wird jenen Käufern zugeteilt, die es – gemessen an der Zahlungsbereitschaft – am niedrigsten bewerten.

2.2 Die Güternachfrage wird jenen Verkäufern zugeteilt, welche die Güter zu den höchsten Kosten produzieren können.

2.3 Es wird diejenige Gütermenge produziert, die zu einem Maximum an Produzenten- und Konsumentenrente führt.

2.4 Es wird diejenige Gütermenge produziert, die zu einem Maximum an Konsumentenrente führt.

2.5 Es wird diejenige Gütermenge produziert, die zu einem Maximum an Produzentenrente führt.

3. Entscheiden Sie, welche der folgenden Aussagen zur Konsumentenrente richtig ist!

Die Konsumentenrente

3.1 ist gleich der Zahlungsbereitschaft der Käufer minus der Summe der Kaufpreiszahlungen.

3.2 misst den Nutzen der Verkäufer aus der Marktteilnahme.

3.3 entspricht dem Nutzen, den Produzenten aus der Teilnahme am Marktgeschehen ziehen.

8 Boller - ISBN 978-3-8120-0619-4

3.4 entspricht dem Nutzen, den Produzenten und Konsumenten aus der Teilnahme am Marktgeschehen ziehen.

3.5 ist die Fläche unter der Nachfragekurve und unter dem Preis.

3.6 ist die Fläche über der Angebotskurve und über dem Preis.

4. Auf dem Markt für den nachwachsenden Rohstoff A liegen dem Makler die nachfolgend in Tabellenform dargestellten Nachfrage- und Angebotsmengen vor. Bei den einzelnen Preisen ist die jeweils insgesamt am Markt wirksam werdende Menge angegeben.

Preis in €	Gesamtnachfragemenge in Tonnen	Gesamtangebotsmenge in Tonnen
300,00	60	180
290,00	140	170
280,00	160	160
270,00	205	80
260,00	217	30

4.1 Berechnen Sie die auf diesem Markt insgesamt erzielbare Produzentenrente!

4.2 Berechnen Sie die auf diesem Markt insgesamt erzielbare Konsumentenrente!

5. Auf dem Markt für einen bestimmten Rohstoff liegen dem Makler folgende Kauf- und Verkaufsaufträge vor:

Käufer	**Jeweils akzeptierte Preisobergrenze**
Kunde A möchte 480 t kaufen	240,00 € pro t
Kunde B möchte 192 t kaufen	288,00 € pro t
Kunde C möchte 288 t kaufen	324,00 € pro t
Kunde D möchte 144 t kaufen	360,00 € pro t
Verkäufer	**Jeweils akzeptierte Preisuntergrenze**
Kunde E möchte 480 t verkaufen	360,00 € pro t
Kunde F möchte 288 t verkaufen	324,00 € pro t
Kunde G möchte 432 t verkaufen	288,00 € pro t
Kunde H möchte 192 t verkaufen	240,00 € pro t

Aufgaben:

5.1 Ermitteln Sie, wie hoch der vom Makler festzusetzende Marktpreis ist!

5.2 Berechnen Sie, wie hoch der bei dem vom Makler festzusetzenden Marktpreis erzielbare Gesamtumsatz auf dem Markt ausfällt!

5.3 Ermitteln Sie, wie hoch der Angebotsüberhang bei einem Preis von 324,00 € je Tonne ist!

6. Auf einem Gemüsemarkt werden bei einem Preis von 9,00 € je kg insgesamt 800 kg Spargel nachgefragt und 250 kg Spargel angeboten. In welcher Zeile wird die Marktsituation richtig beschrieben?

Zeile	Marklage	Marktumsatz in €	Preisentwicklung
①	Angebotsüberhang	7 200,00	fallend
②	Nachfrageüberhang	7 200,00	steigend
③	Angebotsüberhang	2 250,00	fallend
④	Nachfrageüberhang	2 250,00	steigend
⑤	Angebotsüberhang	2 250,00	steigend

Anforderungssituation 2.2
Die Bedeutung des internationalen Handels unter Berücksichtigung unterschiedlicher Währungen

Im Rahmen Ihrer Schullaufbahn an einer Höheren Berufsfachschule für Wirtschaft und Verwaltung veranstaltet Ihr Berufskolleg einen „Tag der Ausbildung", der Ihnen vor allem für die Zeit im Anschluss an die Schullaufbahn Orientierung geben soll. Im Rahmen dieser Veranstaltung finden unterschiedliche Workshops statt, die sich ebenso mit Bewerbertrainings wie auch mit der Vorstellung verschiedener Ausbildungsberufe im kaufmännischen Bereich beschäftigen.

Sie haben sich ganz gezielt für einen Workshop entschieden, in dem einige Unternehmen aus Ihrer Region den Ausbildungsberuf des Industriekaufmanns vorstellen. Zu Beginn des Workshops präsentieren die Vertreter dieser Unternehmen zunächst einige interessante Details dieses Berufsbildes, die auch das besondere Anforderungsprofil an die Bewerber verdeutlichen. Im Fokus der einleitenden Ausführungen steht dabei insbesondere die Exportabhängigkeit der örtlichen Industriebetriebe. So wird Ihnen erläutert, dass nicht nur der wesentliche Anteil der zu verarbeitenden Rohstoffe aus dem Ausland importiert wird, sondern mittlerweile auch mehr als 40 % aller Industrieprodukte ins Ausland exportiert werden. Die Vertreter der Industriebetriebe weisen darauf hin, dass in Ihrer Region fast jeder zweite Arbeitsplatz direkt oder indirekt vom Exporterfolg der örtlichen Industrie abhängig ist. Anders formuliert: Sollte der Export dieser Industriegüter einbrechen, würde das für den regionalen Arbeitsmarkt enorm negative Auswirkungen haben.

Unabhängig von der Branche, erklären die Referenten, ist es für sie als Arbeitgeber wichtig, dass ihre künftigen Mitarbeiter vor dem geschilderten Hintergrund gute englische Sprachkenntnisse für entsprechende schriftliche oder mündliche Verhandlungen mitbringen sollten. Ferner gehöre sowohl für die Beschaffungs- wie für die Absatzseite das sichere Kalkulieren mit unterschiedlichen Währungen wie selbstverständlich zum Anforderungsprofil potenzieller Bewerber. Doch gerade was diese beiden Kompetenzfelder anbelangt, müsse man leider in der jüngeren Vergangenheit immer wieder feststellen, dass dort erheblicher Aufholbedarf in der Ausbildung zum Vorschein kommt, da die Auszubildenden nicht selten an den täglichen beruflichen Anforderungen scheitern. Dies sei sowohl für die Ausbildungsbetriebe als auch für die Auszubildenden ziemlich frustrierend.

Im Anschluss an das einführende Referat werden Ihnen von den Vertretern der Ausbildungsbetriebe für den weiteren Verlauf des Workshops verschiedene Arbeitsaufträge erteilt.

Vertreter Ausbildungsbetrieb:
„Frau Hansen, wie Sie sich sicher erinnern, haben wir unsere Bank beauftragt, zulasten unseres EUR-Kontos an unseren Lieferer in Ohio den fälligen Betrag in Höhe von 49 750,00 US-$ zu überweisen. Der Kurs (EUR/USD) betrug 1,2850 Geld – 1,2970 Brief. Nun hat die Bank unser Konto mit 38 715,95 € belastet. Überprüfen Sie doch bitte schnell mal, ob das der richtige Betrag ist!"

Frau Hansen:
„Ähm, ja, sehr gern, überhaupt gar kein Problem ..."

Kompetenzorientierte Arbeitsaufträge:

1. Sowohl der Import als auch der Export ist für die deutsche Industrie von herausragender Bedeutung. Recherchieren Sie die für die deutsche Volkswirtschaft wichtigsten Ein- und Ausfuhrgüter!
2. **Arbeitsvorschlag mit regionalem Bezug:**

   Bereiten Sie in einer kleineren Arbeitsgruppe ein Referat vor, das sich mit der Bedeutung des Außenhandels konkret für Ihre Region auseinandersetzt! Ein wichtiger Ansprechpartner für dieses Referat sollte u.a. die örtliche Industrie- und Handelskammer sein. Dort erfahren Sie nicht nur die Exportquote der ansässigen Industrie, sondern auch die wichtigsten Exportgüter und die bedeutsamsten Abnehmerländer. Für die Vorbereitung des Referats wäre es darüber hinaus aber auch hilfreich, sich konkret in einem oder mehreren Unternehmen über die Rolle des Außenhandels zu informieren.

3. Erläutern Sie mögliche Chancen und Risiken des internationalen Handels!
4. Beschreiben Sie kurz, inwiefern unterschiedliche Wechselkurse von Währungen für den Import bzw. Export von Bedeutung sind!
5. Erläutern Sie die Chancen und Risiken, die sich aus Wechselkursschwankungen ergeben!
6. Definieren Sie unterschiedliche Wechselkursmechanismen!

4 Bedeutung des Außenhandels für eine Volkswirtschaft

4.1 Gründe für die internationale Arbeitsteilung

Länder mit Außenhandel (gegenseitigem Warenaustausch) betreiben **internationale Arbeitsteilung.** Gründe für den Außenhandel sind:

- Güter, die eine Volkswirtschaft **nicht oder nicht in ausreichendem Maß** selbst produzieren kann, werden eingeführt (importiert), in der Bundesrepublik Deutschland z.B. Südfrüchte, Mineralstoffe. Die Gegenleistung besteht in der Ausfuhr (im Export) von Halb- und Fertigerzeugnissen, die die Handelspartner nicht selbst oder nicht in der gewünschten Qualität herstellen können (oder wollen).
- Güter, die eine Volkswirtschaft nur mit **höheren Kosten** als andere Volkswirtschaften herstellen kann, werden importiert. Die auf diese Weise eingesparten Produktionsfaktoren können zur Herstellung **anderer** Güter eingesetzt werden, die möglicherweise **kostengünstiger** als im Ausland produziert werden können.
- Nicht nur bei absoluten, sondern auch bei **relativen (komparativen) Kostenvorteilen** kann die internationale Arbeitsteilung für die beteiligten Länder von Vorteil sein.

Das folgende Beispiel verdeutlicht, dass die Vorteilhaftigkeit des Handels zwischen zwei Ländern nicht von den absoluten Produktionskosten abhängt, sondern von den **relativen (komparativen)[1] Kosten** der produzierten Güter zueinander.

Beispiel:

Angenommen, sowohl im Land A als auch im Land B werden je Periode[2] 500000 t Rohöl und 500 Maschinen hergestellt. Es bestehen keine Handelsbeziehungen zwischen den beiden Ländern. Die hergestellten Güter werden in den betreffenden Ländern gekauft, um den eigenen Bedarf zu decken.

Die Produktionskosten werden in Arbeitsstunden ausgedrückt.

Länder	Kosten für 1 t Rohöl (Ol) in Arbeitsstunden	Kosten für 1 Maschine (Ma) in Arbeitsstunden
A	20	50000
B	80	60000

1 **Komparativ** (lat.): vergleichsweise, relativierend.

2 **Periode:** Zeitabschnitt (z.B. 1 Monat, 1 Jahr).

Die **komparativen Kosten** betragen:

Länder	Komparative Kosten	
	Öl : Ma	**Öl : Ma**
A	1 : 2500	0,0004 : 1
B	1 : 750	0,001$\overline{33}$: 1

Das Land B stellt beide Produkte teurer als das Land A her, denn im Land B werden für eine t Rohöl 80 Arbeitsstunden (im Land A 20 Arbeitsstunden) und für eine Maschine 60 000 Arbeitsstunden (im Land A 50 000 Arbeitsstunden) benötigt. Dennoch lohnen sich die **Spezialisierung** und der **Außenhandel** (die **internationale Arbeitsteilung**). Beweis: Spezialisiert sich das Land A nach Aufnahme der Handelsbeziehungen auf das Öl, weil es dieses vergleichsweise billiger als Maschinen herstellt, und das Land B auf die Produktion von Maschinen, weil es diese vergleichsweise billiger als Rohöl produzieren kann, ergibt sich folgendes Ergebnis:

Länder	**Land A**		**Land B**		**Gesamtkosten beider Länder**
Güterart	Rohöl	Maschinen	Rohöl	Maschinen	
Kosten **vor** der internationalen AT in Arbeitsstunden	10 000 000	25 000 000	40 000 000	30 000 000	105 000 000
Kosten **nach** der internationalen AT in Arbeitsstunden	20 000 000	—	—	60 000 000	80 000 000

Durch die Spezialisierung spart das Land A 15 Mio. Arbeitsstunden und das Land B 10 Mio. Arbeitsstunden. Die ersparten Arbeitsstunden können zur Kapazitätserweiterung bei der Ölförderung und im Maschinenbau und/oder für den Ausbau anderer Wirtschaftszweige eingesetzt werden.

Grundsätzlich ist der **Handel zwischen zwei Ländern** immer **vorteilhaft,** wenn bei beiden Handelspartnern **unterschiedliche Produktionskostenstrukturen** existieren, d. h., wenn ein Land für ein produziertes Gut auf weniger Einheiten eines anderen Gutes verzichten muss als das andere Land (niedrigere Opportunitätskosten).[1]

Nach der **Theorie der komparativen Kostenvorteile** sind internationaler Handel und internationale Arbeitsteilung selbst für solche Länder von Vorteil, die alle Güter nur zu höheren Kosten erzeugen können als das Ausland. Sie müssen sich nur auf die Produktion jener Güter spezialisieren, die sie vergleichsweise (komparativ) am günstigsten herstellen können. In der Realität lässt sich dies vor allem auf Handelsbeziehungen zwischen hoch und niedrig industrialisierten Ländern anwenden. Dabei ist zu beachten, dass nichts über die Verteilung des Handelsgewinnes oder die Effekte der Spezialisierung ausgesagt wird.

Wenn jedes Land die Güter produziert, bei denen es **absolute Kostenvorteile** hat, kann durch die internationale Arbeitsteilung die Gesamtproduktion gesteigert werden.

1 Den Nutzenentgang durch einen Verzicht auf eine Alternativanlage bezeichnet man als **Opportunitätskosten.**

4.2 Risiken der internationalen Arbeitsteilung

(1) Import- und Exportabhängigkeit vom Außenhandel

Der **Außenhandel** ist der wichtigste Teil der außenwirtschaftlichen Beziehungen einer Volkswirtschaft bzw. einer Wirtschaftsgemeinschaft. Aus der Sicht von **Deutschland** sowie der Mitgliedsländer der **Europäischen Union (EU)** umfasst der Außenhandel den gewerbsmäßigen Güteraustausch (Sachgüter, Dienstleistungen, Rechte) mit **Drittländern** (Länder, die nicht der EU angehören) sowie den Transithandel.

Der Handel innerhalb der EU (der **Binnenhandel**) besteht aus

- dem **innergemeinschaftlichen Erwerb** (Käufe aus Mitgliedsländern) und
- den **innergemeinschaftlichen Lieferungen** (Verkäufe an Mitgliedsländer).

In der Statistik werden derzeit noch der innergemeinschaftliche Erwerb zur Einfuhr und die innergemeinschaftlichen Lieferungen zur Ausfuhr gerechnet.

Beispiel 1: Importabhängigkeit

Deutschland ist ein rohstoffarmes Land und deshalb auf die Einfuhr zahlreicher Rohstoffe angewiesen (z. B. Erdöl, Erdgas, Baumwolle). Auch werden Nahrungsmittel importiert, die in Deutschland nicht, nicht in ausreichender Menge und/oder nicht in der gewünschten Qualität produziert werden können (z. B. Kaffee, Kakao). Wichtige Importgüter sind auch Halb- und Fertigwaren, die in den Lieferländern kostengünstiger erzeugt werden können (z. B. Maschinenteile und Unterhaltungselektronik).

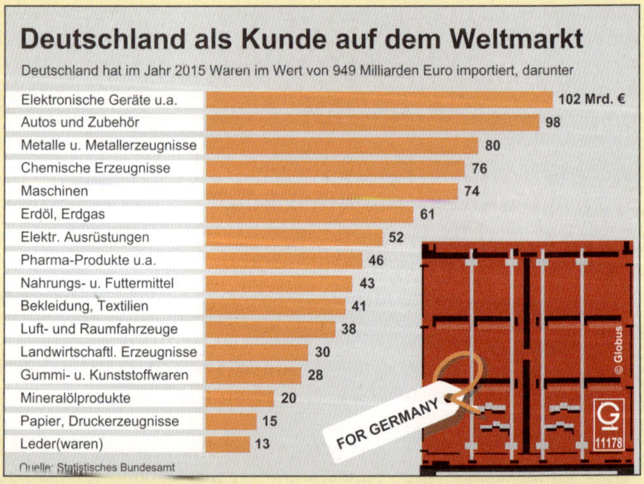

Deutschland ist offen für Waren aus aller Welt – insbesondere für solche, die im Lande kaum oder gar nicht vorhanden sind, oder solche, die in anderen Ländern preiswerter hergestellt werden können. Insgesamt importierte die Bundesrepublik im Jahr 2015 Produkte im Wert von 949 Mrd. Euro. An erster Stelle standen nach Erhebungen des Statistischen Bundesamtes Geräte aus dem elektronischen Bereich mit 102 Mrd. Euro. Dazu zählt Computer- und Telekommunikationstechnik ebenso wie Messinstrumente oder elektromedizinische Geräte (z. B. Computertomografen). An zweiter Stelle standen Autos und Autoteile mit 98 Mrd. Euro. Die wichtigen Rohstoffe Erdöl und Erdgas, ohne die in der deutschen Wirtschaft nur wenig laufen würde, standen mit einem Einfuhrwert von 61 Mrd. Euro nur noch an sechster Stelle der Importe. Hier wirkte sich vor allem der niedrigere Preis fürs Öl aus, denn im Vorjahr stand auf der Rechnung für die Öl- und Gasimporte noch ein Betrag von 83 Mrd. Euro (Platz drei der Importe 2014). Insgesamt war Deutschland im vergangenen Jahr drittgrößter Kunde auf dem Weltmarkt. Noch größer war die Nachfrage nach Importgütern nur in den USA und in China.

Beispiel 2: Exportabhängigkeit

Die Beschäftigung (und damit der Lebensstandard) in der Bundesrepublik Deutschland hängt zu rund einem Drittel von der Ausfuhr ab.

Wichtige Ausfuhrgüter der Bundesrepublik Deutschland sind Fertigwaren wie z. B. Werkzeugmaschinen, Kraftfahrzeuge, feinmechanische Geräte sowie Halbwaren wie z. B. Gießerei- und Walzwerkerzeugnisse oder Chemikalien. Die Ausfuhr von Rohstoffen (z. B. Kohle, Kali, Tonerde) und von Nahrungs- und Genussmitteln (z. B. Fleischwaren, Geflügel, Wein) ist im Rahmen der Gesamtausfuhr hingegen von geringer Bedeutung.

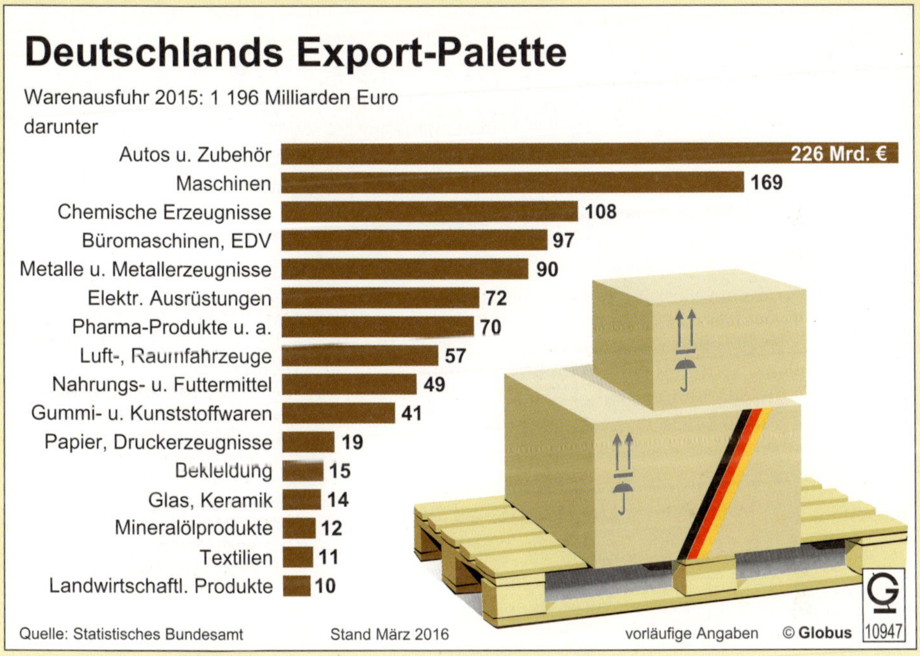

(2) Weitere Probleme der Abhängigkeit vom Außenhandel

Import- und Exportabhängigkeit können zu **wirtschaftlicher** und **politischer Abhängigkeit** eines Landes bzw. eines Währungsgebiets führen.

- Die wirtschaftliche Abhängigkeit zeigt sich z. B. in der **konjunkturellen Verbundenheit** der am Welthandel beteiligten Staaten. Konjunkturelle Einbrüche bei den führenden Industrieländern bewirken aufgrund des Nachfragerückgangs zwangsläufig Beschäftigungsrückgänge bei den Handelspartnern.
- Ebenso wie die Konjunkturrückgänge können auch **Inflationen importiert** werden.
- Weiterhin zeigt die Geschichte der **Entwicklungsländer,** dass die einseitige, durch die ehemaligen Kolonialmächte geförderte **Spezialisierung** auf die Förderung von Rohstoffen und die Erzeugung von Agrarprodukten (**„Plantagenwirtschaft"**) ein den Industrieländern vergleichbares **Wachstum verhindert.**

- Eng mit der wirtschaftlichen Abhängigkeit ist die **politische Abhängigkeit** verflochten. So sind z. B. Länder, die auf Rohstoffzufuhren angewiesen sind, wirtschaftlich und politisch erpressbar. So können die Rohstoff exportierenden Länder beispielsweise versuchen, durch Preis- und/oder Mengendiktate politische Entscheidungen in den Abnehmerländern zu beeinflussen.
- Die Globalisierung bringt zwar Kostenvorteile, hat aber den Nachteil, dass aufgrund der Verlagerung von Produktionsstätten ins Ausland **Arbeitsplätze verloren** gehen können.

Der sogenannte **Arbeitsplatzexport** kann z. B. folgende Gründe haben:

- Die **soziale und politische Stabilität** des Auslands wird höher eingeschätzt als die inländische.
- Die **Umweltvorschriften** (Umweltstandards)[1] sind im Ausland weniger streng als im Inland.
- Das Ausland fördert Gewerbeansiedlungen durch **Steuererleichterungen** und/oder **Subventionen**. Das Problem ist, dass der Staat den Unternehmen, die mit der Auslagerung von Produktionsstätten drohen, seinerseits Steuererleichterungen gewährt und/oder Subventionen zahlt.
- Im Ausland ist die **„Regulierungsdichte"**[2] (z. B. Bauvorschriften, Zulassungsverfahren, Behördenwege) geringer als im Inland.
- Die **Arbeitskosten** sind im Ausland niedriger als im Inland. Für die Konkurrenzfähigkeit ist allerdings nicht allein die absolute Höhe der Arbeitskosten maßgebend. Vielmehr muss die **Arbeitsproduktivität** berücksichtigt werden. Diese drückt aus, welche Gütermenge eine Arbeitskraft je Zeiteinheit (z. B. je Arbeitsstunde) erzeugt.

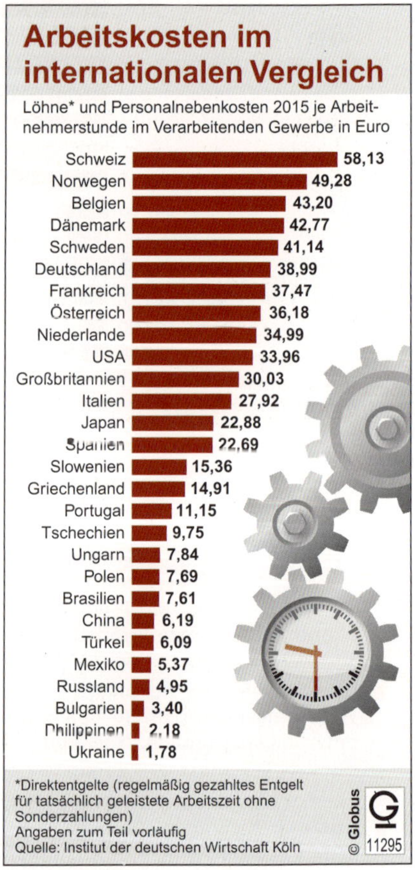

In der Schweiz musste ein Arbeitgeber im Jahr 2015 im Durchschnitt 58,13 Euro für jede geleistete Arbeitsstunde eines Arbeitnehmers im Verarbeitenden Gewerbe zahlen. Damit war die Schweiz in Bezug auf die Arbeitskosten der teuerste Standort im Vergleich mehrerer ausgewählter Länder. Das ergibt eine Auswertung des Instituts der deutschen Wirtschaft Köln (IW). Deutschland rangiert mit durchschnittlich 38,99 Euro je Arbeitsstunde im oberen Bereich. Zu den Arbeitskosten zählen neben den Bruttolöhnen die Personalnebenkosten. Dazu gehören unter anderem die Arbeitgeberbeiträge zur Sozialversicherung, die betriebliche Altersvorsorge, Entlassungsentschädigungen oder Familienbeihilfen. Die Höhe der Arbeitskosten spielt eine wesentliche Rolle bei Standortentscheidungen von Unternehmen, die ihren Sitz ganz oder teilweise ins Ausland verlagern möchten.

1 **Standard** (engl.): Maßstab, Norm, Absprachenniveau.

2 **Regulierung** (lat.): Regeln aufstellen, Regeln erlassen (z. B. durch Gesetze, Rechtsverordnungen, Verwaltungsvorschriften, Gemeindesatzungen, Gerichtsurteile).

Beispiel:

Im Land A betragen die Arbeitskosten im Durchschnitt 15,00 GE, im Land B hingegen 18,00 GE je Arbeitsstunde (h). Unter sonst gleichen Bedingungen erzeugt das Land A 400 Mio. t, das Land B 500 Mio. t eines Guts. Es ergibt sich folgende Vergleichsrechnung:

Länder	Arbeitskräfte	Arbeitskosten insgesamt in GE	Erzeugte Waren	Preis je t in GE	Erzeugter Warenkorb in GE	Arbeitsstunden je Arbeitskraft je Jahr	Arbeitsstunden insgesamt
A	20 Mio.	600 Mrd.	400 Mio. t	2000	800 Mrd.	2000	40 Mrd.
B	20 Mio.	720 Mrd.	500 Mio. t	2000	1000 Mrd.	2000	40 Mrd.

Länder	Arbeitskosten je Stunde	Arbeitsproduktivität (mengenmäßig)	Arbeitsproduktivität (wertmäßig)	Arbeitskostenanteil je t und in % vom Verkaufspreis
A	15,00 GE	$\frac{400 \text{ Mio. t}}{40 \text{ Mrd. h}} = 0{,}01 \text{ t/h}$	$\frac{800 \text{ Mrd. GE}}{40 \text{ Mrd. h}} = 20 \text{ GE/h}$	1500 GE = 75 %
B	18,00 GE	$\frac{500 \text{ Mio. t}}{40 \text{ Mrd. h}} = 0{,}0125 \text{ t/h}$	$\frac{1000 \text{ Mrd. GE}}{40 \text{ Mrd. h}} = 25 \text{ GE/h}$	1440 GE = 72 %

Folgerung: Das Land B hat einen Wettbewerbsvorteil, obwohl seine absoluten Arbeitskosten (18,00 GE je Arbeitsstunde) höher sind als die des Landes A. Der Grund: Die Arbeitsproduktivität des Landes B ist höher als die des Landes A.

Kompetenztraining

18

1. Erläutern Sie, welche Bedeutung der Außenhandel für den Lebensstandard einer Volkswirtschaft wie Deutschland hat! Begründen Sie Ihre Antwort!
2. Erklären Sie kurz die Struktur des Außenhandels von Deutschland! Begründen Sie seine Zusammensetzung!
3. Die Theorie der komparativen Kosten stammt von DAVID RICARDO.[1]

   Aufgaben:

   3.1 Erklären Sie, was die Theorie der komparativen Kosten aussagt!

   3.2 Das berühmte „Wein-Tuch-Beispiel" von RICARDO setzte voraus, dass in Portugal der Arbeitsaufwand je Einheit Wein 80, in England aber 120 sei. Hingegen betrage der Arbeitsaufwand in Portugal je Einheit Tuch 90, in England 100.

Land	Wein	Tuch
Portugal	80	90
England	120	100

   Berechnen Sie, um wie viel Prozent Wein- und Tuchproduktion steigen, wenn sich Portugal auf die Herstellung von Wein und England auf die Herstellung von Tuch spezialisiert!

   3.3 Angenommen, zwei Länder A und B stellen ein Gut P (z. B. Pkw) und ein Gut W (z. B. Werkzeugmaschinen) her. Beide Länder besitzen eine Kapazität von 1000 Stück je Periode. Jede Erzeugniskombination (z. B. 200 Pkw und 800 Maschinen, 400 Pkw und 600 Maschinen) sei möglich.

1 Englischer Volkswirtschaftler (1772–1823).

Die Kosten der Produktion betragen:

Länder	Kosten für einen Pkw (P)	Kosten für eine Maschine (W)
A	8 000,00 GE	8 800,00 GE
B	12 000,00 GE	9 600,00 GE

3.3.1 Berechnen Sie die komparativen Kosten der beiden Länder für die Produktion der Produkte P und W!

3.3.2 Entscheiden Sie, auf welche Produkte sich die beiden Länder spezialisieren werden, wenn sie den relativen Kostenvorteil durch den Außenhandel nutzen wollen!

3.3.3 Ermitteln Sie, wie hoch die Kostenersparnis ist, wenn sie sich ausschließlich auf eines der beiden Produkte spezialisieren!

4. Üben Sie Kritik an der Theorie der komparativen Kosten!

5. Erläutern Sie, warum z. B. ein Rückgang des Exports im Maschinenbau auch in anderen Wirtschaftszweigen zu Produktionsrückgängen führen könnte!

5 Verschiedene Wechselkursmechanismen – Chancen und Risiken von Wechselkursschwankungen

5.1 Außenwert des Geldes

Wenn man die Grundlagen zwischenstaatlicher Währungspolitik verstehen möchte, muss man sich zuvor mit einigen wichtigen Begriffen und Zusammenhängen befassen. Man muss z. B. wissen, was mit dem Begriff Wechselkurs gemeint ist, was unter freien oder festen Wechselkursen zu verstehen ist, wie sich Devisenangebot und -nachfrage normalerweise verhalten und warum die Zentralbanken auf den Devisenmärkten eingreifen (intervenieren) können oder müssen.

Nahezu alle Länder der Erde unterhalten außenwirtschaftliche Beziehungen, von denen die wichtigsten der **Export** (die Ausfuhr) und der **Import** (die Einfuhr) von wirtschaftlichen Gütern (Sachgütern, Dienstleistungen und Rechten) sind.

Der **Wechselkurs** drückt den **Außenwert** des Geldes aus. Ist eine Fremdwährung „teuer", ist der Außenwert des eigenen Geldes gering. Ist eine Fremdwährung „billig", ist der Außenwert des eigenen Geldes groß.

Dies stellen Sie z. B. dann fest, wenn Sie eine Auslandsreise planen. So kann es sein, dass der „Preis" (der Kurs) für Schweizer Franken schon wieder gestiegen ist. Andererseits lesen Sie in der Zeitung, dass der US-Dollar im Wert abnahm. Es ergeben sich somit zwei

Grundfragen: Erstens: Warum schwanken die Wechselkurse (Umtauschkurse der Währungen) ständig? Und zweitens: Welche Auswirkungen haben Kursschwankungen für die Wirtschaft, für die Arbeitsplätze, für uns selbst?

- Der **Binnenwert des Geldes** stellt sich in seinem Austauschverhältnis zu anderen Wirtschaftsgütern, also im **Preis** bzw. im **Preisniveau** dar.
- Der **Außenwert des Geldes** ist hingegen das Austauschverhältnis zwischen zwei **Währungen,** also der **Wechselkurs.**

Beispiel:

Die 18-jährige Jana, Absolventin der Höheren Handelsschule, plant im nächsten Jahr nach der Abschlussprüfung mit ihrer besten Freundin Lisa eine zweiwöchige Reise nach New York. Beide freuen sich nicht nur auf die vielen Sehenswürdigkeiten dieser Stadt, sondern vor allem auch auf die geplanten Shoppingtouren in der Mode-Metropole. Hierfür hat Jana bereits fleißig gespart und mit dem Geld ihrer Eltern und Großeltern für einen erfolgreichen Abschluss der HöHa stehen ihr voraussichtlich 1 000,00 EUR zur Verfügung.

Wie viel sich Jana allerdings hierfür in New York tatsächlich leisten kann, ist neben den Preisen vor Ort auch abhängig von dem Austauschverhältnis zwischen dem Euro und dem US-Dollar (USD) im nächsten Jahr.

Unterstellen wir folgende unterschiedliche Wechselkurse:

1. 1 EUR = 1,150 USD
2. 1 EUR = 1,575 USD.

Im ersten Fall würde Jana im nächsten Jahr bei einem Umtausch ihrer 1 000,00 EUR also 1 150,00 USD erhalten; im zweiten Fall hingegen deutlich mehr, nämlich 1 575,00 USD.

Für Jana wäre also im kommenden Jahr der Wechselkurs in Höhe von 1,575 USD sehr vorteilhaft. Bei diesem Austauschverhältnis würde Jana wesentlich mehr USD für ihre Ersparnisse bekommen und könnte sich wesentlich mehr in New York leisten.

5.2 Bestimmungsfaktoren der Wechselkurse

(1) Devisenangebot (Nachfrage nach Binnenwährung)

Die Exporteure erhalten für den Verkauf ihrer Güter Fremdwährung, d.h. Devisen. Dabei wird zwischen **Sorten** (Münzen und Banknoten einer Fremdwährung) und **Devisen i.e.S.** (Zahlungsmittel wie z.B. über Fremdwährungen lautende Schecks, Zahlungsanweisungen und Wechsel) unterschieden. Im weiteren Sinne versteht man unter Devisen auch die Münzen und Noten einer Fremdwährung. Wir verwenden im Folgenden den **Devisenbegriff i.w.S.**

Um ihre Verpflichtungen im Inland erfüllen zu können (z.B. Lohn- und Steuerzahlungen), bieten die Exporteure i.d.R. ihre Deviseneinnahmen den Geschäftsbanken zum Kauf an. Die Banken ihrerseits verkaufen den größten Teil der Devisen wiederum an die Europäische Zentralbank (EZB), um sich die für die Kreditgewährung nötigen Mittel zu beschaffen. Man sagt, die Banken **refinanzieren** sich bei der Zentralbank.

Je **größer der wertmäßige Export** in das Devisenausland ist, desto **größer** ist folglich das **Devisenangebot**. Dem **Devisenangebot** entspricht die **Nachfrage nach Binnenwährung.**

Beispiel:

Ein deutscher Exporteur liefert Waren im Wert von 100 000,00 US-$ in die USA. Den Erlös muss er in Euro umtauschen, um seinen Verpflichtungen (z. B. Lohn- und Steuerzahlungen in Deutschland) nachkommen zu können. Er fragt also Binnenwährung (EUR) gegen Devisen (US-$) nach.

Ein wichtiger **Bestimmungsgrund** des **Devisenangebots** bzw. der **Nachfrage nach Binnenwährung** ist der **Export.**

Mancher fragt sich nun, ob das oben Gesagte auch dann gilt, wenn die Exporteure in Binnenwährung (die deutschen Exporteure also in Euro) fakturieren (fakturieren heißt „in Rechnung stellen"). Die Antwort heißt Ja, denn die in Fremdwährungsgebieten ansässigen Importeure besitzen im Normalfall keine Euro, sondern ihre eigene Währung (z. B. Schweizer Franken). Sie müssen also dann Euro nachfragen (Schweizer Franken anbieten), um die in Euro fakturierten Rechnungen zu begleichen.

(2) Devisennachfrage (Angebot von Binnenwährung)

Sofern Güter aus Fremdwährungsländern eingeführt werden, benötigen die Importeure für den Kauf von Importwaren Devisen. Um ihre Verpflichtungen erfüllen zu können, müssen sie die Devisen bei den Banken kaufen. Soweit die Devisenvorräte der Banken nicht ausreichen, kaufen sie die Devisen bei der EZB.

Je **größer der wertmäßige Import** ist, desto **größer** ist folglich die **Devisennachfrage.** Der **Devisennachfrage** entspricht das Angebot von **Binnenwährung.**

Ein wichtiger **Bestimmungsgrund** der **Devisennachfrage** bzw. des **Angebots von Binnenwährung** ist der **Import.**

Das Gleiche gilt, wenn ein in einem Fremdwährungsgebiet ansässiger Lieferer (z. B. ein Schweizer Hersteller) seine Lieferungen in Euro fakturiert. Dann **bietet** er in seinem Land Euro gegen Schweizer Franken **an,** d. h., er **fragt** Schweizer Franken **nach.**

(3) Kursbildung

Bei **Sorten** (ausländisches Bargeld) und **Devisen** (Forderungsrechte in Fremdwährung) erfolgt eine **Mengennotierung,** bei der der Kurs angibt, **wie viel Einheiten einer Fremdwährung** (z. B. US-$) man für **eine** Einheit der **Binnenwährung** (z. B. Euro) erhält bzw. bezahlen muss (x Fremdwährungseinheiten = 1 Euro).

Beispiel:

Der Kurs für Schweizer Franken wird mit 1,20 angegeben. Das bedeutet, dass 1,20 Schweizer Franken einem Euro entsprechen.

Devisen & Sorten

Nicht €-Länder 1 Euro =	Devisen Geld/Brief	Sorten Ank./Verk.
Australischer Dollar	1,3880/1,4080	1,30/1,51
Dänische Kronen	7,4152/7,4552	7,09/7,85
Britisches Pfund	0,8653/0,8693	0,83/0,90
Japanische Yen	121,40/121,88	115,91/129,90
Kanadischer Dollar	1,4329/1,4449	1,37/1,53
US-Dollar	1,0775/1,0835	1,01/1,15
Kurse in Euro		Ank./Verk.
Australien	1 Aust.-$	0,68/0,77
Dänemark	100 dkr	12,90/14,07
Großbritannien	1 Pfund	1,12/1,19
Japan	100 Yen	0,79/0,85
Kanada	1 Kan.-$	0,66/0,73
USA	1 US-$	0,89/0,97

Kurse können regionalen Schwankungen unterliegen.

Quelle: HAZ vom 22. 03. 2017, S. 10 (Auszug).

- Die Kreditinstitute nehmen den Kauf bzw. den Verkauf von Devisen und Noten **nicht kostenlos** vor. Die Hereinnahme von **Devisen** erfolgt zum sogenannten **Geldkurs,** der Verkauf zum höheren **Briefkurs.**
- Die Hereinnahme von **Noten** wird zum **Ankaufskurs,** der Verkauf zum höheren **Verkaufskurs** vorgenommen.

Die Differenz zwischen den höheren Brief- bzw. Verkaufskursen und den niedrigeren Geld- bzw. Ankaufskursen dient den Kreditinstituten der **Kostendeckung** und einer angemessenen Gewinnerzielung.

Die Wechselkurse im Devisengeschäft sind etwas niedriger als die Wechselkurse im Privatkundengeschäft. Da sich die Kurse jedoch im Gleichklang nach oben bzw. nach unten bewegen, wird im Folgenden von einheitlichen Wechselkursen ausgegangen.

Bei der Darstellung volkswirtschaftlicher Zusammenhänge ist es daher auch nicht erforderlich, zwischen den Geld- bzw. Ankaufskursen einerseits und den Brief- bzw. Verkaufskursen andererseits zu unterscheiden.

Die **Kursbildung** auf den Devisenmärkten vollzieht sich nach den gleichen Grundsätzen wie die **Preisbildung auf den Gütermärkten.** Die täglich in den Wirtschaftsteilen der Zeitungen veröffentlichten Wechselkurse sind **Referenzkurse,** d.h. vom ESZB empfohlene Kurse. Die von den privaten Banken aufgrund des Devisenangebots und der Devisennachfrage ermittelten „Orientierungspreise" weichen **nicht wesentlich** von den Referenzkursen ab.

Wie beim Gütermarkt gehen wir von einer normalen Nachfrage nach Binnenwährung (Devisenangebot) und von einem normalen Angebot von Binnenwährung (Devisennachfrage) aus.

- Mit **steigendem** Kurs **sinkt** die **Nachfrage** nach **Binnenwährung** (steigt das Devisenangebot).
- Mit **sinkendem** Kurs **steigt** die **Nachfrage** nach **Binnenwährung** (sinkt das Devisenangebot).
- Mit **steigendem** Kurs **steigt** das **Angebot** von **Binnenwährung** (sinkt die Devisennachfrage).
- Mit **sinkendem** Kurs **sinkt** das **Angebot** von **Binnenwährung** (steigt die Devisennachfrage).

Die Gründe sind u.a. folgende:

- **Steigt der Kurs,** wird die Binnenwährung für die Handelspartner teurer (z.B. 1,30 US-$ für 1,00 €, jetzt 1,35 US-$ für 1,00 €). Die Folge ist, dass der **Export abnimmt** und weniger Devisen erlöst werden. Die Nachfrage nach Binnenwährung sinkt, weil weniger Devisen erlöst werden.
- **Sinkt der Kurs,** wird die Binnenwährung für die Handelspartner billiger. Der **Export nimmt zu.** Die Nachfrage nach Binnenwährung steigt, weil mehr Devisen erlöst werden.
- **Steigt der Kurs,** bedeutet das für die Importeure (und letztlich auch für die Verbraucher), dass die Fremdwährung billiger wird (bisher 1,30 US-$ für 1,00 €, jetzt 1,35 US-$ für 1,00 €). Die

Folge ist, dass jetzt **mehr importiert** wird. Die Nachfrage nach Devisen steigt, d. h., es wird mehr Inlandswährung angeboten.

- **Sinkt der Kurs,** wird die Fremdwährung für die Importeure (und letztlich auch für die Verbraucher) teurer. Der **Import nimmt ab.** Die Nachfrage nach Devisen sinkt, d. h., es wird weniger Inlandswährung angeboten.

(4) Gleichgewichtskurs

Der **Gleichgewichtskurs** ist der Kurs, der Devisenangebot (Nachfrage nach Binnenwährung) und Devisennachfrage (Angebot von Binnenwährung) zum Ausgleich bringt.

Beim Gleichgewichtskurs kommen auf dem Devisenmarkt alle Anbieter zum Zuge, die zu diesem Kurs Binnenwährung verkaufen wollen, und alle Nachfrager, die höchstens zu diesem Kurs Binnenwährung zu kaufen bereit sind. (Anbieter von Binnenwährung → Nachfrager nach Devisen; Nachfrager nach Binnenwährung → Anbieter von Devisen.)

Wie auf jedem Markt verschieben sich Währungsangebot und Währungsnachfrage ständig. Diese Verschiebungen haben vielerlei Gründe.

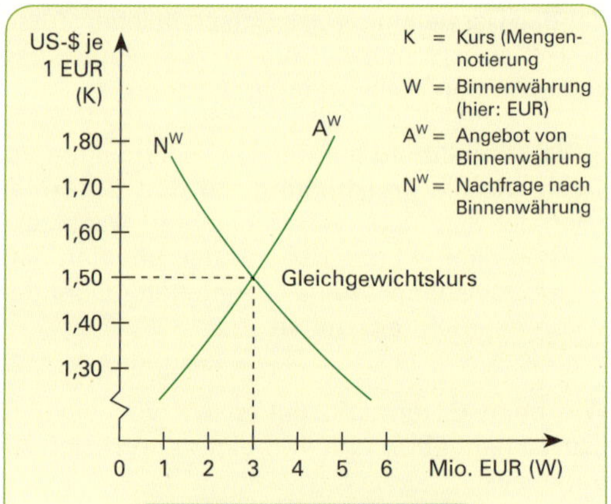

Gleichgewichtskurs

Beispielhaft seien genannt:

- **Unterschiedliche Inflationsraten in den einzelnen Währungsgebieten.** In Währungsgebieten mit hohen Inflationsraten verschlechtern sich i. d. R. die Exportchancen, sodass sich die Nachfragekurve nach Binnenwährung „nach links" verschiebt: Bei jedem denkbaren Kurs wird weniger Binnenwährung nachgefragt (werden weniger Devisen angeboten) als zuvor. Andererseits nimmt das Angebot von Binnenwährung zu (es werden mehr Devisen nachgefragt), weil die Importwaren vergleichsweise billiger werden.
- **Spekulative Gründe.** Internationale Geldanleger (z. B. Kreditinstitute, Investmentfonds) rechnen damit, dass der Kurs einer Währung sinkt. Die Nachfrage nach dieser Währung, d. h. das Angebot von Binnenwährung, nimmt zu. Die Angebotskurve verschiebt sich nach „rechts": Bei jedem denkbaren Kurs wird mehr Binnenwährung angeboten (werden mehr Devisen nachgefragt) als zuvor. Andererseits sinkt die Nachfrage nach inländischer Währung (das Devisenangebot).

Beispiel:

Ein Geldanleger rechnet damit, dass der Kurs des US-$ sinkt. Angenommen, er kauft 100 000,00 US-$ zum Kurs von 1,10 je 1,00 €. Dann muss der Anleger 90 909,09 € bezahlen. Sinkt der Kurs des US-$ auf 1,00 je 1,00 €, erhält der Geldanleger für seine US-$ 100 000,00 €.

(5) Wechselkursmechanismus

Die folgenden **vier Abbildungen** zeigen den Zusammenhang zwischen dem Angebot von Binnenwährung, der Nachfrage nach Binnenwährung und dem Wechselkurs **(Wechselkursmechanismus)**. Es handelt sich um die gleichen „Preisgesetze", wie wir sie bereits bei den Gütermärkten kennengelernt haben.

K = Wechselkurs (z.B. US-$ je 1,00 €)
K_0 = bisheriger Kurs
K_1 = neuer Kurs
A^W = Angebot von Binnenwährung
A_0^W = bisheriges Angebot von Binnenwährung
A_1^W = jetziges Angebot von Binnenwährung
N^W = Nachfrage nach Binnenwährung
N_0^W = bisherige Nachfrage nach Binnenwährung
N_1^W = jetzige Nachfrage nach Binnenwährung
W = Binnenwährung (z. B. €)
W_0 = bisher auf dem Devisenmarkt umgesetzte Binnenwährung
W_1 = jetzt auf dem Devisenmarkt umgesetzte Binnenwährung

Steigender Wechselkurs

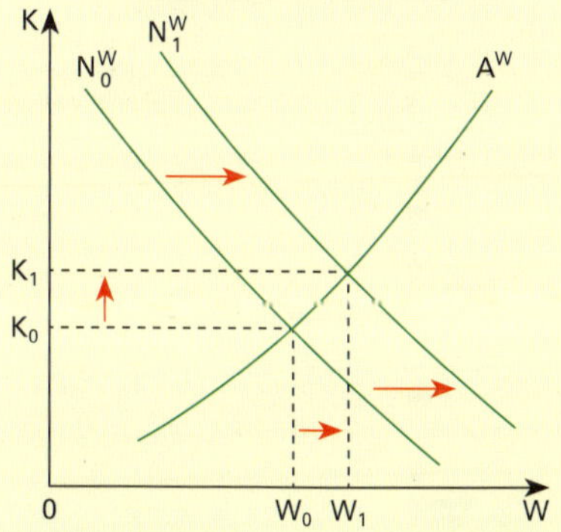

Zunehmende Nachfrage nach Binnenwährung

Sinkender Wechselkurs

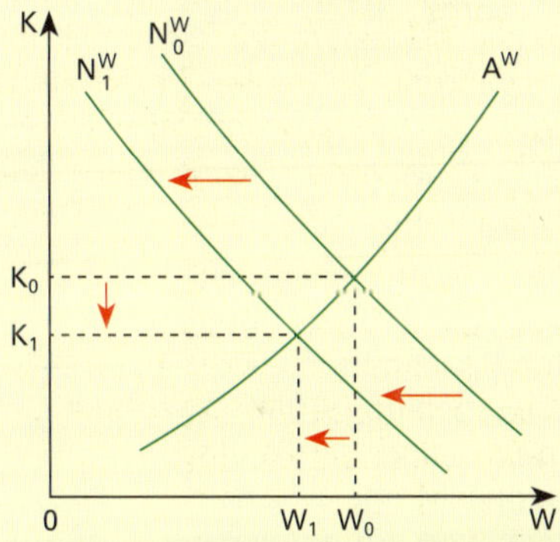

Abnehmende Nachfrage nach Binnenwährung

Sinkender Wechselkurs

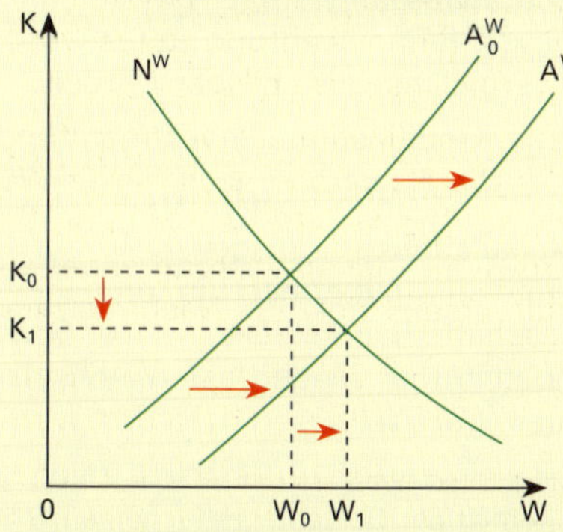

Zunehmendes Angebot von Binnenwährung

Steigender Wechselkurs

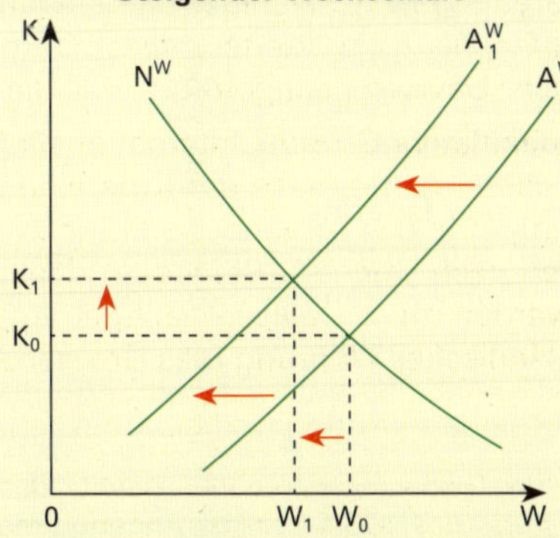

Abnehmendes Angebot von Binnenwährung

5.3 Verschiedene Wechselkursmechanismen

5.3.1 Freie Wechselkurse (Floating)

Bleiben die Wechselkurse dem „freien Spiel von Angebot und Nachfrage" überlassen, sprechen wir von **freien Wechselkursen** oder **flexiblen**[1] **Wechselkursen.**

Man lässt – wie die Fachsprache sagt – die Wechselkurse **floaten.**[2] Die Zentralbanken greifen nur mit marktkonformen Mitteln (Devisenverkäufen oder Devisenkäufen) ein. Die Regierungen enthalten sich jeglichen Eingriffs.

Die **Bedeutung der freien Wechselkurse** liegt darin, dass sie die Tendenz haben, sich immer wieder auf den Gleichgewichtskurs hinzubewegen. Der Markt sorgt dafür, dass keine Währung unter- oder überbewertet wird. Die Inflation aus Fremdwährungsgebieten wird **nicht** importiert, d.h. auf das eigene Währungsgebiet übertragen, weil mit steigenden Preisen im Fremdwährungsgebiet zunächst der Import und damit die Devisennachfrage (das Angebot von Binnenwährung) zurückgeht. Dies bewirkt steigende Kurse (Mengennotierung). Mit steigenden Kursen verbilligen sich aber die Importwaren, sodass die Importpreise im Wesentlichen konstant bleiben.

Veränderung des Euro-Wechselkurses gegenüber ausgewählten Währungen

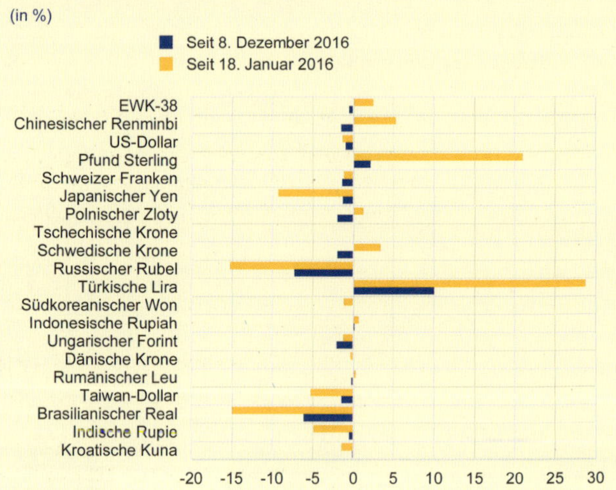

Quelle: EZB.
Anmerkung: „EWK-38" bezeichnet den nominalen effektiven Wechselkurs des Euro gegenüber den Währungen von 38 der wichtigsten Handelspartner des Euroraums.

Quelle: EZB-Wirtschaftsbericht, 01/2017, S. 11.

Gegen das Floating spricht, dass die Kurse laufenden und unvorhersehbaren Schwankungen unterworfen sind. Damit ändern sich die Kalkulationsgrundlagen bzw. die Gewinnmöglichkeiten der Exporteure. Die Exportgeschäfte sind mit hohen Risiken behaftet, insbesondere dann, wenn es sich um langfristige Geschäfte handelt. Dies ist der Grund, warum zwischen einzelnen Ländern und Ländergruppen immer wieder feste Wechselkurse vereinbart wurden und die Rückkehr zu relativ festen Wechselkursen gefordert wird.

1 **Flexibel:** beweglich.

2 **To float** (engl.): fließen, fluten, sich bewegen.

Die Beziehungen zwischen Preisniveau, Import und Export bei flexiblen Wechselkursen lassen sich wie folgt darstellen:

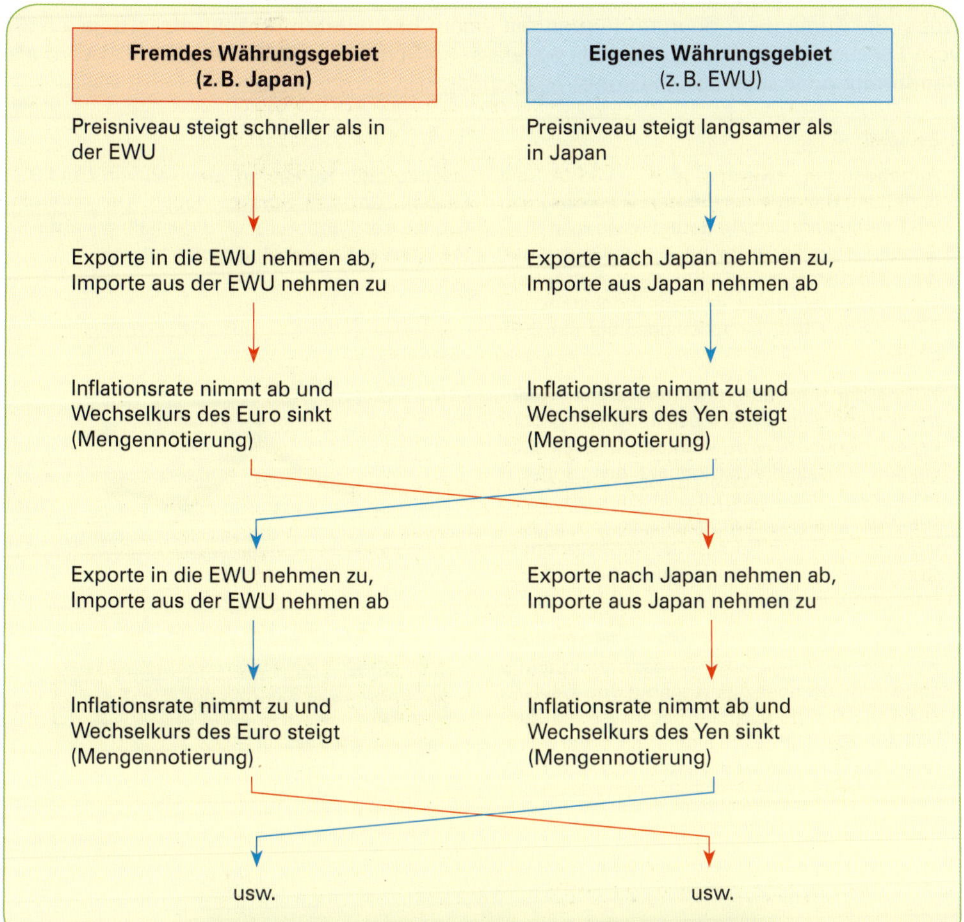

Schematische Darstellung der Kaufkraftparitätentheorie

5.3.2 Relativ feste (stabile) Wechselkurse

(1) Begriff und Wirkungsweise

Das **System relativ**[1] **fester Wechselkurse** lässt bestimmte Schwankungsbreiten der Kurse zu.

1 **Relativ:** verhältnismäßig.

9 Boller - ISBN 978-3-8120-0619-4

Wenn im Folgenden von festen (gebundenen) Wechselkursen die Rede ist, sind **immer die relativ festen** Wechselkurse gemeint. Das Wesen der relativ festen Wechselkurse besteht darin, dass die Regierungen sogenannte **Paritäten** (Leitkurse) miteinander vereinbaren, wobei die Kurse nach oben und unten mit einem bestimmten Prozentsatz (z. B. je 2,5 %) vom Leitkurs abweichen dürfen. Die zugelassene Schwankungsbreite (z. B. 5 %) wird als **Bandbreite** oder auch als **„Zielzone"** bezeichnet.

Beispiel:

Angenommen, zwischen dem Land A und dem Land B wurde eine **Parität (Leitkurs)** von 2 : 1 vereinbart. Dies bedeutet, dass man für 2 Geldeinheiten der Währung A eine Geldeinheit der Währung B erhält. Bei einer Bandbreite von 2,5 % darf der Kurs dann höchstens auf 2,05 steigen und nicht weniger als auf 1,95 sinken.

Würde der Kurs aufgrund gestiegener Nachfrage nach Währung B oder aufgrund gesunkenen Angebots von Währung B *über* 2,05 steigen, müsste die Zentralbank des Landes B eingreifen (intervenieren), indem sie Devisen von Land A kauft (Devisen von Land B verkauft), um den Kurs zu senken. Die obere Grenze der Bandbreite heißt deswegen **oberer Interventionspunkt.**

Droht hingegen der Kurs *unter* 1,95 zu fallen, weil die Nachfrage nach Devisen von Land B abgenommen oder das Angebot von Devisen von Land B zugenommen hat, muss die Zentralbank des Landes B eingreifen (intervenieren), d. h. Devisen von Land B aus ihren Devisenvorräten verkaufen (Devisen von Land B kaufen), um den Kurs zu heben. Die untere Grenze der Bandbreite wird deshalb als **unterer Interventionspunkt** bezeichnet.

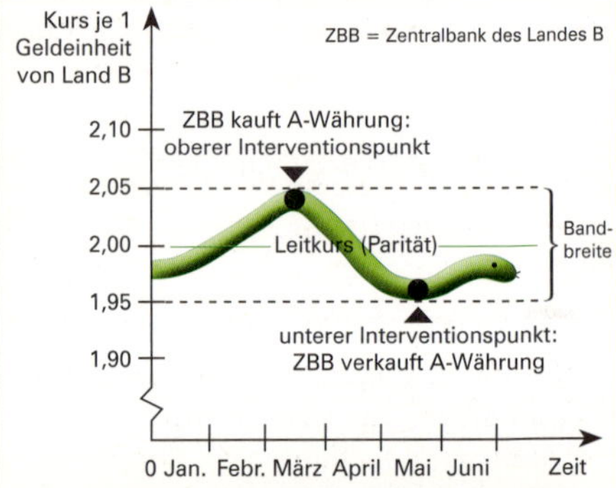

Mögliche Kursentwicklung aus der Sicht des Landes B bei relativ festen Wechselkursen („Währungsschlange")

(2) Bedeutung des Systems relativ fester Wechselkurse

Der Vorteil fester Devisenkurse ist, dass der Wirtschaft sichere Kalkulationsgrundlagen geboten werden. Die Gefahr eines plötzlichen Kursverfalls oder eines unerwarteten Kursanstiegs ist weitgehend gebannt.

Die Nachteile dürfen jedoch nicht übersehen werden. So kann z. B. eine Zentralbank nur so lange Devisen verkaufen, um den Kurs nicht unter den unteren Interventionspunkt fallen zu lassen, wie sie über Devisen verfügt. Sind ihre **Devisenvorräte** erschöpft, muss der Leitkurs (die Parität) herabgesetzt, d. h. die eigene Währung **abgewertet** werden. Die neue Parität muss mindestens so hoch sein wie der Kurs, der sich bei freien Wechselkursen ergeben würde. Währungen, die laufend abgewertet werden müssen, heißen **weiche Währungen.**[1]

1 Weiche Währungen: schwache Währungen. Der Begriff „weiche Währung" wurde seit 1973 auch auf floatende Währungen übertragen, nämlich auf Währungen, deren Außenwert laufend sinkt.

Der **Hauptgrund** für eine erforderliche **Abwertung** ist, dass die **Importe zu hoch,** die **Exporte zu niedrig** sind (Devisenmangel). Durch die Abwertung werden die **Importe gedrosselt** (die Fremdwährungen und damit die Importwaren werden teurer) und der **Export gefördert.**

Seltener kommt es vor, dass der Leitkurs zu niedrig ist. Dies ist dann der Fall, wenn eine Zentralbank Devisen kaufen muss, um den Kurs nicht über den oberen Interventionspunkt steigen zu lassen. Theoretisch kann die Zentralbank laufend Devisen aufkaufen: Eigenes Geld kann sie jederzeit drucken und in Umlauf setzen (Geldschöpfung). Die größte Gefahr dieser Politik besteht darin, dass der Geldumlauf im eigenen Währungsgebiet erhöht wird und so die Preise steigen. Längerfristig muss die eigene Währung **aufgewertet,** d.h. der Leitkurs heraufgesetzt werden.[1] Die neue Parität sollte so hoch sein wie der Kurs, der sich bei freien Wechselkursen ergeben würde. Währungen, die stark nachgefragt werden, die also von Zeit zu Zeit aufgewertet werden, heißen **harte Währungen.**[2]

Ein Grund für eine notwendig gewordene **Aufwertung** ist, dass die **Exporte** in Fremdwährungsländer **zu hoch,** die **Importe** aus Fremdwährungsländern **zu niedrig** sind (laufende Devisenüberschüsse). Die eigene Währung ist also **unterbewertet,** sodass die Exportwaren für die Fremdwährungsländer billig sind.

Dies ist vor allem dann der Fall, wenn die Preise in den Fremdwährungsländern schneller steigen als im eigenen Währungsgebiet; dann nämlich weicht der Gleichgewichtskurs immer mehr vom Leitkurs (von der Parität) ab. Die Folge ist, dass aufgrund der dauernden Devisenkäufe der Zentralbank der Geldumlauf im eigenen Währungsgebiet steigt und das Preisniveau nach oben klettert. Man bezeichnet die auf Exportüberschüssen beruhenden Preissteigerungen als **„importierte Inflation".**

(3) Wechselkursmechanismus II (WKM II)

Der **W**echsel**k**urs**m**echanismus II (WKM II) ist die **Fortsetzung des WKM I** zwischen der WWU und den Mitgliedsländern der Europäischen Union, die noch nicht der WWU angehören wollen bzw. aufgenommen werden können. **„Ankerwährung"**[3] ist der **Euro.**

Wichtige Regelungen für den WKM II sind:[4]

- Die **Teilnahme** ist **freiwillig.**
- Die **Leitkurse** der Outs[5] werden auf den Euro **festgelegt.**
- Leitkurse und Bandbreite werden in einem gemeinsamen Verfahren unter Beteiligung der EU-Kommission, der Europäischen Zentralbank, der Minister der WWU, der Minister sowie der Zentralbankpräsidenten der Outs und des Wirtschafts- und Sozialausschusses der EU festgelegt.

1 Das Fachwort für Aufwertung heißt Revalvation.

2 **Harte Währungen:** starke Währungen. Der Begriff „harte Währung" wurde seit 1973 auch auf floatende Währungen übertragen, nämlich auf Währungen, deren Außenwert stabil bleibt oder längerfristig steigt (z.B. Schweizer Franken).

3 **Ankerwährung:** Währung, zu der Fremdwährungen in einem absolut oder relativ festen Umtauschverhältnis stehen, mit der sie also mehr oder weniger fest „verankert" sind.

4 Stand: Seit 1. Januar 2015.

5 **Outs** (engl.): Außenstehende.

- Derzeit nimmt mit Dänemark nur ein Land am WKM II teil.
- Sind **Interventionen** an den Interventionspunkten erforderlich, sollen diese grundsätzlich **automatisch und unbegrenzt** erfolgen. Die Interventionen dienen der Verteidigung der Wechselkurse.
- Die EZB kann **Interventionen aussetzen,** wenn diese das Hauptziel der EZB, nämlich die **Geldwertstabilität, gefährden können.**

5.3.3 System absolut fester Wechselkurse

Bei dem **System absolut fester Wechselkurse** erfolgt die Verrechnung von Lieferungen und Leistungen über von den **Regierungen** festgelegten Verrechnungseinheiten.

Da der Wechselkurs nicht den Marktverhältnissen entspricht, sind die ausländischen Exporteure zumeist nicht bereit, Güter und Dienstleistungen gegen diese Währung zu verkaufen. Dieser Umstand zwingt die Länder mit festen Wechselkursen dazu, die knappen Devisen zu bewirtschaften **(Devisenbewirtschaftung).** Die für den Import in Ländern mit derartigem Wechselkurssystem (z. B. in einigen Staaten Schwarzafrikas) benötigten Devisen werden meist auf Antrag zugeteilt.

5.3.4 Zusammenfassender Überblick über internationale Währungsordnungen

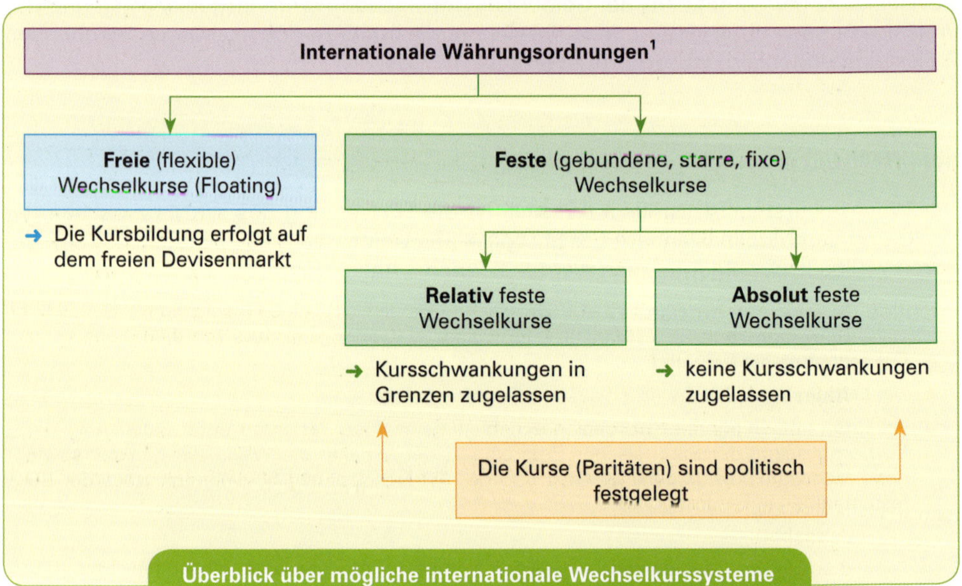

Überblick über mögliche internationale Wechselkurssysteme (Währungsordnungen)

1 **Währungsordnungen** (Wechselkurssysteme) werden auch als Wechselkursregime bezeichnet. Regime (frz.) bedeutet in diesem Zusammenhang „herrschende Ordnung".

Kompetenztraining

19 1. Kennzeichnen Sie kurz die Begriffe absolut starre und relativ starre Wechselkurse!

2. Die nebenstehende Abbildung zeigt die Situation auf einem Devisenmarkt bei relativ festen Wechselkursen.

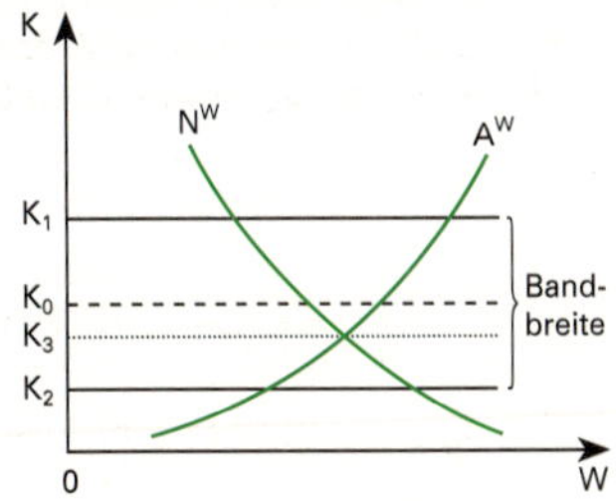

Aufgaben:

2.1 Entscheiden Sie, wie die Kurse K_0, K_1, K_2 und K_3 bezeichnet werden!

2.2 Definieren Sie die unter 2.1 genannten Begriffe!

2.3 Entscheiden Sie, ob die Zentralbank eingreifen muss! Begründen Sie Ihre Antwort!

Die Abkürzungen bedeuten:

K = Kurs (Mengennotierung); A^W = Angebot von Binnenwährung; N^W = Nachfrage nach Binnenwährung; W = Binnenwährung.

3. Die nebenstehende Abbildung zeigt die Situation auf einem Devisenmarkt bei relativ festen Wechselkursen.

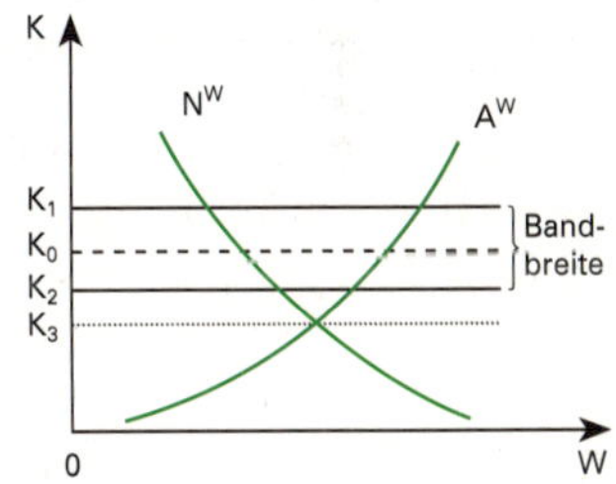

Aufgaben:

3.1 Entscheiden Sie, wie die Kurse K_0, K_1, K_2 und K_3 bezeichnet werden!

3.2 Entscheiden Sie, ob die Zentralbank eingreifen muss! Begründen Sie Ihre Entscheidung!

3.3 Erläutern Sie, welche Folgen sich langfristig für die Binnenwirtschaft ergeben!

4. Die nebenstehende Abbildung zeigt die Situation auf einem Devisenmarkt bei relativ festen Wechselkursen.

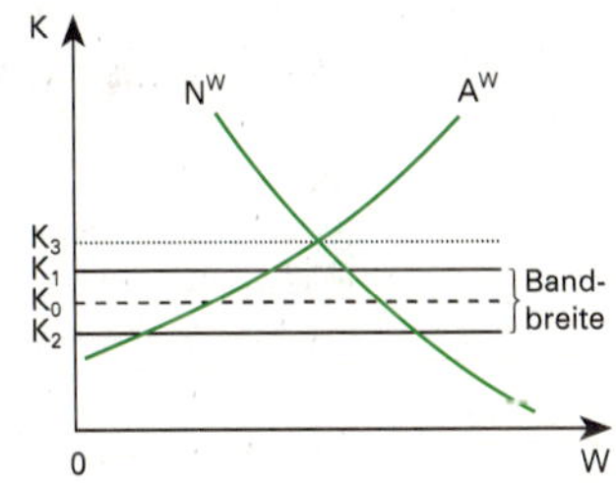

Aufgaben:

4.1 Entscheiden Sie, wie die Kurse K_0, K_1, K_2 und K_3 bezeichnet werden!

4.2 Entscheiden Sie, ob die Zentralbank eingreifen muss! Begründen Sie Ihre Entscheidung!

4.3 Erläutern Sie, welche Folgen sich langfristig für die Binnenwirtschaft ergeben!

5. Angenommen, der Kurs der norwegischen Krone sinkt von 9,00 auf 8,50 nkr je 1,00 €. Ein Spekulant kauft für 250 000,00 € norwegische Kronen zum Kurs von 9,00 € und verkauft diese zum Kurs von 8,50.

Aufgabe:

Berechnen Sie das Spekulationsergebnis!

6. Überprüfen Sie, ob Sie sich in der Vielfalt der Kursangaben zurechtfinden! (Bankgebühren bleiben außer Betracht.)

Aufgaben:

6.1 Ein in Deutschland ansässiger Importeur möchte eine Eingangsrechnung über 98 000,00 US-$ bezahlen. Der Geldkurs des US-$ beträgt 1,02, der Briefkurs 1,03 (Mengennotierung). Berechnen Sie, mit wie viel Euro ihn seine Bank belastet!

6.2 Eine deutsche Maschinenfabrik liefert Maschinen für 240 000 US-$ in die USA. Berechnen Sie, welchen Betrag in Euro die Bank der Maschinenfabrik gutschreibt, wenn der Geldkurs des Dollars 1,015 und der Briefkurs 1,022 betragen (Mengennotierung)!

6.3 Die Maschinenfabrik verkauft auch Maschinen in die Schweiz. Dem Schweizer Importeur wurde eine Maschine mit 235 000,00 € in Rechnung gestellt. Er bezahlte mit 347 800,00 sfrs. Der Geldkurs beträgt 1,48 und der Briefkurs 1,50 (Mengennotierung). Prüfen Sie nach, ob die Überweisung in Ordnung ist!

6.4 Ein deutsches Importunternehmen kauft in Großbritannien Herrenanzüge zum Preis von 278 000,00 £. Der britische Exporteur wünscht Zahlung durch Banküberweisung in englischen Pfund (£). Berechnen Sie, mit wie viel Euro die Bank das deutsche Importunternehmen belastet! Das englische Pfund notiert mit 0,6025 (Geld) bzw. 0,6065 (Brief).

6.5 Frau Erika Winterhalder will in der Schweiz Urlaub machen und sich in Deutschland mit dem nötigen Bargeld versehen. (Größere Beträge will sie mit ihrer Kreditkarte bezahlen.) Am Bankschalter liest sie „CHF Verkauf 61,00 CHF, Ankauf 63,20 CHF." Ermitteln Sie, wie viel Schweizer Franken sie für 250,00 € erhält!

6.6 Von ihrer Schweizreise bringt Frau Winterhalder noch 120,00 sfrs zurück nach Deutschland. Inzwischen hat sich der Kurs verändert. Am Bankschalter steht zu lesen: „CHF Verkauf 60,50 CHF, Ankauf 62,70 CHF". Berechnen Sie, wie viel Euro Frau Winterhalder für die 120,00 CHF erhält!

Bankübliche Akürzungen für Devisen	
AUD	Australische Dollar
CAD	Kanadische Dollar
CHF	Schweizer Franken
DKK	Dänische Krone
EUR (€)	Euro
GBP	Englisches Pfund
JPY	Japanische Yen
NOK	Norwegische Krone
TRL	Türkische Lira
USD	US-Dollar

7. 7.1 Erklären Sie den Begriff „Floating"!

7.2 Nennen Sie drei Gründe für einen im Verhältnis zum USD steigenden Euro!

7.3 Flexible Wechselkurse führen bei Ungleichgewichten von Export und Import mittelfristig zu einem Gleichgewicht dieser beiden Größen. Nehmen Sie an, der Export von Deutschland in die USA (Fakturierung in Euro) sei größer als der Import (Fakturierung in USD). Erläutern Sie die mittelfristige Wirkung bei flexiblen Wechselkursen aus dem Blickwinkel Deutschlands auf

7.3.1 Euronachfrage,
7.3.2 Dollarangebot,
7.3.3 Eurokurs,
7.3.4 Dollarkurs,
7.3.5 Exporte und
7.3.6 Importe!

7.4 Erläutern Sie kurz ein Argument für und gegen das System flexibler Wechselkurse!

7.5 Angenommen, auf dem Devisenmarkt steigt der Wechselkurs für 1,00 EUR von 1,3100 USD auf 1,5585 USD. Ein in Deutschland gefertigter Sportwagen kostet in der Bundesrepublik Deutschland 59 900,00 EUR. Berechnen sie, zu welchem USD-Preis dieser Pkw vor und nach der Wechselkursänderung in den USA angeboten werden kann, wenn sich die Gewinnspanne des Anbieters nicht ändern soll! Transportkosten, Zölle etc. bleiben bei der Betrachtung außen vor.

Handlungsfeld 3: Leistungserstellung

Anforderungssituation 3.1
Funktion und Tragweite der einzelnen Produktionsfaktoren sowie deren Möglichkeiten zur effizienten Kombination

Im Rahmen Ihres Besuchs einer Höheren Berufsfachschule für Wirtschaft und Verwaltung hat Ihre Klassenlehrerin eine Betriebsbesichtigung bei einem großen deutschen Automobilhersteller organisiert. Nach Ihrer Ankunft mit dem Bus werden Sie zunächst auf dem Werksgelände von einem eigens hierfür abgestellten Mitarbeiter begrüßt. Vor der noch anstehenden Werksführung wird Ihnen dann zunächst in einem speziell dafür vorgesehenen Raum ein Film über wichtige betriebliche Abläufe des von Ihnen besuchten Produktionsstandortes gezeigt.

Im Mittelpunkt dieses Films steht die Entwicklung und Fertigung einer gerade auf dem Genfer Autosalon neu vorgestellten Modellreihe des Unternehmens. Im Laufe des Filmbeitrags wird Ihnen nicht nur deutlich, wie hoch der Forschungs- und Entwicklungsaufwand für ein neues Automodell ist. Auch die Tatsache, aus wie vielen verschiedenen Ländern die einzelnen Komponenten für das Endprodukt geliefert werden, beeindruckt Sie. Dabei verteilen sich die Zulieferbetriebe des Unternehmens rund um den Globus.

In dem Film wird auch deutlich, dass der Automobilhersteller selbst mehrere Produktionsstandorte in der ganzen Welt unterhält, auf denen er andere Modellreihen mit unterschiedlichen Antriebstechnologien fertigt, die weltweit ihren Absatz finden.

Kompetenzorientierte Arbeitsaufträge:

1. Nennen Sie die bedeutsamsten Faktoren, die für die Herstellung von Autos notwendig sind!
2. Formulieren Sie beispielhaft, inwiefern die Produktion unterschiedlicher Güter auch schwerpunktmäßig unterschiedliche Faktoren für die Produktion erfordert!
3. Begründen Sie, warum ein Automobilkonzern mehrere Modellreihen mit unterschiedlichen Antriebstechnologien, teilweise auch unter verschiedenen Markennamen, herstellt.
4. Versuchen Sie einen Erklärungsansatz dafür zu finden, dass die Automobilhersteller an hoch qualifizierten Nachwuchskräften interessiert sind!
5. Erläutern Sie, welche Ursachen es haben könnte, dass ein Autohersteller weltweit Produktionsstandorte unterhält!
6. In den letzten Jahrzehnten hat die Automatisierung der Fertigung in der Automobilindustrie stark zugenommen. Zeigen Sie mögliche Gründe für diese Entwicklung auf sowie die sich hieraus ergebenden Folgen für die Arbeitnehmer!
7. Diskutieren Sie, welche Folgen sich aus diesen Entwicklungen ganz konkret für Sie als zukünftige Arbeitnehmer ergeben!

1 Produktionsfaktoren Boden (Umwelt), Arbeit (Bildung) und Kapital

1.1 Begriff Produktionsfaktoren

Das **Produzieren** im **volkswirtschaftlichen Sinn,** also das Beschaffen, Erzeugen und Verteilen von Gütern, geht auf die **Vereinigung** der beiden Grundelemente **Boden (Umwelt)**[1] und menschliche **Arbeit** zurück. Diese beiden Grundelemente werden daher auch als **ursprüngliche (originäre) Produktionsfaktoren**[2] bezeichnet.

Produktionsfaktoren sind alle Hilfsmittel (Ressourcen), die bei der Produktion mitwirken.

Neben den **originären Produktionsfaktoren Natur** und **Arbeit** setzt der Mensch als weitere Hilfsmittel noch die Produktionsfaktoren **Kapital** und **Bildung** ein, um den Erfolg seiner Arbeit zu erhöhen.

1.2 Produktionsfaktor Boden (Umwelt)[3]

1.2.1 Natürliche Ausstattung eines Landes

Was zur natürlichen Ausstattung eines Landes gehört, ist nicht leicht zu sagen. In **wirtschaftlich-technisch hoch entwickelten Ländern** sind viele Flüsse begradigt und eingedämmt, die Wälder zum Teil künstlich angelegt, die Ebenen entwässert, die Moore trockengelegt und – wie dies z. B. in Deutschland der Fall ist – die Bodenschätze weitgehend abgebaut.

(1) Bodenschätze

Das Vorhandensein von Bodenschätzen (z. B. Kohle, Eisenerz, Erdöl, Erdgas) trug (und trägt) in vielen Regionen der Erde zur **technischen** und **wirtschaftlichen** Entwicklung bei. So wurde das Ruhrgebiet aufgrund seiner Kohlevorkommen zum „industriellen Herz Europas", wie man noch vor rund 60 Jahren lesen konnte. Die Kohle war vorhanden, das Eisenerz konnte preisgünstig auf dem Rhein zu den Hochöfen transportiert werden. Es entstand die Schwerindustrie. Seit Jahren ist die importierte Steinkohle jedoch **preisgünstiger** als die einheimische. Außerdem wird Eisen in zahlreichen anderen Ländern der Erde **kostengünstiger** produziert als in Deutschland.

1 Da der Boden bei der Produktion eine ganz wesentliche Rolle spielt, wird in der Volkswirtschaftslehre statt vom Produktionsfaktor „Boden (Umwelt)" vom Produktionsfaktor **„Natur"** gesprochen.

2 **Faktor:** Mitbewirker, mitbestimmender Grund.

3 Anstelle des Begriffs Boden (Umwelt) wird auch der Begriff Boden isoliert verwendet.

Das Vorhandensein von Bodenschätzen ist sicherlich eine **mögliche Voraussetzung** für die Entstehung bestimmter **Industrien** und **Techniken.** Der Prozess ist aber **nicht zwangsläufig.**

Beispiel:

China war in der industriellen Entwicklung Europa weit voraus, und zwar z. B. bei den Textilien, zu deren Herstellung die Chinesen schon im 12. Jahrhundert über eine mit Wasserkraft betriebene Maschine zum Spinnen von Hanf verfügten, also rund 500 Jahre vor der sogenannten industriellen Revolution in Europa. Ähnlich war es bei der Verhüttung,[1] bei der die Chinesen schon Ende des 11. Jahrhunderts Kohle und Koks einsetzten, um in Hochöfen Eisenerz in großen Mengen zu schmelzen. (Großbritannien erreichte die Produktionsmengen des „alten" Chinas erst 700 Jahre später.)[2] Im Gegensatz zu Europa fand in China jedoch kein technischer Fortschritt statt, sondern ein technischer Rückschritt. Technisches Wissen ging verloren. Warum?

Die Wissenschaft liefert u. a. folgende Erklärung:[3]

In China fehlte ein freier Markt mit gesetzlich garantierten Eigentumsrechten. Der chinesische Staat mischte sich ständig in private Unternehmen ein, übernahm die gewinnträchtigen Geschäfte und verbot andere, setzte Preise fest, erzwang Bestechungsgelder und beschnitt private Gewinnmöglichkeiten. Der Höhepunkt der fortschrittsfeindlichen Politik war unter der Ming-Dynastie[4] (1368–1644) der Versuch, jeglichen Überseehandel zu verbieten. Die (schlechten) Staatsverwaltungen erstickten die Unternehmenslust. Fleißige und begabte Leute wurden von Industrie und Handel ferngehalten.

(2) Gewässer

Auch die Gewässer gehören zur natürlichen Ausstattung einer Region. Schiffbare Flüsse förderten und fördern den Schiffsbau, den Handel, den kulturellen Austausch und damit auch die Verbreitung von technischem Wissen. Besonders vorteilhaft ist, wenn zu einem Land ein oder mehrere Küstenstreifen gehören. Dort konnten (und können) sich Überseehandel, Werften, Hafenanlagen, Fischfang und Fisch verarbeitende Industrie entwickeln. Voraussetzung ist auch hier, dass die Menschen eine **weltoffene** Haltung entwickeln und die Früchte ihrer Risikobereitschaft auch ernten dürfen.

1 **Hütte:** kurz für Eisenhütte. Hütten in diesem Sinne sind Betriebe, in denen bei hoher Hitze Materialien verarbeitet werden (siehe z. B. den Begriff Glashütte). Verhüttung: Eisenerz in Hüttenwerken verarbeiten.

2 Vgl. Landes, D.: Wohlstand und Armut der Nationen. Warum die einen reich und die anderen arm sind, S. 71.

3 Vgl. Landes, D., a. a. O., S. 72.

4 Die **Ming-Zeit** war eine Zeit der Gewaltherrschaft. Zeitweise diente eine „geheime Staatspolizei" dem Kaiser als Werkzeug zur Kontrolle von Staat und Beamtentum.

(3) Klima

Das Vorhandensein (oder Nichtvorhandensein) von Binnengewässern hängt unmittelbar mit dem Klima zusammen. Es ist sicherlich kein Zufall, dass sich die wirtschaftlich stärksten Länder in den gemäßigten Zonen der Erde befinden. Hier ist die Natur weniger reich gesegnet als z.B. in den Tropen. Die Menschen müssen für solide Behausungen sorgen, für Wärme, für Kleidung und für Nahrung. Das wechselhafte Klima fördert den menschlichen Tatendrang mehr als ein feuchtheißes Tropenklima.

Heutzutage ist das Klima auch bedeutsam für den nationalen und internationalen Tourismus. Es zieht die Menschen aus den häufig grauen und regnerischen Zonen in Gegenden, in denen angenehme Temperaturen bei häufig sonnigem Wetter herrschen.

(4) Landschaft

Um beim Fremdenverkehr zu bleiben: Für ihn spielen neben dem Klima die Erscheinungsbilder von Landschaften, die Kultur einer Region und die mit einer Region verwurzelten Menschen ebenfalls eine große Rolle. Von besonderer Anziehungskraft sind vor allem Gebirgslandschaften (in Deutschland z.B. die Alpen und der Schwarzwald) und Küsten (in Deutschland die Ostsee- und die Nordseeküste).

1.2.2 Leistungen des Produktionsfaktors Boden (Umwelt)

- Der **Produktionsfaktor Boden (Umwelt)** umfasst die **Erdoberfläche** und **alle von der Natur bereitgestellten Ressourcen** (z.B. Bodenschätze, Wind, Sonne, Klima, Wasser, Pflanzen, Tiere).
- Der Produktionsfaktor Boden (Umwelt) dient dem Menschen als **Anbaufaktor**, als **Abbaufaktor** und als **Standortfaktor**.

Abbaufaktor	Der Boden ist ein **Abbaufaktor**, indem er uns Rohstoffe wie z.B. Kohle, Erze, Erdgas oder Erdöl liefert. Die Bodenschätze sind jedoch nicht unerschöpflich und es lässt sich absehen, dass diese bald ausgebeutet sein werden. Damit wird sich die Menschheit einem neuen Knappheitsproblem gegenübersehen,

	dem nicht mit primär wirtschaftlichen, sondern nur mit technischen Mitteln begegnet werden kann (z. B. Entwicklung neuer Technologien zur Erschließung weiterer Energiequellen).
Anbaufaktor	Zugleich liefert uns die Natur den **Boden**, die **Luft**, das **Wasser** und die **Sonnenenergie.** Vor allem der Boden dient der Produktion auf vielfache Weise. In der landwirtschaftlichen Produktion ist er **Anbaufaktor,** indem mit seiner Hilfe Nahrungsmittel (z. B. Getreide) oder Rohstoffe (z. B. Baumwolle) hervorgebracht werden. Der Boden liefert der Forstwirtschaft den wichtigen Rohstoff Holz (z. B. zur Herstellung von Möbeln, Baumaterialien oder Papier).
Standortfaktor	Ferner gibt uns der Boden die Flächen, die wir für die Erstellung von Fabrikanlagen, Handelsgeschäften oder land- und forstwirtschaftlichen Betrieben benötigen. Der Boden dient als **Standortfaktor.**

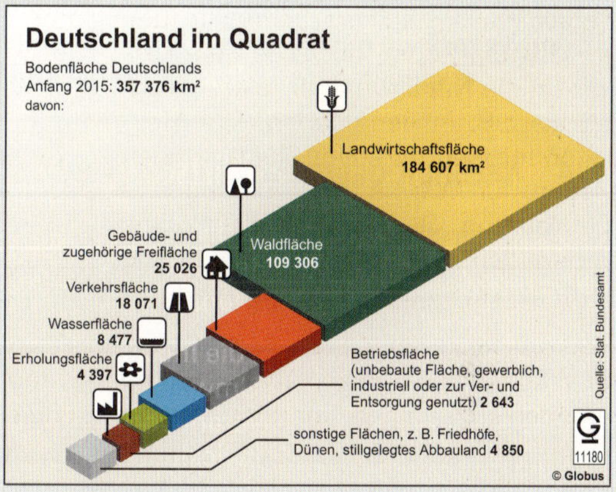

1.2.3 Ökologische Folgen durch die Nutzung der Natur als öffentliches Gut

Lange Zeit wurde die Natur als **kostenloser** Produktionsfaktor gesehen, den man beliebig „nutzen", „benutzen" und „ausbeuten" kann. In der heutigen Zeit, in der die natürlichen Ressourcen immer knapper werden, die Natur als „kostenlose" Lagerstätte für Abfälle aller Art missbraucht wird und täglich zahlreiche Tier- und Pflanzenarten für immer ausgerottet werden, beginnt sich die Ansicht durchzusetzen, dass die Natur nicht länger als „Gratisquelle" und als „Gratisdeponie" betrachtet werden darf.

Nebenstehende Grafik macht das Ausmaß der weltweiten **Umweltzerstörung** deutlich, die sich tagtäglich wiederholt.

Die **Folgen der Umweltverschmutzung** sind die weitere Zerstörung von naturnahen Räumen und Erholungslandschaften, Vergiftung der Nahrungsmittel mit Chemierückständen, Klimaveränderungen, Vernichtung der Arten und letztlich Entziehung der Lebensgrundlagen der Menschen.

Die Frage ist, was man tun kann, um die verhängnisvolle Entwicklung zu bremsen. Notwendig ist eine globale Umweltpolitik im Sinne eines **verantwortungsvollen Umgangs mit der Knappheit natürlicher Ressourcen,** die bislang nur in Ansätzen vorhanden ist. Eine Form der globalen Umweltpolitik ist die **Konzeption des nachhaltigen Wirtschaftens.**

1.2.4 Nachhaltigkeit des Wirtschaftens

Globale Umweltprobleme wie die Erwärmung der Erdatmosphäre, das Ozonloch oder die Vernichtung der tropischen Regenwälder zeigen, dass eine **Globalisierung der Maßnahmen** zur Erhaltung unserer Lebensgrundlagen notwendig ist.

Dabei steht außer Frage, dass die **Industrieländer** eine **besondere Verantwortung** für eine Reduzierung der weltweiten Umweltbelastungen haben, da sie für den Großteil der weltwirtschaftlichen Produktion verantwortlich sind. Würde man den Ressourcenverbrauch der Industrieländer auf die Entwicklungsländer übertragen, so würde dies zum **Kollaps der Öko-Systeme** der Welt führen.

Nachhaltiges Wirtschaften (sustainable development) bedeutet, dass wir heute so leben und handeln, dass künftige Generationen überall eine lebenswerte Umwelt vorfinden und ihre Bedürfnisse befriedigen können.

Der **Begriff der Nachhaltigkeit** stammt ursprünglich aus der Forstwirtschaft und wurde erstmals Anfang des 18. Jahrhunderts von Hans Carl von Carlowitz verwendet. Die vom Bergbau ausgelöste Holzknappheit veranlasste ihn zur Erarbeitung eines **Nachhaltigkeitskonzepts**[1] zur Sicherung des Waldbestands als natürliche Ressource für die Holzwirtschaft, wonach immer nur so viel Holz geschlagen wird, wie durch Wiederaufforstung nachwachsen kann. Auf heutige Verhältnisse übertragen ist außerdem dafür zu sorgen, dass dem Wald nicht die **natürlichen Lebens- und Wachstumsvoraussetzungen** entzogen werden, z.B. durch Schadstoffe im Boden und in der Luft (saurer Regen, Waldsterben), durch Klimawandel (Treibhauseffekt) oder durch Schädigung der Erdatmosphäre (Ozonloch).[2]

Im September 2015 wurde die **Agenda 2030** auf einem Gipfel der **Vereinten Nationen** von allen Mitgliedstaaten verabschiedet und gilt für alle Staaten dieser Welt. Sie wurde mit **breiter Beteiligung der Zivilgesellschaft** in aller Welt entwickelt.

Bei der Agenda 2030 geht es um eine **Umgestaltung** von Volkswirtschaften hin zu **nachhaltiger Entwicklung,** beispielsweise durch verantwortungsvolle Konsum- und Produktionsmuster und saubere und erschwingliche Energie. Das Kernstück der Agenda bildete eine ehrgeiziger **Katalog mit 17 Zielen für nachhaltige Entwicklung (Sustainable Development Goals)** welche erstmals alle drei Dimensionen der Nachhaltigkeit – Soziales, Umwelt, Wirtschaft – gleichermaßen berücksichtigen. Die 17 Ziele sind unteilbar und bedingen einander.

1 **Konzept:** Entwurf, Plan.

2 Vgl. http://www.learn-line.nrw.de/angebote/agenda21/info/nachhalt.htm#Mag3eck, 12.08.2005.

1.3 Produktionsfaktor Arbeit (Bildung)

(1) Arbeit

Der zweite ursprüngliche Produktionsfaktor ist die Arbeit. Wir leben nicht im Schlaraffenland, in dem uns die gebratenen Tauben in den Mund fliegen. Selbst dort, wo uns die Natur Nahrungsmittel liefert, ohne dass sie angebaut bzw. erzeugt werden müssen (z. B. Pilze, Waldbeeren), bedarf es einer gewissen Anstrengung, sie zu suchen, zu pflücken und zuzubereiten. Es sind also geistige und körperliche Anstrengungen des Menschen notwendig.

Manche Arbeiten erfordern vorwiegend geistige Kräfte (anordnende, verwaltende, organisierende Tätigkeiten). Andere Arbeiten wiederum sind vorwiegend körperlicher Natur (Handarbeit, Arbeit an Maschinen, Führen von Fahrzeugen usw.) Im ersten Fall spricht man von **geistiger Arbeit,** im zweiten von **körperlicher Arbeit.**

Arbeit im Sinne der Volkswirtschaftslehre ist die auf Bedarfsdeckung, d. h. auf Erzielung von Ertrag bzw. Einkommen gerichtete **körperliche und geistige Tätigkeit** der Menschen.

Die Arbeitswelt befindet sich im Wandel. Nachdem Deutschland jahrelang als klassisches Industrieland galt, gewinnt inzwischen der Dienstleistungsbereich immer mehr an Bedeutung. Arbeiteten im Jahr 2005 28,53 Mio. Erwerbstätige in Dienstleistungsberufen, waren es 2015 bereits 31,85 Mio. Insgesamt machten sie 2015 74 % aller Erwerbstätigen aus. Nach einer Prognose des Instituts für Arbeitsmarkt- und Berufsforschung wird ihr Anteil bis zum Jahr 2025 auf rund 76 % steigen. Den höchsten Zuwachs wird es nach dieser Prognose im Vergleich zum Jahr 2005 im Bereich „sonstige wirtschaftliche Unternehmensdienstleister" geben, hinter dem sich unter anderem die Vermittler von Arbeitskräften, Reiseveranstalter, Wach- und Sicherheitsdienste sowie Gebäudebetreuer verbergen. Ebenfalls hohe Wachstumsraten verzeichnen die Bereiche „freiberufliche, wissenschaftliche und technische Dienstleister" und „Gesundheitsund Sozialwesen".

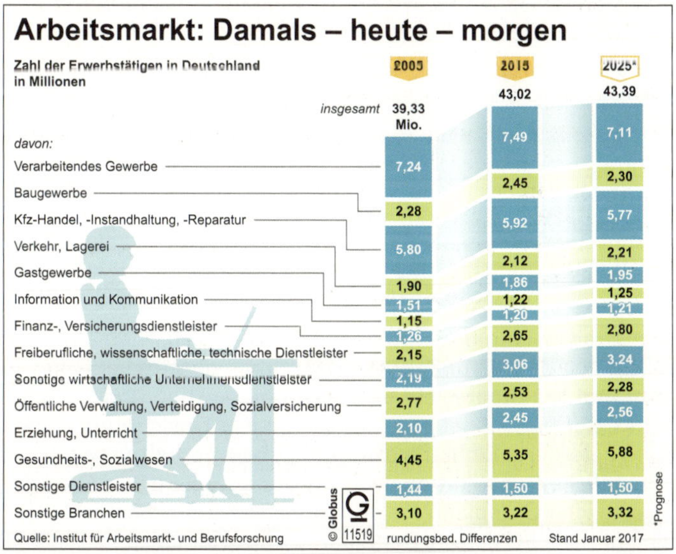

Träger des Faktors Arbeit ist der **einzelne** Mensch. Die Natur stellt in aller Regel keine gebrauchsfertigen Güter für uns zur Verfügung, sondern nur Rohstoffe bzw. Energiequellen, die der Mensch erst gewinnen oder erschließen muss. Die zu diesem Zweck vom Mensch aufzuwendende Arbeit hat eine **quantitative** (die Zahl der Arbeitskräfte) und eine **qualitative** Seite (der Ausbildungsstand der Arbeitskräfte).

(2) Bildung

Spätestens seit der ersten industriellen Revolution hat das **Wissen** um die Herstellung von Gütern stark an Gewicht zugenommen. Deshalb rechnet man heute die Bildung entweder als **vierten Produktionsfaktor** zu den drei klassischen Produktionsfaktoren hinzu oder ordnet sie dem Faktor Arbeit zu. Eine **gute Ausbildung** ist eine **Investition** in die eigene Arbeitskraft, die zu besserer Entlohnung führen kann. Zudem hat man in zahlreichen Studien nachweisen können, dass ein höherer Bildungsabschluss das Risiko von Arbeitslosigkeit verringert.

Vor diesem Hintergrund ist Bildung für breite Bevölkerungsschichten die beste Investition in die Zukunft jedes Einzelnen und somit auch eines Staates. Dies erklärt auch, warum das Recht auf Bildung zu den Grundrechten unseres Landes zählt. Heute versteht man unter **„Recht auf Bildung"** auch die Weiter- und Höherbildung.

Die Industriestaaten können deshalb vergleichsweise hochwertigere Güter als Entwicklungsländer herstellen, weil sie unter anderem über ein höheres Maß an Bildung im weitesten Sinne, vor allem aber **technischem Wissen (Know-how[1], Human Capital[2])** verfügen. Umfang und Qualität der Produktion hängen somit nicht nur von den Produktionsfaktoren Boden, Arbeit und Kapital, sondern auch vom **technischen Fortschritt** der wirtschaftenden Menschen ab.

Da Bildung und Ausbildung dem Menschen nicht von vornherein gegeben sind, sondern oft mühevoll erworben werden müssen, handelt es sich bei der Bildung ebenfalls um einen **abgeleiteten** (derivativen) **Produktionsfaktor.**

> Unter dem **Produktionsfaktor Bildung (Wissen)** versteht man die Summe an organisatorischem und technischem Wissen (Know-how).

In der Bundesrepublik Deutschland wird – wie in vielen anderen Volkswirtschaften auch – die Ausgestaltung des Bildungssystems im Wesentlichen durch die **Bildungspolitik** bestimmt. Die Bildungspolitik beinhaltet die Gesamtheit aller **finanziellen, personellen** und **inhaltlichen** Entscheidungen, die das gesetzliche Rahmenwerk sowie die **institutionelle und organisatorische Struktur des Bildungswesens** betreffen.

Die Bereitstellung des Gutes Bildung bzw. Sicherung eines bestimmten Bildungsniveaus ist ein aus dem **Grundgesetz** ableitbares gesellschaftliches Ziel. Es besteht faktisch ein **Monopol des Staates** als **Bildungsanbieter;** begründet dadurch, dass Bildung als **öffentliches Gut** bezeichnet wird, sowie mit der These, nur der Staat kann die von der Verfassung geforderte **Einheitlichkeit der Lebensverhältnisse** gewährleisten. Schließlich gilt die **persönliche Qualifikation** nach wie vor als **wichtigste Erwerbsquelle** und stellt somit eine wesentliche Grundlage für den **individuellen Wohlstand** dar. Nicht zuletzt deshalb muss eine gezielte Förderung der Bildung von „Humankapital" als Teil einer auf mehr **Chancengleichheit** abstellenden **Vermögenspolitik** angesehen werden.

> Mit Blick darauf, dass das Bildungsniveau eines Landes wesentlichen Einfluss auf den Wohlstand dieser Volkswirtschaft hat, werden Ausgaben in diesem Bereich als **Investitionen für die Zukunft** verstanden.

1 **Know-how** (engl.): gewusst wie.

2 **Human Capital** (engl.): menschliches Kapital (Bildung, technisches Wissen und Können, Ausbildungsstandard).

1.4 Produktionsfaktor Kapital

1.4.1 Begriff Kapital und die Kapitalbildung

(1) Begriff Kapital

Produzieren ist durch die **Kombination**[1] der beiden ursprünglichen Produktionsfaktoren **Arbeit** und **Natur** möglich. In der Regel setzt der Mensch noch ein weiteres Hilfsmittel – das **Kapital** – ein, um den Erfolg seiner Arbeit zu erhöhen. Solche Hilfsmittel sind z. B. Werkzeuge, Transportmittel, Maschinen, Nutztiere und Nutzpflanzungen sowie immaterielle (nicht gegenständliche) Anlagegüter wie z. B. Suchbohrungen, Computerprogramme und Urheberrechte (z. B. Patente).

Unter **Kapital** im volkswirtschaftlichen Sinn verstehen wir **produzierte Produktionsmittel** materieller und immaterieller Art.

Beispiel:

Um uns den Begriff des Kapitals klarzumachen, greifen wir zu einem sehr vereinfachenden naturalwirtschaftlichen[2] Modell.

Angenommen, eine kleine Gruppe Schiffbrüchiger landet auf einer einsamen Insel. Die Leute haben nichts gerettet außer den Kleidern, die sie auf dem Leib tragen. Um ihre Existenz zu sichern, ernähren sie sich tagelang nur von Früchten, Wurzeln und Kleingetier. An den Ufern und in den Bächen gibt es jedoch Fische genug und in den Wäldern lebt Wild in Hülle und Fülle. Da wenig Hoffnung auf Rettung besteht, beschließen die Schiffbrüchigen, einige geschickte Leute vom Früchtesammeln freizustellen, damit diese Angelgeräte und Jagdwaffen herstellen können. Dieser Entschluss bedeutet für die Schiffbrüchigen zunächst teilweisen Verzicht auf die gewohnte Menge Nahrungsmittel, also Konsumverzicht. Nach Fertigstellung der Jagdgeräte (des „Kapitals") erhöht sich jedoch die täglich zur Verfügung stehende Nahrungsmittelmenge (Fisch, Fleisch). Die Befriedigung der Existenzbedürfnisse ist gesichert. Weiterer Konsumverzicht fällt den Schiffbrüchigen leichter, wenn sie z. B. ihren Lebensstandard durch das Anfertigen von Kleidung oder den Bau von Hütten erhöhen wollen.

Durch den vorläufigen Verzicht auf die Produktion von Konsumgütern können Produktionsgüter hergestellt werden. Diese Produktionsgüter erleichtern anschließend die Herstellung von Konsumgütern und erhöhen gleichzeitig die Wirksamkeit der Arbeit (Arbeitsproduktivität). In welchem Umfang die Arbeitsproduktivität gesteigert werden kann, hängt dabei nicht nur von der Menge, sondern auch von der **Qualität** (dem **technischen Fortschritt**) der Produktionsgüter ab.

1 **Kombination**: Zusammenwirken.

2 Eine Naturalwirtschaft ist eine Wirtschaft ohne Geld als Zwischentauschgut.

(2) Kapitalbildung

Das mithilfe der beiden ursprünglichen Produktionsfaktoren Arbeit und Natur geschaffene Kapital im volkswirtschaftlichen Sinne stellt einen dritten **abgeleiteten (derivativen) Produktionsfaktor** dar, der der Erleichterung und Erweiterung der Produktion dienen kann.

- Die Herstellung von Kapital im volkswirtschaftlichen Sinne erfordert **Konsumverzicht (Sparen).**
- Die Höhe der Kapitalbildung ist bedeutsam für das **Wachstum der Wirtschaft.**

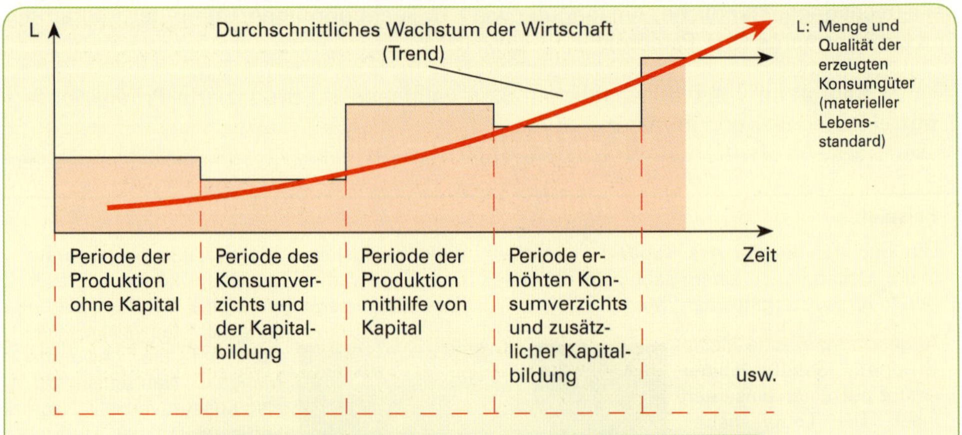

Bedeutung der Kapitalbildung für die Produktion

1.4.2 Kapitalbildung und Investition

In einer **Geldwirtschaft** erfolgt das **Sparen** i.d.R. nicht durch Vorratsbildung, sondern durch Verzicht auf vollständige Ausgabe des Geldeinkommens. Dort wird also zunächst **Geldkapital** gebildet, das anschließend zur **Investition** (Bildung von **Kapital** im volkswirtschaftlichen Sinne) führen kann. Das Sparen führt nämlich nur dann zur Kapitalbildung, wenn die gesparten Mittel von den Wirtschaftssubjekten (den wirtschaftlich Handelnden) in Produktivvermögen investiert werden.

Die **Anlage** von **Geld- und Sachkapital** in Produktivvermögen wird als **Investition** bezeichnet.

Wichtige **Investitionsbegriffe** sind:

Ersatzinvestition	Die meisten Produktionsmittel (Investitionsgüter) nützen sich im Zeitablauf ab. Soll die Produktionskraft einer Wirtschaft erhalten bleiben, müssen Ersatzinvestitionen (Reinvestitionen) vorgenommen werden.
Nettoinvestition	Soll jedoch die Leistungskraft einer Volkswirtschaft erhöht werden, so müssen die Bruttoinvestitionen (Gesamtinvestitionen) in Anlagegüter die Reinvestitionen übersteigen. Die über die Reinvestitionen hinausgehenden Investitionen nennt man Nettoinvestitionen. Sind die Nettoinvestitionen positiv, liegt eine Kapitalneubildung vor.
Rationalisierungs-investition	Auch wenn die Nettoinvestitionen null sind, kann die volkswirtschaftliche Kapazität steigen, falls die Reinvestitionen technische Verbesserungen beinhalten (Verbesserungsinvestitionen, Rationalisierungsinvestitionen). In Wirklichkeit gehen Erweiterungs-, Erneuerungs- und Verbesserungsinvestitionen Hand in Hand.
Bruttoinvestition	Die Summe aller Investitionen in Vorräten **(Vorratsinvestition)** und Anlagen **(Anlageinvestition)** bezeichnet man als Bruttoinvestition.

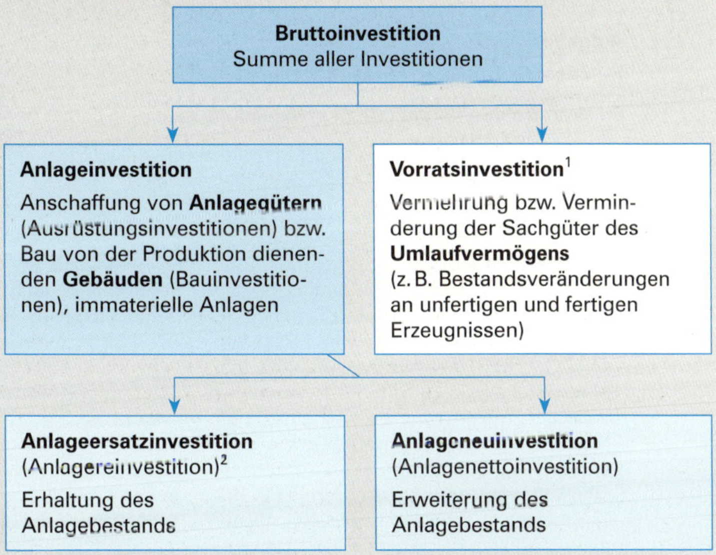

1 Der Begriff **„Vorratsinvestition"** meint immer Nettoinvestitionen bei Vorräten (Waren, unfertige und fertige Erzeugnisse, Roh-, Hilfs- und Betriebsstoffe). Wenn die Vorratsinvestitionen gleich null sind, bedeutet das nicht, dass die Unternehmen nichts in die Vorräte investiert hätten. In diesem Fall ist in der betrachteten Periode (z. B. ein Jahr) lediglich der Zu- und Abgang (bei konstanten Preisen) gleich hoch. Vorratsinvestitionen können auch negativ sein. In diesem Fall wurden mehr Vorräte abgesetzt als eingekauft bzw. neu produziert wurden.

Sind die Anlageinvestitionen negativ, ist in einer bestimmten Periode ein Teil der Ersatzinvestitionen unterlassen worden.

2 Es ist wahrscheinlich, dass die Ersatzinvestitionen Verbesserungen beinhalten (Verbesserungsinvestitionen), sodass selbst dann eine Steigerung der Produktion möglich ist, wenn die Nettoinvestitionen gleich null sind.

10 Boller - ISBN 978-3-8120-0619-4

Kompetenztraining

20 1. Der Anteil der Produktionsfaktoren an einem Gut kann unterschiedlich hoch sein. Übertragen Sie die nachstehende Tabelle in Ihr Aufgabenheft und füllen Sie diese aus, indem Sie die Bedeutung der volkswirtschaftlichen Produktionsfaktoren angeben! (1: große Bedeutung; 2: mittlere Bedeutung; 3: verhältnismäßig geringe Bedeutung)

Gut	Bedeutung der Produktionsfaktoren		
	Arbeit (Bildung)	Boden	Kapital
Ölraffinerie			
Friseur			
Bank			
Spielwarengeschäft			
Bauernhof			

2. Präsident Lincoln verbot 1865 in den USA die Sklaverei. „Mit einem Schlag hat er damit einen großen Teil des Kapitals zerstört, das der Süden im Laufe der Jahre angesammelt hatte."

   Aufgabe:

   Nehmen Sie zu dieser Aussage Stellung!

3. Erklären Sie den Vorgang der Kapitalbildung an einem selbst gewählten Beispiel!

4. Begründen Sie, warum angespartes Geldkapital volkswirtschaftlich kein Sachkapital darstellt!

5. Lesen Sie zunächst sorgfältig nachstehenden Text durch!

   Das Produzieren geht auf die Vereinigung der beiden Grundelemente Boden (Natur) und Arbeit (Mensch) zurück. Um den Sachverhalt klarzumachen, sei ein einfaches Beispiel gewählt. Angenommen, ein einzelner Mensch lebe auf einer Insel und könne bei normaler Anstrengung pro Tag ein Kaninchen mit der Hand fangen, das er auch am gleichen Tag zur Erhaltung seiner Lebensfähigkeit verzehren muss. Den Rest des Tages muss er schlafen. Es ist ohne Weiteres einzusehen, dass unter diesen Umständen eine Produktionssteigerung, also eine Verbesserung seines **Lebensstandards,** nicht möglich ist. Die Wirtschaft unseres Robinsons ist **stationär** (auf gleicher Stufe stehen bleibend). Nehmen wir aber weiter an, dass sich unser Inselbewohner eines Tages dazu entschließt, einen Tag lang zu hungern und währenddessen eine Falle zu bauen. Die Falle erfüllt ihren Zweck und künftig fängt Robinson im Durchschnitt 2 Kaninchen, sodass er sich sogar Vorräte an Trockenfleisch anlegen kann. Die so frei gewordene Arbeitszeit verwendet Robinson zum Bau weiterer Fallen, zur Schaffung von Jagd- und Angelgeräten und zum Bau einer Unterkunft ...

   Aufgabe:

   Entscheiden Sie, welcher wirtschaftliche Vorgang hier auf einfache Weise beschrieben ist! Kreuzen Sie die **zutreffendste** Antwort an! (Falls Ihnen das Buch nur leihweise überlassen wurde, schreiben Sie die Lösung bitte in Ihr Aufgabenheft!)

   5.1 Der Text beschreibt das Wesen der Produktion.

   5.2 Im Text wird das Wesen der Produktionsfaktoren beschrieben.

   5.3 Im Text werden die volkswirtschaftlichen Produktionsfaktoren definiert.

   5.4 Der Text beschreibt den Begriff „Lebensstandard".

   5.5 Der Text beschreibt die Kapitalbildung im volkswirtschaftlichen Sinne.

21

1. Unterscheiden Sie die originären und die derivativen volkswirtschaftlichen Produktionsfaktoren!

2. Interpretieren Sie nachstehende Textauszüge (Häuptling Seattle, 1855, in seiner Stellungnahme an den Präsidenten der Vereinigten Staaten zu dessen Angebot, die Gebiete seines Stammes zu kaufen)!

„Wenn wir unser Land verkaufen, so müsst ihr euch daran erinnern und eure Kinder lehren: Die Flüsse sind unsere Brüder – und eure –, und ihr müsst von nun an den Flüssen eure Güte geben, so wie jedem anderen Bruder auch ... Wir wissen, dass der weiße Mann unsere Art nicht versteht. Ein Teil des Landes ist ihm gleich jedem anderen, denn er ist ein Fremder, der kommt in der Nacht und nimmt von der Erde, was immer er braucht. Die Erde ist sein Bruder nicht, sondern Feind, und wenn er sie erobert hat, schreitet er weiter. Er lässt die Gräber seiner Väter zurück – und kümmert sich nicht. Er stiehlt die Erde von seinen Kindern – und kümmert sich nicht. Seiner Väter Gräber und seiner Kinder Geburtsrecht sind vergessen. Er behandelt seine Mutter, die Erde, und seinen Bruder, den Himmel, wie Dinge zum Kaufen und Plündern, zum Verkaufen wie Schafe oder glänzende Perlen. Sein Hunger wird die Erde verschlingen und nichts zurücklassen als eine Wüste ...

Ich bin ein Wilder und verstehe es nicht anders. Ich habe tausend verrottende Büffel gesehen, vom weißen Mann zurückgelassen – erschossen aus einem vorüberfahrenden Zug. Ich bin ein Wilder und kann nicht verstehen, wie das qualmende Eisenpferd wichtiger sein soll als der Büffel, den wir nur töten, um am Leben zu bleiben. Was ist der Mensch ohne die Tiere? Wären alle Tiere fort, so stürbe der Mensch an großer Einsamkeit des Geistes. Was immer den Tieren geschieht – geschieht bald auch den Menschen. Alle Dinge sind miteinander verbunden. Was die Erde befällt, befällt auch die Söhne der Erde ...

Es ist unwichtig, wo wir den Rest unserer Tage verbringen. Es sind nicht mehr viele. Noch wenige Stunden, ein paar Winter – und kein Kind der großen Stämme, die einst in diesem Land lebten oder jetzt in kleinen Gruppen durch die Wälder streifen, wird mehr übrig sein, um an den Gräbern eines Volkes zu trauern – das einst so stark und voller Hoffnung war wie das eure. Aber warum soll ich trauern über den Untergang meines Volkes; Völker bestehen aus Menschen – nichts anderem. Menschen kommen und gehen wie die Wellen im Meer.

Auch die Weißen werden vergehen, eher vielleicht als alle anderen Stämme. Fahret fort, euer Bett zu verseuchen, und eines Nachts werdet ihr im eigenen Abfall ersticken. Aber in eurem Untergang werdet ihr hell strahlen – angefeuert von der Stärke des Gottes, der euch in dieses Land brachte – und euch bestimmte, über dieses Land und den roten Mann zu herrschen ...“

3. Begründen Sie, warum man den volkswirtschaftlichen Produktionsprozess als sinnvolle Kombination von Produktionsfaktoren bezeichnen kann!

4. Begründen Sie, warum die Arbeitsteilung zur Produktivitätssteigerung führt!

5. Erläutern Sie, warum das Sparen Voraussetzung der Neukapitalbildung ist!

6. Begründen Sie, warum Sparen nicht in jedem Fall zur Neukapitalbildung führt!

7. Unterscheiden Sie zwischen freiwilliger und erzwungener Ersparnis! Bilden Sie je zwei Beispiele!

8. In einer Volkswirtschaft wurden insgesamt 50 Mrd. GE für produktive Zwecke investiert. Davon sind 5 Mrd. GE in zusätzlichen Vorräten angelegt worden, 30 Mrd. GE wurden für den Ersatz verbrauchter Anlagen verwendet.

   Aufgaben:

   8.1 Definieren Sie die im Aufgabentext angesprochenen Investitionsarten!

   8.2 Berechnen Sie die Höhe der Nettoinvestition!

9. Unterrichtsvorschlag: Rollenspiel

Freudenberg, eine hübsche Stadt am Rand des Siegerlandes mit einer eindrucksvollen Kulisse alter Fachwerkhäuser. Die Bürger des Ortes sind seit einigen Wochen sehr beunruhigt, denn eine Zementfabrik plant, sich in ihrer Stadt, die über große Kalksteinvorkommen verfügt, niederzulassen.

Die Manager der Zementfabrik haben den Gemeinderat von Freudenberg gebeten, einen Teil des Gemeindegrundes, auf dem zurzeit viele kleine Schrebergärten angelegt sind, zu verkaufen. Darüber hinaus wurden auch mehrere Kleinlandwirte angesprochen, ihren Grund und Boden teilweise zu verkaufen, damit das neue Zementwerk möglichst in der Nähe der Kalksteinvorkommen gebaut werden kann. Zudem muss ein Teil des an die Schrebergärten angrenzenden Waldes, in dem sich eines der wenigen Brutgebiete seltener Vögel befindet, abgeholzt werden.

In Freudenberg herrschen unterschiedliche Auffassungen über die geplante Errichtung der Fabrik. Da sich die Bewohner in Befürworter und Gegner gespalten haben, wurden unterschiedliche Interessengruppen gebildet.

Um sich über die verschiedenen Meinungen der Bürger zu informieren, hat der Gemeinderat vor der endgültigen Entscheidung über den geplanten Bau der Zementfabrik die Interessengruppen zu einer öffentlichen Gemeinderatssitzung im Gasthof „Alte Schmiede" eingeladen.

Die Interessengruppen treffen sich bereits **20 Minuten vor** der anstehenden Sitzung, um eine gemeinsame Linie festzulegen. Als Interessengruppen vertreten sind:

- die Mitglieder des Gemeinderates,
- Arbeitsuchende,
- Umweltschützer und
- die Unternehmensmanager.

Überlegen Sie, in welcher Interessengruppe Sie gerne mitarbeiten möchten und finden Sie sich am jeweiligen „Stammtisch" ein. Nach ca. 20 Minuten Vorbereitungszeit sollte die Gemeinderatssitzung beginnen.

Abbildung: Rollenkarten

Mitglieder des Gemeinderates

Sie sind Mitglied des Gemeinderates und wurden von den Zementwerkmanagern bereits im Vorfeld gefragt, ob Sie den kalksteinhaltigen Gemeindegrund, auf dem zurzeit die Schrebergärten stehen, verkaufen würden.

In den vergangenen Tagen mussten Sie allerdings feststellen, dass es nicht nur Befürworter für die Errichtung des Zementwerkes innerhalb der Bevölkerung gibt.

Um die Situation nicht weiter eskalieren zu lassen, haben Sie die Einberufung einer öffentlichen Gemeinderatssitzung beschlossen, an der die unterschiedlichen Interessenvertreter (z. B. Zementwerkmanager, Naturschützer, Arbeitsuchende) teilnehmen.

Umweltschützer

Als Bürger Freudenbergs sind Sie von Geburt an eng mit ihrer Heimat verwurzelt. Dabei lieben Sie vor allem die reizvolle Landschaft dieses Ortes und sind zudem sehr naturverbunden.

Mit großem Entsetzen haben Sie deshalb in den vergangenen Tagen die Nachricht verfolgt, dass unweit Ihres Wohnhauses auf dem Schrebergartengelände ein Zementwerk errichtet werden soll. Um dies zu verhindern, haben Sie sich sofort der Bürgerinitiative **„Naturfreunde Freudenberg"** angeschlossen, deren Ziel es ist, die Errichtung des Zementwerks – zumindest unter den derzeitig geplanten Bedingungen – zu verhindern.

Arbeitsuchende

Nach Beendigung Ihrer Ausbildung möchten Sie sich beruflich verändern und als kaufmännischer Angestellter zu einem Großunternehmen wechseln. Wie Ihnen die Arbeitsagentur mitteilte, sind die Aussichten auf eine gut dotierte Stelle in dieser Region allerdings gering. Mit großem Interesse haben Sie deshalb die Nachrichten von der geplanten Errichtung des Zementwerkes verfolgt, da hierdurch 500 Arbeitsplätze im kaufmännischen Bereich entstehen sollen.

Um Ihre Interessen zu wahren, haben Sie sich deshalb der neu gegründeten Bürgerinitiative **„Arbeit für Freudenberg"** angeschlossen, die eine Errichtung des Zementwerkes befürwortet.

Unternehmensmanager

Als Unternehmensmanager und Mitinhaber eines der weltweit führenden Zementherstellers planen Sie die Errichtung einer Zementfabrik in Freudenberg. Nach ersten Untersuchungen handelt es sich um eines der größten Kalksteinvorkommen Deutschlands, welches leicht zugänglich ist und somit entsprechend geringe Abbaukosten verursacht.

Nachdem Ihnen sowohl der Gemeinderat als auch die angesprochenen Bauern bereits Bereitschaft für den Verkauf des Geländes signalisiert haben, werden Sie vom Bürgermeister zu einer öffentlichen Gemeinderatssitzung bestellt, da sich Widerstand innerhalb der Bevölkerung breitgemacht hat.

2 Kombination der Produktionsfaktoren

2.1 Begriffsklärungen

2.1.1 Produktion

Der **Begriff Produktion** wird in Praxis und Wissenschaft sehr unterschiedlich gebraucht.

Im weitesten Sinne	Danach ist **Produktion** jegliche Kombination von Produktionsfaktoren zur Erstellung einer wirtschaftlichen Leistung.
Im engsten Sinne	Hier wird der Begriff **Produktion** mit dem Begriff **Fertigung** (Fabrikation, Herstellung) gleichgesetzt. Dies ist der lediglich in der Industriebetriebslehre verwendete Produktionsbegriff. Die **Hauptaufgabe** der **Produktion i. e. S.** (der **Fertigung**) ist, die vom Markt gewünschten Produkte herzustellen.

2.1.2 Betriebs- und volkswirtschaftliche Kostenbegriffe

(1) Betriebswirtschaftlicher Kostenbegriff

In der Kostenrechnung werden nur die Aufwendungen erfasst, die ursächlich im Zusammenhang mit der Herstellung, der Lagerung und dem Verkauf der Erzeugnisse stehen.

Unter dem Begriff **Kosten** versteht man den betrieblichen und relativ regelmäßig anfallenden Güter- und Leistungsverzehr zur Erstellung betrieblicher Leistungen, gemessen in Geld (z. B. Löhne, Gehälter, Geschäftsmiete, Aufwendungen für Rohstoffe, Bürobedarf).

Die Begriffsbestimmung der Kosten enthält somit **vier Merkmale:**

- Kosten können sich sowohl im **mengenmäßigen Verbrauch von Gütern** als auch in **erbrachten Diensten** niederschlagen.
- Kosten sind in **Geldeinheiten** bewertet.
- Kosten stehen in einem **unmittelbaren Bezug zu den Leistungen,** sie sind also leistungsbedingt.
- Kosten müssen **innerhalb der Abrechnungsperiode** verursacht worden sein.

(2) Externe Kosten (soziale Kosten)

Externe Kosten sind zurückzuführen auf sogenannte externe Effekte.

- Wirkungen, bei denen **Verursacher** und **Betroffener nicht** übereinstimmen, bezeichnet man als **externe Effekte.**
- Kosten, die nicht demjenigen angelastet werden, der sie verursacht hat, bezeichnet man als **externe Kosten** oder **soziale Kosten.**

Derartige Effekte liegen immer dann vor, wenn durch die Produktion bzw. den Konsum von Wirtschaftseinheiten anderen Wirtschaftssubjekten Vorteile (externe Erträge) oder Nachteile (externe Kosten) entstehen.

(3) Opportunitätskosten[1]

Dadurch, dass den unendlich großen Bedürfnissen der Menschen nur begrenzte finanzielle Mittel zu deren Befriedigung zur Verfügung stehen, entsteht ein Spannungsverhältnis. Zur Überwindung der Knappheit der Güter auf der einen Seite und der Knappheit der Kaufmittel auf der anderen Seite sind die Wirtschaftssubjekte gezwungen, zu wirtschaften.

Wirtschaften bedeutet somit letztlich nichts anderes, als die aufgezeigten Spannungen durch **planvolles Handeln** so weit wie möglich zu verringern und somit einen **größtmöglichen Nutzen** zu realisieren.

Hierbei gilt es allerdings zu berücksichtigen, dass jede **wirtschaftliche Entscheidung** mit Blick auf die generelle Knappheit ihren Preis hat: den **Nutzenentgang** der **zweitbesten Lösung.** Diesen Nutzenentgang bezeichnet man in der Volkswirtschaftslehre auch als **Opportunitätskosten (Alternativkosten[2]).** Wie derartige Kosten bei alltäglichen Entscheidungen anfallen, verdeutlicht nachfolgendes Beispiel.

Beispiel:

Die 17-jährige Sophie verfügt aufgrund verschiedener Ferienjobs über insgesamt 1 500,00 €. Mit diesem Geld könnte nunmehr entweder einer der beiden seit längerer Zeit gehegten Wünsche – eine dreiwöchige Urlaubsreise in die USA anzutreten bzw. einen neuen Laptop nebst Flachbildschirm und Drucker anzuschaffen – realisiert werden oder das angesparte Kapital für den in naher Zukunft geplanten Kauf eines Autos erhöht werden. Unabhängig davon, für

1 **Opportun** (lat.): In der gegenwärtigen Situation von Vorteil. Opportunität: Zweckmäßigkeit in der gegenwärtigen Situation.

2 **Alternativ** (lat.-fr.): wahlweise, zwischen zwei Möglichkeiten die Wahl lassend.

welche Verwendung sich Sophie letztlich auch entscheiden mag, auf die beiden anderen Alternativen muss sie dann (zunächst einmal) verzichten. Dieser Verzicht beziffert dann die Opportunitätskosten ihrer Entscheidung.

- Die **Opportunitätskosten (Alternativkosten)** geben an, auf wie viele Einheiten eines Gutes bei der Produktion eines anderen Gutes verzichtet werden muss.
- Opportunitätskosten entstehen nur für **knappe Produktionsfaktoren,** für **nicht knappe Produktionsfaktoren** sind sie stets **gleich null.**

2.2 Produktionspotenzial und Transformationskurve

2.2.1 Produktionspotenzial

Das **gesamtwirtschaftliche Produktionsergebnis** einer Volkswirtschaft, das bei **vollständiger Auslastung** (Vollbeschäftigung) und **optimaler Kombination aller Produktionsfaktoren** hergestellt werden kann, bezeichnet man als **Produktionspotenzial.**

Da eine Volkswirtschaft nie alle Bedürfnisse der Menschen befriedigen kann, muss eine Entscheidung getroffen werden, welche Bedürfnisse vorrangig befriedigt werden sollen, d.h., welche Güter bereitzustellen, also zu produzieren sind. Eine solche Entscheidung bedeutet aber gleichzeitig, dass auf die Produktion anderer Güter, die der Befriedigung anderer Bedürfnisse dienen könnten, verzichtet werden muss. Den Nutzenentgang, der durch diesen Verzicht entsteht, bezeichnet man als **Opportunitätskosten (Alternativkosten).** Diese Problematik machen wir uns im Folgenden mithilfe eines einfachen Modells klar.

2.2.2 Transformationskurve

(1) Verlauf der Transformationskurve (Produktionsmöglichkeitskurve)

In unserem Modell nehmen wir an, dass in einer Volkswirtschaft nur zwei Güter (bzw. Güterarten) produziert werden sollen.[1] Bei vollständiger Ausnutzung des **Produktionspotenzials** der Volkswirtschaft **(Vollbeschäftigung)** sei zwischen Getreideanbau und/oder Straßenbau zu wählen. Das Getreide steht stellvertretend für die Produktion von **Individualgütern,** der Straßenbau stellvertretend für die Herstellung von **Kollektivgütern.** Wir wollen unterstellen, dass unsere Modellwirtschaft – als ein Extrem – mit den verfügbaren Mitteln (Arbeitskräfte, Maschinen) bei gegebenem technischem Stand 1500 km Straßen je Periode herstellen kann, wenn sie bereit ist, auf das Getreide völlig zu verzichten. Das andere Extrem – so wird weiterhin angenommen – besteht in der Erzeugung von 10 Millio-

1 Wegen der Knappheit der Güter ist es nicht möglich, genügend Güter für **jeden** Bedarf herzustellen. Die Frage ist immer, wie viel der gewünschten Güter innerhalb der gegebenen Produktionsmöglichkeiten, d. h. bei gegebener Kapazität der Volkswirtschaft, hergestellt werden sollen. Um ein derart schwieriges Problem erörtern zu können, muss man vereinfachen, d. h. ein Modell konstruieren. Schlussfolgerungen aus einem Modell – mögen sie noch so logisch sein – können nicht ohne Weiteres auf die Wirklichkeit übertragen werden. Dies ist nur möglich, wenn die Prämissen auch in der Wirklichkeit zutreffen.

nen Tonnen Getreide, falls überhaupt keine Straßen gebaut werden. Innerhalb dieser beiden Grenzfälle gibt es natürlich eine Vielzahl weiterer Möglichkeiten, ein Produktionsziel teilweise durch ein anderes zu **substituieren,** d.h. zu ersetzen. Anders ausgedrückt: Man kann den Straßenbau in Getreideanbau und umgekehrt **transformieren** (umwandeln). So ist es möglich, auf **etwas** Getreide zu verzichten und dafür einige Kilometer Straßen zu bauen. Je mehr auf den Getreideanbau verzichtet wird, desto mehr Straßen können gebaut werden. Es ergibt sich z.B. nebenstehende Substitutionstabelle.

Möglichkeiten	Straßen in 100 km	Getreide in Mio. t
A	15	—
B	14	2
C	12	4
D	9	6
E	5	8
F	—	10

Substitutionstabelle[1]

Die Erzeugung eines Gutes A erfordert also bei Vollbeschäftigung den Verzicht auf die Erzeugung eine Gutes B. Die Mengeneinheiten eines Gutes B, auf die bei der Mehrproduktion eines Gutes A verzichtet werden muss, bezeichnet man als **Opportunitätskosten** oder als **Alternativkosten.**

Beispiel:

Wird die Getreideproduktion von 2 auf 4 Mio. t Getreide erhöht, betragen die Opportunitätskosten 200 km Straßen, d.h., es muss auf den Bau von 200 km Straßen verzichtet werden.

Die Werte aus der Tabelle lassen sich auch grafisch darstellen. Verbindet man die einzelnen Punkte (geglättete Kurve), erhält man eine **Transformationskurve,** auch **Kapazitätslinie** oder **Produktionsmöglichkeitskurve** genannt. Sie zeigt, dass bei gegebenem technischem Stand und bei gegebenem Produktionspotenzial die Gesellschaft immer vor der Wahl steht, entweder ein Gut A (d.h. eine Güterart A) oder ein Gut B (d.h. eine Güterart B) oder eine Kombination beider zu produzieren. Jeder Punkt, der innerhalb der Kurve liegt (z.B. Punkt Z), bedeutet, dass die Kapazität nicht voll ausgenutzt ist (**Unterbeschäftigung,** d.h. Arbeitslosigkeit, freie Kapazitäten der Unternehmen und/oder unausgenutzte Rohstoffquellen bzw. -reserven). Die Wirtschaft könnte sowohl mehr Kollektivgüter (z.B. Straßen) als auch mehr Individualgüter (z.B. Getreide) erzeugen.

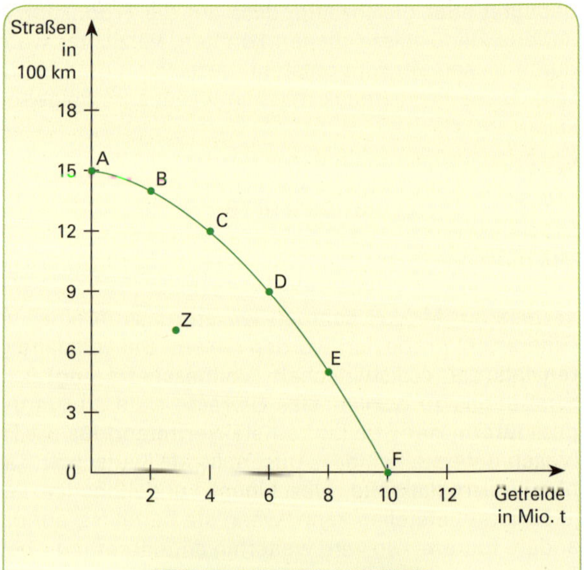

Transformationskurve

1 Beispiel nach Samuelson, P.: Volkswirtschaftslehre. Eine Einführung, Bd. 1, 1965, S. 31 ff.

- Durch die **Transformationskurve (Produktionsmöglichkeitskurve)** werden alle möglichen Kombinationen von zwei Gütern aufgezeigt, die in einer Volkswirtschaft – bei voller Ausschöpfung des Produktionspotenzials und optimaler Kombination der Produktionsfaktoren – höchstens hergestellt werden können.
- Wird innerhalb der Transformationskurve produziert, liegt **Unterbeschäftigung** vor. Die Volkswirtschaft könnte noch mehr Güter produzieren.
- Wird genau auf der Transformationskurve produziert, liegt **Vollbeschäftigung** vor. Die Mehrproduktion einer Gütergruppe geht immer zulasten einer anderen.
- Eine **rechts von der Transformationskurve liegende Güterkombination** kann bei gegebenem Bestand an Produktionsfaktoren und technisch-organisatorischem Wissen **nicht verwirklicht** werden.

(2) Gesetz der zunehmenden Opportunitätskosten

Wird in einer Volkswirtschaft die in Punkt D markierte Güterkombination (siehe obige Transformationskurve) realisiert, so verfügt diese am Ende der Produktionsperiode über 6 Mio. t Getreide (Konsumgüter) und 900 km Straßen (Produktionsgüter). Soll nunmehr künftig eine höhere Menge an Konsumgütern produziert werden (z. B. Menge E, d. h. 8 Mio. t Getreide), so lässt sich dies nur unter Verzicht auf eine bestimmte Menge an Investitionsgütern (ca. 400 km Straßen) realisieren. Dieser **Substitutionsvorgang** entlang der Transformationskurve kann mithilfe der Opportunitätskosten gemessen werden. Dieses Messkonzept gibt beispielsweise an, auf welche Menge an Produktionsgütern verzichtet werden muss, wenn die Menge an Konsumgütern um eine Mengeneinheit steigen soll.

$$\textbf{Opportunitätskosten} = \frac{\text{Verringerung der Menge der Produktionsgüter}}{\text{Erhöhung der Menge der Konsumgüter}}$$

Die Zunahme der Opportunitätskosten lässt sich aus dem Verlauf der Produktionsmöglichkeitskurve begründen.

Die dargestellte Transformationskurve (siehe vorherige Seite) verläuft konvex, d. h., sie hat einen nach außen gekehrten „Bauch". Warum? Um 2 Mio. Tonnen Getreide zu erhalten, müssen wir auf 100 km Straße verzichten. 4 Mio. Tonnen Getreide erfordern bereits einen Verzicht auf 300 km Straße. Der Grund ist darin zu sehen, dass bei steigender Getreideproduktion zum einen Arbeitskräfte in der Landwirtschaft angestellt werden müssen, die die Arbeit dort nicht kennen, entsprechend langsamer arbeiten und Fehler machen, und zum anderen Böden herangezogen werden müssen, die unfruchtbarer sind bzw. klimatisch ungünstiger als die bisherigen liegen, was wiederum ein Mehr an Düngemitteln und Maschineneinsatz bzw. Arbeitseinsatz bedeutet. Bei zunehmender Getreideproduktion nimmt also der Einsatz von Mensch und Maschine überproportional zu.[1]

1 Anders ausgedrückt: Mit zunehmendem Einsatz von Arbeit und sonstiger Produktionsmittel nimmt der physische (körperliche) Ertrag nur unterproportional zu („Ertragsgesetz").

(3) Ausweitung der Transformationskurve

Eine bestimmte Transformationskurve gilt in einer Volkswirtschaft nur für einen verhältnismäßig kurzen Zeitraum. Wird das Produktionspotenzial erweitert, verschiebt sich die Transformationskurve nach „rechts“ (siehe nebenstehende Abbildung). Dies ist z.B. der Fall, wenn die Zahl der arbeitsfähigen und -willigen Personen zunimmt und/oder Produktionsanlagen der Wirtschaft erweitert werden (Erweiterungsinvestitionen). Schließlich trägt der technische Fortschritt zur Ausweitung des Produktionspotenzials (Rechtsverschiebung der Transformationskurve) der Wirtschaft bei.

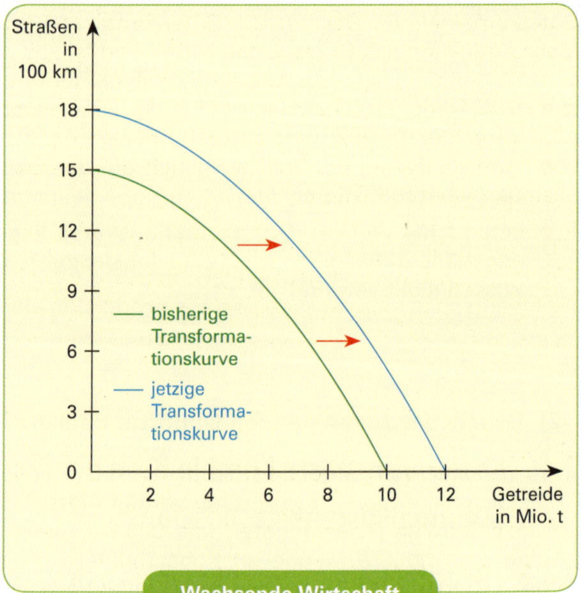

Wachsende Wirtschaft

2.3 Optimale Allokation der Produktionsfaktoren

(1) Gesamtwirtschaftliche Produktionsfunktion

Die Güter werden durch die Kombination der Produktionsfaktoren (z.B. menschliche Arbeit, Rohstoffe, Maschinen, Fabrikanlagen und Handelshäuser) im Produktionsprozess hergestellt. Das Produktionsergebnis (Output) wird einerseits bestimmt durch die Menge und Qualität der eingesetzten Produktionsfaktoren (Input) und andererseits durch die gewählte Kombination der Produktionsfaktoren.

Der Zusammenhang zwischen eingesetzten Produktionsfaktoren und Produktionsergebnis lässt sich mathematisch als Produktionsfunktion beschreiben.

Produktionsergebnis = f (Natur, Arbeit, Kapital)

Eine **Produktionsfunktion** zeigt die Abhängigkeit eines mengenmäßigen (physischen) Ertrags vom mengenmäßigen Einsatz eines Produktionsfaktors bzw. einer Produktionsfaktorengruppe (kurz Faktorgruppe).

(2) Einsatz der Produktionsfaktoren nach dem Maximalprinzip

Welche Güterkombination in einer vollbeschäftigten Wirtschaft anzustreben ist, muss politisch entschieden werden. Nach dem ökonomischen Prinzip (Maximalprinzip) müssen die Entscheidungsträger (z. B. die Regierungen, die Parlamente) die zu erzeugende Güterkombination anstreben, die der Gesellschaft den höchsten Nutzen bringt (optimale Güterkombination). Dies ist die Güterkombination, bei der der Nutzengewinn aus der Mehrproduktion des Gutes A den Nutzenverlust aus der Verringerung der Produktion des Gutes B gerade ausgleicht. Die zur Erstellung der optimalen Güterkombination erforderliche Faktorkombination wird in der Fachsprache als **optimale Faktorallokation[1] (optimale Allokation der Produktionsfaktoren)** bezeichnet. Liegt eine optimale Faktorallokation vor, dann produziert die Volkswirtschaft auf der Produktionsmöglichkeitskurve, d. h., es besteht Vollbeschäftigung.

Die **Allokation der Produktionsfaktoren** ist dann **optimal,** wenn bei gegebenen ökonomischen Daten der Nutzengewinn aus der Mehrproduktion eines Gutes den Nutzenverlust aus der Verringerung der Produktion eines anderen Gutes ausgleicht.

2.4 Kostengünstigste Kombination der Produktionsfaktoren (Minimalkostenkombination)

2.4.1 Begriff Minimalkostenkombination

- Bei der Minimalkostenkombination wird diejenige Kombination der Produktionsfaktoren gesucht, die bei **gegebenem** Kostenbudget den **höchsten** Output erbringt bzw. bei **gegebener** Ausbringungsmenge die **geringsten** Kosten verursacht. Die Preise der einzelnen Produktionsfaktoren sind dabei ebenso vorgegeben wie die Technologie.
- Eine **Minimalkostenkombination** ist die Umsetzung des **ökonomischen Prinzips** im **Produktionsbereich** einer Unternehmung.

Voraussetzung für das Auffinden der **Minimalkostenkombination** ist, dass die Produktionsfaktoren **untereinander austauschbar** (substituierbar) sind. Durch die Substitution besteht die Möglichkeit, eine bestimmte Ausbringungsmenge durch verschiedene, technisch gleich effiziente Kombination von Produktionsfaktoren zu erstellen.

2.4.2 Produktion als Kombinations- und Substitutionsprozess

Es wurde bereits deutlich, dass die Produktion das Ergebnis eines **Kombinationsprozesses** von Produktionsfaktoren (kurz: „Faktoren") ist. Ändert sich das technische Wissen und/oder ändern sich die Faktorpreise, werden auch die Produktionsfaktoren ganz oder teilweise gegeneinander ausgetauscht, d. h. **substituiert.**

Beispiele:

Menschliche Arbeit wird durch Maschinenarbeit – Metalle, Holz und Leder durch Kunststoffe – Heizöl durch Sonnenenergie ersetzt.

1 **Faktor** (lat.): Mitbewirker.
Allokation (lat.): Aufteilung. Hier: Aufteilung der Produktionsfaktoren auf alternative Verwendungen.

Die Wandlungen der Produktionsverhältnisse sind durch ständige **Substitutionsvorgänge** gekennzeichnet.

Beispiel:

Das Kombinations- und Substitutionsproblem lässt sich am besten mit einer Boulding-Tabelle[1] verdeutlichen. Die **Zeilen** zeigen die mögliche mengenmäßige Produktion (Ausbringung, Output) bei unterschiedlichem Einsatz (Input) des Produktionsfaktors A (im Beispiel Arbeit), die **Spalten** die mögliche mengenmäßige Produktion bei unterschiedlichem Einsatz des Produktionsfaktors M (im Beispiel Maschinen).

Ausbringung (Stanzteile)

Einsatzmenge des Produktionsfaktors M (Maschinen) \ Einsatzmenge des Produktionsfaktors A (Arbeit in Stunden)	1	2	3	4	5	6	7	8	9	10
10	25	40	50	58	66	74	81	89	95	100
9	24	39	49	56	63	70	78	84	90	95
8	23	38	48	53	60	68	74	80	85	89
7	22	37	46	50	57	64	70	74	75	81
6	21	35	43	47	54	60	66	70	72	74
5	20	33	40	44	50	55	59	63	65	66
4	18	29	36	40	44	50	52	54	57	58
3	16	25	30	33	37	40	43	46	48	50
2	13	20	23	25	28	30	33	36	38	40
1	10	13	15	17	19	21	22	23	24	25

Aus der Tabelle lässt sich somit ablesen, dass z.B. beim Einsatz von 4 Arbeitsstunden und 7 Maschinen je Periode ein Output von 50 (im Beispiel 50 Stanzteile) erzeugt werden kann.

Welche Kombination der Betrieb tatsächlich wählt, hängt von den Faktorpreisen ab. Setzt sich der Betrieb z.B. zum Ziel, 50 Stanzteile zu produzieren, könnte er – falls er die Kosten[2] außer Betracht lässt – folgende Faktorkombinationen wählen:

Arbeit in Stunden	3	4	5	6	10
Zahl der Maschinen	10	7	5	4	3

Beträgt der Stundenlohn 40,00 € und die Maschinenkosten 60,00 € je Maschine, erhält man folgende Werte:

Arbeitskosten (Löhne) in €	120,00	160,00	200,00	240,00	400,00
Maschinenkosten in €	600,00	420,00	300,00	240,00	180,00
Gesamtkosten in €	720,00	580,00	500,00	480,00	580,00

Bei einem Stundenlohn von 40,00 € und Kosten von 60,00 € je Maschine wird der Betrieb die Faktorkombination 6 Arbeitsstunden und 4 Maschinen wählen, weil dies die kostengünstigste Faktorkombination ist, um 50 Stanzteile herzustellen.

1 Vgl. Woll, A.: Allgemeine Volkswirtschaftslehre, 4. Aufl. 1994, S. 113.

2 Kosten: Faktoreinsatzmenge · Preise.

Steigen die Löhne auf 65,00 € bei gleichbleibenden Maschinenkosten, wird der Produktionsfaktor Arbeit im Verhältnis zum Produktionsfaktor Maschinen teurer. Deswegen werden Arbeitsstunden durch Maschinen substituiert,[1] **wenn der Betrieb nach dem ökonomischen Prinzip** (hier nach dem **Minimalprinzip**) handelt.

Arbeitskosten (Löhne) in €	195,00	260,00	325,00	390,00	650,00
Maschinenkosten in €	600,00	420,00	300,00	240,00	180,00
Gesamtkosten in €	795,00	680,00	625,00	630,00	830,00

Die kostengünstigste Faktorkombination („Minimalkostenkombination") besteht jetzt aus dem Arbeitseinsatz von 5 Arbeitsstunden (5 · 65,00 €) und 5 Maschinen (5 · 60,00 €).

Bei einer Produktion mit **nicht austauschbaren** Produktionsfaktoren (**limitationale** Produktionsfunktion) gibt es **nur eine effiziente** Ausbringungsmenge, die ausschließlich durch technische Gegebenheiten bestimmt wird.

Ein Austausch der einzelnen Produktionsfaktoren wäre nicht sinnvoll, da die Faktoren in einem festen Verhältnis zueinander stehen.

Beispiele:

Ein Fahrrad und ein Fahrradkurier, ein Lkw und ein Lkw-Fahrer.

2.5 Ökonomische und soziale Folgen einer Faktorsubstitution

Von der Faktorsubstitution ist hierzulande in erster Linie der Produktionsfaktor **Arbeit** betroffen, der zumeist durch den Produktionsfaktor Kapital ersetzt wird.

Der **Austausch des Faktors Arbeit durch das Kapital** setzt sich insbesondere immer dann weiter fort, wenn sich der **Faktor Arbeit** durch entsprechende Lohnsteigerungen oder durch die Erhöhung von Lohnnebenkosten weiter **verteuert** bzw. der **technische Fortschritt** neue Möglichkeiten eines Austauschprozesses erschließt.

Beispiele:

- Die Entwicklung von Geldausgabeautomaten oder Kontoauszugsdruckern ermöglichte die Freisetzung von Kassierern und Servicepersonal in Banken und Sparkassen.
- Die Entwicklung von Schweißrobotern sorgte für Massenentlassungen in der Automobilindustrie.

Die Auswirkungen dieses andauernden Substitutionsprozesses führen u. a. zu einer **Zunahme der Arbeitslosigkeit** mit den entsprechenden negativen Begleiterscheinungen für den Einzelnen und die Gesamtheit.

Gleichwohl können von dem Substitutionsprozess auch **positive Auswirkungen** auf die Arbeitskräfte ausgehen, indem **neue Techniken** die **Arbeitskräfte entlasten** (z. B. Entlastung von zeitintensiven Routinearbeiten). Des Weiteren werden die Arbeitskräfte durch

1 **Substituieren:** austauschen, ersetzen.

den Substitutionsprozess mehr gefordert, wodurch auch die Motivation der Mitarbeiter wächst.

Schließlich trägt der Substitutionsprozess auch zu einer **Mehrung des Wohlstandes** bei. So ist in vielen Bereichen durch entsprechenden Maschineneinsatz die Fertigung großer Stückzahlen möglich. Dies führt nicht nur zu einer Ausweitung des Güterangebots insgesamt, sondern nach dem **Gesetz der Massenproduktion**[1] über fallende Stückkosten auch zu sinkenden Preisen bei den entsprechenden Produkten. Dies ermöglicht einem größeren Kreis von Nachfragern den Kauf oder Zusatzkonsum dieser Produkte, sodass eine Besserversorgung der Bevölkerung erreicht wird.

Kompetenztraining

22 Für eine Volkswirtschaft gilt nachfolgende Substitutionstabelle mit zwei Gütern, und zwar „Maschinen" (stellvertretend für Zukunftsgüter) und „Personenwagen" (stellvertretend für Gegenwartsgüter).

Möglichkeiten	Personenwagen (je Periode)	Maschinen (je Periode)
A	6000	—
B	5000	2000
C	4000	3000
D	3000	3800
E	2000	4500
F	1000	5000
G	—	5250

Aufgaben:

1. Zeichnen Sie die Transformationskurve!
2. Die Darstellung der Wahlentscheidung mithilfe von Transformationskurven ist ein stark vereinfachendes Modell.

   Aufgaben:

   2.1 Erklären Sie, was unter einem Modell zu verstehen ist!

   2.2 Begründen Sie die Notwendigkeit, mit volkswirtschaftlichen Modellen zu arbeiten!
3. Erläutern Sie, was die von Ihnen gezeichnete Transformationskurve (Aufgabe 1) aussagt!
4. Begründen Sie, warum die in Aufgabe 1 gezeichnete Transformationskurve konvex verläuft!
5. Angenommen, die in Aufgabe 1 genannte Volkswirtschaft stellt 3000 Personenwagen und 2500 Maschinen her. Entscheiden Sie, welche gesamtwirtschaftliche Situation vorliegt! Begründen Sie Ihre Antwort!
6. Angenommen, die Nachfrage nach Personenwagen beträgt 4000 Stück je Periode und die Nachfrage nach Maschinen 4500 Stück je Periode. Entscheiden Sie, welche gesamtwirtschaftliche Situation vorliegt! Begründen Sie Ihre Antwort!
7. Erläutern Sie, wie sich der technische Fortschritt auf den Verlauf einer Transformationskurve auswirkt!
8. Erläutern Sie, unter welchen Bedingungen sich Transformationskurven nach „links" verschieben könnten!
9. Suchen Sie nach einem sinnvollen Zahlenbeispiel, bei dem Sie lineare Transformationskurven erhalten!
10. Nennen und begründen Sie die Faktoren, die den Verlauf einer Transformationskurve bestimmen!

1 Mit steigender Produktionsmenge sinken die Produktionskosten pro Stück. Während die variablen Kosten pro Stück konstant bleiben, sinken die fixen Kosten pro Stück mit zunehmender Beschäftigung. Vgl. Kapitel 2 im Handlungsfeld 2.

11. Führen Sie an, welche gesellschafts- und wirtschaftspolitischen Vor- und Nachteile sich ergeben, wenn sich eine Volkswirtschaft zur verstärkten Produktion von Zukunftsgütern (Produktionsgütern) zulasten der Produktion von Gegenwartsgütern (Konsumgütern) entschließt!

12. Erläutern Sie, wie sich Ihre Antwort ändert, wenn Sie annehmen, dass in einer vollbeschäftigten Wirtschaft die Produktion militärischer Güter zulasten der Produktion ziviler Güter ausgedehnt wird!

13. Verdeutlichen Sie den Unterschied der Produktionsmöglichkeiten einer

    13.1 unterbeschäftigten und

    13.2 vollbeschäftigten Wirtschaft!

23

1. Beschreiben Sie, inwiefern die Produktion einen ständigen Kombinationsprozess von Produktionsfaktoren darstellt!

2. Erläutern Sie, inwiefern die Produktion einen ständigen Substitutionsprozess von Produktionsfaktoren darstellt!

3. In der Tabelle auf S. 156 wird gezeigt, mit welchen Faktorkombinationen ein Betrieb eine bestimmte Menge Stanzteile erzeugen kann.

   Aufgaben:

   3.1 Entscheiden Sie, mit welchen Faktorkombinationen der Betrieb jeweils 40 Stanzteile erzeugen kann!

   3.2 Angenommen, der Betrieb setzt sich zum Ziel, 40 Stanzteile zu erzeugen. Die Arbeitskosten betragen 40,00 € je Stunde, die Maschinenkosten belaufen sich auf 30,00 € je Maschine. Entscheiden Sie, welche Faktorkombination der Betrieb wählen wird, wenn er nach dem ökonomischen Prinzip handelt!

24

„Durch die Anwendung neuer Techniken, durch Produktionsveränderungen und durch organisatorische Rationalisierungsmaßnahmen werden Arbeitsinhalte verändert und bisherige Tätigkeiten überflüssig. Herkömmliche Qualifikationen werden nutzlos. Das Veränderungstempo beschleunigt sich.

Als Folgen für den Arbeitnehmer sind zu erwarten bzw. bereits eingetreten:

- Traditionelle soziale Strukturen der Arbeitswelt werden zerstört, weil der Bildschirm zum neuen ‚Arbeitskollegen' und Gesprächspartner wird wie zum Beispiel bei der computergesteuerten Sachbearbeitung.
- Facharbeiterqualifikationen werden nicht mehr benötigt, wenn zum Beispiel CAD-Systeme[1] die Aufgaben von technischen Zeichnern übernehmen.
- Die Automatisierung in der Produktion wird vor allem an- und ungelernte Arbeitskräfte freisetzen, so können zum Beispiel Industrieroboter komplette Montagetätigkeiten in der Automobilproduktion durchführen.
- Im Büro übernehmen Textsysteme die Tätigkeit der Schreibkräfte sowie Routinetätigkeiten der Sachbearbeiter. So wurden in Versicherungskonzernen durch Textverarbeitungssysteme bis zu 30 % der Beschäftigten eingespart.
- Industrieroboter ersetzen nach Untersuchungen in Automobilfabriken im Durchschnitt vier Arbeitskräfte.
- Numerisch gesteuerte Werkzeugmaschinen haben die vierfache Produktivität gegenüber konventionellen Maschinen.
- CAD-Systeme in Konstruktionsbüros sparen bis zu 20 % der technischen Zeichner und Detailkonstrukteure ein.

1 Unter **C**omputer **A**ided **D**esign (CAD) versteht man computerunterstütztes Konstruieren. Das Zeichenbrett wird hier durch den Bildschirm ersetzt.

Die durch die neuen Technologien veränderten Arbeitsplatzinhalte erfordern zunehmend folgende Qualifikationen: Kreativität, abstraktes, theoretisches Denken (Umgang mit Software), planerisches Denken (Flussdiagramme, Software-Abläufe), Bereitschaft zur Teamarbeit, Flexibilität (Akzeptanz neuer Verfahren), Lernbereitschaft (‚lebenslanges Lernen').

Quelle: Henning, B.: Sozioökonomische Perspektiven der neuen Technologien, in: Grundfragen der Ökonomie, hrsg. von der Bundeszentrale für politische Bildung, Bonn 1989, S. 390 f.

Aufgaben:

1. Erläutern Sie, von welchem Substitutionsprozess in obigem Textauszug die Rede ist!
2. Nennen Sie negative Auswirkungen dieses Substitutionsprozesses!
3. Entscheiden Sie, ob der genannte Substitutionsprozess auch positive Auswirkungen für die Arbeitskräfte haben kann! Begründen Sie Ihre Meinung!

Anforderungssituation 3.2
Die Ermittlung des Bruttoinlandsprodukts als ein quantitatives Konzept zur Wohlstandsmessung

Lesen Sie zunächst folgenden Artikel und betrachten Sie die nachfolgende Abbildung!

Glück statt Wachstum – Die Grenzen der wirtschaftlichen Produktivität

Im Kapitalismus ist das Bruttoinlandsprodukt das Maß aller Dinge. Und obwohl die sogenannte Erste Welt nach wie vor reicher und produktiver ist als die Dritte, sind die Menschen hier nicht glücklich. Woran liegt das?

Bereits in den 1970ern erkannte der Club of Rome die Grenzen des Wachstums. Wirtschaftliche Produktivität sei kein alleiniger Gradmesser von Lebensqualität und Wohlstand – wichtig seien auch andere Dinge wie Gesundheit, Bildung, das persönliche Umfeld oder eine ökologische Umwelt.

Durch die unsichtbare Hand, die Selbstregulierung des Marktes, werde gleichzeitig auch das allgemeine, gesellschaftliche Glück erhöht – so wollte es der Begründer der modernen Marktökonomie, Adam Smith. Viele unsichtbare Hände stürzten gut 230 Jahre später die Welt in die Krise. Die Wirtschaft wuchs wild, die Finanzwelt wucherte – bis zum Overkill. Wachstum, so das Mantra, soll nun sogar wieder aus der Krise führen. „Wir haben das fast aus dem Auge verloren, kulturell und kollektiv, dass eigentlich Glück der Indikator ist und nicht Wachstum", sagt der Soziologe Hartmut Rosa. […] Längst gehe es bei unserer Produktion nicht mehr darum, Mangel zu beheben. Das einzige, was steige, sei das Tempo. „Inzwischen ist Wachstum zu einem derart unerbittlichen Zwang geworden, dass es uns alle wie in ein Hamsterrad setzt, das uns jedes Jahr zwingt, ein bisschen schneller zu laufen, ein bisschen höher die Wettbewerbsfähigkeit zu steigern", so Rosa. […]

Je höher das Bruttosozialprodukt, desto mehr Wohlstand – diese Rechnung geht für moderne Industriestaaten nicht mehr auf. Hier läuft die Suche nach neuen Gradmessern für Lebensqualität, zum Beispiel dem Bruttoinlands-Glück. Den jüngsten Vorstoß wagten die Nobelpreisträger Joseph Stiglitz und Amartya Sen. […] „Arbeit etwa hat einen Einfluss auf unser Wohlbefinden, der jenseits des Einkommens liegt. Gesundheit, Bildung, Sicherheit und soziale Beziehungen machen Lebensqualität aus, aber werden nicht vom Bruttosozialprodukt erfasst", so Stiglitz.

Das statistische Maß ist blind gegen Leid und Wohl. Es zeigt die Welt im Zerrspiegel: Ganz gleich, ob eine Ölpest Arbeit schafft, Staus den Benzinverbrauch steigern oder Katastrophen Aufräumarbeiten bedingen, das Bruttosozialprodukt wird dadurch gesteigert. Wie aber lassen sich Wohl- und Missstand überhaupt bestimmen? „Der Bettler, der sich am Wegesrand sonnt", schrieb Adam Smith, „hat eine Zufriedenheit, für welche die Könige kämpfen müssen." Das kleine Land Bhutan, ökonomisch betrachtet nicht der Rede wert, ist beim Bruttosozialglück Vorreiter. Das kleine Königtum im Himalaya misst seit gut 40 Jahren Lebensqualität: Spirituelle Wohlfahrt zählt wie auch Fertigkeiten im Handwerk. Kann uns Bhutan Vorbild sein?

[...] Was wir sehen wollen, berechnen wir. Ein realistisches Maß für Wohlstand würde abwägen, mit welchen Umwelt- und Sozial-Kosten wir unsere Produktivität bezahlen. [...] „Die Krise hat vor Augen geführt, wie wichtig unsere Bedenken sind", sagt Joseph Stiglitz. „Das Finanzwesen ist das Mittel einer produktiven Wirtschaft und kein Selbstzweck. Die Wirtschaft soll unserem Wohlergehen dienen – auch sie ist nicht Selbstzweck." Politik müsste Wirtschaft zum Allgemeinwohl verpflichten. So könnte der durchaus vorhandene Reichtum gerechter verteilt werden. Keine Gesellschaft kann gedeihen und glücklich sein, in der der weitaus größte Teil ihrer Mitglieder arm und elend ist.

Quelle: www.3sat.de/kulturzeit/themen/141024/index.html, 2012/3sat, Donya Ravasani.

Wie glücklich ist die Welt?

Der **World Happiness Report 2017** untersucht, wie glücklich die Menschen in 155 Ländern sind. Für den Vergleich wurden Statistiken und Umfragen ausgewertet, u. a. zum Bruttoinlandsprodukt, zur Unterstützung durch Familie und Freunde und zur Korruption.

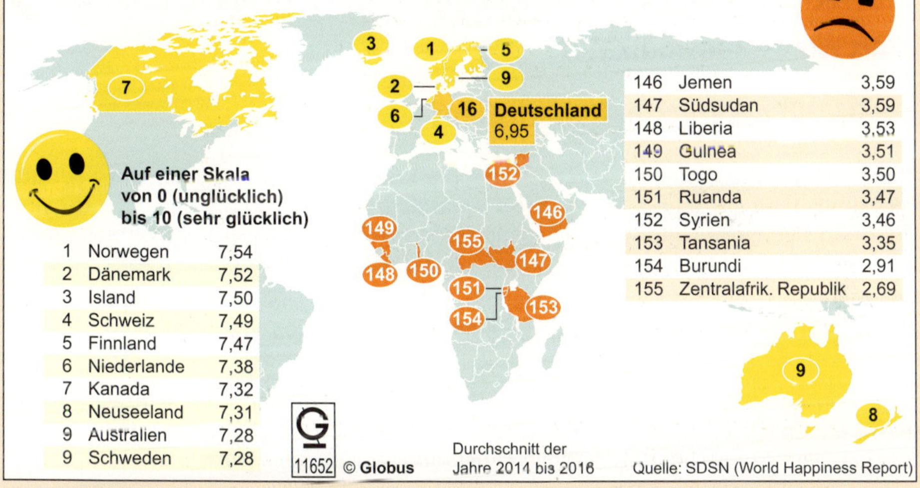

1	Norwegen	7,54
2	Dänemark	7,52
3	Island	7,50
4	Schweiz	7,49
5	Finnland	7,47
6	Niederlande	7,38
7	Kanada	7,32
8	Neuseeland	7,31
9	Australien	7,28
9	Schweden	7,28

146	Jemen	3,59
147	Südsudan	3,59
148	Liberia	3,53
149	Guinea	3,51
150	Togo	3,50
151	Ruanda	3,47
152	Syrien	3,46
153	Tansania	3,35
154	Burundi	2,91
155	Zentralafrik. Republik	2,69

Norwegen ist das glücklichste Land der Welt. Das geht aus dem World Happiness Report 2017 hervor, in dem internationale Forscher die Zufriedenheit in 155 Ländern untersucht haben. Damit eroberte das skandinavische Land den Spitzenplatz und löste Dänemark ab, das in den drei Jahren zuvor den ersten Platz belegt hatte. Aber das Spitzenfeld liegt sehr dicht beieinander. Mit sehr geringem Abstand folgen Dänemark, Island und die Schweiz. Es ist also nicht verwunderlich, wenn sich die Reihenfolge der glücklichsten Länder jedes Jahr ein wenig verschiebt. Die Studie verbindet Länderstatistiken mit Befragungen der Bevölkerung. So fließen unter anderem das Bruttoinlandsprodukt pro Kopf und die durchschnittliche Lebenserwartung in den Vergleich ein, aber auch die gefühlte Unterstützung aus dem eigenen sozialen Umfeld und das Vertrauen in die Regierung und Unternehmen hinsichtlich Korruption. Die Top-Länder punkten in allen Hauptfaktoren, die das Glücklichsein beeinflussen: Fürsorge, Freiheit, Großzügigkeit, Ehrlichkeit, Einkommen und gute Regierungsführung. Deutschland landet im aktuellen Weltglücksbericht auf Platz 16. Mit Ausnahme vom Jemen und Syrien liegen die zehn Länder mit dem geringsten Glücksgefühl in Afrika.

11 Boller - ISBN 978-3-8120-0619-4

Kompetenzorientierte Arbeitsaufträge:

1. Notieren Sie sich zunächst die Begriffe in dem vorangestellten Text, die Ihnen unverständlich erscheinen, recherchieren Sie diese anschließend im Internet und halten Sie die Ergebnisse schriftlich fest!
2. Nennen Sie fünf allgemeine Bestimmungsfaktoren für den Wohlstand eines Landes!
3. Versuchen Sie Argumente dafür zu finden, warum im Falle von Wirtschaftswachstum in Deutschland nicht alle Einwohner gleichermaßen davon profitieren! Gehen Sie dabei insbesondere auf mögliche Ursachen für diese Ungleichverteilung ein!
4. Entwickeln Sie abseits der Umverteilung von Einkommen einen möglichen Lösungsansatz zur dauerhaften Beseitigung solcher Ungleichverteilungen!
5. Erläutern Sie anhand von drei Beispielen, inwiefern Wirtschaftswachstum hierzulande auch negative Auswirkungen für die Bevölkerung haben kann!
6. Veranschaulichen Sie anhand eines konkreten Beispiels, wie sich Wirtschaftswachstum und Umweltschutz miteinander verbinden lassen!
7. Erläutern Sie kurz, auf welchen Wegen das Bruttoinlandsprodukt ermittelt wird und welche Fragen dabei im Zentrum der jeweiligen Ermittlung stehen!

3 Berechnung und kritische Würdigung des Bruttoinlandsprodukts als Wohlstandsindikator

3.1 Begriff des Wirtschaftswachstums

Unter Wirtschaftswachstum versteht man die **Erhöhung** des innerhalb einer Periode (gewöhnlich für ein Jahr) erzielten **Bruttoinlandsprodukts,** also die Zunahme der produzierten Menge an Gütern und Dienstleistungen innerhalb einer Volkswirtschaft.

Wenn die Menge der zur Verfügung stehenden Güter und Dienstleistungen zunimmt, so bedeutet Wirtschaftswachstum zugleich eine **Steigerung des Wohlstandes** einer Volkswirtschaft.

Erhöht (verringert) sich das Bruttoinlandsprodukt innerhalb einer Periode im Vergleich zur Vorperiode, so spricht man von positivem (negativem) Wirtschaftswachstum, bleibt es hingegen gleich, bezeichnet man diesen Zustand als **„Nullwachstum"**.

Grundsätzlich lassen sich **zwei Arten** von **Wirtschaftswachstum** unterscheiden:

Arten	Erläuterungen
Quantitatives Wachstum	Ist die **rein mengenmäßige Erhöhung** des Bruttoinlandsprodukts.
Qualitatives Wachstum	Ist die **Verbesserung der Umwelt- und Lebensbedingungen.** Das qualitative Wachstum findet seinen Ausdruck z. B. in der Entwicklung **sparsamer und umweltschonender** Produktionsverfahren, größerer Freizeit oder qualifizierteren Ausbildungen.

Das Wachstum einer Volkswirtschaft wird durch den **Bestand und die Auslastung der Produktionsfaktoren** bestimmt. Daraus lässt sich das gesamtwirtschaftliche Produktionspotenzial ermitteln. Wird dieses Potenzial nicht voll ausgenutzt, so wird auf mögliches Wachstum verzichtet.

3.2 Bruttoinlandsprodukt (BIP) und Bruttonationaleinkommen (BNE)

Die wirtschaftliche Leistung einer Volkswirtschaft und deren Veränderung (Wirtschaftswachstum) wird von Statistischen Ämtern gemessen und in den Größen **Bruttoinlandsprodukt** (BIP) und **Bruttonationaleinkommen** (BNE) ausgedrückt.

Bruttoinlandsprodukt (BIP)	Das **BIP** misst die Produktion von Waren und Dienstleistungen in einem **bestimmten Gebiet** (Inland, Arbeitsort) für einen **bestimmten Zeitraum,** meist ein Jahr, **unabhängig** davon, ob diejenigen, von denen die Produktionsfaktoren bereitgestellt werden (Erwerbstätige, Kapitaleigner), ihren ständigen Wohnsitz in diesem Gebiet haben oder nicht. Da hier auf die Erfassung der Leistung in einem **Wirtschaftsgebiet** abgestellt wird, spricht man von dem **Inlandskonzept.**
Bruttonationaleinkommen (BNE)	Das **BNE** bezieht sich auf die Güter, die mithilfe der Faktorleistung (Arbeit, Kapital) der **Einwohner** eines bestimmten Gebietes (Inland, Wohnort) produziert wurden, **unabhängig** davon, ob diese Faktorleistung **im Inland oder in der übrigen Welt erbracht wurde. Das BNE zeigt daher stärker die Einkommen,** die den Bewohnern eines bestimmten Gebietes während einer bestimmten Periode zufließen. Dieses Konzept wird als **Inländerkonzept** bezeichnet.

Umfassendster Wert ist das **Bruttoinlandsprodukt** (BIP). Es spiegelt die wirtschaftliche Gesamtleistung eines Landes wider. Die Arbeit des kleinen Handwerksbetriebs ist darin ebenso enthalten wie die Produktion des großen Industrieunternehmens, die Leistungen des Transportgewerbes, der Dienstleistungsbetriebe, des Handels, der Banken und Versicherungen sowie der Landwirtschaft ebenso wie die des Staates, der Kirchen, der Gewerkschaften und der privaten Haushalte.

Das BIP wird in **jeweiligen Preisen** und **preisbereinigt** errechnet. Auf Vorjahrespreisbasis wird die „reale“ Wirtschaftsentwicklung im Zeitablauf **frei von Preiseinflüssen** dargestellt. Die **Veränderungsrate** des **preisbereinigten** BIP dient als **Messgröße** für das **Wirtschaftswachstum** einer Volkswirtschaft. Das BIP ist damit die **wichtigste Größe** der volkswirtschaftlichen Gesamtrechnungen.

Beachte:

Ein steigendes Bruttoinlandsprodukt bedeutet noch nicht, dass die Volkswirtschaft tatsächlich im angezeigten Umfang mehr produziert hat. Das Wachstum kann vielmehr ganz oder teilweise auf **gestiegene Preise** zurückzuführen sein. Das zu jeweiligen (im Betrachtungsjahr aktuellen) Preisen bewertete Bruttoinlandsprodukt bezeichnet man als **nominales Bruttoinlandsprodukt.** Zur Ermittlung des nominalen Bruttoinlandsproduktes werden die produzierten Güter und Dienstleistungen eines Jahres mit den tatsächlich gezahlten Preisen multipliziert und die Einzelergebnisse dann addiert.

Beispiel:

In einer Volkswirtschaft werden im Jahr 01 von einem Sportwagenhersteller 20 exklusive Nobel-Karosserien hergestellt und zu einem Preis von 1 Mio. EUR pro Stück verkauft. Im Jahr 02 werden vom gleichen Modell 15 Wagen hergestellt und zu einem Preis von 2 Mio. EUR pro Stück verkauft. Obwohl 5 Autos weniger hergestellt wurden, hat sich das nominelle Bruttoinlandsprodukt – einzig wegen der gestiegenen Preise – um 10 Mio. EUR erhöht.

Will man die **tatsächliche** Mehrleistung einer Volkswirtschaft im Vergleich zum Vorjahr ermitteln, muss man das **reale** (preisbereinigte) **Bruttoinlandsprodukt** berechnen. Dies geschieht im Kern dadurch, dass man aus dem nominalen Bruttoinlandsprodukt die **Preissteigerungen** herausrechnet.

3.3 Entstehung und Verwendung des Bruttoinlandsprodukts und die Verteilung des Volkseinkommens

Die Ergebnisse des Wirtschaftsprozesses einer Volkswirtschaft für eine bestimmte Periode (z.B. ein Jahr) werden von der **volkswirtschaftlichen Gesamtrechnung (VGR)** erfasst. Sie liefern den Trägern der Wirtschaftspolitik wichtige Informationen u.a. darüber, was die eingeleiteten wirtschaftspolitischen Maßnahmen bewirkt haben.

In der volkswirtschaftlichen Gesamtrechnung gibt es **drei verschiedene Ansätze** zur Berechnung des Bruttoinlandsprodukts:

- **Entstehungsrechnung: Wo** ist das Bruttoinlandsprodukt **entstanden?**
- **Verwendungsrechnung: Wie** wird das Bruttoinlandsprodukt **verwendet?**
- **Verteilungsrechnung: Wie** werden die bei der Entstehung des Bruttoinlandsprodukts erzielten Einkommen **verteilt?**

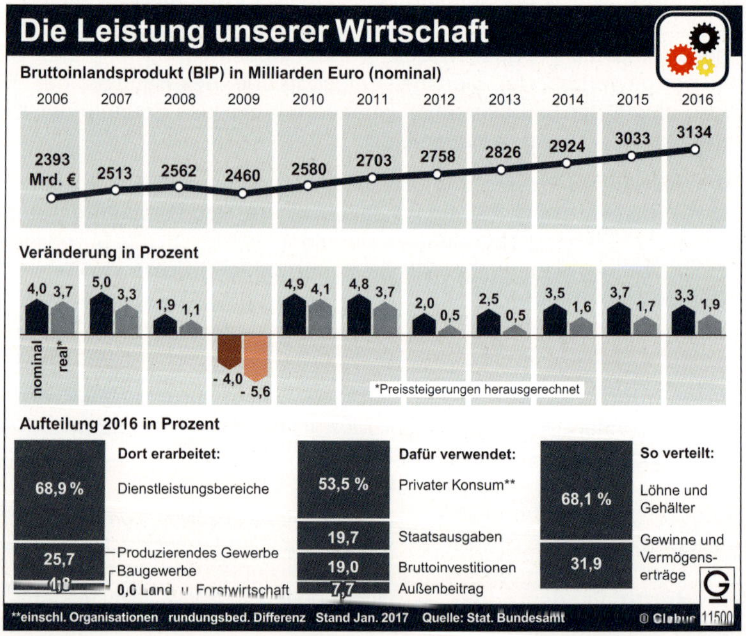

Die deutsche Wirtschaft befand sich auch 2016 auf stabilem Wachstumskurs. Ohne Berücksichtigung des Preisanstiegs lag die gesamtwirtschaftliche Leistung um 3,3 % über dem Ergebnis des Vorjahres; preisbereinigt (real) – und das ist die entscheidende Größe – übertraf sie den Vorjahreswert um 1,9 %, wie das Statistische Bundesamt berechnet hat. Im Jahr 2015 hatte das Bruttoinlandsprodukt (BIP) real um 1,7 % zulegen können, 2014 waren es 1,6 %. Die deutsche Wirtschaft profitierte vor allem von der Nachfrage der Konsumenten, die dank Lohnerhöhungen und günstiger Öl- und Spritpreise über eine höhere Kaufkraft verfügten.

3.3.1 Entstehungsrechnung

Die Entstehungsrechnung erfasst die wirtschaftliche Leistung einer Periode nach ihren Quellen, d.h. nach den **Wirtschaftsbereichen** (Produktionsansatz). Die Wirtschaftsbereiche, die Güter produzieren, werden in drei Gruppen untergliedert:

Primärer Sektor	Land- und Forstwirtschaft, Fischerei
Sekundärer Sektor	produzierendes Gewerbe
Tertiärer Sektor	Dienstleistungen mit den Bereichen ■ Handel, Gastgewerbe und Verkehr ■ Finanzierung, Vermietung und Unternehmensdienstleister ■ öffentliche und private Dienstleister

Die Summe der wirtschaftlichen Leistungen der einzelnen Wirtschaftsbereiche (Produktionswert – Vorleistungen) ergibt die **Bruttowertschöpfung.** Werden anschließend die Gütersteuern hinzugezählt und die Gütersubventionen abgezogen, so erhält man das **Bruttoinlandsprodukt.**

Um den **tatsächlichen Wertzuwachs/Wertverlust** der Wirtschaftsbereiche feststellen zu können, muss der **Wertverlust (Abschreibungen),** der durch die Nutzung der Produktionsmittel entstanden ist, abgezogen werden **(Nettowertschöpfung).**

Nettowertschöpfung = Bruttowertschöpfung – Abschreibungen

Werden die Abschreibungen vom Bruttoinlandsprodukt abgezogen, so erhält man das **Nettoinlandsprodukt.**

Nettoinlandsprodukt = Bruttoinlandsprodukt – Abschreibungen

	Land- und Forstwirtschaft, Fischerei	17,6
+	Produzierendes Gewerbe ohne Baugewerbe	724,6
+	Baugewerbe	135,3
+	Handel, Gastgewerbe und Verkehr	442,4
+	Finanzierung, Vermietung und Unternehmensdienstleister[2]	732,8
+	Öffentliche und private Dienstleister[3]	769,0
=	Bruttowertschöpfung	2821,7
+	Gütersteuern	Saldo[1] + 312,2
–	Gütersubventionen	
=	Bruttoinlandsprodukt	3133,9
–	Abschreibungen	551,8
=	Nettoinlandsprodukt	2582,1

Entstehung des Bruttoinlandsprodukts in der Bundesrepublik Deutschland 2016 (in Mrd. €)

Quelle: Statistisches Bundesamt (Hrsg.): VGR 2016, Wiesbaden 2017.

Die **Entstehungsrechnung** macht den Anteil der einzelnen Wirtschaftsbereiche am Bruttoinlandsprodukt deutlich.

1 Der Saldo zwischen den Gütersteuern und den -subventionen heißt **Nettoproduktionsabgabe.**

2 Die **Position „Finanzierung, Vermietung und Unternehmensdienstleister"** beinhaltet folgende Positionen: Finanz- und Versicherungsdienstleister, Grundstücks- und Wohnungswesen, Unternehmensdienstleister.

3 Die **Position „Öffentliche und private Dienstleister"** umfasst folgende Positionen: Information und Kommunikation, Öffentliche Dienstleister, Erziehung und Gesundheit, Sonstige Dienstleister.

3.3.2 Verwendungsrechnung

Eine andere Möglichkeit, das BIP zu errechnen, setzt an der **Nachfrageseite** an. Dabei wird untersucht, wofür die hergestellten Güter und Dienstleistungen verwendet wurden. So kann beispielsweise ein PC in einer Volkswirtschaft für den privaten Konsum verwandt werden, er könnte allerdings auch in Form einer Investition in einem Unternehmen zum Einsatz kommen oder gar in das Ausland exportiert werden. Im Rahmen der Verwendungsrechnung (Ausgabenansatz) werden die **Ausgaben** für die **Endverwendung von Waren und Dienstleistungen** ermittelt, d.h. private und staatliche Konsumausgaben, Investitionen sowie Außenbeitrag (Exportüberschuss = Exporte minus Importe).

	Private Konsumausgaben		1 677,9
+	Konsumausgaben des Staates		617,5
+	Bruttoinvestitionen		
	Ausrüstungen	205,3	
	Bauten	309,6	
	Sonstige Anlagen	112,9	
	Vorratsveränderungen	−31,2	596,6
+	Außenbeitrag		
	(Exporte minus Importe)		241,9
=	Bruttoinlandsprodukt		3 133,9

Verwendung des deutschen Bruttoinlandsprodukts 2016
(Zahlen in Mrd. € in jeweiligen Preisen)

Quelle: Statistisches Bundesamt, Bruttoinlandsprodukt 2016 für Deutschland, Begleitmaterial zur Pressekonferenz, Frankfurt a.M. 2017.

Die **Verwendungsrechnung** zeigt, wofür die Güter des Bruttoinlandsprodukts verwendet werden.

3.3.3 Verteilungsrechnung

Die dritte Möglichkeit, das Bruttoinlandsprodukt zu berechnen, setzt an der Verteilungsseite an. Sie ermittelt die **Aufteilung des Volkseinkommens** auf das **Arbeitnehmerentgelt** und das **Unternehmer- und Vermögenseinkommen** (z.B. Zinsen, Dividenden, Gewinne, Miet- und Pachterträge). [1]

Der **prozentuale Anteil** des **Arbeitnehmerentgelts** am Volkseinkommen wird als **Lohnquote** bezeichnet. Sie stellt jedoch die materielle Einkommenslage der Arbeitnehmer schlechter dar als sie ist, weil in Deutschland rund die Hälfte aller Vermögenseinkommen den Arbeitnehmern zufließen.

Die Berechnung der **Lohnquote** erfolgt nach folgender Formel:

$$\textbf{Lohnquote} = \frac{\text{Arbeitnehmerentgelt} \cdot 100}{\text{Volkseinkommen}}$$

	Arbeitnehmerentgelt (Inländer)	1 594,6
+	Unternehmens- und Vermögenseinkommen	746,1
	Volkseinkommen	2 340,7
+	Produktions- und Importabgaben an den Staat abzüglich Subventionen	307,5
+	Abschreibungen	551,8
=	Bruttonationaleinkommen	3 199,9[1]
–	Primäreinkommen, die Inländer aus dem Ausland beziehen	
+	Primäreinkommen, die Ausländer aus dem Inland beziehen Saldo	−66,0
=	Bruttoinlandsprodukt	3 133,9

Verteilung des Volkseinkommens in der Bundesrepublik Deutschland 2016 und die Berechnung des Bruttoinlandsprodukts 2016
(in Mrd. €)

Quelle: Statistisches Bundesamt, Bruttoinlandsprodukt 2016 für Deutschland, Begleitmaterial zur Pressekonferenz, Frankfurt a.M. 2017.

1 Rundungsdifferenz.

Für das Jahr 2016 ergibt sich folgende Lohnquote:

$$\text{Lohnquote} = \frac{1\,594{,}6 \cdot 100}{2\,340{,}7} = \underline{\underline{68{,}1\,\%}}$$

Den prozentualen Anteil der Unternehmens- und Vermögenseinkommen am Volkseinkommen bezeichnet man als **Gewinnquote.**

$$\textbf{Gewinnquote} = \frac{\text{Unternehmens- und Vermögenseinkommen} \cdot 100}{\text{Volkseinkommen}}$$

Für das Jahr 2016 ergibt sich folgende Gewinnquote:

$$\text{Gewinnquote} = \frac{746{,}1 \cdot 100}{2\,340{,}7} = \underline{\underline{31{,}9\,\%}}$$

Die **Verteilungsrechnung** zeigt die Aufteilung des Volkseinkommens auf die beiden Einkommensarten Arbeitnehmerentgelt einerseits sowie Unternehmens- und Vermögenseinkommen andererseits.

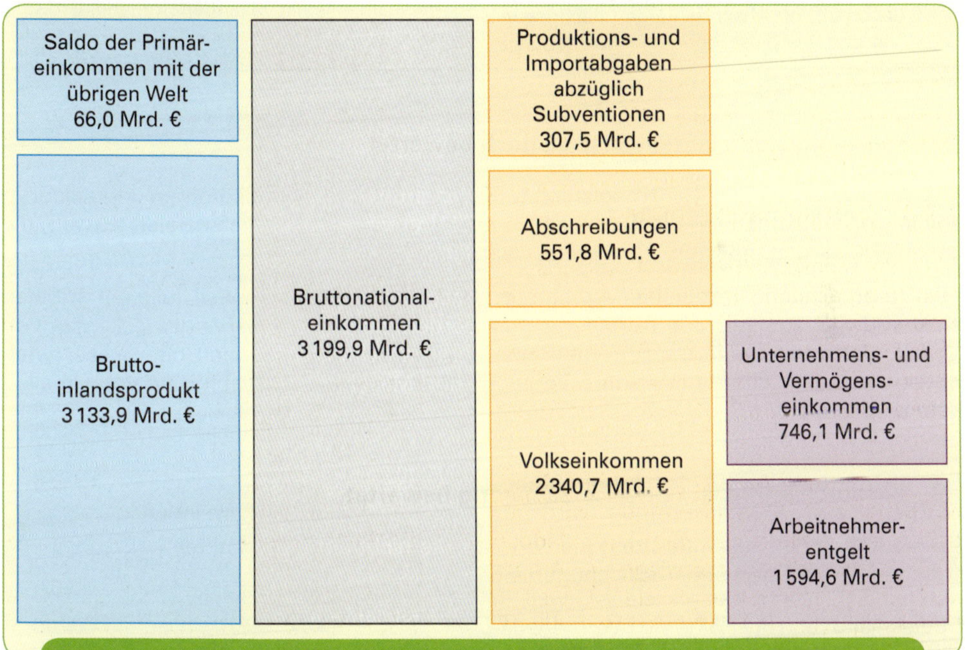

Schematische Darstellung des deutschen Bruttonationaleinkommens 2016

Quelle: Statistisches Bundesamt, Bruttoinlandsprodukt 2016 für Deutschland, Begleitmaterial zur Pressekonferenz, Frankfurt a. M. 2017.

3.4 Kritik am Modell des BIP als Wohlstandsindikator

(1) Erfassungs- und Bewertungsprobleme

Die Ermittlung der volkswirtschaftlichen Leistung stößt auf Erfassungs- und Bewertungsprobleme, sodass **Schätzungen** erforderlich werden, die auf mehr oder weniger willkürlichen **Annahmen** beruhen.

Beispiele:

- Die Leistungen des Staates werden nicht auf dem Markt gehandelt. Viele staatliche Leistungen sind unentgeltlich. Deshalb gibt es für die staatlichen Leistungen keine Marktpreise. Bei der Berechnung der volkswirtschaftlichen Gesamtleistung werden deshalb die staatlichen Leistungen mit den Herstellungspreisen bewertet.
- Die Höhe der verschiedenen Messzahlen gesamtwirtschaftlicher Leistung hängt u.a. davon ab, ob Abschreibungen nachgewiesen und wie diese berechnet werden. Abschreibungen sind keine direkt messbare Größe, sondern ein kalkulatorischer Posten, der nach festgelegten Grundsätzen bewertet wird. Die Berechnung der volkswirtschaftlichen Abschreibungen unterscheidet sich daher von den Berechnungs- und Bewertungsgrundsätzen im einzelwirtschaftlichen Rechnungswesen. Die volkswirtschaftlichen Abschreibungen gehen vom Wiederbeschaffungswert aus; sie stellen deshalb eine fiktive (angenommene) Größe dar.

(2) Gesamtleistung ist teilweise zu hoch bewertet

Die volkswirtschaftliche Gesamtleistung (z.B. das Bruttonationaleinkommen und das Bruttoinlandsprodukt) ist vor allem deshalb zu hoch berechnet, weil die **sozialen Kosten,** die abgesetzt werden müssten, nicht erfasst werden.

Die Gesamtleistung wird auch deswegen zu hoch wiedergegeben, weil Teile der sozialen Kosten der Gesamtleistung hinzugerechnet werden, so z.B. die Behandlungskosten von Unfallopfern und Berufskranken, die Reparaturen an Unfallfahrzeugen oder -maschinen sowie die Neuanschaffungen von Fahrzeugen und Maschinen, die aufgrund von Unfällen erforderlich werden.

(3) Gesamtleistung ist teilweise zu niedrig bewertet

Zu **niedrig** ist die Gesamtleistung insofern, als die nicht auf den Märkten in Erscheinung tretenden Leistungen unberücksichtigt bleiben.

Hierzu rechnen z.B. die Kindererziehung, die Arbeitsleistungen im privaten Haushalt oder die Leistungen der Kleingärtner.

Zu diesen legalen[1] Vorgängen der **Schattenwirtschaft** kommen die illegalen[2] wie z.B. Schwarzarbeit, Beschäftigung illegaler Einwanderer sowie Lieferungen und Leistungen ohne Rechnung. Die im Rahmen der Schattenwirtschaft geschaffenen Leistungen finden **nur als Schätzgröße** Berücksichtigung. Auch illegale Aktivitäten wie Drogenhandel und Prostitution fließen mit ein.

1 **Legal:** gesetzlich, erlaubt.

2 **Illegal:** ungesetzlich, verboten.

Zudem sind die Leistungen des Staates nicht ausreichend bewertet. Da es für staatliche Leistungen keine „Marktpreise" gibt (z. B. Dienstleistungen der Justiz, der Behörden, der Schulen und Universitäten), müssen diese zu Herstellungspreisen bewertet werden.

Der Gesamtleistung hinzugerechnet werden sollten auch die **sozialen Leistungen** (der „soziale Nutzen").

Zu den **sozialen Leistungen** rechnen alle der gesamten Gesellschaft zugutekommenden Nutzeffekte, wie z. B. die Umwelt erhaltende Tätigkeit der Landwirtschaft, der Erholungswert rekultivierter Industrielandschaften, die Ausbildungsleistungen der Unternehmen oder die Nutzung der Infrastruktur.[1]

3.5 Alternative Wohlstandsindikatoren

Das durch Mehr- oder Wenigerrechnung bereinigte Bruttonationaleinkommen bzw. Bruttoinlandsprodukt bleibt nach wie vor ein **eindimensionaler Wohlstandsmaßstab**, da lediglich quantitativ (zahlenmäßig) erfassbare Größen berücksichtigt werden können. Qualitative Dimensionen,[2] die sogenannte **Lebensqualität** (Gesamtheit aller Lebensumstände in einer Gesellschaft), werden nicht berücksichtigt. Die Lebensqualität kann nur mithilfe **sozialer** oder **ökologischer Indikatoren** beschrieben werden, die sich meist einer Bewertung in Geld entziehen. Soziale und ökologische Indikatoren sind qualitative Größen, die wesentliche Tatbestände der Gesellschaft wiedergeben.

Beispiele:

Die Qualität der medizinischen Versorgung lässt sich z. B. ablesen an der Geburtensterblichkeit, der Müttersterblichkeit, der Zahl der Krankenbetten oder an den Wartezeiten zwischen dem Auftreten einer Krankheit und der Aufnahme in ein Krankenhaus.

Die Qualität des Arbeitslebens spiegelt sich z. B. in den Arbeitslosenzahlen, in der Zahl der offenen Stellen oder in der Zahl der Arbeitsunfälle und Berufskrankheiten wider.

Zu den Indikatoren, die soziale und ökologische Aspekte berücksichtigen, zählen z. B. der Wohlstandsmaßstab Net Economic Welfare (NEW) oder der Human Development Index.

3.5.1 Net Economic Welfare (NEW)

Für einen neuen verbesserten Wohlstandsindikator trat der Nobelpreis-Ökonom Samuelson vom berühmten Massachusetts Institute of Technology in Cambridge (USA) ein. In seinem klassischen Lehrbuch „Economics" stellte Samuelson in den 70er-Jahren erstmals den Wohlstandsmaßstab Net Economic Welfare (NEW) als „korrigierte Version des realen Bruttoinlandsproduktes" vor.

1 Unter **Infrastruktur** sind alle der Allgemeinheit dienlichen öffentlichen und privaten Einrichtungen zu verstehen (z. B. private und öffentliche Straßen, Eisenbahnen, Krankenhäuser, Schulen, Kindergärten, Versorgungseinrichtungen).

2 **Dimension:** Abmessung, Ausdehnung; hier: Gesichtspunkte.

Einen Ansatz zur Wohlstandserfassung bietet der sogenannte **Net Economic Welfare (NEW)**. Dieser Index geht zuerst von dem Bruttoinlandsprodukt aus, welches um die **sozialen Kosten bereinigt** und um die **privaten Dienste erweitert** wird.

Bei der Berechnung dieses Indikators werden **Sozialkosten** wie verschmutzte Gewässer und verdreckte Luft, gleichgültig ob sie den Verursachern angelastet werden oder nicht, zu messen versucht und vom Sozialprodukt einer Volkswirtschaft **subtrahiert.** Nach diesem Maßstab sind z. B. die Wohlstandsunterschiede zwischen Großstadt- und Landbevölkerung geringer als in der üblichen Statistik, da höhere Kosten für Müllabfuhr, Verbrechensbekämpfung, Verkehrsregelung und andere städtische Dienste sowie der längere Weg zum Arbeitsplatz als wohlstandsmindernd berücksichtigt werden.

	Bruttoinlandsprodukt
–	soziale Kosten
–	Ausgabe für staatliche Verwaltung und Verteidigung
+	private Dienste ohne Marktpreis
+	immaterielle Werte
=	**Net Economic Welfare**

Andererseits werden **positive Beiträge** zum Volkswohlstand, die wegen fehlenden Marktpreises nicht in der Berechnung des Bruttoinlandsprodukts enthalten sind, zum Net Economic Welfare einer Volkswirtschaft hinzugerechnet. Hierzu zählt die Hausarbeit, die mit dem Durchschnittsgehalt berufstätiger Personen bewertet wird, oder der Wert zusätzlicher Freizeit, der Stunden- oder Wochenlohnsätzen gleichgesetzt werden kann. Staatsausgaben für Verteidigung oder Verwaltung gehen nicht als positiver Beitrag in das NEW ein, da mehr Soldaten oder Beamte noch keine bessere Gesellschaft bedeuten.

Die Grundlage für Samuelsons Konzept bildet eine Studie der Ökonomen William Nordhaus und James Tobin, in der die beiden Wirtschaftsforscher bereits den Größenunterschied zwischen dem Bruttoinlandsprodukt und einem neuen Wohlstandsmaßstab zu schätzen versuchten. Auf der Basis der Tobin-Nordhaus-Zahlen kalkulierte Samuelson, dass der tatsächliche **Wohlstandszuwachs** in den vergangenen Jahrzehnten **maßlos überschätzt** worden ist. Unter Berücksichtigung der Sozialkosten ist nach seiner Ansicht der wirtschaftliche Fortschritt in der Vergangenheit erheblich bescheidener ausgefallen, als dies die Zuwachsraten des Bruttoinlandsprodukts vermuten lassen.

Da die sozialen Kosten im Wachstumsprozess steigen, folgert Samuelson, dass die Diskrepanz zwischen dem quantitativen Wachstum gemessen am Bruttoinlandsprodukt und dem wirklichem Wohlstandsgewinn künftig noch zunehmen wird.

Kritiker des Net-Economic-Welfare-Ansatzes halten das Konzept allerdings für einen Versuch, das nicht Messbare zu messen. Dieser Kritik entgegnet Samuelson jedoch, dass es besser sei eine ungenaue Vorstellung von dem zu haben, was man wolle, als eine genaue Vorstellung von dem, was man nicht wolle.

3.5.2 Human Development Index (HDI)

Der **Human Development Index** (Index der menschlichen Entwicklung) versucht mit einer Maßzahl den Stand der menschlichen Entwicklung in den Ländern der Welt abzubilden. Dieser Index wird jährlich im Weltentwicklungsbericht (Human Development Report, HDR) veröffentlicht, welchen das United Nations Development Programme (UNDP), das Entwicklungsprogramm der Vereinten Nationen, herausgibt.

Der Human Development Index als Messzahl für den Entwicklungsstand eines Landes setzt sich aus **drei Komponenten** zusammen:

- **Lebenserwartung** bei der Geburt,
- **Ausbildung** (Alphabetisierung der erwachsenen Bevölkerung, Einschulungsrate in Grund-, Sekundär- und Hochschulen) und
- **Kaufkraft** (Bruttoinlandsprodukt pro Kopf).

Darüber hinaus enthält der Human Development Report eine Vielzahl zusätzlicher Daten aus dem ökonomischen, sozialen und politischen Bereich.

Entwicklungsstand und Wohlergehen eines Landes und seiner Menschen nur anhand des Bruttoinlandsprodukts zu messen, wird zu Recht als ungenügend empfunden. Vor allem für die Lebensverhältnisse in der Dritten Welt ist ein Maßstab, der sich allein an der marktbezogenen Wirtschaftsleistung orientiert, von beschränkter Aussagekraft. Aufschlussreicher erscheint eine Antwort auf die Frage, ob und inwieweit eine Steigerung des Bruttoinlandsprodukts zur **menschlichen Entwicklung** beiträgt. Das *UN-Entwicklungsprogramm (UNDP)* versteht darunter „einen Prozess, der die Möglichkeiten des Einzelnen erweitert", ihm also zu einem längeren und gesunden Leben, einem bestimmten Maß an Bildung und einem ausreichenden Einkommen verhilft. Schon ein flüchtiger Vergleich zwischen „reichen" und „armen" Ländern zeigt, dass wirtschaftlicher Erfolg nicht automatisch mit höherer **Lebensqualität** einhergeht. So ist es möglich, dass Länder mit niedrigem Bruttoinlandsprodukt ihrer breiten Bevölkerung einigermaßen befriedigende Lebensbedingungen bieten, während in viel wohlhabenderen Staaten manchmal extreme soziale Gegensätze herrschen.

Um solche Vergleiche auf eine feste, nachprüfbare Grundlage zu stellen, hat das UNDP einen besonderen Maßstab ausgearbeitet: den **Index der menschlichen Enwicklung.** Dabei wird für jedes Land ein Satz statistischer Kennzahlen, in denen sich die durchschnittliche Lebenserwartung, das Bildungsniveau und das kaufkraftbereinigte Pro-Kopf-Einkommen niederschlägt, zu einem einzigen Indexwert gebündelt.

Unter den 188 Ländern, für die dieser Index 2015 neu berechnet wurde, liegt *Norwegen* an der Spitze: Dort haben die Neugeborenen eine Lebenserwartung von 81,7 Jahren; die durchschnittliche Schulbesuchsdauer der Erwachsenen beläuft sich auf 12,7 Jahre und das mittlere Pro-Kopf-Einkommen beträgt, nach Kaufkraft umgerechnet, rund 67 614 US-$. Den letzten Rang belegt Niger (mit einer Lebenserwartung von 51,9 Jahren, 2,3 Jahren Schulbesuch und einem Pro-Kopf-Einkommen von lediglich 889 US-$). Von den 41 Ländern mit einem „niedrigen" Grad an menschlicher Entwicklung (Indexwerte von 0,470 und darunter) liegen allein 33 auf dem afrikanischen Kontinent.

Quelle: o. V.: Maßstab menschliche Entwicklung, ZB 603 146.

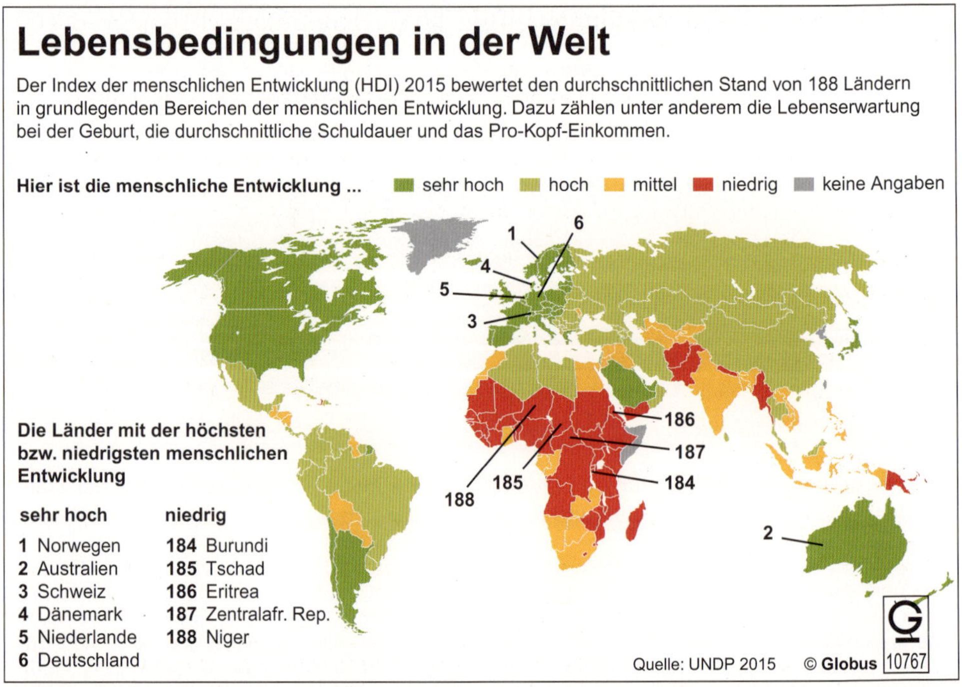

In Norwegen genießen die Menschen weltweit die besten Lebensbedingungen. Das geht aus dem Weltentwicklungsbericht der Vereinten Nationen hervor. Dieser gibt den sogenannten Index der menschlichen Entwicklung (HDI = Human Development Index) wieder, der die Fortschritte misst. Dabei werden Lebenserwartung, Gesundheit, Bildung und Lebensstandard eingerechnet. Die zweitbesten Bedingungen finden sich am anderen Ende der Welt in Australien, gefolgt von der Schweiz und Dänemark. Deutschland belegt hinter den Niederlanden den sechsten Platz. Auf den letzten fünf Plätzen im Index stehen afrikanische Staaten. Schlusslicht auf Rang 188 ist Niger, das weltweit die schlechtesten Lebensbedingungen hat. Die Vereinten Nationen weisen im Bericht darauf hin, dass in den letzten 25 Jahren zwei Milliarden Menschen durch eigene Anstrengung ihre Lebensstandards verbessern konnten. So sank die Zahl der Menschen, die unter schlechten Bedingungen leben mussten, von 3,2 auf 1,2 Milliarden, während sich die Zahl der Menschen im oberen Bereich des Index für menschliche Entwicklung von 0,5 auf 1,2 Milliarden mehr als verdoppelt hat.

Als wesentliche **Kritikpunkte** am HDI werden angeführt, dass gewisse Elemente wie beispielsweise Einkommensunterschiede innerhalb eines Landes oder zwischen Geschlechtern, sowie die politische Freiheit des Landes keine Berücksichtigung finden. Auch unterscheidet der HDI nicht zwischen Städten und ländlichen Gebieten.

Beachte:

Alle existierenden Indikatoren zur Wohlstandserfassung eines Landes (also auch der NEW und der HDI) umfassen **nur einzelne Teile** dessen, was den Wohlstand als Ganzes ausmacht. Es wird lediglich versucht, die Mängel des Bruttoinlandsprodukts durch einzelne Aspekte zu ergänzen. Eine **ganzheitliche Lösung** für das Problem der Wohlstandserfassung **gibt es jedoch noch nicht.**

Kompetenztraining

25 1. Angenommen, die Bruttowertschöpfung eines EU-Landes beträgt 2 100 Mrd. GE.

Aufgabe:

Berechnen Sie das Nettoinlandsprodukt, wenn die Nettoproduktionsabgaben 320 Mrd. GE und die Abschreibungen 270 Mrd. GE betragen! Der Saldo zwischen den von der EU bezogenen Subventionen und den an die EU gezahlten Nettoproduktionsabgaben ist null.

2. Das statistische Amt eines Landes veröffentlichte die folgenden Zahlen (in Mrd. €):

Konsumausgaben des Staates	750
Bruttoinvestitionen	850
Abschreibungen	620
Produktionsabgaben an den Staat abzüglich Subventionen	480
Konsumausgaben der privaten Haushalte	2 750
Exporte	840
Importe	780
Saldo der Primäreinkommen aus der übrigen Welt	+ 48

Aufgaben:

2.1 Ermitteln Sie das Bruttoinlandsprodukt!

2.2 Berechnen Sie das Volkseinkommen!

2.3 Erläutern Sie kurz mittels eines Beispiels, wie es zu dem Unterschied zwischen Bruttonationaleinkommen und Bruttoinlandsprodukt kommen konnte!

2.4 Beschreiben Sie die Entwicklung einer Volkswirtschaft für die beiden nachfolgenden Fälle:

Jahr	Abschreibungen	Bruttoinvestitionen
1. Jahr	850 Mrd. €	890 Mrd. €
2. Jahr	780 Mrd. €	720 Mrd. €

2.5 Beurteilen Sie, ob eine sinkende Lohnquote zwangsläufig zu einer Verschlechterung des Lebensstandards der abhängig Beschäftigten geführt haben muss!

2.6 Nennen Sie neben dem Bruttoinlandsprodukt zwei weitere nichtökonomische Größen für die Beurteilung des Wohlstandes eines Landes!

2.7 Erläutern Sie, welche Kritik an der herkömmlichen Berechnung der Messzahlen der gesamtwirtschaftlichen Leistung geübt wird!

2.8 Beschreiben Sie, was die Größe „Bruttoinlandsprodukt" über den Wohlstand der Bevölkerung eines Landes aussagen kann!

3. An der gängigen Berechnung der Messgrößen der gesamtwirtschaftlichen Leistung wird häufig Kritik geübt.

Aufgaben:

3.1 Nennen und erläutern Sie mindestens drei Kritikpunkte!

3.2 Erklären Sie in diesem Zusammenhang die Begriffe soziale Kosten und soziale Leistungen!

3.3 Bringen Sie je ein eigenes Beispiel für soziale Kosten und soziale Leistungen!

4. Das Bruttoinlandsprodukt kann – je nachdem, welcher Untersuchungsaspekt im Vordergrund steht – auf drei unterschiedlichen Wegen berechnet werden. Die Ergebnisse dieser Berechnung stellen eine wichtige Basis für wirtschaftspolitische Entscheidungen der Bundesregierung dar.

Aufgaben:

4.1 Erläutern Sie kurz, worüber die Entstehungsrechnung und die Verwendungsrechnung des Bruttoinlandsprodukts Auskunft geben und verdeutlichen Sie jeweils anhand eines Beispiels, in welchen Bereichen der Wirtschaftspolitik diese Rechnung als Grundlage für wirtschaftspolitische Entscheidungen herangezogen werden!

4.2 Erklären Sie, was man im Rahmen der Entstehungsrechnung unter der „Bruttowertschöpfung" eines Unternehmens versteht!

5. 5.1 Notieren Sie, welche Leistungen **nicht** in die Berechnung des Bruttoinlandsprodukts eingehen!

5.1.1 Ein Gartenbaubetrieb schneidet vor einem Altenwohnheim gegen Entgelt den Rasen.

5.1.2 Eine Hausfrau backt einen Kuchen.

5.1.3 Ein Arzt untersucht bei einem Hausbesuch einen Kranken.

5.1.4 Ein Nachbar hilft beim Setzen eines neuen Zaunes.

5.1.5 Der städtische Straßendienst reinigt die Bürgersteige.

5.1.6 Die Bürger einer Gemeinde reinigen wöchentlich einmal den Bürgersteig selbst.

5.1.7 Die Verkehrswacht erteilt kostenlosen Verkehrsunterricht für Schulanfänger.

5.2 Nehmen Sie kritisch Stellung zur Errechnung des Bruttoinlandsprodukts!

6. Das statistische Amt eines Landes liefert u. a. folgende gesamtwirtschaftlichen Daten (Zahlen in Mrd. GE):

– Bruttowertschöpfung der Wirtschaftsbereiche		
Produzierendes Gewerbe (ohne Baugewerbe)	835	
Baugewerbe	200	
Handel, Gastgewerbe und Verkehr	340	
Sonstige Wirtschaftsbereiche	700	
– Saldo der Primäreinkommen aus dem Ausland		+ 16
– Konsumausgaben der privaten Haushalte		1 300
– Konsumausgaben des Staates		400
– Bruttoinvestitionen		540
– Außenbeitrag		+ 95
– Abschreibungen		300
– Nettoproduktionsabgaben		+ 260
– Arbeitnehmerentgelt		1 390
– Unternehmens- und Vermögenseinkommen		385
– Produktions- und Importabgaben abzüglich Subventionen		276

Aufgaben:

6.1 Berechnen Sie das Bruttoinlandsprodukt, das Nettoinlandsprodukt und das Volkseinkommen!

6.2 Stellen Sie die Entstehungs- und Verwendungsrechnung des Bruttoinlandsprodukts und die Verteilung des Volkseinkommens einschließlich der Berechnung des Bruttoinlandsprodukts dar!

Anforderungssituation 3.3
Analyse wirtschaftspolitischer Rahmenbedingungen zur Optimierung strategischer Unternehmensentscheidungen

Nadine, Jennifer, Sarah und Meike – allesamt noch Schülerinnen bzw. Auszubildende – sind seit vielen Jahren eine typische Mädchenclique, die viel Zeit miteinander verbringt. Alle vier sind in den letzten acht Monaten volljährig geworden und dürfen nun erstmals bei der in Kürze stattfindenden Bundestagswahl wählen. Als sogenannte Erstwählerinnen wollen sie auf jeden Fall an der Wahl teilnehmen und außerdem nicht irgendeiner Partei ihre Stimme geben, nur weil deren Kandidat oder Kandidatin sympathisch wirkt. Vielmehr haben sie sich fest vorgenommen, sich genauer darüber zu informieren, wofür die einzelnen Parteien wirklich stehen und welche Ziele sie konkret verfolgen. Vor diesem Hintergrund haben sich alle vier in den letzten Wochen mehr oder weniger intensiv für die Ziele der Parteien interessiert und öfter als früher Nachrichten und politische Diskussionsrunden angeschaut.

An einem Wochenende treffen sich die vier Freundinnen mal wieder nach einer ausgiebigen Shoppingtour in ihrem Lieblingscafe, um den Tag in gemütlicher Runde langsam ausklingen zu lassen. Im Laufe der schon länger andauernden Unterhaltung werden auch die in Kürze anstehenden Wahlen zum Gesprächsthema. Jennifer, die seit einem Jahr eine Ausbildung zur Industriekauffrau absolviert, führt an, dass ihr heute beim Shoppen mal wieder aufgefallen sei, dass in letzter Zeit doch alles recht teuer geworden ist. Auch ihre Eltern würden sich schon länger über diese Entwicklung total aufregen. Gestern habe sie dann in einer Talkshow einen Politiker gehört, der sich im Falle eines Wahlsieges seiner Partei vor allem für einen stabileren Euro und somit auch für eine Eindämmung des spürbaren Preisanstiegs einsetzen möchte. Er habe sogar ausdrücklich darauf hingewiesen, dass dem Großteil der arbeitenden Bevölkerung diese Entwicklung dauerhaft nicht mehr zuzumuten sei und deshalb dringend politischer Handlungsbedarf bestehe. Dass habe ihr sehr imponiert und sie würde deshalb wahrscheinlich dieser Partei ihre Stimme geben.

Meike erklärt, dass ihr aufgefallen sei, dass die einzelnen Parteien recht unterschiedliche Ziele formuliert hätten, wobei ihr die Sache mit dem Euro noch nicht begegnet sei. Vielmehr ist ihr ein Werbespot in Erinnerung, wo die betreffende Partei sich im Falle einer Regierungsbeteiligung für mehr Wachstum und somit auch für mehr Ausbildungs- und Arbeitsplätze einsetzen möchte. Da sie nach Beendigung der Höheren Berufsfachschule im kommenden Jahr eine Ausbildung zur Bankkauffrau anstrebt und von Bekannten weiß, wie schwierig es zurzeit ist, einen solchen Ausbildungsplatz bei einer Bank oder Sparkasse zu bekommen, hält sie diese Zielsetzung aus ihrer Sicht für besonders wichtig, sodass sie sich durchaus vorstellen könnte, genau diese Partei zu wählen.

Jetzt schaltet sich auch Sarah in das Gespräch ein und ist spürbar verärgert über Meike. Sie kann nicht verstehen, wie man eine Partei wählen kann, die ganz offensichtlich die Industrie

Meike:
„... mehr Wachstum und somit auch mehr Ausbildungs- und Arbeitsplätze ..."

Jennifer:
„... vor allem ein stabilerer Euro ..."

Sarah:
„... total begeistert, wie die Zukunft unseres Planeten in den Mittelpunkt gestellt wird ..."

noch stärker fördern möchte und damit wahrscheinlich auch noch mehr Industriegebiete entstehen ließe. Und mehr Industriegebiete bedeuten auch mehr Straßen und Autobahnen, mehr Lkw-Verkehr, mehr Lärm und mehr Abgase. Dies würde doch die Natur und somit die Umwelt noch weiter zerstören und die Zukunft der jungen Menschen stark gefährden. Eine solche Partei würde sie niemals wählen. Vielmehr habe sie in letzter Zeit immer wieder Politiker einer bestimmten Partei darüber sprechen hören, dass sie im Falle eines Wahlsieges genau das nicht mehr weiter zulassen werden. Daraufhin habe sie sich im Internet deren Parteiprogramm angesehen und sei total begeistert, wie die Politiker dieser Partei die Zukunft unseres Planeten in den Mittelpunkt ihrer Politik stellen – das sei eine Partei, die man als junger Mensch wählen müsse.

Nadine kann die ganze Aufregung ihrer Freundinnen überhaupt nicht verstehen und sagt, dass sie sich doch gar nicht streiten müssten, schließlich wäre es doch letztlich völlig egal, welcher Partei man seine Stimme gibt. Auf die Frage, wie sie denn darauf kommt, antwortet Nadine, dass ihr aufgefallen sei, dass auf den Wahlplakaten fast aller Parteien immer das Gleiche steht: „Für mehr soziale Gerechtigkeit“. Und wenn doch alle Parteien ganz offensichtlich das gleiche Ziel verfolgen, erübrige sich wohl jegliche Diskussion.

Kompetenzorientierte Arbeitsaufträge:

1. Formulieren Sie, welche Ziele die Parteien in der vorangestellten Anforderungssituation konkret verfolgen. Erläutern Sie anschließend, mit welchen Messgrößen das Erreichen dieser jeweiligen Ziele überprüft werden kann!
2. In der Anforderungssituation wird erkennbar, dass zumindest zwei der angesprochenen Ziele miteinander in Konflikt stehen. Erklären Sie, um welche Ziele es sich handelt, und beschreiben Sie anschießend anhand eines eigenständig gewählten Beispiels diesen Zielkonflikt!
3. Erläutern Sie, was man unter „sozialer Gerechtigkeit“ versteht! Überprüfen Sie dabei auch kritisch die Frage, inwiefern tatsächlich alle Parteien das Gleiche meinen, wenn sie von mehr sozialer Gerechtigkeit sprechen!
4. Nennen Sie die vier Ziele nach dem Stabilitätsgesetz und erläutern Sie jeweils deren politisch akzeptierten Zielerreichungsgrad!
5. Entwickeln Sie eigenständig für jedes einzelne Ziel des „magischen Sechsecks“ jeweils zwei mögliche wirtschaftspolitische Maßnahmen, die zu einem höheren Zielerreichungsgrad beitragen könnten!
6. Beschreiben Sie eigenständig die Wirtschaftsschwankungen als Konjunkturzyklus, unterscheiden Sie dabei vor allem deren Phasen!
7. Erläutern Sie vier mögliche Ursachen für die Wirtschaftsschwankungen!
8. **Projektvorschlag mit regionalem Bezug:**

   Entwickeln Sie gemeinsam einen möglichen Fragenkatalog zur künftigen (wirtschaftlichen) Entwicklung Ihrer Region (z. B. Kreis, Stadt)! Zur Aufstellung dieses Fragenkatalogs könnten mögliche inhaltliche Themenschwerpunkte von arbeitsteiligen Gruppen zusammengestellt, der Klasse vorgetragen und dann zu einem endgültigen Arbeitspapier zusammengeführt werden.

4 Analyse wirtschaftspolitischer Rahmenbedingungen

4.1 Begriff und Ziele der Wirtschaftspolitik

4.1.1 Begriff der Wirtschaftspolitik

Die Wirtschaftspolitik versucht Antworten auf die Fragen zu finden:

- **Welche** Ziele sind realisierbar und
- **wie** lassen sich die festgelegten Ziele erreichen?

Am Anfang der Wirtschaftspolitik steht ein **Ziel,** das realisiert werden soll. Die Festlegung solcher Ziele und Normen, also dessen, was sein sollte, lässt sich wissenschaftlich allgemeingültig nicht vornehmen.

Da man folglich über die Ziele der Wirtschaftspolitik **unterschiedlicher Meinung** sein kann, sollte deren Festlegung bzw. Formulierung letztlich über politisch legitimierte Organe im Sinne eines gesamtgesellschaftlichen Konsenses[1] erfolgen. Die anzustrebenden Ziele sind im Wesentlichen politisch durch die **Träger der Wirtschaftspolitik,** etwa durch das Parlament, zu bestimmen.

Unter **Wirtschaftspolitik** versteht man die Beeinflussung der Wirtschaft durch politische Maßnahmen, mit denen der **Staat regelnd** und **gestaltend** in die Wirtschaft eingreift.

Wirtschaftspolitik umfasst alle Maßnahmen staatlicher Instanzen

- zur Gestaltung der Wirtschaftsordnung (**Ordnungspolitik**).
  Beispiele: Wettbewerbsordnung, Gewerbeordnung, Eigentumsordnung.
- zur Beeinflussung der Struktur **(Strukturpolitik)**.
  Beispiele: Steuererleichterungen und Subventionen zur Modernisierung bzw. Anpassung einzelner Industrien oder Branchen, finanzielle Förderung von Forschung, Verbesserung der Infrastruktur.
- zum Ablauf des arbeitsteiligen Wirtschaftsprozesses **(Prozesspolitik)**.
  Beispiele: Arbeitsmarktpolitik,[2] Konjunkturpolitik (Fiskalpolitik)[3] und Geldpolitik.[4]

Die Wirtschaftspolitik kann sich auf die gesamte Volkswirtschaft **(allgemeine Wirtschaftspolitik)** oder auf Teilbereiche **(spezielle Wirtschaftspolitik)** erstrecken.

4.1.2 Wirtschaftspolitische Ziele und ihre Zielbeziehungen

4.1.2.1 Ziele des Stabilitätsgesetzes sowie deren Messgrößen und Zielerreichungsgrade

(1) Überblick

- **Politik** ist **zielgerichtetes** Handeln. Der Staat muss sich also Ziele setzen, nach denen er seine Wirtschaftspolitik ausrichtet.
- Bestimmte „Eckpfeiler" setzt das **Grundgesetz** mit seinen Forderungen nach **größtmöglicher Freiheit** einerseits und **sozialer Gerechtigkeit** andererseits. In diesem weit gespannten Rahmen ist der Staat in seinen Zielsetzungen und Maßnahmen frei.

1 **Konsens:** Zustimmung, Einwilligung, Übereinstimmungen der Meinungen.

2 Vgl. hierzu Anforderungssituation 5.2, Kapitel 3.3.2.

3 Vgl. hierzu Anforderungssituation 6.2.

4 Vgl. hierzu Anforderungssituation 6.3.

12 Boller - ISBN 978-3-8120-0619-4

Nach § 1 des Gesetzes zur Förderung der Stabilität und des Wachstums der Wirtschaft vom 8. Juni 1967 **(„Stabilitätsgesetz")** haben Bund und Länder bei ihren wirtschafts- und finanzpolitischen Maßnahmen die Erfordernisse des gesamtwirtschaftlichen Gleichgewichts zu beachten.

Gesamtwirtschaftliches Gleichgewicht liegt vor, wenn **alle** Produktionsfaktoren vollbeschäftigt sind und sich **alle** Märkte (z. B. Arbeits-, Kredit-, Gütermärkte) ausgleichen.

Aus diesem **Oberziel** leitet das Stabilitätsgesetz **vier Unterziele (magisches Viereck)** ab:

- Stabilität des Preisniveaus,
- hoher Beschäftigungsstand,
- außenwirtschaftliches Gleichgewicht und
- stetiges und angemessenes Wirtschaftswachstum.

Die vier genannten Ziele sind **quantitative Ziele,** weil sie sich in Zahlen erfassen lassen. Zwei weitere wichtige, nicht ausdrücklich im Stabilitätsgesetz erwähnte **qualitative Ziele** sind:

- sozial verträgliche Einkommens- und Vermögensverteilung und
- Erhaltung der natürlichen Lebensgrundlagen (Umweltschutz).

Werden die **quantitativen** und **qualitativen** Ziele gleichzeitig verfolgt, so spricht man von einem **magischen Sechseck.**

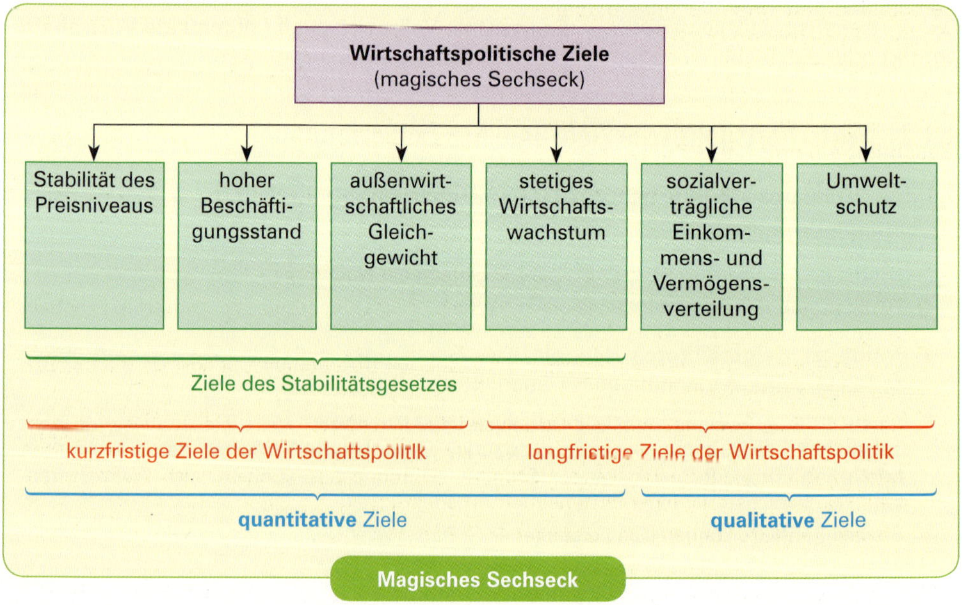

(2) Hoher Beschäftigungsstand

Die **Beschäftigung** zeigt den Grad der **Kapazitätsausnutzung** einer Volkswirtschaft an.

Die Beschäftigungslage in einer Volkswirtschaft beurteilt man meist an den Arbeitslosenzahlen und den offenen Stellen.

Vollbeschäftigung	Sie ist gegeben, wenn die **Arbeitslosenquote** (Anteil der Arbeitslosen an den beschäftigten Erwerbspersonen) **nicht mehr als rund 2 %** beträgt.
Überbeschäftigung	Sie liegt vor, wenn die Zahl der offenen Stellen erheblich über der Zahl der Arbeitslosen liegt.
Unterbeschäftigung	Sie ist gegeben, wenn die Arbeitslosenquote höher als rund 2 % ist und die Zahl der offenen Stellen niedriger als die Arbeitslosenzahl ist.

Eine einheitliche Berechnungsformel für die **Arbeitslosenquote** gibt es nicht. Die Bundesagentur für Arbeit verwendet in Anlehnung an die Berechnung der EU-Arbeitslosenquote folgende Berechnungsmethode:

$$\textbf{ALQ} = \frac{\text{Arbeitslosenzahl} \cdot 100}{\text{Anzahl der Erwerbspersonen}}$$

Unter **Erwerbspersonen** sind die selbstständigen und die unselbstständigen Erwerbspersonen **zuzüglich der Arbeitslosen** zu verstehen. Demnach besteht die Zahl der abhängigen Erwerbspersonen aus den abhängig Beschäftigten **und** den Arbeitslosen.

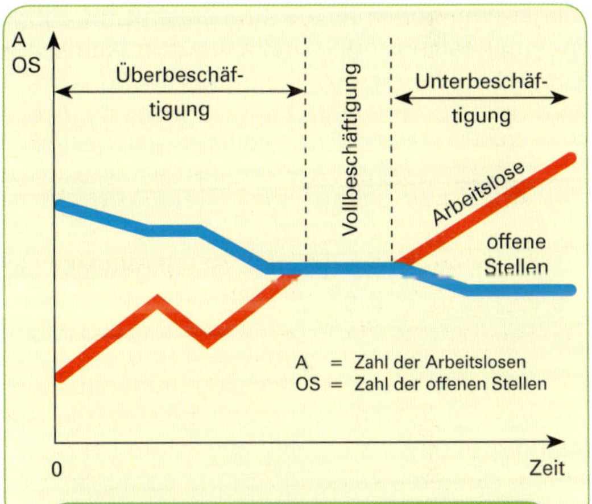

Unter-, Über- und Vollbeschäftigung

Zu den wichtigsten **Problemen der Unterbeschäftigung** innerhalb einer Volkswirtschaft zählen:

- Drohende Arbeitslosigkeit bewirkt einen **Rückgang der Nachfrage.**
- Die **Steuereinnahmen** des Staates **gehen zurück**, sodass dieser seine Aufgaben nicht mehr in vollem Umfang erfüllen kann.
- Die **Familien** der Arbeitslosen kommen in **finanzielle Schwierigkeiten,** sodass die sozialen Probleme zunehmen.
- Sinkende Beitragseinnahmen der **Sozialversicherungsträger** und zugleich steigende Ausgaben (z. B. der Arbeitslosenversicherung), steigende Lohnnebenkosten der Unternehmen durch Erhöhung der Beitragssätze, dadurch Gefährdung der internationalen Wettbewerbsfähigkeit, Verschärfung einer bestehenden Arbeitslosigkeit.
- **Soziale Konflikte** können sich verstärken (z. B. Radikalisierung).

Eine der wichtigsten Aufgaben der Wirtschaftspolitik ist die Sicherung eines hohen Beschäftigungsstands.

(3) Stabilität des Preisniveaus

Eine (absolute) **Stabilität des Preisniveaus** (Geldwertstabilität) liegt vor, wenn sich das Preisniveau[1] überhaupt nicht verändert.

Auch bei absoluter Preisstabilität können sich die Preise der einzelnen Güter verändern. Bedingung ist jedoch, dass Preissteigerungen einzelner Wirtschaftsgüter durch die Preissenkungen anderer Wirtschaftsgüter ausgeglichen werden.

Die Wirtschaftspolitik konnte oder wollte bisher nur in seltenen Fällen eine absolute Preisstabilität erreichen. Aus diesem Grund wird heute eine relative Preisstabilität gefordert. Nach der **Definition der Europäischen Zentralbank (EZB)** ist Preisstabilität gegeben, wenn die jährliche Preissteigerungsrate **unter 2 %** liegt.

Inflationsraten,[2] die über der genannten Zielvorstellung liegen, bringen erhebliche Nachteile mit sich. Die Sparer werden dann geschädigt, wenn die Inflationsraten (Preissteigerungsraten) höher als die Sparzinsen sind. Hingegen werden die Schuldner und die Besitzer von Realvermögen (z. B. von Grundstücken, Betriebsvermögen und Anteilsrechten wie z. B. Aktien) bevorzugt. Steigt das inländische Preisniveau schneller als das ausländische, wird der Export beeinträchtigt, sodass die Arbeitsplätze in Gefahr geraten.

(4) Außenwirtschaftliches Gleichgewicht

Ein **außenwirtschaftliches Gleichgewicht** liegt vor, wenn die Zahlungsbilanz mittelfristig ausgeglichen ist.

Die Zahlungsbilanz ist die Gegenüberstellung aller in Geld messbaren Transaktionen (Bewegungen, Übertragungen) zwischen In- und Ausland. Sind die Zahlungsströme ins Inland größer als die Zahlungsströme ins Ausland, spricht man von Zahlungsbilanzüberschuss. Sind die Zahlungsströme vom Inland ins Ausland größer als die Zahlungsströme vom Ausland ins Inland, handelt es sich um ein Zahlungsbilanzdefizit. Im ersten Fall liegt eine **aktive Zahlungsbilanz,** im zweiten eine **passive Zahlungsbilanz** vor.

Da die Hauptursachen von **Zahlungsbilanzungleichgewichten** meistens in einem anhaltenden **Missverhältnis von Importen und Exporten** liegen, wollen wir uns auf die Wirkungen von Export- bzw. Importüberschüssen beschränken.

Exportüberschüsse 	▪ Exportüberschüsse führen zu **Devisenüberschüssen,**[3] weil die Exporteure die eingenommenen Devisen in der Regel bei den Banken in Binnenwährung umtauschen. Die Banken wiederum refinanzieren sich bei der Zentralbank. ▪ Der Geldumlauf in der Binnenwirtschaft steigt. Bei bestehender Vollbeschäftigung steigt das Preisniveau („importierte Inflation").[4]

1 **Preisniveau:** gewogener Durchschnitt aller Güterpreise.

2 **Inflationsraten:** Preissteigerungsraten (prozentuale durchschnittliche Preissteigerungen in Bezug auf das Vorjahr). Unter Inflation (lat. Aufblähung) versteht man eine lang anhaltende Steigerung des Preisniveaus.

3 **Devisen:** Zahlungsmittel (z. B. Schecks und Überweisungen) in Fremdwährung.

4 Weil bei Exportüberschüssen **gegenüber Fremdwährungsländern** der Geldumlauf im eigenen Währungsgebiet steigt und dort zugleich das Güterangebot sinkt, spricht man auch vom **doppelt inflationären Effekt** der **Exportüberschüsse.** Vgl. hierzu die Ausführungen in Anforderungssituation 4.2, Kapitel 5.1.3.

Importüberschüsse

- Die Importeure zahlen die Importe entweder in Binnen- oder in Fremdwährung. Wird in Binnenwährung gezahlt, tauschen die im Devisenausland ansässigen Exporteure ihre Erlöse in ihre eigene Währung um. Wird in Fremdwährung gezahlt, müssen die Importeure die benötigten Devisen im eigenen Währungsgebiet kaufen.
- In beiden Fällen **schrumpft der Devisenvorrat** der Binnenwirtschaft: Die Zahlungsbilanz wird passiv. Die abnehmende Geldmenge bremst zwar den Preisauftrieb, gefährdet aber die Arbeitsplätze.

(5) Stetiges und angemessenes Wirtschaftswachstum

Begriff Wirtschaftswachstum

Ein **stetiges Wirtschaftswachstum** liegt vor, wenn das Wachstum des **realen** Bruttoinlandsprodukts keine oder nur geringe Konjunkturschwankungen[1] aufweist.

Das Wirtschaftswachstum ist in allen Wirtschaftsordnungen ein wesentliches Ziel der Wirtschaftspolitik, denn nur dann, wenn die Produktion wirtschaftlicher Güter schneller als die Bevölkerung wächst, kann der **materielle Lebensstandard** pro Kopf der Bevölkerung **erhöht** werden. Wirtschaftliches Wachstum ist umso wichtiger, je geringer der Entwicklungsstand und damit der Lebensstandard einer Volkswirtschaft ist.

Schwieriger ist der Begriff des **angemessenen Wirtschaftswachstums** zu bestimmen, denn was unter „angemessen" zu verstehen ist, kann nur politisch entschieden werden. Derzeit würde ein jährliches Wirtschaftswachstum von **3 %** im Bundesdurchschnitt als großer wirtschaftspolitischer Erfolg gewertet werden.

Bedingungen des quantitativen Wirtschaftswachstums

Das Wachstum der Wirtschaft – gemessen an der Höhe des **realen Bruttoinlandsprodukts**[2] – ist vor allem auf folgende Faktoren zurückzuführen:

- ausreichend zur Verfügung stehende Rohstoff- und Energiequellen (Ressourcen);
- hohe Sparrate, die hohe Investitionen ermöglicht;
- gute Ausbildung der arbeitenden Bevölkerung („Know-how");
- ausgebaute Infrastruktur;
- optimistische Zukunftserwartungen der Wirtschaftssubjekte;
- sicherer (steigender) Absatz mit angemessenen Unternehmensgewinnen.

1 **Konjunktur**: Schwankungen der wirtschaftlichen Aktivitäten, vor allem der Beschäftigung (Näheres siehe Kapitel 5).

2 Zum Bruttoinlandsprodukt (BIP) siehe Kapitel 3.2.

Grenzen des Wirtschaftswachstums

Die Bedingungen des Wirtschaftswachstums machen zugleich seine möglichen Grenzen sichtbar: Die **Rohstoff- und Energievorräte** der Erde sind begrenzt, die **Bevölkerungszahl** der hoch industrialisierten Länder stagniert oder schrumpft und die **Umweltbelastung** durch Schadstoffe nimmt zu. Hinzu kommt, dass in den industriellen „Wohlstandsgesellschaften" die materiellen Grundbedürfnisse weitgehend befriedigt sind.

(6) Mögliche Zielkonflikte[1] (magisches Viereck)

Die Forderung, dass die Wirtschaftspolitik gleichzeitig einen hohen Beschäftigungsstand, Preisstabilität (Geldwertstabilität), außenwirtschaftliches Gleichgewicht sowie stetiges und angemessenes Wirtschaftswachstum anzustreben habe, ist leicht zu erheben, aber schwierig zu erfüllen. Je nach Ausgangslage besteht Zielharmonie[2] oder ein Zielkonflikt.

- Von **Zielharmonie** spricht man, wenn bestimmte wirtschaftspolitische Maßnahmen der Erreichung mehrerer Ziele dienlich sind.
- Ein **Zielkonflikt** liegt vor, wenn die Ergreifung einer bestimmten Maßnahme die Wirtschaft zwar einem Ziel näher bringt, sie dafür aber von anderen Zielen entfernt.
- **Zielindifferenz**[3] ist gegeben, wenn durch die Verfolgung eines wirtschaftspolitischen Ziels die Verfolgung anderer wirtschaftspolitischer Ziele weder gefährdet noch gefördert wird.

Es ist ersichtlich, dass in der Regel die gleichzeitige Verfolgung der genannten Ziele nicht möglich ist. Man spricht daher vom **„magischen Viereck"**. Nur ein Magier, also ein Zauberer, könnte gleichzeitig Vollbeschäftigung, Preisstabilität, außenwirtschaftliches Gleichgewicht sowie stetiges und angemessenes Wirtschaftswachstum erreichen.

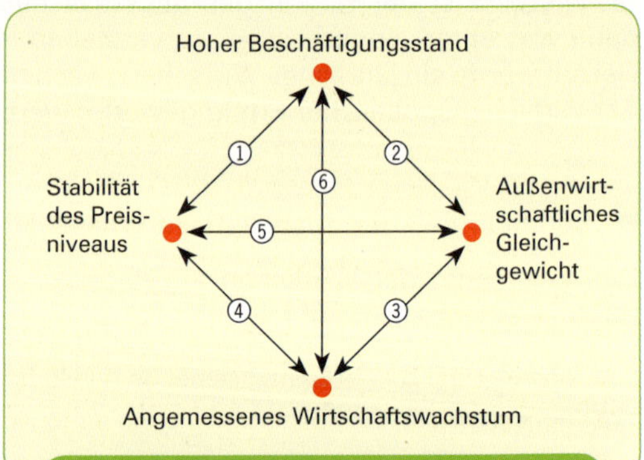

Magisches Viereck der Wirtschaftspolitik

(Die Pfeile bedeuten mögliche Zielkonflikte)

1 **Konflikt** (lat.): Zusammenstoß, Widerstreit, Zwiespalt.

2 **Harmonie** (griech.-lat.): Übereinstimmung, Einklang.

3 **Indifferenz** (lat.): "Keinen Unterschied haben"; indifferent: unbestimmt, unentschieden, gleichgültig, teilnahmslos.

Beispiel für eine mögliche Konfliktsituation:

Ist eine Wirtschaft **unterbeschäftigt,** liegt in der Regel folgende Situation vor: Die Zahl der Arbeitslosen übersteigt die Anzahl der offenen Stellen; der Preisauftrieb ist gedämpft, sofern die Gewerkschaften trotz Unterbeschäftigung keine überhöhten Lohnforderungen durchsetzen. Die Investitionsneigung der Unternehmen ist gering, weil der entsprechende Absatz fehlt. Die Steuereinnahmen des Staates reichen nicht aus, um die Staatsausgaben zu finanzieren. Angenommen nun, die Wirtschaft soll mithilfe von Exportförderungsmaßnahmen (z. B. Exportsubventionen, Abwertung) belebt werden. War die Zahlungsbilanz bisher ausgeglichen, kann somit das Ziel des außenwirtschaftlichen Gleichgewichts *nicht* angestrebt werden. Das Ziel der Preisstabilität hingegen ist in dieser Situation nicht gefährdet, weil die unterbeschäftigte Wirtschaft zunächst zu konstanten Preisen anbieten kann.

4.1.2.2 Sozial verträgliche Einkommens- und Vermögensverteilung

Das wirtschafts- und sozialpolitische Ziel einer sozial verträglichen Einkommens- und Vermögensverteilung läuft darauf hinaus, die Einkommen und Vermögen in Zukunft **gleichmäßiger** unter die großen sozialen Gruppen der Arbeitnehmer einerseits und der Selbstständigen („Unternehmer") einschließlich der sonstigen Vermögensbesitzer andererseits zu verteilen. Bezüglich der Einkommenspolitik des Staates bedeutet das, die **Lohnquote** (Anteil der Arbeitnehmer am Gesamteinkommen) zu erhöhen.

Die Verfolgung des Ziels einer sozial verträglichen Einkommensverteilung ist für die Regierung der Bundesrepublik Deutschland deswegen schwierig, weil Tarifautonomie besteht, d. h., weil die Sozialpartner (Tarifpartner) das Recht haben, die Arbeitsentgelte selbstständig und ohne staatliche Einmischung zu vereinbaren. Dennoch verbleiben dem Staat eine Reihe von **wirtschafts- und sozialpolitischen Maßnahmen** vor allem vermögenspolitischer Art. Hierzu gehören die

- Einführung eines **Investivlohns** (Gewinnausschüttungen an Arbeitnehmer, die im eigenen oder in fremden Unternehmen investiert werden),
- Einführung eines gesetzlichen Mindestlohns,
- der **Kombilohn** (bei niedrigen Löhnen stockt der Staat den Lohn auf) und
- **Sparförderungsmaßnahmen.**

Hinzu kommt die **Steuerpolitik,** mit deren Hilfe die **Einkommen umverteilt** werden: Hohe Einkommen werden überproportional hoch, niedrigere Einkommen nur gering oder überhaupt nicht direkt besteuert **(Steuerprogression).**

4.1.2.3 Erhaltung der natürlichen Lebensgrundlagen

Das wirtschafts- und sozialpolitische Ziel, die Umwelt lebenswert zu erhalten und/oder zu verbessern, ist ein **qualitatives Ziel.**

Wird in den Zielkatalog einer **sozialen Marktwirtschaft** das Ziel des Umweltschutzes aufgenommen, müssen – ebenso wie dies zur Erreichung sozialer Ziele erforderlich ist – **staatliche Eingriffe** erfolgen, die die Marktbedingungen so verändern, dass **Nachfrage** und **Angebot** in der gewünschten Weise gelenkt werden. **Marktkonforme Maßnahmen** müssen hierbei die Regel, **marktkonträre Maßnahmen** die Ausnahme bilden.

Art der Maßnahme	Erläuterungen	Beispiele
Marktkonforme Maßnahmen Ziel: **Anreize** zu umweltschonendem Verhalten geben, **ohne den Preismechanismus** des Marktes **außer Kraft zu setzen.**	Hier versucht der Staat umweltschädliche Maßnahmen und Produkte mithilfe von Steuern, Abgaben und Zöllen (sogenannten **„Ökosteuern"**) so stark zu belasten, dass in absehbarer Zeit sowohl Nachfrage als auch Angebot reagieren werden. Umgekehrt sollen alle als umweltschonend erkannten Maßnahmen und Produkte so stark entlastet (erforderlichenfalls auch subventioniert) werden, sodass sich Nachfrage und Produktion in die gewünschte Richtung bewegen.	■ Mögliche Einführung von „Öko-Produktsteuern", z. B. für Batterien, tropisches Holz, Waschmittel und Streusalz. ■ Erhebung von Müllvermeidungssteuern für Einwegflaschen, Getränkedosen, Kunststoffbehälter und -flaschen, Aluminiumfolien und für Werbezwecke verwendetes Papier. ■ Rücknahmeverpflichtung für umweltbelastende Produkte, nachdem ihre Nutzungsdauer abgelaufen ist (z. B. Kühlschränke, Autos, Batterien).
Marktkonträre Maßnahmen Ziel: Zu umweltschonendem Verhalten **zwingen, indem der Preismechanismus** des Marktes **aufgehoben wird.**	Die Umweltpolitik kommt ohne marktkonträre Maßnahmen nicht aus. Marktkonträre Maßnahmen sind **Verbote** und die Vorgabe von **Grenzwerten.** Das Problem der Vorgabe von Grenzwerten ist, dass sie auch noch unterboten werden können, die Wirtschaftssubjekte aber nicht einsehen, dass sie die Kosten für eine weitere Verringerung von Schadstoffen tragen sollen, wenn dies nicht gesetzlich vorgeschrieben ist.	■ Umweltschädliche Produkte, auf die vollständig verzichtet werden kann, müssen verboten werden (z. B. umweltschädliche Treibgase in Sprühdosen, Glühbirnen). ■ Einzelschadstoffe, die mit technischen Mitteln auf einen bestimmten Stand reduziert werden können, sind mithilfe von Grenzwerten zu verringern (z. B. Schadstoffe in Autoabgasen).

5 Wirtschaftsschwankungen als Konjunkturzyklus

5.1 Phasen des Konjunkturzyklus

Die Entwicklung der Wirtschaft (das Wachstum des **realen Bruttoinlandsprodukts**) verläuft nicht gradlinig, sondern in Wellenbewegungen, die als **Konjunkturschwankungen** bezeichnet werden.

Die nachfolgende Grafik stellt einen **idealtypischen**[1] **Konjunkturverlauf** dar.

1 **Idealtypisch** (griech.-lat.): ein nur in der Vorstellung vorkommendes Modell bestimmter sich ähnelnder oder sich wiederholender Ereignisse oder Merkmale. So gab es z. B. bei den verschiedenen Konjunkturzyklen der Bundesrepublik Deutschland stets Aufschwünge, Hochkonjunkturen, Abschwünge (Rezessionen) und Tiefpunkte (untere Wendepunkte), die sich jedoch im Hinblick auf ihre Verläufe (Stärke, Dauer) unterschieden.

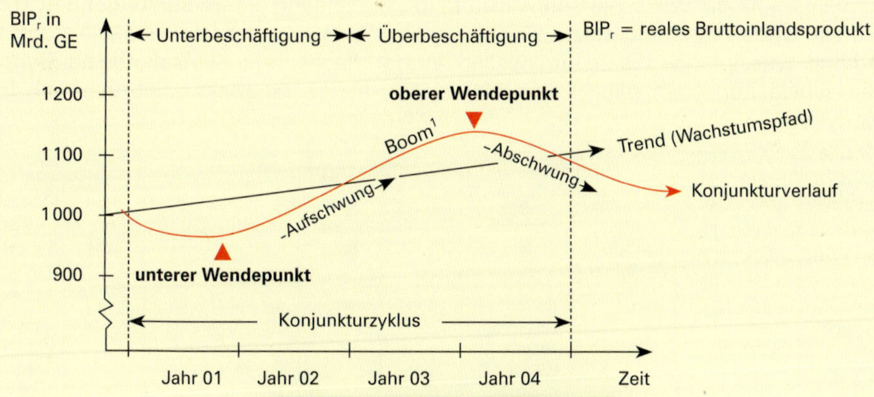

Idealtypischer Konjunkturzyklus

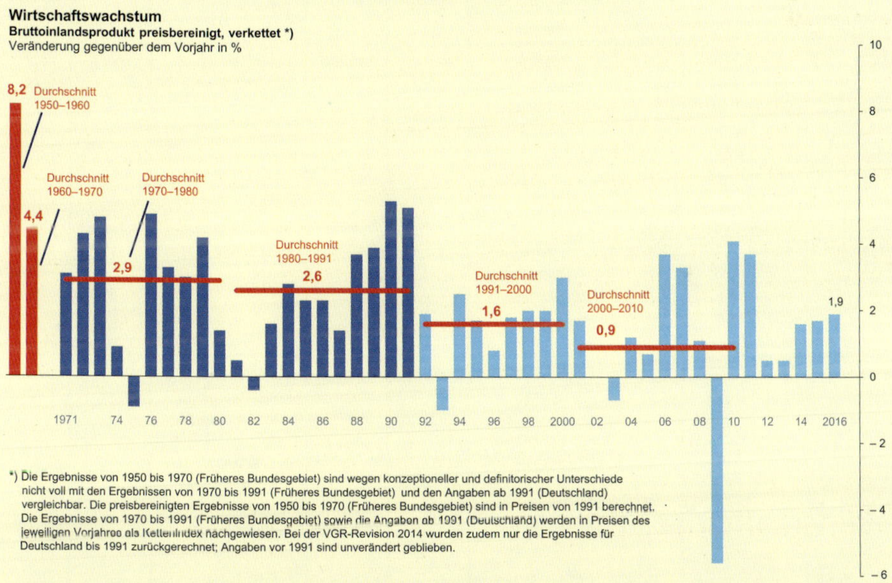

Quelle: Statistisches Bundesamt, Bruttoinlandsprodukt 2016 für Deutschland, Begleitmaterial zur Pressekonferenz, Frankfurt a. M. 2017.

Konjunkturzyklen in der Wirklichkeit

Wie das vorausgegangene Schaubild zeigt, ist die wirtschaftliche Entwicklung in Deutschland durch zyklische[2] Schwankungen gekennzeichnet, deren Abfolge und Intensität sich an der **realen** (d. h. von Preiseinflüssen bereinigten) Veränderung des Bruttoinlandsprodukts ablesen lässt.

1 **Boom** (engl.): kräftiger Aufschwung.

2 **Zyklus** (lat.): regelmäßig wiederkehrende Erscheinung, regelmäßige Folge. Zyklisch = regelmäßig wiederkehrend.

Langfristig folgte die Wirtschaftsentwicklung in Deutschland einem **aufsteigenden Trend:** Durch alle Zyklen hindurch setzte sich das reale Wachstum der Wirtschaftsleistung fort. Allerdings wurden die Wachstumswellen immer flacher, die wirtschaftliche Dynamik immer schwächer. Auch gab es von Mal zu Mal tiefere Konjunktureinbrüche am Ende eines Zyklus.

Überblick über die Konjunkturphasen

Konjunkturphasen	Auftragsbestände/ Produktion	Konjunkturelle Arbeitslosigkeit	Lohnentwicklung	Zinsen	Wertpapierkurse	Preisentwicklung	Sparneigung	Zukunftserwartungen
unterer Wendepunkt (Talsohle)[1]	auf niedrigem Niveau verharrend	hoch	mäßige Lohnerhöhungen; geringe übertarifliche Leistungen	niedrig	hoch	geringere Preissteigerungsraten; Kosteninflation (Stagflation) jedoch möglich	hoch	abwartend oder vorsichtiger Optimismus
Aufschwung	steigend	noch hoch	mäßige Lohnerhöhungen	noch niedrig	hoch	geringe Preissteigerungsraten	sinkend	optimistisch
Boom (Hochkonjunktur, Überkonjunktur, Überbeschäftigung)	bei Konsumgütern noch steigend; bei Investitionsgütern stagnierend oder sinkend	sinkend	kräftige Lohnerhöhungen	steigend	sinkend	hohe Preissteigerungsraten	niedrig	optimistisch
oberer Wendepunkt (Konjunkturgipfel)	bei Konsumgütern stagnierend; bei Investitionsgütern sinkend	gleichbleibend	kräftige Lohnerhöhungen („Lohnlag")[2]	hoch	niedrig	hohe Preissteigerungsraten	niedrig	abwartend bis pessimistisch
Abschwung (Rezession, Niedergang)	sinkend	steigend	mäßige Lohnerhöhungen (Inflationsausgleich); u. U. Abbau übertariflicher Leistungen	langsam sinkend	langsam steigend	abnehmende Preissteigerungsraten (auf polypolistischen Märkten u. U. sinkende, auf oligopolistischen und monopolistischen Märkten weiter steigende Preise)	steigend	pessimistisch

Konjunkturschwankungen sind **politisch unerwünscht,** weil Rezessionen z. B. zu sinkenden Steuereinnahmen führen, weniger finanzstarke Unternehmen zum Aufgeben zwingen und zu konjunktureller Arbeitslosigkeit führen. Die **Wirtschaftspolitik** versucht daher, **Konjunkturschwankungen abzuflachen.**

1 Ein lang anhaltender wirtschaftlicher Tiefstand wird als **Depression** (wörtl. Niedergeschlagenheit, traurige Stimmung) bezeichnet. Die Depression ist keine konjunkturelle Erscheinung, sondern Ausdruck einer tief greifenden strukturellen **Krise.**

2 **Lag** (engl.): Verschiebung, Verzögerung.

5.2 Ursachen für Wirtschaftsschwankungen

Das Phänomen[1] ist dem Menschen seit jeher bekannt: Die wirtschaftliche Entwicklung vollzieht sich nicht regelmäßig, sondern in „Schwankungen". Selbst die Bibel berichtet von den „sieben fetten und den sieben mageren Jahren".

Die heutige Volkswirtschaftslehre weiß, dass die wirtschaftlichen Wellenbewegungen **nicht** auf **eine Ursache allein** zurückgeführt werden können. Es gibt zahlreiche „Auslöser" für den Konjunkturauf- bzw. -abschwung.

Zu unterscheiden ist dabei einerseits zwischen den Faktoren, die einen Konjunktur**aufschwung** oder aber einen Konjunktur**abschwung** auslösen können; andererseits lassen sich diese Faktoren wiederum in **endogene** und **exogene** Ursachen unterteilen.

- Bei den **endogenen Ursachen** werden die konjunkturellen Schwankungen durch Einflüsse **innerhalb** des Wirtschaftssystems ausgelöst.
- Bei den **exogenen Ursachen** lössen von **außerhalb** auf das Wirtschaftssystem einfließende Faktoren die konjunkturellen Schwankungen aus.

Einen Überblick über die **wichtigsten Ursachen für Konjunkturschwankungen** gibt nachfolgende Übersicht.

	Determinanten[2] des Konjunkturverlaufs	
	Faktoren, die den **Konjunkturaufschwung** auslösen können:	Faktoren, die den **Konjunkturabschwung** auslösen können:
endogen[3]	■ Ausweitung des Geldangebots (Kreditangebots) durch die Zentralbank: sinkende Zinssätze – steigende Kreditnachfrage. ■ Steigende private und staatliche Investitionsgüternachfrage. ■ Steigende private und staatliche Konsumgüternachfrage. ■ Steigender Außenbeitrag (Export > Import). ■ Zahlungsbilanzüberschüsse.	■ Verknappung des Geldangebots (Kreditangebots) durch die Notenbank: steigende Zinssätze – sinkende Kreditnachfrage. ■ Sinkende private und staatliche Investitionsgüternachfrage. ■ Sinkende private und staatliche Konsumgüternachfrage. ■ Sinkender Außenbeitrag (Export < Import). ■ Zahlungsbilanzdefizite.
exogen[4]	■ Optimistische Zukunftserwartungen der Wirtschaftssubjekte. ■ Positive politische Ereignisse (z. B. Beendigung von Kriegen, Abschluss wichtiger Friedensverträge).	■ Pessimistische Zukunftserwartungen der Wirtschaftssubjekte. ■ Negative politische Ereignisse (z. B. Kriegsausbrüche, Aufstände, Generalstreiks, Terroranschläge).

1 **Phänomen** (lat.): Erscheinung.

2 **Determinanten:** Ursachen, (Bestimmungs-)Gründe.

3 **Endogen** (gr.): innen entstehend, von innen kommend.

4 **Exogen** (gr.): außen entstehend, von außen kommend.

Kompetenztraining

26 1. Nennen und beschreiben Sie den Zielkatalog des „magischen Vierecks“!

2. Erläutern Sie, warum diese Zielkombinationen (Frage 1) als „magisch“ bezeichnet werden!

3. Ermitteln Sie, wie viel mögliche Konfliktfelder es z. B. bei der gleichzeitigen Verfolgung von z. B. fünf oder sieben wirtschaftspolitischen Zielen gibt!

4. Die im Kapitel 4.1 genannten wirtschaftspolitischen Ziele sind Oberziele. Wählen Sie drei dieser Ziele aus und überlegen Sie sich, welche Zwischen- und Unterziele sich aus diesen Oberzielen ableiten lassen!

5. Bearbeiten Sie folgende Aufgaben:
   - 5.1 Das Oberziel der Wirtschaftspolitik von Deutschland ist nach § 1 StabG das „gesamtwirtschaftliche Gleichgewicht“. Was ist hierunter zu verstehen?
   - 5.2 Welche quantitativen Ziele werden im § 1 StabG genannt?
   - 5.3 Warum ist die Vollbeschäftigung ein wichtiges Ziel der Wirtschaftspolitik?
   - 5.4 Unter welchen Bedingungen liegt Vollbeschäftigung vor?
   - 5.5 Erklären Sie das wirtschaftspolitische Ziel „Preisniveaustabilität“!
   - 5.6 Begründen Sie, warum der Staat für außenwirtschaftliches Gleichgewicht sorgen sollte!
   - 5.7 Welche möglichen Zielkonflikte können zwischen den Zielen „hoher Beschäftigungsstand“, „Stabilität des Preisniveaus“ und „außenwirtschaftliches Gleichgewicht“ bestehen?
   - 5.8 Erklären Sie, was unter stetigem Wirtschaftswachstum zu verstehen ist!
   - 5.9 Nennen Sie neben dem Ziel des stetigen Wirtschaftswachstums noch weitere langfristige Ziele der Wirtschaftspolitik!
   - 5.10 Welche Zielkonflikte können sich zwischen dem Ziel des stetigen Wirtschaftswachstums einerseits und den kurzfristigen Zielen der Stabilität des Preisniveaus, des hohen Beschäftigungsstands und des außenwirtschaftlichen Gleichgewichts andererseits ergeben?
   - 5.11 Die möglichen Zielkonflikte erfordern, dass der Staat wirtschaftspolitische Kompromisse schließen muss. Was heißt das?
   - 5.12 Wie erklären Sie sich, dass in Deutschland trotz Wirtschaftswachstum das Ziel eines möglichst hohen Beschäftigungsstands seit Jahren unerreichbar scheint?

6. Beurteilen Sie, ob in den nachstehenden Fällen Zielharmonie, Zielindifferenz oder Zielkonflikt besteht!
   - 6.1 In einer Volkswirtschaft wirkt das „Gesetz der Massenproduktion“. Die Wirtschaft ist unterbeschäftigt. Die Regierung beschließt, die Staatsausgaben (bei gleichbleibenden Einnahmen) zu erhöhen. Ihre vorrangigen wirtschaftspolitischen Ziele sind zz. der Abbau der Arbeitslosigkeit und die Preisniveaustabilität.
   - 6.2 In einer mit dem Ausland stark verflochtenen Volkswirtschaft übersteigen die Exporte seit längerer Zeit die Importe. Die Wirtschaft ist unterbeschäftigt. Die Regierung beschließt die Senkung der Importzölle und die Aufhebung bisheriger Exportförderungsmaßnahmen. Ihre vorrangigen wirtschaftspolitischen Ziele sind zz. außenwirtschaftliches Gleichgewicht, Preisniveaustabilität und Vollbeschäftigung.
   - 6.3 In einer vollbeschäftigten Volkswirtschaft steigen die Preise jährlich um ca. 10 %. Es bestehen laufende Exportüberschüsse. Das Wirtschaftswachstum beträgt im kommenden Jahr voraussichtlich 3 %. Der Grad der Umweltverschmutzung ist sehr hoch,

sodass die Lebenserwartung der Bevölkerung zu sinken beginnt. Die derzeitige Einkommens- und Vermögensverteilung wird als „gerecht" empfunden.

Die Regierung beschließt, die Grenzen weiter zu öffnen, um die Importe zu steigern. Die sechs magischen Ziele der Wirtschaftspolitik werden von der Regierung als gleichrangig betrachtet.

7. Ökosteuern und -abgaben, Verbote und die Vorgabe von Grenzwerten sollen zu einem umweltverträglichen Wirtschaften beitragen.

Beispiele:

a) Erhebung einer Abwasserabgabe, die mit zunehmendem Reinheitsgrad der Abwässer sinkt.
b) Abschaffung der Kraftfahrzeugsteuer und Erhöhung der Mineralölsteuer.
c) Verbot umweltschädlicher Produkte (z. B. umweltschädlicher Treibgase in Sprühdosen).
d) Begrenzung der zulässigen Rußzahlen bei Ölfeuerungsanlagen.
e) Fahrverbot für Kraftfahrzeuge mit Benzinmotoren ohne Katalysator.
f) Stromsteuer auf Atomstrom und Strom aus Verbrennungskraftwerken.
g) Vorgabe von Abgasgrenzwerten (z. B. für Kraftwerke, Autos).
h) Subventionen zur Gewinnung von Erdwärme.
i) Steuererleichterung für Dieselfahrzeuge mit Rußfilter.
j) Herstellungsverbot asbesthaltiger Werkstoffe.
k) Einführung des Dosenpfands.
l) Importverbot für genmanipulierte Lebensmittel.

Aufgaben:

7.1 Begründen Sie, welche der genannten Maßnahmen als marktkonform und welche als marktkonträr zu bezeichnen sind!

7.2 Angebot und Nachfrage nach einem umweltschädlichen Gut A verhalten sich normal. Das Gut A wird mit einer Ökosteuer belegt. Stellen Sie mithilfe der Angebots- und Nachfragekurve dar, wie sich Preis und Absatzmenge des Gutes A verändern!

7.3 Erläutern Sie, wie sich die Ökosteuer auf das Produkt A auf die Nachfrage nach dem Substitutionsgut (Ersatzgut) B auswirken könnte!

7.4 Bilden Sie zwei eigene Beispiele für den unter 7.3 beschriebenen Substitutionseffekt!

8. Welche Zusammenhänge drücken die nachfolgenden Abbildungen aus?

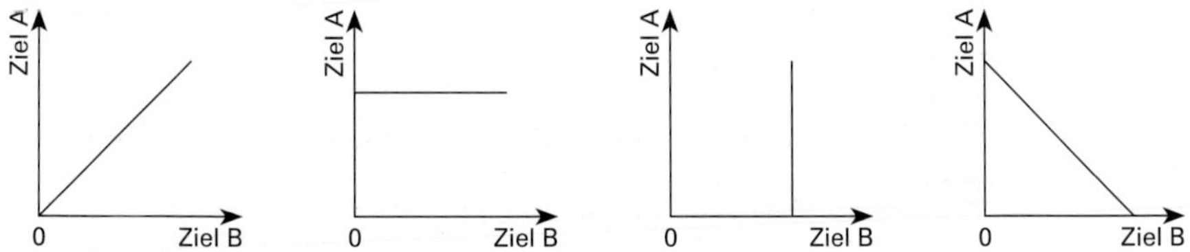

9. **Textauszug:**

Zukunftsstudie: OECD warnt die Welt vor ökologischem Kollaps

Die Weltbevölkerung wächst rasant, Energie- und Wasserverbrauch steigen. Weltweit drohen unumkehrbare Schäden für Umwelt und Gesellschaft.

Von Tobias Kaiser

Es ist ein eindringlicher Appell: In einer Studie warnt die Organisation für Wirtschaftliche Zusammenarbeit und Entwicklung (OECD) vor zunehmender Umweltzerstörung: „Wir riskieren unumkehrbare Umweltschäden, die die in den vergangenen zweihundert Jahren erzielten Verbesserungen des Lebensstandards gefährden", schreiben die Forscher in ihrem Bericht.

In den kommenden 40 Jahren werde die Weltbevölkerung um zwei Milliarden Menschen auf dann neun Milliarden Menschen anwachsen. Fast zwei Drittel aller Menschen weltweit werden 2050 in Städten leben und die globale Wirtschaftsleistung werde sich bis dahin vervierfachen.

Dieses Wachstum bleibe nicht ohne Folgen für die Umwelt. Eine viermal größere Weltwirtschaft wird trotz Energiesparmaßnahmen rund 80 Prozent mehr Energie verbrauchen als heute. Weil vor allem die großen Schwellenländer weiter auf fossile Energieträger wie Öl und Gas setzen, wird der Ausstoß klimaschädlicher Treibhausgase trotz internationaler Vereinbarungen zunehmen – die Experten rechnen mit einem Plus von 50 Prozent bis 2050. [...]

Die Pariser Forscher rechnen mit enormen ökonomischen und menschlichen Kosten, wenn die internationale Politik die Umweltzerstörung nicht energischer bekämpft. „Die Folgen für die Lebensqualität der Menschen weltweit wären desaströs", warnen die Forscher. Allein die Zahl der Menschen, die jedes Jahr durch Abgase und Chemikalien sterben, könnte sich bis zur Mitte des Jahrhunderts auf 3,6 Millionen Menschen verdoppeln.

Rodungen und Monokulturen werden nach den Berechnungen der OECD dafür sorgen, dass bis 2050 die Artenvielfalt an Land um zehn Prozent abnimmt. Betroffen seien besonders Europa, Asien und das südliche Afrika. In Flüssen und Seen seien bereits ein Drittel der Arten ausgerottet und dieser Prozess werde sich weiter fortsetzen.

Angesichts dieser Prognosen fordert die OECD rasches und ambitioniertes Handeln. Ein Politikwechsel sei nötig: „Die bisherige Politik der schrittweisen Fortschritte wird in den kommenden Jahrzehnten nicht mehr genügen."

Die Wissenschaftler machen dabei konkrete Vorschläge für Maßnahmen, die dabei helfen könnten, die Umweltbelastung in den kommenden Jahrzehnten zu reduzieren und die Entwicklung sogar umzukehren.

Dazu müsse es vor allem teurer werden, die Umwelt zu belasten, etwa durch einen Emissionshandel wie in der Europäischen Union oder durch Steuern auf Energieträger oder schädliche Emissionen wie Kohlendioxid. Als Beispiel dafür gilt die deutsche Ökosteuer.

Außerdem plädieren die Forscher dafür, umweltschädliche Subventionen abzuschaffen, etwa für die Landwirtschaft und die Fischerei. Dadurch könnten umweltschädliche Anreize vermieden werden. Nötig sei auch, das Bauern, Unternehmen und Haushalte künftig stärker dafür zahlen, wenn sie natürliche Ressourcen wie Wasser verbrauchen – das sei bisher in vielen Regionen der Welt nicht der Fall und führe zu Verschwendung.

Quelle: WELT Online vom 15.03.2012.

Aufgaben:

9.1 Versuchen Sie, klare umweltpolitische Ziele zur Vermeidung eines ökologischen Kollapses zu formulieren!

9.2 Beschreiben Sie, wie eine Steuerpolitik aussehen müsste, die dazu beitragen kann, die angesprochenen Probleme lösen zu helfen!

Handlungsfeld 4: Absatz

Anforderungssituation 4.1
Preisbildungsprozesse auf unterschiedlichen Märkten und deren Auswirkungen auf den Wettbewerb

Mehrere Schüler eines Berufskollegs für Wirtschaft und Verwaltung stehen an einem Montag in der ersten Pause gemeinsam auf dem Schulhof und unterhalten sich über die gerade geschriebene Klausur. Aus dem Hintergrund nähert sich Kevin, den man von Weitem bereits lauthals vor sich hin schimpfen hört. Als er bei der Gruppe angekommen ist, lässt er seinem Ärger freien Lauf. Kevin erzählt, dass er sich gerade in der Schulkantine ein Schnitzelbrötchen gekauft hat und im Vergleich zur Vorwoche 0,50 € mehr zahlen musste. Dies sei aus seiner Sicht eine totale Abzocke; aber was bleibe einem Schüler in der 15-minütigen Pause auch anderes übrig, als in der Schulkantine etwas zu kaufen, wenn man sein Frühstück mal wieder zu Hause hat liegen lassen.

Der im Klassenverband stets besonnene Hendrik hält die Aufregung von Kevin für vollkommen übertrieben und führt an, Kevin solle sich bloß nicht so aufregen. Schließlich habe er ständig mit einer solchen Abzockerei zu tun. Seit ihm seine Eltern einen gebrauchten Kleinwagen vorfinanziert haben, müsste er beim Tanken aufpassen wie ein Luchs. In der näheren Umgebung seines Wohnortes gäbe es drei unterschiedliche Tankstellen, die täglich mehrfach ihre Preise ändern – teilweise um bis zu 0,10 € pro Liter, was insgesamt verhältnismäßig mehr ausmacht als die Preiserhöhung beim Schnitzelbrötchen. Was ihn besonders ärgert, ist die Tatsache, dass die unterschiedlichen Tankstellenbetreiber die Preise immer nahezu zeitgleich ändern; danach könne man quasi die Uhr stellen.

Sarah-Marie, die Klassenbeste, mischt sich in das Gespräch ein. Sie sagt, dass sie das Ganze nicht verstehen kann. Schließlich wäre Benzin doch gleich Benzin, so wie beim Telefonieren die verkaufte Leistung doch auch die gleiche sei. In diesem Markt allerdings würden sich die Anbieter bei den Preisen schon seit Langem gegenseitig ständig unterbieten. Erst diese Woche sei sie deshalb mit ihrem Smartphone zu einem wesentlich günstigeren Anbieter gewechselt. Dadurch würde sie jetzt monatlich mehr als 10,00 € einsparen und das, obwohl sie nunmehr sogar noch mehr SMS verschicken könne als bei dem vorherigen Anbieter.

Kevin erwidert daraufhin, dass er sich ja genau aus diesem Grund so aufregt. In der Stadt gäbe es viele Bäckereien und dort würden die Schnitzelbrötchen teilweise viel günstiger angeboten als in der Schulkantine.

Kevins Nachfrage nach Schnitzelbrötchen[1]

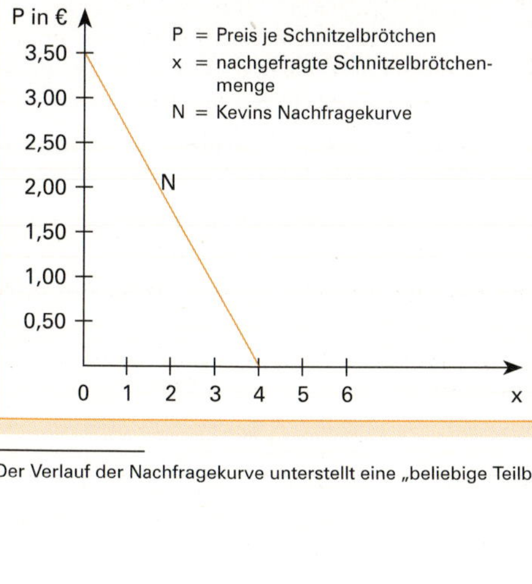

1 Der Verlauf der Nachfragekurve unterstellt eine „beliebige Teilbarkeit" der Schnitzelbrötchen.

Kompetenzorientierte Arbeitsaufträge:

1. Betrachten Sie zunächst Kevins Nachfragekurve nach Schnitzelbrötchen und interpretieren Sie deren Verlauf!
2. Vergleichen Sie die hier angesprochenen Marktformen und untersuchen Sie diese unter dem Aspekt der Verteilung von Marktmacht und Wettbewerb!
3. Finden Sie heraus, welche Präferenzen in der vorangestellten Anforderungssituation beim Benzin und den Schnitzelbrötchen eine Rolle spielen könnten!
4. Nennen Sie jeweils zwei weitere Beispiele für Märkte, auf denen der Wettbewerb aufgrund des „Preiskampfes" erkennbar funktioniert, und solche, auf denen mangels Preiskampf augenscheinlich kein Wettbewerb herrscht!
5. Erläutern Sie, was Unternehmen dazu veranlassen könnte bezüglich der Preise „zu kooperieren", statt sich auf einen Preiskampf einzulassen!
6. Beurteilen Sie die Notwendigkeit, inwiefern der Staat Regelungen zum Schutz des Wettbewerbs einführen sollte!

1 Preisbildung des vollkommenen Angebotsmonopols und des vollkommenen Angebotsoligopols

1.1 Preisbildung des vollkommenen Angebotsmonopols

1.1.1 Grundlagen

Im Sprachgebrauch werden alle marktbeherrschenden Unternehmen bzw. staatlichen Betriebe als „Monopole" bezeichnet. Theoretisch liegt ein **Monopol**[1] jedoch nur dann vor, wenn ein einziger Anbieter oder Nachfrager auf dem Markt ist.[2] Im Folgenden wollen wir uns auf das **Angebotsmonopol beschränken**.

Ein **Angebotsmonopol** liegt vor, wenn einem einzigen Anbieter eine Vielzahl von Nachfragern gegenübersteht.

Ein **vollkommenes Angebotsmonopol** ist gegeben, wenn der Monopolist nur ein **homogenes** Gut anbietet und darüber hinaus alle sonstigen Bedingungen des vollkommenen Marktes gegeben sind. Das vollkommene Monopol ist somit ein theoretischer Grenzfall. Unter den Bedingungen des vollkommenen Marktes kann es nur **einen einheitlichen** Monopolpreis geben, ein Fall, der in Wirklichkeit nur äußerst selten anzutreffen sein wird.

In der Regel sind nämlich die Angebotsmonopolisten in der Lage, **Preisdifferenzierung** zu treiben, d. h. für ein und dasselbe Gut **unterschiedliche** Preise zu verlangen **(unvollkommenes Monopol)**.

Beispiel:

Ein Elektrizitätswerk räumt Tag- und Nachtstromtarife ein. Darüber hinaus werden von Klein- und Großverbrauchern unterschiedliche Tarife verlangt.

1 Zu den Ursachen für die Entstehung von Monopolen vgl. Kapitel 3.2.

2 Bei einem Nachfragemonopol sieht sich ein Nachfrager zahlreichen Anbietern gegenüber (z. B. Bundeswehr – Zuliefererbetriebe). Ein zweiseitiges Monopol (bilaterales Monopol) weist nur einen Anbieter und einen Nachfrager auf (z. B. näherungsweise Arbeitgeber einerseits und Gewerkschaften andererseits).

Obwohl also das vollkommene (homogene) Angebotsmonopol in der Wirklichkeit kaum in reiner Form vorkommen dürfte, ist das Modell des vollkommenen Monopols geeignet, die mögliche **Absatzpolitik** eines marktstarken Anbieters zu veranschaulichen.

1.1.2 Preis-Absatz-Kurve des Monopolisten

Da der Angebotsmonopolist definitionsgemäß der alleinige Anbieter eines Gutes ist, vereinigt er die **Gesamtnachfrage** für ein Gut auf sich. Dies bedeutet, dass er sich der Gesamtnachfrage gegenübersieht.[1] Diese Gesamtnachfragekurve wird auch als **Preis-Absatz-Kurve** bezeichnet, weil aus ihr ablesbar ist, welche **Gütermengen** die Käufer bei alternativen Monopolpreisen zu kaufen beabsichtigen.

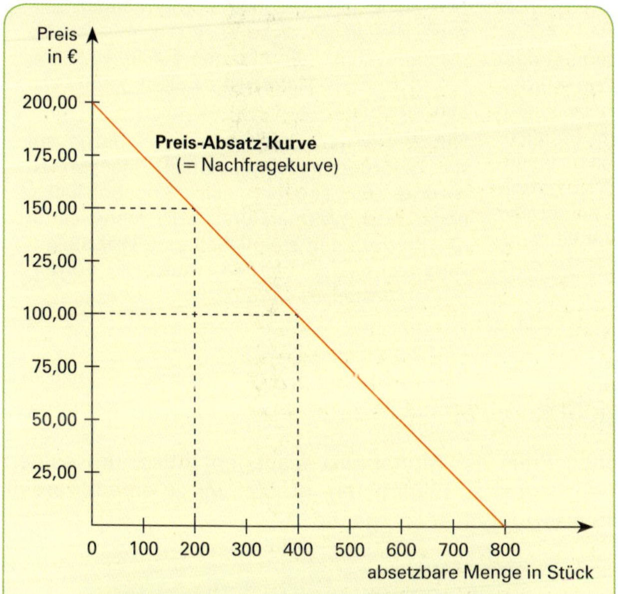

Preis-Absatz-Kurve eines Monopolisten

Beziehungen zwischen Absatzpreis und Absatzmenge

Preis in €	Absetzbare Menge in Stück
0,00	800
25,00	700
50,00	600
75,00	500
100,00	400
125,00	300
150,00	200
175,00	100
200,00	–

Bei einem Preis von z. B. 150,00 € kann der Monopolist 200 Stück absetzen; bei einem Preis von z. B. 100,00 € kann er 400 Stück absetzen (normale Nachfrage).

In der Realität kennt der Monopolist das Nachfrageverhalten seiner Kunden nicht genau, wenngleich mithilfe der heutigen Marktforschungsmethoden Aussagen darüber gemacht werden können, wie die Nachfrager auf geplante Preis- oder Angebotsmengenänderungen eines Monopolisten voraussichtlich reagieren werden. Die Preis-Absatz-Kurve des Monopolisten heißt daher auch „konjekturale[2] Preis-Absatz-Kurve".

Im Gegensatz zum polypolistischen Anbieter, der aufgrund seiner verschwindend geringen Marktmacht den Absatzpreis als gegeben, d.h. als „Datum" hinnehmen muss, kann der Angebotsmonopolist den Absatzpreis für das von ihm angebotene Gut frei **(autonom)** bestimmen: Er kann **Preispolitik** betreiben.[3]

1 In den folgenden Überlegungen unterstellen wir, dass sich die Gesamtnachfrage für ein Gut „normal" verhält.

2 **Konjektural**: vermutet.

3 Der Anbieter auf einem vollkommenen polypolistischen Markt kann keine Preispolitik betreiben. Er muss sich vielmehr mit seiner Absatzmenge so an den Preis anpassen, dass er einen möglichst hohen Gewinn (bzw. einen möglichst geringen Verlust) erzielt. Er ist **„Mengenanpasser"**, kann also nur Mengenpolitik betreiben.

13 Boller - ISBN 978-3-8120-0619-4

1.1.3 Monopolistische Mengenpolitik

Natürlich ist für den Monopolisten auch Mengenpolitik möglich, d. h., der Monopolist setzt die **Absatzmenge** fest und überlässt die **Preisbildung** dem **Markt**. Der Monopolist ist – so sagt man – „Preisnehmer". Die Festsetzung von Preis **und** Angebotsmenge zugleich ist nicht möglich.

Beispiel:

Angenommen, die Erdöl exportierenden Staaten (OPEC) setzen den Preis für Erdöl fest. Dann müssen sie abwarten, welche Mengen bei diesem Preis auf dem Weltmarkt absetzbar sind. Vereinbaren sie hingegen bestimmte Fördermengen, müssen sie die Preisbildung dem Weltmarkt überlassen. Unterstellt, sie würden Preis **und** Fördermengen (Angebotsmengen) festlegen, dann ergeben sich zwei Möglichkeiten, wenn man von dem unwahrscheinlichen Fall absieht, dass sie den Preis getroffen haben, zu dem die Käufer genau die geförderten Mengen zu kaufen bereit sind.

Fall 1: Der autonom festgelegte Monopolpreis ist in Bezug auf die geförderten (angebotenen) Mengen zu **hoch**: Die Erdölproduzenten bleiben auf einem Teil ihrer Fördermengen „sitzen". Wollen sie diese absetzen, müssen sie die überschüssigen Mengen auf freien Märkten (den „Spot-Märkten") zu niedrigeren Preisen verkaufen.

Fall 2: Der gewählte Preis ist in Bezug auf die geförderten (angebotenen) Mengen zu **niedrig**. Es entsteht eine Angebotslücke, sodass der Weltmarktpreis auch ohne Zutun der Produzenten steigt. Soll eine Preissteigerung vermieden werden, muss die Fördermenge gesteigert werden.

1.1.4 Monopolistische Preispolitik

Um feststellen zu können, welchen Preis ein Monopolist festlegen muss, um seinen Gewinn zu maximieren bzw. seinen Verlust zu minimieren, greifen wir zu einem vereinfachenden Beispiel. Folgende Voraussetzungen sollen gelten:

- Es gelten die Bedingungen des vollkommenen Marktes.
- Dem Monopolisten ist die Preis-Absatz-Kurve bekannt. Sie verläuft „normal" und linear.
- Der Monopolist hat fixe und proportional-variable Kosten.
- Der Monopolist richtet sich nach dem (kurzfristigen) Gewinnmaximierungsprinzip (Gewinnmaximierungsmonopol).
- Der Monopolist bildet keine Lager (Produktionsmenge = Angebotsmenge).
- Die Faktorpreise (die Kosten) sind konstant.

Beispiel:

Angenommen, ein Industriebetrieb mit Alleinvertriebsrecht stellt Spezialwerkzeuge her. Die fixen Kosten je Tag belaufen sich auf 20 000,00 €, die proportional-variablen Kosten je Stück auf 40,00 €. Die Beziehungen zwischen Absatzpreis und Absatzmenge seien die gleichen, wie sie in der Abbildung auf S. 193 dargestellt wurden.

Aus der nachfolgenden Tabelle ist ersichtlich, dass der Monopolist sein **Gewinnmaximum** bei einer Absatzmenge von 300 Stück bzw. bei einem Absatzpreis von 125,00 € je Stück erzielt. Hier ist der Unterschied zwischen Umsatz einerseits und Kosten andererseits am größten (siehe auch Abb. auf S. 193). Ist die Gewinnmaximierung oberstes Unternehmensziel, wird der Monopolist also einen Preis von 125,00 € je Stück festlegen **oder** 300 Stück je Periode anbieten.

Das **Umsatzmaximum** beträgt 40 000,00 €. Es wird bei einem Absatzpreis von 100,00 € je Stück bzw. bei einer Absatzmenge von 400 Stück erreicht. Das **Gewinnmaximum** liegt bei einer geringeren Absatzmenge als das Umsatzmaximum, weil das Unternehmen variable Kosten aufweist. Vom Gewinnmaximum an steigen bei zunehmendem Absatz die Gesamtkosten schneller als der Umsatz.

Preis je Stück (P)	Absetzbare Menge (x)	Umsatz (Menge · Kosten) (U = x · P)	Gesamtkosten (fixe + variable Kosten) (K)	Verlust bzw. Gewinn (U – K)	Stückkosten $\left(\frac{K}{x}\right)$
200,00 €	–	–	20 000,00 €	–20 000,00 €	–
175,00 €	100	17 500,00 €	24 000,00 €	– 6 500,00 €	240,00 €
150,00 €	200	30 000,00 €	28 000,00 €	2 000,00 €	140,00 €
125,00 €	300	37 500,00 €	32 000,00 €	5 500,00 €	107,00 €
100,00 €	400	40 000,00 €	36 000,00 €	4 000,00 €	90,00 €
75,00 €	500	37 500,00 €	40 000,00 €	– 2 500,00 €	80,00 €
50,00 €	600	30 000,00 €	44 000,00 €	–14 000,00 €	73,00 €
25,00 €	700	17 500,00 €	48 000,00 €	–30 500,00 €	69,00 €
–	800	–	52 000,00 €	–52 000,00 €	65,00 €

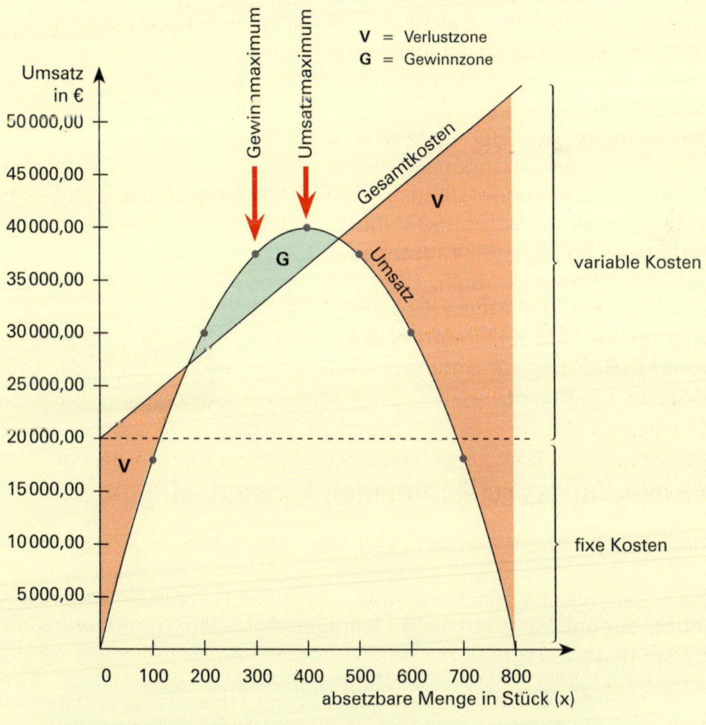

Gewinn- und Umsatzmaximum eines Monopolisten

Die Tatsache, dass bei sinkendem Preis der Umsatz des Monopolisten zunächst steigt, bei weiteren Preissenkungen unter 100,00 € jedoch sinkt, hängt mit der **Elastizität** der Nachfrage zusammen. Hierunter versteht man das Verhältnis einer prozentualen Nachfragemengenänderung zu einer prozentualen Preisänderung. Senkt der Monopolist z. B. seinen Preis von 150,00 € um $16\,^{2}/_{3}$ % auf 125,00 €, so steigt die mengenmäßige Nachfrage von 200 auf 300 Stück, also um 50 %. Dies entspricht einer **Elastizitätskennziffer** von **3** (50 % : $16\,^{2}/_{3}$ %). Die Nachfrage ist **elastisch.**

Senkt jedoch der Monopolist seinen Absatzpreis von z. B. 75,00 € auf 50,00 €, also um $33\,^{1}/_{3}$ %, so steigt die mengenmäßige Nachfrage von bisher 500 auf 600 Stück, d. h. um 20 %. Die **Elastizitätskennziffer** beträgt **0,6** (20 % : $33\,^{1}/_{3}$ %). Die Nachfrage ist **unelastisch.**

Allgemein gilt:

- Ist die Elastizitätskennziffer **größer als 1,** spricht man von **elastischer** Nachfrage.
- Ist die Elastizitätskennziffer **kleiner als 1,** spricht man von **unelastischer** Nachfrage.
- Beträgt die Elastizitätskennziffer **1,** spricht man von **proportional-elastischer** Nachfrage.

Wie das **Gesetz der Massenproduktion** lehrt, nehmen die Stückkosten bei zunehmender Beschäftigung ab, während sie bei rückläufiger Beschäftigung steigen. Kalkuliert ein Anbieter mit Stückkosten, so ist dies eine Erklärung dafür, dass in den modernen Volkswirtschaften auf den Märkten, die nur von einem oder wenigen Anbietern beherrscht werden, bei Nachfragerückgängen die Preise nicht sinken, sondern sogar steigen (Beispiele aus dem Rezessionsjahr[1] 1993: Automobilpreise, Preise für Investitionsgüter aller Art). Umgekehrt erklärt sich auch, dass bei steigender Nachfrage die Preise bestimmter Massengüter im Lauf der Jahre absolut gesunken sind (z. B. Preise für Smartphones, Laptops, Drucker, CD-Player).

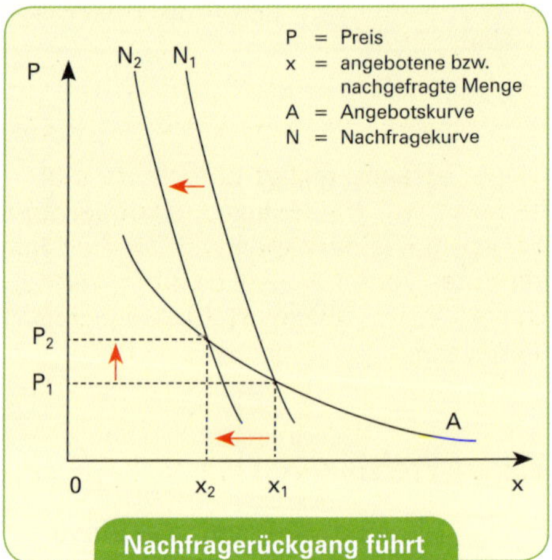

Nachfragerückgang führt zu steigenden Preisen

1.2 Preisbildung des vollkommenen Angebotsoligopols

Ebenso wie beim Monopol beschränken wir unsere Überlegungen auf das Angebotsoligopol.[2]

Ein **Angebotsoligopol** liegt vor, wenn wenigen Anbietern (mindestens zwei) eine Vielzahl von Nachfragern gegenübersteht.

1 **Rezession**: wirtschaftlicher Rückgang (Nachfragerückgang mit Arbeitslosigkeit).

2 Bei einem **Nachfrageoligopol** sieht sich eine kleine Zahl von Nachfragern (mindestens zwei) einer Vielzahl von Anbietern gegenüber (z. B. wenige Lebensmittelfabriken, viele Landwirte). Ein zweiseitiges Oligopol (bilaterales Oligopol) weist auf beiden Marktseiten nur wenige Teilnehmer (mindestens je zwei) auf (z. B. fünf Erzgruben und drei Hüttenwerke).

1.2.1 Preisbildung bei kooperativem[1] Verhalten

Das Wesen des Angebotsoligopols besteht darin, dass wenige Anbieter den Markt beherrschen. Im Unterschied zum Polypol und Monopol müssen die Oligopolisten mit **Gegenmaßnahmen der Konkurrenten** rechnen, wenn sie am Markt absatzpolitische Maßnahmen (z. B. Preisänderungen) vornehmen. Deshalb bezeichnet man den oligopolistischen Wettbewerb auch als **zirkulare Konkurrenz**: Die Handlungen eines Oligopolisten werden einmal von den Aktionen der Konkurrenten bestimmt, zum anderen von den Erwartungen darüber, wie die Konkurrenten auf eigene Aktionen reagieren werden.

Beim vollkommenen Oligopol wird ein homogenes Gut angeboten, ein in Wirklichkeit kaum anzutreffender Fall.

Beispiel:

Drei Braunkohle-Bergwerke befinden sich an einem Ort. Die Qualität der Kohle ist vollkommen gleich. Alle drei Bergwerke haben die gleiche Kapazität. Für die Kunden bestehen daher weder sachliche noch räumliche oder andersartige Präferenzen.

Homogene Märkte können nur einen **einheitlichen** Preis aufweisen. Würde ein Oligopolist versuchen, den **Preis** zu **senken, gewänne** er **alle** Kunden, falls seine Konkurrenten nicht nachzögen. Würde er den **Preis erhöhen, verlöre** er **alle** Kunden, falls die Konkurrenten nicht reagieren.

Diese Tatsache erklärt bereits, dass auf oligopolistischen Märkten relative **Preisstarrheit** herrscht, weil **friedliches** und **kooperatives** Verhalten für alle Anbieter i. d. R. von Vorteil ist. Bei Kostensteigerungen werden die Oligopolisten **gemeinsam** ihre Preise erhöhen (abgestimmtes Verhalten), sei es durch vertragliche Abmachung **(Kartell)** oder stillschweigende Übereinkunft **(Quasikartell).** Möglicherweise wird es auch einem **Preisführer** überlassen, an dessen preispolitischem Verhalten sich die Mitbewerber orientieren.

1.2.2 Preisbildung bei nicht kooperativem Verhalten

Es kann jedoch durchaus die Situation eintreten, dass die Kapitalgeber und/oder die Geschäftsleitungen der Oligopolunternehmen mit ihrer Gewinnsituation nicht zufrieden sind. Unterstellt, die Oligopole haben den Markt aufgeteilt, d. h. ein **Quotenkartell**[2] gebildet. Für jeden einzelnen Oligopolisten wäre es günstiger, seine Produktion zu erhöhen, d. h. die Absprache zu unterlaufen. Der oder die Konkurrenten werden jedoch reagieren, indem sie ihre Produktion ebenfalls erhöhen, sodass sich letztlich jeder der Beteiligten schadet. Der Oligopolist befindet sich also in einer sogenannten **Dilemma-Situation.**[3]

Beim Vorliegen eines Anbieterdilemmas gewinnen die beteiligten Unternehmen meistens nichts, verlieren mitunter sogar, wenn sie ihre Kooperation aufgeben. Gesamtwirtschaftlich kann sich jedoch die Wohlfahrt einer Volkswirtschaft erhöhen, da die Nachfrager durch niedrige Preise und eine bessere Versorgung einen Wohlfahrtsgewinn haben.

---

1 **Kooperativ** (lat.): zusammenarbeitend, gemeinsam (vor allem auf wirtschaftlichem Gebiet).

2 **Quote** (lat.): Anteil, der beim Aufteilen einer Sache auf den Einzelnen oder einer Gruppe entfällt.

3 **Dilemma** (griech., lat.): Wahl zwischen zwei gleich unangenehmen Folgen einer Entscheidung. Entscheidet sich der Oligopolist für Vertragstreue, ist seine Gewinnlage unbefriedigend. Entscheidet er sich dagegen, kann er nur gewinnen, wenn die anderen nicht nachziehen. Aller Voraussicht nach werden diese sich jedoch anpassen, sodass das Kartell zu aller Schaden „platzt".

Die **staatliche Wettbewerbspolitik** kann die **positive Wohlfahrtswirkung** dadurch fördern, dass sie die **Kartellbildung verbietet.**

Nichtkooperatives Verhalten kann für einen einzelnen Oligopolisten auch dann von Vorteil sein, wenn er kostengünstiger als seine Konkurrenten produziert und/oder die größeren finanziellen Reserven besitzt. Für ihn kann es langfristig von Nutzen sein, mit Niedrigpreisen **(Verdrängungspreisen, Kampfpreisen)** auf dem Markt aufzutreten, sich also gewissermaßen kriegerisch zu verhalten **(Verdrängungswettbewerb).**

Gelingt es dem **stärkeren** Anbieter, seine Konkurrenten aus dem Markt zu drängen, weil diese aufgrund der niedrigen Preise nicht mehr in der Lage sind, ihre Kosten zu decken, vereinigt er die **gesamte** Nachfrage auf sein Produkt, wird also zum **Monopolisten.** Er kann nunmehr den Absatzpreis wieder erhöhen und seinen Gewinn maximieren.

Kompetenztraining

27 1. **Fallstudie:** Ein vollkommenes Angebotsmonopol bietet nur einen Artikel an.

Aufgaben:

1.1 Definieren Sie den Begriff Angebotsmonopol!

1.2 Stellen Sie eine Tabelle entsprechend dem nachstehenden Muster auf! Die variablen Kosten betragen 5,00 € je Stück.

Absetzbare Menge in Stück	Preis je Stück in €	Umsatz in €	Fixe Kosten in €	Variable Kosten in €	Gesamtkosten in €	Verlust bzw. Gewinn in €
5000	10,00	50000,00	10000,00	25000,00	35000,00	+ 15000,00
6000	9,50		10000,00			
7000	9,00		10000,00			
8000	8,50		10000,00			
9000	8,00		10000,00			
10000	7,50		10000,00			
11000	7,00		10000,00			
12000	6,50		10000,00			
13000	6,00		10000,00			
14000	5,50		10000,00			

1.3 Entscheiden Sie, welchen Absatzpreis die Geschäftsleitung festlegen wird, wenn sie

1.3.1 den maximalen Gewinn erzielen möchte oder

1.3.2 den maximalen Umsatz anstrebt.

1.4 Beantworten Sie – nachdem Sie die vorhergehende Tabelle ergänzt haben – folgende Fragen:

1.4.1 Bestimmen Sie, welche Tatsache es einem Monopolisten ermöglicht, selbstständige Preispolitik zu betreiben!

1.4.2 Erläutern Sie, warum ein Unternehmen, das die Möglichkeit der Preispolitik hat, häufig andere Mittel als die Preispolitik zum Zweck der Umsatzsteigerung einsetzt!

1.4.3 Entscheiden Sie, wie sich eine Preissenkung auf den Umsatz auswirken kann!

1.4.4 Entscheiden Sie, wie sich eine Preiserhöhung auf den Umsatz auswirken kann!

1.4.5 Führen Sie aus, warum der Gewinn auch dann abnehmen kann, wenn durch Preissenkungen ein höherer Absatz erzielt wird!

2. **Rechercheauftrag**: Nennen Sie zu jeder Monopolart ein eigenes Beispiel!

Arten der Monopole

nach der Anzahl der dem Monopol angehörenden Unternehmen	nach der Marktseite	nach der Zielsetzung	nach der Entstehung
■ Einzelmonopole (Individualmonopole) ■ Kollektivmonopole (Kartelle, verbundene Unternehmen, Trusts) ■ Teilmonopole (ein starker Anbieter und einige schwache)	■ Angebotsmonopole ■ Nachfragemonopole ■ bilaterale Monopole	■ Gewinnmaximierungsmonopole ■ Bedarfsdeckungsmonopole	■ natürliche Monopole (Rohstoffquellen) ■ Patentmonopole ■ Staatsmonopole ■ Meinungsmonopole

3. Ein Monopolist kann seine Monopolstellung verlieren, wenn er seine Absatzpreise zu hoch ansetzt.

3.1 Begründen Sie diese Aussage!

3.2 Definieren Sie den Begriff Angebotsoligopol!

3.3 Begründen Sie, warum Oligopolisten in ihrer Preispolitik nicht voneinander unabhängig sind!

3.4 Erläutern Sie, warum bei Oligopolisten der Preiswettbewerb verhältnismäßig selten ist!

4. Nur die Stadtwerke Musterhausen bieten im Bereich der Stadt Musterhausen Erdgas zu Heizzwecken an.

Aufgaben:

4.1 Entscheiden Sie, in welcher Marktposition sich in Musterhausen der Anbieter mit seinem Gut Erdgas befindet!

4.2 Hans Niemeyer will in sein Einfamilienhaus eine Gasheizung einbauen lassen. Er muss deshalb bei den Stadtwerken einen Antrag auf Genehmigung einer derartigen Heizungsanlage stellen.

Entscheiden Sie, welche Größe ihres Absatzes die Stadtwerke durch den Genehmigungszwang steuern können!

4.3 Die Stadtwerke erhöhen zum 01.01. ihre Abgabepreise für Erdgas um 8 %.

Erläutern Sie, welche Auswirkungen diese Preiserhöhung voraussichtlich auf die Nachfrage nach Erdgas haben wird!

4.4 Erläutern Sie, an welchen Gesichtspunkten die Stadtwerke ihre Abgabepreise für Erdgas orientieren werden!

4.5 Die Stadtwerke entschließen sich, ihre Abgabepreise für Erdgas nach drei Tarifgruppen zu differenzieren:

Tarif I: Gewerbliche Großabnehmer,
Tarif II: Private Großabnehmer (Heizungen),
Tarif III: Private Kleinabnehmer.

4.5.1 Erläutern Sie, warum eine derartige Preisdifferenzierung möglich ist!

4.5.2 Ermitteln Sie, welchen Abgabepreis für einen m^3 Erdgas Sie bei den drei Tarifen am niedrigsten ansetzen würden!

5. Der europaweit agierende Tabakkonzern „Flavour Tobacco Limited" hat nach langjähriger Forschungs- und Entwicklungsarbeit eine „gesundheitsunschädliche" Zigarette entwickelt und diese durch ein weltweit gültiges Patent vor Nachahmung schützen lassen. Dieses Produkt – so zeigen unabhängige Studien verschiedener Unikliniken – setzt beim Konsum keine für die Gesundheit bedenklichen Stoffe frei und garantiert einen nahezu unverfälschten Tabakgenuss für „gesundheitsbewusste" Raucher. Der Tabakkonzern „Flavour Tobacco Limited" verfügt somit über ein Monopol für ein Produkt, dass zwei wichtige und bisher scheinbar unvereinbare Eigenschaften zusammenführt: Diese Zigarette ermöglicht den Genuss am Rauchen, ohne dass sich hierbei erkennbare Schäden für die Gesundheit des Konsumenten ergeben.

Eine in Auftrag gegebene Marktforschungsstudie kommt zu dem Ergebnis, dass nachfolgende Absatzmengen in Abhängigkeit vom gewählten Preis am Zigarettenmarkt erzielt werden könnten.

Absetzbare Menge in Mio. Packungen	Preis je Packung in €	Umsatz in Mio. €	Fixe Kosten in Mio. €	Variable Kosten in Mio. €	Gesamtkosten in Mio. €	Verlust bzw. Gewinn in Mio. €
50	10,00	500	200	250	450	50
60	9,50		200			
70	9,00		200			
80	8,50		200			
90	8,00		200			
100	7,50		200			
110	7,00		200			
120	6,50		200			
130	6,00		200			
140	5,50		200			

Aufgaben:

5.1 Übertragen Sie die oben stehende Tabelle in Ihr Hausheft und bestimmen Sie die Preis-Absatz-Funktion des Monopolisten! Die variablen Kosten pro Stück (kf) betragen 5,00 €.

5.2 Erläutern Sie kurz, welcher Umstand es der „Flavour Tobacco Limited" ermöglicht, eine eigenständige Preispolitik zu betreiben!

5.3 Stellen Sie kurz dar, wie sich

5.3.1 eine Preissenkung auf den Umsatz auswirkt,

5.3.2 eine Preiserhöhung auf den Umsatz auswirkt!

5.4 Nennen Sie kurz die beiden Möglichkeiten, wie ein Monopolist auf Veränderungen seines Marktes reagieren kann!

2 Preisbildung auf unvollkommenen Märkten

2.1 Preisbildung auf dem unvollkommenen Polypolmarkt

Wenn wir die Wirklichkeit betrachten, sehen wir, dass für ein bestimmtes Gut unterschiedliche Preise verlangt und auch bezahlt werden. So mag z. B. ein bestimmter DVD-Rekorder in einem Fachgeschäft 150,00 €, in einem Supermarkt 75,00 € kosten. Andererseits verlangt der Supermarkt für eine Dose Energy-Drink 1,80 €, während die gleiche Dose bei einem Discounter nur 1,20 € kostet. – Wie ist dies möglich?

Ein **unvollkommener** Markt[1] liegt vor, wenn eine, mehrere oder alle Voraussetzungen des vollkommenen Marktes fehlen.

Das äußere Merkmal des unvollkommenen Marktes ist, dass es für eine Güterart **unterschiedliche Preise** gibt.

Das Bestehen von Präferenzen, die fast unüberschaubare Zahl von eng verwandten Gütern und die mangelnde Markttransparenz erlauben es den Anbietern, ihre Preise innerhalb einer bestimmten Spanne festsetzen zu können, ohne deswegen gleich Kunden an die Konkurrenz zu verlieren. Deswegen ergibt sich bei zeichnerischer Darstellung des Angebots keine „Angebotskurve", sondern ein **„Angebotsband"**.

Umgekehrt besitzen auch die Käufer keine eindeutige Preisvorstellung. Will beispielsweise eine Mutter ihrem Kind einen Pullover kaufen, hat sie die Vorstellung, dass sie „etwa" 40,00 bis 50,00 € ausgeben möchte. Die Nachfrage stellt sich also ebenfalls als ein „Band" **(Nachfrageband)** dar.

Die nebenstehende Abbildung zeigt, dass es bei unvollkommener Konkurrenz (auch wenn sie polypolistisch ist) **keinen** einheitlichen Preis geben kann. Es gibt nur eine Preisunter- und eine Preisobergrenze. Je heterogener der Markt ist, desto größer ist der Preisspielraum. Es lassen sich allenfalls Durchschnittspreise für ein bestimmtes Gut errechnen.

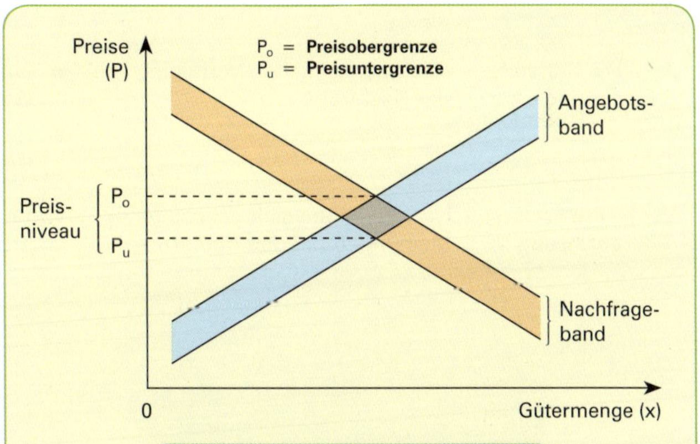

Angebots- und Nachfrageband

Auf einem unvollkommenen Markt gibt es **keinen Einheitspreis.**

1 Zu den Gründen für einen unvollkommenen Markt vgl. Kapitel 3.3.2 in Anforderungssituation 2.1.

2.2 Preisbildung des unvollkommenen Angebotsmonopols

Ebenso wie die polypolistischen Märkte sind auch die monopolistischen Märkte in der Regel unvollkommen, d. h., es fehlen eine oder mehrere Prämissen des vollkommenen Marktes.

Ein **unvollkommenes Monopol** liegt vor, wenn das Monopolunternehmen in der Lage ist, **Preisdifferenzierung**[1] – auch **Preisdiskriminierung**[2] genannt – zu betreiben,[3] indem es die „Konsumentenrente" abschöpft.

Es können folgende **Arten der Preisdifferenzierung** unterschieden werden:

Arten	Kriterien	Beispiele
Sachliche Preisdifferenzierung	▪ Nach dem Verwendungszweck des Gutes; ▪ nach der gekauften Menge; ▪ nach der Produktgestaltung.	▪ Strom für private Haushalte – Strom für Industriebetriebe; ▪ Staffelrabatte; ▪ Preise für Standardmodelle – für Luxusmodelle bei Autos.
Persönliche Preisdifferenzierung	▪ Nach den Einkommen der Kunden; ▪ nach der Gruppenzugehörigkeit.	▪ Beiträge in die Sozialversicherung; ▪ Niedrigere Eintrittspreise für Schüler, Studenten und Schwerbehinderte.
Räumliche Preisdifferenzierung	Nach der räumlichen Verteilung der Käufer.	▪ Angebotspreise im Ausland niedriger als im Inland (Dumping); ▪ Zonenpreise (z. B. Benzinpreise).
Zeitliche Preisdifferenzierung	Nach der zeitlichen Verteilung der Nachfrage.	▪ Eintrittskarten für das Kino in der Woche oder am Wochenende; ▪ Hotelpreise in der Haupt- und Nebensaison.
Verdeckte Preisdifferenzierung	Nach den künstlich geschaffenen Meinungen bei den Käufern.	Vortäuschung von Produktunterschieden.

1 **Differenzieren** (lat.): abstufen, unterscheiden.

2 **Diskriminieren** (lat.): unterschiedlich behandeln, herabsetzen.

3 Vgl. Woll, A., a. a. O., S. 150.

Beispiel:

Ein Angebotsmonopol sieht sich einer Nachfragekurve gegenüber, wie sie in den nachstehenden Abbildungen wiedergegeben wird.

Die Preisdifferenzierung (ein Produkt wird zu verschiedenen Preisen verkauft) setzt voraus, dass die Käufer voneinander entweder räumlich oder sachlich (Inländer – Ausländer, Endverbraucher – Wiederverkäufer) getrennt werden können. Falls es unserem Monopolisten gelingt, beispielsweise 3 Abnehmergruppen voneinander zu scheiden und seine Preise auf 1 400 GE, 1 200 GE und 1 000 GE festzusetzen, so beträgt sein Umsatz 3 x 1 400, 1 x 1 200 und 1 x 1 000 GE, zusammen also 6 400 GE. Betragen seine Gesamtkosten bei einem Umsatz von 5 Produktionseinheiten 3 600 GE, so macht er einen Gewinn von 2 800 GE. Ohne Preisdifferenzierung würde der Monopolist lediglich einen Umsatz von 5 000 GE erzielen (5 x 1 000 GE). In diesem Fall beliefe sich sein Gesamtgewinn nur auf 1 400 GE (siehe linke Abbildung).

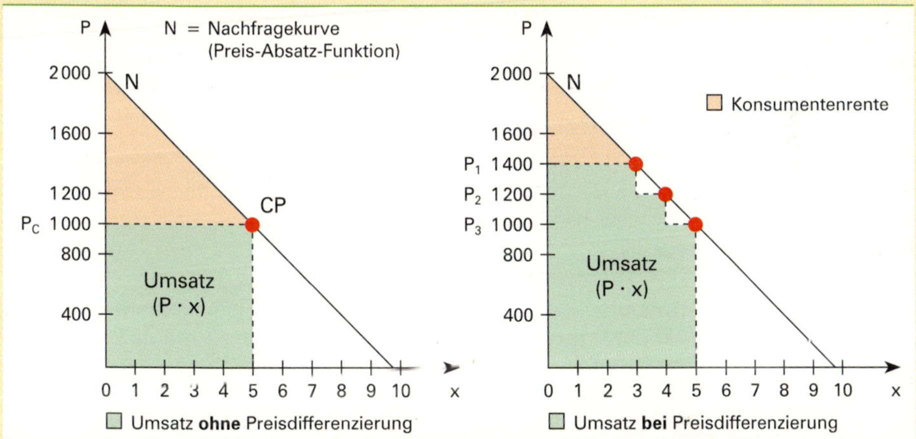

Je weiter die Preisdifferenzierung durchgeführt werden kann, desto größer ist der Gesamtgewinn. Die **absolute Preisuntergrenze** ist die Höhe der **Grenzkosten**: Jede weitere Produktionsausdehnung verursacht mehr zusätzliche Kosten als zusätzlich erlöst wird.

2.3 Preisbildung auf dem unvollkommenen Oligopolmarkt

Selbst näherungsweise **vollkommene** Oligopole sind in der Wirklichkeit **selten**: Es fehlen eine oder mehrere Voraussetzungen des vollkommenen Marktes (unvollkommene oder heterogene Oligopole).

Beispiel:

In einem Land befinden sich drei große Automobilwerke. Die Automobilhersteller versuchen, ihre Autos so zu gestalten, dass sie sich von denen ihrer Konkurrenten (= Mitbewerber) unterscheiden (Leistung, Sicherheit, Formgestaltung).

Beim unvollkommenen Oligopol sind also für eine Gütergattung unterschiedliche Preise möglich, weil die angebotenen Güter tatsächlich (objektiv) oder in den Augen der Kunden (subjektiv) unterschiedlich sind. Dennoch spielt bei der Preisgestaltung der Oligopolisten das Verhalten der Konkurrenten eine Rolle.

Beispiel:

Würde das Volkswagenwerk den Preis für einen „Golf" auf 40 000,00 € anheben, verlöre es wahrscheinlich so gut wie alle Kunden an Opel, Ford, Mercedes oder an einen ausländischen Produzenten.

Der Normalfall ist folglich, dass Oligopolisten gewisse **Preisabstände** zu halten pflegen. Preiserhöhungen erfolgen erst, wenn ein Oligopolist mit einer Preisheraufsetzung beginnt. Dieses **„abgestimmte Verhalten"** erfolgt stillschweigend, d. h. **ohne ausdrücklichen** Kartellvertrag.[1] Dabei kann die **Preisführerschaft** immer von dem gleichen Anbieter übernommen werden. Es kann aber auch sein, dass sich die einzelnen Oligopolisten in der Preisführerschaft abwechseln.

Beispiel:

Benzinpreise werden nicht an ein und demselben Tag angehoben. Vielmehr erhöhen die einzelnen Mineralölgesellschaften ihre Preise in zeitlicher Abstufung. Ebenso verfahren sie bei Preissenkungen.

Im unvollkommenen Angebotsoligopol sind die einzelnen Anbieter jedoch nicht unbedingt gezwungen, auf Aktionen ihrer Konkurrenten **unmittelbar** zu reagieren, da unterschiedliche Preise für eine Güterart vorstellbar sind.

Besondere Bedeutung kommt in diesem Zusammenhang der **Produktdifferenzierung** zu, die häufig mit einer Preisdifferenzierung gekoppelt wird. So versuchen die Anbieter beispielsweise, ihr Produkt durch technische Veränderungen oder eine andersartige Ausstattung (z. B. Größe, Farbe) bzw. Verpackung von den Produkten der Konkurrenz abzugrenzen und somit einen im Vergleich zu den Mitanbietern höheren Preis gegenüber den Nachfragern zu rechtfertigen.

Für **ein** Produkt kommen am Markt **unterschiedliche** Preise zustande.

2.4 Marktformen und Marktmacht

Die in den vorigen Kapiteln dargestellten Zusammenhänge zeigen, dass die Marktmacht der einzelnen Anbieter vor allem von der Marktform abhängig ist.

Allgemein gilt: Je **unvollkommener** ein Markt ist, desto **größer** ist die **Marktmacht** der Anbieter. Wachsende Marktmacht führt zur **Aufhebung der Preisgesetze.**

1 Preiskartelle sind grundsätzlich verboten.

wachsende Marktmacht ↓

Zahl der Anbieter	Marktbeschaffenheit	Preisbildung
viele	vollkommene polypolistische Konkurrenz	Bildung eines **Einheitspreises;** der einzelne Anbieter bzw. Nachfrager hat keinen Einfluss auf den Preis
	unvollkommene polypolistische Konkurrenz	Es gibt **mehrere Preise** für ein Gut; der einzelne Anbieter hat einen geringen Spielraum bei der Preisfestsetzung
wenige	vollkommene oligopolistische Konkurrenz	Bildung eines **Einheitspreises** durch abgestimmtes Verhalten der Oligopolisten
	unvollkommene oligopolistische Konkurrenz	Es gibt **unterschiedliche Preise** für eine Güterart; Oligopolisten müssen die Reaktion ihrer Konkurrenten bei Preisänderungen und/oder Produktänderungen berücksichtigen
einer	vollkommenes Monopol	Der Monopolist kann nur **einen Preis** für ein Gut verlangen; er ist in der Preisbildung unabhängig
	unvollkommenes Monopol	Der Monopolist kann **Preise differenzieren** (z. B. Tag- und Nachtstromtarif)

Kompetenztraining

28 1. Das Städtische Theater (800 Sitzplätze) in Neustadt hat unter Abzug der Subventionen im Durchschnitt fixe Kosten in Höhe von 10 000,00 € je Theaterabend. (Die variablen Kosten sind so gering, dass sie kostenrechnerisch vernachlässigt werden können.)

Die Theaterleitung erwartet, dass die Besucher auf Preisänderungen wie folgt reagieren werden:

Preis je Karte in €	20,00	19,00	18,00	17,00	16,00	15,00	14,00
Zahl der verkauften Karten	500	550	600	650	700	750	800

1.1 Angenommen, die Theaterleitung will die Karten zu einem Einheitspreis verkaufen und den abendlichen Gewinn maximieren. Ermitteln Sie rechnerisch den Preis je Abendkarte, der den gewinnmaximalen Kartenverkauf erbringt! Stellen Sie hierzu eine Kosten-Leistungs-Tabelle nach folgendem Muster auf:

Zahl der Besucher	Preis je Abendkarte in €	Umsatz in €	Kosten in €	Verlust bzw. Gewinn in €
500	20,00	10 000,00	10 000,00	—
550	19,00	10 450,00	10 000,00	+ 450,00
⋮	⋮	⋮	⋮	⋮

1.2 Ermitteln Sie, wie viel Karten unverkauft bleiben, wenn der gewinnmaximierende Einheitspreis (Monopolpreis) festgesetzt wird! (Begründung!)

1.3 Angenommen, die Theaterleitung handelt nicht nach dem Gewinnmaximierungsprinzip, sondern nach dem Kostendeckungsprinzip.

1.3.1 Bestimmen Sie, welchen Preis sie verlangen wird!

1.3.2 Ermitteln Sie, wie viel Kunden dann keine Karte erhalten können und ob es sich in diesem Fall um eine Angebots- oder um eine Nachfragelücke handelt! (Begründen Sie Ihre Antwort!)

1.4 Erläutern Sie, warum in diesem Beispiel Gewinn- und Umsatzmaximum identisch sind!

1.5 Die Theaterleitung gelangt zur Ansicht, dass der Gewinn durch Preisdifferenzierung bei ausverkauftem Haus erhöht werden kann. Sie teilt die vorhandenen Plätze in drei Ränge ein. Für den Rang I (500 Plätze) verlangt sie 20,00 € je Karte, für den Rang II (200 Plätze) 16,00 € und für den Rang III (100 Plätze) 14,00 €.

1.5.1 Entscheiden Sie, ob alle Karten verkauft werden! (Begründen Sie Ihre Antwort!)

1.5.2 Berechnen Sie, wie hoch der Gesamtgewinn ist!

1.6 Entscheiden Sie, welche Art des Angebotsmonopols im Fall 1.5 vorliegt!

2. Erklären Sie die Preisbildung auf einem unvollkommenen polypolistischen Markt! Begründen Sie vor allem, warum es hier nicht zu einem Einheitspreis für ein Gut kommen kann!

3. **Unterrichtsvorschlag: Projekt**

Untersuchen Sie die unterschiedlichen Märkte Ihrer Stadt und stellen Sie fest, in welchen Bereichen ein Angebotsoligopol vorliegt!

Versuchen Sie anschließend durch Umfragen unter den Anbietern herauszufinden, wie sie ihre Preise festlegen! Stellen Sie die Ergebnisse Ihrer Untersuchung der Klasse vor!

4. Anbieter können unterschiedliche Formen der Preisdifferenzierung betreiben. Stellen Sie in den folgenden Fällen fest, ob es sich um

(1) räumliche Preisdifferenzierung,

(2) zeitliche Preisdifferenzierung,

(3) persönliche Preisdifferenzierung oder

(4) sachliche Preisdifferenzierung handelt!

1. Eine weltweit agierende Fastfood-Kette bietet ihre Produkte nicht zu Einheitspreisen an.	
2. Bei einem Kreditkartenanbieter werden Ihnen drei Kartenkategorien mit unterschiedlichen Preisen angeboten.	
3. Ein Schüler eröffnet ein Girokonto zu anderen Konditionen als ein Angestellter.	
4. Nach einem ausgiebigem Preisvergleich buchen Sie Ihren Urlaub aus Kostengründen für die Nebensaison.	
5. Mineralölkonzerne bieten ihren Kraftstoff innerhalb Deutschlands zu unterschiedlichen Preisen an.	
6. Beim Besuch eines Bundesligaspiels legen Sie Ihren Schülerausweis vor.	
7. Für Medikamente, die am Wochenende gekauft werden, müssen Sie einen Zuschlag zahlen.	

3 Chancen und Risiken von Kooperation und Konzentration für das Marktgeschehen

3.1 Individual- und Kollektivmonopole

Die Entstehung marktstarker Unternehmen wird als **Konzentration**[1] oder **Monopolisierung** bezeichnet.

Monopolisierung bedeutet in diesem Zusammenhang nicht unbedingt, dass am Ende des Konzentrationsprozesses nur **ein** Unternehmen **(Einzelmonopol, Individualmonopol)**[2] bzw. nur eine Unternehmensgruppe **(Kollektivmonopol)**[3] übrig bleibt. Vielmehr wird von Monopolisierung auch dann gesprochen, wenn der Konzentrationsprozess zur Marktbeherrschung eines Unternehmens bzw. eines Unternehmenszusammenschlusses führt. Mit anderen Worten: Mit Monopolisierung ist nicht nur die Entstehung von **„reinen Monopolen“**, sondern auch von **„Teilmonopolen“** gemeint. Ein Teilmonopol liegt vor, wenn ein starker Anbieter bzw. Nachfrager und einige schwache („kleine“) Anbieter bzw. Nachfrager auf dem Markt auftreten.

3.2 Ursachen der Konzentration

Ein **Individualmonopol** (Einzelmonopol) entsteht z. B.

- aufgrund einer bahnbrechenden **Erfindung**, die eine besondere Marktstellung sichert;
- aufgrund des **Alleineigentums** an seltenen Rohstoffen;
- aufgrund der Tatsache, dass ein Unternehmen (z. B. durch geschickte Unternehmensführung) **schneller** wächst als seine Konkurrenten, sodass es diese schließlich aus dem Markt verdrängt **(unternehmensinternes**[4] **Wachstum);**
- aufgrund von **Aufkäufen** der Konkurrenzunternehmen mit dem Ziel, diese entweder in das eigene Unternehmen einzugliedern oder aufzulösen;
- aufgrund eines **Gesetzes,** das einem Unternehmen (das sich häufig vollständig oder teilweise in staatlichem Eigentum befindet) eine Monopolstellung verschafft und sichert („Staatsmonopol“).

Ein **Kollektivmonopol** entsteht, wenn ein **Unternehmenszusammenschluss** (eine **Unternehmensverbindung**) zu einer **marktbeherrschenden** Stellung der beteiligten Unternehmen führt.

Mit anderen Worten: Ein Kollektivmonopol liegt nur dann vor, wenn die kooperierenden Unternehmen **wie ein Einzelmonopol** oder **wie ein Teilmonopol** auf dem Markt auftreten können. Der Zusammenschluss kleiner Unternehmen auf einem mehr oder weniger polypolistischen Markt ist demnach kein „Kollektivmonopol“.

1 **Konzentration** (griech., lat.): Zusammenballung wirtschaftlicher Macht.
2 **Individuum** (lat.): „das Unteilbare“, das Einzelwesen. Individualmonopol: Monopol, das aus einem einzigen Unternehmen besteht.
3 **Kollektiv** (lat.): Gesamtheit, Zusammenschluss, Gruppe (mit gemeinsamen Zielen).
4 **Intern** (lat.): inwendig, aus sich selbst entwickelnd.

3.3 Ziele der Konzentration

Aus der Sicht der beteiligten Unternehmen sprechen z. B. folgende Gründe für die Konzentration:

Beschränkung des Wettbewerbs	Die Einschränkung der Konkurrenz ermöglicht es den monopolistischen Anbietern, ihre Preise so zu gestalten, dass Gewinne erzielt werden. Monopolistische Nachfrager können die Preise ihrer Zulieferer drücken, um ihre eigenen Gewinne zu erhöhen.
Beschaffungssicherung	Durch Verträge, Beteiligungen oder durch den Aufkauf von Zulieferbetrieben wird die Zulieferung von Rohstoffen und/oder Fertigteilen gesichert.
Absatzsicherung	Durch Verträge, Beteiligungen oder durch den Aufkauf von nachgelagerten Unternehmen lässt sich der Absatz der eigenen Erzeugnisse oder Waren sichern.
Absatzförderung	Der Absatz lässt sich z. B. durch gemeinsame Werbung, einheitliche Ausgestaltung von Verkaufsstätten sowie durch vereinheitlichte Qualität der angebotenen Produkte ausweiten.
Förderung der Forschung	Die Finanzierung kostspieliger Forschungsvorhaben wird erleichtert oder erst durch die gemeinsame Finanzierung (z. B. einer Forschungs-GmbH) ermöglicht.
Steigerung der Wirtschaftlichkeit	Durch Rationalisierungsmaßnahmen wie z. B. Typisierung, Normung und Spezialisierung lässt sich die Wirtschaftlichkeit erhöhen.
Kapazitätsauslastung	Durch die Übernahme von Großaufträgen, die die Leistungskraft der einzelnen Unternehmen übersteigen würden, lässt sich die Beschäftigung der zusammenarbeitenden (kooperierenden)Unternehmen sichern. **Beispiele:** Mehrere europäische Unterehmen sind am Bau eines Flugzeugs beteiligt. – Mehrere Bauunternehmen erstellen in einer Arbeitsgemeinschaft ein Kraftwerk.
Sicherung der Konkurrenzfähigkeit auf dem Weltmarkt	Die Absatzsicherung auf den internationalen Märkten kann z. B. durch gemeinsame Rationalisierungsmaßnahmen[1] mit dem Ziel der Kostensenkung, durch gemeinsame Werbung und/oder durch die Gründung gemeinsamer Absatzeinrichtungen (Absatzsyndikate)[2] geschehen.
Ausschaltung der Konkurrenz	Das konkurrierende Unternehmen wird aufgekauft. Dessen Rechte (z. B. Patente), technisches Wissen (Know-how) und sein Ruf auf dem Markt (Firmenwert, Goodwill) gehen auf den Käufer über.
Gewinnabschöpfung	Die Anteilsmehrheit an einem gutgehenden Unternehmen wird erworben, dessen Gewinne müssen dann an die „Muttergesellschaft“ abgeführt werden.

1 **Rationalisierung** (lat.): vernünftig, kostengünstig gestalten. Ratio (lat.): Vernunft.

2 **Syndikat** (lat.): vom einzelnen Produzenten unabhängige Verkaufseinrichtung.

3.4 Arten der Konzentration durch Unternehmenszusammenschlüsse

Unternehmenszusammenschlüsse (Unternehmensverbindungen) können auf **vertraglicher Basis** beruhen. Zu diesen sogenannten **Kooperationsformen** gehören z. B. Interessengemeinschaften, Arbeitsgemeinschaften, Konsortien,[1] Gemeinschaftsunternehmen („Joint Ventures")[2] und Kartelle.

Kartelle sind **vertragliche** Zusammenschlüsse von **rechtlich selbstständig** bleibenden Unternehmen eines Wirtschaftszweigs, deren wirtschaftliche Selbstständigkeit im Hinblick auf das Ziel, Markt und Wettbewerb im Wege von Absprachen zu beeinflussen, mehr oder weniger stark eingeschränkt ist.

Unternehmenszusammenschlüsse, bei denen ein oder mehrere Partner ihre **wirtschaftliche** und/oder **rechtliche Selbstständigkeit** verlieren, bezeichnet das Aktiengesetz als **verbundene Unternehmen.** Zu ihnen gehören z. B. die Konzerne und die Trusts.

Verbundene Unternehmen und Trusts können vertikal, horizontal oder anorganisch sein.

Art	Erläuterung	Beispiele
Vertikaler Zusammenschluss	Ein solcher Zusammenschluss liegt vor, wenn sich Unternehmen verschiedener Produktionsstufen zusammenschließen.	Forstwirt – Sägewerk – Möbelfabrik – Möbelfachgeschäft.
Horizontaler Zusammenschluss	Hiervon spricht man, wenn es sich um Unternehmen der gleichen Branche handelt.	Bank – Bausparkasse – Versicherung.
Anorganischer Zusammenschluss	An diesem Zusammenschluss sind Unternehmen unterschiedlichster Branchen beteiligt.	Parfümerie – Brauerei – Lebensmittelfabrik – Maschinenhersteller.

- **Konzerne** sind horizontale, vertikale oder anorganische Zusammenschlüsse von Unternehmen, die **rechtlich selbstständig** sind, ihre **wirtschaftliche Selbstständigkeit** aber **aufgeben,** indem sie sich einer **einheitlichen Leitung** unterstellen.[3]
- **Trusts** sind horizontale, vertikale oder anorganische Zusammenschlüsse mehrerer Unternehmen, die ihre **rechtliche und wirtschaftliche Selbstständigkeit aufgeben.**

1 Das Wort Konsortium (Mehrzahl: Konsortien) hängt mit dem lateinischen Wort Konsorte (Genosse, Mitglied) zusammen. Ein **Konsortium** ist ein vorübergehender, loser Zweckverband von Unternehmen zur Durchführung von Geschäften, die mit großem Kapitaleinsatz und hohem Risiko verbunden sind. So schließen sich z. B. Kreditinstitute zu Konsortien zusammen, um Aktien oder Obligationen großer Unternehmen zu platzieren, d. h. zu verkaufen.

2 **Joint Ventures** (engl. Gemeinschaftsunternehmen) sind eine Form der wirtschaftlichen Zusammenarbeit zwischen zwei oder mehreren voneinander unabhängigen Unternehmen – der sogenannten Gesellschafterunternehmen –, die sich darin niederschlägt, dass ein rechtlich selbstständiges Unternehmen gemeinsam gegründet oder erworben wird mit dem Ziel, Aufgaben im gemeinsamen Interesse der Gesellschafterunternehmen auszuführen.

3 Das herrschende Unternehmen kann auch eine **„Dachgesellschaft"** sein. Bei diesen sogenannten Dachgesellschaften **(Holding-Companies)** übertragen die Konzernunternehmen ihre Aktien (oder zumindest deren Mehrheit) auf eine übergeordnete Gesellschaft, die lediglich Aufgaben der Verwaltung und Finanzierung übernimmt.

14 Boller - ISBN 978-3-8120-0619-4

Die Trust entstehen durch **Verschmelzung (Fusion).** Diese kann durch Aufkauf oder durch Neubildung erfolgen. Bei der Neubildung wird eine neue Gesellschaft gegründet, auf das die Vermögen der sich vereinigenden Unternehmen übertragen wird. Von Fusionen erhofft man sich u. a. **Synergieeffekte,**[1] d. h. Kosteneinsparungen durch Zusammenlegung von Abteilungen (z. B. Forschung, Marketing, Konstruktion, Vertrieb).

4 Notwendigkeit und Auswirkungen einer Wettbewerbskontrolle

4.1 Grundlagen der Wettbewerbspolitik

Die Unternehmen haben aufgrund der zunehmenden Fixkostenbelastung das Ziel, vor allem bei wirtschaftlichen Schwierigkeiten einem freien Wettbewerb durch Zusammenschlüsse auszuweichen. Deshalb muss der Staat den Wettbewerb durch eine **aktive Wettbewerbspolitik (Ordnungspolitik)** fördern und alle Unternehmenszusammenschlüsse, die erkennbar gegen die Prinzipien eines freien Wettbewerbs verstoßen, verbieten und unter Strafe stellen.

- Das **Kartellrecht** schafft die Voraussetzungen für einen **funktionierenden** Wettbewerb der auf den Märkten auftretenden Unternehmen. Insbesondere will es der **Entstehung** von **zu viel Marktmacht** eines Unternehmens **vorbeugen.**
- In Deutschland finden sich die kartellrechtlichen Regelungen vor allem im **Gesetz gegen Wettbewerbsbeschränkungen (GWB).**

4.2 Kartellkontrolle

(1) Grundsätzliches Kartellverbot

- **Vereinbarungen** zwischen Unternehmen, **Beschlüsse** von Unternehmensvereinigungen sowie aufeinander **abgestimmte Verhaltensweisen** zur Verhinderung, Einschränkung oder Verfälschung des Wettbewerbs sind **verboten** [§ 1 GWB].
- Von diesem Verbot sind sowohl Beschränkungen des Wettbewerbs von Marktteilnehmern auf der gleichen Wirtschaftsstufe (**horizontale** Beschränkungen) als auch solche von Wettbewerbern verschiedener Wirtschaftsstufen (**vertikale** Beschränkungen) erfasst.

1 **Synergie** (griech.): Mitwirkung, Kräfte sparendes Zusammenwirken.

Vereinbarungen	Vereinbarungen sind **Verträge,** durch die sich eine oder mehrere (natürliche oder juristische) Personen zu einem Tun oder Unterlassen verpflichten (z. B. Preise zu erhöhen, bestimmte Personengruppen nicht zu beliefern, Produktionsquoten einzuhalten). Unter das Verbot fallen mündliche oder schriftliche Vereinbarungen.
Beschlüsse	Beschlüsse sind einstimmig oder mehrheitlich mit Rechtsfolgewillen getroffene Entscheidungen der zuständigen Gremien (Organe) von Unternehmensvereinigungen. Sie binden die Mitglieder der Vereinigung.
abgestimmte Verhaltensweisen	Abgestimmte Verhaltensweisen sind dadurch gekennzeichnet, dass eine verbindliche Übereinkunft zwischen den sich am Markt gleichförmig verhaltenden Unternehmen fehlt. Dies kann bereits durch gegenseitige Information über ihr künftiges Marktverhalten oder die Befolgung einer Empfehlung der Fall sein. (Beispiel: Alle führenden Mineralölgesellschaften erhöhen ohne formale Absprache innerhalb weniger Tage ihre Absatzpreise.)

Grundsätzlich verboten sind somit auch die sogenannten **Preisbindungen,** bei denen durch vertikale Vereinbarungen die Käufer daran gehindert werden, ihre Verkaufspreise selbst festzulegen.

Beispiel:

Die Teigwarenfabrik Mehlert GmbH in Neustadt verpflichtet ihre Abnehmer (die Lebensmitteleinzelhändler) dazu, die Mehlert-Erzeugnisse nur zu den von der Mehlert GmbH festgelegten Preise zu verkaufen.

§ 1 GWB gilt jedoch nicht für Zeitungen, Zeitschriften und Bücher (Näheres siehe § 30 GWB und § 3 BuchPrG).

(2) Legalausnahme[1]

Kartelle müssen nicht bei einer Wettbewerbsbehörde[2] angemeldet und genehmigt werden. Vielmehr besteht ein System der Legalausnahme: Kartelle werden so lange als gesetzlich zulässig (legal) behandelt, wie sie nicht von einer Wettbewerbsbehörde oder einem Gericht als unzulässig angesehen werden.

1 **Legal** (lat.): gesetzlich erlaubt. Legalausnahme: Legaler Zustand, solange er nicht von einer zuständigen staatlichen oder zwischenstaatlichen Institution (z. B. Kartellbehörde, Gericht) für illegal (gesetzlich unzulässig) angesehen wird.

2 Die deutschen Wettbewerbsbehörden (Kartellbehörden) sind das Bundeskartellamt, das Bundesministerium für Wirtschaft und Technologie und die nach Landesrecht zuständigen obersten Landesbehörden wie z. B. das Wirtschaftsministerium. (Näheres zu den Kartellbehörden finden Sie in den §§ 48ff. GWB.) Die Vorschriften zu den Verfahren vor den Kartellbehörden stehen in den §§ 54ff. GWB.

(3) Sonstige Ausnahmen

Freigestellte Vereinbarungen

Vom Kartellverbot des § 1 GWB **freigestellt** sind **Vereinbarungen zwischen** Unternehmen, **Beschlüsse von Unternehmensvereinigungen** oder **aufeinander abgestimmte Verhaltensweisen,** die unter **angemessener Beteiligung** der **Verbraucher** an dem entstehenden Gewinn[1] zur Verbesserung der Warenerzeugung oder -verteilung oder zur Förderung des technischen oder wirtschaftlichen Fortschritts beitragen.

Die freigestellten Kartellabsprachen dürfen lediglich solche Beschränkungen enthalten, die für die Erreichung der oben genannten Ziele unerlässlich sind. Sie dürfen den beteiligten Unternehmen nicht die Möglichkeit eröffnen, für einen wesentlichen Teil der betreffenden Waren den Wettbewerb auszuschalten.

Mittelstandskartelle

Vereinbarungen zwischen miteinander im Wettbewerb stehenden Unternehmen und Beschlüsse von Unternehmensvereinigungen, die die **Rationalisierung**[2] wirtschaftlicher Vorgänge durch zwischenbetriebliche Zusammenarbeit zum Gegenstand haben **(„Rationalisierungskartelle"),** sind ebenfalls vom Kartellverbot **nicht betroffen,** wenn

- dadurch der Wettbewerb auf dem Markt **nicht wesentlich beeinträchtigt** wird und
- die Vereinbarung oder der Beschluss dazu dient, die **Wettbewerbsfähigkeit** kleinerer oder mittlerer Unternehmen, also von sogenannten **Mittelstandsunternehmen, zu verbessern.**

Diese Regelung ist für die deutsche Wirtschaft von großer Bedeutung, denn sie lässt den mittelständischen Unternehmen bei ihren Vereinbarungen und Beschlüssen einen verhältnismäßig breiten Gestaltungsspielraum. Der **„Mittelstand"** umfasst über 99 % der Unternehmen in Deutschland. Das Institut für Mittelstandsforschung Bonn definiert unabhängige Unternehmen mit bis zu 9 Beschäftigten und weniger als 1 Million € als **kleine Unternehmen** und solche mit bis zu 499 Beschäftigten und einem Jahresumsatz von unter 50 Millionen €, die keine kleinen Unternehmen sind, als **mittlere Unternehmen.** Kleine und mittlere Unternehmen **(KMU)** sind demnach Unternehmen, die

- weniger als 500 Arbeitnehmer beschäftigen und
- einen Jahresumsatz von weniger als 50 Millionen € erzielen.

4.3 Missbrauchsaufsicht

Über bestehende marktbeherrschende Unternehmen besteht, unabhängig davon, ob die Marktbeherrschung durch internes oder externes Unternehmenswachstum entstand, eine Missbrauchsaufsicht durch das Bundeskartellamt.

1 Unter „Gewinn" ist hier nicht der in der Gewinn- und Verlustrechnung ausgewiesene Reingewinn zu verstehen, sondern der Vorteil der Unternehmen (z. B. Verbesserung der Produktqualität, Exportvorteile), den sie durch die Vereinbarungen, Beschlüsse und/oder abgestimmte Verhaltensweisen erlangen.

2 **Ratio** (lat.): Vernunft. Rationalisierung bedeutet im wirtschaftlichen (ökonomischen) Sprachgebrauch: vereinheitlichen, straffen, das Zusammenwirken der Produktionsfaktoren zweckmäßiger als bisher gestalten. Unter Rationalisierung ist demnach der Ersatz überkommener Verfahren durch zweckmäßigere und besser durchdachte zu verstehen.

Eine **missbräuchliche** Ausnutzung einer **marktbeherrschenden** Stellung durch ein oder mehrere Unternehmen ist **verboten.**[1]

(1) Formen des Missbrauchs

Ein **Missbrauch** liegt z. B. dann vor, wenn ein marktbeherrschendes Unternehmen

- die Wettbewerbsmöglichkeiten anderer Unternehmen erheblich ohne sachlich gerechtfertigten Grund beeinträchtigt,
- Entgelte oder sonstige Geschäftsbedingungen fordert, die sich bei einem wirksamen Wettbewerb mit hoher Wahrscheinlichkeit nicht ergeben würden, oder
- sich weigert, einem anderen Unternehmen gegen ein angemessenes Entgelt Zugang zu den eigenen Netzen oder anderen Infrastruktureinrichtungen zu gewähren.[2]

Ein Missbrauch ist auch dann gegeben, wenn es dem anderen Unternehmen aus rechtlichen oder tatsächlichen Gründen ohne die Mitbenutzung nicht möglich ist, auf dem vor- oder nachgelagerten Markt als Wettbewerber des marktbeherrschenden Unternehmens tätig zu werden.

(2) Begriff der Marktbeherrschung

- **Marktbeherrschend** ist **ein** Unternehmen, wenn es auf dem sachlich und räumlich relevanten Markt ohne Wettbewerber ist oder keinem wesentlichen Wettbewerb ausgesetzt ist **oder** im Verhältnis zu seinen Wettbewerbern eine überragende Marktstellung hat.
- **Marktbeherrschend** sind z. B. **zwei oder mehr** Unternehmen, wenn zwischen ihnen für eine bestimmte Art von Waren oder von gewerblichen Leistungen kein wesentlicher Wettbewerb besteht.

Vermutet wird eine Marktbeherrschung, wenn ein Unternehmen einen **Marktanteil** von **mindestens 40 %** hat. Eine **Gesamtheit** von Unternehmen gilt als marktbeherrschend, wenn drei oder weniger Unternehmen zusammen einen Marktanteil von **mindestens 50 %** oder fünf oder weniger Unternehmen zusammen einen Marktanteil von mindestens zwei Dritteln erreichen. Diese Vermutung gilt nicht, wenn die Unternehmen z. B. nachweisen, dass sie im Verhältnis zu den übrigen Wettbewerbern **keine überragende** Marktstellung haben.

1 Die Unternehmen haben deshalb die Möglichkeit, unmittelbar bei einem Zivilgericht zu klagen (z. B. wenn ein Unternehmen aufgrund seiner Marktstellung wesentlich überhöhte Preise verlangt). Das Bundeskartellamt oder eine andere Behörde muss somit nicht vorher tätig werden.

2 Zweck dieser gesetzlichen Regelung ist z. B., den Wettbewerb auf früheren monopolistischen Märkten dadurch zu fördern, dass bedeutende Netze bzw. Infrastrukturen wie z. B. Leitungsnetze für Strom und Nachrichten, Flughäfen und Medien grundsätzlich von allen Wettbewerbern genutzt werden können.

4.4 Fusionskontrolle (Zusammenschlusskontrolle)

(1) Zusammenschlüsse

Unternehmenszusammenschlüsse liegen z. B. in folgenden Fällen vor:

- Erwerb des gesamten oder eines wesentlichen Teils des Vermögens eines anderen Unternehmens;
- Erwerb der unmittelbaren oder mittelbaren Kontrolle über andere Unternehmen durch Rechte, Verträge oder andere Mittel;
- Erwerb von Anteilen an einem anderen Unternehmen, wenn diese Anteile allein oder zusammen mit sonstigen, dem Unternehmen bereits gehörenden Anteilen a) 50 % oder b) 25 % des Kapitals oder der Stimmrechte des anderen Unternehmens erreichen.

(2) Anmelde- und Anzeigepflicht

Alle Unternehmenszusammenschlüsse sind **vor ihrem Vollzug** beim Bundeskartellamt **anzumelden**. Sie unterliegen bis zur Freigabe durch das Bundeskartellamt dem **Vollzugsverbot**. Die zur Anmeldung verpflichteten einzelnen Unternehmen müssen in ihrer Anmeldung dem Bundeskartellamt die **Form des Zusammenschlusses mitteilen.** Weitere Angaben sind von den beteiligten Unternehmen z. B. zur Firma, zum Niederlassungsort, zur Art ihres Geschäftsbetriebs, zu ihren Umsatzerlösen im Inland sowie in der Europäischen Union und über ihre Marktanteile zu machen.

(3) Geltungsbereich der Zusammenschlusskontrolle

Die Vorschriften des GWB über die Zusammenschlusskontrolle gelten, wenn im letzten Geschäftsjahr vor dem Zusammenschluss die beteiligten Unternehmen **insgesamt weltweit** Umsatzerlöse von **mehr als 500 Millionen €** und mindestens ein beteiligtes Unternehmen im **Inland** Umsatzerlöse von **mehr als 25 Millionen €** erzielt haben.

(4) Verfahren der Zusammenschlusskontrolle

Die Untersagung von Unternehmenszusammenschlüssen ist grundsätzlich nur innerhalb einer Frist von **4 Monaten** seit Eingang der vollständigen Fusionsanmeldung möglich.

(5) Ministererlaubnis

Auf Antrag kann der **Bundesminister für Wirtschaft und Technologie** die Erlaubnis zu einem vom Bundeskartellamt untersagten Zusammenschluss erteilen, wenn dieser von gesamtwirtschaftlichem Vorteil ist oder durch ein **überragendes Interesse der Allgemeinheit** gerechtfertigt ist. Die Erlaubnis darf nur erteilt werden, wenn der Zusammenschluss die marktwirtschaftliche Ordnung nicht gefährdet.

(6) Bekanntmachungen

Folgende Tatbestände sind im Bundesanzeiger oder im elektronischen Bundesanzeiger bekannt zu machen *(www.ebundesanzeiger.de):*

Die Einleitung des Hauptverfahrens durch das Bundeskartellamt, Anträge auf Erteilung einer Ministererlaubnis, die Ministererlaubnis, die Ablehnung oder Änderung einer Ministererlaubnis, die Verfügungen des Bundeskartellamts über die Freigabe oder Untersagung von angemeldeten Unternehmenszusammenschlüssen und weitere wichtige, die Kartelle und Fusionen betreffende Tatbestände.

(7) Sanktionen[1] zum Schutz des Wettbewerbs

Das Bundeskartellamt kann den Unternehmen und Unternehmenszusammenschlüssen ein nach den Vorschriften des GWB verbotenes Verhalten untersagen. Weitere Sanktionen sind die Verpflichtung zum Schadensersatz, der Unterlassungsanspruch sowie die Mehrerlösabschöpfung.

Das Bußgeldverfahren bei einer Ordnungswidrigkeit (z.B. Geldbuße, gerichtliches Verfahren) ist in den §§ 81ff. GWB geregelt. Vorschriften zu bürgerlichen Rechtsstreitigkeiten (z.B. Zuständigkeit der Landgerichte, Benachrichtigung und Beteiligung des Bundeskartellamts) enthalten die §§ 87ff. GWB.

Kompetenztraining

29

1. Nennen Sie wichtige Ursachen der Unternehmenskonzentration!
2. Dem Bundeskartellamt obliegt auch die Aufgabe der Fusionskontrolle.

   Aufgaben:

   2.1 Erklären Sie den Begriff Fusion!

   2.2 Begründen Sie die Bedeutung der Fusionskontrolle in einer sozialen Marktwirtschaft!
3. Die Lebensmittelwerke AG schließt sich mit der Handelskette Gut & Fein GmbH zusammen.

   Aufgaben:

   3.1 Nennen Sie zwei Gründe, die für diesen Entschluss maßgebend gewesen sein könnten!

   3.2 Entscheiden Sie, wie man diese Art von Zusammenschluss bezeichnet!

   3.3 Nennen Sie zwei Vorteile und zwei Nachteile, die dieser Zusammenschluss für den Verbraucher mit sich bringen kann!

   3.4 Das Bundeskartellamt in Bonn verweigert den Zusammenschluss. Nennen Sie das Gesetz, auf welches sich die Ablehnung gründet!
4. Erklären Sie jeweils zwei (mögliche) gesamtwirtschaftliche Vorteile und Nachteile (negative Auswirkungen) von Unternehmenszusammenschlüssen! Überwiegen Ihrer Ansicht nach die Vor- oder Nachteile? Begründen Sie Ihre Meinung!
5. Erläutern Sie, warum der Staat in der sozialen Marktwirtschaft dazu aufgerufen ist, Wettbewerbspolitik zu betreiben, und welche Ziele der Staat damit verfolgt!

1 Sanktionen: Zwangsmaßnahmen.

Anforderungssituation 4.2
Veränderungen des Preisniveaus unter besonderer Berücksichtigung der Auswirkungen auf das Verhalten der Wirtschaftssubjekte und der Stellenwert des Euro im weltwirtschaftlichen Kontext

Lesen Sie zunächst folgenden Artikel!

Inflation und Nullzinsen – Jetzt geht's an die Substanz

So schnell schmolz das Geld der Sparer schon lange nicht mehr. Die Inflation in Deutschland ist im Januar auf 1,9 Prozent gestiegen – so hoch wie zuletzt im Juli 2013. Für Verbraucher heißt das: Das Leben wird teurer. Und Geld verliert kontinuierlich an Wert, weil man sich weniger dafür kaufen kann.

An sich ist eine Teuerungsrate von rund zwei Prozent kein Problem – und auch historisch eher der Normalfall. Problematisch wird die Inflation aktuell nur deshalb, weil zugleich die Sparer in Deutschland so wenig Zinsen auf ihr Erspartes bekommen wie nie zuvor. Für Tagesgeld gibt es laut der Finanzberatung FMH derzeit im Schnitt gerade mal 0,2 Prozent pro Jahr. [...]

Warum steigt die Inflation plötzlich so stark?

Grund für die niedrigen Inflationsraten waren vor allem stark fallende Energiepreise. Öl, Gas und Benzin wurden immer billiger. Und da sie einen gewichtigen Teil im Verbraucherpreisindex des Statistischen Bundesamts ausmachen, schlug sich das auch dort nieder.

Die Energiekosten sind auch ein Hauptgrund dafür, dass die Verbraucherpreise nun wieder steigen. [...]. Hinzu kommt ein statistischer Effekt: Die Inflationsrate wird immer im Vergleich zum Vorjahresmonat gemessen – im aktuellen Fall also zum Januar 2016. Und da damals die Preise besonders stark gefallen sind und einen Tiefpunkt erreichten, ist der Abstand heute umso größer. Er beträgt satte 5,8 Prozent. [...]

Doch es ist nicht allein die teurere Energie, die die Inflationsrate nach oben treibt. Auch Nahrungsmittel wurden im Jahresvergleich deutlich teurer. Sie stiegen um 3,2 Prozent.

Was heißt das für Sparer?

Für Sparer werden die seit Längerem anhaltenden Niedrigzinsen durch die steigende Inflation noch unangenehmer. Denn wenn sie Geld auf dem Sparbuch, Tagesgeld- oder Festgeldkonto horten, bekommen sie nicht nur keine Zinsen darauf. Das Geld verliert durch die Inflation auch noch deutlich an Wert. Die Kaufkraft sinkt.

Aus diesem Problem gibt es eigentlich nur zwei Auswege: Entweder die Verbraucher hören auf zu sparen und stecken ihr Geld stattdessen in den Konsum. Oder sie investieren es in Aktien beziehungsweise Immobilien. Diesen Weg haben in den vergangenen Jahren schon viele Anleger eingeschlagen – und damit die sogenannten Vermögenspreise kräftig in die Höhe getrieben. Hier ist sie also längst da, die Inflation.

Wann werden die Zinsen wieder steigen?

Dass die Zinsen so niedrig sind, hat mehrere Gründe. Einer davon ist die Politik der Europäischen Zentralbank (EZB). [...] Hinzu kommt allerdings eine weitere Entwicklung: Weltweit gibt es seit Jahren viel mehr Ersparnisse als Kreditnachfrage. Wenn niemand das Geld der Sparer braucht, um damit zu investieren, dann sinkt auch der Preis für dieses Geld – es ist das klassische Gesetz von Angebot und Nachfrage. [...]

Quelle: SPIEGEL-Online vom 30.01.2017 (Zugriff: 05.02.2017).

Kompetenzorientierte Arbeitsaufträge:

1. Notieren Sie zunächst die Begriffe, deren Verständnis Ihnen Probleme bereitet. Recherchieren Sie – eventuell unter Zuhilfenahme des Internets – anschließend die Bedeutung dieser Begriffe und halten Sie die Ergebnisse schriftlich fest!

2. Stellen Sie kurz dar, was man unter dem Binnenwert des Euro versteht und grenzen Sie diesen Begriff im Vergleich zum Außenwert des Euro ab! Arbeiten Sie anschließend die Zusammenhänge von Binnenwert und Außenwert des Euro heraus!
3. Erläutern Sie kurz, was man unter einer Inflation bzw. einer Deflation versteht! Gehen Sie dabei auch auf die unterschiedlichen Arten von Inflation und Deflation ein!
4. Nennen und beurteilen Sie die Auswirkungen von Inflation, die im Rahmen des Zeitungsartikels aufgeführt werden!
5. Beurteilen Sie, welche Auswirkungen eine mögliche Inflation des Euro ganz konkret auf Ihren Familienhaushalt hat! Gehen Sie dabei insbesondere auf mögliche Einflüsse der Inflation auf Ihre persönliche Verwendung Ihrer finanziellen Mittel ein!
6. Beurteilen Sie die Auswirkungen einer Deflation für eine Volkswirtschaft!
7. Beschreiben Sie den Stellenwert des Euro im weltwirtschaftlichen Kontext!

5 Preisniveauänderungen durch Inflation und Deflation sowie deren Auswirkungen für die Volkswirtschaft

5.1 Inflation

5.1.1 Begriff Inflation[1]

In manchen Geschichtsbüchern findet sich folgender Satz: „Als die große Inflation, die 1923 ihren Höhepunkt fand, hereinbrach …". Dieser Satz ist falsch, denn Inflationen sind keine Naturereignisse, sondern sie werden von Menschen gemacht, und zwar am allerwenigsten „von den Leuten", sondern vor allem von den für Wirtschaft und Politik Verantwortlichen.

Reichsbanknote von 1923

1 **Inflation** (lat.): Aufblähung; hier: Aufblähung der nachfragewirksamen Geldmenge. Auf eine gemäß Bildungsplan an dieser Stelle vorgesehene „Vertiefung" des Instrumentes Warenkorb zur Ermittlung der Preisniveauänderung wird im Rahmen dieser Anforderungssituation bewusst verzichtet. Wie im Bildungsplan in Anforderungssituation 4.2 in einer Fußnote angemerkt, wurde dieses Instrument im vorliegenden Lehrbuch in Anforderungssituation 1.3 bereits ausführlich behandelt.

Unter **Inflation** versteht man ein **anhaltendes Steigen** des Preisniveaus.

Steigen hin und wieder die Preise einzelner Güter bzw. Gütergruppen, so liegt noch keine Inflation vor.

Es ist für eine **marktwirtschaftliche** Ordnung charakteristisch, dass sich die Preise der einzelnen Güter im Zeitablauf **in Abhängigkeit von ihrem Knappheitsgrad ändern.**

Beispiele:

- Fällt die Spargelernte in Deutschland eher schlecht aus, so ist deutscher Spargel ein knappes Gut und der Preis dürfte entsprechend hoch sein.
- Ist hingegen im Folgejahr die Spargelernte besonders gut ausgefallen, so ist genügend Spargel auf dem Markt verfügbar und der Preis für deutschen Spargel dürfte – im Vergleich zum Vorjahr – entsprechend niedrig ausfallen.
- Steigt die Nachfrage nach Neuwagen einer bestimmten Marke, ohne dass die Produktionskapazitäten zeitnah angepasst werden können, sind diese Fahrzeuge knapp. Somit dürften die Preise für diese Neuwagen tendenziell eher steigen.
- Hat der Hersteller hingegen Überkapazitäten aufgebaut, sodass die produzierte Menge größer ist, als die nachgefragte Menge, dürfte das Preisniveau für diese Neuwagen eher sinken, zumindest sind höhere Preisnachlässe bei Neuwagenbestellungen vorstellbar.

Eine Einschränkung dieser Flexibilität dahingehend, dass **überwiegend Preiserhöhungen** auftreten, wohingegen Preissenkungen (äußerst) selten zu verzeichnen sind, führt zu einem **Absinken der Kaufkraft** des Geldes und somit zu einer **Geldentwertung.**

Die Verbraucherpreise in Deutschland sind im Durchschnitt des Jahres 2016 nur um 0,5 Prozent im Vergleich zum Vorjahr gestiegen. Damit lag die Inflationsrate ähnlich niedrig wie im Jahr zuvor. 2015 betrug die Jahresrate nur 0,3 Prozent. Vor allem die niedrigen Ölpreise haben die Teuerung gedämpft. So kosteten Heizöl und Kraftstoffe im Jahresdurchschnitt gut neun Prozent weniger als im Jahr 2015. Im Vergleich zu 2012 waren es sogar fast 30 Prozent weniger. Energie insgesamt verbilligte sich um 5,4 Prozent gegenüber dem Vorjahr. Allerdings scheint die Zeit stetig sinkender Energiepreise wohl schon wieder dem Ende zuzugehen: So zogen die Preise vor allem in der zweiten Jahreshälfte 2016 deutlich an, am Jahresende mussten die Verbraucher für Heizöl und Kraftstoffe neun Prozent mehr bezahlen als Ende 2015. Für dieses Jahr erwarten Wirtschaftsexperten eine höhere Inflationsrate als 2016. So geht beispielsweise der Sachverständigenrat zur Begutachtung der gesamtwirtschaftlichen Entwicklung von einem Preisanstieg von durchschnittlich 1,6 Prozent für 2017 aus.

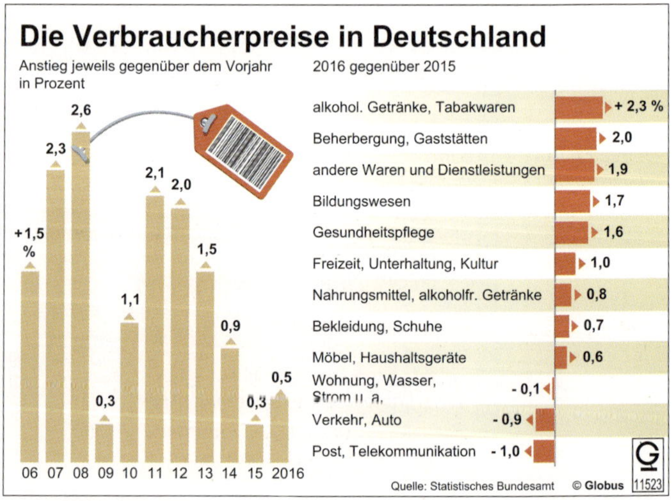

5.1.2 Arten und Ursachen der Inflation

(1) Inflationsarten nach der Erkennbarkeit

Art	Erläuterungen	Beispiele
offene Inflation	Hier steigt das Preisniveau „offen" gemäß den Marktbedingungen. Der Staat schreibt weder Fest- noch Höchstpreise vor bzw. passt diese laufend an die Marktgegebenheiten an.	Die große deutsche Inflation von 1914 bis 1923 war eine offene Inflation. Sie war auf eine unmäßige Geldmengenvermehrung durch die damalige Regierung zurückzuführen. Folgende Zahlen geben einen Eindruck: Der Dollarkurs betrug Ende April 1923 29800,00 Mark, Ende Mai 70000,00 Mark, Ende Juli 1100000,00 Mark, acht Tage später 4869000,00 Mark; am 9. Oktober wurde die Milliardengrenze überschritten. Am 20. November belief sich der Dollarkurs[1] auf rund 4,2 Billionen Mark.
verdeckte Inflation	In diesem Fall schreibt der Staat Höchst- und/oder Festpreise vor, ohne diese an die tatsächlichen Marktverhältnisse anzupassen. Das Preisniveau wird verhältnismäßig stabil gehalten. Die Leute können aber mit ihrem „Geld" wenig anfangen, weil das Güterangebot zu gering ist. Der Staat muss rationieren[2] (z. B. Lebensmittelmarken ausgeben).	Eine verdeckte (gestoppte) Inflation herrschte in Deutschland von 1939 bis 1948. Preise und Löhne waren vom Staat vorgeschrieben (Preis- und Lohnstopp). Verdeckte Inflationen sind daran erkennbar, dass „schwarze Märkte" entstehen, auf denen die knappen Waren gesetzeswidrig zu Wucherpreisen gehandelt werden.

(2) Inflationsarten nach der Schnelligkeit der Geldentwertung

Art	Erläuterungen	Beispiele
schleichende Inflation	Diese Art der Inflation ist durch **verhältnismäßig niedrige, aber lang anhaltende Preissteigerungen** gekennzeichnet. Von schleichender Inflation kann man sprechen, wenn die Preissteigerungsrate **nicht höher** ist als der **Zinssatz für Spargelder.**	Die Wirtschaft der Europäischen Wirtschafts- und Währungsunion (WWU) ist durch eine schleichende Inflation gekennzeichnet.
galoppierende Inflation	Liegt die Preissteigerungsrate im Durchschnitt über dem Zins für langfristige Geldanlagen (etwa über **6 bis 8 %**), liegt eine galoppierende Inflation vor. Bei jährlichen Preissteigerungsraten von **mehr als 50 %** spricht man von **Hyperinflation.**	Die deutsche Inflation von 1918 bis 1923 war eine Hyperinflation.

1 Unter **„Kurs"** versteht man hier den Preis für ausländisches Geld. Für 1 US-$ musste man also 4,2 Billionen Mark bezahlen.

2 **Rationieren:** „Rationen" einteilen, d. h. Mengenzuteilungen vornehmen.

(3) Inflationsarten nach der Erfassungsmethode

Art	Erläuterungen	Beispiele
Gesamtinflation	In diesem Fall werden die Preissteigerungsraten der in den Warenkörben der amtlichen Statistiken enthaltenen Güter ermittelt, gleichgültig, ob die Preisveränderungen vorübergehender oder nachhaltiger Natur sind.	Aus der Gesamtinflationsrate wird z. B. der Preisanstieg bei Lebensmitteln, deren Angebotsmengen und/oder Qualitäten von der Jahreszeit (Saison) sowie von der Witterung abhängen, herausgerechnet. Preissteigerungen beim Mineralölpreis („Ölpreisschock") werden bei der Berechnung der Kerninflationsrate nicht berücksichtigt.
Kerninflation	Bei der Berechnung der Kerninflationsraten werden die (voraussichtlich) vorübergehenden Preisschwankungen aus den Gesamtinflationsraten (z. B. dem HVPI) herausgerechnet. (Eine allgemein gültige Verfahrensweise gibt es allerdings nicht.)	

(4) Inflationsarten nach der subjektiven Wahrnehmung

Art	Erläuterungen	Beispiel
offizielle Inflation	Hierunter versteht man die Inflationsarten, die von den statistischen Ämtern (z. B. dem Statistischen Bundesamt oder von Eurostat) ermittelt und veröffentlicht werden.	In einem Jahr relativ moderater Inflation steigen durch Steuererhöhungen die Preise für Superbenzin, Tabakwaren und Alkohol. Weiterhin erwähnenswert sind deutliche Preissteigerungen in der Gastronomie und für Kinotickets, wohingegen die Preise für TV- und Haushaltsgeräte (Wasch- und Spülmaschinen, Wäschetrockner, Gefrierschränke, Elektroherde) stark gefallen sind. Bei einer bestimmten Gruppe jüngerer Konsumenten führen vor allem die Preissteigerungen bei Superbenzin, Tabak und in der Gastronomie dazu, dass sie die Inflation als sehr hoch empfinden, da diese Güter in größerem Maße von ihr konsumiert werden. Bei einem Mehrpersonenhaushalt, der alle oben genannten Güter konsumiert, beeinflussen insbesondere die Preiserhöhungen sein Inflationsgefühl, da die im Preis gesenkten Güter weniger häufig gekauft werden.
gefühlte Inflation	Mit diesem Begriff wird zum Ausdruck gebracht, dass die Verbraucher in bestimmten Situationen die Preissteigerungen als viel stärker empfinden als die amtlichen Statistiken ausweisen. Dies liegt vor allen Dingen daran, dass zahlreiche Waren und Dienstleistungen, die im täglichen Leben gekauft werden (müssen), in den offiziellen „Warenkörben" nur eine geringe Bedeutung (Gewichtung) haben.	

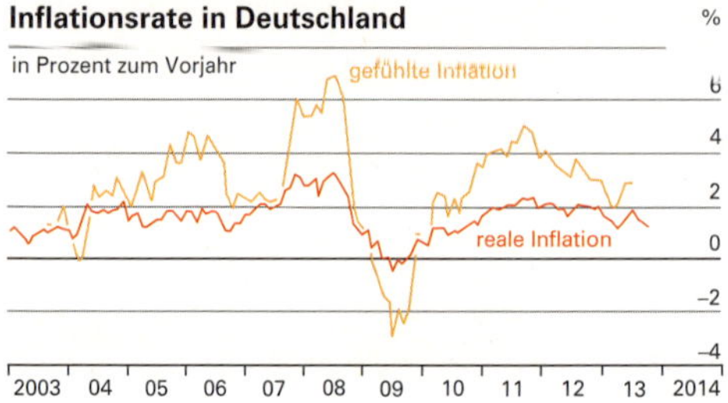

Quelle: FOCUS Online vom 29.11.2013.

5.1.3 Ursachen der Inflation (Inflationstheorien)

(1) Nachfrageinflationen (nachfrageinduzierte[1] Inflationstypen)

Binnennachfrageinflation	Die privaten Haushalte, die Unternehmen und/oder der Staat sparen zu wenig und/oder nehmen Kredite auf, um ihre Ansprüche zu finanzieren. Besonders in Staaten mit regierungsabhängigen Zentralbanken (Notenbanken) kamen (und kommen) Hyperinflationen vor, weil die Regierungen unbegrenzt Kredite bei den Notenbanken aufnehmen können, um ihre Schulden zu bezahlen. Wenn eine Regierung die „Notenpresse anwerfen lässt", wie man volkstümlich zu sagen pflegt, wird eine verhängnisvolle Inflationsspirale in Gang gesetzt: Die schneller als die Gütermenge steigende nachfragewirksame Geldmenge lässt das Preisniveau steigen. Die Wirtschaftssubjekte verlieren das Vertrauen in die eigene Währung und versuchen, ihr Geld so schnell wie möglich wieder auszugeben, sodass die Umlaufgeschwindigkeit des Geldes und damit die nachfragewirksame Geldmenge weiter zunehmen. Die Folge ist, dass die Preise weiter in die Höhe gehen und sich der Staat zusätzliche Kredite beschaffen muss, um die von ihm zu kaufenden Sachgüter und Dienstleistungen bezahlen zu können.
Außennachfrageinflation	Ihre Ursache liegt in lang anhaltenden **Exportüberschüssen** gegenüber Fremdwährungsländern, denn laufende Exportüberschüsse gegenüber dem Devisenausland führen zu Einnahmen an fremden Zahlungsmitteln (Devisen), die nicht wieder für Importzwecke benötigt werden. Die Exporteure tauschen die Devisen bei den Banken in Binnenwährung um, sodass die Geldmenge steigt. Die dieser Geldmenge gegenüberstehenden „Gütermengen" wurden indessen exportiert, sodass also letztlich das Preisniveau steigen muss. Da Exportüberschüsse gegenüber Fremdwährungsländern in der Regel vor allem dann entstehen, wenn die Inflationsraten in Fremdwährungsgebieten höher als im eigenen Währungsgebiet sind (die Exportwaren werden für die Käufer relativ billiger), spricht man von **importierter Inflation.** (Die Inflation wird sozusagen von den Fremdwährungsgebieten ins eigene Währungsgebiet „hereingetragen", sie ist importiert, nicht „hausgemacht".)

Die Nachfrageinflation lässt sich wie in nebenstehender Abbildung grafisch darstellen. Die Kurve A zeigt das gesamtwirtschaftliche Güterangebot. Die Kurve N_1 stellt die ursprüngliche Nachfrage dar. Nimmt die Nachfrage zu (Kurve N_2), zieht dies steigende Güterpreise nach sich **(Nachfragesog)**: Das Preisniveau steigt von PN_1 auf PN_2.

Das Preisniveau steigt auch dann, wenn die gesamtwirtschaftliche Nachfrage schneller zunimmt als das gesamtwirtschaftliche Güterangebot.

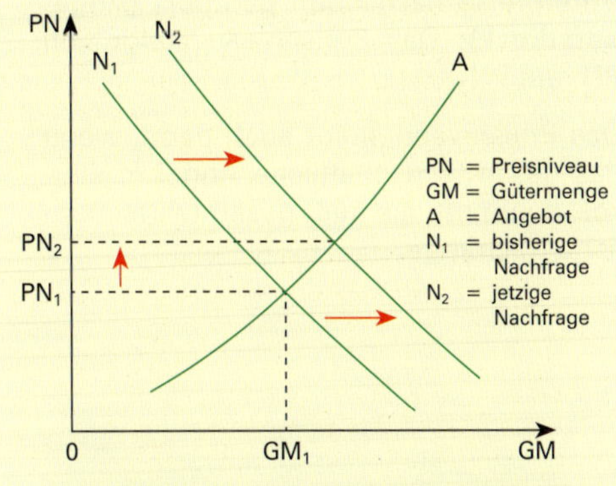

Nachfragesog

1 Induzieren: auslösen, beeinflussen.

Die Nachfrageinflationen nennt man auch **Anspruchsinflationen,** weil die Ansprüche der Wirtschaftssubjekte aus dem eigenen und/oder aus Fremdwährungsgebieten schneller wachsen als das Handelsvolumen (Güterangebot).

(2) Angebotsinflationen (angebotsinduzierte Inflationstypen)

Kosteninflation	Die Gewerkschaften setzen überhöhte Lohnforderungen durch (Lohnkosteninflation) oder im eigenen Währungsgebiet ansässige Rohstofflieferer erhöhen ihre Preise (Rohstoffkosteninflation). Die Unternehmen erhöhen die Preise, um die gestiegenen Kosten zu decken. Steigen die Preise der in Fremdwährungsgebieten ansässigen Lieferer (z. B. Rohstofflieferer) stärker als die der Lieferer aus dem eigenen Währungsgebiet, liegt eine **Importkosteninflation** vor. Sie ist eine weitere Art der „importierten Inflation".
Gewinninflation	Unternehmen, die eine starke Marktstellung besitzen (Oligopole, Monopole), erhöhen ihre Absatzpreise auf Kosten der Verbraucher. Die Gewerkschaften setzen daraufhin einen „Inflationsausgleich" durch (**„Preis-Lohn-Spirale"**).
Steuerinflation	Bei vielen Gütern und Dienstleistungen des Warenkorbes hat der **Staat** erheblichen Einfluss auf die Preisentwicklung. So kann der Staat als Anbieter nicht nur die Preise **direkt** beeinflussen (beispielsweise als Anbieter von Wasser oder des öffentlichen Personennahverkehrs), sondern auch **indirekt über Steuern.** Sind die Erhöhungen der Marktpreise auf den Anstieg **indirekter Steuern** (z. B. Mineralölsteuer, Tabaksteuer, Biersteuer, Versicherungssteuer) zurückzuführen, bezeichnet man den hieraus resultierenden Anstieg des Preisniveaus als Steuerinflation.

Die Angebotsinflation lässt sich wie in nebenstehender Abbildung grafisch darstellen. Die Kurve N zeigt die gesamtwirtschaftliche Nachfrage. Die Kurve A_1 stellt das ursprüngliche Angebot dar. Nimmt das Angebot ab[1] (Kurve A_2), werden die Güterpreise nach oben gedrückt **(Angebotsdruck):** Das Preisniveau steigt von PN_1 auf PN_2.

Das Preisniveau steigt auch dann, wenn das gesamtwirtschaftliche Angebot stärker abnimmt als die gesamtwirtschaftliche Nachfrage.

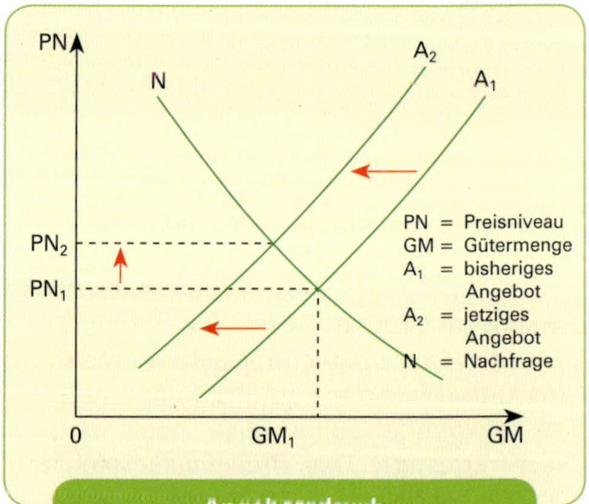

Angebotsdruck

1 Hinter dem Begriff „abnehmendes Angebot" steckt Folgendes: Die Unternehmen bieten jede denkbare Gütermenge (z. B. die Gütermenge GM_1) zu höheren Preisen an, z. B. weil ihre Kosten gestiegen sind und/oder sie ihre Gewinne erhöhen wollen. Es ist deshalb auch nicht falsch, wenn man sagt, dass sich in diesem Fall die Angebotskurve „nach oben verschiebt". Im Gegenteil: Der Begriff „Angebotsdruck" würde hierdurch stärker veranschaulicht.

Wie geschickt Unternehmen dabei vorgehen, die Absatzpreise auf Kosten der Verbraucher zu erhöhen, zeigen nachfolgende Artikel.

Handel

Teure Schrumpfkuren

Seit geraumer Zeit gibt es keine festen Verpackungsgrößen mehr. Die Industrie feiert die neue Flexibilität, Verbraucherschützer warnen vor Mogelpackungen.

Mitte Januar lag beim Discounter Netto eine neue Butter im Regal, die der alten 250-Gramm-Eigenmarke täuschend ähnlich sah: Die stilisierten Almwiesen auf der Verpackung wirkten vielleicht etwas saftiger, und das Blau des Bergsees war am Computer noch satter gemalt worden. Aber sonst war die Kitsch-Kulisse identisch.

Etwas handlicher wirkte das neue Exemplar vielleicht. Das war alles.

Tatsächlich hatte Netto die Butter einfach geschrumpft. Seit Jahrzehnten wiegt das Päckchen hierzulande 250 Gramm. Dieses jedoch war 50 Gramm leichter – zum „Aktionspreis" von 79 Cent.

Die Kunden würden „vorsätzlich getäuscht", monierte die Verbraucherzentrale Hamburg. Billiger war die Butter nämlich keinesfalls. Netto murrte, mit „Aktionspreis" sei ja auch nur die zeitliche Begrenzung des Angebots gemeint.

Nach einer Woche verschwand die Butter erst mal wieder aus den Regalen. Doch für die Verbraucherschützer war mit diesem Fall ein Tabu gebrochen. Sie sprechen seither vom „ersten Angriff auf Verpackungsgrößen bei Grundnahrungsmitteln".

Was war passiert? Seit April 2009 gibt es für Nahrungsmittel keine vorgeschriebenen Produktgrößen mehr. Nationale Verpackungsverordnungen, die den Konsumenten lange als Vergleichsmaß dienten, hielt EU-Kommissar Günter Verheugen für „unnötige Bürokratie". Brüssel kann damit vor allem dem Wunsch der Lebensmittelwirtschaft nach, die mehr Flexibilität gefordert hatte.

Seit 2000 sind deshalb die Vorschriften für einheitliche Gebinde schrittweise abgebaut worden. Während die Größe von Schokoladentafeln, Milchtüten und Zucker noch bis vor wenigen Monaten reglementiert war, fiel etwa das Normmaß für Butter schon vor fast zehn Jahren. Hersteller und Händler hatten sich bisher nur weiter an die gewohnte Päckchengröße gehalten.

Vertreter der Industrie behaupten, mit maßgeschneiderten Verpackungen könne endlich besser auf sich verändernde Gesellschaften reagiert werden. Immerhin gebe es heute viel mehr Single-Haushalte, in denen auch andere Verpackungsgrößen erwünscht seien. Verbraucherschützer halten das für einen Vorwand, um Preiserhöhungen raffiniert kaschieren zu können. [...]

Quelle: DER SPIEGEL 6/2010 (Auszug).

Mogelpackungen:

Tricks mit Luft und doppeltem Boden

Doppelte Böden, riesige Kartonagen oder viel Luft in der Verpackung – um größere Füllmengen vorzutäuschen, greifen Hersteller tief in die Trickkiste.

Ob bei Tee oder Keksen, ob bei Knäckebrot oder Schokoladensticks – Lebensmittel-Verpackungen, die durch schiere Größe mehr versprechen als sie geöffnet halten, finden sich vielerorts. In Folge dieser Tricksereien beschweren sich Verbraucher immer wieder, und auch die Stiftung Warentest hat keine Schwierigkeiten, jeden Monat neue „Mogelpackungen" vorzustellen. Und es fallen keineswegs nur Verpackungen von Lebensmitteln ärgerlich auf. Ob Kosmetika, Nahrungsergänzungsmittel, Haushaltsreiniger, Waschpulver oder Spiele: Unternehmen zeigen sich beständig immens kreativ, mit den Umhüllungen ihrer Produkte zu flunkern.

Mogelpackungen bei Lebensmitteln

Um mehr Inhalt vorzugaukeln, umgeben Lebensmittel-Hersteller ihre Produkte oftmals mit unverhältnismäßig viel Luft, operieren mit doppelten Böden, großen Deckeln, dicken Wandungen oder schlicht überdimensionierten Umkartons. Laut Eichgesetz sind solche

Täuschungsmanöver verboten. Problem für Verbraucher jedoch: Im Gesetz fehlen konkrete Bestimmungen, ab wann eine Mogelpackung vorliegt. Lediglich eine interne Leitlinie gibt vor, dass nicht mehr als 30 Prozent Luft in der Packung sein sollten. Zwar untersagt auch das Lebensmittelrecht eine Irreführung in Bezug auf die enthaltene Menge, doch bei Reklamationen muss immer der Einzelfall beurteilt werden.

Quelle: https://www.verbraucherzentrale.de/mogelpackung-1 (Zugriff: 04. 02. 2017).

Das sind die „Mogelpackungen des Jahres"

Veröffentlicht am 04. 01. 2017

Dreiste Verbrauchertäuschung: Gleiche Packung, gleicher Preis – doch plötzlich viel weniger Inhalt. Die Verbraucherzentrale nominiert fünf Produkte für die „Mogelpackung des Jahres", darunter ein Wasser.

Weniger Inhalt, aber gleicher Preis: Kunden merken oft gar nicht, wenn sie zu den ihnen bekannten Produkten greifen, dass diese viel weniger Inhalt haben als früher. Deshalb veröffentlicht die Verbraucherzentrale Hamburg sie regelmäßig. Ab sofort können aus all diesen Produkten die Kunden wieder über die „Mogelpackung des Jahres" abstimmen.

Die Verbraucherzentrale nominierte am Mittwoch fünf Produkte, bei denen „Tausende treuer Kunden hinters Licht geführt" worden seien. Auf der Liste stehen:

- **Evian** (Danone)

Das Mineralwasser ist plötzlich fast 50 Prozent teurer, obwohl es von derselben Quelle stammt. Einzig die neue schickere PET-Flasche soll nun ein „Premiumwasser" suggerieren.

- **Crunchips** (Lorenz Bahlsen Snack-World)

Statt 200 nur noch 175 Gramm in der Tüte. Das macht bei gleichem Verkaufspreis eine Preiserhöhung von 15 Prozent. Für den Kunden nicht zu erkennen, denn die Tüte ist genauso groß wie früher.

- **Choco Crossies** (Nestlé)

Zum dritten Mal innerhalb weniger Jahre hat Nestlé die Füllmenge reduziert: von 200 über 180 und 160 auf nun 150 Gramm. Teilweise gab es zusätzlich Preiserhöhungen im Handel, sodass eine versteckte Preiserhöhung von bis zu 56 Prozent zusammenkam.

- **Mirácoli-Pasta** (Mars)

Nur noch drei statt vier Portionen enthalten die Gläser einiger Mirácoli Pasta Saucen. In Zahlen: 400 statt 530 Gramm – bei identischem Preis damit knapp 33 Prozent teurer.

- **Milka-Weihnachtsmann** (Mondelez)

Milka hat seinem beliebten Weihnachtsmann einen neuen Look verpasst und ihn dabei – in allen Ausführungen – dünner gemacht. Er hat jetzt je nach Größe bis zu 23 Prozent weniger Gewicht und ist bis zu 20 Prozent teurer. Früher gab es etwa den 60-Gramm-Weihnachtsmann für 1,19 Euro, heute kosten 50 Gramm 1,19 Euro.

Darum werden Markenprodukte oft teurer

Von versteckten Preiserhöhungen seien gerade Markenprodukte oft betroffen, erläuterte Armin Valet von der Verbraucherzentrale.

„Bekannte Produkte werden beim Einkauf nicht mehr so genau angeschaut, weil sie regelmäßig im Einkaufswagen landen und Verbraucher den renommierten Unternehmen vertrauen."

Quelle: https://www.welt.de/wirtschaft/article160868159/Das-sind-die-Mogelpackungen-des-Jahres.html (Zugriff: 05. 02. 2017).

Inflationen haben nur **selten eine einzige** Ursache. Deshalb muss man die in der Wirklichkeit vorkommenden Inflationen **genau analysieren.**

5.1.4 Wirkungen der Inflation

Die Wirkungen der Inflation sind im Wesentlichen als negativ zu beurteilen. Die wohl schlimmste Folge ist die **Stagflation,** d. h. Stagnation[1] mit Inflation. Sie entsteht z. B.

1 **Stagnation:** Stillstand.

dadurch, dass in einer Wirtschaft mit Außenhandel die Unternehmen die gestiegenen Kosten aus Konkurrenzgründen nicht mehr voll auf die Preise überwälzen können, sodass ihre Gewinne sinken bzw. Verluste größer werden. Dies führt dazu, dass nicht mehr ausreichend investiert wird: Die Güterproduktion stagniert und es entsteht Arbeitslosigkeit bei steigenden Preisen.

Weitere Folgen sind:

- **Schuldner werden begünstigt,** weil der reale Wert der Kreditaufnahme im Laufe der Zeit sinkt. Dies gilt insbesondere dann, wenn die Inflationsrate (= jährliche Preissteigerung in Prozent) höher als der Kreditzinssatz ist. Umgekehrt werden die Gläubiger (Sparer) geschädigt.
- **Eigentümer von Sachvermögen** (u. U. auch Besitzer von Grundstücken, Unternehmen usw.) **können** im Gegensatz zu den Geldbesitzern (Kontensparern) **ihr Vermögen erhalten**. Geht man davon aus, dass die Arbeitnehmer i. d. R. ihre Ersparnisse auf Sparbüchern oder in festverzinslichen Wertpapieren anlegen, während die Selbstständigen und die Unternehmen ihr Vermögen in Sachwerten investiert haben, verschiebt sich die Vermögensverteilung zugunsten der Selbstständigen und der Unternehmen. **Soziale Ungleichheit wird also durch die Inflation vergrößert.**
- Inflation löst **„Flucht in die Sachwerte"** aus. Die Angst vor weiterer Geldentwertung führt in der Anfangsphase der Inflation zu steigender Nachfrage, was wiederum die Inflation anheizt („Inflationsmentalität").
- Soziale Gruppen, die nicht von starken Interessenverbänden vertreten werden, hinken mit ihren Einkommen hinter der allgemeinen Preis- und Lohnentwicklung her.
- In der Anfangsphase der Inflation steigen die Steuereinnahmen der öffentlichen Körperschaften (des „Staates"). Dies verführt die Parlamente dazu, **staatlichen Ausgabesteigerungen** zuzustimmen. Die gesetzlich fixierten Ausgaben können kaum mehr zurückgenommen werden, sodass im Laufe der Zeit immer größere **Haushaltsdefizite**[1] entstehen, die dann durch Steuererhöhungen und Ausgabenkürzungen ausgeglichen werden müssen.
- **Steuererhöhungen** verringern die gesamtwirtschaftliche Nachfrage, falls die zusätzlichen Steuereinnahmen nicht wieder ausgegeben, sondern zur Schuldentilgung verwendet werden. Die Beschäftigung geht zurück. Steuerausfälle sind die Folge.
- Die **Angst vor Arbeitslosigkeit** lässt die **Sparquote**[2] **ansteigen,** sodass auch die **Konsumgüternachfrage stagniert** oder gar zurückgeht.

<table>
<tr><th colspan="7">Inflationsarten nach ihren Ursachen (Inflationstheorien)</th></tr>
<tr><th colspan="2">Nachfrageinflationen
(nachfrageinduzierte Inflationstypen)</th><th colspan="5">Angebotsinflationen
(angebotsinduzierte Inflationstypen)</th></tr>
<tr><td rowspan="2">Binnennachfrageinflation</td><td rowspan="2">Außennachfrageinflation</td><td colspan="4">Kosteninflationen</td><td rowspan="2">Gewinninflation</td></tr>
<tr><td>Importkosteninflation</td><td>Lohnkosteninflation</td><td>Rohstoffkosteninflation</td><td>Steuerinflation</td></tr>
<tr><td>„Hausgemachte" Inflation</td><td colspan="2">Importierte Inflationen</td><td colspan="4">„Hausgemachte" Inflationsarten</td></tr>
</table>

1 **Defizit:** Fehlbetrag. Ein Haushaltsdefizit entsteht, wenn der Staat seine Ausgaben teilweise durch Kreditaufnahmen finanziert.

2 Die durchschnittliche Sparquote der privaten Haushalte ist der Anteil der Ersparnisse am verfügbaren Einkommen.

15 Boller - ISBN 978-3-8120-0619-4

5.2 Deflation

5.2.1 Begriff Deflation

Unter **Deflation** versteht man ein **anhaltendes Sinken** des Preisniveaus über mehrere Jahre hinweg, verbunden mit zunehmender Unterbeschäftigung.

Die Deflation darf nicht mit der sogenannten **Disinflation** (auch Desinflation genannt) verwechselt werden. Disinflation liegt vor, wenn die Inflationsraten (Preissteigerungsraten) über mehrere Perioden (z. B. Jahre) hinweg sinken.

5.2.2 Arten der Deflation

Deflationen können in zwei Haupttypen unterschieden werden:

Deflation im traditionellen Sinne	Hauptmerkmal dieses Deflationstyps ist das **ständige Sinken des Preisniveaus.** Die Deflation im traditionellen Sinne (auch „klassische Deflation" genannt) ist der **Gegensatz zur Inflation.** Voraussetzung für diese Deflationsart ist, dass die Preise (Güterpreise, Arbeitsentgelte, Zinssätze) auf den Güter-, Arbeits- und Kapitalmärkten auch „nach unten" flexibel (beweglich) sind, sodass bei zurückgehender Nachfrage oder bei überhängendem Angebot die Preise sinken **können.**
Deflation im modernen Sinne (heutige Deflation)	Hauptmerkmal dieses Deflationstyps ist ein **ständiges Sinken der Beschäftigung.** Nachfragerückgänge bzw. Angebotsüberhänge bewirken auf den Märkten keine wesentlichen Preisrückgänge, weil sogenannte **institutionelle Starrheiten** bestehen. Zu den institutionellen Starrheiten zählen z. B. ■ tariflich oder gesetzlich festgelegte Mindestlöhne, ■ einkommensunabhängige Steuern (z. B. Grundsteuer, Kraftfahrzeugsteuer), ■ langfristig vereinbarte Miet- und Pachtzinsen, langfristige Lieferverträge mit Festpreisen, ■ national oder supranational festgelegte Mindestpreise (z. B. für landwirtschaftliche Produkte).

Je mehr institutionelle Starrheiten bestehen, desto stärker wirkt sich eine Nachfragelücke auf die Beschäftigung aus: Wenn die Preise nicht sinken können, nimmt die Beschäftigung ab.

In der nebenstehenden Abbildung zeigt die Kurve A das gesamtwirtschaftliche Angebot. Nimmt die gesamtwirtschaftliche Nachfrage ab und sind die Preise im Grenzfall nach unten vollständig starr, geht der Nachfragerückgang ausschließlich zulasten des gesamtwirtschaftlichen Angebots, d. h. zulasten der Beschäftigung. Die Produktion geht von der Gütermenge GM_1 auf die Gütermenge GM_2 zurück.

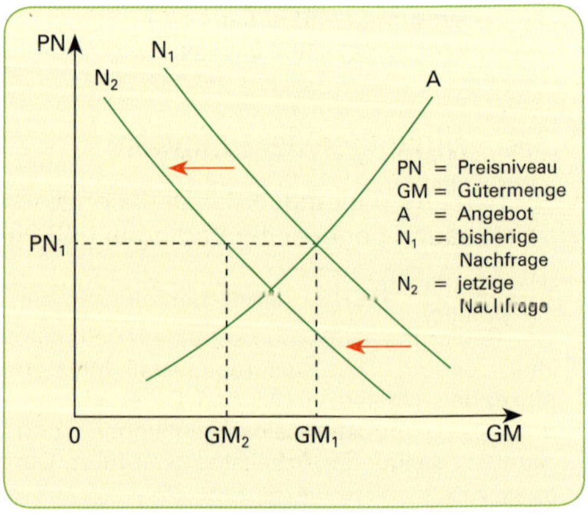

5.2.3 Ursachen der Deflation

Deflatorische Impulse können z. B. von folgenden Ursachen ausgehen:

- **Kürzungen der Staatsausgaben** (z. B. um die in den Vorjahren entstandenen Haushaltsdefizite auszugleichen).

Beispiel:

Die deutsche Deflation von 1930 bis 1932 brachte dem Deutschen Reich rund 6 Millionen Arbeitslose. Sie wurde im Wesentlichen dadurch erzeugt, dass der damalige Reichskanzler Brüning den Staatshaushalt an das durch Exportrückgänge geschrumpfte Handelsvolumen laufend anpasste, indem er die Staatsausgaben drastisch senkte.

- **Steuererhöhungen** (z. B. um steigende Sozialausgaben zu finanzieren).
- **Pessimistische Zukunftserwartungen** der Wirtschaftssubjekte, die z. B. durch Sparmaßnahmen des Staates oder politische Instabilität ausgelöst werden können. Die Folgen sind:
  - Kaufzurückhaltung (überhöhtes Sparen);
  - fehlende Investitionsneigung in- und ausländischer Unternehmen;
  - sinkende Umlaufgeschwindigkeit des Geldes.
- **Restriktive Geldpolitik**[1] der Zentralbank: Im Gegensatz zur expansiven Geldpolitik versteht man hierunter eine Geldpolitik zur Verminderung der umlaufenden Geldmenge in einer Volkswirtschaft oder Währungsunion. Diese Form der Geldpolitik findet insbesondere in Zeiten **starker Konjunktur** statt, um das Preisniveau **stabil** zu halten bzw. einer evtl. anstehenden oder bereits bestehenden **Inflation entgegenzuwirken.**
- **Insolvenzen** (Zahlungsunfähigkeit) von nationalen und internationalen Großunternehmen aufgrund von Führungsfehlern und/oder ungesetzlichen Machenschaften der Geschäftsleitungen.
- **Bankzusammenbrüche** wegen zu hoher und oft spekulativer und unkontrollierter Kreditgewährung. Die Folgen sind:
  - Kredite müssen zurückgerufen werden;
  - kreditfinanzierte Unternehmen geraten in Zahlungsschwierigkeiten, sodass sie Betriebsteile stilllegen oder ganz schließen müssen;
  - zunehmende Arbeitslosigkeit.

5.2.4 Wirkungen der Deflation

Ursachen und Wirkungen der Deflation sind nicht immer leicht auseinander zu halten, weil sie sich häufig gegenseitig bedingen und verstärken.

Beispiel:

Die Regierung eines überschuldeten Staates muss sparen. Der Nachfrageausfall führt zu sinkenden Umsätzen bei den Unternehmen, was zu Produktionseinschränkungen und damit zu steigender Arbeitslosigkeit führt. Die Arbeitslosigkeit ist wiederum eine Ursache für die Verstärkung des Deflationsprozesses, weil der Konsum weiter zurückgeht. Der Druck auf die Preise und damit die Gewinne der Unternehmen setzt sich fort.

1 Zur Geldpolitik vgl. Anforderungssituation 6.3, Kapitel 5.2.

Weitere Wirkungen der Deflation sind:

- Die **Eigentümer von Geldvermögen** werden begünstigt, weil der reale Wert ihrer Forderungen steigt. Voraussetzung ist, dass ihre Schuldner überhaupt in der Lage sind, ihre Verbindlichkeiten „zu bedienen", d. h. Zinsen und Tilgung zu zahlen.
- Die **Eigentümer von Sachvermögen** (auch von Aktien oder von Anteilen an Immobilienfonds) werden benachteiligt, weil der in Geld gemessene Wert ihres Sachvermögens sinkt.
- Die sinkenen Preise führen zu einer deutlichen **Kaufzurückhaltung** der Konsumenten, da diese mit weiter sinkenden Preisen rechnen können. Die sinkende Nachfrage wiederum bewirkt eine **niedrigere Auslastung der Produktionskapazitäten** und damit **weiter sinkende** Preise. Diesen Kreislauf bezeichnet man im Allgemeinen als **Deflationsspirale.**

Beispiel:

Sinkende Grundstückspreise, leer stehende Wohnungen und Büroräume, sinkende Mieten, anhaltend sinkende Aktienkurse, steigende Kurse festverzinslicher Wertpapiere.

- Die **Steuereinnahmen** des Staates nehmen ab. Hat sich der Staat in wirtschaftlich guten Zeiten zu hoch verschuldet, muss er seine Ausgaben kürzen, um den Haushalt ausgleichen zu können. Die Folge ist, dass sich die „Deflationsschraube" weiter dreht.
- Die Einnahmen der **Sozialversicherungsträger** gehen zurück, sodass diese ihre Beitragssätze erhöhen müssen. Die Kostenbelastung der Unternehmen steigt, die Nettoeinkommen der Arbeitnehmer sinken. Investitions- und Konsumneigung gehen weiter zurück.

5.3 Zusammenhänge von Binnenwert und Außenwert des Euro[1]

Inflatorische bzw. deflatorische Tendenzen innerhalb einer Volkswirtschaft können auch durch **Veränderungen des Außenwertes** der Binnenwährung ausgelöst werden.

Diesen Zusammenhang verdeutlichen nachfolgende Erläuterungen am Beispiel des Euro:

Situation 1: Außenwert des Euro sinkt	■ Von einem gesunkenen Außenwert des Euro beispielsweise gegenüber dem US-Dollar können durchaus positive Impulse für die deutsche Exportwirtschaft ausgehen, da die Produkte der heimischen Unternehmen nunmehr für den Dollarraum günstiger sind und folgerichtig dort verstärkt nachgefragt werden. ■ Im Gegenzug kann diese Entwicklung aber auch **inflationäre Tendenzen** im Inland auslösen. So steigert ein relativ niedriger Außenwert des Euro nicht nur die Exportnachfrage, sondern **verteuert** auch zugleich die ausländischen Konkurrenzprodukte im Eurogebiet. Importgüter aus dem US-Dollarraum werden also im Euroraum teurer. ■ Dies wird voraussichtlich auf mittlere Sicht die Preise und Zinsen im Euroraum in die Höhe treiben. **Fazit:** Die Exporterfolge aufgrund des **gesunkenen Außenwertes des Euro** können mit einem **schwächeren Binnenwert** des Euro infolge einer **steigenden Inflationsrate** einhergehen.

1 Zu den Begriffen Binnenwert und Außenwert des Euro vgl. Anforderungssituation 2.2, Kapitel 5.1.

Situation 2: Außenwert des Euro steigt

- Von einem gestiegenen Außenwert des Euro beispielsweise gegenüber dem US-Dollar können negative Impulse für die deutsche Exportwirtschaft ausgehen, da die Produkte der heimischen Unternehmen nunmehr für den Dollarraum teurer sind und folgerichtig dort weniger stark nachgefragt werden.
- Im Gegenzug kann diese Entwicklung zu **deflatorischen Tendenzen** im Inland führen. So verrringert ein relativ hoher Außenwert des Euro nicht nur die Exportnachfrage, sondern **verbilligt** zugleich auch die ausländischen Konkurrenzprodukte im Eurogebiet. Importgüter aus dem US-Dollarraum werden also im Euroraum günstiger.
- Dies wird voraussichtlich auf mittlere Sicht zu einem Absinken der Preise und Zinsen im Euroraum führen.

Fazit: Die Exportschwächen aufgrund des **gestiegenen Außenwertes des Euro** können zu einem **stärkeren Binnenwert** des Euro infolge einer **Deflation** führen.

6 Stellenwert des Euro im weltwirtschaftlichen Kontext

6.1 Grundlegendes

Mit Einführung des Euro hat sich diese Währung – neben dem US-Dollar – zu der wohl wichtigsten Währung weltweit entwickelt. Dies wird auch dadurch deutlich, dass viele Industrieländer weltweit den Euro als Währungsreserve halten, da sie den Euro als sicher einstufen. Allerdings ist der Euro in den letzten Jahren vor allem durch die hohe Verschuldung einiger Euroländer und daraus resultierender Entscheidungen der Europäischen Zentralbank (EZB) international sehr stark unter Druck geraten.

Euro stürzt ab, Dax auf Rekord

Die EZB kauft deutlich mehr Staatsanleihen als von den meisten Beobachtern erwartet. Die Aktienmärkte jubeln, die Zinsen fallen, der Euro gibt stark nach. Und dies dürfte erst der Anfang gewesen sein.

Die Europäische Zentralbank (EZB) macht wahr, was die meisten Marktbeobachter erwartet haben: Sie kauft ab März Staatsanleihen. Und zwar in deutlich größerem Umfang, als viele Experten – je nach Einstellung – erhofft oder befürchtet hatten. Entsprechend fiel die Reaktion an den Finanzmärkten aus.

Am Aktienmarkt herrschte Jubelstimmung, der Dax schoss sofort um ein halbes Prozent nach oben auf ein neues Allzeithoch von 10.385 Punkten. Auch die Kurse von Anleihen kletterten und ihre Renditen fielen im Gegenzug drastisch. So sank die Verzinsung für deutsche Staatsanleihen mit zehnjähriger Laufzeit von 0,58 auf 0,45 Prozent.

Der Euro-Kurs dagegen stürzte wie ein Stein in die Tiefe, innerhalb von Minuten fiel er von 1,163 auf 1,147 Dollar, ein Verlust von mehr als 1,5 Cent. Am eher trägen Devisenmarkt ist dies eine heftige Bewegung. Auch gegenüber dem japanischen Yen gab der Euro deutlich nach. Sein Kurs fiel von 137 auf 135 Yen.

Kaufprogramm größer als erwartet

EZB-Chef Mario Draghi hatte zuvor bei einer Pressekonferenz angekündigt, dass die Notenbank ab März jeden Monat Anleihen im Wert von 60 Milliarden Euro aufkaufen wird, und zwar bis Ende September 2016.

Am Mittwoch hatten zwei EZB-Vertreter noch Asset-Käufe von 50 Milliarden Euro monatlich in Aussicht gestellt. Am Markt wurden Gesamtsummen für das Programm zwischen 500 und 1000 Milliarden Euro gehandelt. Nun werden es voraussichtlich mindestens 1140 Milliarden sein.

„Das Kaufprogramm ist damit deutlich größer, als es die meisten Experten erwartet hatten", sagt Jörg Krämer, Chefvolkswirt der Commerzbank. „Darüber hinaus hat Draghi gesagt, dass so lange gekauft wird, wie es die Inflation notwendig erscheinen lässt." Das könne darauf hindeuten, dass die EZB im Falle einer anhaltend niedrigen Inflation noch einmal nachlegen würde.

Kampf gegen Deflation

Der Anleihenkauf wird im Fachjargon auch als quantitative Lockerung oder „QE" (von englisch „quantitative easing) bezeichnet. Dabei druckt die Notenbank de facto Geld und kauft damit den Banken Anleihen ab. Diese haben dann in der Folge mehr Geld zur Verfügung, das sie Verbrauchern und Unternehmen in Form von Krediten zur Verfügung stellen können. Auf diese Weise soll zum einen die Konjunktur angeschoben und zum anderen eine Deflation verhindert werden.

Die zusätzlichen Milliarden, die nun in die Wirtschaft gepumpt werden, kommen aber mindestens ebenso sehr dem Finanzmarkt zugute. Daher gehen die meisten Experten davon aus, dass die Aktienkurse in den kommenden Monaten weiter steigen werden. Gleiches gilt für die Anleihenkurse, was jedoch im Gegenzug zur Folge hat, dass deren Verzinsung immer weiter sinkt.

Sparer und Kreditnehmer können sich also mindestens auf weiter niedrig bleibende Zinsen einstellen, sie könnten sogar noch weiter sinken. Der Euro-Kurs dagegen dürfte in den kommenden Monaten noch weiter sinken, da die Notenbank der USA derzeit eine Trendwende in die andere Richtung einläutet.

Dort könnte schon bald erstmals wieder der Leitzins erhöht werden. Zinsdifferenzen sind einer der wichtigsten Treiber von Wechselkursen. Die Schwächung des Euro ist allerdings von der EZB ausdrücklich gewünscht, um auf diese Weise den Aufschwung in Europa ebenfalls zu unterstützen.

Quelle: DIE WELT vom 22.01.2015.

Wie der Kauf der Staatsanleihen durch die EZB abläuft und welche Wirkungen diese Maßnahme zur Folge haben soll, verdeutlicht nebenstehende Abbildung.

6.2 Die Eurokrise

(1) Krisenursachen

Der Euro ist in der jüngeren Vergangenheit wegen der Verschuldungskrise einiger Mitgliedstaaten, die ihren Zahlungsverpflichtungen zur Bedienung der aufgenommenen Kredite ohne Unterstützung Dritter nicht mehr nachkommen konnten, stark unter Druck geraten.

Ausgangspunkt war die **Immobilienkrise (Subprime-Krise)** in den Vereinigten Staaten, die schließlich im Jahr 2008 zum Zusammenbruch der amerikanischen Großbank Lehman Brothers führte. Dadurch kamen weltweit zahlreiche große Banken und Versicherungen in Zahlungsschwierigkeiten und mussten von den Staaten durch Fremd- und Eigenkapitalspritzen gerettet werden. Die **Finanzkrise** führte zu einer **Wirtschaftskrise,** diese wiederum zu einer **Staatsschulden-** und der hieraus folgenden **Eurokrise,** die in der Europäischen Wirtschafts- und Währungsunion einige Schwachstellen offenlegte.

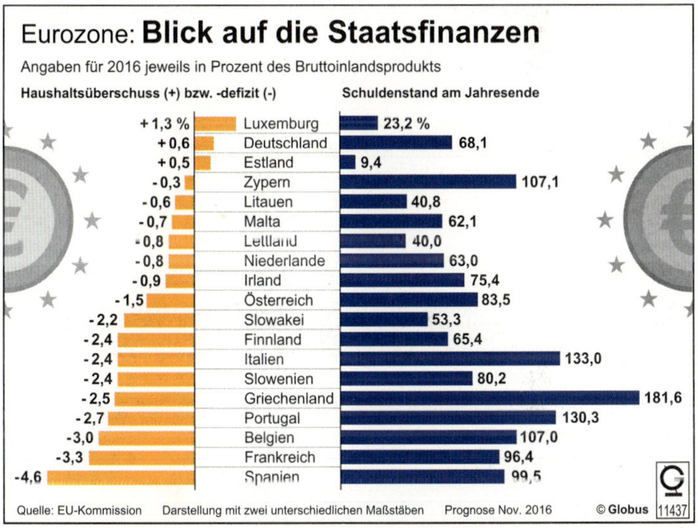

Spanien ist im Jahr 2016 der größte Defizit-Sünder in der Eurozone. Das Loch in der Staatskasse beträgt nach der Herbstprognose der Europäischen Kommission 4,6 Prozent der spanischen Wirtschaftsleistung (des Bruttoinlandsprodukts). Frankreich folgt an zweiter Stelle mit einem Defizit von 3,3 Prozent. Erlaubt sind laut dem Vertrag von Maastricht höchstens drei Prozent. Bei der Höhe der Staatsverschuldung hält Griechenland weiterhin den Negativrekord. Ende 2016 hatte Griechenland Schulden in Höhe von fast 182 Prozent der jährlichen Wirtschaftsleistung. Angestrebt sind laut Maastrichter Vertrag jedoch nur maximal 60 Prozent – ein Wert, den auch Deutschland übertrifft: Die Bundesrepublik liegt mit einer öffentlichen Verschuldung von 68,1 Prozent ebenfalls über dem angestrebten Schuldenlimit. Beim Blick auf den Staatshaushalt 2016 schneidet Deutschland allerdings gut ab: Der Überschuss lag bei ca. 0,6 Prozent des BIP.

Schwachstellen der Wirtschafts- und Währungsunion waren bzw. sind insbesondere:

- eine **übermäßige Verschuldung** einiger Mitgliedstaaten der Eurozone,
- eine **unzureichende wirtschaftspolitische Koordination und Überwachung** zum Erkennen von Ungleichgewichten,
- **unzureichende Regeln** für Finanzprodukte und
- ein **fehlender Mechanismus,** der die Stabilität der Euroländer wahrt und einem Mitgliedstaat Schutz und Nothilfe anbieten kann.

Als Auslöser dieser Staatsschuldenkrise im Euroraum gilt Griechenland, welches nach einer neuen Regierungsbildung das tatsächliche Ausmaß seiner bisher verschleierten Haushaltsdefizite und seines Schuldenstandes offenlegte und dann die EU und den Internationalen Währungsfonds (IWF) um Hilfe bat, um seine Staatsinsolvenz abzuwenden. Nach Griechenland gestaltete es sich aber auch für Irland und Portugal sowie in vergleichsweise geringerem Maße für Italien und Spanien zunehmend schwieriger, ihre Staatsverschuldung am Kapitalmarkt zu refinanzieren.

(2) Finanzpolitische Maßnahmen

„Finanzpolitischer Pakt“

Zur Rettung des Euro wurde nach langem Ringen der Staats- und Regierungschefs 2012 ein neuer sogenannter „finanzpolitischer Pakt“ geschlossen, der folgende Maßnahmen umfasst:

Rettungshilfen

Durch den IWF sowie den 2010 neu eingerichteten Europäischen Stabilisierungsmechanismus (EFSF) wurden mehrere sogenannte Rettungsschirme verabschiedet, die mittels umstrittener politischer Mittel (Bürgschaften, die Verschaffung neuer Zahlungsmittel zur Aufrechterhaltung der Liquidität) eine Staatsinsolvenz in einem der betroffenen Länder bislang verhindert haben. Auch die Europäische Zentralbank intervenierte mehrfach. Zur **Rettung von notleidenden Euroländern** wurde der bisherige **Euro-Stabilitäts-Fonds (EFSF)** mit Wirkung zum 01.01.2013 durch den **Europäischen Stabilitätsmechanismus (ESM)** abgelöst.

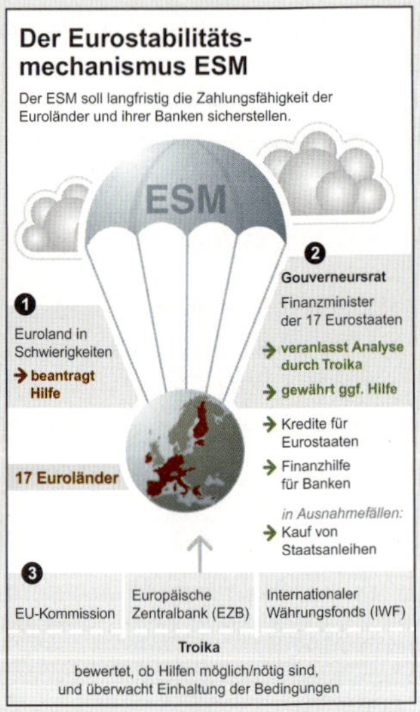

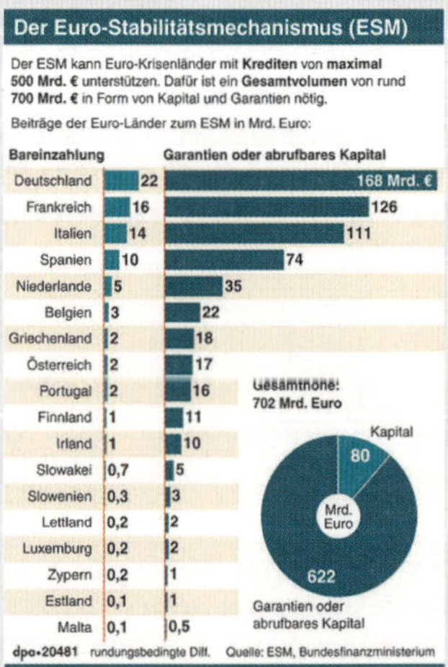

Der ESM ist nicht zeitlich begrenzt, sondern dauerhaft angelegt. Er ist mit bar eingezahltem Kapital (80 Mrd. €) ausgestattet und stützt sich darüber hinaus auf Garantien der Euro-Staaten. Der Fonds kann auch Anleihen der Krisenländer kaufen oder maroden Banken direkt unter die Arme greifen. Um 500 Mrd. € Kredite verleihen zu können, verfügt der ESM über ein Stammkapital von 700 Mrd. €. Das ist notwendig als Sicherungsreserve, damit der Fonds von den internationalen Ratingagenturen die Spitzennote für seine Kreditwürdigkeit erhält.

Schuldenschnitt („Hair-Cut")	Griechenland hat sich – wie auch die übrigen EU-Staaten – in der Vergangenheit über den Kapitalmarkt durch die Ausgaben von **Staatsanleihen** immer wieder finanzielle Mittel beschafft, um die über den Einnahmen des Staates liegenden Ausgaben zu finanzieren. Im Rahmen eines zweiten Hilfspaketes für Griechenland haben Banken und Versicherungen Griechenland unter anderem die Hälfte seiner Schulden erlassen, was einem Volumen von ca. 107 Milliarden Euro entspricht.
Aufstockung des Bankenkapitals	Damit Banken in Zukunft besser für Krisen gerüstet und in ihrer Existenz nicht bedroht sind, mussten diese **bis Mitte 2012** ihr **Eigenkapital auf 9 Prozent** der Bilanzsumme ausweiten.

Stabilitätsunion

Des Weiteren haben die europäischen Regierungen die Währungsunion nun auf ein ganz neues Fundament gestellt und eine **finanz- und wirtschaftspolitische Stabilitätsunion** geschaffen. In einem gemeinsamen Vertrag der 19 Eurostaaten, der allen EU-Staaten zum Beitritt offen steht, wurden **neue Verpflichtungen und Regeln** festgeschrieben, um haushaltspolitische Disziplin (z. B. Verpflichtung zu einem ausgeglichenen Haushalt durch eine sogenannte Schuldenbremse, Deckelung der Neuverschuldung), eine vertiefte Integration des Binnenmarkts sowie ein kräftigeres Wachstum, eine größere Wettbewerbsfähigkeit und einen stärkeren sozialen Zusammenhalt zu fördern und sicherzustellen.

Europa 2020

Im Bereich der Wirtschaftspolitik wurde vereinbart, konsequenter als bisher auf das Instrument der verstärkten Zusammenarbeit zurückzugreifen. So hat der **Europäische Rat** unter der Bezeichnung **Europa 2020** eine **Wachstumsstrategie** entworfen, um zukünftigen Krisensituationen besser begegnen zu können. Die **Kommission** hat Kernziele vorgeschlagen, um die strategischen Ziele zu erreichen.

Hauptziele der Strategie 2020	EU-Kernziele
Intelligentes Wachstum: Entwicklung einer auf Wissen und Innovation gestützten Wirtschaft. **Nachhaltiges Wachstum:** Förderung einer ressourcenschonenden, ökologischen und wettbewerbsfähigeren Wirtschaft. **Integratives Wachstum:** Förderung einer Wirtschaft mit hoher Beschäftigung und ausgeprägtem sozialen und territorialen Zusammenhalt.	**Mehr Beschäftigung** Erhöhung der Beschäftigungsquote der 20-Jährigen bis 64-Jährigen von derzeit 69 % auf mindestens 75 %. **Mehr Innovation** Angestrebt wird eine Investitionsquote in Forschung und Entwicklung in Höhe von 3 % des BIP. **Mehr Klimaschutz und Energiewende** Verringerung der Treibhausemissionen um mindestens 20 % gegenüber 1990. Erhöhung des Anteils erneuerbarer Energien am Energieendverbrauch auf 20 % sowie Steigerung der Energieeffizienz um 20 %. **Mehr Bildung** Verringerung der Schulabbrecherquote von derzeit 15 % auf 10 % sowie Erhöhung des Anteils der 30-Jährigen bis 34-Jährigen mit Hochschulabschluss von 31 % auf mindestens 40 %. **Bekämpfung der Armut** Verringerung der Zahl der unter den nationalen Armutsgrenzen lebenden Europäer um 25 %.

Kompetenztraining

30 1. **Aufgaben:**

1.1 Definieren Sie den Begriff Inflation!

1.2 Unterscheiden Sie die Inflationen nach

1.2.1 der Schnelligkeit der Inflation,

1.2.2 der Erkennbarkeit!

1.3 Erläutern Sie kurz die Ihnen bekannten „wissenschaftlich relevanten Inflationstheorien"!

1.4 Vor noch nicht allzu langer Zeit hat man die Inflation als „Preis für Vollbeschäftigung" bezeichnet. Nehmen Sie Stellung!

1.5 „Es gibt Leute, Gruppen und Institutionen, die aus der Inflation Nutzen ziehen." Nehmen Sie zu dieser Aussage Stellung!

1.6 Führen Sie an, welche gesamtwirtschaftlichen Nachteile die Inflation hat! Begründen Sie Ihre Feststellungen!

1.7 Erläutern Sie, welche sozialen und politischen Auswirkungen extreme Inflationen mit sich bringen können!

1.8 Führen Sie an, welche Zusammenhänge zwischen Währungssystemen und Inflationsanfälligkeit der Wirtschaft bestehen!

1.9 Berichten Sie über die deutsche Inflation von 1918 bis 1923 sowie über die deutsche Deflation von 1930 bis 1932.

Lösungshinweis: Recherchieren Sie mittels Internet!

1.10 Erläutern Sie, welche gesamtwirtschaftlichen Entwicklungen und welches Verhalten der Wirtschaftssubjekte häufig Begleiterscheinungen eines sinkenden Geldwerts sind!

1.11 Beschreiben Sie, in welcher Form Inflationen auftreten können!

1.12 Entscheiden Sie, durch welche Maßnahmen man ein völlig zerrüttetes Geldwesen heilen kann und wovon der Erfolg abhängt!

2. **Textauszug:**

Geld, das man am besten zum Fenster hinauswirft (Textauszüge)

Von unserem Korrespondenten Harry Schleicher

„Oma", sagt der Verkäufer mitleidig zu der von Alter und Krankheit gezeichneten Frau, „dieses Geld ist nichts mehr wert. Du kannst es wegwerfen." Die alte Frau starrt ungläubig auf den Mann und die Banknoten. Auf einer prunkt stolz das Konterfei des serbischen Fürsten Milos, der im vergangenen Jahrhundert Serbien auf dem Weg zur Unabhängigkeit ein beträchtliches Stück voranbrachte. …

Als „Oma" in Tränen ausbricht, schenkt ihr der Bauer eine Handvoll Kartoffeln. Das Geld nimmt er nicht. „Es lohnt nicht", sagte er mit großzügiger Geste.

… Galt die Banknote beim Erscheinen noch etwa zweieinhalb Dollar, ist ihr Wert inzwischen auf 25 Cents abgestürzt.

Bei einer stündlichen Inflationsrate von drei Prozent vergeht aber selbst Humoristen das Lachen. Die Menschen kennen sich mit dem Geld und seinem aktuellen Wert kaum noch aus. Manche Waren ändern täglich ihren Preis. Grundnahrungsmittel mit noch immer staatlich vorgeschriebenen Preisen wie Brot und Milch sind kurz nach der Öffnung der Geschäfte ausverkauft.

„Bei uns ist täglich Schlussverkauf, nur dass sich die Menschen Stunden vor Ladenöffnung um das tägliche Brot anstellen müssen", meint eine geplagte Hausfrau. Es besteht geradezu ökonomischer Zwang, jedweden verfügbaren Dinar Bargeld sofort in irgendeine Ware umzusetzen, weil man weiß, dass das gleiche Erzeugnis am nächsten Tag ein Mehrfaches kosten würde. „Wenn ich könnte, würde ich die Zeitung von morgen am liebsten schon heute kaufen", scherzt ein Kollege in Anbetracht der Tatsache, dass sich der Zeitungspreis zuletzt täglich erhöhte. So kostete die relativ billige „Politik" am Montag vier, am Dienstag acht und am letzten Mittwoch 15 Mrd. Dinar.

Pfiffige Leser, die sich die Zeitungslektüre bei einem Monatslohn von fünf bis acht Dollar oder gar einer Rente von ein bis zwei Dollar nicht mehr leisten können, erfinden listige Notprogramme. Sie leihen sich am Kiosk eine Zeitung für zwei Stunden zum halben Preis und geben sie nach der Lektüre wieder zurück. Eine andere Überlebenshilfe ist das bargeldlose Zahlen. Jede Kleinigkeit wird per Scheck bezahlt. Da die Abbuchung vom Konto frühestens nach drei Tagen erfolgt, spart der Käufer auf diese Weise viel Geld.

Retten können sich bestenfalls jene, die ihre Waren und Dienstleistungen zunehmend für harte Dollars anbieten. ...

Quelle: Badische Zeitung vom 13. Dezember 1993.

Aufgaben:

2.1 Entscheiden Sie, welche Inflationsart in diesem Zeitungsartikel beschrieben wird!

2.2 Erläutern Sie, wie sich die im Text beschriebene Inflation erklären lässt!

3. **Textauszug:**

Operation Hubschrauber

Finanzen. Ökonomen fordern, Geld an die Bürger zu verteilen, um eine Deflation zu verhindern. Eine Verzweiflungstat - oder die lang ersehnte Lösung?

Es scheint ein verrücktes Gedankenspiel zu sein: Eines Morgens findet jeder Bürger der Eurozone einen Scheck im Briefkasten. Über 500 oder sogar 3000 Euro, einfach so, ein Geschenk. Der Absender: die Europäische Zentralbank (EZB).

Das Szenario ist weniger absurd, als es klingt. Tatsächlich gibt es neuerdings viele ernst zu nehmende Wissenschaftler und Finanzexperten, die genau das fordern: EZB-Chef Mario Draghi soll einfach mehr Geld drucken und es direkt den Bürgern aushändigen.

Die Logik dahinter: Die Empfänger sollen mit dem Geld einkaufen gehen und so der lahmenden Wirtschaft helfen. Dann müssten die Unternehmen ihre Produktion hochfahren, Menschen einstellen, das Wachstum würde anspringen und auch die Preise würden endlich wieder steigen, schon wegen der höheren Nachfrage.

Die Inflation liegt nur noch knapp über der Nullmarke. Das Horrorszenario einer Deflation wie zu Zeiten der Großen Depression in den Vereinigten Staaten hängt über der Eurozone. Die EZB, deren oberste Aufgabe es ist, den Euro stabil zu halten, hat die Kontrolle verloren.

In dieser verzweifelten Situation entdecken immer mehr Ökonomen und Finanzprofis das Konzept des „Helikopter-Geldes" – das wirken soll, als würden aus einem Hubschrauber Banknoten übers Land gestreut. Die Idee, mit der schon Nobelpreisträger Milton Friedman liebäugelte, sorgt für hitzige Debatten unter Notenbankern und Wissenschaftlern. Ihre Befürworter fordern nicht nur ein neues Instrument. Sie stellen eherne Glaubenssätze der Geldpolitik infrage. Eines nämlich wird immer deutlicher: Mit ihren herkömmlichen Mitteln kommen EZB-Chef Draghi und seine Notenbanker nicht mehr weiter.

Das Scheitern der Bemühungen ist leicht erklärbar. Bislang haben die Notenbanker vor allem Banken mit Geld versorgt. Die EZB hat ihnen Kredite zu Billigzinsen zur Verfügung gestellt oder ihnen riskante Wertpapiere abgekauft in der Hoffnung, dass die Banken im Gegenzug mehr Darlehen an Unternehmen und Konsumenten vergeben. Das Problem ist nur, dass viele Firmen und Bürger derart überschuldet sind, dass sie gar keine neuen Darlehen wollen. So kommt das Geld nicht in der Realwirtschaft an.

Sylvian Broyer, Europa-Chefvolkswirt der französischen Investmentbank Natixis, findet deshalb: „Es wäre doch viel sinnvoller, das Geld, das die EZB zur Deflationsbekämpfung einsetzen will, direkt an die Bürger verteilen." Ausgaben von einer Billion Euro hat Draghi für seine Notprogramme kalkuliert, das würde reichen, um jedem Bürger 3.000 Euro zu schicken.

Daniel Stelter, Gründer des Tjinktanks „Beyond the Obvious" und früherer Unternehmensberater bei Boston Consulting, fordert sogar 5.000 oder 10.000 Euro pro Kopf: „Es muss massiv sein, wenn es etwas bewirken soll", sagt er. Die genannten Summen freilich seien nur Schätzungen, sagt Stelter offen. Denn keine Notenbank hat das unglaubliche Experiment bislang gewagt.

Quelle: DER SPIEGEL 2/2015.

Aufgaben:

3.1 Erklären Sie den Begriff Deflation!

3.2 Erläutern Sie, welche Wirkungen (Folgen) Deflationen haben!

3.3 Erläutern Sie, warum sich in den heutigen Volkswirtschaften Deflationen weniger auf das Preisniveau, sondern überwiegend auf die Beschäftigung auswirken!

3.4 Stellen Sie kurz den Zusammenhang zwischen Deflation und Arbeitslosigkeit in einer Wirkungskette dar!

4. In einer Zeitungsmeldung lesen Sie: „Für Sparer beginnt das Jahr mit einer guten Nachricht: Das Statistische Bundesamt meldet den niedrigsten Preisanstieg seit zehn Jahren."

Aufgaben:

Beurteilen Sie den Aussagegehalt dieser Meldung in Bezug auf den Bereich der Geld- und Vermögensanlage!

5. Seit der Euroeinführung ist in der Bundesrepublik Deutschland die „gefühlte Inflation" deutlich über der tatsächlich gemessenen Inflationsrate.

Aufgaben:

5.1 Erläutern Sie kurz den Begriff der „gefühlten Inflation"!

5.2 Stellen Sie kurz zwei mögliche Ursachen für diese Entwicklung dar!

6. Beurteilen Sie die Auswirkungen der nachfolgenden Situationsbeschreibungen auf die Preisniveaustabilität! Tragen Sie bitte eine der folgenden Ziffern ein:

(1) für inflatorische Auswirkungen,

(2) für deflatorische Auswirkungen,

(3) wenn weder eine inflatorische noch eine deflatorische Wirkung auftritt!

Sollte keine eindeutige Zuordnung möglich sein, tragen Sie bitte eine (9) ein!

6.1 Aufgrund pessimistischer Zukunftserwartungen erhöhen die privaten Haushalte ihre Sparquote deutlich.	
6.2 Der zunehmende Wettbewerb im Bereich der Kommunikation und Information zwingt die Anbieter zu deutlichen Preiszugeständnissen.	
6.3 Um die Konjunktur anzukurbeln, verdoppelt der Staat seine Ausgaben im laufenden Kalenderjahr.	
6.4 Aufgrund ihrer Marktmacht versuchen viele Unternehmen, die Gewinnspanne bei gleichbleibender Kostenstruktur auszuweiten.	
6.5 Aufgrund optimistischer Einschätzungen investieren die Unternehmen mehr, als gesamtwirtschaftlich gespart wird.	
6.6 Die Tarifabschlüsse des vergangenen Jahres entsprechen dem Produktivitätsfortschritt.	
6.7 Es kommt zu einer Vermögensentwertung in Deutschland.	
6.8 Aufgrund der über alle Branchen hinweg schlechten Gewinnsituation vieler Unternehmen fallen die Aktienkurse.	
6.9 Die Exporte übersteigen die Importe und führen zu einem Nachfrageboom bei ausgelasteten Kapazitäten.	

7. **Referat**

Eine Kleingruppe sollte gemeinsam den aktuellen Stellenwert des Euro im weltwirtschaftlichen Kontext in Form eines Referats problematisieren. Dabei sollte auch auf die aktuellen Entwicklungen in der Eurokrise eingegangen werden, insbesondere auf die eingeleiteten Reformen und Sparmaßnahmen der Euro-Krisenländer.

Anforderungssituation 4.3 Der Stellenwert des Außenhandels für die deutsche Volkswirtschaft: Absatzmöglichkeiten auf internationalen Märkten einer globalisierten Welt

Katharina, Christine, Marvin und Thorsten sind seit über einem Jahr Schüler an einem Berufskolleg für Wirtschaft und Verwaltung und haben sich seither öfter am Wochenende getroffen, um gemeinsam etwas zu unternehmen. An einem Freitag in der zweiten Pause stehen alle vier auf dem Schulhof zusammen und überlegen, dass es mal wieder an der Zeit sei, sich für einen Abend zu verabreden. Marvin schlägt vor, sich am Samstag so gegen 20.00 Uhr in der Stadt zu treffen und erst einmal ins Kino zu gehen. Danach könne man ja ganz entspannt noch etwas Trinken und den Abend gemütlich ausklingen lassen. Während Christine und Thorsten den Vorschlag für eine gute Idee halten, winkt Katharina ab und sagt, dass sie leider schon etwas anderes für diesen Abend geplant habe und an einem Treffen von Globalisierungsgegnern teilnehmen möchte.

Christine scheint daraufhin ziemlich genervt und wirft Katharina vor, sich in letzter Zeit total merkwürdig zu verhalten. Erst habe sie ihr Smartphone eines weltweit führenden Herstellers verkauft, weil sie nicht länger ein Gerät benutzen möchte, zu dessen Herstellung angeblich Menschen in anderen Ländern ausgebeutet und die Umwelt dort verschmutzt würden. Dann hätte sie sich neulich in der Pizzeria total aufgeregt, nur weil Marvin sich eine Thunfischpizza bestellt hatte. Kurze Zeit später beim Shoppen in der Stadt, wäre sie nur durch ständiges Rumzicken aufgefallen, obwohl sie doch selbst jahrelang in diesen Läden ihre Klamotten gekauft hätte. Aber nein, unser „Gutmensch“ Katharina geht ja jetzt in „Dritte-Welt-Läden“ und trägt Baumwollklamotten aus angeblich fairem und nachhaltigem Anbau, provoziert Christine weiter. Und nun werde sie auch noch am Wochenende zur Spaßbremse, weil ihr neuerdings sinnloses Gerede bei Jasmintee und Kerzenschein mit diskussionsfreudigen „Weltverbesserern“ wichtiger sei als ihre ehemals besten Freunde.

Katharina fühlt sich angegriffen, reagiert aber erstaunlich sachlich. Sie sagt, dass sie die ganze Aufregung und diese Vorwürfe durchaus verstehen könne und ihren Freunden wohl eine Erklärung schuldig sei. Dann schildert sie, dass sie vor ca. zwei Monaten mit ihrer älteren Schwester auf einer Veranstaltung von einer Organisation mit Namen Attac gewesen sei. Dort habe sie an jenem Abend einen Dokumentarfilm mit dem Titel „Eine unbequeme Wahrheit“ gesehen, der sie total nachdenklich gemacht hätte. Im Wesentlichen drehe sich dieser Film mit dem ehemaligen US-Vizepräsidenten Al Gore um die globale Erderwärmung und die daraus resultierenden Folgen. Nach intensiver Beschäftigung mit diesem Thema und einigen weiteren Informationsveranstaltungen über die Folgen der Globalisierung habe sie halt für sich beschlossen, ihr persönliches Konsumverhalten möglichst konsequent zu verändern, um die Welt vielleicht doch ein ganz klein wenig besser zu machen. Es tue ihr total leid, wenn ihr manchmal so eine „oberlehrerhafte“

Bemerkung wie in der Pizzeria rausrutschen würde, aber sie sei halt in bestimmten Situationen ziemlich traurig und auch wütend über das ihrer Meinung nach gedankenlose Verhalten vieler Mitmenschen. Zudem hätte sie damals vor dem Besuch der Pizzeria zufällig einen Bericht zur Überfischung der Weltmeere und der Bedrohung der Delfine wegen der Schleppnetzfischerei gelesen.

Jetzt mischt sich Thorsten in das Gespräch ein und sagt, dass er es ziemlich beeindruckend findet, dass Katharina für sich eine solch konsequente Verhaltensänderung an den Tag legt. Allerdings habe er kürzlich erst gehört, dass es Menschen gibt, die komplett gegen den internationalen Handel sind und fordern, diesen sogar abzuschaffen. In einer solchen Welt, sagt Thorsten, könne er sich aber überhaupt nicht vorstellen zu leben, da dann doch hierzulande so gut wie alles stillstehen würde. Außerdem bliebe ja von all dem, woran man sich so tagtäglich erfreut, so gut wie nichts mehr übrig.

Kompetenzorientierte Arbeitsaufträge:

1. Notieren Sie zunächst zehn Güter Ihres täglichen Bedarfs, die importiert sind! Im Anschluss daran notieren Sie bitte zehn Güter, von denen Sie mit absoluter Gewissheit sagen können, dass diese nicht importiert werden, auch nicht die Rohstoffe zu deren Fertigung! Erläutern sie, welche der beiden Aufgaben für Sie einfacher zu lösen war!
2. Anknüpfend an Thorstens Anmerkungen zum Ende der vorangestellten Anforderungssituation notieren Sie bitte zehn Importgüter, auf die Sie trotz negativer Auswirkungen auf Mensch und Umwelt keineswegs bereit wären zu verzichten!
3. Erläutern Sie kurz, was konkret Thorsten damit gemeint haben könnte, dass ohne den Außenhandel hierzulande „alles stillstehen würde"!
4. Setzen Sie sich exemplarisch mit den Effekten der Globalisierung im Spannungsfeld von Ökonomie, Ökologie und Ethik auseinander! Erläutern Sie kurz einige dieser Effekte!
5. Analysieren Sie mögliche Ursachen und Wirkungen von Ungleichgewichten im Außenhandel!
6. **Arbeitsvorschlag:**

   Die Globalisierung bringt viele Herausforderungen mit sich, die es zukünftig zu lösen gilt. Sammeln Sie zunächst im Klassenverband derartige Herausforderungen und entwickeln Sie anschließend ganz konkret modellhaft mögliche Maßnahmen zur aktiven Bewältigung dieser realen Herausforderungen!

7 Der Stellenwert des Außenhandels für die deutsche Volkswirtschaft[1]

Der **Außenhandel Deutschlands** mit den Mitgliedsländern der Europäischen Union wird als **Intrahandel**[2] bezeichnet. Die Käufe (Einfuhren, Importe) aus den EU-Ländern heißen **innergemeinschaftlicher Erwerb,** die Verkäufe (Ausfuhren, Exporte) **innergemeinschaftliche Lieferungen.**

Der gewerbsmäßige Güteraustausch mit Drittländern (mit Ländern, die nicht der Europäischen Union angehören) wird **Extrahandel**[3] genannt.

1 Der Stellenwert des Euro und die Grundlagen der internationalen Arbeitsteilung einschließlich ihrer Chancen und Risiken wurden bereits ausführlich in Anforderungssituation 2.2 behandelt und werden somit an dieser Stelle nicht weiter vertieft.

2 **Intra** (lat.): innerhalb; Intrahandel: Handel innerhalb der Europäischen Union.

3 **Extra** (lat.): außerhalb; Extrahandel: Handel mit Ländern außerhalb der Europäischen Union.

Ausfuhr	Die **Beschäftigung** (und damit der **Lebensstandard**) in der Bundesrepublik Deutschland hängt zu **mehr als einem Drittel** von der Ausfuhr ab, denn mit dem Ausland tätigt die deutsche Industrie rund 40 % ihrer Geschäfte.
Einfuhr	Die Bundesrepublik Deutschland ist ein **rohstoffarmes Land.** Sie ist deshalb auf die Einfuhr zahlreicher Rohstoffe angewiesen (z. B. Kernenergie, Erdöl, Erdgas, Baumwolle, Eisenerz, Rohphosphate).

Der internationale Handel wird durch „offene Grenzen" gefördert. Der **Wegfall von „Handelsschranken"** wie Zölle, mengenmäßige Export- und Importbeschränkungen (Kontingentierungen) **sowie technischen Hemmnissen** (z. B. unterschiedliche technische Normen, Prüfverfahren, Sicherheitsvorschriften) kommt allen Handelspartnern zugute, wie das Beispiel der EU zeigt.

Wichtige Ausfuhrgüter	**Wichtige Einfuhrgüter**
Wichtige Ausfuhrgüter der Bundesrepublik Deutschland sind Fertigwaren, wie z. B. Werkzeugmaschinen, Kraftfahrzeuge, feinmechanische Geräte, Glas- und Lederwaren, sowie Halbwaren wie z. B. Gießerei- und Walzwerkerzeugnisse oder Chemikalien. Die Ausfuhr von Rohstoffen (z. B. Kohle, Kali, Tonerde) und von Nahrungs- und Genussmitteln (z. B. Fleischwaren, Geflügel, Wein) ist im Rahmen der Gesamtausfuhr hingegen von geringer Bedeutung.	Neben Rohstoffen werden Nahrungsmittel importiert, die in Deutschland nicht, nicht in ausreichender Menge und/oder nicht in der gewünschten Qualität produziert werden können (z. B. Kaffee, Kakao, Ölfrüchte, Rohtabak, Wein). Wichtige Importgüter sind aber auch Halb- und Fertigwaren, die in den Lieferländern kostengünstiger erzeugt werden können (z. B. Maschinenteile und Maschinen, feinmechanische und optische Geräte, unterhaltungselektronische Geräte, Kraftfahrzeuge). Hinzu kommen chemische Erzeugnisse, Textilien, Bekleidung sowie Verlags- und Druckerzeugnisse.

Deutsche Produkte waren auch 2016 weltweit gefragt. Die deutschen Exporte erreichten einen Wert von 1208 Mrd. Euro. Die Einfuhren betrugen 955 Mrd. Euro. Größter Kunde im Jahr 2016 waren wie schon im Vorjahr die USA. Deutsche Unternehmen profitierten von der guten Konjunkturlage in den USA und konnten Waren im Wert von fast 107 Mrd. Euro in die Vereinigten Staaten liefern. Besonders enge Handelsbeziehungen hat Deutschland zu seinen Partnern in der Europäischen Union (EU). Die wichtigsten Kunden innerhalb der Union waren die Franzosen (mit 101,4 Mrd. Euro), die Briten (86,1) und die Niederländer (79,1). Insgesamt gingen 59 % aller Ausfuhren in die 27 EU-Partnerländer. – Auf der Einfuhrseite war China der wichtigste Partner, von dort kamen Waren im Wert von 93,8 Mrd. Euro nach Deutschland. Die Niederlande und Frankreich folgten auf den Plätzen zwei und drei. Berechnet man das sogenannte Handelsvolumen – das ist die Summe von Exporten und Importen –, so ist China erstmals Deutschlands wichtigster Handelspartner. Das Handelsvolumen mit China erreichte einen Wert von 169,9 Mrd. Euro, auf Platz zwei liegt Frankreich mit 167,2 Mrd. Euro, gefolgt von den USA mit 164,7 Mrd. Euro.

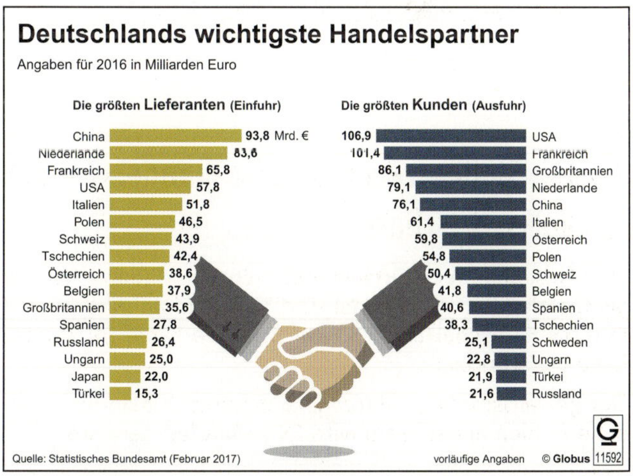

8 Geschichtlicher und aktueller Hintergrund der EU

8.1 Integrationsstufen der Europäischen Union (EU)

1952	Gründung der **Europäischen Gemeinschaft für Kohle und Stahl (Montanunion)** durch Belgien, Niederlande, Luxemburg, Frankreich, Italien und die Bundesrepublik Deutschland (6er-Gemeinschaft).
1958	Gründung der **Europäischen Wirtschaftsgemeinschaft (EWG)** und der **Europäischen Atomgemeinschaft (EURATOM)** durch die gleichen sechs Staaten.
1967	Entstehung der **Europäischen Gemeinschaft (EG)** durch Zusammenfassung der Organe der Montanunion, EWG und EURATOM (gemeinsamer Ministerrat und gemeinsame Kommission).
1968	Vollendung der **Zollunion** durch Abbau der Zölle und Handelsbeschränkungen innerhalb der EG-Länder und Errichtung eines gemeinsamen Zolltarifs gegenüber Drittländern.
1973	Beitritt Großbritanniens, Irlands und Dänemarks zur EG **(9er-Gemeinschaft).**
1979	Erstmalige **Direktwahlen zum Europäischen Parlament** (Neuwahlen alle fünf Jahre) und **Beginn des Europäischen Währungssystems (EWS).**
1981	Beitritts Griechenlands **(10er-Gemeinschaft).**
1986	Beitritt Portugals und Spaniens **(12er-Gemeinschaft).**
1990	**Beitritt der DDR** zur Bundesrepublik Deutschland und damit zur EU.
1992	**Maastricht-Vertrag** über die Europäische Union als Regierungsabkommen mit anschließenden Ratifizierungen in den Mitgliedsländern. Der Vertrag regelt die Schaffung der Wirtschafts- und Währungsunion (WWU) bis spätestens Anfang 1999.
1993	**Europäischer Binnenmarkt** tritt zum 01.01.1993 in Kraft. Damit entsteht in der EG ein Wirtschaftsraum, in dem der **freie Verkehr von Personen, Waren und Dienstleistungen und Kapital** gewährleistet ist. Am 01.11.1993 wird aus der Europäischen Gemeinschaft (EG) die Europäische Union (EU).

1995	Beitritt Österreichs, Finnlands und Schwedens **(15er-Gemeinschaft).**
1997	EU-Staats- und Regierungschefs verabschieden in Amsterdam einen **Stabilitäts- und Wachstumspakt** zur Sicherung der Stabilität des Euro nach dem Start der Währungsunion.
1999	**Euro-Einheitswährung für 11 der 15 Mitgliedsländer,** die **EZB** übernimmt die **Verantwortung für die Geldpolitik.** (Griechenland erfüllt die Konvergenzkriterien nicht; freiwillig bleiben der gemeinsamen Währung noch fern Großbritannien, Schweden und Dänemark.)
2004	**Beitritt von zehn neuen Ländern** in die EU: Estland, Lettland, Litauen, Malta, Polen, Slowakische Republik, Slowenien, Tschechische Republik, Ungarn und Zypern.
2007	Beitritt der beiden Länder Bulgarien und Rumänien **(27er-Gemeinschaft).**
2009	Zum 1. Dezember 2009 trat der „**Vertrag von Lissabon** in Kraft. Dieser Vertrag ergänzte die bestehenden Vertragsgrundlagen des europäischen Integrationsverbandes; so erhielt die Europäische Union eine **einheitliche Struktur und Rechtspersönlichkeit.**
2011	Die Staats- und Regierungschefs der Euroländer vereinbaren weitreichende **Schritte hin zu einer echten fiskalpolitischen Stabilitätsunion** im Euro-Währungsgebiet. Dies beinhaltet Handeln in zwei Richtungen: ■ Abschluss eines neuen fiskalpolitischen Pakts und eine verstärkte wirtschaftspolitische Koordinierung; ■ Weiterentwicklung der bestehenden Stabilisierungsinstrumente, um kurzfristigen Herausforderungen begegnen zu können.
2012	Unterzeichnung des Vertrags über den **Europäischen Stabilitätsmechanismus** (ESM).
2013	**Beitritt Kroatiens** zum 1. Juli 2013 als 28. EU-Mitgliedsland.
2017	Die britische Premierministerin Theresa May reicht im März 2017 den **Antrag zum Austritt des Vereinigten Königsreichs aus der EU** in Brüssel ein **(„ Brexit").** In einem Referendum hatten im Juni 2016 knapp 52 % der Bürger in Großbritannien für den Austritt aus der Europäischen Union gestimmt.

16 Boller - ISBN 978-3-8120-0619-4

Zollunion und Binnenmarkt der Europäischen Union

Bei einem **„harten Brexit"** scheidet das Vereinigte Königreich auch aus der **Zollunion** und dem **Binnenmarkt** der **Europäischen Union** aus.

- EU-Mitglieder
- *Zollunion*
- *gemeinsamer Binnenmarkt*

◆ Innerhalb der **Zollunion** werden keine Binnenzölle gezahlt; es wird ein gemeinsamer Außenzoll erhoben*.

◆ Der **gemeinsame Binnenmarkt** fußt auf **vier Freiheiten***:

- **Freier Warenverkehr**
  keine Zölle oder Mengenbeschränkungen
- **Freier Personenverkehr**
  freie Wahl von Wohnort und Arbeitsplatz
- **Freier Dienstleistungsverkehr**
  Angebot von Leistungen in jedem Mitgliedsland
- **Freier Kapitalverkehr**
  ungehinderter Fluss von Zahlungen

*für Nicht-EU-Mitglieder teilweise mit Einschränkungen

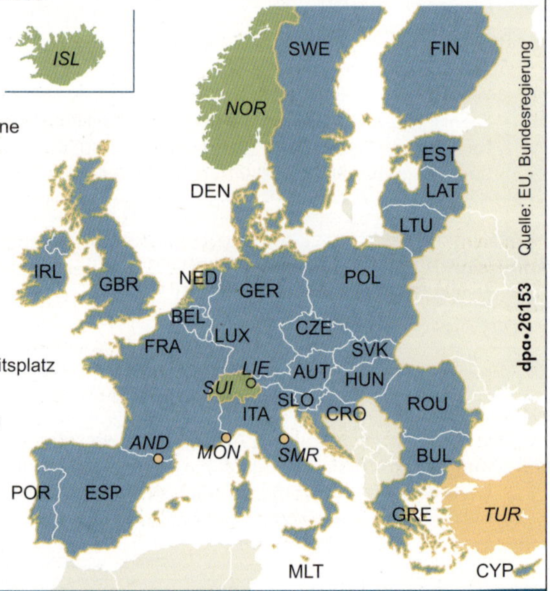

8.2 Organe der Europäischen Union (EU)

Europäischer Rat	Im Europäischen Rat kommen mindestens zweimal jährlich die Staats- und Regierungschefs der Mitgliedstaaten der EU und der Präsident der EU-Kommission zu einem Gipfel zusammen, um der Union allgemeine politische Impulse zu geben und politische Richtlinien zu erlassen (sog. Grundsatzentscheidungen).
Europäisches Parlament	Das Europäische Parlament (Tagungsorte Straßburg und Brüssel) setzt sich aus 751 Abgeordneten zusammen, die von den Bürgern der EU-Staaten gewählt wurden. Mit dem Vertrag von Lissabon, der am 1. Dezember 2009 in Kraft trat, besitzt das Parlament ein Mitentscheidungsrecht in mehr als 40 Politikbereichen wie z. B. Justiz- und Polizeizusammenarbeit, Transportwirtschaft, Energiesicherheit, Datenschutz und Agrarpolitik.
Nationale Parlamente	Die nationalen Parlamente sind ebenfalls in die Gesetzgebung der Europäischen Union eingebunden. So muss sich z. B. der Bundestag frühzeitig mit der europäischen Gesetzgebung befassen und den Fachministern ein Verhandlungsmandat[1] erteilen. Ferner kann ein Drittel der nationalen Parlamente die Europäische Kommission zwingen, die Zuständigkeit der EU für ein bestimmtes Gesetz zu begründen. Die Hälfte der Parlamente kann ein geplantes Gesetz stoppen.

1 **Mandat** (lat.): Vollmacht, Auftrag.

Bürgerbegehren	Die EU-Bürger haben das Recht, ein Gesetzgebungsverfahren zu erzwingen. Wenn mehr als eine Million Unterschriften „aus einer erheblichen Anzahl von Mitgliedsländern" zustande kommt, muss sich die Kommission mit dem geforderten Gesetz befassen.
Rat der Europäischen Union (Ministerrat)	Er ist das oberste rechtsetzende Organ der EU. Der Ministerrat besitzt 28 Mitglieder, die von den 28 Regierungen der Mitgliedsländer entsandt werden (Minister oder Staatssekretäre). Der Ministerrat kann i. d. R. nur auf den Vorschlag der Kommission hin beschließen. Die Abstimmungen mit qualifizierter Mehrheit[1] sind die Regel. Außenpolitische Entscheidungen können jedoch nur einstimmig getroffen werden. So kann z. B. kein EU-Land gezwungen werden, an einem Kriegseinsatz teilzunehmen.
Europäische Kommission	Die Kommission mit ihren 28 Mitgliedern hat die Aufgabe, für die Durchführung der Verträge und der Beschlüsse der Gemeinschaftsorgane (vor allem des Europäischen Parlaments) zu sorgen. Sie ist der eigentliche „Motor" der Gemeinschaft. Rechtsverordnungen, die auf Vorschlag der Kommission vom Ministerrat beschlossen werden, sind in *jedem* Mitgliedsland verbindlich. Ein „Hoher Vertreter für Außen- und Sicherheitspolitik" hat die Aufgabe eines EU-Außenministers.
Europäischer Gerichtshof	Der Europäische Gerichtshof (jedes Mitgliedsland stellt einen Richter) sichert die Wahrung des Rechts bei der Auslegung und Anwendung der Verträge. Er stellt z. B. fest, ob ein Mitgliedsland gegen eine vertragliche Verpflichtung verstoßen hat. Der Sitz des Europäischen Gerichtshofs ist Luxemburg.
Wirtschafts- und Sozialausschuss	Er ist ein beratendes Organ, in dem die Vertreter des wirtschaftlichen und sozialen Lebens mitwirken. Die Mitglieder bilden drei Gruppen: Arbeitgeber, Arbeitnehmer und Sonstige (z. B. Vertreter der Landwirtschaft, der Verkehrswirtschaft, der freien Berufe und der Verbraucher). Der Wirtschafts- und Sozialausschuss muss von Rat und Kommission in einer Reihe von Fällen angehört werden, z. B. bei Fragen der Agrarpolitik, der Freizügigkeit, des Niederlassungsrechts, des Dienstleistungsverkehrs, der Verkehrspolitik oder der Rechtsangleichung innerhalb der EU.
Ausschuss der Regionen	Dieser Ausschuss besteht aus Vertretern von Ländern, Regionen, autonomen Gemeinschaften und lokalen Gebietskörperschaften der EU-Mitgliedstaaten. Er hat eine beratende Mitsprache bei den Entscheidungsprozessen der EU.
Europäische Investitionsbank	Sie hat die Aufgabe, zur Erschließung wirtschaftlich benachteiligter Gebiete in der EU und in den assoziierten[2] Staaten durch Kreditgewährung und/oder Übernahme von Bürgschaften beizutragen. Die verschiedenen Europäischen Fonds geben Finanzhilfen in wichtigen Sonderbereichen. Innerhalb des Europäischen Währungsverbunds hat der Europäische Währungsfonds wichtige Aufgaben.

1 **Qualifiziert** (lat.): geeignet, sich als geeignet erweisen; qualifizierte Mehrheit = eine angemessene (geeignete) Mehrheit. Ab 2014 wurde die „doppelte Mehrheit" eingeführt (55 Prozent der EU-Staaten mit 65 Prozent der Bevölkerung).

2 **Assoziieren**: wörtl. verknüpfen, verbinden; assoziierte Länder sind der EU angeschlossene Länder, ohne selbst Mitglieder zu sein.

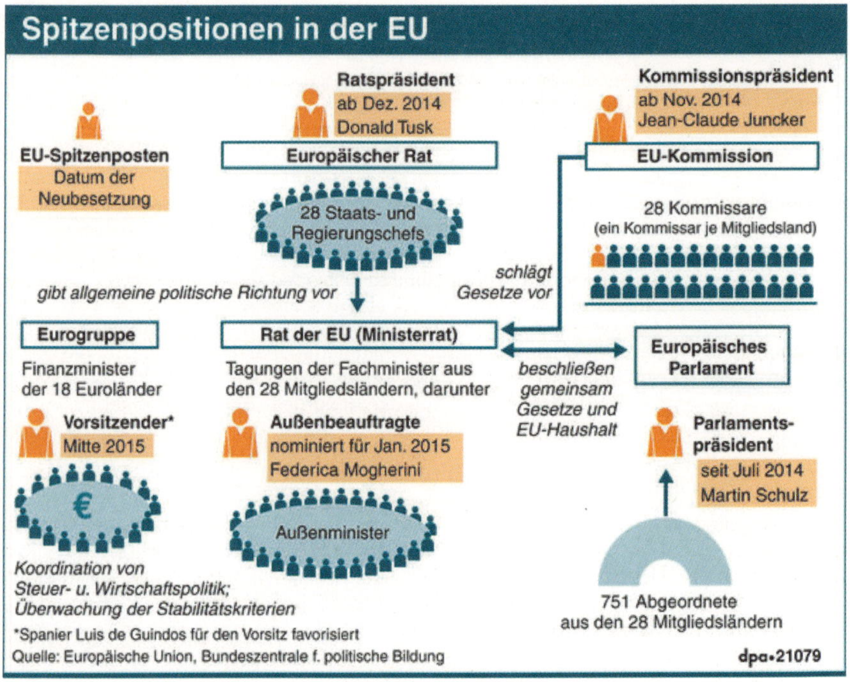

8.3 Stellenwert der Europäischen Union (EU)

(1) Ziele der Europäischen Union (EU)

Die Europäische Union steht für **gemeinsame Grundwerte,** auf denen die europäischen Gesellschaften aufbauen. Sie sind die Leitlinien ihres Handelns – so etwa das Streben nach

- Achtung der Menschenwürde,
- Demokratie,
- Chancengleichheit,
- freiem Handel,
- fairem Wettbewerb,
- Solidarität und
- Sicherheit.

An diesen Idealen und ihrer Umsetzung misst die EU ihre Erfolge, sie machen den Hauptteil europäischer Politik aus.[1]

(2) Schaffung eines gemeinsamen Binnenmarktes

Die Schaffung eines gemeinsamen Binnenmarktes **ohne nationale Grenzen** innerhalb der Staatengemeinschaft gehört zu den Kernzielen der europäischen Integration. Gleichwohl spielen nationale Grenzen innerhalb der Europäischen Union immer noch eine größere Rolle als etwa die Grenzen zwischen den Bundesstaaten in den Vereinigten Staaten von Amerika.

1 Quelle: http://ec.europa.eu//deutschland.

Das vermutlich **wichtigste Argument** für einen grenzenlosen Binnenmarkt ist **politischer** Natur.

> Eine **enge wirtschaftliche Verflechtung** von Ländern schafft durch die entstehende wechselseitige Abhängigkeit **politische Stabilität** und sichert so den **Frieden.**

Neben diesem Aspekt sind es dann aber vor allem **wirtschaftliche** Gesichtspunkte, die für einen Binnenmarkt sprechen:

- Der freie Austausch von Gütern und Dienstleistungen steigert den **Wohlstand** aller Menschen innerhalb der Europäischen Union durch eine bessere **Arbeitsteilung** und eine **höhere Produktvielfalt.** Der Freihandel mit innovativen Gütern fördert auch die schnelle Verbreitung von moderner Technologie.
- Der im Vergleich zu einem abgeschotteten nationalen Markt stärkere **Wettbewerbsdruck** führt zu einem größeren Angebot von Gütern und Dienstleistungen mit einem guten Preis-Leistungs-Verhältnis. Dieser Wettbewerbsdruck und die damit einhergehenden Spezialisierungseffekte tragen mit dazu bei, dass die Unternehmen der Mitgliedstaaten auch auf den Weltmärkten erfolgreich sein können.
- Der Binnenmarkt kann somit das **Wirtschaftswachstum** steigern und damit auch den Arbeitnehmerinnen und Arbeitnehmern höhere Beschäftigungschancen und bessere Einkommensperspektiven ermöglichen. Unterentwickelten Regionen und Staaten bietet sich die Chance verbesserter Exportmöglichkeiten, und sie können in der wirtschaftlichen Entwicklung zu den wohlhabenderen Gebieten aufschließen.
- Durch all diese Effekte kann der europäische Wirtschaftsraum **besser** mit den anderen großen Wirtschaftsblöcken dieser Welt – wie Asien und Nordamerika – **konkurrieren.**

(3) Die vier Grundfreiheiten

Der **Vertrag über die Arbeitsweise der Europäischen Union** (AEUV) sieht **vier Grundfreiheiten** vor:

Warenverkehrs-freiheit	Der freie Warenaustausch innerhalb der Staaten der EU wird im Rahmen der Warenverkehrsfreiheit gewährleistet. Ziel ist es dabei, über die Öffnung der nationalen Märkte (Abschaffung der Zölle und mengenmäßigen Beschränkungen bei der Ein- und Ausfuhr von Waren sowie aller sonstigen Maßnahmen gleicher Wirkung zwischen den Mitgliedstaaten) das Produktangebot auf allen Märkten zu verbessern und zu erweitern sowie knappe Güter sogar zu verbilligen.
Personenverkehrs-freiheit	Im Rahmen der Personenverkehrsfreiheit genießen alle EU-Bürger das Recht, sich in jedem Land der EU aufzuhalten, einen Beruf auszuüben und dort zu verbleiben. So haben Arbeitnehmer und Selbstständige das Recht, in jedem Mitgliedsland zu leben und zu arbeiten. Kein Unionsbürger darf aufgrund seiner Staatsangehörigkeit benachteiligt werden (Diskriminierungsverbot).
Dienstleistungs-verkehrsfreiheit	Dienstleistungsfreiheit bedeutet die Liberalisierung der Erbringung von Dienstleistungen; dazu zählen z. B. Versicherungsabschlüsse, Beratungstätigkeiten und andere Serviceleistungen.

Kapitalverkehrsfreiheit	Die Kapitalflüsse zwischen den Mitgliedstaaten unterliegen keinerlei Restriktion im Rahmen der Kapitalverkehrsfreiheit. Durch die Europäische Wirtschafts- und Währungsunion wurde der Geld-, Kapital- und Zahlungsverkehr in der EU vollständig liberalisiert sowie die Fiskal- und Geldpolitik verstärkt koordiniert.

(4) Maßnahmen zur Sicherung des Binnenmarktes

Die vorgenannten Grundfreiheiten des Binnenmarktes werden ergänzt durch **weitere wichtige Bestimmungen,** die unter anderem den Wettbewerb zum Wohle der Verbraucherinnen und Verbraucher sichern und Diskriminierungen von Unternehmen aufgrund ihrer nationalen Herkunft unterbinden sollen. Hierzu zählen im Einzelnen die **Wettbewerbskontrolle,** das **Subventionsverbot,** die **öffentliche Auftragsvergabe** sowie die **Wirtschafts- und Währungsunion**.

Wettbewerbskontrolle	Die Verwirklichung des Binnenmarktes erfordert eine Bindung aller Beteiligten an **gleiche Regeln für den Wettbewerb.** So sind Kartelle und Preisabsprachen zwischen Unternehmen untersagt und ziehen hohe Geldstrafen nach sich. Fusionen werden nicht genehmigt, wenn durch den Zusammenschluss eine **marktbeherrschende** Stellung im Binnenmarkt droht. Zudem wurden in der Vergangenheit wichtige frühere staatliche Monopole durch diese Binnenmarktprinzipien aufgelöst, wie z.B. die Monopole der deutschen Bundespost oder Bundesbahn.
Subventionsverbot	Staatliche Beihilfen, die den Wettbewerb verzerren, sind generell verboten. Über Ausnahmen entscheidet die Europäische Kommission.
Öffentliche Auftragsvergabe	Bei der Vergabe öffentlicher Aufträge sollen auch Unternehmen anderer EU-Staaten eine faire Chance auf den Zuschlag haben. Aus diesem Grunde besteht ab bestimmten Schwellenwerten des Auftragsvolumens die **Pflicht zur europaweiten Ausschreibung öffentlicher Aufträge.**
Wirtschafts- und Währungsunion	Die **europäische Gemeinschaftswährung beseitigt Hindernisse** durch verschiedene nationale Währungen, die zuvor das grenzüberschreitende Wirtschaften im Binnenmarkt belastet hatten. Mit dem Euro ist zumindest in den Teilnehmerländern ein hohes Maß an **Preistransparenz** eingekehrt.

(5) Gemeinsame Außenhandelspolitik

Grundlage der Außenhandelspolitik der EU ist die **Zielsetzung:**

- einen Gemeinsamen Markt der Mitgliedstaaten mit **einheitlichen** (Außen-) **Zolltarifen** und einer **gemeinsamen Handelspolitik** gegenüber Drittländern zu schaffen,
- durch schrittweise **Beseitigung der Beschränkungen** im internationalen Handelsverkehr, zum Abbau der Zollschranken und zur harmonisierten Entwicklung des Welthandels beizutragen,
- die gemeinsamen außenwirtschaftlichen **Interessen gegenüber Drittländern** zu wahren.

Die gemeinsame Handelspolitik wird nach einheitlichen Grundsätzen durchgeführt, wobei **zwei Verfahrensweisen** zu unterscheiden sind: die autonome und die vertragliche Handelspolitik.

Autonome Handelspolitik	Sie besteht im Erlass von einseitigen Regelungen durch den Rat und findet **nur auf die Mitgliedstaaten** der EU bzw. der Unternehmen und Einzelpersonen Anwendung (z. B. Vereinheitlichung von Ein- und Ausfuhrbestimmungen).
Vertragliche Handelspolitik	Hierbei handelt es sich um **zwei- oder mehrseitige Abkommen** zwischen der **EU und ihren Handelspartnern** bzw. zwischen der EU und anderen internationalen Organisationen.

Während die EU mit vielen Staaten bzw. Staatengemeinschaften **Kooperationsabkommen** geschlossen hat, sind die Handelsbeziehungen der EU zu den verschiedenen Handelspartnern keineswegs einheitlich. So bestehen beispielsweise mit den beiden größten außereuropäischen Handelspartnern, den USA und Japan, keine umfassenden Außenhandelsverträge, zumal es mit diesen Staaten immer wieder zu Konflikten kommt.

Mit Blick auf die selbst gesetzten Ziele im Bereich der Außenhandelspolitik muss die EU jedoch **langfristig** betrachtet ihre Marktbeschränkungen (z. B. im Agrar- und Textilbereich) abbauen und selektive Protektionismusmaßnahmen aufheben und sich dem Wettbewerb des Weltmarktes uneingeschränkt stellen. Nur so kann sie dauerhaft einen entscheidenden Beitrag zu einer **harmonischen Entwicklung des Welthandels** leisten.

9 Effekte und Herausforderungen der Globalisierung

9.1 Begriff und Elemente der Globalisierung

Globalisierung im wirtschaftlichen Sinne bedeutet die zunehmende **erdweite Verflechtung von Volkswirtschaften.**

Bis 1990 sprach man in diesem Zusammenhang noch von der **Internationalisierung** der Märkte. Erst danach setzte sich der viel umfassendere Begriff „Globalisierung“[1] durch.

Die Globalisierung ist keine „Erfindung der Neuzeit“, sondern ein über viele Jahrhunderte andauernder Prozess. Allenfalls die Geschwindigkeit, in der dieser Prozess abläuft, hat sich stark verändert, sodass es nicht verwundert, wenn aktuell der Begriff der **„Turbo-Globalisierung“** verwandt wird.

Globalisierung umfasst jedoch weit mehr als die zunehmende Integration der Weltwirtschaft und sollte nicht auf wirtschaftliche Prozesse verkürzt werden. Insbesondere die Umweltprobleme (z. B. Treibhauseffekt, Ozonloch) erfordern eine weltweite Zusammenarbeit.

9.2 Verflechtung des internationalen Handels

Die zunehmend liberalisierte und digitalisierte Weltwirtschaft mit ihren **offenen nationalen Märkten** erlaubt **Handelsverflechtungen der Volkswirtschaften** in einem bisher nicht gekannten Ausmaß.

1 Vgl. zu diesem Kapitel auch: Informationen zur politischen Bildung Nr. 280, 3. Quartal 2003 (Themenheft Globalisierung).

Wie stark die **Verflechtungen des internationalen Handels** mittlerweile sind, veranschaulicht nachfolgende Übersicht.

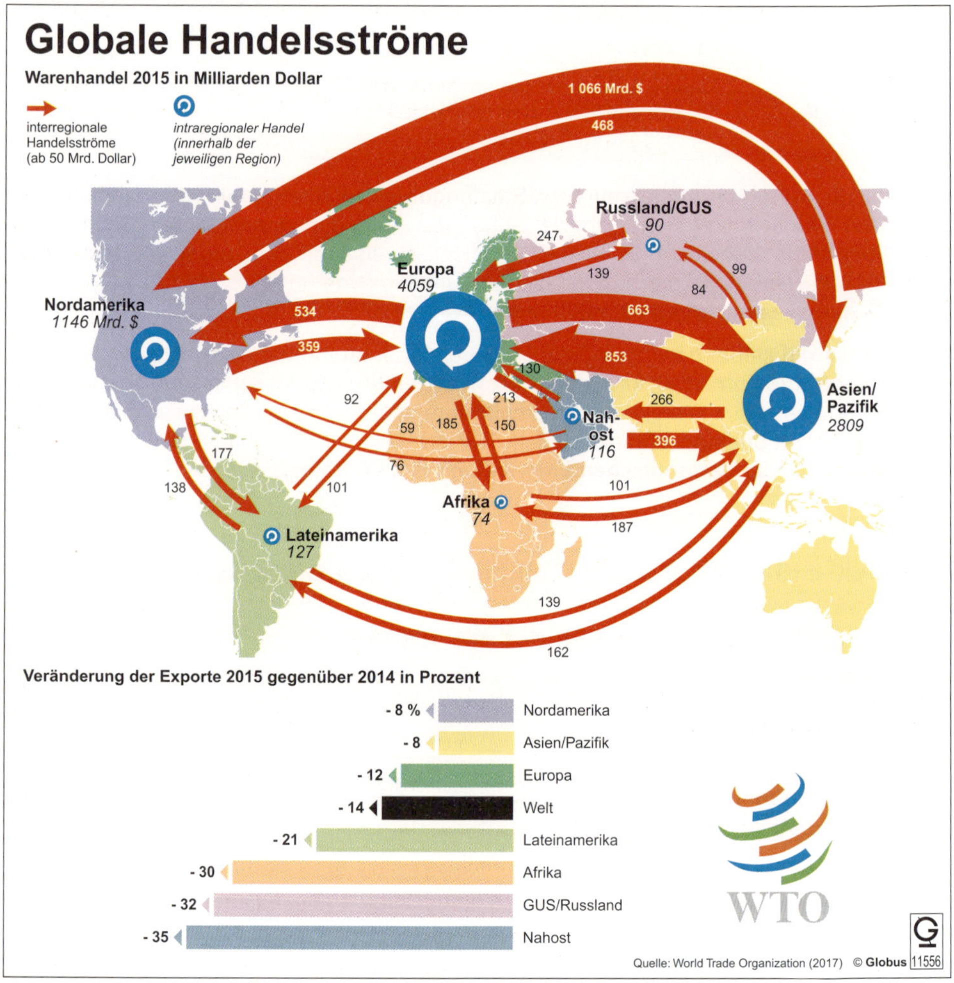

Der Welthandel wird von den **reichen Industrieländern dominiert** – allein die Europäische Union hat einen Anteil von mehr als einem Drittel. Die Handelsströme zwischen den großen Regionen der Erde spiegeln dies wider. Aus Asien kommen die Waren vor allem aus China, Japan und den sogenannten „Tigerstaaten". Afrikanische und südamerikanische Länder haben zusammen nur einen vergleichsweise geringen Anteil an den Weltexporten.

Die ärmeren Länder kämpfen deshalb seit Jahren für größere Exportchancen. Trotz WTO-Mitgliedschaft gibt es noch zu **viele Handelshemmnisse** für Entwicklungs- und Schwellenländer.

Die Öffnung der Grenzen veranlasst die Unternehmen, die sich ergebenden **Standortvorteile** in den verschiedenen Ländern der Erde durch Handelsbeziehungen, Informationsaustausch, Unternehmenszusammenschlüsse und sonstige Aktivitäten aller Art zunutze zu machen.

Beispiel:

Ein Automobilkonzern, der Forschungs- und Entwicklungsstandorte in Deutschland, den USA und Japan besitzt, kann die Entwicklungszeit für einen neuen Motor auf ein Drittel verkürzen, da aufgrund der Zeitverschiebung ohne Schichtarbeit rund um die Uhr geforscht und getestet werden kann. Bevor der deutsche Kollege Feierabend macht, stellt er sein Arbeitsergebnis seinem amerikanischen Kollegen via Internet zur Verfügung, dieser wiederum dem japanischen Kollegen usw.

Besonders intensiv sind die internationalen Handelsverflechtungen der Volkswirtschaften mit starker Exportorientierung. In letzter Zeit wird der Warenexport und -import zunehmend durch den Handel mit Dienstleistungen erweitert. Die modernen Kommunikationstechniken – vor allem das Internet – erleichtern den weltweiten Handel mit Dienstleistungen (z. B. Beratung, Know-how-Transfer).

Gemessen am gesamten Handelsvolumen (Ausfuhr plus Einfuhr) belegten die USA den ersten Platz im Welthandel. Auf den Plätzen zwei und drei folgen China und Deutschland.

9.3 Chancen und Risiken der Globalisierung

Kaum ein Thema wird hinsichtlich seiner Auswirkungen kontroverser diskutiert: Im Zeitalter der Globalisierung und der zusammenwachsenden Märkte eröffnen sich einerseits große Chancen; andererseits müssen aber auch die Risiken ernst genommen werden.

Der **kontrovers** diskutierte Prozess der Globalisierung löst in der Öffentlichkeit – je nach Sicht der Dinge – unterschiedliche Gefühle aus, welche die gesamte Spannbreite von Aufbruchstimmung bis hin zu Angstgefühlen umfasst.

Während die Befürworter vor allem das durch den Abbau von zwischenstaatlichen Handelsbeschränkungen **effizientere Wirtschaften** betonen, sehen die Kritiker die **abnehmende staatliche Steuerungsfähigkeit** der einzelnen Staaten durch die wachsende internationale Verflechtung als besonders nachteilig an. Dies führt dazu, dass viele Aufgaben, die vormals jede Regierung für sich lösen musste, nur noch im Verbund mit anderen Staaten wahrgenommen werden können.

Insbesondere die international agierenden Wirtschaftsunternehmen – auch **„Global Player"** genannt – rücken in den Fokus der Kritik, da sie heutzutage keiner wirksamen gesellschaftlichen Kontrolle mehr ausgesetzt sind und somit als Quelle für **politische und wirtschaftliche Instabilität** gelten, wie die **internationale Finanzmarktkrise** in der jüngeren Vergangenheit mit ihren negativen Auswirkungen auf die Realwirtschaft eindrucksvoll zeigte.

Zudem stören die zunehmenden **sozialen Ungleichheiten** in und zwischen den Staaten den **sozialen Frieden.** So erleichtert der Abbau zwischenstaatlicher Hindernisse den international agierenden Großunternehmen, die ihre Produktionskosten verringern wollen, sich in **Niedriglohnländern** mit **minimalen umweltpolitischen Auflagen** sowie **schwachen sozialen Sicherungssystemen** niederzulassen. Für einfache Tätigkeiten wird in manchen Ländern so wenig bezahlt, dass die dort hergestellten Produkte ungeachtet der **Transportkosten** immer noch billiger sind als solche, die in Deutschland hergestellt wurden. Diese Billigproduktion ist auch deshalb möglich, weil es in vielen Ländern immer noch an **Arbeit-**

nehmerschutzgesetzen oder an Regelungen fehlt, die **Kinderarbeit** verbieten bzw. – falls derartige Gesetze existieren – Verstöße nicht entsprechend geahndet werden.

Gerade diese Nachteile der Globalisierung sind der Nährboden von **globalisierungskritischen** Gruppen und Bewegungen, die sich seit den neunziger Jahren des vorangegangenen Jahrhunderts auf internationalen Konferenzen mit globaler Thematik zunehmend Gehör verschaffen. Dabei ist die Organisation **Attac** (frz.: Association pour une taxation des transactions financières pour l'aide aux citoyens – Vereinigung zur Besteuerung von Finanztransaktionen im Interesse der Bürgerinnen und Bürger) das wohl prominenteste Beispiel.

Globalisierung: Was fordern die „Globalisierungsgegner"?

von Britta Pawlak

Kritische Stimmen prangern an, dass die soziale Ungleichheit in der globalisierten Welt immer stärker wächst. Die Macht konzentriert sich auf bestimmte Länder und vor allem einige Großkonzerne, während weiterhin viele Millionen Menschen auf der Welt von Hunger und bitterer Armut betroffen sind. Warum sehen einige in den wirtschaftlichen Entwicklungen sogar eine „Fortsetzung des Kolonialismus"? Was fordern die sogenannten „Globalisierungsgegner"? Und warum schotten sich die reicheren Industrienationen immer stärker von den armen Ländern ab?

In den ärmeren Ländern arbeiten viele Menschen, darunter Frauen und Kinder, für einen Hungerlohn. Globalisierungskritiker fordern einen fairen Welthandel. [...] Durch den Prozess der fortschreitenden Globalisierung gewinnen große Konzerne an Einfluss, während kleine Unternehmen, Einzelhändler und Landwirte unter immer größerem Konkurrenzdruck stehen und um ihre Existenz bangen – wenn die Großkonzerne ihre Macht weltweit ausbauen, haben die kleineren Unternehmen und Händler keine Chance mehr, auf dem Markt mitzuhalten. In wirtschaftlich schwachen Staaten, in denen die Arbeitslosigkeit sehr hoch ist, wehren sich die Menschen auch kaum gegen schlimme Arbeitsbedingungen, weil sie keine Stimme haben und froh sind, überhaupt Geld zu verdienen.

Nur weil es diesen Menschen so schlecht geht, sind viele Waren bei uns so billig zu kaufen. Globalisierung bedeutet also für einige Menschen, dass sie immer mehr Geld in den Taschen haben, und für andere, dass ihnen immer weniger Geld zur Verfügung steht – viele von ihnen leben in bitterer Armut. Dazu sagt man auch, dass die „Schere zwischen Arm und Reich" weiter auseinandergeht – die soziale Ungleichheit wächst, wenn ohnehin wohlhabende Menschen in vielen Fällen noch reicher und ärmere Menschen immer ärmer werden.

Die Kluft zwischen Arm und Reich vergrößert sich aber nicht nur zwischen den reicheren Industriestaaten und den Ländern dieser Welt, die von Armut und Hunger betroffen sind. Auch innerhalb der einzelnen Staaten ist ein immer größeres Wohlstandsgefälle zu beobachten. Während in reicheren Staaten wie Deutschland und den USA der Tätigkeitsbereich der Dienstleistungen weiter anwächst, verliert die Branche von Industrie und Handwerk an Einfluss. Auf dem Arbeitsmarkt sind vor allem sehr gut ausgebildete Menschen gefragt. Weniger qualifizierte und ungelernte Arbeiter haben immer schlechtere Jobaussichten und müssen sehr gering bezahlte, unsichere Stellen annehmen.

Menschliche Arbeitsbedingungen für alle?

Gegen diese wirtschaftlichen Entwicklungen, die mit Missständen und unfairem Handel verbunden sind, kämpfen Kritiker des „kapitalistischen" Wirtschaftssystems und sogenannte „Globalisierungsgegner". Zum Beispiel protestieren viele von ihnen jährlich gegen den G8-Gipfel, auf dem sich die Politiker der acht mächtigsten Länder der Erde (Deutschland, Frankreich, Großbritannien, Italien, Japan, die Vereinigten Staaten von Amerika, Kanada und Russland) treffen. Sie beraten dort über Fragen des Welthandels – auch über eine bessere Unterstützung der ärmeren Staaten wird diskutiert.

Nach Meinung der Globalisierungskritiker treffen sich auf diesem Gipfel jedoch genau diejenigen Menschen, die eine große Verantwortung für das Leid der armen Länder tragen. Sie werfen den mächtigen Politikern vor, in erster Linie eigene Interessen zu verfolgen und viel zu wenig gegen Armut und Missstände auf der Welt zu unternehmen. Tatsächlich wird das Gefälle zwischen „Nord" und „Süd" immer größer: gemeint sind die reichen westlichen Industriestaaten einschließlich Japan auf der einen und die sogenannten „Dritte-Welt"-Länder in Afrika, Asien und Lateinamerika auf der anderen Seite (man spricht auch vom „Nord-Süd-Konflikt").

In Preisen gemessen vereinigen die mächtigen G8-Staaten ungefähr zwei Drittel des gesamten Welthandels. Es leben aber weniger als 14 Prozent der Weltbevölkerung in Ländern der G8. Diskutiert werden die Probleme dieser Welt also von den Staatschefs reicher Industrieländer – auch, wenn Gespräche mit den Vertretern von „Schwellenländern" wie Brasilien, China, Indien, Mexiko und afrikanischen Staaten stattfinden. Vollmitglieder des Weltwirtschaftsgipfels sind ausschließlich die G8-Länder. Bemängelt wird dabei vor allem, dass die Interessen der „mächtigen Staaten" im Mittelpunkt stehen, die somit ihre Vormachtstellung weiter ausbauen.

Forderungen der Globalisierungsgegner

[...] Politische Ziele der globalisierungskritischen Organisationen sind, einen gewissen „Wohlstand für alle" zu schaffen, statt Reichtümer ungleich unter wenigen zu verteilen, Menschenrechte weltweit durchzusetzen und eine Wirtschaft zu betreiben, bei der Mensch und Umwelt im Zentrum stehen. Die meisten Kritiker wollen die Globalisierung jedoch nicht abschaffen – das würde auch kaum funktionieren. Aber sie wollen, dass die soziale Ungleichheit verringert wird und auf der Welt verbindliche Regeln gelten, die allen Menschen ein gutes Leben ermöglichen.

Dazu gehört, dass jeder genug Geld verdienen kann, um seine Familie zu versorgen. Auch sollen die Arbeitsbedingungen in den ärmeren Ländern menschlicher werden. Wichtig ist ihnen außerdem, dass die armen Länder viel stärker dabei unterstützt werden, ihre eigene Wirtschaft aufzubauen und mehr Unabhängigkeit zu erlangen. Denn während der Staat dort teilweise eine Menge Geld in die Produktion bestimmter Waren steckt, die ins Ausland verkauft werden, wird viel zu wenig in den Aufbau von Schulen sowie „Infrastruktur" wie Straßen, Strom- und Wasserleitungen oder sanitäre Anlagen investiert.

Eine bekannte globalisierungskritische Organisation ist zum Beispiel „Attac". Sie fordert unter anderem, dass aus dem freien Welthandel ein „fairer" Handel wird, also ein Handel, in dem keine Menschen benachteiligt werden. Wer als Verbraucher seinen Beitrag leisten will, kann in Naturkost- und Weltläden und mitterweile auch in einigen Supermärkten fair gehandelte Produkte kaufen. Das Fair-Trade-Siegel kennzeichnet solche Waren. [...]

Quelle: www.Helles-Köpfchen.de

Die Globalisierung bietet eine Vielzahl von Risiken und Chancen, wobei die nachfolgende Tabelle einen Überblick über die wichtigsten Aspekte gibt.

Chancen	Risiken
■ Nutzung der Kostenvorteile anderer Volkswirtschaften ■ Günstige Einkaufspreise durch weltweite Konkurrenz der Anbieter ■ Risikostreuung durch weltweites Engagement der multinationalen Konzerne ■ („Global Players") ■ Verbesserung des Lebensstandards in den Entwicklungsländern durch Know-how-Transfer ■ Verringerung der Kriegsgefahr wegen der gestiegenen wirtschaftlichen Abhängigkeiten ■ Steigende Toleranz gegenüber anderen Kulturen und Mentalitäten durch den intensiven Austausch von Waren und Dienstleistungen	■ Vergrößerung der Umweltprobleme durch eine verstärkte Wirtschaftstätigkeit und höheren Konsum ■ Gefahr einer ruinösen Konkurrenz zwischen den einzelnen Volkswirtschaften ■ Menschen können mit der Geschwindigkeit des Strukturwandels nicht mithalten ■ Gefahr zunehmender Arbeitslosigkeit in Hochlohnländern ■ Sinkende Sozialstandards in den bisherigen Industrieländern durch den zunehmenden Kostendruck ■ Fremde Kultureinflüsse können zu Identitätsängsten führen (Gefahr des Terrorismus) ■ Weltweit operierende Konzerne untergraben die Macht der Nationalstaaten

Ob letztlich die Chancen oder die Risiken überwiegen werden, hängt vor allem vom fairen Umgang miteinander (z. B. gleichberechtigter Zugang zum Kapitalmarkt für alle Volkswirtschaften) und von der Fähigkeit der Staatengemeinschaft ab, staatsübergreifende Institutionen (z. B. WTO, Weltbank, UNO) zu stärken und mit den erforderlichen Mitteln auszustatten.

10 Ursachen und Wirkungen von Ungleichgewichten im Außenhandel

10.1 Begriff der Zahlungsbilanz

Die **Zahlungsbilanz** eines Landes ist eine **systematische Zusammenfassung** aller ökonomischen Transaktionen zwischen Inländern (Gebietsansässigen) und Ausländern (Gebietsfremden) während eines bestimmten Zeitraumes, in der Regel eines Jahres.

Zu den **Inländern** zählen alle Wirtschaftseinheiten mit ständigem Wohnsitz oder Aufenthalt im Inland.

Da in der Zahlungsbilanz **keine Bestände,** sondern nur **Stromgrößen** (Veränderungen) erfasst werden, lässt sich grundsätzlich nicht die Höhe der einzelnen Bestände (im Sinne einer Bestandsbilanz), sondern nur die **Veränderungen** innerhalb einer abgeschlossenen Periode **(Bewegungsbilanz)** erkennen.

Wesentliche **Aufgabe der Zahlungsbilanz** ist die Bereitstellung der Datenbasis für

- die **Geld- und Währungspolitik** und die übrige Wirtschaftspolitik sowie
- wesentliche Bestandteile der **Volkswirtschaftlichen Gesamtrechnungen.**

In der Regel kann es sich kein Land auf Dauer leisten, dass sich die inländischen Wirtschaftseinheiten zunehmend gegenüber dem Ausland **verschulden.** Um also die Vorteile der internationalen Arbeitsteilung zu nutzen, müssen sich die Außenwirtschaftsbeziehungen langfristig etwa **gleichgewichtig** entwickeln.

Vor diesem Hintergrund ist das im Stabilitätsgesetz angeführte gesamtwirtschaftliche **Ziel des außenwirtschaftlichen Gleichgewichts** zu verstehen.

10.2 Gliederung der Zahlungsbilanz

Je nach **Art der Transaktionen** wird die **Zahlungsbilanz der Bundesrepublik Deutschland** in verschiedene **Teilbilanzen,** die nach **wirtschaftlichen Gesichtspunkten** gebildet werden, untergliedert. Diese Teilbilanzen sind auch bedeutende Bausteine für die Zahlungsbilanzen der Europäischen Währungsunion und der Europäischen Union.

Zum **Inland** zählt das Wirtschaftsgebiet der Bundesrepublik Deutschland. Zum **Ausland** zählen alle anderen Länder, auch die anderen Mitgliedsländer der Europäischen Währungsunion.

Wichtige Teilbilanzen sind die **Leistungsbilanz, Vermögensübertragungen** und die **Kapitalbilanz.**

Deutschlands Außenhandel hat 2016 neue Rekordmarken erreicht. Mit Ausfuhren im Wert von 1 207,5 Mrd. Euro lagen die deutschen Exporte um 1,2 % über dem Vorjahresergebnis. Die Importe stiegen um 0,6 % auf 954,6 Mrd. Euro. Im Ergebnis kletterte der Überschuss im Außenhandel auf einen Rekordwert von 252,9 Mrd. Euro. Im Jahr zuvor betrug der Überschuss 244,3 Mrd. Euro. Besonders positiv im Vergleich zum Vorjahr entwickelte sich erneut der Handel mit den EU-Partnerländern, die nicht zur Eurozone gehören, also beispielsweise Großbritannien und Polen. Dort gab es insgesamt ein Plus von 2,8 % bei den Exporten und 4,1 % bei den Importen. Die hohen deutschen Handelsüberschüsse werden allerdings nicht nur positiv gesehen. Denn ihnen stehen logischerweise Defizite anderer Länder gegenüber. So beträgt der Leistungsbilanzüberschuss Deutschlands, in den neben dem großen Handelsplus auch Zahlungen zwischen Deutschland und dem Ausland wie Reiseausgaben oder Vermögenseinkommen einfließen, über acht Prozent der deutschen Wirtschaftsleistung, also des Bruttoinlandsprodukts. Die EU-Kommission sieht Werte von dauerhaft mehr als sechs Prozent als Gefahr für die Stabilität an.

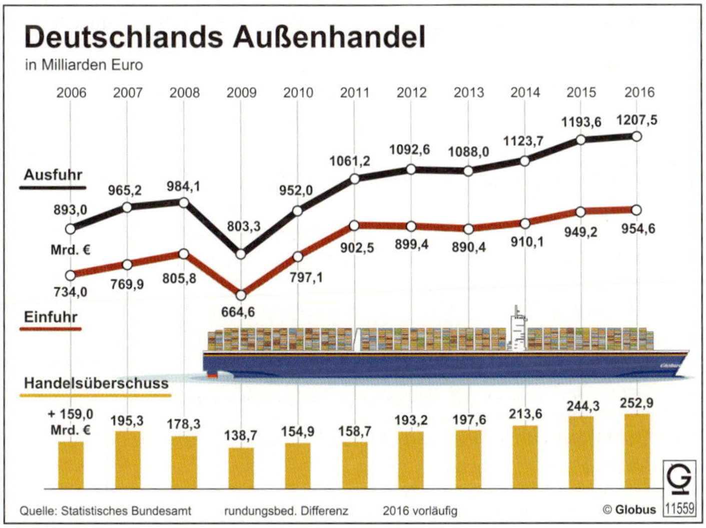

Teilbilanzen	Erläuterungen
I. **Leistungsbilanz**	Die Leistungsbilanz erfasst die Übertragungen mit dem Ausland, die Einfluss auf Einkommen und Verbrauch haben. Die Leistungsbilanz umfasst: ■ den **Außenhandel** (Warenausfuhr und -einfuhr), einschließlich der **Ergänzungen zum Warenverkehr** sowie den Transithandel. Übersteigen die Exporte die Importe, spricht man von einer **aktiven Handelsbilanz.** Sind hingegen die Importe größer als die Exporte, liegt eine **passive Handelsbilanz** vor. ■ die **Dienstleistungen,** also die Export- und Importwerte verschiedenartiger immaterieller Güter. Hierzu zählen der touristische Reiseverkehr (Ausgaben von Inländern im Ausland stellen Dienstleistungsimporte dar, wohingegen Ausgaben von Ausländern im Inland zu den Dienstleistungsexporten zählen), Transporte, Lohnfertigungsentgelt und Reparaturen, Telekommunikation, die Finanzdienstleistungen, Patente und Lizenzen sowie Regierungsleistungen. Die Dienstleistungsbilanz ist **aktiv,** wenn die Exporte die Importe übersteigen; im umgekehrten Fall handelt es sich um eine passive Dienstleistungsbilanz. Die traditionell **passive** Dienstleistungsbilanz der Bundesrepublik Deutschland ist in erster Linie auf den negativen Saldo im Reiseverkehr zurückzuführen. Der **Saldo** aus Außenhandel einschließlich der Ergänzungen zum Warenhandel und Dienstleistungen wird als **Außenbeitrag** (zum BIP) bezeichnet.

Teilbilanzen	Erläuterungen
	■ die **Primäreinkommen:** Hierbei handelt es sich hauptsächlich um die Erfassung der Einkommen aus unselbstständiger Arbeit und der Kapitalerträge sowie Produktions- und Importabgaben, Subventionen und Pachteinkommen, die Inländern aus dem Ausland bzw. die Ausländern aus dem Inland zufließen. ■ die laufenden Übertragungen – auch als **Sekundäreinkommen** bezeichnet – sind Geld- und Sachleistungen, denen keine unmittelbaren Gegenleistungen gegenüberstehen. Hierunter fallen beispielsweise Beiträge an internationale Organisationen, private Renten- und Unterstützungszahlungen an Ausländer, staatliche Entwicklungshilfe, Überweisungen der Gastarbeiter an ihre Familien im Ausland. Der **Saldo der Leistungsbilanz** gilt allgemein als **Maßstab für das außenwirtschaftliche Gleichgewicht.** Theoretisch wäre dieses Ziel erreicht, wenn dieser Saldo gleich null ist.
II. Vermögensänderungsbilanz	Erfasst werden u.a. Vermögensübertragungen, die als **„einmalig"** betrachtet werden können (z.B. Schuldenerlasse, Erbschaften, Schenkungen, Erbschaft- und Schenkungsteuer, Vermögensmitnahmen von Aus- bzw. Einwanderern). Hier wird auch der Kauf/Verkauf von **immateriellen nicht produzierten** Vermögensgütern erfasst, wie z.B. Patente, aktivierter Firmenwert (Goodwill) beim Kauf eines Unternehmens.
III. Kapitalbilanz	Die **Kapitalbilanz einschließlich der Veränderungen der Währungsreserven der Bundesbank** enthält alle Transaktionen,[1] bei denen sich grenzüberschreitende Finanzdispositionen (z.B. Guthaben, Wertpapiere oder Beteiligungen) verändern. ■ **Deutsche Kapitalanlagen im Ausland** (Kapitalausfuhr) führen zu **Forderungen** an das Ausland. ■ **Kapitalanlagen von Ausländern im Inland** (Kapitaleinfuhr) führen zu **Verbindlichkeiten** des Inlandes gegenüber dem Ausland.
IV. Saldo der statistisch nicht aufgliederbaren Transaktionen	Dieser **Restposten** ist erforderlich, um die Zahlungsbilanz statistisch auszugleichen. Hier werden also Beträge aufgenommen, die **statistisch nicht erfasst** werden können, wie etwa sogenannte „Koffergeschäfte", Transaktionen mit Bargeld, Überweisungen unterhalb der Meldegrenze. Des Weiteren werden über diese Bilanz **statistische Ermittlungsfehler** ausgeglichen.

10.3 Zahlungsbilanzungleichgewichte

10.3.1 Ursachen für Zahlungsbilanzungleichgewichte

Wie bereits erwähnt, ist eine Zahlungsbilanz wegen des Prinzips der doppelten Buchführung **formal immer ausgeglichen,** sodass man sich bei der Beurteilung des Zielerreichungsgrades auf die Analyse verschiedener Teilbilanzen stützt, zumeist der Leistungsbilanz oder der Devisenbilanz.

---

1 **trans** (lat.): über; agere (lat.): führen, Übertragungen.

Generell erscheint es wirtschaftspolitisch sinnvoll, sich **nicht einseitig** an nur einer Teilbilanz zu orientieren, sondern den außenwirtschaftlichen Informationsgehalt der Zahlungsbilanz durch „kombinierte" Analysen mehrerer Aspekte zu erhöhen.

Um durch **wirtschaftspolitische Maßnahmen** die Umsetzung des Ziels des außenwirtschaftlichen Gleichgewichts innerhalb der Teilbilanzen anzustreben, muss man zunächst die **Gründe** für ein solches **Ungleichgewicht** analysieren.

Zu den wichtigsten **Ursachen für Störungen** des Zahlungsbilanzgleichgewichtes zählen:

- **Strukturunterschiede** bei der Ausstattung mit Produktionsfaktoren (z. B. Boden: Importabhängigkeit rohstoffarmer Länder, Kapital: Unterschiede bei der Produktionstechnologie, Arbeit: Unterschiede in Bezug auf berufliches Wissen und Können).
- Unterschiede im **Preisniveau** zwischen In- und Ausland führen in aller Regel zu einem Importüberschuss und somit zu einem Zahlungsbilanzdefizit (wenn das Preisniveau im Ausland niedriger ist als im Inland) bzw. zu einem Exportüberschuss und somit zu einem Zahlungsbilanzüberschuss (wenn das Preisniveau im Ausland höher ist als im Inland).
- Unterschiede beim **Zinsniveau** zwischen In- und Ausland führen zu entsprechenden Kapitalwanderungsbewegungen: Ein im Vergleich zum Ausland höheres Zinsniveau im Inland zieht ausländisches Kapital an, wohingegen ein im Vergleich zum Ausland niedrigeres Zinsniveau im Inland dazu beiträgt, dass inländisches Kapital verstärkt ins Ausland fließt.
- **Politische Entscheidungen** (z. B. Ex- oder Importverbote, Handelsbeschränkungen für die Ein- oder Ausfuhr von Waren oder Dienstleistungen, steuerpolitische Maßnahmen [z. B. Umsatzsteuerbefreiung von Exporten], unentgeltliche Leistungen an das Ausland sind höher als die unentgeltlichen Leistungen des Auslandes an das Inland und umgekehrt).

10.3.2 Folgen von Zahlungsbilanzungleichgewichten

Ungleichgewichte – beispielsweise bei der Leistungsbilanz – bleiben dauerhaft betrachtet nicht ohne Folgen für eine Volkswirtschaft.

Die Folgen, die sich aus Zahlungsbilanzungleichgewichten ergeben können, zeigt nachfolgende Übersicht:

Zahlungsbilanzüberschuss	Zahlungsbilanzdefizit
■ **Inländischer Geldumlauf steigt** wegen der Devisenankäufe durch die Zentralbank (Währungsreserven der Zentralbank steigen an). ■ **Zinsniveau** im Inland **fällt** (bedingt durch steigende Geldmenge). ■ **Beschäftigung nimmt** – insbesondere bei exportbedingtem Leistungsbilanzüberschuss – **zu,** was allerdings eine starke Abhängigkeit der inländischen Beschäftigung vom Ausland zur Folge hat. ■ Bei Vollbeschäftigung kommt es zu **Preissteigerungen** („importierte Inflation").	■ **Inländischer Geldumlauf verringert** sich aufgrund der für den Import erforderlichen Devisenverkäufe der Zentralbank an die Wirtschaftssubjekte (Währungsreserven der Zentralbank nehmen ab). ■ **Zinsniveau** im Inland **steigt** (bedingt durch sinkende Geldmenge). ■ Ein durch hohe Importe bedingtes Zahlungsbilanzdefizit führt zu einem **Rückgang** der **Beschäftigung.** ■ Rückgang der Preissteigerungsraten; dies führt zu **deflatorischen** Tendenzen auf vollkommenen Märkten.

Zahlungsbilanzüberschuss	Zahlungsbilanzdefizit
■ **Anstieg außenpolitischen Drucks,** wenn die Exporte aus konjunkturellen Gründen bei den ausländischen Handelspartnern unerwünscht sind (Gefahr protektionistischer Maßnahmen des Auslands wächst).	■ Zunehmende **Verschuldung** gegenüber dem Ausland und damit einhergehend eventueller Verlust der Kreditwürdigkeit eines Landes.

10.3.3 Maßnahmen zur Beeinflussung des Außenhandels

Wegen der negativen Folgen von Zahlungsbilanzungleichgewichten auf die anderen gesamtwirtschaftlichen Ziele, kommt den wirtschaftspolitischen Maßnahmen zur Behebung dieser Ungleichgewichte große Bedeutung zu.

Dabei lassen sich grundsätzlich zwei Kategorien von Maßnahmen unterscheiden:

- **währungspolitische** Maßnahmen (in Abhängigkeit vom System der Wechselkurse),
- **sonstige** Maßnahmen.

(1) Währungspolitische Maßnahmen

Zahlungsbilanzüberschüsse bzw. -defizite führen aufgrund eines erhöhten Devisenangebots bzw. einer erhöhten Devisennachfrage zu Wechselkursschwankungen.

Bei **flexiblen** Wechselkursen kann es theoretisch aufgrund der Kursschwankungen zu einem **automatischen Ausgleich** der Zahlungsbilanz kommen. So führt beispielsweise bei einem Zahlungsbilanzüberschuss (Zahlungsbilanzdefizit) das damit einhergehende steigende (sinkende) Devisenangebot tendenziell zu einem sinkenden (steigenden) Devisenkurs. Hierdurch verteuern (verbilligen) sich die Exporte, wohingegen die Importe billiger (teurer) werden. Als Folge dieses **„Wechselkursmechanismus"** tendiert die Zahlungsbilanz zum Ausgleich, da durch die „Aufwertung" der inländischen Währung die Exporte (Importe) nunmehr zurückgehen, wohingegen die Importe (Exporte) zunehmen.

(2) Sonstige wirtschaftspolitische Maßnahmen

Sonstige wirtschaftspolitische Maßnahmen zur Beseitigung von Zahlungsbilanzungleichgewichten (Übersicht):

Zahlungsbilanzüberschuss	Zahlungsbilanzdefizit
Bei einem Zahlungsbilanzüberschuss besteht die Aufgabe der Wirtschaftspolitik darin, die **Exporte** zu **drosseln** und gleichzeitig die **Importe** zu **erhöhen.**	Bei einem Zahlungsbilanzdefizit besteht die Aufgabe der Wirtschaftspolitik darin, die **Exporte** zu **erhöhen** und gleichzeitig die **Importe** zu **drosseln.**
1. **Expansive** Wirtschaftspolitik (Erhöhung der inländischen Nachfrage): Einleitung **nachfragesteigernder Maßnahmen** im Inland zur Senkung des Exportes bzw. Steigerung des Importes.	1. **Kontraktive** Wirtschaftspolitik (Dämpfung der inländischen Nachfrage): Exportchancen steigen bzw. Importe gehen zurück, wenn das **inländische Preisniveau sinkt.**

<table>
<tr><th>Zahlungsbilanzüberschuss</th><th>Zahlungsbilanzdefizit</th></tr>
<tr><td>2. Preispolitische Maßnahmen durch Zoll- oder Subventionspolitik zur Behebung eventuell bestehender Unterschiede im Preisniveau zwischen In- und Ausland:
■ Zollpolitik: Durch Variation der bei Grenzüberschreitung einer Ware erhobenen Abgabe (Zoll) kann der Export gedrosselt bzw. der Import erhöht werden. Grundsätzlich stehen zwei Möglichkeiten zur Verfügung:
– Senkung der Importzölle zur Verbilligung der Importe,
– Anhebung der Exportzölle.
■ Subventionspolitik: Zur Drosselung des Exports könnten beispielsweise bisher gezahlte „Exportsubventionen“ abgebaut oder eingestellt werden.</td><td>2. Preispolitische Maßnahmen durch Zoll- oder Subventionspolitik zur Behebung eventuell bestehender Unterschiede im Preisniveau zwischen In- und Ausland:
■ Zollpolitik: Durch Variation des Zolls kann der Export erhöht bzw. der Import gebremst werden. Zur Beseitigung des Handelsbilanzdefizits bieten sich deshalb an:
– Anhebung der Importzölle zur Verteuerung der Importwaren,
– Senkung bzw. Abschaffung eventuell vorhandener Exportzölle.
■ Subventionspolitik: z. B. Zahlung einer Exportsubvention zur Belebung des Exports (Möglichkeit subventionierter Dumpingpreise).</td></tr>
<tr><td>3. Mengenpolitische Maßnahmen im Sinne einer Kontingentierungs- bzw. Verbotspolitik:
■ Festlegung von Exportkontingenten zur mengen- oder wertmäßigen Begrenzung des Exports;
■ Exportverbote: Sie übertreffen die Kontingentierung hinsichtlich ihrer Wirkung und unterbinden den Handel völlig.</td><td>3. Mengenpolitische Maßnahmen im Sinne einer Kontingentierungs- bzw. Verbotspolitik:
■ Festlegung von Importkontingenten zur mengen- oder wertmäßigen Begrenzung des Imports;
■ Importverbote, z. B. Boykott ausländischer Erzeugnisse oder als Folge eines Handelsembargos.</td></tr>
<tr><td>4. Sonstige administrative Maßnahmen: z. B.
■ staatliche Bevorzugung ausländischer Produkte zur Belebung der Importtätigkeit;
■ Einstellung staatlicher Ausfuhrgarantien und bürgschaften: Durch diese Maßnahme erhöhen sich die Risiken für Exporteure, was zu einem Exportrückgang führen kann.</td><td>4. Sonstige administrative Maßnahmen: z. B.
■ Festlegung von technischen Normen, Gesundheits-, Umweltschutz- oder Sicherheitsstandards zur „Diskriminierung“ ausländischer Produkte;
■ staatliche Bevorzugung inländischer Produkte (z. B. Polizei oder Bundeswehr fragen im Inland hergestellte Fahrzeuge nach) zur Drosselung des Imports;
■ staatliche Ausfuhrgarantien und -bürgschaften zur Reduzierung der Risiken für Exporteure.</td></tr>
</table>

Sollte ein **Zahlungsbilanzdefizit** ursächlich auf **Strukturunterschiede** bei der Ausstattung mit Produktionsfaktoren zurückzuführen sein, könnte dieses Ungleichgewicht durch eine **gezielte staatliche Förderung** zum Abbau dieser Strukturunterschiede – zumindest durch Verbesserung der Qualität bei den Produktionsfaktoren Arbeit und Kapital – auf lange Sicht behoben werden. Hierzu zählen beispielsweise die staatliche Förderung qualifizierter Aus- und Weiterbildungsmaßnahmen für den Produktionsfaktor Arbeit oder staatliche Maßnahmen zur Förderung des technischen Fortschritts beim Realkapital.

17 Boller - ISBN 978-3-8120-0619-4

Kompetenztraining

31

1. 1.1 Erläutern Sie die vier wichtigsten Grundfreiheiten des europäischen Binnenmarktes. Gehen Sie anschließend auch auf wichtige Bestimmungen ein, die den Wettbewerb zum Wohle der Verbraucherinnen und Verbraucher sichern sowie Diskriminierungen von Unternehmen aufgrund ihrer nationalen Herkunft unterbinden sollen!

   1.2 Skizzieren Sie kurz die wichtigsten Argumente für einen gemeinsamen europäischen Binnenmarkt!

   1.3 Dem Dienstleistungssektor kommt mit einem Anteil von über 70 % an allen Beschäftigten in der EU inzwischen eine überragende wachstums- und beschäftigungspolitische Rolle zu. Vor diesem Hintergrund hat die Europäische Kommission eine Richtlinie zur weiteren Liberalisierung des grenzüberschreitenden Dienstleistungsgeschäfts im Binnenmarkt verabschiedet. Mit der Richtlinie werden die immer noch weit verbreiteten bürokratischen Hürden für den Binnenmarkt im Bereich der Dienstleistungen verringert und auf diese Weise wird ein Beitrag für mehr Wettbewerb, Beschäftigung und Wachstum erbracht. Der Verabschiedung der Dienstleistungsrichtlinie gingen heftige politische Auseinandersetzungen voraus.

   Aufgabe:

   Erläutern Sie kurz mögliche Vor- und Nachteile einer solchen Dienstleistungsrichtlinie!

2. Lesen Sie zunächst die folgenden Textauszüge:

Textauszug 1:

Chancen und Risiken der Globalisierung

Chancen und Risiken der Globalisierung – wohl kein anderes Thema wird in der Öffentlichkeit so leidenschaftlich diskutiert. Während die meisten Bundesbürger aus Angst vor dem Verlust des eigenen Arbeitsplatzes der sich beschleunigenden Entwicklung eher skeptisch gegenüber stehen, sehen viele Arbeitgeber im Zusammenwachsen der Weltwirtschaft vor allem die Vorteile. Ob wirklich alle Unternehmen von der Globalisierung profitieren, lässt sich mithilfe eines Chance-Risiko-Rasters ermitteln.

Bei den Chancen ganz oben stehen niedrigere Lohnkosten durch die Verlagerung der Arbeitsplätze in Niedriglohnländer. Dies betrifft sowohl die Produktion, etwa Autofabriken in der Slowakei, als mittlerweile auch den Dienstleistungssektor – erwähnt sei nur der Klassiker, das Call-Center in Indien. Daneben können Unternehmen auch auf Steuervorteile hoffen. So werden die Unternehmens-Gewinne in Deutschland mit einem Satz von rund 40 Prozent belastet. Zum Vergleich: In China sind es rund 33 Prozent, in Polen 27 Prozent und in Estland sind es sogar 0 Prozent. Von einem anderen Pluspunkt der Globalisierung profitieren vor allem Bau- und Maschinenbauunternehmen: von den Investitionen in die Infrastruktur oder die Errichtung neuer Produktionsanlagen. Der vierte Vorteil ist der Wohlstandseffekt. Nimmt durch die Verlagerung von Arbeitsplätzen die Kaufkraft in den Niedriglohnländern zu, steigt auch die Nachfrage nach westlichen Konsumartikeln, etwa nach Autos oder Pflegemitteln. Doch die Medaille hat zwei Seiten: Es gibt auch erhebliche Risiken, die der deutschen Wirtschaft durch die Konkurrenz der Niedriglohnländer erwachsen. Die Konkurrenten aus Osteuropa und Fernost haben aufgrund der erwähnten Steuer- und Lohnkostenvorteile eine niedrigere Kostenbasis und können dadurch auf dem Weltmarkt mit günstigeren Preisen auf Kundenjagd gehen. Und nicht nur das, die neuen Konkurrenten operieren aus einem florierenden Heimatmarkt als Wachstumsmarkt mit hohen Auslastungsquoten heraus. Die Globalisierung erfasst aber auch den deutschen Binnenmarkt. Hier zu Lande werden Stellen gestrichen, wodurch die Arbeitslosigkeit zumindest ansteigt. Die Angst vor dem Jobverlust führt zu einer Änderung des Kaufverhaltens. Der private Konsum sinkt.

Quelle: WELT Online vom 12.05.2012.

Textauszug 2:

Macht die Globalisierung die Reichen reicher und die Armen ärmer?

Ungleichheit: Der Vorwurf stimmt nur auf den ersten Blick. In den 70er-Jahren verdiente ein Amerikaner im Durchschnitt zwar 50-mal so viel wie jemand aus einem Land, das die Weltbank in die Rubrik „Länder mit niedrigem Einkommen" einstuft. Dazu zählen z. B. die meisten Länder Afrikas. Dieser Abstand hatte sich bis zum Jahr 2000 auf das 80-Fache vergrößert.

Chance: Trotzdem wäre es falsch, ärmere Länder nun pauschal als die Verlierer der Globalisierung abzustempeln. Im Gegenteil, gerade viele Menschen in Entwicklungsländern haben enorm profitiert. Ehedem bettelarme Länder wie Botswana und Thailand haben es durch internationalen Handel zu ungekannten Wohlstand gebracht.

Aufgabe: Nun sagt das noch nichts darüber aus, wie gerecht der gewonnene Wohlstand in den jeweiligen Ländern verteilt ist. Den schlecht bezahlten Wanderarbeitern Chinas nutzt es nichts, wenn die Wirtschaft mit etwa zehn Prozent wächst. Dies ist aber kein Fehler, den man der Globalisierung anlasten könnte – sondern der chinesischen Politik. Weltweit allerdings kommen auch die Allerärmsten voran. Der Anteil der weltweit Erwerbstätigen, die weniger als einen US-Dollar am Tag verdienen, lag 1990 bei 33 %. Gegenwärtig beträgt er etwa 15 %.

Quelle: WELT Online vom 26.01.2009.

Aufgaben:

2.1 Erläutern Sie den Globalisierungsbegriff mithilfe eines selbst gewählten Beispiels!

2.2 Nennen Sie zwei Gründe, worauf die Globalisierung zurückgeführt werden kann!

2.3 Die Schuld an der hohen Arbeitslosigkeit in einigen Industrieländern wird der Globalisierung zugeschoben. Erläutern Sie, welche Möglichkeiten Sie sehen, die Arbeitslosigkeit trotz Globalisierung zu verringern!

3. 3.1 Aus dem Umweltbericht der adidas-Salomon AG:[1]

Transportkilometer für die Beschaffung von Rohstoffen für die Serienfertigung der Fußballschuhe und für die Ballproduktion sowie die Verlagerung der Schaftproduktion und des Ballnähens:

Rohstoffeinkauf Fußballschuhe:	179.633 km
Rohstoffeinkauf Fußbälle:	22.075 km
Schaftproduktion:	69.163 km
Ballnähen:	164.416 km

Aufgabe:

Erläutern Sie, welche Konsequenzen in diesem Fall die Globalisierung für den Standort Deutschland hat!

3.2 Die Baumwolle wird in Kasachstan oder Indien geerntet und anschließend in die Türkei versandt.

In der Türkei wird die Baumwolle zu Garn gesponnen.

In Taiwan wird die Baumwolle mit chemischer Indigofarbe aus Deutschland gefärbt.

Aus dem gefärbten Garn werden in Polen die Stoffe gewebt.

Innenfutter und die kleinen Schildchen mit den Wasch- und Bügelhinweisen kommen aus Frankreich, Knöpfe und Nieten aus Italien.

1 Vgl. adidas-Salomon AG (Hrsg.): Umweltbericht 2001, S. 16.

Alle „Zutaten“ werden auf die Philippinen geflogen und dort zusammengenäht.

In Griechenland erfolgt die Endverarbeitung mit Birusstein.

Die Jeans werden in Deutschland verkauft, getragen und schließlich in der Altkleidersammlung einer karitativen Organisation gegeben.

Quelle: www.globalisierung-online.de.

Aufgaben:

3.2.1 Ermitteln Sie, wie viele km für die Herstellung einer Jeans wohl zurückgelegt werden!

3.2.2 Diskutieren Sie in der Klasse über den Sinn dieser globalen Arbeitsteilung!

4. Die Zusammensetzung der Dienstleistungsbilanz ist aus folgender Tabelle im Einzelnen ersichtlich:

4. Dienstleistungen sowie Primäreinkommen der Bundesrepublik Deutschland (Salden)

Mio €

Zeit	Dienstleistungen								Primäreinkommen		
		darunter:									
	Insgesamt	Transport-dienst-leistungen	Reise-verkehr 1)	Finanz-dienst-leistungen	Gebühren für die Nutzung von geistigem Eigentum	Telekommuni-kations-, EDV- und Infor-mationsdienst-leistungen	Sonstige unternehmens-bezogene Dienst-leistungen	Regierungs-leistungen 2)	Arbeitnehmer-entgelt	Vermögens-einkommen	Sonstiges Primär-einkommen 3)
2011	– 32 482	– 8 533	– 33 755	+ 7 812	+ 2 389	+ 857	– 6 787	+ 2 939	+ 3 358	+ 64 718	+ 1 081
2012	– 32 775	– 10 189	– 35 422	+ 8 793	+ 3 030	+ 1 442	– 9 459	+ 3 103	+ 3 155	+ 61 666	+ 1 005
2013	– 43 223	– 12 075	– 37 713	+ 8 123	+ 3 605	– 758	– 5 912	+ 3 078	+ 523	+ 64 017	+ 1 223
2014	– 35 353	– 13 254	– 37 653	+ 7 817	+ 4 274	+ 2 600	– 1 785	+ 3 035	+ 259	+ 61 258	+ 871
2015	– 31 230	– 12 655	– 36 632	+ 10 181	+ 5 118	+ 3 796	– 3 659	+ 3 102	+ 735	+ 63 370	– 366
2015 1.Vj.	– 4 714	– 2 926	– 5 740	+ 2 319	+ 1 306	+ 278	– 347	+ 904	+ 799	+ 18 598	– 1 057
2.Vj.	– 5 941	– 2 218	– 7 808	+ 2 272	+ 1 093	+ 1 298	– 1 155	+ 830	– 31	+ 3 256	– 1 118
3.Vj.	– 13 852	– 3 352	– 14 495	+ 2 779	+ 847	+ 292	– 594	+ 770	– 445	+ 20 042	– 1 204
4.Vj.	– 6 722	– 4 158	– 8 590	+ 2 811	+ 1 872	+ 1 928	– 1 563	+ 598	+ 411	+ 21 474	+ 3 013
2016 1.Vj.	– 5 707	– 2 439	– 6 421	+ 2 272	+ 1 243	+ 249	– 1 168	+ 840	+ 754	+ 19 315	– 645
2.Vj.	– 5 040	– 1 190	– 8 057	+ 2 369	+ 1 119	+ 1 108	– 955	+ 855	– 154	+ 5 764	– 1 084
3.Vj.	– 12 896	– 1 401	– 15 654	+ 1 901	+ 1 552	+ 573	– 329	+ 849	– 434	+ 18 445	– 1 175
2016 Jan.	– 2 455	– 921	– 1 687	+ 952	+ 184	– 459	– 722	+ 276	+ 258	+ 5 227	– 345
Febr.	– 1 143	– 1 039	– 1 723	+ 607	+ 774	+ 165	– 138	+ 290	+ 272	+ 6 590	+ 70
März	– 2 109	– 479	– 3 011	+ 714	+ 285	+ 543	– 308	+ 274	+ 224	+ 7 498	– 370
April	– 845	– 443	– 1 174	+ 809	+ 480	– 5	– 666	+ 300	– 33	+ 3 726	– 455
Mai	– 1 584	– 277	– 3 302	+ 854	+ 743	+ 197	– 268	+ 251	– 90	– 2 736	– 344
Juni	– 2 611	– 470	– 3 582	+ 707	– 104	+ 916	– 22	+ 305	– 32	+ 4 774	– 285
Juli	– 3 868	– 394	– 4 284	+ 725	+ 568	– 204	– 411	+ 296	– 173	+ 6 867	– 357
Aug.	– 5 559	– 598	– 6 541	+ 588	+ 830	+ 64	– 248	+ 264	– 136	+ 6 289	– 405
Sept.	– 3 469	– 409	– 4 828	+ 588	+ 155	+ 712	+ 331	+ 288	– 125	+ 5 289	– 413
Okt.	– 3 652	– 464	– 5 328	+ 631	+ 1 073	+ 31	– 148	+ 199	+ 150	+ 6 169	– 585
Nov. p)	– 1 829	– 572	– 1 993	+ 637	+ 643	– 24	– 821	+ 210	+ 127	+ 6 412	– 411

1 Seit 2001 werden auf der Ausgabenseite die Stichprobenergebnisse einer Haushaltsbefragung genutzt. 2 Einnahmen und Ausgaben öffentlicher Stellen für Dienstleistungen, soweit sie nicht unter anderen Positionen ausgewiesen sind; einschl. den Einnahmen von ausländischen militärischen Dienststellen. 3 Enthält u.a. Pacht, Produktions- und Importabgaben an die EU sowie Subventionen von der EU.

Quelle: Monatsbericht der Deutschen Bundesbank, Januar 2017.

Aufgaben:

4.1 Untersuchen Sie, welcher Posten der Dienstleistungsbilanz die höchsten Ausgaben erfordert!

4.2 Beurteilen Sie die Tatsache, dass die Position Gebühren für die Nutzung von geistigem Eigentum positiv ist!

4.3 Erläutern Sie mögliche Gründe, die dazu beitragen, dass die Vermögenseinkommen so stark schwanken!

5. Betrachten Sie die Bilanz der Sekundäreinkommen bzw. die Vermögensänderungsbilanz!

Aufgaben:

5.1 Analysieren Sie, welcher Posten die größte Bedeutung bei den Sekundäreinkommen hat!

5.2 Erläutern Sie, wodurch sich die Bilanz der Sekundäreinkommen grundsätzlich von den anderen Teilbilanzen der Zahlungsbilanz unterscheidet!

5.3 Beurteilen Sie die Bedeutung der Bilanz der Vermögensübertragungen!

5. Sekundäreinkommen der Bundesrepublik Deutschland (Salden)

Mio €

Zeit	Insgesamt	Staat: Insgesamt	Staat, darunter: Übertragungen im Rahmen von internationaler Zusammenarbeit 1)	Staat, darunter: Laufende Steuern auf Einkommen, Vermögen u.a.	Alle Sektoren ohne Staat 2): Insgesamt	Alle Sektoren ohne Staat, darunter: Persönliche Übertragungen 3)	darunter: Heimatüberweisungen
2011	– 35 520	– 21 293	– 4 446	+ 6 718	– 14 227	– 2 977	– 2 977
2012	– 39 858	– 25 493	– 5 214	+ 5 206	– 14 366	– 2 952	– 2 952
2013	– 43 758	– 29 708	– 5 611	+ 6 177	– 14 050	– 3 250	– 3 229
2014	– 40 653	– 28 169	– 6 076	+ 8 088	– 12 485	– 3 476	– 3 451
2015	– 39 550	– 25 546	– 7 065	+ 9 800	– 14 004	– 3 540	– 3 523
2015 1.Vj.	– 15 822	– 12 975	– 2 614	+ 1 327	– 2 847	– 885	– 881
2.Vj.	– 7 052	– 1 803	– 1 161	+ 6 278	– 5 249	– 885	– 881
3.Vj.	– 6 628	– 3 850	– 1 196	+ 1 212	– 2 778	– 885	– 881
4.Vj.	– 10 048	– 6 918	– 2 094	+ 981	– 3 130	– 885	– 881
2016 1.Vj.	– 13 460	– 10 054	– 2 704	+ 1 284	– 3 406	– 1 270	– 1 267
2.Vj.	– 4 482	– 998	– 1 618	+ 5 527	– 3 484	– 1 056	– 1 053
3.Vj.	– 10 682	– 6 952	– 1 702	+ 1 753	– 3 731	– 1 053	– 1 049
2016 Jan.	– 2 275	– 1 167	– 1 181	+ 586	– 1 109	– 441	– 440
Febr.	– 7 518	– 6 258	– 1 079	+ 281	– 1 260	– 441	– 440
März	– 3 666	– 2 629	– 444	+ 416	– 1 038	– 388	– 387
April	– 1 692	– 703	– 509	+ 1 217	– 989	– 354	– 353
Mai	– 591	+ 555	– 408	+ 3 020	– 1 147	– 351	– 350
Juni	– 2 199	– 850	– 701	+ 1 290	– 1 348	– 351	– 350
Juli	– 3 435	– 2 335	– 451	+ 378	– 1 100	– 352	– 350
Aug.	– 4 510	– 3 013	– 983	+ 257	– 1 497	– 350	– 350
Sept.	– 2 737	– 1 603	– 268	+ 1 118	– 1 133	– 351	– 350
Okt.	– 3 783	– 2 857	– 658	+ 326	– 926	– 352	– 350
Nov. p)	– 3 979	– 2 940	– 449	+ 20	– 1 040	– 353	– 350

6. Vermögensänderungsbilanz der Bundesrepublik Deutschland (Salden)

Mio €

Zeit	Insgesamt	Nicht produzierte Sachvermögen	Vermögensübertragungen
2011	+ 1 642	+ 1 148	+ 494
2012	– 413	+ 1 745	– 2 158
2013	– 591	+ 1 076	– 1 667
2014	+ 1 138	+ 2 782	– 1 643
2015	– 159	+ 2 136	– 2 295
2015 1.Vj.	+ 218	– 10	+ 228
2.Vj.	+ 1 098	+ 1 143	– 45
3.Vj.	+ 703	+ 870	– 167
4.Vj.	– 2 178	+ 134	– 2 312
2016 1.Vj.	– 417	– 676	+ 259
2.Vj.	+ 1 557	+ 2 072	– 516
3.Vj.	+ 448	+ 1 110	– 662
2016 Jan.	– 89	+ 2	– 91
Febr.	+ 426	+ 188	+ 238
März	– 754	– 866	+ 112
April	+ 1 267	+ 1 411	– 144
Mai	+ 153	+ 244	– 91
Juni	+ 137	+ 417	– 281
Juli	– 135	+ 98	– 233
Aug.	– 114	+ 157	– 271
Sept.	+ 697	+ 855	– 158
Okt.	– 175	– 8	– 167
Nov. p)	– 74	+ 255	– 329

1 Ohne Vermögensübertragungen, soweit erkennbar. Enthält unentgeltliche Leistungen im Rahmen internationaler Kooperationen und sonstiger laufender Übertragungen. 2 Enthält Prämien und Leistungen von Versicherungen (ohne Lebensversicherungen). 3 Übertragungen zwischen inländischen und ausländischen Haushalten.

Quelle: Monatsbericht der Deutschen Bundesbank, Januar 2017.

6. Die Wirtschaftsbeziehungen zwischen den Industrieländern und der sogenannten Dritten Welt werden nicht selten wie folgt beschrieben: „Der Reichtum der Industrienationen resultiert im Wesentlichen aus dem Handel dieser Länder mit den Volkswirtschaften der Dritten Welt."

Aufgaben:

6.1 Nehmen Sie zu dieser Behauptung in Bezug auf Deutschland kritisch Stellung!

6.2 Des Weiteren wird behauptet, dass Entwicklungshilfezahlungen einseitige Geschenke der Geber- an die Empfängerländer seien. Erläutern Sie anhand von vier Beispielen, dass derartige Zahlungen durchaus auch für die Geberländer positive Auswirkungen haben können!

7. **Projektvorschlag:**

Zur Vertiefung des Themas Globalisierung, insbesondere zu den globalen Herausforderungen bzw. zur Entwicklung von Maßnahmen zur aktiven Gestaltung der realen Herausforderungen, könnte das nachfolgende Workshopangebot der Bundeszentrale für politische Bildung in Anspruch genommen werden.

Globalisierung lernen! Hier geht es zu unseren Workshopangeboten und Methodenbausteinen zum Thema „Ein neues Haus für die Globalisierung – Perspektiven für die Weltinnenpolitik von morgen".

bpb: Bundeszentrale für politische Bildung

URL: http://www.bpb.de/veranstaltungen/netzwerke/teamglobal/67086/wir-kommen-zu-euch

Pfad: Veranstaltungen | Netzwerke | teamGLOBAL | Über uns | Wir kommen zu Euch!

Quelle: Bundeszentrale für politische Bildung.

Handlungsfeld 5: Personal

Anforderungssituation 5.1
Sozialpolitik als Instrument zur Gestaltung gesellschaftlicher Beziehungen

Jan, Max, Philipp und Sebastian, allesamt noch Schüler bzw. Auszubildende, sind ziemlich beste Freunde. Sie treffen sich seit vielen Jahren sehr regelmäßig, zumeist am Wochenende, um etwas gemeinsam zu unternehmen. Das Besondere an dieser „Männerfreundschaft" ist, dass sie – anders als vielleicht viele andere Gleichaltrige – nicht nur gemeinsam viel Spaß miteinander haben, sondern auch ihre Sorgen und Probleme teilen, indem sie sehr offen darüber sprechen.

So auch an diesem Wochenende, an dem sich die vier Freunde verabredet haben, um zunächst gemeinsam eine Pizzeria aufzusuchen und anschließend noch etwas Trinken zu gehen. Kurz nachdem sie die Bestellung aufgegeben haben, sagt Philipp, dass er sich solche Abende wohl künftig nicht mehr allzu oft leisten kann. Seit Freitag habe sein Vater seinen Arbeitsplatz verloren, ihm wurde gekündigt. Da seine Familie erst vor wenigen Jahren neu gebaut hat und noch das Darlehen für das Eigenheim stemmen müsse, sei das Haushaltsbudget durch die – hoffentlich nur vorübergehende – Arbeitslosigkeit des Vaters stark eingeschränkt. Sein Vater habe gestern bereits angedeutet, dass er noch gar nicht absehen könne, wie es finanziell weitergehen soll, ob er überhaupt Arbeitslosengeld erhält und wenn ja, wie viel dies genau sei. Vor diesem Hintergrund müssten sich auch Philipp, der zurzeit die Höhere Berufsfachschule für Wirtschaft und Verwaltung besucht, und seine beiden Geschwister darauf einstellen, „den Gürtel enger zu schnallen", zumindest was das Taschengeld anbelangt.

Jan kann die Nöte von Philipp nur allzu gut verstehen. Auch in seiner Familie gibt es zurzeit ziemliche Sorgen. Seine Oma, die bei ihnen im Haus wohnt, ist vor zwei Wochen im Badezimmer ausgerutscht und hat sich dabei den Oberschenkelhals gebrochen. Seit dieser Zeit sitzt sie im Rollstuhl und kann nicht mehr laufen. Im Krankenhaus haben seine Eltern zudem darauf hingewiesen, dass die Oma schon vor dem Sturz nicht nur erkennbar unsicher auf den Beinen unterwegs war, sondern in den letzten Jahren auch einen zunehmend vergesslicheren Eindruck macht. So habe sie immer häufiger in kurzen Zeitabständen die gleichen Fragen gestellt. Daraufhin haben die Ärzte im Rahmen weitergehender Untersuchungen festgestellt, dass sie unter einer Demenz im fortgeschrittenen Stadium leidet. Die Sorgen der Eltern richten sich nun auf die Zeit, wenn die Oma aus dem Krankenhaus entlassen wird, da sie nicht genau wissen, wie sie die Pflege der nunmehr – zumindest für einen längeren Zeitraum – an den Rollstuhl gefesselten Oma sicherstellen sollen. Erste Erkundigungen bei einem örtlichen Pflegeheim haben ergeben, dass die monatlichen Kosten für einen Heimplatz die Rente der Oma bei Weitem

übersteigen würden. Nunmehr hätten seine Eltern bei der Krankenversicherung einen Termin, um abzuklären, ob und wenn ja, in welchem Umfang hier mit Zuschüssen gerechnet werden könne oder ob sie die Kostendifferenz ganz allein tragen müssten.

Schnell stellen die vier Freunde im Gespräch fest, dass es eigentlich in all ihren Familien gleichartig gelagerte Sorgen gibt. Bei Sebastian ist es die ältere Schwester, die noch zu Hause wohnt und den Eltern arge finanzielle Probleme bereitet. Sebastian ist vor zwei Monaten erstmalig Onkel geworden. Eigentlich ein erfreuliches Ereignis, allerdings ist seine Schwester noch in der Ausbildung zur Einzelhandelskauffrau. Der Vater des Kindes hingegen wohnt nicht in Deutschland und hat auch nach derzeitigem Stand der Dinge kein Interesse, dies grundsätzlich ändern zu wollen. Zudem ist er noch Schüler und verfügt über kein eigenes Einkommen. Die Familie von Sebastian unterstützt die Schwester, wo sie nur kann und fängt die ganze Situation auch finanziell auf, da für das Kind kein Unterhalt vom Vater des Kindes gezahlt wird. Ihnen stellt sich nunmehr die Frage, inwiefern der Staat an dieser Stelle finanzielle Hilfen vorsieht.

Schließlich kann auch Max von ähnlichen Problemen berichten. Seine Mutter leidet seit längerer Zeit unter einer seltenen Krankheit und muss sich infolgedessen in besonderer Weise ernähren. Diese Form der Ernährung sei ziemlich kostenintensiv und die Krankenkasse habe noch nicht abschließend erklärt, ob und in welchem Umfang sie sich an den Kosten beteiligen werde. Erschwerend kommt hinzu, dass sich die finanzielle Situation seiner Mutter zugespitzt hat, seit die Ärzte sie aufgrund dieser Erkrankung vor einigen Wochen nach dem Verlust ihres Arbeitsplatzes für erwerbsunfähig erklärt hätten und sie nunmehr auf den endgültigen Rentenbescheid wartet.

Am Ende des Gesprächs sagt Philipp: „Es ist gut, wenn man Freunde hat, die einen verstehen, insbesondere in solchen Momenten, wenn man ernsthafte Sorgen hat. Erschreckend ist für mich nur, wie viele Familien anscheinend derartige Probleme haben. Dabei dachte ich immer, dass wir in einem Sozialstaat leben."

Kompetenzorientierte Arbeitsaufträge:

1. Notieren Sie, welche Bereiche bzw. welche Leistungen der Sozialpolitik in der vorliegenden Anforderungssituation angesprochen werden!
2. Erläutern Sie kurz, wozu Sozialpolitik erforderlich ist und welche Ziele sie verfolgen sollte!
3. Formulieren Sie, wie in Ihren Augen eine gerechte Einkommens- und Vermögensverteilung konkret aussehen sollte!
4. Analysieren Sie, wie sich die demografische Entwicklung hierzulande auf die soziale Sicherheit auswirken wird. Gehen Sie dabei auch darauf ein, welche Konsequenzen sich zukünftig für Sie hieraus ergeben könnten und zeigen Sie Möglichkeiten auf, wie sich negative Auswirkungen des demografischen Wandels auffangen ließen!
5. **Arbeitsvorschlag mit regionalem Bezug:**
   Die Klasse sollte in Kleingruppen eingeteilt werden, von denen jede Gruppe ein soziales Projekt aus ihrer Region vorstellt (z. B. eine örtliche Obdachlosenhilfe, eine regional aktive Jugendhilfe, eine örtliche Tafel). Im Fokus der Referate sollte vor allem stehen, welcher Kreis von sozial benachteiligten Menschen durch dieses Projekt unterstützt wird und welche Hilfen im Einzelnen geleistet werden. Diskutieren Sie im Anschluss an die vorgestellten Projekte als Klassengemeinschaft darüber, welches Projekt Sie als Klasse – eventuell unter Einbindung Ihrer Schule – ganz konkret unterstützen könnten!

Quelle: Bundesverband Deutsche Tafel e. V., Foto: Wolfgang Borrs.

1 Sozialpolitik als Instrument zur Gestaltung gesellschaftlicher Beziehungen

1.1 Leitbilder und Ziele der Sozialpolitik

Sobald **Staat** und **Verbände** in den **Verteilungsprozess eingreifen,** müssen sie bestimmte **Verteilungsprinzipien** verfolgen, sich also eine Vorstellung darüber machen, wie es um das endgültige Verteilungsergebnis bestellt sein soll.

Es ist einleuchtend, dass die Anschauungen darüber, wie eine **„gerechte" Einkommensverteilung** aussehen soll, sehr unterschiedlich sind. Sie hängen von der Interessenlage der jeweiligen Regierung bzw. der Verbände sowie von der vorherrschenden Weltanschauung (z. B. Individualismus, christliche Soziallehre oder Kollektivismus) ab.

Im Wesentlichen lassen sich folgende **Verteilungsprinzipien** unterscheiden:

Prinzip der Einkommensnivellierung[1] **(„Verteilungsgerechtigkeit")**	■ Dieses Prinzip **(„Jedem das Gleiche!")** wird damit begründet, dass alle Menschen gleich seien. Deshalb hätten sie auch Anspruch auf den gleichen Anteil am Volkseinkommen. In Deutschland wird das Gleichheitsprinzip zwar nicht in seiner extremen Ausbildung verfochten; wohl aber ist es ein wirtschafts- und gesellschaftspolitisches Ziel der Regierung und der Gewerkschaften, eine **sozialverträgliche (gleichmäßigere, „gerechtere") Einkommensverteilung** herbeizuführen. ■ Das Prinzip der Einkommensnivellierung hat den **Vorteil,** dass Unzufriedenheit, Neid und Missgunst abgebaut werden. ■ Der **Nachteil** ist, dass für den Einzelnen kein Leistungsanreiz besteht, sodass das Volkseinkommen niedriger ist, als es bei Anstrengung aller Kräfte sein könnte.
Bedarfsprinzip („Bedarfsgerechtigkeit")	■ Das Bedarfsprinzip verlangt, die Einkommen nach einem von bestimmten Institutionen (z. B. Regierung, Parlament, Behörden) festzustellenden Maßstab zu verteilen **(„Jedem nach seinen Bedürfnissen!").** Eine bedarfsgerechte Verteilung liegt z. B. vor, wenn die Einkommen nach Familienstand, Berufstätigkeit (Schwerarbeit, Bürotätigkeit) oder Kinderzahl differenziert (abgestuft) werden. So ist in der Bundesrepublik Deutschland z. B. die Staffelung der Löhne nach Betriebszugehörigkeit und/oder Familienstand ein Element des Bedarfsprinzips. ■ Der **Vorteil** des Bedarfsprinzips ist, dass auch soziale Gesichtspunkte bei der Einkommensverteilung berücksichtigt werden können. ■ Der **Nachteil** ist, dass **niemand** – auch keine Partei und keine Behörde – in der Lage ist, den tatsächlichen Bedarf der Mitglieder einer Gesellschaft festzustellen. Der Bedarf ist vielmehr eine subjektive Größe.
Leistungsprinzip („Leistungsgerechtigkeit")	■ Nach dem Leistungsprinzip soll jeder nach seinem Beitrag zum Volkseinkommen entlohnt werden **(„Jedem nach seiner Leistung!").** Das Leistungsprinzip verlangt, dass für gleiche Leistung auch der gleiche Lohn bezahlt wird. Es setzt voraus, dass für alle die gleichen Startbedingungen gegeben sind **(„Chancengleichheit").** Ein Mindereinkommen ist nach dieser Auffassung auf mangelnde Leistung zurückzuführen.

1 **Nivellierung:** gleichmachen, einebnen. (Von Niveau [franz.] = waagerechte Fläche auf einer bestimmten Höhenlage).

- Der **Vorteil** des Leistungsprinzips ist, dass ein Anreiz zur Mehrarbeit und zum persönlichen Einsatz besteht.
- Der **Nachteil** ist (neben der Unmöglichkeit, den Beitrag des Einzelnen zum Volkseinkommen objektiv zu ermitteln), dass das Leistungsprinzip unsozial sein kann, selbst wenn die Chancengleichheit gegeben wäre. Es berücksichtigt z. B. nicht, dass Minderleistung auch **unverschuldet** sein kann (z. B. Arbeitsunfall, Krankheit), zum anderen Mehrleistung auch auf Ausbeutung, Rücksichtslosigkeit, Betrug und Bestechung zurückgeführt werden kann. Außerdem berücksichtigt das Leistungsprinzip die Personen nicht, die nicht oder noch nicht (Alte und Jugendliche) im Produktionsprozess stehen.

Die **Frage nach der gerechten Einkommensverteilung** ist also nicht objektiv beantwortbar. Die Antwort hängt vielmehr von der **Einstellung des Einzelnen** oder der **jeweiligen Interessengruppen** (Gewerkschaften, Regierungen, Parteien, Arbeitgebern usw.) ab.

Etwas anders stellt sich die Frage, ob und in welchem Umfang die Arbeitnehmer am Produktivitätsfortschritt teilhaben sollen. Diese Frage ist nicht nur aus gesellschaftspolitischen, sondern auch aus wirtschaftspolitischen Gründen zu bejahen.

Gesellschaftspolitisch gilt, dass jeder Arbeitnehmer das Empfinden haben muss, gerecht behandelt und entlohnt zu werden. Wirtschaftspolitisch gilt, dass das Mehrprodukt auch gekauft werden muss, wenn wirtschaftliche Störungen vermieden werden sollen:

- Steigen die Einkommen und damit die nachfragewirksame Geldmenge in gleichem Maße wie die Erzeugung der Volkswirtschaft, besteht weder Inflations- noch Deflationsgefahr.
- Steigen die Löhne (die Arbeitsentgelte) hingegen schneller als die Produktivität, werden entweder die Preise steigen („Lohn-Preis-Spirale") oder die Investitionen zurückgehen, weil die Gewinne geschmälert werden, sodass Arbeitsplätze gefährdet werden.

1.2 Primärverteilung[1] des Volkseinkommens

Rein wirtschaftlich gesehen ist der **Lohn als wichtigste Einkommensart** zwar der „Preis für menschliche Arbeit" (für den Produktionsfaktor Arbeit). Dennoch ist er mehr: Er versetzt den Einzelnen nämlich in die Lage, menschenwürdig zu leben, sofern die Lohnhöhe ausreichend ist. Daher verwundert es nicht, dass immer wieder nach dem „gerechten" Lohn (nach gerechter Einkommensverteilung) gefragt wird.

Enthält sich der Staat jeder Einflussnahme auf die Verteilung der Einkommen oder erhebt er allenfalls indirekte[2] Steuern, ergibt sich die **Primärverteilung** des Volkseinkommens.

Bei der Primärverteilung des Volkseinkommens unterscheidet man die **funktionelle** und die **personelle** Einkommensverteilung.

1 **Primär** (lat.): zuerst, erstrangig; „Primärverteilung" deshalb, weil sich diese Verteilung vor staatlicher Einflussnahme ergibt.

2 **Indirekte Steuern** sind Steuern, die beim Kauf von Waren im Kaufpreis enthalten sind. Der Käufer, der die Steuer letztlich tragen soll (Steuerträger), zahlt sie mit, der Verkäufer überweist als Steuerschuldner und Steuerzahler den Steueranteil an das Finanzamt. Beispiele sind die Umsatzsteuer bei jedem Produkt, die Mineralölsteuer bei Benzin, die Tabaksteuer bei Zigaretten.
Direkte Steuern hingegen sind direkt vom Steuerpflichtigen oder über Dritte (dies ist z. B. bei der Lohnsteuer der Fall, der Arbeitgeber schuldet die Steuer) zu zahlen. Zu den wichtigsten direkten Steuern gehören die Einkommensteuer (einschließlich Lohnsteuer), die Kapitalertragsteuer und die Körperschaftsteuer.

(1) Funktionelle Einkommensverteilung[1]

Die funktionelle Einkommensverteilung gibt Antwort auf die Frage, welchen Produktionsfaktoren die Anteile am Volkseinkommen zugeflossen sind.

Einkommensarten nach funktionellen Gesichtspunkten	
Arbeitseinkommen (Arbeitnehmerentgelt)	Sie sind die Einkommen der Unselbstständigen (Arbeiter, Angestellte, Beamte, Richter, Soldaten) aus ihrer Arbeitstätigkeit.
Bodeneinkommen	Wie jedes knappe Gut hat der Boden seinen Preis, und zwar in Form eines Pachtzinses, eines Kaufpreises oder eines Nutzungsgewinns wie z. B. in der Landwirtschaft. Das Bodeneinkommen wird in der Volkswirtschaftslehre als **Bodenrente** oder **Grundrente** bezeichnet.
Kapitaleinkommen	Das Entgelt für die Überlassung von Kapital ist der **Zins.**
Unternehmenseinkommen	Das Unternehmenseinkommen enthält mehrere Einkommensbestandteile, nämlich den **Unternehmerlohn,** die **Kapitalverzinsung** und die **Risikoprämie.** ■ Der **Unternehmerlohn** ist die kalkulierte Vergütung für die routinemäßige Arbeitsleistung des Unternehmers in seinem Betrieb. ■ Die **Kapitalverzinsung** ist das kalkulierte Entgelt für das investierte Kapital. ■ Die **Risikoprämie** stellt das Entgelt für das Wagnis dar, das der Unternehmer mit der Gründung seines Betriebs und dem Einsatz seiner finanziellen Mittel eingegangen ist. Ein eventuell noch verbleibender Rest ist der **eigentliche Unternehmergewinn** (auch: Residualeinkommen, Resteinkommen).

Man könnte nun der Auffassung sein, dass eine Einkommensverteilung dann „gerecht" ist, wenn das Volkseinkommen den einzelnen Produktionsfaktoren entsprechend ihrer Beiträge zur gesamtwirtschaftlichen Leistung zufließt. Indessen ist es in einer arbeitsteiligen Gesellschaft unmöglich, den einzelnen Produktionsfaktoren ihren Beitrag zum Volkseinkommen zuzurechnen, ganz abgesehen davon, dass eine Einkommensverteilung nach funktionalen Gesichtspunkten die Leistungsschwachen und -unfähigen unberücksichtigt lassen würde (z. B. Kinder, in der Ausbildung Stehende, Kranke, Alte).

Das Problem der **„gerechten" Einkommensverteilung** muss **politisch** gelöst werden.

(2) Personelle Einkommensverteilung

Die Verteilung des Volkseinkommens auf verschiedene soziale Gruppen (Personengruppen) bezeichnet man als **personelle Einkommensverteilung.**

1 „Funktionelle" Einkommensverteilung deshalb, weil das Volkseinkommen entsprechend den Aufgaben (Funktionen) der einzelnen Produktionsfaktoren verteilt wird.

Teilt man z. B. die privaten Haushalte einer Volkswirtschaft in „Einkommensgruppen" ein, lässt sich mithilfe der **Lorenz-Kurve** die Einkommensverteilung grafisch veranschaulichen. (Lorenz war ein amerikanischer Statistiker.)

Beispiel:

Angenommen, in einer Gesellschaft mit 360 000 Haushalten ergeben sich folgende Einkommensschichten:

Anzahl der Haushalte	% der Haushalte	% kumuliert	Einkommen bis ... GE	Gesamteinkommen in Mio. GE	% des Einkommens	% kumuliert
80 000	22,4	22,4	1 500	120	12,5	12,5
70 000	19,2	41,6	2 000	140	14,6	27,1
60 000	16,7	58,3	2 500	150	15,6	42,7
50 000	13,9	72,2	3 000	150	15,6	58,3
40 000	11,1	83,3	3 500	140	14,6	72,9
30 000	8,3	91,6	4 000	120	12,5	85,4
20 000	5,6	97,2	4 500	90	9,4	94,8
10 000	2,8	100,0	5 000	50	5,2	100,0
360 000	100,0	–	–	960	100,0	–

Ergibt sich bei dieser Berechnung eine „45°-Linie", so bedeutet das, dass die Einkommen völlig gleich verteilt sind. Im vorliegenden Beispiel ist die Einkommensverteilung ungleich (z. B. entfallen auf 2,8 % der privaten Haushalte 5,2 % des Volkseinkommens und auf 8,3 % der Haushalte 12,5 % des Volkseinkommens). Je stärker der „Bauch" der Lorenz-Kurve ist, desto ungleicher ist die Einkommensverteilung.

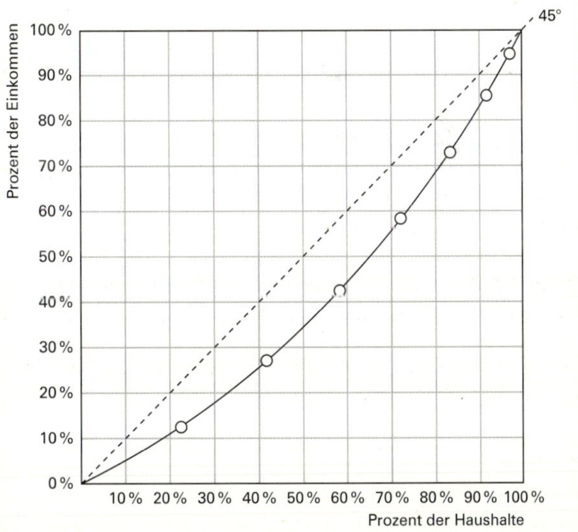

Die personelle Einkommensverteilung lässt sich nach den verschiedensten Gruppierungen vornehmen, z. B. nach Regionen (Kreisen, Bundesländern, Ost- und Westdeutschland) oder nach der Erwerbstätigkeit (Nichterwerbstätige, Arbeiter, Angestellte, Beamte und Selbstständige).

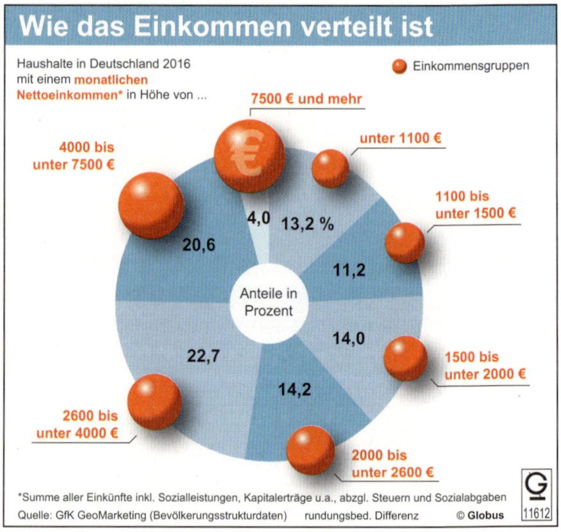

(3) Einkommens- und Vermögensverteilung in Deutschland

Das Statistische Bundesamt geht bei der Ermittlung der Einkommensverteilung in Deutschland einen Mittelweg zwischen funktioneller und personeller Betrachtungsweise. Es unterscheidet zwischen dem **Arbeitnehmerentgelt** (dem Einkommen der Unselbstständigen) und dem **Unternehmens- und Vermögenseinkommen** (Boden- und Kapitaleinkommen sowie Unternehmensgewinne). Damit reduziert sich die Frage nach der Verteilung des Volkseinkommens auf das Verteilungsproblem zwischen den Produktionsfaktoren **„Arbeit"** einerseits und **„Kapital"** andererseits.

Primärverteilung des Volkseinkommens in Deutschland (ab 1992 Gesamtdeutschland)
(Zahlen in jeweiligen Werten und in Mrd. €)

Jahr:	1960	1976	1992	2000	2004	2008	2012	2016
Arbeitnehmerentgelt	74,1	322,8	890,3	1 089,2	1 134,5	1 225,6	1 375,6	1 594,6
Unternehmens- und Vermögenseinkommen	48,7	128,3	321,6	416,6	523,8	654,6	647,4	746,1
Volkseinkommen	122,8	451,1	1 211,9	1 505,8	1 658,3	1 880,2	2 023,0	2 340,7

Quelle: Statistisches Jahrbuch 1977, S. 500 sowie Monatsberichte der Deutschen Bundesbank, mehrere Jahrgänge.

Gleichgültig, ob man die Einkommensverteilung unter funktionalen oder personellen Gesichtspunkten betrachtet: Sie ist im marktwirtschaftlichen System von der **Leistungsfähigkeit** und der **Leistungsbereitschaft** der wirtschaftenden Personen (der „Wirtschaftssubjekte") abhängig.

Sie wird weiterhin dadurch bestimmt, welche sozialen Gruppen **Eigentümer** von **Grund und Boden** bzw. des **Kapitals** (der **Produktionsmittel**) sind. Den Eigentümern fließt – falls der Staat nicht eingreift – das Besitzeinkommen zu.

1.3 Instrumentarium der staatlichen Einkommensverteilung und Sozialpolitik

1.3.1 Sekundärverteilung[1] des Volkseinkommens

(1) Verteilungspolitik als Bestandteil der Sozialpolitik

Dem Ordnungsentwurf der sozialen Marktwirtschaft entspricht eine Synthese[2] von wettbewerbspolitisch zu sichernden wirtschaftlichen Freiheitsrechten einerseits und sozialer Bindung der wirtschaftlich tätigen Menschen und ihren Organisationen (den „Wirtschaftssubjekten") andererseits. Um diesen zweiten Aspekt realisieren zu können, bedarf es gestaltender Maßnahmen des Staates, die als **Sozialpolitik** bezeichnet werden.

Der **Begriff Sozialpolitik** ist unscharf und hat sich im Laufe der Geschichte **mehrfach gewandelt.** Er wird sich z. B. je nach wirtschaftlicher, technischer, politischer und demografischer[3] Entwicklung im Umfang und in der Zielrichtung weiter ändern. Das Ergebnis aller sozialpolitischen Entscheidungen und Maßnahmen bezeichnet man als **Sozialordnung.**

Für die Bundesrepublik Deutschland stellt Art. 20 I GG fest: *„Die Bundesrepublik Deutschland ist ein demokratischer und sozialer Bundesstaat."* Verwirklicht wird dieses **„Sozialstaatspostulat"**[4] des Grundgesetzes durch ein Netz sozialer Sicherungsmaßnahmen.

Beschäftigungspolitik	Verteilungspolitik	Arbeitsschutzpolitik	Politik zur Absicherung von Arbeitsrisiken	Sonstige sozialpolitische Maßnahmen
▪ Maßnahmen zur Erreichung eines möglichst hohen Beschäftigungsstands ▪ Erhaltung und Schaffung von Arbeitsplätzen ▪ Berufs- und Arbeitsmarktberatung ▪ Ausbildungs- und Arbeitsvermittlung ▪ Förderung der beruflichen Bildung und Weiterbildung	Einkommens- und Vermögensumverteilung durch ▪ Steuerpolitik ▪ Vermögenspolitik ▪ Familienpolitik (z. B. Kindergeld) ▪ sonstige Sozialleistungen (Transferzahlungen wie z. B. Wohngeld, Sozialhilfe, BAföG, Altershilfe für Landwirte) ▪ Preispolitik	▪ Schutz der materiellen Rechte durch Arbeitsvertrags-, Berufsbildungs-, Tarifvertrags- und Mitbestimmungsrecht (Arbeitsrecht i. e. S.) ▪ Sozialer Arbeitsschutz (z. B. Arbeitszeitgesetz, Mutterschutzgesetz, Jugendarbeitsschutzgesetz, Kündigungsschutzgesetz) ▪ Schutz durch menschengerechte Gestaltung der Arbeit, technischen Arbeitsschutz und Unfallversicherung	▪ Gesetzliche Krankenversicherung ▪ Soziale Pflegeversicherung ▪ Gesetzliche Rentenversicherung ▪ Gesetzliche Arbeitsförderung (Arbeitslosenversicherung) ▪ Gesetzliche Unfallversicherung	▪ Umweltschutzpolitik ▪ Gesundheitspolitik ▪ Strukturpolitik ▪ Bevölkerungspolitik ▪ Bildungspolitik

Sozialpolitische Aktivitäten des Staates im Rahmen der sozialen Marktwirtschaft

1 **Sekundär** (lat., franz.): in zweiter Linie, zweit... Sekundärverteilung: Zweitverteilung.

2 **Synthese** (griech., lat.): Zusammenfügung einzelner Teile.

3 **Demografie** (griech.): Bevölkerungsstatistik; demografische Entwicklung: die durch die Statistik aufgezeigte Bevölkerungsentwicklung.

4 **Postulat** (lat.): Forderung. Sozialstaatspostulat: Forderung, einen Sozialstaat zu errichten bzw. zu erhalten.

(2) Verteilungspolitische Maßnahmen des Staates

Bereits an anderer Stelle haben wir gesagt, dass das Marktergebnis nicht „gerecht" sein kann. Die Marktpreise der Produktionsfaktoren, also die auf sie entfallenden Einkommen, sind das Ergebnis von Angebot und Nachfrage.

Setzt sich der Staat, wie dies in einer **sozialen Marktwirtschaft** der Fall ist, zum Ziel, die Einkommen gleichmäßiger zu verteilen, muss er die Einkommen der gut Verdienenden beschneiden und diese Mittel den sozial Schwachen zuführen.

Die **Umverteilung** durch den Staat (Redistribution)[1] geschieht in erster Linie mithilfe der **direkten Steuern.** Mit ihrer Hilfe werden die Einkommen **unmittelbar** besteuert. Die wichtigsten direkten Steuern sind die Körperschaftsteuer, die Einkommensteuer und die Lohnsteuer. Steuerähnlichen Charakter haben die **Sozialversicherungsabgaben** der Versicherungspflichtigen (Beiträge zur Kranken-, Pflege-, Renten- und Arbeitslosenversicherung). Auch diese Beiträge werden umverteilt, weil die zurzeit Verdienenden für die nicht oder nicht mehr im Arbeitsleben stehenden Leistungsempfänger (Arbeitslose, Rentner und Pensionäre) aufkommen müssen. Die Einkommen der Leistungsempfänger werden daher als **Transfereinkommen, abgeleitete Einkommen** oder auch als **Sozialeinkommen** bezeichnet.

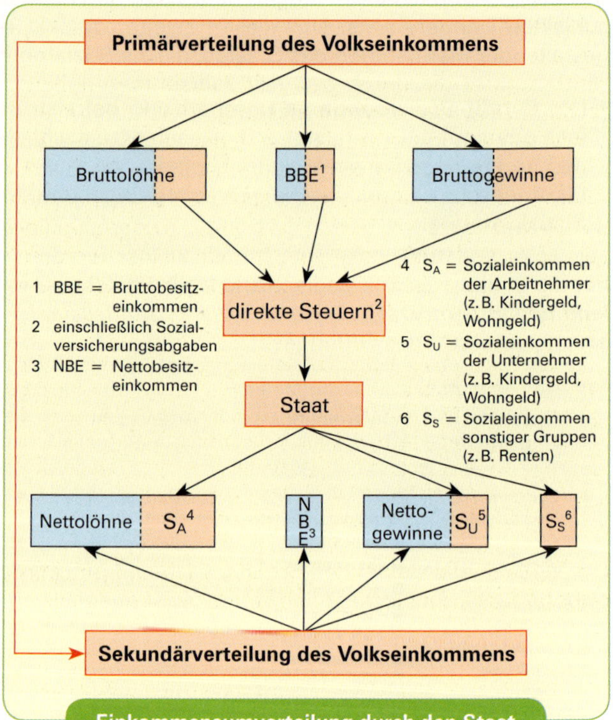

Einkommensumverteilung durch den Staat

Zu den Sozialeinkommen zählen nicht nur Arbeitslosengeld, Renten und Pensionen, sondern z. B. auch Arbeitslosengeld II, Sozialhilfe an Bedürftige, Kindergeld, Wohngeld, Ausbildungsförderung oder Elterngeld. Zu diesen **direkten Sozialleistungen** des Staates kommen noch weitere **indirekte** hinzu wie z. B. Ehegattensplitting und Kinderfreibeträge.

1 **Redistribution** (lat.): wörtl. Wiederverteilung, Neuverteilung. Hier: Umverteilung.

(3) Grenzen und Probleme der Umverteilungspolitik

Das Institut der deutschen Wirtschaft (iwd)[1] schreibt zum Thema **Soziale Marktwirtschaft, Wettbewerb und Leistung:**

Wenn man bedenkt, dass über die Hälfte des Arbeitsertrags eines Durchschnitttsverdieners an den Staat geht, kann etwas nicht in Ordnung sein.

Die **Sozialausgaben** erreichen ein Rekordniveau. [...] Die Folge ist, dass sich ein riesiger **Schuldenberg** aufgehäuft hat, der immer noch – zwar verlangsamt – wächst. Kommende Generationen werden ungerecht belastet. Wenn diese Entwicklung (immer höhere Transfereinkommen einerseits und immer höhere Steuern und Schulden andererseits) gebremst werden oder gar umgekehrt werden soll, müssen allein schon von dieser Seite her gesehen dem Wachstum der Sozialausgaben Grenzen gezogen werden.

Hinzu kommt die durch den seit Jahrzehnten anhaltenden Geburtenrückgang gekennzeichnete **Bevölkerungsentwicklung.** Gleichzeitig nahm und nimmt die Lebenserwartung der Menschen in Deutschland zu **(„demografischer Wandel").** Das Verhältnis der Jüngeren (unter 20 Jahren) und der erwerbsfähigen Bevölkerung (20 bis unter 60 Jahren) zu den Älteren (60 Jahre und älter) verschiebt sich immer mehr in Richtung der älteren Generation. Heute zählen 25 % der Einwohner zu den „Senioren", 2050 werden es bereits 40 % sein. Das bedeutet, dass eine immer kleiner werdende Anzahl Erwerbstätiger für eine immer größere Zahl nicht erwerbstätiger Personen mit Steuern und Sozialabgaben aufkommen muss.

„Außerdem sorgen **hohe Tansfers** für gravierende[2] **Fehlanreize** und die Zerstörung von Jobs, die ein Einkommen unterhalb oder nicht weit genug oberhalb des Transferanspruchs vermitteln. Aus einer falsch verstandenen Fürsorgehaltung heraus gewährt der Staat einen Grundeinkommensanspruch, der es Menschen mit einfachen Qualifikationen fast unmöglich macht, zu produktivitätsgerechten Löhnen tätig zu sein. Zu den Löhnen, zu denen sich Arbeit für sie lohnen würde, stellt sie niemand ein, und zu den Löhnen, zu denen sie beschäftigt werden könnten, lohnt sich Arbeit für sie nicht."[3]

Der Versuch, die steigenden Sozialausgaben durch immer höhere Steuern, Sozialabgaben oder höhere Schulden zu finanzieren, stößt ebenfalls an Grenzen.

Beispiele:

- Der Anreiz, sich Wissen anzueignen und etwas zu leisten, nimmt ab.
- Reiche Steuerzahler legen ihr Kapital im Ausland an oder ziehen überhaupt in Länder mit niedrigeren Steuersätzen.
- Unternehmen verlagern ihre Produktion nicht nur wegen niedrigerer Löhne und Sozialstandards, sondern auch wegen geringerer Steuersätze ins Ausland.

1 Vgl. Larmann, W.: Soziale Marktwirtschaft (I): Wettbewerb und Leistung, in: Wirtschaft und Unterricht, Informationen aus dem Institut der deutschen Wirtschaft Köln für Pädagogen, Nr. 9/2006.

2 **Gravierend** (lat.): schwerwiegend, gewichtig.

3 Schneider, H.: Kann den Armen nur ein starker Staat helfen? In: Badische Zeitung vom 25. Oktober 2006.

1.3.2 Systeme der sozialen Sicherung in Deutschland (Überblick)

1.3.2.1 Aufbau und Aufgaben der Sozialversicherung

Das deutsche Sozialversicherungssystem beruht auf fünf Säulen:

Die fünf Säulen der Sozialversicherung

Gesetzliche Krankenversicherung	**Soziale Pflegeversicherung**	**Gesetzliche Rentenversicherung**	**Gesetzliche Arbeitsförderung**	**Gesetzliche Unfallversicherung**
Träger: – Allgem. Ortskrankenkassen – Betriebskrankenkassen – Innungskrankenkassen – Ersatzkassen – Deutsche Rentenversicherung Knappschaft-Bahn-See (als Träger der Krankenversicherung) – Landwirtschaftliche Krankenkassen	Träger: Pflegekassen (verwaltet von den Krankenkassen)	Träger: – Deutsche Rentenversicherung Bund – Deutsche Rentenversicherung Knappschaft-Bahn-See – Regionalträger der Deutschen Rentenversicherung – Landwirtschaftliche Alterskassen	Träger: – Bundesagentur für Arbeit in Nürnberg mit den Regionaldirektionen und örtlichen Agenturen für Arbeit	Träger (Bsp.): – Gewerbliche Berufsgenossenschaften – Landwirtschaftliche Berufsgenossenschaften – Feuerwehrunfallkassen – Staatliche Ausführungsbehörden – Gemeindeunfallversicherungsverbände
Gesetzliche Krankenkassen	**Pflegekassen**	**Deutsche Rentenversicherung**	**Bundesagentur für Arbeit**	**Berufsgenossenschaften u. Unfallversicherungsträger d. öffentlichen Hand**

Träger der Sozialversicherung

Die gesetzlichen Regelungen zur Sozialversicherung finden sich vor allem im **Sozialgesetzbuch.**

 141 080

(1) Gesetzliche Krankenversicherung

Seit 2009 besteht Krankenversicherungspflicht für alle, sei es in der gesetzlichen oder in der privaten Krankenversicherung. In der gesetzlichen Krankenversicherung (GKV) sind z. B. alle Auszubildenden sowie Angestellte versicherungspflichtig. Man kann zwischen verschiedenen gesetzlichen Krankenkassen wählen, beispielsweise zwischen der Allgemeinen Ortskrankenkasse (AOK), der Barmer, der Deutschen Angestelltenkrankenkasse (DAK) oder der Technikerkrankenkasse (TK).

Für die Versicherungspflichtigen kann es lohnend sein, sich die Tarifangebote der verschiedenen gesetzlichen Krankenkassen zu besorgen, zu vergleichen und sich für die Kasse und den Tarif zu entscheiden, der ihnen am günstigsten erscheint: Die gesetzlichen Krankenkassen dürfen ihren Versicherten freiwillige Wahltarife anbieten, z. B. Tarife mit Kostenerstattung (Kostenerstattungstarife), mit Selbstbehalt (Selbstbehaltstarife), kostengünstige Tarife bei Nichtinanspruchnahme bestimmter Leistungen und Therapien sowie Rückerstattungstarife, bei denen die Versicherten am Ende des Jahres Geld zurückbekommen, wenn sie keine Leistungen in Anspruch nehmen.

Die **Versicherungspflicht** umfasst z. B. alle Arbeitnehmer, wenn sie **monatlich** nicht mehr als **4800,00 € brutto** verdienen,[1] alle Auszubildenden, die Bezieher von Renten aus der Rentenversicherung, Empfänger von Arbeitslosengeld und bestimmte Selbstständige. Beamte sowie Beamtenanwärter sind nicht sozialversicherungspflichtig. Sie müssen sich bei einer privaten Krankenkasse (PKV) versichern.

(2) Gesetzliche Pflegeversicherung

Aufgabe der Pflegeversicherung ist es, im Fall der Pflegebedürftigkeit des Versicherten Sach- und/oder Geldleistungen zur Verbesserung der häuslichen oder stationären[2] Pflege zu erbringen. **Pflegebedürftig** sind Personen, die gesundheitlich bedingte **Beeinträchtigungen der Selbstständigkeit oder anderer Fähigkeiten** aufweisen und deshalb der Hilfe durch andere Personen oder anderer Dienste (z. B. Pflegedienste) bedürfen.

Entscheidend für die Pflegebedürftigkeit ist somit der **Grad der Selbstständigkeit** der pflegebedürftigen Person in allen pflegebedeutsamen Lebensbereichen. Dies ist unabhängig davon, ob die Pflegebedürftigkeit auf körperlichen, kognitiven (erkenntnismäßig) oder psychischen Beeinträchtigungen beruht.

Die **Versicherungspflicht** in der sozialen Pflegeversicherung besteht für alle (also auch für freiwillige) Mitglieder einer gesetzlichen Krankenkasse, ihre nicht berufstätigen Ehepartner und Kinder. Privatversicherte wie z. B. Beamte müssen eine private Pflegeversicherung bei ihrer Krankenkasse abschließen. Es gilt der **Grundsatz: „Die Pflegeversicherung folgt der Krankenkasse".**

(3) Gesetzliche Rentenversicherung

Die gesetzliche Rentenversicherung ist ebenfalls eine **Pflichtversicherung,** in die grundsätzlich alle Arbeitnehmer, darüber hinaus auch Bezieher von Arbeitslosengeld und bestimmte Selbstständige einbezogen sind. Durch die Zahlung von Renten an die Versicherten und deren Hinterbliebenen bietet die Rentenversicherung Schutz gegen die wirtschaftlichen Risiken des **Alters** und/oder der **Invalidität.**[3]

---

1 Stand: 1. Januar 2017.

2 **Stationär** (von lat. Station: fester Standort): an einen festen Standort gebunden. Hier: Behandlung in einem Krankenhaus.

3 **Invalidität** (franz.): Arbeitsunfähigkeit, Erwerbsunfähigkeit.

18 Boller - ISBN 978-3-8120-0619-4

> Auf der Grundlage des sogenannten **Generationenvertrags** erfolgt eine **Umverteilung** von Einkommen der jüngeren Beitragszahler zu den älteren nicht mehr arbeitsfähigen Versicherten **(Umlageverfahren).**

Renten wegen Alters

Hier sind z. B. folgende **Renten** zu unterscheiden:

Regelaltersrente	Versicherte haben Anspruch auf Altersrente, wenn sie die frühestens mit Vollendung des 67. Lebensjahres eintretende **Regelaltersgrenze** erreicht und die **allgemeine Wartezeit** von **5 Jahren** erfüllt haben.
Altersrente für langjährig Versicherte	Voraussetzungen sind, dass der Versicherte das 67. Lebensjahr[1] vollendet und eine Wartezeit von 35 Jahren erfüllt hat. Für eine nach Vollendung des 63. Lebensjahres mögliche vorzeitige Inanspruchnahme dieser Rente erfolgt ein Rentenabschlag von 3,6 % pro Jahr (0,3 % je Monat).
Altersrente für besonders langjährig Versicherte	Seit 1. Juli 2014 können **langjährig Rentenversicherte,** die **45 Beitragsjahre** in die Rentenversicherung eingezahlt haben, schon mit 63 Jahren ohne Abschläge in Rente gehen. Dieses abschlagsfreie Renteneintrittsalter steigt jedoch ab dem Geburtsjahr 1953 bis zum Geburtsjahr 1964 um 2 Monate pro Jahr auf maximal 65 Jahre an. Neben Pflichtbeitragszeiten aus Beschäftigung werden für diese langjährig Rentenversicherten auch Zeiten der Arbeitslosigkeit angerechnet, in denen Lohnersatzleistungen bezogen wurden. Das sind zum Beispiel Arbeitslosengeld I, Schlechtwettergeld oder Kurzarbeitergeld.[2]

Renten wegen verminderter Erwerbsfähigkeit

Sie werden an Versicherte bis zur Vollendung des 65. Lebensjahrs bezahlt, die in ihrer Arbeitskraft eingeschränkt sind.

Rente wegen voller Erwerbsminderung	Sie erhalten Versicherte, die außerstande sind, unter den üblichen Bedingungen des allgemeinen Arbeitsmarkts mindestens drei Stunden am Tag zu arbeiten.
Rente wegen teilweiser Erwerbsminderung	Diese steht Versicherten zu, die außerstande sind, unter den üblichen Bedingungen des Arbeitsmarkts mindestens sechs Stunden am Tag zu arbeiten.

Renten wegen Todes

Renten an Hinterbliebene werden als kleine oder große **Witwen- bzw. Witwerrenten,** als **Erziehungsrente** (bei Tod des geschiedenen Ehegatten, wenn ein eigenes oder ein Kind des geschiedenen Ehegatten erzogen wird) und als **Waisenrente** bezahlt. Die allgemeine Wartezeit beträgt 5 Jahre.

---

1 Für langjährig Versicherte, die vor dem 1. Januar 1964 geboren sind, beträgt die Altersgrenze weiterhin 65 Jahre. Für die Versicherten, die nach dem 31. Dezember 1948 geboren sind, wird die Altersgrenze von 65 Jahren stufenweise angehoben. **Besonders langjährig Versicherte,** die eine Wartezeit von 45 Jahren erfüllt haben, haben einen Anspruch auf Altersrente, wenn sie das 65. Lebensjahr vollendet haben.

2 Um einen Missbrauch von Zeiten der Arbeitslosigkeit zu verhindern, wird ein sogenannter **„rollierender Stichtag"** eingeführt. Wenn man bis zu zwei Jahren vor dem möglichen Renteneintritt mit 63 (später 65) arbeitslos wird, werden diese Zeiten nicht mehr eingerechnet. Einzige Ausnahme: der Betrieb geht in die Insolvenz oder das Geschäft wird aufgegeben.

(4) Gesetzliche Arbeitsförderung (Arbeitslosenversicherung)

Die Arbeitslosenversicherung ist eine Pflichtversicherung für alle Arbeitnehmer und Auszubildenden ohne Rücksicht auf die Höhe des Arbeitsentgelts. Nicht versichert sind Selbstständige (Unternehmer, freiberuflich Tätige) und Beamte. Die Versicherten haben einen Anspruch auf Arbeitslosengeld bei Arbeitslosigkeit. **Anspruchsvoraussetzung** ist, dass sich der arbeitslose Arbeitnehmer bei der Agentur für Arbeit arbeitslos gemeldet und die Anwartschaft erfüllt hat. Wer einen Arbeitsplatz ohne wichtigen Grund aufgibt, kann erst nach 12 Wochen Arbeitslosengeld beziehen. Überhaupt kein Arbeitslosengeld erhält, wer einen von der Agentur für Arbeit vermittelten zumutbaren Arbeitsplatz auf Dauer ablehnt.

Die **Höhe des Arbeitslosengelds** beträgt für Arbeitnehmer **mit Kind 67 %** und **ohne Kind 60 %** des durchschnittlichen Nettoarbeitsentgelts der letzten 52 Wochen.

Die **Dauer des Anspruchs auf Arbeitslosengeld** hängt von der Dauer des Versicherungsverhältnisses und dem Lebensalter der arbeitslosen Person bei der Entstehung des Anspruchs ab. Das Arbeitslosengeld wird **in der Regel 12 Monate** gezahlt.

- Nach 30 Beitragsmonaten und Vollendung des 50. Lebensjahres wird Arbeitslosengeld für 15 Monate gewährt,
- nach 36 Beitragsmonaten und 55 Lebensjahren für 18 Monate und
- nach 48 Beitragsmonaten und 58 Lebensjahren 24 Monate.

Während des Bezugs von Arbeitslosengeld entrichtet die Agentur für Arbeit für den Arbeitslosen die Beiträge zur Kranken-, Pflege- und Rentenversicherung.

Wenn der Anspruch auf Arbeitslosengeld erloschen ist, folgt das **Arbeitslosengeld II (Hartz IV)**. Dieses ist **keine** Versicherungsleistung, sondern eine **steuerfinanzierte Fürsorgeleistung** des Bundes.

(5) Gesetzliche Unfallversicherung

Die **Aufgabe** der gesetzlichen Unfallversicherung besteht darin,

- Arbeitsunfälle, Berufskrankheiten und arbeitsbedingte Gesundheitsgefahren zu verhüten,
- für wirksame Erste Hilfe zu sorgen,
- Versicherte, die von einem Arbeitsunfall oder einer anerkannten Berufskrankheit betroffen sind, bei der Wiederherstellung ihrer Gesundheit und Leistungsfähigkeit zu unterstützen.

Finanzielle Hilfe wird auch ihren Angehörigen oder Hinterbliebenen gewährt. Bei Arbeitsunfällen finanziert die gesetzliche Unfallversicherung die **Heilbehandlung** und notwendige Rehabilitationsmaßnahmen,[1] leistet Hilfe zur Wiedereingliederung ins Erwerbsleben, zahlt **Verletztengeld** für die Dauer der Arbeitsunfähigkeit, **Übergangsgeld** während der beruflichen Rehabilitation, **Verletztenrente** bei einer längeren Minderung der Erwerbsfähigkeit um mindestens 20 % und im Todesfall **Sterbegeld** und Hinterbliebenenrenten.

In der gesetzlichen Unfallversicherung **pflichtversichert** sind alle **Arbeiter, Angestellten** und **Auszubildenden.** Auch **Kinder** in Kindertagesstätten sowie **Schüler** und **Studenten** sind versichert.

1 **Rehabilitation** (lat., franz.): Wiedereingliederung (in das Berufsleben).

(6) Zusammenfassender Überblick zur Sozialversicherung

Zweige / Merkmale	Gesetzliche Krankenkasse Soziale Pflegeversicherung	Gesetzliche Rentenversicherung	Gesetzliche Arbeitsförderung (Arbeitslosenversicherung)	Gesetzliche Unfallversicherung
1. Versicherungspflichtiger Personenkreis	■ Alle Auszubildenden ■ Alle Arbeitnehmer bis zu einem Monatsgehalt von 4 800,00 € ■ Arbeitslose ■ Rentner ■ Bestimmte Gruppen von Selbstständigen	■ Alle Auszubildenden ■ Alle Arbeitnehmer ■ Personen, die den Bundesfreiwilligendienst (BFD) leisten ■ Heimarbeiter ■ Bestimmte Gruppen von Selbstständigen	■ Alle Auszubildenden ■ Alle Arbeitnehmer	■ Alle Auszubildenden ■ Alle Arbeitnehmer ■ i. d. R. die Arbeitgeber ■ Arbeitslose
2. Beitragshöhe	■ Krankenkassen: 14,6 % vom Bruttoverdienst, höchstens jedoch aus 4 350,00 € monatlich (Beitragsbemessungsgrenze für 2017) ■ Pflegeversicherung: 2,55 % vom Bruttoverdienst (Beitragsbemessungsgrenze wie Krankenversicherung)	18,7 % vom Bruttoverdienst, höchstens jedoch aus 6 350,00 € monatlich in Westdeutschland bzw. 5 700,00 € monatlich in Ostdeutschland (Beitragsbemessungsgrenze für 2017)	3,0 % vom Bruttoverdienst, höchstens jedoch aus 6 350,00 € monatlich in Westdeutschland bzw. 5 700,00 € monatlich in Ostdeutschland (Beitragsbemessungsgrenze für 2017)	Umlageverfahren je nach der Höhe der Arbeitsverdienste und der Gefahrenklasse
3. Beitragszahler	■ Grundsätzlich Arbeitnehmer und Arbeitgeber je zur Hälfte. Ausnahmen: Benötigen die Krankenkassen mehr Geld, können sie einkommensabhängige Zusatzbeiträge erheben. Der Arbeitgeberanteil beim allgemeinen Beitragssatz bleibt bei 7,3 %. ■ Für die Pflegeversicherung müssen Kinderlose über 23 Jahre einen Zuschlag von 0,25 % tragen.			Arbeitgeber allein
4. Leistungen (Beispiele)	■ Früherkennung von Krankheiten ■ Prävention und Selbsthilfe ■ Krankenbehandlung ■ Krankengeld ■ Leistungen bei Schwangerschaft und Mutterschaft ■ Sonstige Hilfen ■ Häusliche und stationäre Pflege ■ Bezahlung von Pflegeleistungen ■ Eltern-Kind-Kuren	■ Gesundheitsforschung und -aufklärung ■ Rehabilitationsmaßnahmen ■ Renten wegen Alters ■ Renten wegen verminderter Erwerbsfähigkeit ■ Renten wegen Todes	■ Berufsberatung ■ Ausbildungs- und Arbeitsvermittlung ■ Trainingsmaßnahmen ■ Arbeitslosengeld ■ Insolvenzgeld ■ Kurzarbeitergeld ■ Leistungen an Arbeitgeber (z. B. Eingliederungszuschüsse) ■ Arbeitsmarkt- und Berufsforschung	■ Unfallschutz (Unfallverhütungsvorschriften, Kontrolle durch Aufsichtsbeamte der Berufsgenossenschaften) ■ Heilbehandlung ■ Berufsfördernde Leistungen zur Rehabilitation und bei Pflegebedürftigkeit ■ Rentenzahlungen ■ Sterbegeld

1.3.2.2 Grundsicherung

Die Grundsicherung ist eine aus **Steuergeldern** finanzierte Sozialleistung des Staates und ergänzt die gesetzliche Sozialversicherung. Sie besteht aus folgenden Bereichen:

- Grundsicherung für Arbeitsuchende,
- Sozialhilfe i. e. S.,
- Grundsicherung im Alter und bei Erwerbsunfähigkeit sowie
- Leistungen an Asylbewerber.

1.3.2.3 Weitere Sozialleistungen

In Deutschland gibt es neben den genannten großen sozialen Sicherungssystemen noch viele kleinere wie z. B. das Wohngeld, die Ausbildungsförderung, das Elterngeld, die Beamtenpensionen und -beihilfen sowie das Kindergeld (siehe Abbildung). Alle Sozialleistungen zusammengenommen erreichten im Jahr 2015 einen Umfang von rund 888 Mrd. €. Das entspricht ungefähr einem Drittel des gesamten Bruttoinlandsprodukts.

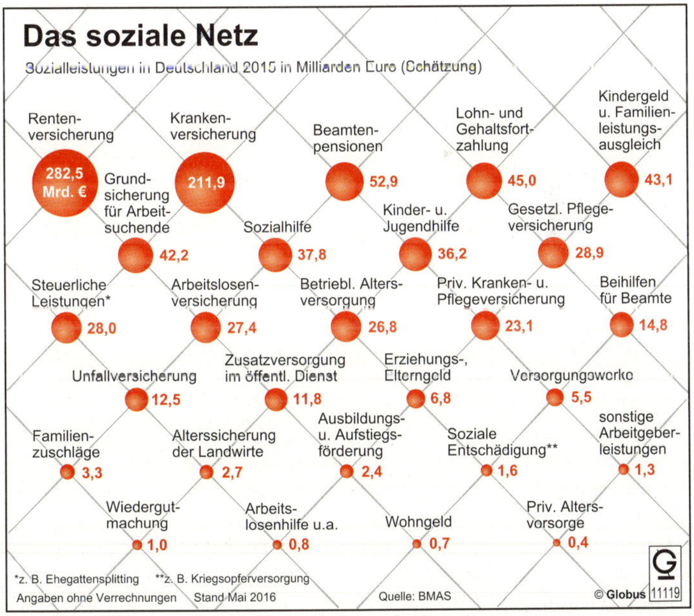

Das „soziale Netz" beinhaltet z. B. auch die Leistungen der privaten Kranken- und Pflegeversicherung, der Lebensversicherungen, der privaten Rentenversicherungen und der privaten Unfallversicherungen.

Personen, deren Einkommen die Versicherungspflichtgrenze der gesetzlichen Krankenversicherung übersteigt, können sich ebenso wie Selbstständige, Beamte, Richter und Soldaten bei einer privaten Krankenversicherung gegen Krankheit versichern lassen.

1.3.3 Probleme der sozialen Sicherung in Deutschland

Das System der sozialen Sicherung in Deutschland steht vor einem ganzen Bündel von Problemen, die wegen der vielen widerstreitenden Interessenlagen und politischen Einstellungen nur schwer zu lösen sein werden.

(1) Interdependenz politischer Maßnahmen

Es besteht eine Interdependenz (gegenseitige Abhängigkeit) von wirtschafts- und sozialpolitischen Maßnahmen. Einerseits hat jede **wirtschaftspolitische** Aktivität einen mehr oder weniger großen Einfluss auf die soziale Lage des Einzelnen und der Gruppen (z.B. Unternehmen, Verbände). Andererseits beeinflusst jede **sozialpolitische** Entscheidung den Wirtschaftsablauf.

Beispiele:

- Angenommen, der Staat erhöht die Umsatzsteuer. Die Preise steigen, sodass die privaten Haushalte real weniger kaufen können. Der materielle Lebensstandard (die „Wohlfahrt") der privaten Haushalte nimmt ab.
- Eine Regierung subventioniert einen nicht mehr konkurrenzfähigen Wirtschaftszweig bzw. ein insolventes (zahlungsunfähiges) Großunternehmen, um Arbeitsplätze zu erhalten. Dadurch nimmt die Staatsverschuldung zu und/oder die Staatseinnahmen müssen erhöht werden. Die Last trägt in jedem Fall der Steuerzahler.

(2) Integrationsproblem[1] der Sozialpolitik

Die Maßnahmen und der Umfang **sozialpolitischer Aktivitäten** müssen in die gewollte Wirtschafts- und Gesellschaftsordnung so eingefügt werden, dass möglichst **wenig Widersprüche** entstehen.

Sozialordnung und Wirtschaftsordnung müssen „zusammenpassen", „konform" sein. Einerseits sollten wirtschaftspolitische Entscheidungen das Sozialsystem nicht negativ beeinflussen. Andererseits sind sozialpolitische Maßnahmen so anzulegen, dass sie die gesamtwirtschaftliche Entwicklung nicht gefährden.

Beispiele:

Die Einführung von Festpreisen für Mieten und/oder Nahrungsmittel ist marktinkonform (marktkonträr). Sie mag sozialpolitisch zwar erwünscht sein (Schutz der wirtschaftlich schwächeren Verbraucher), ist aber nicht mit der marktwirtschaftlichen Lenkung kompatibel.

Wirtschafts- und sozialpolitische Maßnahmen müssen daher stets einer **Konformitätsprüfung**[2] unterzogen werden, wobei eine objektive Antwort auf die Frage, ob eine bestimmte Maßnahme noch konform ist oder nicht, häufig nicht möglich ist, sodass **Kompromisse** zwischen den politischen Entscheidungsträgern geschlossen werden müssen. Ferner sind wirtschafts- und sozialpolitische Entscheidungen und Maßnahmen so zu gestalten, dass sie keine **Fehlanreize** bieten, also das Gegenteil dessen erreichen, was eigentlich gewollt war.

1 **Integration** (lat.): Anpassung, Eingliederung, Herstellen eines Ganzen.

2 **Konform** (lat.): übereinstimmen, in Einklang stehen.

(3) Höhe der Sozialabgaben

Die Sozialabgaben in Deutschland sind sehr hoch. Und es besteht die Gefahr, dass sie noch weiter steigen werden, vor allem die Krankenversicherungs- und Rentenversicherungsbeiträge. Die hohen Abgaben haben in zweierlei Hinsicht negative Auswirkungen auf die Wirtschaft: Einmal verschlechtert sich die Position des Wirtschaftsstandorts Deutschland, weil die hohen Arbeitskosten die Wettbewerbsfähigkeit der deutschen Industrie beeinträchtigen. Zum anderen geht bei den Arbeitenden die Motivation verloren, mehr zu lernen, in legalen Arbeitsverhältnissen mehr zu arbeiten und damit mehr zu verdienen. Die Menschen weichen der hohen Belastung z. B. durch Schwarzarbeit aus.

(4) Arbeitslosigkeit

Weitere Probleme für das Sozialsystem bringt die hohe Arbeitslosigkeit mit sich. Zum einen steigen die Sozialausgaben und damit die Schuldenlast. Staatliche Investitionen, die für die Erhaltung und Verbesserung des Bildungssystems, öffentlicher Einrichtungen, Forschung usw. dringend notwendig wären, müssen unterbleiben. Andererseits sinken die Einnahmen der Sozialversicherungsträger, die letztlich gezwungen werden, entweder ihre Leistungen zu kürzen oder die Beiträge weiter zu erhöhen.

(5) Bevölkerungsentwicklung (demografischer Wandel)

Ein großes Problem der Sozialversicherungssysteme (vor allem der gesetzlichen Krankenkassen und der gesetzlichen Rentenversicherung) ist der Geburtenrückgang und die Verlängerung der Lebenserwartung.

Die **Geburtenentwicklung** in Deutschland ist seit den 70er-Jahren des vorangegangenen Jahrhunderts tendenziell rückläufig. Unter der Annahme einer annähernden Konstanz der Entwicklung der letzten 15 bis 20 Jahre verharrt die Geburtenziffer auch in den kommenden Jahrzehnten auf dem Niveau von knapp 1,4 Kindern je Frau.

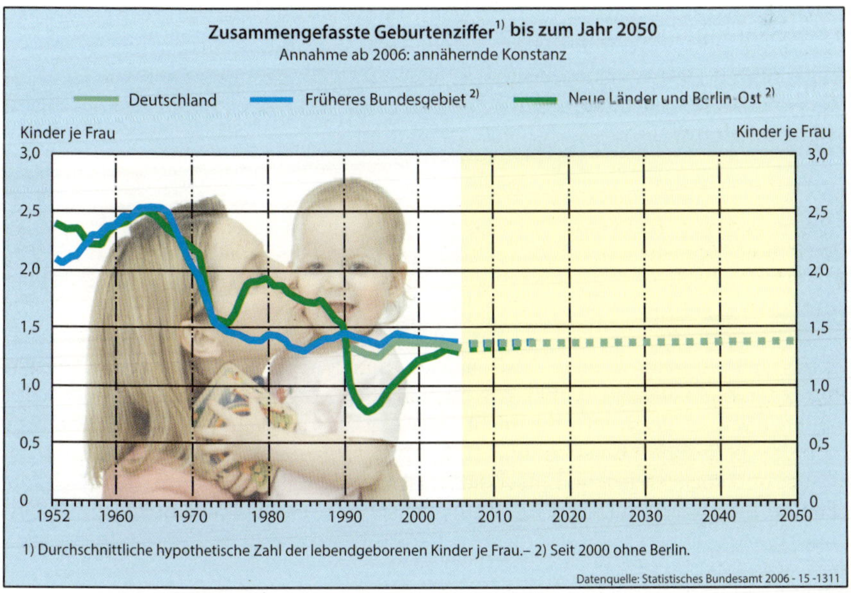

Aufgrund des medizinischen Fortschritts und der besseren Versorgung der Bevölkerung ist die **Lebenserwartung** in den letzten Jahrzehnten **kontinuierlich gestiegen.** Die Lebenserwartung für einen im Jahr 2010 neugeborenen **Jungen** beträgt **77,5 Jahre,** bei einem **Mädchen** sind es gar **82,6 Jahre.** Auch die Lebenserwartung älterer Menschen hat zugenommen, sodass die Bevölkerung hierzulande insgesamt altert.

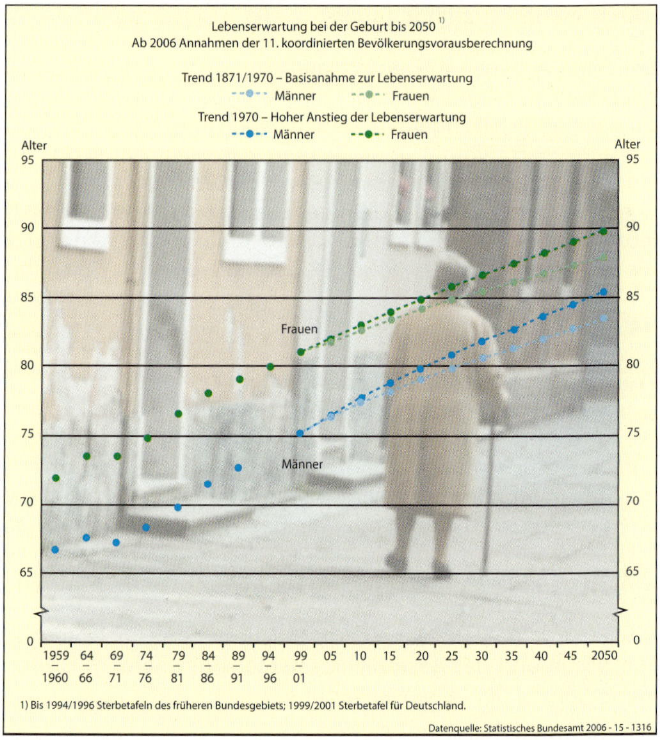

Datenquelle: Statistisches Bundesamt (Hrsg.): Pressekonferenz „Bevölkerungsentwicklung in Deutschland bis 2050", Wiesbaden 2006.

Die folgende Abbildung zeigt die gravierende Veränderung des Altersaufbaus in der deutschen Bevölkerung durch den **demografischen Wandel.**

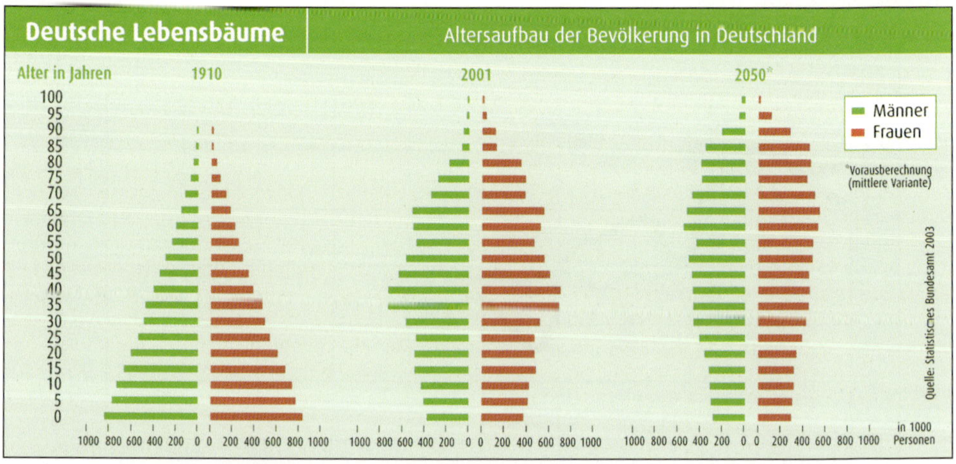

Quelle: Safety 1st, Arbeitsgemeinschaft Jugend und Bildung e. V., Wiesbaden 2004.

Die **Zunahme** der **älteren** bei gleichzeitiger **Abnahme** der **jüngeren Generation** führt dazu, dass immer **weniger** Beitragszahler eine **steigende** Anzahl von Rentnern finanzieren müssen; die Schere zwischen Einnahmen und Ausgaben der gesetzlichen **Rentenversicherung** klafft immer weiter auseinander. Diese Negativentwicklung wurde in den vergangenen Jahrzehnten auch dadurch noch verstärkt, dass der **Einstieg** in das **Berufsleben** und damit die Zahlung von Beiträgen im Durchschnitt immer **später** erfolgte. Parallel dazu schieden die Arbeitnehmer – beispielsweise durch Vorruhestandsregelungen – immer **früher** aus dem Erwerbsleben aus, wodurch nicht nur Beitragseinnahmen verloren gingen, sondern vielmehr sogar durch die vorgezogenen Rentenzahlungen die Rentenkasse zusätzlich belastet wurde.

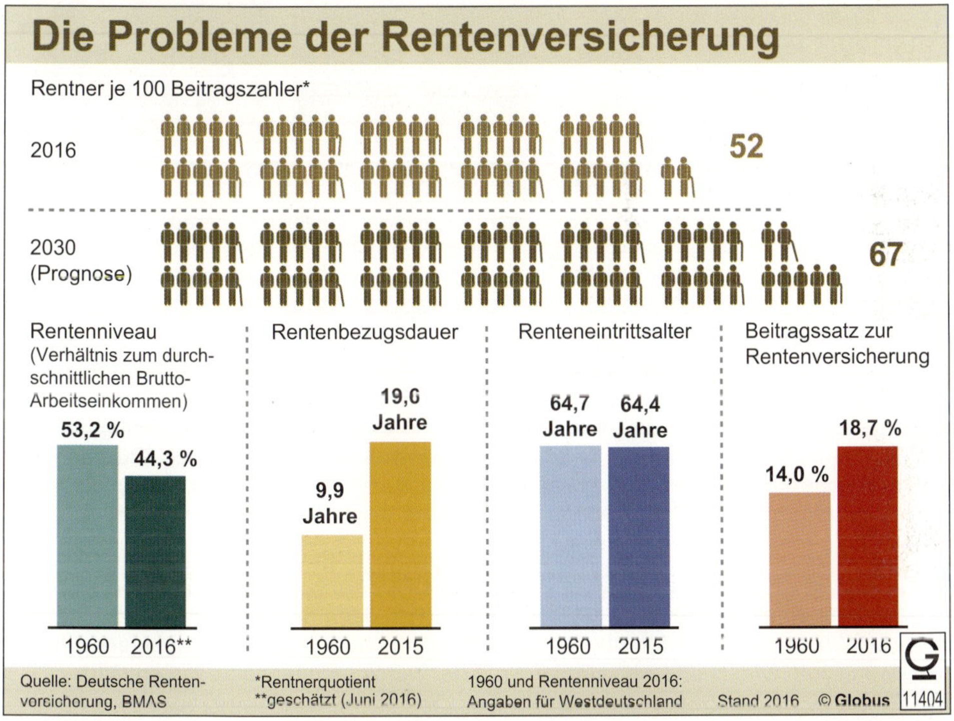

Deutschland ist eine schnell alternde Gesellschaft. Die Lebenserwartung nimmt weiter zu, die Geburtenrate ist niedrig. Der demografische Wandel führt dazu, dass immer mehr Ältere der jüngeren Generation gegenüberstehen werden. Das stellt die Sozialsysteme, insbesondere die gesetzliche Rentenversicherung, in den nächsten Jahrzehnten vor große Herausforderungen. Mit der stufenweisen Einführung der „Rente mit 67" wird das gesetzliche Renteneintrittsalter Schritt für Schritt heraufgesetzt. Wer früher in Rente gehen möchte, muss Abschläge in Kauf nehmen. Bereits in den letzten Jahren ist das tatsächliche durchschnittliche Renteneintrittsalter wieder gestiegen – in Westdeutschland von 62,6 Jahre im Jahr 2000 auf 64,6 Jahre im Jahr 2015, in Ostdeutschland von 60,8 Jahre auf 63,5 Jahre. Damit kommt es – zumindest in Westdeutschland – dem durchschnittlichen Renteneintrittsalter von vor 56 Jahren langsam wieder näher. 1960 war der Durchschnittsrentner in der Bundesrepublik 64,7 Jahre alt, als er sich aus dem Berufsleben verabschiedete.

Da die Menschen immer älter werden, hat auch die gesetzliche **Pflegeversicherung** finanzielle Probleme, die gelöst werden müssen, zumal die Pflegekosten erheblich über den Leistungen der Pflegeversicherung liegen.

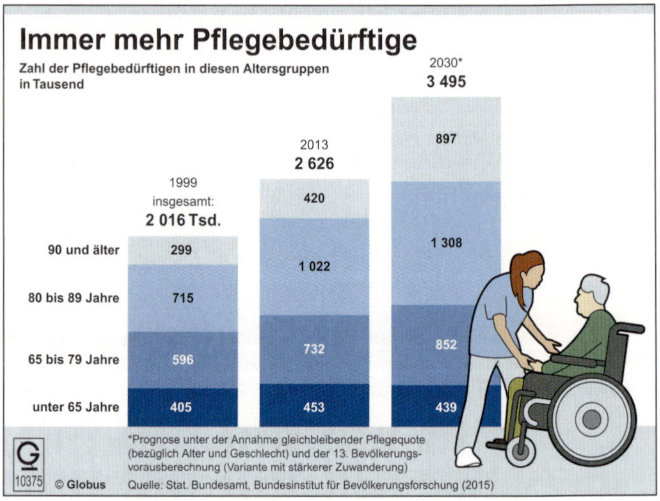

2,6 Mio. Menschen waren im Jahr 2013 in Deutschland pflegebedürftig. Bis zum Jahr 2030 wird sich diese Zahl nach einer Prognose des Bundesinstituts für Bevölkerungsforschung um rund 35 % auf 3,5 Mio. erhöhen. Besonders steigen wird demnach die Zahl der Pflegebedürftigen bei den betagten Menschen. Bei den 80- bis 89-Jährigen wird sie sich um mehr als ein Viertel erhöhen, bei den 90-Jährigen und Älteren sogar verdoppeln. Als Grund hierfür nennt das Bundesinstitut die Alterung der starken Babyboomer-Jahrgänge der in den 1950er und 60er Jahren Geborenen. Bis zu einem Alter von 80 Jahren sind die Pflegequoten von Männern und Frauen gleich hoch. Danach sind Frauen stärker von Pflegebedürftigkeit betroffen als Männer. Ab einem Alter von 90 Jahren sind etwa zwei Drittel aller Frauen auf Pflege angewiesen, bei den Männern nur etwa jeder Zweite.

Die Frage ist, ob und wie angesichts der schnellen Alterung der Gesellschaft das gesamte soziale Sicherungssystem erhalten werden kann. Bezüglich der gesetzlichen **Krankenversicherung** (GKV) sehen viele Parteien und Gewerkschaften die Lösung darin, die private Krankenversicherung (PKV) abzuschaffen und **alle Bürger** für jedes Einkommen in die GKV einzubeziehen, um die finanziellen Probleme der GKV zu lösen **(Bürger- oder Volksversicherung)**. Aber damit steigen auch die Ausgaben. Es ist kaum abzuschätzen, ob die Beiträge nicht auch im Fall der Abschaffung der PKV wegen der demografischen Entwicklung erhöht werden müssen.

Außerdem ist zu bedenken, dass die GKV und die PKV konkurrierende Systeme sind. Die Abschaffung eines Systems bedeutet indessen, dass dann der Preis- und Leistungswettbewerb fehlt, sodass zu befürchten ist, dass mit der Einführung einer Bürgerversicherung der Zwang zum wirtschaftlichen Umgang mit den Versicherungsbeiträgen entfällt.

Kompetenztraining

32

1. Beurteilen Sie die Entwicklung der Lohnquote in Deutschland aufgrund der Statistik auf S. 268!

2. Ein wichtiges Element der sozialen Marktwirtschaft ist eine sozial ausgewogene Einkommensverteilung. Mithilfe der „Einkommensumverteilung" versucht der Staat, diesem Ziel näherzukommen.

   Aufgaben:

   2.1 Erläutern Sie, auf welche Weise der Staat die Umverteilung der Einkommen vornimmt!

   2.2 Erläutern Sie kurz, warum zu hohe Transfers Fehlanreize bieten können! Nennen Sie ein Beispiel!

2.3 Definieren Sie die Begriffe personelle und funktionale (funktionelle) Einkommensverteilung und erklären Sie die einzelnen Einkommensarten nach funktionalen Gesichtspunkten!

3. Nachstehende Zitate enthalten drei Meinungen zur Frage der „gerechten Verteilung" des Volkseinkommens:

3.1 „Jeder soll das Gleiche verdienen. Schließlich sind die Menschen von Natur aus gleich. Überhaupt ist jede Arbeit für die Gesellschaft gleich wertvoll."

3.2 „Die Einkommen müssen sich am Beitrag des Einzelnen zum Nationaleinkommen orientieren. Nur diese Entlohnung ist gerecht. Wer mehr und besser arbeitet, soll auch mehr verdienen."

3.3 „Die Menschen der Industrieländer leben zu gut. Der Staat soll dafür sorgen, dass (um den Entwicklungsländern nachhaltig helfen zu können) für jeden Bürger ein bestimmter Wohnraum festgelegt wird. Der heutige Wohnungsluxus ist übertrieben. Außerdem soll der Staat für jeden Arbeitnehmer und seine Familie die Lebensmittelrationen festsetzen, wobei die Schwerarbeiter eine Sonderration beanspruchen können. Der private Autoverkehr soll zugunsten des öffentlichen Verkehrs abgeschafft werden."

Entscheiden Sie, welche Verteilungsprinzipien angesprochen werden und diskutieren Sie mögliche Pro- und Contrapunkte zu diesen Prinzipien!

4. Nebenstehende Grafik veranschaulicht die Einkommensteuerstruktur eines Landes. Beantworten Sie zu dieser Grafik folgende Einzelfragen!

Aufgaben:

4.1 Entscheiden sie, um welches grafische Darstellungsverfahren es sich handelt und welcher Beziehungszusammenhang hier veranschaulicht wird!

4.2 Erläutern Sie, welche Aussagen die Grafik hinsichtlich der Einkommensverteilung in dem angesprochenen Land erlaubt!

4.3 Analysieren Sie, wie die Verteilungskurve verlaufen würde, wenn eine extrem soziale Unausgewogenheit vorläge! Fertigen Sie eine Skizze an!

4.4 Entscheiden Sie, wie die Verteilungskurve verlaufen würde, wenn die Einkommen vollständig nivelliert wären!

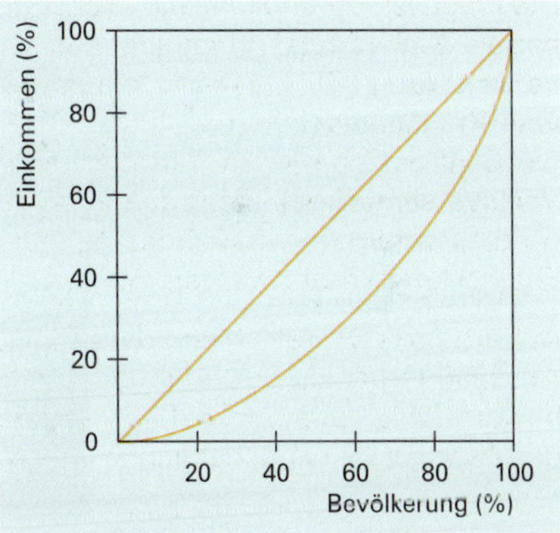

5. Die soziale Sicherung ist ein weiteres grundlegendes Element der sozialen Marktwirtschaft. Der wichtigste Bereich der sozialen Sicherung ist die Sozialversicherung.

Aufgaben:

5.1 Erläutern Sie, auf welchen „Säulen" das Sozialversicherungssystem beruht! Beschreiben Sie kurz deren Aufgaben!

5.2 Die Sozialversicherung ist nicht die einzige Stütze des sozialen Sicherungssystems in Deutschland (des sogenannten „sozialen Netzes"). Beschreiben Sie drei Beispiele!

5.3 Erläutern Sie das Hauptproblem der deutschen Sozialversicherung!

Anforderungssituation 5.2
Arbeitslosigkeit und die Notwendigkeit einer Beschäftigungs- und Bildungspolitik

Zur einführenden Auseinandersetzung mit dem Thema Arbeitslosigkeit lesen Sie zunächst nachfolgenden Artikel:

Arbeitslosigkeit erhöht die Depressionsgefahr

Die Arbeit ist ein wichtiger Pfeiler des menschlichen Daseins. Bricht dieser Pfeiler weg und man wird arbeitslos, steigt für Betroffene die Gefahr einer psychischen Krankheit wie Depression. Häufig werden die Erkrankungen aber nicht erkannt.

In der EU waren im Februar dieses Jahres 24,55 Millionen Menschen arbeitslos. Die Arbeitslosenquote von 10,2 Prozent ist die höchste seit 1997. In Spanien und Griechenland war jeder zweite Jugendliche unter 25 Jahren ohne Arbeit. Auch in Deutschland waren im März über drei Millionen Menschen von Arbeitslosigkeit betroffen, die Quote betrug 7,2 Prozent. […]

Arbeitslosigkeit: Ein großer Einschnitt ins Leben

Nicht für alle dieser Menschen ist die Arbeitslosigkeit gleich schlimm. Die staatliche Unterstützung ist unterschiedlich und es gibt Menschen, die die Zuversicht nicht verlieren, die in der Arbeitslosigkeit auch die Chance für einen Neuanfang sehen. Für ganz viele Betroffene ist sie aber ein großer Einschnitt. Oft sind psychische Erkrankungen wie eine Depression die Folge.

Arbeit als Mittelpunkt des Lebens

Ein Grund für die Probleme, die Arbeitslosigkeit mit sich bringt, ist in unserer Einstellung zur Arbeit zu suchen. In der Antike war Arbeit noch verpönt. Und auch im Mittelalter wurde Arbeit bis zur Reformation noch als Mühsal, ja eigentliche Strafe aufgefasst. Erst viel später entwickelte sich die sogenannte protestantische Arbeitsethik. Sie ist gekennzeichnet durch die Vorstellung von Arbeit als Pflicht und von der Arbeit als Mittelpunkt des Lebens, um den herum die Freizeit gestaltet wird.

Als Grundmodell dienen diese Vorstellungen heute noch, aber natürlich ist die Entwicklung fortgeschritten. Arbeit muss heute nicht Pflicht sein und einzig dem Broterwerb dienen. Sie kann mit Leidenschaft erfüllt werden, sie kann Spaß und Freude machen. Sie kann spannend und herausfordernd sein. Arbeitszeitmodelle ermöglichen heute mehr Flexibilität. Und Unternehmen sind heute sehr oft auch ein Teil des sozialen Lebens der Beschäftigten. […]

Arbeitslose häufiger von einer Depression betroffen

Die Arbeit ist also ein Hauptpfeiler des menschlichen Daseins. Und entsprechend dramatisch können die Folgen sein, wenn dieser Pfeiler wegbricht, oft von einem Tag auf den anderen. So haben Studien ergeben, dass Arbeitslose häufiger von psychischen Krankheiten wie einer Depression betroffen sind als Erwerbstätige. […]

Laut der Psychologin Gisela Mohr von der Universität Leipzig belastet viele Arbeitslose der Zwang, möglichst schnell wieder eine Arbeit und zurück zur oben erwähnten protestantischen Arbeitsethik zu finden. „Je höher die Arbeitsorientierung bei einem Menschen ist, umso stärker sind die Auswirkungen auf die psychische Gesundheit in der Situation der aussichtslosen Arbeitslosigkeit." […]

Wenn das soziale Umfeld wegbricht

Auch die Anforderung, dass Betroffene für eine neue Stelle bereit sein sollten, ihren Wohnort zu wechseln, wirkt sich nach Mohrs Einschätzung negativ auf die psychische Gesundheit aus. „Vor allem, wenn man eine Familie hat, ist das ein großes Problem", schätzt Mohr. „Bei jedem Umzug verliert man sein soziales Umfeld und muss sich ein neues aufbauen", warnt sie. Dabei sei ein gutes soziales Netz wichtig für Arbeitslose. Es könne ihnen helfen, eine neue Arbeit zu finden.

Ablehnung schwächt das Selbstwertgefühl

Der psychischen Gesundheit ebenfalls nicht förderlich ist nach Ansicht Mohrs die Anforderung, möglichst viele Bewerbungen in einem definierten Zeitraum zu verschicken. Werden die Vorgaben nicht eingehalten, droht eine Leistungskürzung. Dabei ist gemäß der Psychologin kein Zusammenhang feststellbar, dass viele Bewerbungen die Erfolgsaussichten verbessern würden. Hingegen würden viele erfolglose Bewerbungen die psychische Gesundheit gefährden. Jede Ablehnung oder Absage gelte als Misserfolg und schwäche das Selbstwertgefühl. […]

Textquelle: Myhandicap.de, Text: Patrick Gunti – 04/2012.

Kompetenzorientierte Arbeitsaufträge:

1. Notieren Sie zunächst die Begriffe, deren Verständnis Ihnen Probleme bereitet. Recherchieren Sie – eventuell unter Zuhilfenahme des Internets – anschließend die Bedeutung dieser Begriffe und halten Sie die Ergebnisse schriftlich fest!
2. Erläutern Sie die Gefahr der Arbeitslosigkeit, die im Mittelpunkt des vorangestellten Artikels steht!
3. Erläutern Sie kurz den Stellenwert der Arbeit in unserer modernen Gesellschaft! Gehen Sie anschließend auch darauf ein, welchen Stellenwert Arbeit in Ihrem künftigen Leben einnehmen soll!
4. Beschreiben Sie, welche Kriterien eine Arbeitsstelle nach Ihren Vorstellungen erfüllen müsste, damit Sie Ihren künftigen Beruf über viele Jahre hinweg mit Spaß und Freude ausüben könnten!
5. Analysieren Sie für sich persönlich, wie sich die Ausübung eines Berufes, mit dem Sie nicht glücklich wären, auf Ihr persönliches Leben auswirken würde!
6. Erläutern Sie kurz drei Entstehungsarten der Arbeitslosigkeit!
7. **Arbeitsvorschlag mit regionalem Bezug:**

   Eine kleine Gruppe aus der Klasse sollte in Form eines Referates die wichtigsten Informationen über den Arbeitsmarkt in Ihrer Region vorbereiten! Im Fokus der Präsentation sollte neben den üblichen Arbeitsmarktdaten (Anzahl der Arbeitslosen, Arbeitslosenquote, Entwicklung des Arbeitsmarktes in den vergangenen Jahren/Monaten) vor allem stehen, welcher Personenkreis und welche Berufsgruppen besonders von der Arbeitslosigkeit in Ihrer Region betroffen sind. Hilfreich bei der Vorbereitung wären nicht nur Informationsunterlagen der örtlichen Agentur für Arbeit, auch andere Institutionen (z.B.: IHK, Gewerkschaften, Verbände) könnten Ihre Arbeit unterstützen.

   Diskutieren Sie im Anschluss an die Präsentation als Klassengemeinschaft darüber, welche Maßnahmen konkret dazu beitragen könnten, die Arbeitslosigkeit in Ihrer Region zu verringern!

2 Phänomen Arbeitslosigkeit

2.1 Grundlegendes

(1) Begriff Arbeitslosigkeit

Als **arbeitslos** gilt, wer trotz **Arbeitsfähigkeit** und **Arbeitswilligkeit** nicht in einem Beschäftigungsverhältnis steht.

Die Bundesagentur für Arbeit rechnet zu den **Arbeitslosen** alle Personen, die das 15., aber noch nicht das 65. Lebensjahr[1] vollendet haben, die beschäftigungslos sind oder nur eine kurzzeitige Beschäftigung (zz. weniger als 15 Stunden je Woche) ausüben und ein ver-

1 In dem Gesetz zur Anpassung der Regelaltersgrenze an die demografische Entwicklung und zur Stärkung der Finanzierung der gesetzlichen Rentenversicherung wurde eine sukzessive Anhebung der Regelaltersgrenze von 65 auf 67 Jahre beschlossen. Beginnend im Jahr **2012** wird die Altersgrenze zunächst sukzessive um **einen** Monat pro Geburtsjahrgang und dann ab **2024** sukzessive um **zwei** Monate pro Geburtsjahrgang bis zur Regelaltersgrenze von 67 Jahren angehoben. Für alle ab 1964 Geborenen gilt die Regelaltersgrenze von 67 Jahren.

Die Datenaufbereitungsverfahren und Veröffentlichungen der Statistik sind auf die feste Altersgrenze von 65 Jahren ausgelegt und werden – wo nötig – an die oben beschriebene flexible Altersgrenze angepasst. In allen betroffenen Statistiken werden Personen bis zur neuen flexiblen Regelaltersgrenze erfasst. Anpassungen sind insbesondere für die Arbeitslosenstatistik notwendig.

sicherungspflichtiges, mindestens 15 Wochenstunden umfassendes Beschäftigungsverhältnis suchen. Als arbeitslos gilt außerdem nur, wer sich persönlich bei der Bundesagentur für Arbeit oder einem Jobcenter arbeitslos gemeldet hat, der Arbeitsvermittlung zur Verfügung steht und nicht arbeitsunfähig erkrankt ist.

Arbeitslosigkeit ist **nicht** unbedingt identisch (gleichbedeutend) mit dem Begriff **„Unterbeschäftigung"**. Misst man nämlich die Beschäftigung an der Ausnutzung der in einer Volkswirtschaft zur Verfügung stehenden Produktionsmittel (dem Sachkapital), so ist eine Wirtschaft unterbeschäftigt, wenn Kapazitäten brachliegen. Eine Wirtschaft kann dann vollbeschäftigt sein, obwohl es Arbeitslose gibt, ganz einfach deshalb, weil im Verhältnis zu den gegebenen Arbeitsplätzen zu viel Arbeitskräfte vorhanden sind. Umgekehrt mag es möglich sein, dass eine Wirtschaft alle Arbeitskräfte beschäftigt und außerdem noch offene Stellen besitzt. In diesem Fall sind die sachlichen Produktionsfaktoren unterbeschäftigt. Die vollständige Ausnutzung ist nur durch die Einstellung ausländischer Arbeitskräfte möglich.

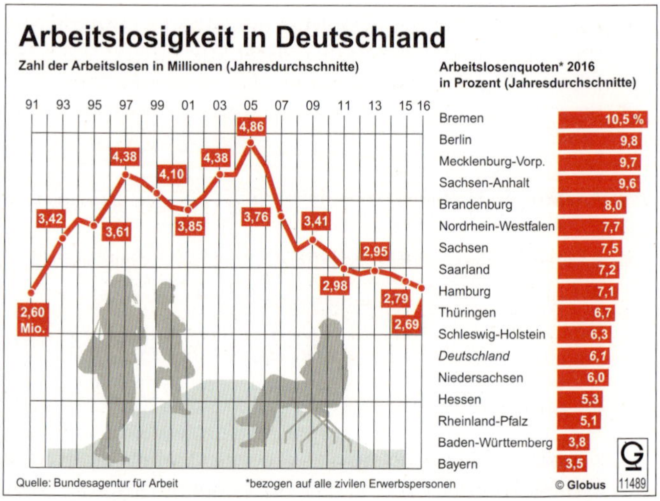

Im Allgemeinen misst man die Beschäftigungslage in einer Volkswirtschaft an der **Zahl der Arbeitslosen und** den **offenen Stellen.**

(2) Erwerbsquote

Zur Beurteilung der Beschäftigungslage einer Volkswirtschaft kann auch die Erwerbsquote herangezogen werden.

Unter **Erwerbsquote** versteht man den prozentualen Anteil der Erwerbspersonen an der Gesamtbevölkerung.

Eine steigende (sinkende) Erwerbsquote ist ein möglicher Hinweis auf eine zunehmende (abnehmende) Beschäftigung. Sie sagt jedoch nicht unbedingt etwas über eine abnehmende (zunehmende) Arbeitslosigkeit aus.

Die Arbeitslosenquote, die Zahl der offenen Stellen und die Erwerbsquote sind Hilfsgrößen zur Beurteilung der Beschäftigungslage einer Wirtschaft. Wie wir eingangs gesehen haben, müsste die Beschäftigung **aller** Produktionsfaktoren untersucht werden. Dies ist jedoch aus verschiedenen Gründen nicht möglich. Einmal fehlt ein gemeinsamer Nenner, zum anderen liegen keine Kriterien für die Gewichtung der einzelnen Produktionsfaktoren vor. Die Theorie begnügt sich daher damit, das **Volkseinkommen** als Maßstab für Beschäftigungsänderungen zu verwenden. Eine Erhöhung des Volkseinkommens zu konstanten Preisen bedeutet dann eine Verbesserung der Beschäftigungslage, während die Verminderung des Volkseinkommens auf eine Verschlechterung hinweist.

(3) „Verdeckte" Arbeitslosigkeit

Neben der registrierten Arbeitslosigkeit gibt es auch noch eine **nicht registrierte Arbeitslosigkeit.** Hierbei handelt es sich um das Arbeitskräftepotenzial, das aus unterschiedlichen Gründen **nicht** in der **Arbeitslosenstatistik erfasst wird** (Kurzarbeiter, Vorruheständler, Personen in Umschulungen oder in „Ein-Euro-Jobs" etc.).

2.2 Ursachen und Entstehungsarten der Arbeitslosigkeit

Die Arbeitslosigkeit kann nach verschiedenen Gesichtspunkten eingeteilt werden. Einteilungsgesichtspunkte sind z. B. ihre durchschnittliche Dauer oder ihre Ursachen, die statistische Erfassbarkeit (verdeckte bzw. offene Arbeitslosigkeit). Im Folgenden werden die Formen der Arbeitslosigkeit nach ihren Ursachen und nach ihrer Dauer unterschieden.

(1) Friktionelle[1] Arbeitslosigkeit

Durch Wechsel des Arbeitsplatzes, Umstrukturierungen in den Unternehmen und durch die oft zeitaufwendige Suche nach einer angemessenen Beschäftigung bleibt auch in Zeiten der Vollbeschäftigung eine niedrige Arbeitslosenquote erhalten. Die Tatsache, dass Leute eine Arbeit aufgegeben und eine andere noch nicht aufgenommen haben, führt sozusagen zu „Reibungsverlusten" auf dem Arbeitsmarkt.

(2) Nachfragebedingte Arbeitslosigkeit

Kurz- und mittelfristige Nachfrageschwankungen können die Zahl der Arbeitslosen erhöhen oder verringern. Kurzfristige Nachfrageschwankungen sind i. d. R. saisonal,[2] mittelfristige i. d. R. konjunkturell bedingt. Man unterscheidet deshalb auch zwischen saisonaler (saisoneller) und konjunktureller Arbeitslosigkeit.

Saisonale Arbeitslosigkeit	Als saisonale Arbeitslosigkeit werden die durch den Wechsel der Jahreszeiten hervorgerufenen Beschäftigungsrückgänge bezeichnet. Wirtschaftszweige, die unter saisonaler Arbeitslosigkeit leiden, sind z. B. das Baugewerbe, die Landwirtschaft und die Gewerbe, die vom Tourismus abhängig sind (z. B. das Hotel- und Gaststättengewerbe). Um die wahre Entwicklung auf dem Arbeitsmarkt beurteilen zu können, müssen die Arbeitslosenzahlen um die saisonal bedingten Einflüsse bereinigt werden.
Konjunkturelle Arbeitslosigkeit	Die konjunkturelle Arbeitslosigkeit ist, soweit sie auf „normale" konjunkturelle Ausschläge zurückzuführen ist, wirtschaftspolitisch verhältnismäßig unproblematisch, weil sie im Laufe eines Konjunkturaufschwungs mehr oder weniger „automatisch" abgebaut wird.

1 **Friktio** (lat.): Reibung.

2 **Saison** (frz.): Hauptbetriebszeit.

Sättigungs-tendenzen	In den sechziger und siebziger Jahren des vorigen Jahrhunderts konnte man noch davon ausgehen, dass Hochkonjunktur zugleich Vollbeschäftigung bedeutete. Aber schon in der Hochkonjunktur 1979 sank die Arbeitslosenquote nicht mehr unter 5,4 %. Selbst beim Wiedervereinigungsboom von 1990 betrug die Arbeitslosenquote 8,3 %. Die Ursache der hohen Wachstumsraten in den sechziger und siebziger Jahren ist – unter vielen anderen – auch in den Entwicklungen zu suchen, die vom kräftigen Wirtschaftswachstum nach dem Ende des zweiten Weltkriegs ausgingen. Europa war weitgehend zerstört und musste wieder aufgebaut werden. Die Masseneinkommen nahmen schnell zu und damit auch der Massenkonsum. Immer mehr private Haushalte waren in der Lage, sich mit langlebigen Konsumgütern wie Waschmaschinen, Kühlschränken, Spülmaschinen, Elektrogeräten aller Art, Fernsehgeräten und Autos auszustatten. Die Industrie wuchs entsprechend der Nachfrage. Seit den achtziger Jahren machten sich zunehmend Sättigungstendenzen bemerkbar, sodass die Nachfrage nicht mehr im gleichen Maße wuchs und wächst.

(3) Angebotsbedingte Arbeitslosigkeit

Die angebotsbedingte Arbeitslosigkeit hat viele Ursachen, von denen hier nur einige genannt werden können. Letztlich handelt es sich um Einflussfaktoren, die unmittelbar oder mittelbar die Kosten der Unternehmen negativ beeinflussen.

Lohnkosten-bedingte Arbeitslosigkeit	Die Löhne und Gehälter sowie die Lohnzusatzkosten sind auf vielen Teilmärkten des Arbeitsmarkts (z. B. für gering qualifizierte Arbeit) so hoch, dass sie von Unternehmen und Behörden nicht mehr bezahlt werden können **(lohnkostenbedingte Arbeitslosigkeit)**. Andererseits wird einfache Arbeit von manchen Arbeitsuchenden nicht angenommen, weil sie als nicht lohnend und als unattraktiv angesehen wird **(„freiwillige Arbeitslosigkeit")**. Die lohnkostenbedingte Arbeitslosigkeit ist umso größer, je höher der Mindestlohn über dem Marktlohn liegt. (Der Marktlohn ist der Lohn, der sich auf einem freien Arbeitsmarkt bilden würde.)
Gesetzliche und administrative Hemmnisse	Staatliche Regulierungen wie z. B. strenge **Kündigungsvorschriften** halten zahlreiche Unternehmen von Neueinstellungen ab. Bei Nachfragebelebungen werden vielmehr Überstunden geleistet. Viele Unternehmen würden mehr Arbeitskräfte einstellen, wenn die gesetzlichen Kündigungsfristen weniger rigide[1] wären. Die **bürokratische Regelungsdichte** ist vor allem in Deutschland und in Frankreich so hoch, dass viele unternehmerische Vorhaben nur langsam, gar nicht oder in einem fremden Land mit weniger Bürokratie durchgeführt werden.
Geringe Flexibilität	Die Arbeit ist in Deutschland im Gegensatz zu beispielsweise den USA oder den Niederlanden wenig flexibel (beweglich) organisiert. Es fehlt z. B. an Teilzeitarbeitsplätzen, an Möglichkeiten, unbezahlten Urlaub zu nehmen oder in auftragsstarken Zeiten mehr und in auftragsarmen weniger zu arbeiten usw.

1 **Rigid,** rigide (lat.): streng, starr, unnachgiebig.

Managementfehler	Managementfehler führen und führten zu Arbeitsplatzverlusten, weil versäumt wurde, die Fertigungsverfahren und die Produkte rechtzeitig an die sich ändernden Marktbedingungen anzupassen.
Mangelnde Risikobereitschaft	Die Schaffung neuer zukunftsträchtiger Arbeitsplätze wird beeinträchtigt, weil große Teile der Gesellschaft zu Recht oder zu Unrecht Angst vor den Auswirkungen der technologischen Entwicklung haben. So wird z. B. der Bau von Straßen, Brücken, Kanälen, Hochgeschwindigkeitszügen, Fabriken und Flugplätzen aus politischen und/oder aus Umweltschutzgründen behindert, verhindert oder verzögert.
Außenwirtschaftliche Bedingungen	Die Wechselkursentwicklung beeinflusst die Beschäftigung nachhaltig. Je niedriger der Kurs ist, desto billiger sind die Exporterzeugnisse für in Fremdwährungsgebieten ansässige Käufer. Je höher der Kurs, desto teurer sind die Exporterzeugnisse für die Importeure in den Fremdwährungsländern. Steigt also der Kurs, nehmen die Exportchancen ab und damit die Beschäftigung in der Exportwirtschaft. Sinkt der Kurs, nimmt die Beschäftigung zu.
Wirtschaftspolitische Entscheidungen	■ **Staatsverschuldung** Die Schuldenpolitik vieler Staaten führt und führte zu einer so hohen Belastung der Staatshaushalte mit Zins- und Tilgungszahlungen, dass für beschäftigungsfördernde Staatsausgaben keine Mittel mehr übrig bleiben. Im Gegenteil: Um den Staatshaushalt auszugleichen, müssen die Staatsausgaben weiter gesenkt und die Abgaben weiter erhöht werden. ■ **Schlanker Staat** Die staatlichen Sparmaßnahmen beeinflussen nicht nur die Gesamtnachfrage negativ, sondern unmittelbar auch die Beschäftigung. Die Beschäftigtenzahl in Deutschland ist bei Bund, Ländern und Gemeinden in den letzten Jahren sukzessive zurückgegangen.
Zinspolitik der Zentralbank	Hält die Zentralbank eines Wirtschaftsgebiets die Zinssätze hoch (um z. B. das Preisniveau stabiler zu halten), sind die Finanzierungskosten für Investitionen hoch. Die Unternehmen halten sich mit ihren Investitionen zurück, sodass weniger Arbeitsplätze ersetzt werden bzw. neu entstehen, als dies bei einem niedrigen Zinsniveau der Fall wäre.
Steigende Arbeitsproduktivität	Der Produktivitätsanstieg ist vor allem auf den **technischen Fortschritt** zurückzuführen, der sich in der Substitution von menschlicher Arbeit durch Maschinenarbeit äußert, also den Verlust von Arbeitsplätzen bewirkt **(technologische Arbeitslosigkeit)**. Der technische Fortschritt als „Jobkiller" sollte indessen nicht überschätzt werden. Empirische Untersuchungen zeigen, dass gerade innovationsfreudige Unternehmen und Branchen eine günstige Beschäftigung aufweisen. Technologischer Wandel und Rationalisierungsinvestitionen erhöhen die Produktivität und ermöglichen somit Kostensenkungen. Sie erhöhen die Flexibilität der Unternehmen, führen zur Verbesserung vorhandener Produkte sowie zu neuen Produkten. Die neuen Maschinen, Automaten und Produktionsanlagen ihrerseits müssen erst einmal produziert werden; dadurch werden Arbeitsplätze geschaffen oder erhalten.

19 Boller - ISBN 978-3-8120-0619-4

Unzureichende Ausbildung

Der Mangel an qualifizierten Mitarbeitern ist ein Hinderungsgrund für Neueinstellungen. Knapp die Hälfte aller Langzeitarbeitslosen in Deutschland haben **keine abgeschlossene Berufsausbildung.** Die Arbeitsplätze für einfache Arbeiten wurden (und werden) vor allem in der Industrie weitgehend wegrationalisiert. Anders ausgedrückt: Der **Produktivitätsfortschritt** kostete (und kostet) vor allem weniger anspruchsvolle Arbeitsplätze.

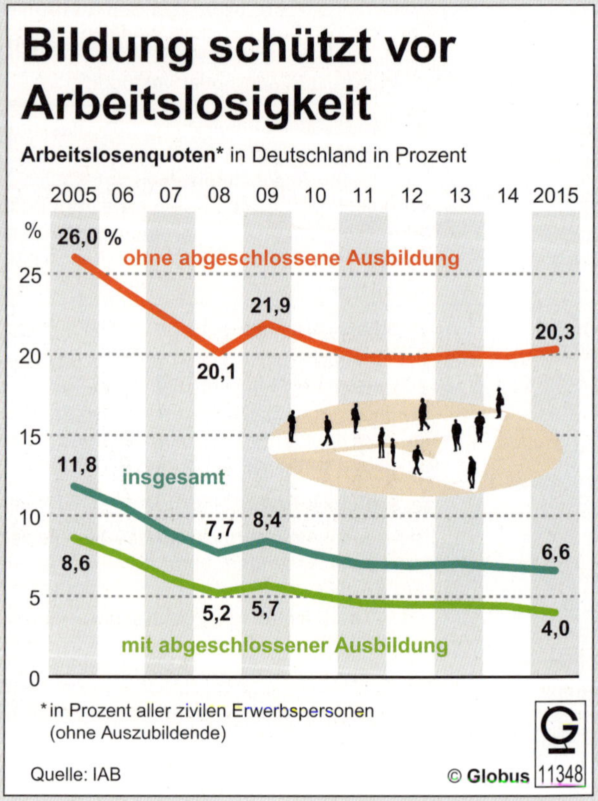

Berufliche und räumliche Immobilität

Im Grenzfall kann es sein, dass in einer Periode das gesamte Arbeitsangebot der gesamten Arbeitsnachfrage entspricht und dennoch Arbeitslosigkeit besteht. Dies kann darauf zurückzuführen sein, dass in einer Region die Arbeitsnachfrage das Arbeitsangebot übersteigt, während in einer anderen die umgekehrte Situation vorliegt.

Das Beschäftigungsproblem muss auch unter dem Blickwinkel der **qualitativen (beruflichen) Mobilität** gesehen werden, denn es gibt im Grunde ebenso viele Arbeitsmärkte, wie es Berufe gibt. Klaffen qualitative Arbeitsnachfrage und qualitatives Arbeitsangebot auseinander, ist „der" Arbeitsmarkt im Ungleichgewicht.

Schattenwirtschaft

Zur Schattenwirtschaft (Untergrundwirtschaft, Hidden Economy) rechnen alle wirtschaftlichen Betätigungen, für die legal oder illegal keine Steuern entrichtet und keine Sozialversicherungsabgaben abgeführt werden. Die Bereiche der Schattenwirtschaft werden statistisch nur als Schätzgröße erfasst (z. B. Hausarbeit, Lieferungen und Leistungen durch Gewerbetreibende ohne Rechnung).

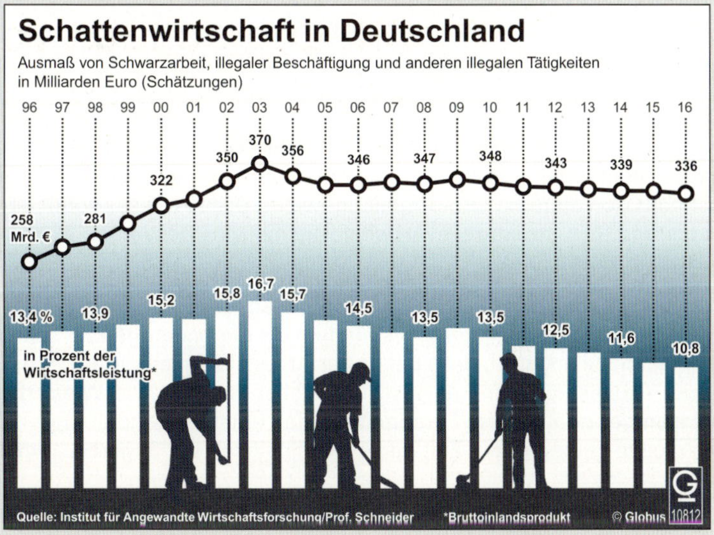

Beispiele:

- Zum **legalen** Bereich der Schattenwirtschaft gehören die Tätigkeiten der Hobbygärtner, die Selbstversorgung, die Nachbarschaftshilfe sowie die ehrenamtlichen Tätigkeiten in Hilfsorganisationen und nicht wirtschaftlichen Vereinen.
- **Illegale** Bereiche der Schattenwirtschaft sind Schwarzarbeit, die illegale Beschäftigung von Ausländern oder kriminelle Aktivitäten wie z. B. Drogenhandel.

Die **Schwarzarbeit** ist nicht zuletzt die **Folge** einer von der Bevölkerung als **zu hoch** empfundenen **Belastung** mit direkten Steuern (Einkommen- bzw. Lohnsteuer, Kirchensteuer, Solidaritätszuschlag) und Sozialversicherungsabgaben. Sie ist aber zugleich auch eine **Ursache** steigender Arbeitslosigkeit, weil sie an die Stelle der legalen Arbeit tritt. In der Folge sinken die Staatseinnahmen aus direkten Steuern und die Einnahmen der Sozialversicherungsträger. Der Staat muss die Steuersätze anheben (meist werden die indirekten Steuern wie z. B. Umsatzsteuer und/oder Mineralölsteuer erhöht), um die Einnahmeausfälle auszugleichen. Ein **sich selbst verstärkender Prozess** ist in Gang gesetzt: Die steigenden Abgaben erhöhen den Anreiz zur Schwarzarbeit, sodass diese weiter zunimmt.

(4) Strukturelle Arbeitslosigkeit

Die auf den wirtschaftlichen und technischen Wandel zurückzuführende Arbeitslosigkeit bezeichnet man als **strukturelle Arbeitslosigkeit.** Betroffen sind vor allem die Beschäftigten solcher Branchen (Wirtschaftszweige), die

- an wirtschaftlicher Bedeutung verlieren,
- die neue und arbeitssparende Techniken einführen und
- die langfristige Anpassungsschwierigkeiten erleiden.

Die strukturelle Arbeitslosigkeit ist im Gegensatz zur saisonalen oder konjunkturellen Arbeitslosigkeit langfristiger Natur und wird auch im wirtschaftlichen Aufschwung überhaupt nicht oder nur geringfügig abgebaut **(Sockelarbeitslosigkeit).** Der Arbeitsmarkt befindet sich dauerhaft im Ungleichgewicht. Das Arbeitsangebot ist größer als die Arbeitsnachfrage. Die strukturelle Arbeitslosigkeit wird deswegen auch als **Mismatch-Arbeitslosigkeit**[1] bezeichnet.

Die Sockelarbeitslosigkeit ist dadurch gekennzeichnet, dass sie sich von Konjunkturrückgang zu Konjunkturrückgang – so jedenfalls die bisherige Entwicklung – verstärkt. Dies ist u. a. damit zu erklären, dass bei hoher Arbeitslosigkeit die Arbeitgeber bei der Einstellung neuer Arbeitskräfte immer anspruchsvoller werden. Die **Wiederbeschäftigungschancen** für **weniger qualifizierte** Personen werden entsprechend geringer. Die Folge ist, dass sich bei diesen Personen die Zeit der Arbeitslosigkeit verlängert **(Langzeitarbeitslosigkeit).**

2.3 Individuelle und volkswirtschaftliche Folgen der Arbeitslosigkeit

2.3.1 Psychologische Auswirkungen der Arbeitslosigkeit auf die Arbeitslosen

Normalerweise ist eine Entlassung einer Arbeitskraft eine **Einzelentlassung.** Sie wird von den entlassenen Personen als mit- oder gar selbstverschuldet erlebt, „weil – im Vergleich zu jenen, die nicht entlassen werden – Leistungsfähigkeit, Qualifikation usw. scheinbar nicht ausreichen."[2] Die der Entlassung folgende Arbeitslosigkeit geht häufig mit einer Stigmatisierung[3] einher: Die Arbeitslosen werden von vornherein als weniger qualifiziert eingeschätzt. Bei der Suche nach einem neuen Arbeitsplatz müssen sie begründen, warum sie entlassen worden sind.[4] „Dauert die Arbeitslosigkeit länger, setzt außerdem eine zunehmende Isolierung ein. Die Öffentlichkeit nimmt vom Einzelfall kaum Notiz. Parallel vollzieht sich damit zugleich ein Entsolidarisierungsprozess, der nicht selten auf eine gesellschaftliche Ausgrenzung der Arbeitslosen hinausläuft. Neben mangelnder Leistungsfähigkeit und unzureichender Qualifikation unterstellt man ihnen nun auch noch Missbrauch der Sozialleistungen, Arbeitsunwilligkeit und dergleichen mehr."[5]

1 **Mismatch-Arbeitslosigkeit** (engl. mis...: falsch; match: Gleiches, Ebenbürtiges). Ein deutsches Wort für Mismatch-Arbeitslosigkeit gibt es nicht. Ein englisches Wörterbuch liefert folgende Erklärung: Mismatch: a failure to correspond or match a discrepancy: a huge mismatch between supply and demand.

2 Osterland, M.: Einzelentlassung und Massenentlassung als kollektive Erfahrung, in: Dressel, W. u. a. (Hrsg.): Lebenslauf, Arbeitsmarkt und Sozialpolitik, Nürnberg 1990, S. 139 f., zitiert in Kontrovers, Arbeitsmarktpolitik, a. a. O., S. 54.

3 **Stigmatisierung** (gr.): Brandmarkung, Kennzeichnung.

4 Vgl. Osterland, M., a. a. O., S. 54.

5 Vgl. Osterland, M., a. a. O., S. 54.

Eine andere Wirkung als Einzelentlassungen haben **Massenentlassungen** infolge von Insolvenzen und Rationalisierungsmaßnahmen (z. B. Betriebsstilllegungen, Betriebsverlagerungen). Da der Verlust der Arbeitsplätze **gemeinsam** erlebt wird, muss die Arbeitslosigkeit nicht vom Einzelnen gerechtfertigt werden, weil allgemein bekannt ist, dass man „schuldlos" entlassen worden ist.[1]

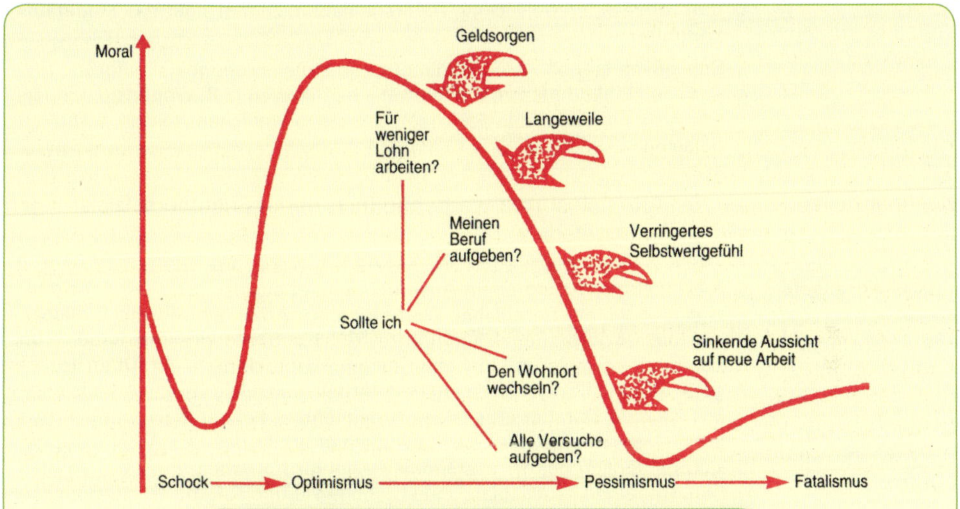

Die menschliche Erfahrung mit der Arbeitslosigkeit[3]

2.3.2 Finanzielle Folgen der Arbeitslosigkeit

Bei den finanziellen Folgen der Arbeitslosigkeit lassen sich grundsätzlich zwei Kategorien unterscheiden:

Finanzielle Folgen für den Einzelnen	Für den Arbeitslosen selbst ergeben sich zunächst finanzielle Folgen. So verringert sich durch die Arbeitslosigkeit sein verfügbares Einkommen. Gleichzeitig erhöht sich sein Rentenanspruch nicht in dem Maße, wie dies bei Fortbestehen des Beschäftigungsverhältnisses der Fall wäre.
Finanzielle Folgen für die Gesamtheit	Zunächst bedeutet Arbeitslosigkeit eine erhebliche **Belastung des Staatshaushaltes** (fehlende Einnahmen aus der Lohn- und Einkommensteuer) und **der Sozialsysteme** in zweierlei Hinsicht. So erhöhen sich durch die zu leistenden Transferzahlungen in Form von Arbeitslosengeld I oder Arbeitslosengeld II nicht nur die Ausgaben der Arbeitslosenversicherung bzw des Bundes, vielmehr sinkt gleichzeitig auch das **Beitragsaufkommen der Sozialversicherung.** Die aus sinkenden Beitragseinnahmen bei gleichzeitig

1 Vgl. Osterland, M., a. a. O., S. 55.

2 Quelle: Bundesanstalt für Arbeit (Hrsg.): Überlegungen II zu einer vorausschauenden Arbeitsmarktpolitik, 1978, S. 209.

	steigenden Ausgaben entstehende Finanzierungslücke bei den Sozialsystemen kann häufig nur durch einen höheren **Zuschuss** aus dem Bundeshaushalt geschlossen werden. Durch das Absinken des verfügbaren Einkommens bei den Arbeitslosen **verringert** sich auch die **Inlandsnachfrage.** Dies wiederum kann eine weitere Arbeitskräftefreisetzung zur Folge haben; zudem **sinkt** das **Steueraufkommen.** Schließlich stehen vielen Beziehern von Arbeitslosengeld II aufgrund des geringen Einkommens weitere staatliche Hilfen zu (z. B. Wohngeld, Kinderzuschlag für bedürftige Familien), die die öffentlichen Kassen zusätzlich belasten.

Die finanziellen Folgen der Arbeitslosigkeit werden jedoch durch Entgeltersatzleistungen der Arbeitslosenversicherung abgefedert.

Arbeitslosengeld	Arbeitnehmer haben einen Anspruch auf Arbeitslosengeld bei **Arbeitslosigkeit** oder bei **beruflicher Weiterbildung.** Arbeitnehmer mit Erreichen des Jahres ihrer Regelaltersgrenze (65. bis 67. Lebensjahr) haben von Beginn des folgenden Monats an keinen Anspruch mehr auf Arbeitslosengeld. Anspruchsvoraussetzung beim Arbeitslosengeld wegen Arbeitslosigkeit ist, dass sich der arbeitslose Arbeitnehmer bei der Agentur für Arbeit arbeitslos gemeldet und die Anwartschaft erfüllt hat. Der Arbeitslose hat sich persönlich bei der zuständigen Agentur für Arbeit arbeitslos zu melden. Wer einen Arbeitsplatz ohne wichtigen Grund aufgibt, erhält Arbeitslosengeld grundsätzlich erst nach 12 Wochen. Überhaupt kein Arbeitslosengeld erhält, wer einen von der Agentur für Arbeit vermittelten zumutbaren Arbeitsplatz auf Dauer ablehnt.[1] Die Dauer des Anspruchs auf Arbeitslosengeld hängt von der Dauer des Versicherungsverhältnisses und dem Lebensalter der arbeitslosen Person bei der Entstehung des Anspruchs ab.[2] Das Arbeitslosengeld beträgt zurzeit 60 % und für die Arbeitslosen, die z. B. mindestens ein Kind haben, 67 % des für den Bemessungszeitraum berechneten pauschalierten Nettoentgelts.
Konjunkturelles Kurzarbeitergeld	Das konjunkturelle Kurzarbeitergeld (Kug) wird gewährt, wenn in Betrieben oder Betriebsabteilungen die regelmäßige betriebsübliche wöchentliche Arbeitszeit infolge wirtschaftlicher Ursachen oder eines unabwendbaren Ereignisses vorübergehend verkürzt wird. Das Kurzarbeitergeld wird längstens sechs Monate für den Arbeitsausfall während der Bezugsfrist gezahlt. Unter bestimmten Voraussetzungen verlängert sich die Bezugsfrist oder es beginnt eine neue Bezugsfrist. Das Kurzarbeitergeld beträgt für Arbeitnehmer mit dem erhöhten Leistungssatz beim Arbeitslosengeld (z. B. Arbeitnehmer mit mindestens einem Kind) zurzeit 67 % und für die übrigen Arbeitnehmer zurzeit 60 % der sogenannten Nettoentgeltdifferenz im Anpruchszeitraum. Das Kurzarbeitergeld soll als teilweiser Lohnersatz dazu beitragen, den Arbeitnehmern die Arbeitsplätze und den Unternehmern die eingearbeiteten Arbeitskräfte zu erhalten.

1 Die Dauer der **Sperrzeit** wegen Arbeitsablehnung, wegen Ablehnung einer beruflichen Eingliederungsmaßnahme oder wegen Abbruchs einer beruflichen Eingliederungsmaßnahme beträgt drei oder sechs Wochen, bei unzureichenden Eigenbemühungen zur Beendigung der Arbeitslosigkeit zwei Wochen.

2 Das Arbeitslosengeld wird in der Regel 12 Monate gezahlt. Nach 30 Beitragsmonaten und Vollendung des 50. Lebensjahres wird Arbeitslosengeld für 15 Monate gewährt, nach 36 Beitragsmonaten und 55 Lebensjahren für 18 Monate und nach 48 Beitragsmonaten und 58 Lebensjahren 24 Monate.

Saison-Kurzarbeitergeld	Unter bestimmten Voraussetzungen können Arbeitnehmer im **Baugewerbe oder** einem **anderen Wirtschaftszweig,** der von saisonbedingtem Arbeitsausfall betroffen ist, wie z. B. Gerüstbauer, Dachdecker, Beschäftigte im Garten- und Landschaftsbau, in der **Schlechtwetterzeit** (1. Dez. bis 31. März) bei erheblichem Arbeitsausfall **Saison-Kurzarbeitergeld** beanspruchen. **Ergänzend** haben diese **Arbeitnehmer**, wenn ihre Arbeitsverhältnisse während der Schlechtwetterzeit **nicht gekündigt** werden können, Anspruch auf **Wintergeld** als **Zuschuss-Wintergeld** und **Mehraufwands-Wintergeld.** **Arbeitgeber** haben Anspruch auf die Erstattung der von ihnen zu tragenden Beiträge zur Sozialversicherung, soweit für diese Zwecke Mittel durch eine Umlage aufgebracht werden.
Insolvenzgeld	Insolvenzgeld[1] erhalten im Inland beschäftigte Arbeitnehmer, wenn sie z. B. bei der Eröffnung des Insolvenzverfahrens über das Vermögen des Arbeitgebers für die dem Insolvenzereignis vorausgehenden drei Monate des Arbeitsverhältnisses noch Ansprüche auf Arbeitsentgelt haben. Das Insolvenzgeld wird in Höhe des **Nettoarbeitsentgelts** geleistet.

2.4 Ziel und Träger der Arbeitsmarktpolitik

Die **Arbeitsmarktpolitik** umfasst alle Maßnahmen, die dazu dienen, die strukturelle Arbeitslosigkeit zu beseitigen, neue Arbeitsplätze zu schaffen und vorhandene Arbeitsplätze zu sichern.

Neben der **Bundesagentur für Arbeit** mit Sitz in Nürnberg ist die Bekämpfung des Problems der Arbeitslosigkeit aber unter anderem auch Aufgabe der **Regierung,** der **Arbeitgeber,** der **Arbeitnehmer** und der **Tarifparteien** (Arbeitgeberverbände und Gewerkschaften).

Diesen Beteiligten steht eine Vielzahl möglicher Maßnahmen zur Verfügung, die teilweise bereits umgesetzt sind oder aber diskutiert werden.

Beteiligte	(mögliche) Maßnahmen
Regierung	■ Senkung der Lohnnebenkosten ■ staatliche Beschäftigungsprogramme ■ Förderung von Existenzgründungen (z. B. durch einen Gründungszuschuss) ■ Investitionsförderprogramme ■ Zahlung zeitlich befristeter Lohnzuschüsse für die Neueinstellung von Langzeitarbeitslosen („Kombilohn") ■ Sonderprogramme zur Bekämpfung von Jugendarbeitslosigkeit ■ Organisation von Gesprächsrunden zwischen Regierung, Arbeitgeber- und Gewerkschaftsvertretern (z. B. „Bündnis für Arbeit")

1 Als **Insolvenz** bezeichnet man vorübergehende Zahlungsschwierigkeiten oder die dauernde Zahlungsunfähigkeit eines Schuldners.

Beteiligte	(mögliche) Maßnahmen
	■ Änderung gesetzlicher Regelungen (z. B. Regelungen zum Kündigungsschutz oder zur Entgeltfortzahlung im Krankheitsfalle, Änderung der Rentengesetzgebung: Senkung/Erhöhung des Renteneintrittsalters, Vorruhestands- oder Altersteilzeitregelungen) ■ Erhöhung von Bildungs- und Forschungsinvestitionen ■ staatliche Konjunkturprogramme zur Belebung der Nachfrage
Arbeitgeber	■ Ausweitung der Teilzeitarbeitsmöglichkeiten ■ Neueinstellungen durch Überstundenabbau ■ Durchführung bisher zurückgestellter Investitionen
Arbeitnehmer	■ berufliche Weiterbildung ■ Erhöhung der regionalen Mobilität ■ Bereitschaft zur Annahme einer Beschäftigung mit geringeren Qualifikationsanforderungen und/oder niedrigerer Bezahlung als vorher
Tarifpartner	■ Arbeitszeitverlängerung bei gleichem Lohn ■ moderate Lohnerhöhungen ■ Öffnung von Tarifverträgen

2.5 Maßnahmen und Wirkungen von Arbeitsmarkt- und Bildungspolitik

2.5.1 Kurzfristig wirksame Instrumente (Beispiele)

Kurzfristige nachfrageorientierte Maßnahmen des Staates zur Bekämpfung der Arbeitslosigkeit sind z. B. die **Erhöhung der Staatsausgaben** und die **Senkung der Staatseinnahmen** im Rahmen der antizyklischen Finanzpolitik.[1]

Die staatliche Wirtschaftspolitik kann durch die Geld- und Währungspolitik der Zentralbank unterstützt werden, indem diese z. B. die **Zinssätze senkt,** die **Mindestreservesätze herabsetzt** und/oder **Offenmarktkäufe tätigt**.[2]

In diesem Zusammenhang sind auch die sogenannten **staatlichen Beschäftigungsprogramme** zu nennen. Hierbei handelt es sich um einmalige Ausgaben für solche Wirtschaftszweige, von denen starke nachfragewirksame Impulse[3] auf die Gesamtwirtschaft ausgehen. Eine solche „Schlüsselindustrie" ist z. B. die Bauwirtschaft. Die Wirkung solcher zusätzlichen „Konjunkturspritzen" ist

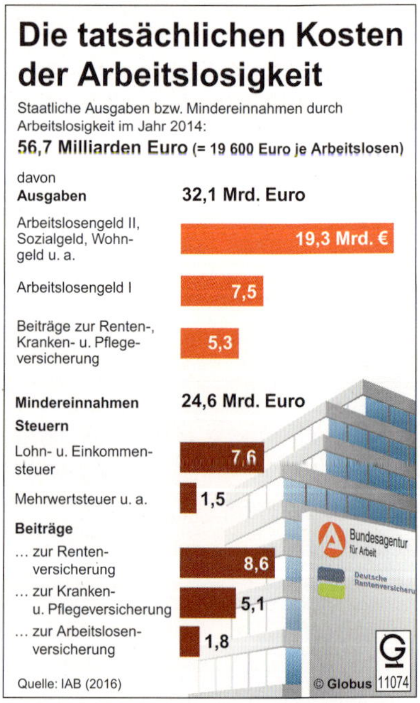

1 Siehe Kapitel 2.1 in Anforderungssituation 6.2.

2 Siehe Kapitel 5.2 in Anforderungssituation 6.3.

3 **Impuls** (lat.): Anstoß, Anreiz.

jedoch zweifelhaft. Kritiker meinen, dass sie allenfalls ein Strohfeuer auslösen. Sie sind sogar von Nachteil, wenn der Staat verschuldet ist.

Die Beschäftigungspolitik wird durch die **Arbeitsmarktpolitik** der Bundesagentur für Arbeit (BA) ergänzt. Dabei wird zwischen **passiver** und **aktiver Arbeitsmarktpolitik** unterschieden. Erstere hat die Aufgabe, die negativen materiellen Folgen der von der Arbeitslosigkeit betroffenen Personen und ihren Familien zu mildern (z. B. durch die Zahlung von Arbeitslosengeld).

Die **aktive Arbeitsmarktpolitik** versucht, durch gezielte Maßnahmen das Entstehen von Arbeitslosigkeit zu verhindern (z. B. durch die Zahlung von Kurzarbeitergeld) oder die bestehende Arbeitslosigkeit zu verringern (z. B. durch Förderung der beruflichen Fortbildung, Umschulungsmaßnahmen, Zahlung eines Gründungszuschusses für arbeitslose Arbeitnehmer, die ihre Arbeitslosigkeit durch Aufnahme einer selbstständigen Tätigkeit beenden wollen).

2.5.2 Langfristig wirksame Instrumente (Beispiele)

(1) Senkung der Lohnnebenkosten (Lohnzusatzkosten)

Der Staat kann dazu beitragen, die Arbeitskosten zu senken, indem er dafür sorgt, dass die **gesetzlichen Lohnnebenkosten** (z. B. die Sozialversicherungsbeiträge der Arbeitgeber) gesenkt werden.

(2) Kombilöhne[1] an Arbeitnehmer

Liegen die Marktlöhne **unter dem Niveau der sozialen Grundsicherung,** können an die Arbeitgeber **Lohnkostenzuschüsse** aus den staatlichen Kassen bezahlt werden. Man erwartet aufgrund der sinkenden Lohnkosten eine Zunahme der Nachfrage nach Arbeitskräften.

Eine weitere Form des Kombilohns ist die unmittelbare **Aufstockung von Niedriglöhnen** mit Mitteln aus öffentlichen Kassen: Wenn das Einkommen von Erwerbstätigen nicht ausreicht, ihren Grundbedarf zu decken, haben sie Anspruch auf Arbeitslosengeld II bis zur Höhe der Grundsicherung.[2]

(3) Förderung öffentlicher Beschäftigung

Mit der Förderung öffentlicher Beschäftigung finanziert die Allgemeinheit (durch den Staat) die Einstellung von Arbeitskräften, die ohne diese Hilfe keinen Arbeitsplatz erhalten können. Dazu gehören z. B. die Arbeitsgelegenheiten mit Mehraufwandsentschädigung und Arbeitsverhältnisse, die durch Zuschüsse zum Arbeitsentgelt gefördert werden.

1 **Kombilöhne**: Abkürzung von Kombinationslohn. Kombination (lat.): Zusammenstellung.

2 Die betroffenen Personen werden als „Aufstocker" bezeichnet.

Arbeitsgelegenheiten mit Mehraufwandsentschädigung [§ 16d SGB II]	**Erwerbsfähige Leistungsberechtigte** können zur Erhaltung oder Wiedererlangung ihrer Beschäftigungsfähigkeit, die für eine Eingliederung in Arbeit erforderlich ist, in **Arbeitsgelegenheiten zugewiesen** werden, wenn die darin verrichteten Arbeiten zusätzlich sind, im öffentlichen Interesse liegen und wettbewerbsneutral sind. Arbeiten sind **zusätzlich,** wenn sie ohne Förderung nicht, nicht in dem vorgesehenen Umfang oder erst zu einem späteren Zeitpunkt durchgeführt würden. Arbeiten liegen im **öffentlichen Interesse,** wenn das Arbeitsergebnis der Allgemeinheit dient. Arbeiten sind **wettbewerbsneutral,** wenn durch sie eine Beeinträchtigung der Wirtschaft infolge der Förderung nicht zu befürchten ist. Den erwerbsfähigen Leistungsberechtigten ist während einer solchen Arbeitsgelegenheit zuzüglich zum Arbeitslosengeld II von der Agentur für Arbeit eine **angemessene Entschädigung für Mehraufwendungen** zu zahlen.
Arbeitsverhältnisse durch Zuschüsse zum Arbeitsentgelt [§ 16e SGB II]	**Arbeitgeber** können für die Beschäftigung von zugewiesenen erwerbsfähigen Leistungsberechtigten **durch Zuschüsse zum Arbeitsentgelt gefördert** werden, wenn zwischen dem Arbeitgeber und der erwerbsfähigen leistungsberechtigten Person ein **Arbeitsverhältnis begründet** wird. Der Zuschuss richtet sich nach der Leistungsfähigkeit des erwerbsfähigen Leistungsberechtigten und beträgt **bis zu 75 % des berücksichtigungsfähigen Arbeitsentgelts.** Eine Förderung ist u.a. ausgeschlossen, wenn zu vermuten ist, dass der Arbeitgeber die Beendigung eines anderen Beschäftigungsverhältnisses veranlasst, um eine Förderung im o.g. Sinne zu erhalten.

(4) Investitionen in Bildung zur Vermeidung von Arbeitslosigkeit

Wie Studien mittlerweile belegen, besteht bei Personen mit **geringer Qualifikation** ein wesentlich **höheres Risiko,** arbeitslos zu werden, als bei Personen mit weiterführender Ausbildung. Bei Jugendlichen ist das Risiko der Arbeitslosigkeit aufgrund mangelnder Bildung sogar um ein Vielfaches höher, als bei Erwachsenen. So verwundert es nicht, dass der Bildungspolitik im Zusammenhang mit der Bekämpfung der Arbeitslosigkeit eine besondere Rolle zufällt.

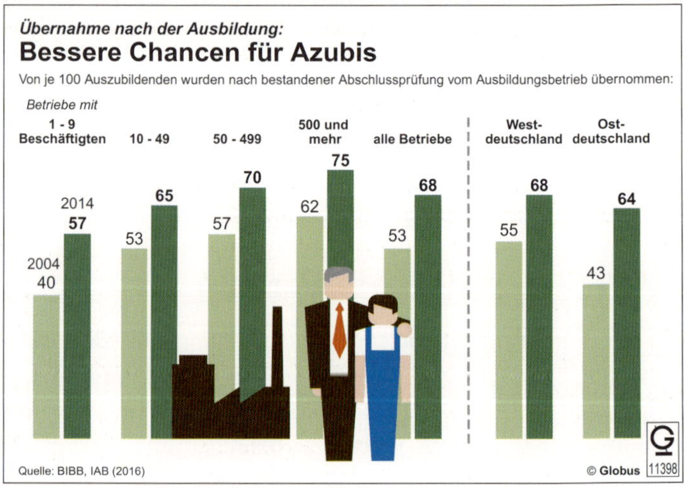

Bildungskosten sind keine Kosten, sondern letztlich eine **Investition** in die Zukunft, die sich für den Einzelnen, für die Unternehmen, für den Staat und die Sozialkassen rechnet.

Nicht zuletzt vor diesem Hintergrund sind in Deutschland immer mehr Eltern auch bereit, in die Bildungsqualität ihrer Kinder Geld zu investieren (z. B.: Ausgaben für zusätzliche Bücher, Kurse, Nachhilfestunden). Da aber nicht alle Bürger über die privaten Mittel verfügen, um verstärkt in das Bildungsvermögen ihrer Kinder zu investieren, ist vor allem die Verantwortung des Staates gefordert. Viele Länder haben dementsprechend längst umgedacht und ihre Bildungsinvestitionen erhöht, wie auch nachfolgende Abbildung verdeutlicht.

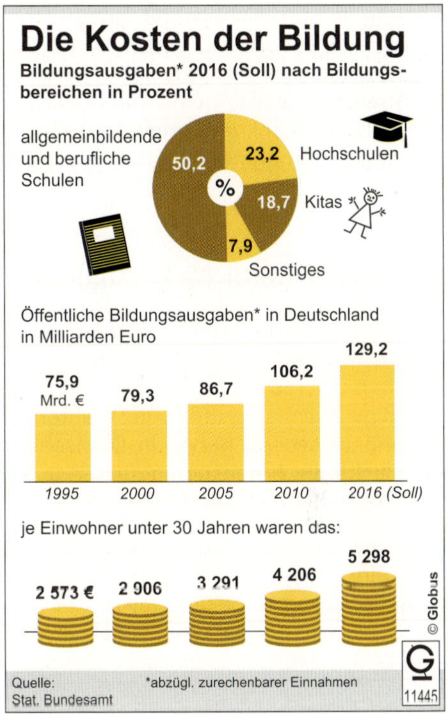

Im Jahr 2016 waren nach den Haushaltsplänen von Bund, Ländern und Gemeinden 129,2 Mrd. Euro für das Bildungswesen in Deutschland vorgesehen. Das waren nach Angaben des Statistischen Bundesamts 5 298 Euro je Einwohner unter 30 Jahren. Mit 64,9 Mrd. Euro war mehr als die Hälfte des Bildungsbudgets für die Finanzierung der allgemeinbildenden und beruflichen Schulen vorgesehen. An zweiter Stelle folgten die Hochschulen mit 30,0 Mrd. Euro, was einem Anteil von 23,2 % entsprach. Zwar sind die Bildungsausgaben in den vergangenen 20 Jahren deutlich gestiegen (im Jahr 1995 betrugen sie 75,9 Mrd. Euro), gemessen am Bruttoinlandsprodukt haben sie sich aber kaum verändert. Aufgrund des demografischen Wandels profitieren aber dennoch insbesondere jüngere Menschen im Alter bis 30 Jahre von den höheren Ausgaben. So waren die öffentlichen Bildungsausgaben für diese Altersgruppe vor 20 Jahren mit 2 573 Euro pro Kopf noch um 49 % oder 2 725 Euro niedriger als im Haushaltsplan 2016 vorgesehen.

Wenn Deutschland seine Investitionen in Bildung nicht entsprechend erhöht, wird es schwierig, die künftigen Herausforderungen erfolgreich zu bewältigen. Aufgrund des demografischen Wandels tut sich schon bis zum Jahr 2020 eine eklatante Lücke an qualifizierten Fachkräften auf, die man zur Sicherung des derzeitigen Wachstums- und Wohlstandsniveaus dringend bräuchte. Hinzu kommt, dass eine alternde und demografisch schrumpfende Gesellschaft wie die deutsche künftig über immer weniger Erwerbstätige verfügt, die zugleich aber immer mehr Menschen versorgen muss.

Diesem Dilemma wird man nur dann entkommen, wenn es der Politik gelingt, alle Erwerbsfähigen durch möglichst hohe Qualifikationen zu höherer Wertschöpfung zu befähigen. Zudem müssen bildungspolitische Weichenstellungen vorgenommen werden, die für einen breiten Nachschub an Hochqualifizierten – weit über das heutige Niveau hinaus – sorgen. Andernfalls wird man international nicht **wettbewerbsfähig** sein und weder Innovationen hervorbringen noch jenes Wachstum erzielen, das Deutschland zur Finanzierung seiner bisherigen staatlichen Leistungen braucht.

Bildung ist vergleichbar mit einem schweren Tanker, der sich nicht von heute auf morgen in eine andere Richtung manövrieren lässt: Was heute investiert wird, zahlt sich erst Jahre später für die Gesellschaft aus. Nur wenn **arbeitsmarkt- und bildungspolitische Maßnahmen** besser ineinander greifen, wird man das zur Schließung der Lücke benötigte Potenzial an Fachkräften gewinnen und damit zugleich die bildungspolitischen Weichenstellungen vornehmen, die das Bildungswesen zukunftsfähiger machen.

2.6 Nichtstaatliche Maßnahmen zur Bekämpfung der Arbeitslosigkeit

Das Angebot von Arbeitsplätzen u.a. auch von dem **Lohnniveau** ab. Deshalb haben in Deutschland nicht nur der Staat, sondern auch die **Tarifverbände**, nämlich die Gewerkschaften einerseits und die Arbeitgeber bzw. ihre Verbände andererseits, Einfluss auf die jeweilige Beschäftigungslage. Während für Beamte, Richter und Soldaten der Staat die Lohnhöhe festlegt, haben in Deutschland die Tarifverbände (Tarifpartner, Sozialpartner) das Recht, die Arbeitsbedingungen (z.B. Tarifverträge, Arbeitszeit) in ihren **Tarifverträgen** unabhängig von staatlicher Beeinflussung abzuschließen **(Tarifautonomie).**

Wichtige Ziele der Gewerkschaften sind, zum einen den Anteil der Arbeitnehmer am Volkseinkommen (die Lohnquote) zu sichern oder zu erhöhen[1] und zum anderen die Arbeitslosigkeit zu bekämpfen.

(1) Produktivitätsorientierte Lohnpolitik

Soll die bisher erreichte Lohnquote erhalten bleiben, werden sich die Gewerkschaften zum Ziel setzen, Lohnerhöhungen in Höhe der jährlichen Produktivitätssteigerung der Volkswirtschaft (zuzüglich eines Inflationsausgleichs) durchzusetzen. Die **produktivitätsorientierte Lohnpolitik** hat folgende Vorteile: Die Verteilung des Volkseinkommens ändert sich nicht, der materielle Lebensstandard der Arbeitnehmer steigt entsprechend der volkswirtschaftlichen Gesamtleistung und die Preise bleiben unter sonst gleichen Bedingungen stabil. Eine Gefahr für die Arbeitsplätze besteht von dieser Seite her deswegen nicht, weil die Konsumgüternachfrage entsprechend der Mehrproduktion (des Produktivitätsfortschritts) steigen kann.

Beispiel:

Angenommen, eine Volkswirtschaft produziert mit einem Kapitalstock von 5000 Mrd. GE und mit 25 Mio. unselbstständigen Arbeitskräften Güter im Wert von 500 Mrd. GE. Die Ersparnis und die Nettoinvestition sei null. Wenn wir eine Lohnquote von 50 % voraussetzen, entfallen vom Volkseinkommen in Höhe von 500 Mrd. GE je 250 Mrd. GE auf die Arbeitnehmer und die Unternehmen bzw. die Unternehmerhaushalte. Steigt aufgrund von Verbesserungsinvestitionen das reale Volkseinkommen auf 550 Mrd. GE, so bedeutet dies bei gleichem Einsatz von Arbeitskräften eine Produktivitätssteigerung von 10 %. (Vor der Produktivitätserhöhung betrug die Produktivität 500 Mrd. GE : 25 Mio., nunmehr 550 Mrd. : 25 Mio.)

Um die bisherige Lohnquote in Höhe von 50 % zu halten, müssen die Löhne ebenfalls um 10 % angehoben werden, d.h. auf 275 Mrd. GE. Dies ist allein schon zur Erhaltung der Vollbeschäftigung notwendig, falls die Unterneh-

1 Zur Verteilung des Volkseinkommens siehe Anforderungssituation 3.2, Kapitel 3.3.3.

men auf ihrer Mehrproduktion „sitzen" und sehen sich zu Produktionseinschränkungen oder Preissenkungen gezwungen.

Sind indessen die Preise aus irgendwelchen Gründen bei gleicher Ausbringung um 10 % gestiegen, oder mit anderen Worten: ist das nominelle Volkseinkommen bei Konstanz des realen Volkseinkommens gestiegen, so bleibt zwar der **Nominallohn** erhalten (250 Mrd. GE), die **Reallöhne** aber sinken: Die Arbeitnehmer nämlich können nunmehr statt bisher 50 % nur noch 45,5 % der gesamtwirtschaftlichen Leistung kaufen. Soll also die Lohnquote und damit der Reallohn erhalten bleiben, müssen die Löhne um ebenfalls 10 % auf 275 Mrd. GE erhöht werden.

Die produktivitätsorientierte Lohnpolitik trägt unter sonst gleichen Bedingungen zur Sicherung der Beschäftigung bei.

(2) Expansive Lohnpolitik

Erstreben die Gewerkschaften hingegen eine Erhöhung der Lohnquote, müssen sie eine **expansive Lohnpolitik** betreiben, d.h., sie müssen Lohnerhöhungen durchsetzen, die über den Produktivitätszuwachs und die Preissteigerungsrate hinausgehen. Haben sie Erfolg, so muss unterschieden werden, ob die Wirtschaft vollbeschäftigt ist oder nicht. Ist die Wirtschaft unterbeschäftigt, werden die Gewerkschaften ihre Forderungen kaum durchsetzen können. Kräftige Lohnsteigerungen würden zu weiteren Arbeitsplatzverlusten führen. Ist die Wirtschaft vollbeschäftigt und steigen die Löhne schneller als die Preise und der Produktivitätszuwachs, sind aus diesem Grunde zwar keine Arbeitsplätze in Gefahr; jedoch nimmt die Konsumgüternachfrage schneller als das Angebot von Gütern und Leistungen zu, sodass die Preise steigen. Die Inflation frisst sozusagen die Lohnsteigerungen wieder auf.

Beispiel:

Das lässt sich mithilfe des vorigen Zahlenbeispiels verdeutlichen. Beträgt das Volkseinkommen im Ausgangszeitpunkt 500 Mrd. GE und ist die Lohnquote 50 %, steigt bei einer 20 %igen Lohnerhöhung das Arbeitnehmereinkommen kurzfristig auf 300 Mrd. GE an. Beläuft sich der Produktionszuwachs jedoch nur auf 10 % und geben die Arbeitnehmer ihr gesamtes Zusatzeinkommen – was vereinfachend unterstellt sein soll – wieder aus, werden die Unternehmer ihre Preise um 10 % erhöhen. Das Volkseinkommen ist um real 50 Mrd. GE, nominell aber um 100 Mrd. GE gestiegen. Nach Ablauf einer bestimmten Zeit ist die alte Einkommensverteilung wieder hergestellt.

Nicht ganz so leicht fallen Preiserhöhungen, wenn entweder das zusätzliche Arbeitnehmereinkommen teilweise gespart wird, oder aber wenn billigere Auslandswaren importiert werden. Dann nämlich würden die Preissteigerungen nicht mit der Lohnentwicklung Schritt halten und die Einkommensverteilung würde sich zugunsten der Arbeitnehmer verschieben. In diesem Fall entsteht jedoch ein neues Problem: Die höheren Lohnkosten ziehen stagnierende oder gar abnehmende Gewinne nach sich. Dies aber bewirkt, dass die Unternehmen ihre Investitionspläne überprüfen und Investitionsvorhaben streichen. Unter Umständen führt das dazu, dass das Volkseinkommen real nicht mehr wächst, während Löhne und Preise weiter steigen (Stagnation bei Inflation oder kurz **„Stagflation"** genannt). Falls die Nettoinvestitionen zurückgehen, ist sogar mit zunehmender Arbeitslosigkeit zu rechnen.

- Ziel der **expansiven Lohnpolitik** ist, die Lohnquote (den prozentualen Anteil des Arbeitnehmerentgelts) zu erhöhen.
- Bei Unterbeschäftigung führt die (erfolgreiche) expansive Lohnpolitik zu **Arbeitsplatzverlusten.**
- Die expansive Lohnpolitik kann bei Vollbeschäftigung eine **Lohn-Preis-Spirale** auslösen, sodass auf längere Sicht ebenfalls Arbeitsplätze gefährdet sind.

(3) Arbeitszeitverkürzung

Die Gewerkschaften in vielen Ländern Europas haben in den letzten Jahrzehnten erhebliche Verkürzungen der Arbeitszeiten (vor allem kürzere Wochenarbeitszeiten, mehr Urlaub) durchgesetzt. Die These: Das Arbeitsangebot wird verknappt, die Durchsetzung von Lohnforderungen wird erleichtert und die Arbeitslosigkeit verringert. Die Arbeitszeitverkürzung kann jedoch nur unter bestimmten Bedingungen zum Abbau der Arbeitslosigkeit beitragen, nämlich dann, wenn die Arbeitszeitverkürzung mit einer entsprechenden Lohnkürzung einhergeht und auf dem Arbeitsmarkt genügend geeignete Bewerber zur Verfügung stehen. Muss jedoch der gleiche Lohn für weniger Arbeit gezahlt werden **(Arbeitszeitverkürzung bei vollem Lohnausgleich),** werden die Unternehmen die teuer gewordene Arbeit durch den Einsatz von Maschinen ersetzen.

Wird die Arbeitszeit in Berufsfeldern verkürzt, bei denen nicht genügend Arbeitsuchende vorhanden sind, muss die vorhandene Belegschaft die Arbeit z. B. durch intensiveren Einsatz oder durch Mehrarbeit übernehmen. Ein möglicherweise vorhandener Mangel an Fachkräften verstärkt sich. Die Unternehmen werden gezwungen, den Arbeitskräfteausfall durch Personal aus dem Ausland zu ersetzen. Die Arbeitslosigkeit wird nicht verringert.

(4) Öffnung der Tarifverträge

Noch vor wenigen Jahren waren die meisten Tarifverträge **starr,** d. h., sie galten für jedes tarifgebundene Unternehmen, gleichgültig, in welcher wirtschaftlichen Lage es sich befand. Angesichts der hohen Arbeitslosigkeit wurden die Tarifverträge zunehmend flexibler (beweglicher) gestaltet: Tariföffnungsklauseln sollen es den Betrieben, denen es nicht besonders gut geht, ermöglichen, ihre Belegschaft für eine bestimmte Zeit (z. B. für ein Jahr) bis zu einem vereinbarten Prozentsatz unter Tarif zu bezahlen **(Entgeltkorridor).** Die konkreten Vereinbarungen zu dieser sogenannten **Härteklausel** werden dann zwischen Betriebsrat und Arbeitgeber ausgehandelt.

Kompetenztraining

33

1. Erklären Sie die Begriffe friktionelle, konjunkturelle und strukturelle Arbeitslosigkeit!
2. Erläutern Sie, wie sich erklärt, dass die Sockelarbeitslosigkeit von Konjunkturzyklus zu Konjunkturzyklus zunimmt!
3. Zeichnen Sie eine normale Arbeitsangebotskurve und eine normale Arbeitsnachfragekurve nach dem Preisbildungsmodell des vollkommenen Polypols und beantworten Sie folgende Aufgabenstellungen:

Aufgaben:

3.1 Erläutern Sie, wie sich eine normale Arbeitsangebotskurve, wie eine normale Arbeitsnachfragekurve erklären lässt!

3.2 Erläutern Sie, welche Folgen sich ergeben, wenn der Mindestlohn

 3.2.1 unter dem Gleichgewichtslohn (Marktpreis der Arbeit) und

 3.2.2 über dem Gleichgewichtslohn liegt!

3.3 Stellen Sie grafisch dar, wie sich eine Verkürzung der Arbeitszeit (z. B. der Wochenarbeitszeit) auf den Marktlohn auswirkt!

4. **Textauszug:**

Das dänische Arbeitsmarktmodell

KOPENHAGEN. „Flexicurity" heißt das Schlüsselwort für das dänische Arbeitsmarktmodell: die Kombination aus hoher Flexibilität und der für die Arbeitnehmer nötigen Sicherheit. Sie gilt als Grundpfeiler für die hohen Exportüberschüsse, die schwarzen Zahlen im Staatshaushalt und für die Arbeitslosenquote in Höhe von nur vier Prozent.

Der dänische Ansatz mixt die liberalen Regeln des angelsächsischen mit der sozialen Sicherheit des mittel- und nordeuropäischen Systems. Der Kündigungsschutz ist minimal, Kündigungsfristen für Arbeiter sind nicht existent, für Angestellte meist nur wenige Wochen. Heuern und feuern ist problemlos. Der Vorteil ist die Flexibilität. Unternehmen können sich den Marktbedingungen anpassen und müssen nicht lange kalkulieren, ob sie sich neue Mitarbeiter leisten können. Geht es wieder bergab, können diese rasch wieder entlassen werden.

Den Nachteil für die Arbeitnehmer federt einerseits das relativ hohe Arbeitslosengeld ab, andererseits ein feinmaschiges Netz an Maßnahmen, das die Betroffenen wieder zurück auf den Arbeitsmarkt bringen soll. Statt Jobsicherheit gibt es soziale Sicherheit. Das Arbeitslosengeld beträgt maximal 90 Prozent des letzten Einkommens, allerdings nur bis zu einer Höchstgrenze von brutto 1 950 Euro im Monat.

Das System ist also vor allem auf niedrige Einkommen zugeschnitten, Besserverdienende müssen erhebliche Einbußen verkraften. Das Arbeitslosengeld wird bis zu vier Jahre lang bezahlt, doch statt passiver Versorgung steht aktive Arbeitssuche und Arbeitsbeschaffung im Vordergrund.

Jeder Arbeitslose hat das Recht auf einen individuellen Jobplan mit Weiterbildung und im Ausnahmefall auch Jobs mit Lohnzuschuss. Er hat aber auch die Pflicht, jede angebotene Beschäftigung anzunehmen, sonst droht der Entzug der Stütze. Die Daten sind in der Jobbank der Arbeitsvermittlung gespeichert, aktive Arbeitssuche ist eine Voraussetzung für das Arbeitslosengeld.

Das System hat geholfen, selbst Massenkündigungen in der Textilindustrie, Werften oder Schlachthäusern aufzufangen. Der Idealfall: Dank der Weiterbildung kehren die Entlassenen als besser qualifizierte Mitarbeiter auf den Arbeitsmarkt zurück.

Das Modell kostet Geld. Hohe Steuern für seine Finanzierung und ein moderner, gut funktionierender öffentlicher Sektor sind eine Voraussetzung für sein Funktionieren. Nur den Kündigungsschutz herauszupicken, ohne auch Arbeitsvermittlung, Fortbildung und Steuersystem anzupassen, hat nicht viel mit dem „dänischen Modell" zu tun.

Quelle: Gamillscheg, H.: Feuern und heuern? Vorbild für Deutschland, in: Badische Zeitung vom 6. November 2006.

Aufgaben:

4.1 Stellen Sie fest, welche Instrumente das dänische Arbeitsmarktmodell einsetzt!

4.2 Viele deutsche Politiker glauben, dass Wirtschaftswachstum der wichtigste Faktor ist, die Arbeitslosigkeit zu bekämpfen. Nehmen Sie Stellung!

5. 5.1 Erläutern Sie, welche Personengruppen in der Arbeitslosenstatistik nicht registriert werden!

   5.2 Führen Sie aus, welche Konsequenzen sich daraus ergeben!

6. Beschreiben Sie die Folgen der Arbeitslosigkeit für die Volkswirtschaft als Ganzes!

7. Auch nach der Einigung über einen Mindestlohn in der Bundesrepublik Deutschland ist dieser weiterhin umstritten.

   Aufgaben:

   7.1 Erläutern Sie, was unter einem gesetzlichen Mindestlohn zu verstehen ist!

   7.2 Wie die nebenstehende Abbildung verdeutlicht, gibt es in 22 der 28 EU-Staaten einen gesetzlichen – also vom Staat festgesetzten – Mindestlohn. Er reicht von Bulgarien mit einem monatlichen Mindestlohn für Vollzeitbeschäftigte in Höhe von 235,00 € bis zu Luxemburg mit einem monatlichen Vollzeit-Mindestlohn in Höhe von 1 999,00 €.

   Diskutieren Sie mögliche Gründe, die für bzw. gegen die Einführung eines allgemeinen, für alle Arbeitsverhältnise gültigen, durch Gesetz verordneten Mindestlohns sprechen!

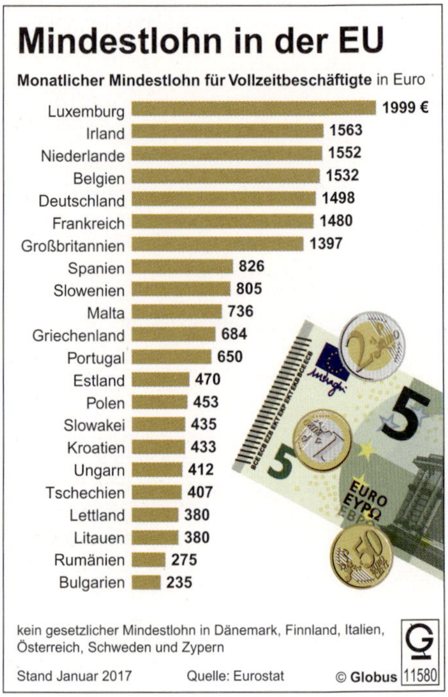

8. Als Alternative zur Einführung eines gesetzlichen Mindestlohns wird von einigen Kritikern die Ausweitung des Kombilohns vorgeschlagen.

   Aufgaben:

   8.1 Erklären Sie Inhalt und Zielsetzung des Kombilohnmodells!

   8.2 Erläutern Sie zwei Vorteile des Kombilohnmodells!

   8.3 Erläutern Sie zwei Nachteile des Kombilohnmodells!

9. **Unterrichtsvorschlag: Projekt**

   Sammeln Sie aktuelle Zeitungsartikel zum Thema Arbeitslosigkeit!

   Werten Sie diese aus, indem Sie einerseits die aktuelle Situation am Arbeitsmarkt darstellen und andererseits die zurzeit diskutierten Maßnahmen zur Bekämpfung des Problems der Arbeitslosigkeit vorstellen! Gehen Sie dabei insbesondere auf die mit den diskutierten Maßnahmen verbundenen Vor- und Nachteile ein!

Handlungsfeld 6: Investition und Finanzierung

Anforderungssituation 6.1 Konjunkturindikatoren zur Prognose der wirtschaftlichen Entwicklung als Basis für unternehmerisches und wirtschaftspolitisches Handeln

Jennifer und Nils besuchen zurzeit die Höhere Berufsfachschule für Wirtschaft und Verwaltung. Vor Unterrichtsbeginn treffen sich beide zufällig in der Cafeteria des Berufskollegs. Nach einem kurzen belanglosen Gespräch kommen sie auf den gestrigen Unterrichtstag zu sprechen. Nils ist immer noch stocksauer auf einen Lehrer, der nach einer Auseinandersetzung mit der Klasse wegen des – aus seiner Sicht mal wieder unerträglichen – Lärmpegels auf die wenig erfreulichen Perspektiven der Schüler hingewiesen hat. Konkret führte der Lehrer an, dass mit Blick auf die Konjunkturprognosen die Anzahl der Ausbildungsplätze zukünftig wohl auf ein eher recht überschaubares Maß zurückgehen würde, sodass die meisten hier in der Klasse bei den bisher gezeigten Leistungen wohl eher Stammkunden bei der Agentur für Arbeit würden.

Jennifer versucht Nils zu beruhigen und deutet an, dass der Lehrer halt ziemlich genervt war und dann aus der Emotion heraus so ein Ding losgelassen hätte. Außerdem müsste Nils doch eigentlich wissen, wie dieser Typ von Lehrer in solchen Situationen tickt. Nils aber lässt sich nicht beruhigen. Schließlich habe er gestern Abend noch mit seinen Eltern über den Vorfall gesprochen und selbst sein Vater, Bankkaufmann von Beruf, hätte angedeutet, dass dieser Lehrer, zumindest was die Konjunkturprognosen betrifft, wohl Recht hätte.

In diesem Moment setzt sich ihr Mitschüler Arne an den Tisch. Er grinst über das ganze Gesicht und deutet an, dass die Äußerungen ihres Lehrers von gestern alles nur hohles Gequatsche seien. Vor allem die Sache mit den besagten Konjunkturprognosen wäre nichts als heiße Luft. Da müsse man nur mal ein wenig im Internet stöbern und schon hätte man in der Beziehung Klarheit. Um seine Äußerung zu untermauern, legt Arne demonstrativ ein Papier mit folgendem Text auf den Tisch:

Das zarte Pflänzchen Konjunktur

von Mag. Oliver Pohl

Konjunkturprognosen haben die Trefferwahrscheinlichkeit von Wettervorhersagen. Das hat nicht nur mit den mathematischen Formeln zu tun, sondern auch viel mit der Wirtschaftstheorie, die zugrunde gelegt wird. […]

Kaum ein Wort beflügelt die Fantasie von Wirtschaftstreibenden und Politikern mehr als „Konjunktur". Gebannt starren sie auf die prognostizierten Vorzeichen des Auf- und Abschwungs der Welle der wirtschaftlichen Entwicklung. Die Stimmung hellt sich auf, wenn es nach oben geht, oder verfinstert sich, wenn die Gegenrichtung eingeschlagen wird. Es ist ein permanentes Auf und Ab der Gefühle, die in der Ökonomie über Investitionen, Stellenabbau oder Aufbruch in neue Märkte entscheiden.

Kläglich daneben

Dabei ist die Sache längst nicht so klar, wie es den Anschein hat, nur weil alle Welt davon redet. Unbestritten ist, dass es Zyklen gibt. Aber wie lange dauern sie? Und wann ist welche Stufe erreicht? Den ersten Rückschlag, und der saß, erlebte die damals noch junge Konjunkturforschung in den USA, als der Börsencrash und die Weltwirtschaftskrise von 1929 nicht vorausgesagt werden konnte. Die Ökonomen Arthur F. Burns und Wesley Clair

Hinweis: Wie im Bildungsplan an dieser Stelle in einer Fußnote angemerkt, werden die wirtschaftspolitischen Maßnahmen in der folgenden Anforderungssituation 6.2 im Rahmen der Fiskalpolitik thematisiert. Vor diesem Hintergrund wird an dieser Stelle auf eine Darstellung der Fiskalpolitik verzichtet. Zu den Phasen des Konjunkturzyklus und den Ursachen für Wirtschaftsschwankungen siehe Anforderungssituation 3.3, Kapitel 5.

20 Boller - ISBN 978 3 8120-0619-4

Mitchell, die Urväter der amerikanischen Konjunkturforschung, hatten in den 1920er Jahren den Harvard-Indikator geschaffen, aber kläglich versagt. Daraufhin wurde es über mehrere Jahre ziemlich ruhig um die Vorhersage der wirtschaftlichen Entwicklung.

Schließlich hatte die Welt auch andere Sorgen, nachdem die Menschen im und nach dem Zweiten Weltkrieg um das nackte Überleben kämpften. Als in den 1950er Jahren sich die Lage langsam wieder zu entspannen begann, kehrte auch das Interesse zurück, sich wieder mit den Wellen der Wirtschaft zu beschäftigen. Konjunkturforschungsinstitute wurden gegründet, die, staatlich finanziert, den Blick in die Glaskugel der Zukunft der Volkswirtschaften werfen. Dabei bedient man sich aus dem Vergleich von Daten aus der Vergangenheit über die Zinsentwicklung und daraus resultierenden Investitionen bzw. dem Zusammenhang von Steuern und dem privaten Konsum. Daraus werden Konjunkturindikatoren abgeleitet.

In der Zusammenführung mit den mathematischen Formeln, die auf die volkswirtschaftliche Gesamtrechnung abstellen, ergibt sich daraus ein Wert, der im Periodenvergleich anzeigen soll, wohin die Reise geht. Das macht die Geschichte nicht unbedingt einfacher, weil oftmals noch Daten aus der staatlichen Statistik bei der Erstellung schlicht fehlen und deshalb geschätzt werden, aber das Gesamtbild wesentlich beeinflussen können. Dazu kommen dann noch zusätzlich eingefügte Faktoren zum Tragen, die die erwarteten Auswirkungen von politischen Entscheidungen in die mathematische Berechnung mit einfließen lassen sollen. Am Ende steht das erwartete Bruttoinlandsprodukt (BIP).

Und das ist meistens falsch, wie einschlägige Untersuchungen über die Treffersicherheit von Konjunkturprognosen feststellen. Seit die Branche sich im Wettlauf um die beste Prognose seit einigen Jahren auch noch bis auf die Kommastellen festlegen will, ist es überhaupt vorbei mit den Volltreffern. Dazu kommt, dass sich die Konjunkturforscher gegenseitig fest im Visier haben, weil keiner Gefahr laufen will, aus dem eingestimmten Gesamtkanon auszubrechen und sich damit dem Spott der Kollegen auszusetzen. Dafür haben nicht zuletzt auch die finanzierenden staatlichen Stellen gesorgt, die einmal im Jahr eine Gemeinschaftsprognose aller Institute fordern.

Magische Ecken

In das Reich der wirtschaftspolitischen Märchen gehört übrigens auch die These, dass die staatlichen Konjunkturforscher wegen der angenommenen Unabhängigkeit bessere Prognosen liefern als die private Konkurrenz von Banken, Versicherungen oder Verbänden. [...]

Quelle: www.wianet.at, Zugriff vom 16.11.2012.

Kompetenzorientierte Arbeitsaufträge:

1. Notieren Sie zunächst die Begriffe, deren Verständnis Ihnen Probleme bereitet. Recherchieren Sie – eventuell unter Zuhilfenahme des Internets – anschließend die Bedeutung dieser Begriffe und halten Sie die Ergebnisse schriftlich fest!
2. Nennen Sie die in dem Artikel aufgeführten Konjunkturindikatoren!
3. Beurteilen Sie auf der Basis des vorangestellten Artikels die Konjunkturindikatoren hinsichtlich ihrer Diagnose- und Prognosefähigkeit!
4. Erläutern Sie kurz, was konkret aus den Konjunkturindikatoren abgeleitet werden kann und welchen Stellenwert sie für Unternehmen wie für die Politik haben!
5. **Projekt mit regionalem Bezug:**

   Durch die örtlichen Industrie- und Handelskammern sowie lokalen Verbände werden regionale Konjunkturdaten und Konjunkturerwartungen ermittelt und veröffentlicht. Recherchieren Sie zunächst, welche Institutionen in Ihrer Region derartige Konjunkturdaten erheben und veröffentlichen. Informieren Sie sich anschließend bei diesen Stellen über die aktuellsten Datensätze und stellen Sie diese für eine Präsentation vor Ihrer Klasse zusammen!

   Entwickeln Sie anschließend auf der Basis dieser Daten gemeinschaftlich qualifizierte Empfehlungen zu Investitionsentscheidungen örtlich ansässiger Unternehmen sowie für wirtschaftspolitische Maßnahmen in Ihrer Region!

1 Konjunkturindikatoren zur Prognose der wirtschaftlichen Entwicklung

Das wirtschaftliche Auf und Ab lässt sich mithilfe unterschiedlicher Größen messen. Bestimmte wirtschaftliche Erscheinungen lassen sogar Rückschlüsse auf die künftige Entwicklung zu, dienen also der Konjunkturprognose.[1]

> Daten, die den Konjunkturverlauf messen und/oder Voraussagen (Prognosen) für künftige Entwicklungen zulassen, werden als **Konjunkturindikatoren**[2] bezeichnet.

1.1 Realwirtschaftliche Konjunkturindikatoren

Realwirtschaftliche Konjunkturindikatoren beziehen sich vor allem auf die Entwicklung der volkswirtschaftlichen Gesamtnachfrage (Inlandsnachfrage nach Konsum- und Investitionsgütern, Exportgüternachfrage) sowie auf den Arbeitsmarkt:

Entwicklung der Arbeitslosenzahlen und offenen Stellen	■ **Steigende Arbeitslosenzahlen** und **sinkende offene Stellen** zeigen an, dass die Wirtschaft unterbeschäftigt ist. Die Unternehmen werden sich bei den **Investitionen zurückhalten,** weil sie eine stagnierende oder gar zurückgehende Konsumgüternachfrage erwarten. ■ Die umgekehrte Reaktion tritt ein, wenn die Bundesagentur für Arbeit eine steigende Zahl offener Stellen meldet und wenn die Arbeitslosenzahlen zurückgehen.
Entwicklung der Konsumgüternachfrage	■ Steigt der private Konsum (angezeigt durch steigende Einzelhandelsumsätze), ist eine positive Entwicklung des wirtschaftlichen Geschehens zu erwarten, weil in der Folge die Großhandelsumsätze und schließlich die Umsätze der Herstellerbetriebe steigen werden. Ist die Wirtschaft vollbeschäftigt, werden Preissteigerungen eintreten. ■ Stagnierende oder sinkende Einzelhandelsumsätze bewirken das Gegenteil.
Entwicklung der Investitionsgüternachfrage	■ Steigt die Investitionsgüternachfrage (angezeigt durch steigende Umsätze und/oder Auftragsbestände in der Investitionsgüterindustrie), kann eine Erhöhung der Beschäftigung erwartet werden, die auch nicht ohne Einfluss auf die Arbeitsnachfrage bleiben wird. Bei Vollbeschäftigung können steigende Preise (zunächst in der Investitionsgüterindustrie) und steigende Löhne vorausgesagt werden. ■ Sinkende Investitionsgüternachfrage lässt den gegenteiligen Schluss zu.
Entwicklung des Außenhandels	■ Nimmt der Export schneller als der Import zu, ist auf eine Belebung der Konjunktur zu schließen. Eine vollbeschäftigte Wirtschaft muss mit Preissteigerungen rechnen, weil die Gesamtnachfrage (Auslands- und Inlandsnachfrage) das Gesamtangebot der Volkswirtschaft übersteigt. ■ Steigen die Importe indessen schneller als die Exporte, ist der gegenteilige Effekt wahrscheinlich.

1 **Prognose:** Voraussage, Vorausschau.
2 **Indikator:** Anzeiger.

Kapazitätsauslastung und Auftragsbestände	■ Steigende Auftragsbestände kündigen einen Konjunkturaufschwung an. Die Auslastung der Kapazität folgt der Entwicklung der Auftragsbestände. ■ Rückläufige Auftragsbestände kündigen einen Konjunkturabschwung an.
Entwicklung der Staatsausgaben und -einnahmen	■ Aus dem Staatshaushaltsplan kann entnommen werden, in welchem Verhältnis die Staatsausgaben zu den Staatseinnahmen stehen werden. Strebt der Staat große zusätzliche Konsum- oder Investitionsvorhaben an, ohne die Steuern zu erhöhen, ist eine Belebung der Wirtschaftstätigkeit wahrscheinlich. Auch in diesem Fall sind Preiserhöhungen zu erwarten, wenn die Wirtschaft vollbeschäftigt ist. ■ Voraussichtliche Steuererhöhungen indessen können die Investitionstätigkeit der Unternehmen vermindern.
Entwicklung der Lagerbestände	■ Steigen die Lagerbestände der Unternehmen über das saisonal übliche Maß, so liegt offenbar Überproduktion vor. Es kann der Schluss gezogen werden, dass die Unternehmen ihre Produktion drosseln werden, was einen Konjunkturabschwung bewirken kann. ■ Nehmen die Lagerbestände ab, ist das Gegenteil der Fall. ■ Diese Aussage gilt jedoch nicht uneingeschränkt. Es mag nämlich sein, dass die Unternehmen ihre Lagerbestände bewusst abbauen, weil sie sinkende Umsatzzahlen erwarten, und ihre Lagerbestände aufstocken, weil ein Konjunkturanstieg eingesetzt hat.
Vertrauensindikatoren	■ Für die Beurteilung zukünftiger Entwicklungen spielen die Erwartungen der Unternehmen und der Verbraucher eine große Rolle. Nimmt das Vertrauen in eine (positive) wirtschaftliche Entwicklung zu, ist mit einer steigenden Konsum- und Investitionsgüternachfrage zu rechnen. ■ Nimmt das Vertrauen der Unternehmer und der Verbraucher ab, ist mit einer fallenden Investitions- und Konsumnachfrage zu rechnen.

1.2 Finanzwirtschaftliche Konjunkturindikatoren

Geldpolitik	■ Als Konjunkturindikator zählt auch die (vermutete) künftige Geldpolitik einer Zentralbank. Aufgrund von Zinssenkungen kann die Konjunktur belebt werden. ■ Aufgrund von Zinserhöhungen kann ein „Überschäumen“ der Konjunktur verhindert werden.
Wechselkurse	■ Steigende Wechselkurse verteuern die Binnenwährung. Der Export in Fremdwährungsländer wird gebremst, die Konjunktur wird negativ beeinflusst. ■ Sinken die Wechselkurse, wird die Binnenwährung für die Devisenausländer billiger. Es ist zu erwarten, dass die Exporte steigen und die Konjunktur angekurbelt wird.

1.3 Früh-, Präsenz- und Spätindikatoren

Die Indikatoren lassen sich auch hinsichtlich der zeitlichen Erkennbarkeit der jeweiligen Konjunkturphase unterscheiden.

Indikator	Erläuterungen	Beispiele
Früh-indikatoren	Sie sollen anzeigen, wie sich die Konjunktur in den **kommenden Monaten** entwickeln wird.	■ Entwicklung der Aktienmärkte, ■ Auftragseingänge der verarbeitenden Industrie, ■ Baugenehmigungen im Hochbau, ■ Investitionsabsichten, ■ Geschäftsklimaindex, ■ Konsumklimaindex
Präsenz-indikatoren	Sie beschreiben den **augenblicklichen** Stand der Konjunktur.	■ Kapazitätsauslastung, ■ aktuelle Konsumdaten, ■ Bruttoinlandsprodukt, ■ Kurzarbeit, ■ Lagerbestände, ■ Zinsen
Spät-indikatoren	Sie hinken dem eigentlichen Konjunkturverlauf **hinterher.**	■ Steuereinnahmen des Staates, ■ Insolvenzen, ■ Arbeitslosenquote, ■ Preisindizes, ■ Zinsniveauentwicklung

1.4 Beurteilung der Indikatoren hinsichtlich ihrer Diagnose- und Prognosefähigkeit

Heftige Konjunkturausschläge sind wegen ihrer negativen Auswirkungen gesellschaftlich und wirtschaftlich unerwünscht. Daher erwarten die privaten Haushalte und Unternehmen von den Regierungen, dass sie dazu beitragen, die Konjunkturschwankungen so gering wie möglich zu halten, d.h. ein möglichst störungsfreies Wachstum einer Volkswirtschaft anzustreben. Dabei wird unter „Wirtschaftswachstum" eine fortlaufende (kontinuierliche) Zunahme des Bruttoinlandsprodukts verstanden. Um dieses volkswirtschaftliche Gleichgewicht zu erreichen, bedarf es nicht nur der Analyse des jeweiligen Zustands der Volkswirtschaft, sondern auch der Voraussagen über mögliche Entwicklungen, also der Konjunkturprognose.

Nur wenn die Informationen über die **mutmaßliche Konjunkturentwicklung** vorliegen, können die Regierungen ihre **konjunkturpolitischen Entscheidungen** – vorausgesetzt, die Prognosen stimmen – rechtzeitig treffen.

Es muss aber an dieser Stelle auf die **Problematik** derartiger Voraussagen hingewiesen werden. Denn wenn, wie häufig angenommen wird, die Konjunktur einen streng zyklischen Verlauf hat, braucht man keine Konjunkturvoraussagen. Andererseits ist klar, dass Vorhersagen die Wirtschaftssubjekte veranlassen, ihre Dispositionen zu ändern. Die Folge ist, dass der vorhergesagte Verlauf nicht eintreten kann, eben weil sich die Grundlagen der Vorhersage geändert haben.

In bestimmten Situationen kann eine Prognose auch dazu führen, dass die vorausgesagte Entwicklung durch die Prognose selbst verstärkt wird (eine sogenannte **Selffulfilling Prophecy**[1]).

1 **Selffulfilling Prophecy** (engl.): eine sich selbst erfüllende Prophezeiung, d.h., die Vorhersage selbst führt dazu, dass der vorausgesagte Sachverhalt eintritt.

Beispiel:

Prophezeit ein Institut steigende Preise, wird die Inflation geradezu herbeigeredet, weil die Wirtschaftssubjekte veranlasst werden, jetzt zu relativ niedrigen Preisen mehr nachzufragen, wodurch die Preise erst zu steigen beginnen.

Pessimistische Voraussagen können sich deshalb bewahrheiten, weil durch die Voraussage der allgemeine Pessimismus erst hervorgerufen wird.

Beispiel:

Sagt ein Institut zunehmende Arbeitslosigkeit voraus, werden die Arbeitnehmer mehr sparen, um sich einen Notgroschen zurückzulegen: Die Konsumgüternachfrage stagniert oder geht zurück. Die Unternehmen investieren nur zögernd – ein Verhalten, das als „Attentismus“[1] bezeichnet wird –, weil sie ihre Absatzmöglichkeiten pessimistisch beurteilen.

Kompetenztraining

34 Textauszug:

Aktienkurse und Konjunktur

Während eines Börsenbooms, wenn die Aktienpreise durch das starke Vertrauen der Investoren hoch getrieben werden, hilft die Börse mit, einen wirtschaftlichen **Boom** zu erzeugen. Verbraucher, die Aktien besitzen, fühlen sich reicher und kaufen mehr. Auch nehmen sie Kredite auf, um neue Wohnungen, Autos, und andere teure Güter zu kaufen.

Zudem ist es für Unternehmen einfach, Anleihen aufzunehmen oder neue Aktien auszugeben. Sie lösen damit einen Investitionsboom in der Wirtschaft aus. Die Banken gewähren Haushalten und Unternehmen zu günstigen Bedingungen Kredite, wenn sie hoch bewertete Aktien besitzen. Sie halten den Wertpapier-Reichtum für ausreichende Sicherheiten. Und ausländische Investoren bringen Geld ins Land, um sich ihren Anteil am Geschehen zu sichern.

Wenn ein Börsenboom zu Ende geht und die Preise einbrechen, kehren sich diese Verhaltensmuster um. Konsum und Investitionen sinken, ausländische Investoren ziehen sich zurück. Bankdarlehen werden knapper. Diese Faktoren bremsen die Wirtschaft ab.

Allerdings kann eine wirtschaftliche Beruhigung auch zu einer **Rezession** oder gar **Depression** werden: Zum einen kann der Einbruch der Aktienpreise [...] zu einer Bankenkrise führen. Zum anderen können Banken merken, dass sie während eines Börsensturzes ihre Forderungen nicht realisieren können. Sie dürften dann vor Zahlungsschwierigkeiten stehen und daher neue Kredite stark einschränken. In extremen Fällen bangen die Kontoinhaber um ihre Einlagen und ziehen ihr Geld ab. Dadurch wird eine Bankenkrise verschärft. Auch ausländische Investoren können sich zurückziehen. Das Land kann in eine Zahlungsbilanzkrise geraten, in der es ausländische Schulden nicht bedienen kann. Handel und Produktion werden unterbrochen. [...]

Quelle: Sachs, J.: Der Einbruch an den Börsen führt zu keiner Depression, in: Die Welt vom 1. August 2002.

Aufgaben:

1. Erklären Sie die hervorgehobenen Begriffe!
2. Stellen sie dar, welchen Einfluss die Aktienkurse auf die Konjunktur haben können!
3. Erklären Sie, welchen Einfluss die Konjunkturentwicklung auf die Aktienkurse haben kann!
4. Beschreiben Sie mögliche Zusammenhänge zwischen einer von Ihnen genannten Rezessionsursache und den Folgen, die die Rezession weiter verstärken könnten!

1 **Attentismus:** abwartende Haltung (franz. attendre = warten, abwarten).

5. Nennen Sie Beispiele für „konjunkturelle Rahmenbedingungen"!

6. Begründen Sie, warum die Kfz-Zulassungszahlen ein Indikator für Konjunkturbewegungen sein können!

7. Nennen Sie mindestens vier wichtige Konjunkturindikatoren! Prüfen Sie, welche Rückschlüsse sich aus den von Ihnen genannten Indikatoren ziehen lassen! Begründen Sie Ihre Antworten!

8. Betrachten Sie zunächst die beiden folgenden Konjunkturindikatoren:

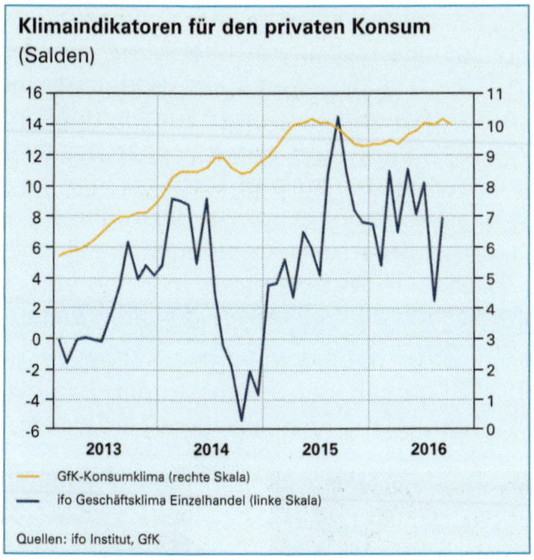

Quelle: Monatsbericht des BMWi, Februar 2016.

Aufgaben:

8.1 Bestimmen Sie, ob es sich bei den dargestellten Konjunkturindikatoren um real- oder finanzpolitische Konjunkturindikatoren handelt!

8.2 Bestimmen Sie, ob es sich bei den dargestellten Konjunkturindikatoren um Frühindikatoren, Präsenzindikatoren oder um Spätindikatoren handelt!

9. In den folgenden Situationen sind mithilfe wichtiger Konjunkturindikatoren bestimmte konjunkturelle Situationen beschrieben.

Aufgabe:

Ordnen Sie diese Situationen den entsprechenden Konjunkturphasen zu!

9.1 „Der Preisindex für die Lebenshaltung ist im vergangenen Halbjahr gesunken. Das reale Bruttoinlandsprodukt nahm um 0,5 % ab. Zugleich stieg die Arbeitslosenquote von 9,5 auf 9,8 % an. Die Kreditinstitute waren flüssig, das Zinsniveau war demzufolge niedriger als zuletzt. [...]"

9.2 „Aufgrund zunehmender Exportüberschüsse stieg im vergangenen Halbjahr das reale Bruttoinlandsprodukt um 2 %, während sich die Zahl der Arbeitslosen kaum veränderte. Die Löhne und Gehälter steigen leicht an. Die Preissteigerungsraten hielten sich in Grenzen (+ 1,8 %). Die Zinsen sind nach wie vor vergleichsweise niedrig. [...]"

9.3 „Die Europäische Zentralbank erhöhte den Leitzinssatz von 3 auf 3,5 %. Die Inflationsrate hat die 3 %-Grenze überschritten. Das Arbeitnehmerentgelt nahm brutto um 8 %, die Gewinne um 5 % zu. Die Zinssätze für Kredite sind deutlich gestiegen. [...]"

Anforderungssituation 6.2
Wirtschaftspolitische Instrumente zur Steuerung der Konjunktur

Die 17-jährige Schülerin Lea hat nach einer Geburtstagsparty am Sonntagmorgen mal wieder länger geschlafen. Trotz einer gewissen Restmüdigkeit steht sie pünktlich zum Mittagessen auf, da es in ihrer Familie seit vielen Jahren üblich ist, zumindest an einem Sonntag gemeinsam zu Mittag zu essen. Als sie gut gelaunt und relativ ausgeschlafen das Esszimmer betritt, spürt sie sofort die leicht angespannte Stimmung zwischen ihren Eltern und ihrem Bruder. Anlass der wohl eher schlechten Laune der restlichen Familie ist ihr Bruder Dennis, der sich mal wieder ziemlich aufregt.

Dennis steckt gerade mitten in der Prüfungsvorbereitung zum Mechatroniker, hat aber vor zwei Wochen von seinem Ausbildungsbetrieb erfahren, dass er nach der Ausbildung nicht übernommen wird. Seither stellt er sich unentwegt die Frage, was die ganze Prüfungsvorbereitung überhaupt für einen Sinn hat, wenn er anschließend sowieso arbeitslos ist. Leas Mutter spricht Dennis seit dieser schlechten Nachricht vor zwei Wochen immer wieder Mut zu, indem sie versucht, ihn positiv zu stimmen und ihn ermuntert, nicht so negativ in die Zukunft zu blicken. Auch der Vater macht ihm immer wieder klar, dass er sich nun erst einmal auf die Prüfung konzentrieren soll. Danach könne er sich dann in aller Ruhe bei umliegenden Autohäusern als Mechatroniker bewerben. Er ist der Ansicht, dass eine gute Prüfung auch in wirtschaftlich schwierigen Zeiten eine sichere Eintrittskarte für das zukünftige Berufsleben ist. Dennis hingegen sieht das natürlich alles ganz anders. Sein Ausbilder habe ihm klar zu verstehen gegeben, dass es allen Autohäusern in Deutschland zurzeit eher schlecht ginge und immer mehr Betriebe sogar ganz schließen müssten. Die Absatzzahlen für Neufahrzeuge seien seit Monaten – unabhängig von der Automarke – im Sinkflug, da sich die Haushalte in Deutschland wegen der rückläufigen Konjunktur beim Kauf von Neufahrzeugen sehr zurückhielten.

Um die Stimmung an diesem Sonntagmittag zu verbessern, versucht nun auch Lea ihrem Bruder gut zuzureden. Sie erinnert Dennis an Oma, die bei größeren Problemen in der Familie immer sagte, dass nach jedem Tal auch wieder ein Berg komme. Lea fügt an, dass Oma zwar nicht ausdrücklich von der Konjunktur gesprochen habe, aber im übertragenen Sinne sei sie fest davon überzeugt, dass es mit der Wirtschaft sicher bald wieder bergauf gehen werde und es bis zum Ausbildungsende in vier Monaten für Dennis wieder besser aussieht. Außerdem solle er doch nur mal an eine ähnliche Situation vor ein paar Jahren denken, als der Staat der Autoindustrie mit der Zahlung einer Abwrackprämie in Höhe von 2500,00 € schon einmal massiv geholfen hätte.

Leider hat Lea mit dieser Äußerung genau das Gegenteil bei ihrem Bruder bewirkt. Dennis explodiert förmlich. Er wirft Lea vor, dass sie

sich seit dem Besuch der Höheren Berufsfachschule für Wirtschaft und Verwaltung wohl für besonders klug hält. Vor allem regt er sich darüber auf, dass sie gut reden hätte. Schließlich würde der Staat Milliarden ausgeben, um marode Banken und Sparkassen vor dem finanziellen Kollaps zu retten. Und das Beste daran: Hauptsache seine kluge Schwester bekäme im Anschluss an den Besuch des Berufskollegs den gewünschten Ausbildungsplatz bei einer Bank. Und danach müsse sie sich wohl bis an ihr Lebensende keine Sorgen mehr um ihren Job machen, da der Staat ja, was Bankenrettung anbelangt, wohl eine Art unbegrenzten Freifahrtschein ausgestellt hätte. Da sei dann wohl leider kein Cent mehr für irgendwelche Autohäuser übrig.

Kompetenzorientierte Arbeitsaufträge:

1. Entwickeln Sie auf der Grundlage der Anforderungssituation drei mögliche Maßnahmen des Staates, die zur Belebung der Nachfrage nach Neuwagen beitragen könnten!
2. Wie in der Anforderungssituation dargelegt, hat der deutsche Staat die Automobilindustrie vor einigen Jahren schon einmal durch Zahlung einer Abwrackprämie unterstützt. Erläutern Sie kurz, welchen Beweggrund der Staat seinerzeit gehabt haben könnte, in konjunkturell schwierigen Zeiten ausgerechnet die Automobilindustrie hierzulande zu fördern!
3. In der Anforderungssituation wird darauf hingewiesen, dass der Staat in der jüngeren Vergangenheit Banken durch entsprechende Finanzspritzen gerettet hat. Nennen Sie mögliche Ursachen, die den Staat dazu bewegt haben könnten, ausgerechnet diese Branche in Krisenzeiten zu stützen!
4. Erläutern Sie kurz und anhand eines selbst gewählten Beispiels, was man unter Konjunkturpolitik versteht! Gehen Sie dabei auch auf den Begriff „Konjunkturpaket" ein!
5. Angenommen der Staat würde die Automobilindustrie mit einem wirtschaftspolitischen Maßnahmenbündel stützen! Beurteilen Sie, welche positiven Wirkungen mit solchen Maßnahmen verbunden sein könnten. Gehen Sie dabei insbesondere auf Aspekte wie Beschäftigung, Sozialversicherung und Bundeshaushalt ein!
6. **Projektvorschlag:**

   Analysieren Sie die aktuelle wirtschaftliche Situation Deutschlands und stellen Sie die wichtigsten Eckdaten für eine Präsentation zusammen.

   Entwickeln Sie anschließend gemeinsam ein Maßnahmenbündel staatlicher Wirtschaftspolitik für die aktuelle Konjunkturphase!

2 Antizyklische Fiskalpolitik als nachfrage- und angebotsorientierte Wirtschaftspolitik

2.1 Grundlagen der antizyklischen Fiskalpolitik (Finanzpolitik)

Anfang des Jahres 2017 zeigte die **„Schuldenuhr"** des Bundes mehr als 2 Billionen Euro an – je Einwohner knapp 25 000,00 €. Die Schulden müssen zurückgezahlt werden, und bis dahin fallen Jahr für Jahr Milliarden Euro Zinsen an. Dieses Geld fehlt an anderer Stelle des Bundeshaushalts, beispielsweise für Bildung und Investitionen. Die Arbeitnehmer tragen über ihre Steuern die Hauptlast der Zinsen und einer eventuellen Tilgung. Und weil die heute Erwachsenen den Schuldenberg aller Voraussicht nach nicht abtragen werden, bleibt er als Hypothek für die nächste Generation.

Quelle: www.steuerzahler.de vom 28.02.2017.

Da das Haushaltsgebaren des Staates erheblichen Einfluss auf die Gesamtwirtschaft ausübt, liegt es nahe, dass der Staat seine Einnahmen- und Ausgabenpolitik (Finanzpolitik) bewusst in den Dienst der Wirtschaftspolitik stellt. Die staatliche Konjunkturpolitik mithilfe der Einnahmen- und Ausgabenpolitik wird auch als **Fiskalpolitik**[1] bezeichnet.

1 Unter **„Fiskus"** versteht man heute den Staat schlechthin, insoweit er es mit den Staatseinnahmen (vor allem Steuern), den Staatsausgaben oder dem Staatsvermögen zu tun hat („Einheit von Fiskus und Staat"). Das Wort „Fiskus" kommt aus dem Lateinischen und bedeutet Korb, Geldkorb, Kasse. Fiskalpolitik ist somit Wirtschaftspolitik mit Geldmitteln aus der „Staatskasse".

Die **Konjunkturpolitik** hat die Aufgabe, die Konjunkturausschläge so gering wie möglich zu halten, d. h. für ein **stetiges und angemessenes Wirtschaftswachstum** bei gleichzeitiger **Stabilität des Preisniveaus, hohem Beschäftigungsgrad** und **außenwirtschaftlichem Gleichgewicht** zu sorgen [§ 1 StabG].

(1) Einnahmen- und Ausgabenpolitik

Geht man davon aus, dass die nachfragewirksame Geldmenge tatsächlich die Entwicklung des Preisniveaus wesentlich beeinflusst, hat der Staat die Möglichkeit, Stabilitäts- und Beschäftigungspolitik zu betreiben.

Erhöhung der Staatseinnahmen ↗ Senkung der Staatsausgaben ↙	■ Besteht Inflationsgefahr, kann der Staat die Steuern erhöhen **(Steuerpolitik)** und die zusätzlichen Einnahmen bei der Deutschen Bundesbank stilllegen **(Konjunkturausgleichsrücklage)**. Dem Wirtschaftskreislauf wird Geld entzogen, die Inflation wird gebremst. ■ Die Kürzung von Staatsausgaben (z. B. Einstellungs- und Beförderungsstopp im öffentlichen Dienst, Verringerung der Staatsausgaben für öffentliche Investitionen) wirkt in die gleiche Richtung: Die nachfragewirksame Geldmenge wird geringer, der Preisauftrieb wird gedämpft.
Senkung der Staatseinnahmen ↙ Erhöhung der Staatsausgaben ↗	■ Ist die Wirtschaft unterbeschäftigt, kann der Staat die Steuern senken und den Einnahmeausfall durch **Auflösung der Konjunkturausgleichsrücklage** und/oder durch **Kreditaufnahmen** decken. Dem Wirtschaftskreislauf wird zusätzliches Geld zugeführt. Der Staat erwartet, dass aufgrund dieser Maßnahme die Nachfrage nach Konsum- und Investitionsgütern steigt und so die Arbeitslosigkeit abgebaut wird. Die **Politik bewussten Schuldenmachens** durch den Staat zum Zweck der Konjunkturförderung wird als **„Deficit-Spending"** bezeichnet.[1] ■ In die gleiche Richtung wirkt die **Ausweitung der Staatsausgaben,** die der Staat mit Krediten finanziert. Fragt der Staat z. B. mehr Bauleistungen nach, erhöht sich die Beschäftigung in der Bauindustrie. Diese wiederum kann mehr Baumaterialien, mehr Maschinen, mehr Kraftfahrzeuge und mehr Arbeitskräfte nachfragen (Multiplikatorwirkung[2] zusätzlicher Staatsausgaben).

Diese Form der Einnahmen- und Ausgabenpolitik des Staates zur Beeinflussung der gesamtwirtschaftlichen Entwicklung bezeichnet man als **antizyklische Finanzpolitik.**

(2) Grenzen der antizyklischen Fiskalpolitik

Problematisch ist diese Form der Fiskalpolitik, die auch als **antizyklische Finanzpolitik** bezeichnet wird, wenn sich die Wirtschaft im Zustand der **Stagflation** befindet. Wird die nachfragewirksame Geldmenge[3] erhöht, steigen die Preise noch stärker, ohne dass eine Garantie dafür besteht, dass auch die Beschäftigung zunimmt. Wird auf eine Erhöhung der nachfragewirksamen Geldmenge verzichtet, ist zwar die Inflationsgefahr geringer, dafür ist aber auch kein Abbau der Arbeitslosigkeit zu erreichen (Zielkonflikt).

1 **Deficit** (engl.): Defizit, Fehlbestand.

2 **Multiplikator** (lat.): Vervielfältiger.

3 Zur nachfragewirksamen Geldmenge siehe Anforderungssituation 6.3, Kapitel 5.1.2.2.

Eine kleine Geschichte der Miesen

Es gab eine Zeit, als der Staat problemlos Rücklagen bilden konnte. In den fünfziger Jahren hatte der damalige Bundesfinanzminister Fritz Schäffer (CSU) so viel Geld eingenommen – oder so wenig ausgegeben –, dass er sparen konnte. Vom „Schäfferturm" war die Rede, angelehnt an den Juliusturm in Berlin, wo die Deutschen das Gold lagerten, das ihnen die Franzosen nach dem Krieg 1870/71 abtreten mussten.

Natürlich kam Schäffer zugute, dass die Währungsreform 1948 Westdeutschland einen fiskalischen Neustart bescherte. Das alte Geld war kaum noch etwas wert: Für 100 Reichsmark gab es 6,50 Mark. Zugleich wurden auch die Verbindlichkeiten geschrumpft: im Verhältnis zehn zu eins. Die Voraussetzungen waren also günstig, solide zu wirtschaften.

Sechs Finanzminister später, als der SPD-Mann Alex Möller das Amt 1969 übernahm, hatte sich der Zeitgeist geändert – und die Zahlungsmoral. Die Wirtschaft florierte, es gab mehr Arbeit als Kräfte, in der sozial-liberalen Koalition schien alles finanzierbar: Wintergeld für Bauarbeiter, Umgehungsstraßen für Landgemeinden, Trimm-dich-Aktionen gegen den Wohlstandsspeck, unterstützt von der gesetzlichen Krankenkasse: Deren Ausgaben stiegen zwischen 1970 und 1975 um weit mehr als das Doppelte.

Als Protest gegen diese Politik trat Möller 1971 zurück, ihm folgte sein Parteifreund Karl Schiller („Gratulieren Sie mir nicht, kondolieren Sie mir lieber"), ein Jahr später gab auch er auf. Er sei nicht bereit, eine Politik zu unterstützen, so Schiller, „die nach außen den Eindruck erweckt, die Regierung lebe nach dem Motto: Nach uns die Sintflut".

Dabei stand der Aufbruch ins Uferlose erst noch bevor. Die Konjunktur trübte sich ein, vor allem nach den Ölpreisschocks von 1973 und 1979, die Zahl der Arbeitslosen stieg kontinuierlich, doch die Regierung unter Kanzler Helmut Schmidt (SPD) tat so, als befände sich Deutschland immer noch im Wirtschaftswunder: Sie gab bei weitem mehr aus, als sie einnahm. In seiner Kanzlerschaft wuchs die Verschuldung des Bundes von 39 Milliarden auf 160 Milliarden Euro. 1982 zerbrach die sozial-liberale Koalition auch daran.

Der nächste Schuldenschub folgte sieben Jahre später, nach dem Mauerfall. Statt allein die Steuern zu erhöhen, entschied sich CDU-Kanzler Helmut Kohl dafür, die Wiedervereinigung auf Kredit zu finanzieren. Rund 1,5 Billionen Euro betragen die Kosten der Einheit bis heute. Der größte Teil floss in den Konsum, zu wenig wurde für Investitionen verwendet. Wieder der alte Fehler.

Und schließlich war es die Finanzkrise, die von 1998 an die Staatsschuld noch einmal kräftig in die Höhe trieb. Die Kapitalhilfen für die Banken, aber auch die Konjunkturpakete lasten schwer auf den öffentlichen Kassen. Rund 80 Milliarden Euro hat die Bundesregierung für Vorhaben lockergemacht, beispielsweise für die umstrittene Auto-Abwrackprämie.

Im Namen von John Maynard Keynes, dem großen britischen Ökonomen, kurbeln die Regierungen mit geliehenem Geld die Konjunktur an, aber ignorieren konsequent den zweiten, unangenehmen Teil der Lehre: das Tilgen der Schulden. Seit 1970 war kein Etat eines Bundesfinanzministers mehr ausgeglichen.

Das Versagen der Politik

Warum das so ist? „Politisches Versagen", lautet kurz und unmissverständlich das Urteil von Lars Feld. Der Wissenschaftler aus Freiburg, mit 45 Jahren jüngstes Mitglied der sogenannten Fünf Weisen, verknüpft das Wissen der Ökonomen mit den Erkenntnissen aus anderen Disziplinen, vorzugsweise der Politikwissenschaft. „Fragmentierung" ist für ihn ein Schuldenbegriff, um die Neigung zum Schuldenmachen zu erklären.

Die Verschuldung wächst demnach, je mehr Parteien in der Regierung beteiligt sind oder je mehr Minister im Kabinett um Geld konkurrieren und darum, ihre jeweilige Klientel zufriedenzustellen.

Die Amerikaner sprechen von „Pork barrel politics": Um einen Fleischtopf scharen sich viele hungrige Mäuler. Jeder will am meisten herausklauben, aber am wenigsten zum Inhalt beitragen.

Für die Politik bedeutet das: „Jeder Abgeordnete im Parlament versucht, möglichst viel an öffentlichen Projekten in seinem Wahlkreis zu holen, um seine Wiederwahl zu sichern, und hofft, die Kosten auf die gesamte Bevölkerung zu verteilen", so erklärt Feld den Mechanismus. Und außerdem gilt: Je häufiger die Regierung wechselt, desto stärker steigt die Staatsverschuldung.

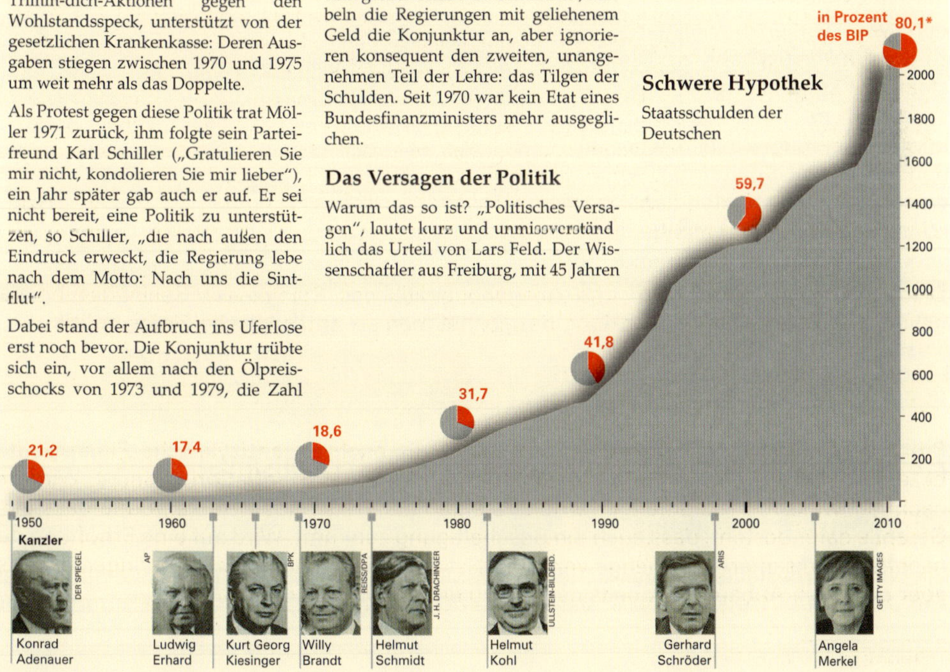

Quelle: DER SPIEGEL 1/2012

> Eine wirkungsvolle staatliche Konjunkturpolitik setzt auch die Bewältigung einer Reihe von **Abstimmungsproblemen** (Koordinationsproblemen) voraus.

So müssen z.B. Bund, Länder und – wenn möglich – die Gemeinden „am gleichen Strang" ziehen, d.h. die der jeweiligen konjunkturellen Situation entsprechenden Maßnahmen ergreifen. Auch **zeitliche** Abstimmungsprobleme müssen gelöst werden: Konjunkturförderungs- bzw. -dämpfungsmaßnahmen dürfen nicht zu spät erfolgen. Häufig ist es in der Praxis jedoch so, dass von der Beschlussfassung bis zur Verwirklichung geraume Zeit verstreicht, sodass konjunkturfördernde Maßnahmen erst dann wirksam werden, wenn man sie eigentlich nicht mehr bräuchte, konjunkturdämpfende Maßnahmen erst dann greifen, wenn sich die Konjunktur bereits im Abschwung befindet.

Weiterhin ist zu bemerken, dass die Möglichkeiten der staatlichen Konjunkturförderung von der **Ausgabenseite** her **begrenzt** sind, weil die meisten Staatsausgaben gesetzlich oder durch internationale Vereinbarungen festgelegt sind (z.B. Ausgaben für Löhne und Gehälter der Staatsbediensteten, für die soziale Sicherung, für die Verteidigung). Werden in Zeiten der Hochkonjunktur bestehende Schulden nicht ausreichend abgebaut und keine Konjunkturrücklagen gebildet, nehmen die Staatsschulden von Konjunkturrückgang zu Konjunkturrückgang zu. Die staatliche Konjunkturpolitik besteht dann nur noch aus einem immer umfangreicher werdenden **Deficit-Spending.** Der **wachsende Schuldendienst** (Zins- und Tilgungszahlungen) verkleinert dann zunehmend die finanzielle Manövriermasse,[1] die zur Konjunkturförderung eingesetzt werden könnte.

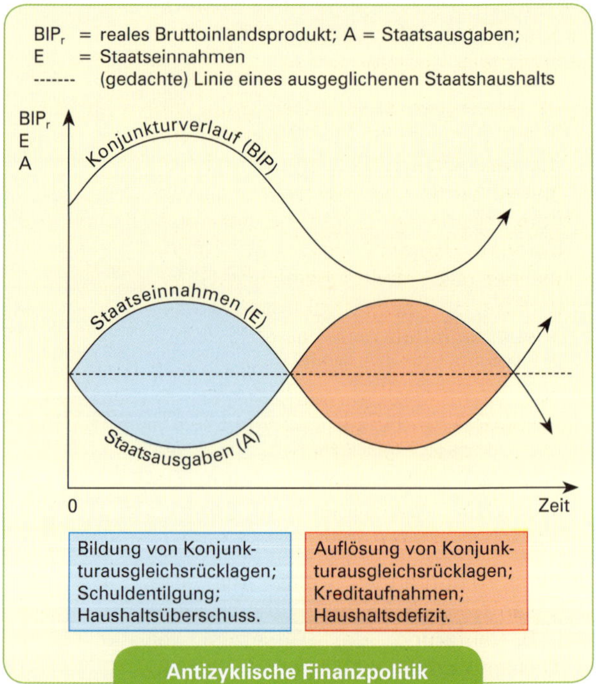

Antizyklische Finanzpolitik im Modell (Idealfall)

2.2 Nachfrageorientierte Wirtschaftspolitik (Fiskalismus)

(1) Wesen des Fiskalismus

Die zuvor dargestellte „antizyklische Finanzpolitik" ist die konsequente Anwendung des von JOHN MAYNARD KEYNES[2] verbreiteten Gedankenguts. Nach KEYNES und seinen

1 **Manövrieren** (frz.): geschickt zu Werke gehen; finanzielle Manövriermasse = Geldmittel, die der Staat frei je nach Bedarf einsetzen kann.

2 John Maynard Keynes, britischer Volkswirtschaftler (1883–1946), legte in seinem Hauptwerk „Die allgemeine Theorie der Beschäftigung, des Zinses und des Geldes" die Grundlagen der Fiskalpolitik.

Anhängern ist die **Einnahmen- und Ausgabenpolitik** der Regierung (d.h. die Politik des Fiskus = Fiskalpolitik) das **Hauptmittel,** mit dem man erfolgreich lenkend in den Konjunkturverlauf eingreifen kann **(Fiskalismus).**

- Durch die **Steigerung der Staatsausgaben** und/oder durch **Steuersenkungen** ist der Staat in der Lage, die Wirtschaft aus einem konjunkturellen Tal herauszuführen und die **Arbeitslosigkeit** zu **bekämpfen.**
- Auf der anderen Seite sehen die Fiskalisten in einer **Verringerung der Staatsausgaben** und/oder in **Steuererhöhungen** Möglichkeiten, **inflationäre Tendenzen** zurückzudrängen.

Da sich die so angewandte Fiskalpolitik hauptsächlich auf die gesamtwirtschaftliche Nachfrage auswirkt, spricht man auch von einer **nachfrageorientierten Wirtschaftspolitik.**

Die (erhofften) **Wirkungen der nachfrageorientierten Wirtschaftspolitik** lassen sich wie folgt darstellen:

1. Es wird unterstellt, dass sich das gesamtwirtschaftliche **Güterangebot normal verhält:** Mit steigendem Preisniveau werden mehr Güter, mit sinkendem Preisniveau weniger Güter angeboten. In diesem Fall wirkt die Zunahme der gesamtwirtschaftlichen Güternachfrage **beschäftigungssteigernd,** aber auch **inflationär.** Das gesamtwirtschaftliche Güterangebot setzt sich aus der Produktion von Konsum-, Investitions- und Exportgütern zusammen. Volkswirtschaftliches Gleichgewicht herrscht, wenn die gesamtwirtschaftliche Nachfrage dem gesamtwirtschaftlichen Angebot entspricht.

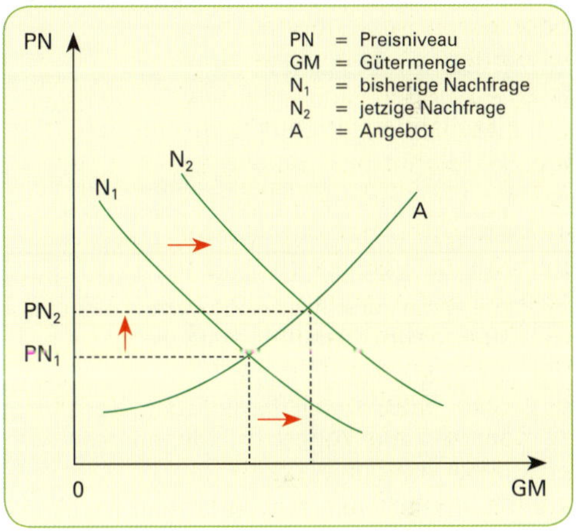

2. Es wird unterstellt, dass sich das gesamtwirtschaftliche Güterangebot (z.B. aufgrund des Gesetzes der Massenproduktion)[1] **anomal** verhält. In diesem Fall wirkt die Zunahme der gesamtwirtschaftlichen Güternachfrage **beschäftigungssteigernd** und **preisdämpfend,** falls sich das Angebot nicht verändert.

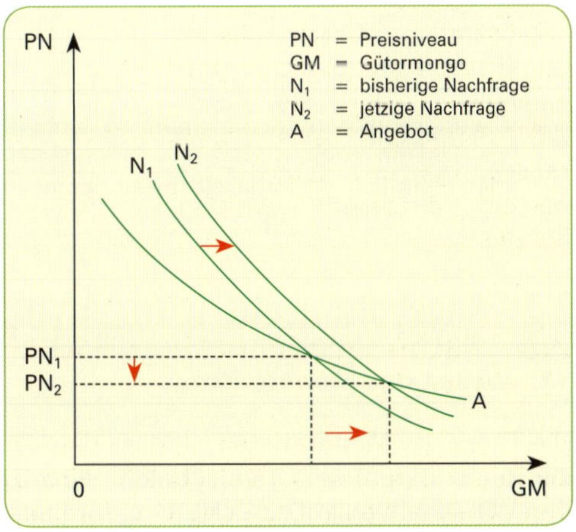

1 Zum Gesetz der Massenproduktion siehe Kapitel 2 in Anforderungssituation 2.1 und Kapitel 1.1.4 in Anforderungssituation 4.1.

Die **Geldpolitik der Zentralbank** spielt in der fiskalistischen Theorie nur eine untergeordnete Rolle.

Sie soll lediglich die Wirtschaftspolitik des Staates unterstützen, indem sie durch eine entsprechende Gestaltung des Zinsniveaus (z.B. über die Offenmarktpolitik) die Kreditaufnahmebereitschaft der Wirtschaftssubjekte anregen (stimulieren) oder zurückdrängen soll. Zum anderen hat die Zentralbank die Aufgabe, die Überschussreserven und damit den Geldschöpfungsspielraum der Kreditinstitute zu beeinflussen (z.B. mithilfe der Mindestreservepolitik), um die Verwirklichung staatlicher Ziele zu erleichtern.

Die fiskalistische Theorie beeinflusste nach 1949 stark die wirtschaftspolitische Praxis der Bundesrepublik Deutschland. Auch die Inhalte des „Stabilitätsgesetzes" (Gesetz zur Förderung der Stabilität und des Wachstums [StabG] vom 8. Juni 1967) fußen weitgehend auf dem Gedankengut der Fiskalisten.

(2) Kritik am Fiskalismus

Am Fiskalismus wird aus mehreren Gründen Kritik geübt:

- Konjunktursteuerungsmaßnahmen der Regierungen erfolgen in aller Regel zu spät. Wird im **Aufschwung** gebremst, tritt die dämpfende Wirkung erst ein, wenn der Abschwung bereits im Gang ist. Die Konjunkturdämpfungsmaßnahmen verschärfen somit noch die Rezession. Wird im **Abschwung** die Konjunktur gefördert, treten die anregenden Wirkungen erst dann ein, wenn der Aufschwung bereits eingesetzt hat. Die Konjunkturförderungsmaßnahmen verstärken somit den Boom und die Inflation.
- Die **„Stop-and-go-Politik"** der Fiskalisten richtet auch deswegen mehr Schaden an, als sie Gutes bewirkt, weil die bei jedem Konjunkturzyklus erforderlichen Bremsmaßnahmen Unternehmen zum Aufgeben zwingen, also volkswirtschaftliche Kapazitäten und damit Arbeitsplätze vernichten.
- Für die Regierungen ist es leichter, die öffentlichen Ausgaben zu erhöhen, als sie einzuschränken. Die Folge ist, dass die im Abschwung entstandene **Staatsverschuldung** nicht mehr oder nicht in vollem Umfang abgebaut wird. Auf diese Weise steigt die Staatsverschuldung von Konjunkturzyklus zu Konjunkturzyklus. Die Staatshaushalte werden immer mehr durch steigende Tilgungs- und Zinsleistungen belastet, sodass der Spielraum der Regierungen für fiskalpolitische Maßnahmen immer enger wird.
- Die erforderlichen Kreditaufnahmen durch die verschuldeten öffentlichen Haushalte erhöhen die Gesamtkreditnachfrage und damit das **Zinsniveau**. Die Investitionsneigung der Unternehmen nimmt ab, die Arbeitslosigkeit nimmt zu.

2.3 Angebotsorientierte Wirtschaftspolitik (Monetarismus)[1]

(1) Wesen des Monetarismus

Die These der **Monetaristen** ist, dass die Arbeitslosigkeit durch den Staat (genauer: durch die Regierungen) selbst verschuldet wird. Der Staat muss sich deshalb bei Eingriffen in den Wirtschaftsablauf zurückhalten, für bessere wirtschaftliche Rahmenbedingungen sorgen und den Abbau der Arbeitslosigkeit den Selbstheilungskräften des Marktes überlassen.

1 Hauptvertreter des Monetarismus ist der amerikanische Nobelpreisträger MILTON FRIEDMANN.

Die **monetaristische Theorie** geht davon aus, dass eine **enge Beziehung** zwischen der Beschäftigung (der Entwicklung des realen Bruttoinlandsprodukts) einerseits und der Geldmenge andererseits besteht:

- **Steigt** die **Geldmenge,** wird über die zusätzlich finanzierte Nachfrage die Wirtschaft angekurbelt; das Bruttoinlandsprodukt steigt, die Arbeitslosigkeit nimmt längerfristig ab.
- Wird das **Geldmengenwachstum gestoppt,** kann die mögliche zusätzliche Nachfrage nicht finanziert werden; die Preissteigerungsraten werden geringer; die Güterproduktion stagniert oder geht zurück. Die Arbeitslosigkeit nimmt zu.

Aus diesen beiden Thesen folgt, dass eine **Verstetigung des Geldmengenwachstums** auch zu einer **Verstetigung des Wirtschaftswachstums** führen muss. Die führende Rolle in der Wirtschaftspolitik muss also die **Zentralbank** eines Landes bzw. eines Währungsgebiets haben.

Die Geldpolitik der Notenbank wird ergänzt durch eine **angebotsorientierte Wirtschaftspolitik** der Regierung: Um die Beschäftigung zu erhöhen, müssen die Kosten der Unternehmen (der Anbieter) gesenkt werden. Einzelmaßnahmen bzw. -forderungen sind z. B.:

- Die Löhne und die Lohnnebenkosten (vor allem Sozialversicherungsbeiträge) dürfen nicht im selben Maße wie die Produktivität steigen.
- Die Kostensteuern müssen gesenkt und die Abschreibungsmöglichkeiten verbessert werden.[1]

Die **Wirkungen der angebotsorientierten Wirtschaftspolitik** lassen sich ebenfalls mithilfe der gesamtwirtschaftlichen Angebotskurve und der gesamtwirtschaftlichen Nachfragekurve darstellen:

1. Es wird unterstellt, dass sich das gesamtwirtschaftliche Angebot **normal** verhält. **Kostensenkungen** führen zu **steigender Beschäftigung** und (falls die Nachfrage unverändert bleibt) zu **sinkendem Preisniveau.**

   So einfach wie das Modell ist die Wirklichkeit nicht. Häufig werden die Anbieter aufgrund von Kostensenkungen ihre Preise nicht senken, sondern ihre Gewinne erhöhen. Ob dies zu einer Steigerung der Investitionsgüternachfrage führt, hängt von den Zukunftserwartungen der Anbieter ab.

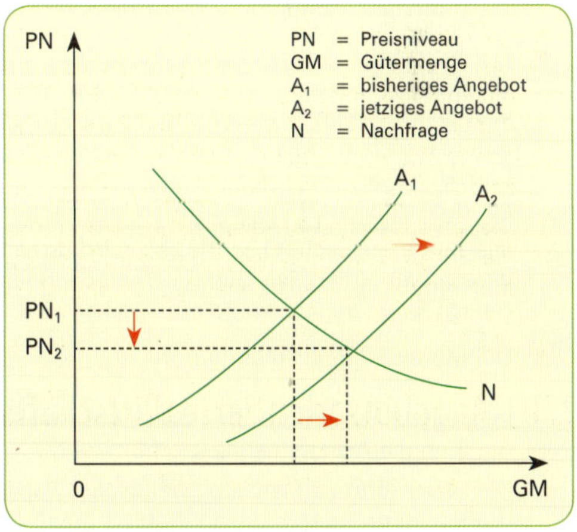

1 Diese Forderung geht auf den amerikanischen Wirtschaftswissenschaftler LAFFER zurück, der die These vertritt, dass es zwei unterschiedlich hohe Steuersätze gibt, bei denen das gleich hohe Steueraufkommen erzielt wird. Wird eine bestimmte Steuersatzhöhe überschritten, geht sogar das Steueraufkommen zurück, weil die Leistungsbereitschaft der Steuerpflichtigen abnimmt, Steuerflucht (z. B. durch Kapitalflucht) einsetzt und Schwarzarbeit zu einer blühenden „Schattenwirtschaft" führt. Steuersenkungen sind angebracht.

2. Es wird unterstellt, dass sich das gesamtwirtschaftliche Angebot **anomal** aufgrund des Gesetzes der Massenproduktion verhält. **Kostensenkungen** führen ebenfalls zu **steigender Beschäftigung** und zu **sinkendem Preisniveau,** und zwar dies auch dann, wenn die Nachfrage steigen sollte.

   Auch in diesem Modell ist unterstellt, dass die Anbieter die Kostensenkungen an die Nachfrager weitergeben. Tun sie das nicht, ist das Ergebnis das gleiche wie im obigen Fall 1: Eine wirtschaftliche Belebung erfolgt nur, wenn die gestiegenen Gewinne für zusätzliche Investitionen verwendet werden, die gesamtwirtschaftliche Güternachfrage also zunimmt.

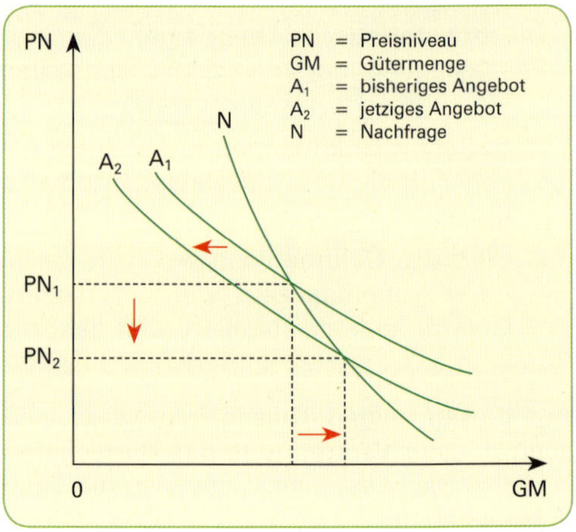

(2) Kritik am Monetarismus

An der monetaristischen Theorie sowie an der angebotsorientierten Wirtschaftspolitik wird z.B. aus folgenden Gründen Kritik geübt:

- Der Monetarismus in Verbindung mit der angebotsorientierten Wirtschaftspolitik bevorzuge – so wird gesagt – **einseitig** die **Anbieter.** Außerdem sei zweifelhaft, ob die Anbieter Kostensenkungen (z. B. Steuererleichterungen) an die Nachfrager (z. B. an die Verbraucher) weitergäben. Die monetaristische Wirtschaftspolitik sei daher unsozial.

- Der Monetarismus geht davon aus, dass eine Vermehrung der Geldmenge in jedem Fall das Wirtschaftswachstum (das Angebot) fördert. Dies muss jedoch nicht der Fall sein. Schlägt sich die Geldmengenerhöhung nicht in einem erhöhten Angebot nieder (z. B. weil die Unternehmen nicht in ausreichendem Maße Zusatzinvestitionen vornehmen wollen oder können), führt die Geldmengenvermehrung lediglich zur **Inflation** (steigende Nachfrage bei gleichbleibendem oder nicht in gleichem Maße steigendem Angebot).

  Die monetaristische Theorie, so wird spöttisch gesagt, gehe davon aus, dass man dicker werde, wenn man den Gürtel lockerer schnalle, nicht aber davon, dass man den Gürtel lockerer schnallen müsse, wenn man dicker wird.

- Der Monetarismus in Verbindung mit der angebotsorientierten Wirtschaftspolitik zeigt erst auf mittlere Sicht Auswirkungen. Die Begrenzung des Geldmengenwachstums zum Zweck der Inflationsbekämpfung führt dazu, dass unrentable Unternehmen ausscheiden müssen und dadurch die **Arbeitslosigkeit** erhöht wird.

  Dies aber führt zu Protesten politischer Parteien und Gewerkschaften, denen sich die Regierungen aufgrund der kurzen Wahlperioden (i. d. R. 4 Jahre) nicht entziehen können. Die angebotsorientierte Wirtschaftspolitik sei daher aus sozialpolitischen Gründen nicht wünschenswert und aus politischen Gründen nicht durchsetzbar.

3 Exemplarische wachstums- und strukturpolitische Maßnahmen

(1) Investitions- und Sparförderung

Eine Wirtschaft, in der die gesamte Erzeugung verbraucht wird, kann nicht wachsen (**stationäre** Wirtschaft).

Somit kann der Staat das Wachstum einmal dadurch fördern, dass er den **Sparwillen** der Bevölkerung stärkt. Dies kann durch die Steuergesetzgebung (z. B. Abzugsfähigkeit von Lebensversicherungsbeiträgen als Sonderausgaben) oder durch Vermögensbildungsgesetze geschehen. Ferner ist auch die Politik der Preisstabilisierung geeignet, die Sparneigung der Bevölkerung zu erhalten, weil die Ersparnisse nicht durch Inflationsverluste aufgezehrt werden.

Eine hohe Sparrate allein vermag jedoch die **Investitionen** nicht zu sichern, denn die Unternehmen müssen die Ersparnisse auch investieren **wollen.**

Investitionswille ist nur vorhanden, wenn Gewinnaussichten bestehen. Voraussetzung hierzu ist politische Stabilität nach innen und außen. Eine **maßvolle Steuerpolitik** und – falls Investitionsrückgänge drohen – die Einräumung von Vergünstigungen (z. B. direkte Subventionen, Sonderabschreibungen) beeinflussen ebenfalls die Investitionsbereitschaft der Wirtschaft positiv.

Die **Bedeutung der Investitionen** für das wirtschaftliche Wachstum ist deswegen so groß, weil zusätzliche Investitionen

- zusätzliches Einkommen schaffen (Einkommenseffekt) und
- die Kapazität der Volkswirtschaft erweitert wird (Kapazitätseffekt).

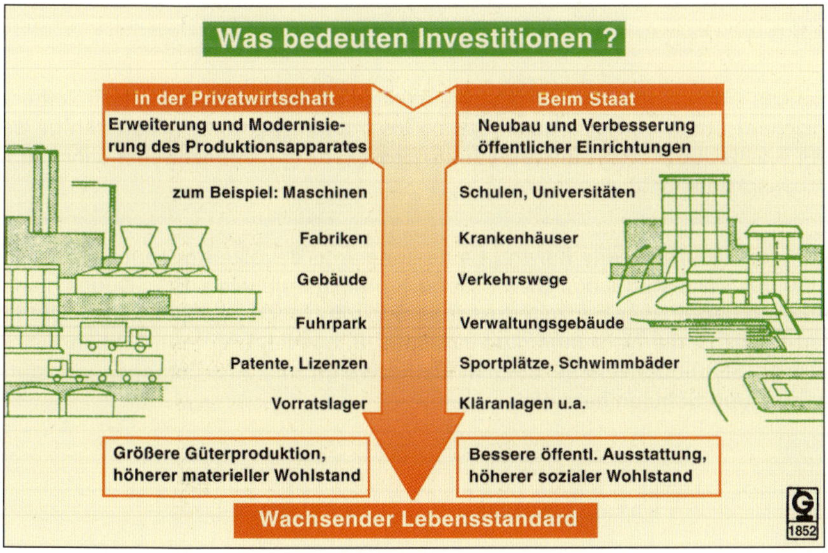

21 Boller - ISBN 978-3-8120-0619-4

(2) Bildungspolitik

Mit der Einführung immer neuerer, komplizierterer **Produktionsverfahren** steigen die Ansprüche an das fachliche Können der **Arbeitskräfte.**

Die Ausbildung in Schule und Betrieb wird immer wichtiger, und zwar sowohl im Interesse des Einzelnen, damit er in der heutigen Berufs- und Arbeitswelt bestehen kann, als auch im Interesse der gesamten Volkswirtschaft, weil jeder nicht beschäftigte Arbeitswillige die mögliche Leistung der Volkswirtschaft schmälert. Staatliche und private Bildungsausgaben werden deshalb als „Bildungsinvestitionen" bezeichnet.

Zur Verhinderung oder Abkürzung struktureller Arbeitslosigkeit trägt auch die **aktive Arbeitsmarktpolitik** der Bundesagentur für Arbeit in Nürnberg bei. Die berufliche **Fortbildung** knüpft an die durch Ausbildung oder Berufserfahrung bereits erworbenen Kenntnisse und Fertigkeiten der Arbeitskräfte an. Sie dient dazu, die vorhandenen Qualifikationen zu erhalten, zu erweitern oder der technischen Entwicklung anzupassen sowie einen beruflichen Aufstieg (z. B. zum Handwerks- oder Industriemeister) zu ermöglichen.

Im Rahmen der beruflichen **Umschulung** geht es um die Vermittlung von Kenntnissen und Fertigkeiten, die den Übergang in einen **anderen** aussichtsreicheren Beruf ermöglichen.

(3) Gesundheitspolitik

Auch die Erhaltung der Gesundheit der Arbeitskräfte ist Teil der Wachstumspolitik. Maßnahmen sind z. B. Jugendschutz, Jugendarbeitsschutz, Gesundheitsaufklärung, Schutzvorschriften am Arbeitsplatz, Ausbildung von Ärzten und Pflegepersonal, Förderung der medizinischen Forschung und Ausbau der Leistungen der Sozialversicherungen.

(4) Bevölkerungspolitik

Ein stetiges Wachstum kann nur dann verwirklicht werden, wenn bei gleichbleibendem technischem Stand und gleichbleibender Gesamtarbeitszeit die **arbeitsfähige Bevölkerung wächst** oder wenn die arbeitende Bevölkerung nicht **schneller schrumpft** als die Arbeitsproduktivität zunimmt.

Auch von der Nachfrageseite her trägt eine konstante Bevölkerungsentwicklung zur Stabilisierung des Wachstums bei. Starke Geburtenrückgänge wie z. B. in Deutschland rufen Strukturkrisen hervor, weil ganze Industriezweige mit Überkapazitäten zu kämpfen haben. Betroffen sind z. B. die Nahrungsmittelindustrie (Baby-Nahrung), die Textilindustrie (Kinderkleidung), Schulbuchverlage oder Industriezweige, die Ausrüstungsgegenstände für Kindergärten und Schulen herstellen.

(5) Förderung des technischen Fortschritts (Forschungspolitik)

Bei gleichbleibender oder schrumpfender Bevölkerung kann das reale Wachstum des Bruttoinlandsprodukts nur erreicht werden, wenn der technische Fortschritt dazu beiträgt, die Produktivität zu erhöhen. Aus diesem Grund wurde der staatlichen Förderung der Forschung in den letzten Jahren erhöhtes Gewicht beigemessen. Insbesondere werden mittlere Betriebe gefördert, die aus eigenen Kräften nicht in der Lage sind, die erforderlichen Mittel für Forschungsaufgaben alleine aufzubringen.

Da die Ausgaben für **zukunftsträchtige technische Entwicklungen** das langfristige Wirtschaftswachstum sichern helfen, werden diese Ausgaben auch als **„Zukunftsinvestitionen"** bezeichnet.

Die Förderung kleinerer und mittelgroßer Betriebe ist zugleich Strukturpolitik (auch als „Mittelstandspolitik" bezeichnet), weil diese Betriebe in die Lage versetzt werden, sich gegenüber den Großunternehmen zu behaupten.

(6) Sektorale und regionale Strukturpolitik

Die vorstehend genannten Maßnahmen sind langfristig globale Mittel des Staates, um das Wirtschaftswachstum zu sichern. Werden ganz bestimmte Bereiche der Wirtschaft gezielt gefördert (oder gebremst), spricht man von **sektoraler**[1] **Strukturpolitik.**

Zu den Bereichen der sektoralen Strukturpolitik gehören u. a. die Landwirtschaftspolitik, die Fischereiwirtschaftspolitik, die Energiepolitik, die Verkehrspolitik und die Außenwirtschaftspolitik.

Wird die Entwicklung einzelner Landesteile durch gezielte Maßnahmen beeinflusst, handelt es sich um **regionale Strukturpolitik.**

(7) Infrastrukturpolitik

Eine der wichtigsten Voraussetzungen für die Gründung neuer Betriebe ist die **Infrastruktur**. Darunter versteht man die Gesamtheit aller privaten und öffentlichen Einrichtungen eines Wirtschaftsraums, die der Allgemeinheit (also auch den Wirtschaftsbetrieben) zur Verfügung stehen.

Beispiele sind private und öffentliche Straßen, private und öffentliche Eisenbahnlinien, Kanäle bzw. kanalisierte Flüsse, Häfen, Krankenhäuser, Schulen, Energieversorgungseinrichtungen, Kommunikationsnetze, Trink-, Industrie- und Abwassernetze, Kläranlagen, öffentliche Verwaltungen, Polizei usw.

Alle Maßnahmen, die dem Ausbau der Infrastruktur dienen, sind zugleich dazu geeignet, eine etwa bestehende Arbeitslosigkeit zu verringern, und zwar einerseits durch die Bautätigkeit selbst und andererseits durch die Ansiedlung neuer Betriebe.

1 **Sektor:** wörtl. Ausschnitt; hier: Wirtschaftszweig, Wirtschaftsbereich.

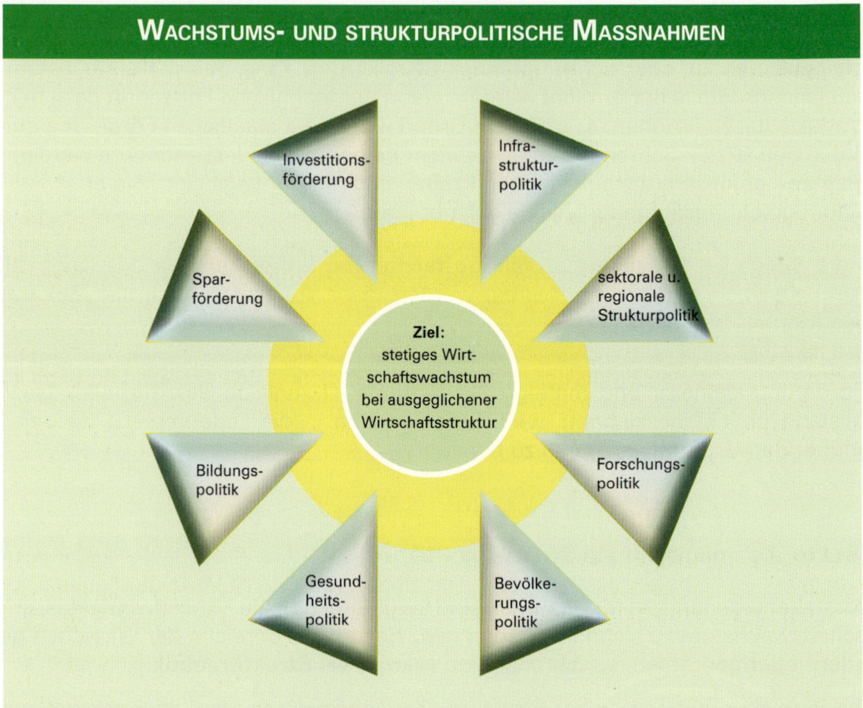

4 Kombination und Wechselwirkungen staatlicher Maßnahmenbündel

4.1 Kombinierter Einsatz wirtschaftspolitischer Instrumente

„Der amerikanische Nobelpreisträger Paul Samuelson hat vor Jahrzehnten das vielleicht berühmteste ökonomische Diktum formuliert: „Gott gab den Ökonomen zwei Augen, damit sie Angebot und Nachfrage betrachten." Diese Weisheit schien lange Zeit vergessen. Zunächst dachten die Keynesianer, das Wirtschaftswachstum lasse sich durch eine staatliche Manipulation der gesamtwirtschaftlichen Nachfrage steuern, ohne auf die Angebotsbedingungen zu achten. Die ihnen nachfolgende Gegenbewegung formulierte ganz anders, aber nicht weniger radikal: In der ökonomischen Debatte der vergangenen zwanzig Jahre war fast ausschließlich von Angebotspolitik die Rede. Wer schüchtern auf die Bedeutung der Nachfrage für den Wirtschaftsprozess hinwies, wurde als verstaubtes Fossil dargestellt oder einfach ausgelacht. [. . .]"[1]

1 Quelle: Braunberger, G., Die Ökonomik der OECD, in: FAZ vom 7. August 1998.

Zwischenzeitlich hat sich jedoch mehrheitlich die Auffassung durchgesetzt, dass sowohl die Angebotspolitik als auch die Nachfragepolitik Instrumente besitzt, die gleichzeitig eingesetzt (kombiniert) werden können, um bestimmte wirtschaftspolitische Ziele zu erreichen.

Beispiel:

In einer Volkswirtschaft herrscht hohe Arbeitslosigkeit und die Kapazitäten der Unternehmen sind nicht voll ausgelastet. Die Regierung beschließt eine Verbesserung der Ausbildung und Weiterbildung der Arbeitnehmer, den Ausbau des Bildungswesens und stellt weitere Mittel für Forschung und Entwicklung bereit. Diese langfristig angelegte Maßnahme zur Qualitätssteigerung der Produktionsfaktoren Arbeit und Bildung ist ein Instrument der **angebotsorientierten Wirtschaftspolitik.** Kurzfristig wird jedoch die Beschäftigungslage (die Konjunktur) nicht wesentlich beeinflusst. Vielmehr muss die Regierung, wenn sie den Zielen eines möglichst hohen Beschäftigungsstands *und* eines möglichst stetigen (störungsfreien) Wirtschaftswachstums näherkommen will, die Nachfrage mithilfe **nachfrageorientierter Instrumente** stärken. Dazu gehören z. B. Erhöhung der Staatsausgaben für Sachinvestitionen und Personal und die Senkung der Sozialabgaben. Erst die sinnvolle **Kombination mehrerer wirtschaftspolitischer Instrumente** macht es möglich, dass die Regierung ein von ihr gesetztes wirtschaftspolitisches Ziel erreichen kann.

Aus weiter oben gemachten Ausführungen ist bekannt, dass wirtschafts- und sozialpolitische Ziele häufig nicht gleichzeitig erreichbar sind, und dass die Verfolgung eines Ziels oft zulasten der Erreichung eines anderes Ziels oder weiterer Ziele geht **(Zielkonflikte).**

Beispiel:

Der im vorigen Beispiel genannte kombinierte Einsatz wirtschaftspolitischer Instrumente steht dann im Widerspruch zum Ziel eines langfristig ausgeglichenen Staatshaushalts, wenn es die Regierungen versäumt haben, in den Jahren der Hochkonjunktur Rücklagen zu bilden oder wenigstens Schulden zu tilgen. Außerdem trägt die steigende Kreditnachfrage dazu bei, die Zinssätze in die Höhe zu treiben, sodass sogar dem Vollbeschäftigungsziel entgegengesetzte Wirkungen eintreten: Steigende Zinsen können unter bestimmten Bedingungen dazu führen, dass geplante Investitionen nicht durchgeführt oder aufgeschoben werden.

Vor allem dann, wenn Zielkonflikte vorliegen, müssen **Kompromisse** geschlossen werden.

Beispiel:

Erstrebenswert sind sowohl ein hoher Beschäftigungsgrad als auch eine gerechte Einkommensverteilung. Von verschiedenen Seiten wird der gesetzliche Mindestlohn gefordert. In einem marktwirtschaftlichen System ist jedoch die Einführung von Mindestlöhnen weder ziel- noch systemkonform (marktkonform), weil der Marktmechanismus teilweise außer Kraft gesetzt wird. Da der Mindestlohn über dem Marktlohn liegen muss (andernfalls wäre er überflüssig), erhöht er die Arbeitslosigkeit.

4.2 Wechselwirkungen wirtschaftspolitischer Maßnahmen

Beispiel:

Angenommen, die Regierung eines Landes setzt die Einkommensteuersätze herauf, um die Staatseinnahmen zu erhöhen. Die Rechnung dieses Ursache-Wirkungsdenkens („höhere Steuersätze bringen dem Staat mehr Geld") geht nicht auf: Die Steuereinnahmen steigen nicht. Sie nehmen sogar ab, weil die Konsumenten weniger Geld zur Verfügung haben, sodass die Konsumausgaben sinken. Die Beschäftigung im Handel in der Konsumgüterindustrie geht zurück. Letztere wiederum stellt ihre Investitionsvorhaben zurück, sodass die Kapazitätsauslastung in der Investitionsgüterindustrie sinkt. Die Steuererhöhung hat das Gegenteil dessen bewirkt, was sie eigentlich wollte.

Das Beispiel zeigt, dass die Wirkungen wirtschaftspolitischer Maßnahmen meistens nicht richtig beurteilt werden können, wenn einfache „lineare" Denkmuster zugrunde gelegt werden. Das Denken in „Wenn-dann-Beziehungen" (Ursache-Wirkungsbeziehungen) führt deswegen zu ungenauen, manchmal sogar falschen Ergebnissen, weil neben den **unmittelbaren (direkten) Beziehungen eines Systems**[1] auch die **mittelbaren (indirekten)** Beziehungen, die außerdem **zeitverzögert** eintreten können, berücksichtigt werden müssen. Außerdem sind **Rückkopplungen,** d. h. in diesem Falle also Rückwirkungen bestimmter staatlicher Maßnahmen, zu berücksichtigen (Feedback). Darüber hinaus können sich staatliche Eingriffe auf die gesamte Wirtschaft (das In- und Ausland) auswirken. Beispiele sind die Auswirkungen von Zollerhöhungen oder -senkungen auf den Außenhandel und die Beschäftigung, von Umweltschutzmaßnahmen auf die Investitionstätigkeit inländischer und ausländischer Investoren oder der Zulassung oder Nichtzulassung von genmanipulierten[2] Futter- und Nahrungsmitteln auf die in- und ausländische Landwirtschaft und die Gesundheit der Bevölkerung.

Kompetenztraining

35

1. Entscheiden Sie, welche Möglichkeit staatlicher Konjunkturpolitik in nebenstehender Abbildung veranschaulicht wird!

   Begründen Sie Ihre Feststellung!

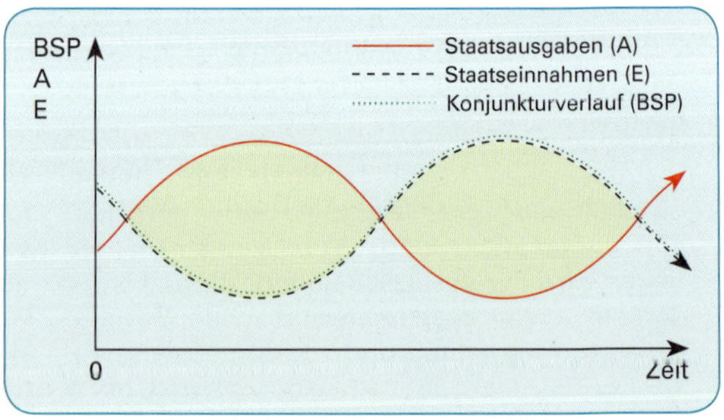

2. Der Versuch des Staates (der Regierung), durch Steuer- und Ausgabenpolitik den Konjunkturverlauf zu beeinflussen, wird als Fiskalpolitik bezeichnet. Die Fiskalpolitik sollte „antizyklisch" sein.

---

1 **System** (griech.): ein aus zahlreichen Elementen (Einzelteilen) zusammengesetztes Ganzes, bei dem jedes einzelne Element mit jedem anderen mittelbar oder unmittelbar zusammenhängt. Ein einfaches Beispiel für ein System ist das Mobile. Gleichgültig, welches Einzelteil auch angestoßen wird, es werden sich – oft auf nicht vorhersehbare Weise – alle anderen Elemente bewegen und mit einer gewissen Zeitverzögerung auch auf die Bewegung des ursprünglich angestoßenen Teils Einfluss nehmen.

2 **Gen** (griech.): Erbfaktor. Genmanipulation: künstliche Veränderung der Erbfaktoren.

Die Geldflut der Notenbanken

Ein Wort des Italieners Mario Draghi reicht am 6. September aus, um an den Finanzmärkten Jubel auszulösen. „Unbegrenzt", sagte der Chef der Europäischen Zentralbank (EZB) und lächelte etwas schief, wie er das häufig tut.

Ohne Limit werde seine Notenbank Staatsanleihen von Euro-Ländern kaufen, die einen Hilfsantrag beim europäischen Rettungsfonds ESM stellen und die Auflagen der Euro-Partner akzeptieren. Das hat der EZB-Chef vergangenen Donnerstag noch einmal bekräftigt. Mehr als 200 Milliarden Euro hat die EZB bereits in Staatsanleihen gesteckt. Nun könnte die Bilanz der Notenbank noch weiter anschwellen. [...]

Viele Entwicklungen, die in der Vergangenheit zu Inflation führten, sind heute wieder zu beobachten: Die Notenbanken drucken Geld, hohe Rohstoffpreise treiben die Kosten, und Unternehmen wie Haushalte misstrauen der Stabilität der Banken und zum Teil auch der des politischen Systems. Nur wann aus dieser Melange wie viel Inflation erwächst, weiß niemand so genau. Noch gleichen die Notenbanken mit ihrer zurückhaltenden Geldschwemme vor allem die Zurückhaltung der Geschäftsbanken aus, Kredite zu vergeben. Irgendwann allerdings müssen sie die Schleusen schließen. Inflations-Optimisten wie der Wirtschaftsweise Bofinger glauben daran. Doch werden die Notenbanken wirklich bremsen?

Quelle: Der Spiegel Nr. 41 vom 08 10. 2012.

Kompetenzorientierte Arbeitsaufträge:

1. Notieren Sie zunächst die Begriffe, deren Verständnis Ihnen Probleme bereitet. Recherchieren Sie – eventuell unter Zuhilfenahme des Internets – anschließend die Bedeutung dieser Begriffe und halten Sie die Ergebnisse schriftlich fest!
2. Erläutern Sie kurz, auf welche Ursache die im vorangestellten Artikel beschriebene Inflationsgefahr in erster Linie zurückgeführt wird!
3. Erläutern Sie, welche Folgen in obigem Artikel beschrieben werden, die sich momentan aus dieser drohenden Inflation ergeben?
4. Beschreiben Sie den im Artikel dargestellten Zusammenhang von Geldmenge und Inflation!
5. Erläutern Sie kurz, was die EZB unter Preisniveaustabilität versteht!

6. Erklären Sie die EZB als Institution und beschreiben Sie kurz deren Funktionen! Grenzen Sie dabei auch die Begriffe EZB und ESZB voneinander ab!
7. Nennen und erläutern Sie kurz die Instrumente der Geldmengensteuerung!
8. Beschreiben und beurteilen Sie anhand eines konkreten Beispiels den situativen Einsatz eines geldpolitischen Instruments in Abhängigkeit der Wirtschaftslage!
9. Erarbeiten Sie selbstständig – eventuell in Kleingruppen unterteilt (für einzelne Instrumente jeweils eine Gruppe) – die mit dem Einsatz geldpolitischer Instrumente verfolgten Ziele. Diskutieren Sie dabei auch die Problematik einer einheitlichen Geldpolitik und leiten Sie mögliche Strategien zu ihrem Einsatz in unterschiedlichen volkswirtschaftlichen Situationen ab!

5 Geldpolitik der EZB: Funktion und Wirkung der geldpolitischen Instrumente

5.1 Zusammenhang von Geldmenge und Inflation

5.1.1 Geldschöpfung und -vernichtung

In den heutigen Volkswirtschaften ist nur die **Zentralbank,** in der Europäischen Wirtschafts- und Währungsunion (WWU)[1] nur die Europäische Zentralbank (EZB),[2] ermächtigt, **Banknoten in Umlauf** zu bringen, also Notengeld zu **schöpfen.**

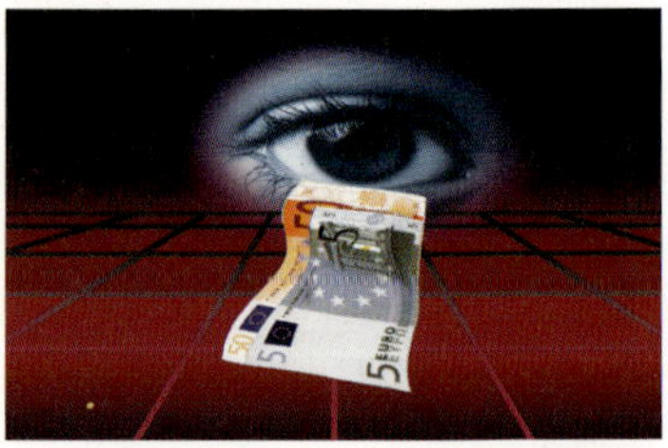

Die im Auftrag der Regierungen geprägten und von den nationalen Zentralbanken in Umlauf gesetzten Münzen stellen wertmäßig nur einen geringen Bruchteil des gesamten Geldumlaufs dar. Die Mitgliedstaaten der WWU als „Geldproduzenten" fallen somit kaum ins Gewicht. Das Erstaunlichste ist, dass auch die Geschäftsbanken Geld schöpfen können, zwar keine Banknoten, wohl aber Giralgeld.

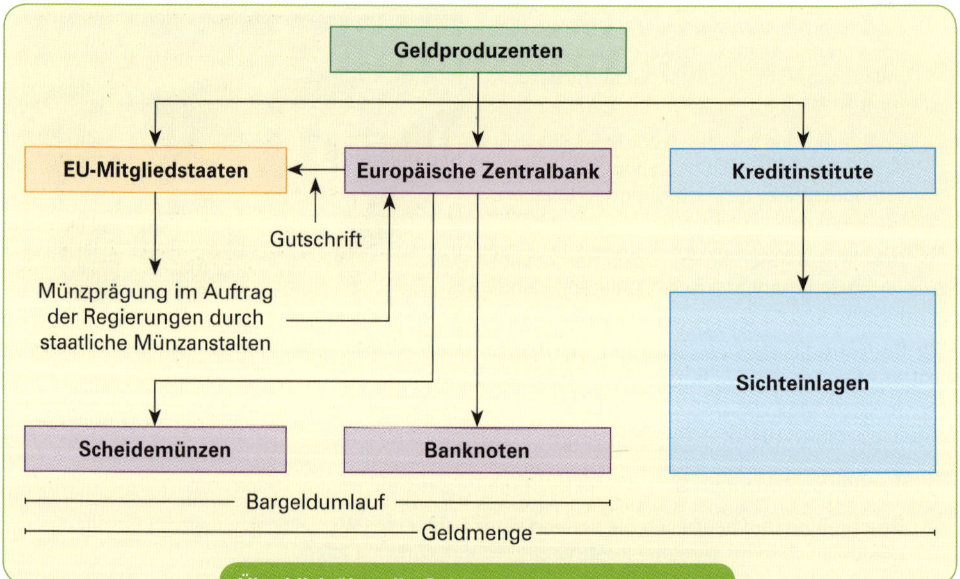

Überblick über die Geldproduzenten in der WWU

1 Zur WWU siehe Kapitel 5.2.1.

2 Zur EZB siehe Kapitel 5.2.2.

5.1.1.1 Geldschöpfung und -vernichtung durch die Europäische Zentralbank

Die **Europäische Zentralbank** hat folgende Möglichkeiten der Geldschöpfung und -vernichtung:

(1) An- und Verkauf von Wertpapieren

Durch den **Ankauf** von Wertpapieren (z. B. Schuldverschreibungen von Kreditinstituten, Industrie- und Handelsunternehmen sowie der öffentlichen Hand, Wechsel) **schöpft** eine Zentralbank Geld, durch den **Verkauf vernichtet** sie Geld.

Der Kauf bzw. Verkauf von Wertpapieren wird von einer Zentralbank im Rahmen der sogenannten Offenmarktpolitik[1] eingesetzt (Näheres siehe Kapitel 5.2.5.2).

(2) Ausgabe von Wertpapieren

Verkauft (emittiert)[2] eine Zentralbank eigene Schuldverschreibungen, verringert sie die umlaufende Geldmenge; sie schöpft – wie man sagt – Liquidität[3] ab. Tilgt sie die Schuldverschreibungen oder kauft sie diese vor Fälligkeit zurück, nimmt die umlaufende Geldmenge zu. Mit anderen Worten: Die Zentralbank stellt mehr Liquidität bereit.

(3) Beleihung von Wertpapieren

Eine Zentralbank kann ihren **Geschäftspartnern** (i. d. R. Kreditinstitute) verschiedene **Kreditmöglichkeiten** (Fazilitäten)[4] gegen **refinanzierungsfähige Sicherheiten** anbieten.

Sicherheiten sind vor allem Schuldverschreibungen, Aktien und aus Handelsgeschäften stammende Wechsel (Handelswechsel), die an die Zentralbank verpfändet werden. Die **Verpfändung** erfolgt durch **Einigung** zwischen dem Kreditinstitut (dem Schuldner) und der Zentralbank (dem Gläubiger) darüber, dass dem Gläubiger das Pfandrecht zustehen soll und durch **Übergabe** des Pfands (z. B. der Wertpapiere). Eigentümer des Pfands bleibt der Schuldner, Besitzer wird der Gläubiger.[5]

Durch die Inanspruchnahme von Fazilitäten bei der Zentralbank wird die Geldmenge vermehrt, durch die Tilgung wird sie vermindert.

---

1 Der Begriff Offenmarktpolitik ist geschichtlich zu verstehen. Er stammt aus England, wo es den offenen Markt für Staatsanleihen gab, auf dem die englische Zentralbank im Rahmen der „open market policy" mit jedermann handelte.

2 **Emittieren: herausgeben.**

3 **Liquidität** (lat.): wörtl. Flüssigkeit, hier: Zahlungsmittel, Kaufkraft.

4 **Fazilität** (lat.): Möglichkeit. Fazilität (eigentlich „Kreditfazilität") bedeutet die Möglichkeit, einen Kredit aufnehmen zu können. Einlagenfazilität ist die Möglichkeit, Geld bei einer Zentralbank anlegen zu können (Näheres siehe Kapitel 5.2.5.3).

5 Ein Kredit, der gegen Hinterlegung von Pfändern gewährt wird, heißt **Lombardkredit**. Das Wort Lombard stammt aus Italien, weil in der Lombardei bereits im Mittelalter derartige Geschäfte getätigt wurden. (Oberitalien war im Mittelalter Zentrum des europäischen Handels.)

(4) An- und Verkauf von Gold und Devisen

Durch den **Ankauf** von Gold oder Devisen[1] **schöpft** eine Zentralbank Geld, durch den **Verkauf vernichtet** sie Geld.

Eine Zentralbank muss Devisen in Binnenwährung umtauschen, weil die Exporteure des Währungsgebiets die aus den Ausfuhren erlösten Devisen bei den Geschäftsbanken in Binnenwährung (z.B. Euro) eintauschen, um ihre Verpflichtungen (z.B. Lohnzahlungen, Steuerzahlungen, Liefererrechnungen) in der Binnenwährung erfüllen zu können. Die Geschäftsbanken refinanzieren sich bei der Zentralbank. Wird in Binnenwährung fakturiert,[2] ergibt sich letztlich der gleiche Effekt: Die gebietsfremden Importeure tauschen ihre Devisen (z.B. US-$) in Binnenwährung um (z.B. Euro), um ihre Rechnungen begleichen zu können.

Der umgekehrte Vorgang ergibt sich, wenn Waren in das eigene Währungsgebiet eingeführt (importiert) werden. In diesem Fall brauchen die Importeure Devisen, die sie sich bei den Kreditinstituten beschaffen. Diese wiederum kaufen die erforderlichen Devisen bei der Zentralbank. Wird in Binnenwährung (z.B. Euro) fakturiert, tauschen die gebietsfremden Exporteure ihre Erlöse in die ausländische Währung (z.B. US-$) um, um ihren Verpflichtungen nachkommen zu können.

Beispiel:

Die Bilanz einer Zentralbank weist auf der Aktivseite ihr Vermögen und auf der Passivseite den Banknotenumlauf, ihr Eigenkapital (Grundkapital und Rücklagen) sowie ihre Schulden (Verbindlichkeiten) aus.

Vereinfachte Bilanz einer Zentralbank (in Mrd. GE)

Aktiva		Passiva	
Gold	14	Banknotenumlauf	235
Devisen und sonstige Währungsreserven	115	Einlagenfazilitäten	56
Fazilitäten	62	Grundkapital und Rücklagen	12
Wertpapiere	150	Sonstige Passiva	47
Sonstige Aktiva	9		
	350		350

5.1.1.2 Vorgang der Geldschöpfung und -vernichtung durch eine Zentralbank

Der Vorgang der Geldschöpfung einer Zentralbank wird im Folgenden anhand stark vereinfachter Geschäftsfälle und Buchungen dargestellt. Die Vereinfachung besteht vor allem darin, dass die Gutschriften der Zentralbank unmittelbar in Banknoten abgerufen werden.

1 **Devisen** sind Zahlungsmittel eines fremden Währungsgebiets. Für den Euro-Raum sind z.B. auf US-$ oder Yen lautende Zahlungsmittel (z.B. Schecks, Wechsel, Zahlungsanweisungen) Devisen.

2 Fakturieren (lat.): in Rechnung stellen. Faktura: Rechnung.

Beispiel:

① Eine neu gegründete Zentralbank kauft Gold im Wert von 2,8 Mrd. GE. (Buchung: Konto Gold an Konto Notenumlauf 2,8 Mrd. GE.)

Aktiva – Zentralbankbilanz – Passiva

Aktiva		Passiva	
Gold	2,8	Banknotenumlauf	2,8

② Die Zentralbank kauft Devisen im Wert von 3 Mrd. GE, die aus Exporterlösen der Unternehmen stammen. (Buchung: Konto Devisen an Konto Notenumlauf 3 Mrd. GE.)

Aktiva – Zentralbankbilanz – Passiva

Aktiva		Passiva	
Gold	2,8	Banknotenumlauf	5,8
Devisen	3,0		

③ Die Zentralbank kauft Wertpapiere im Wert von 4 Mrd. GE. (Buchung: Konto Wertpapiere an Konto Notenumlauf 4 Mrd. GE.)

Aktiva – Zentralbankbilanz – Passiva

Aktiva		Passiva	
Gold	2,8	Banknotenumlauf	9,8
Devisen	3,0		
Wertpapiere	4,0		

④ Die Zentralbank verkauft Wertpapiere im Wert von 0,7 Mrd. GE. (Buchung: Konto Notenumlauf an Konto Wertpapiere)

Aktiva – Zentralbankbilanz – Passiva

Aktiva		Passiva	
Gold	2,8	Banknotenumlauf	9,1
Devisen	3,0		
Wertpapiere	3,3		

⑤ Die Zentralbank beleiht Wertpapiere im Wert von 1,5 Mrd. GE. (Buchung: Konto Forderungen an Konto Notenumlauf 1,5 Mrd. GE.)

Aktiva – Zentralbankbilanz – Passiva

Aktiva		Passiva	
Gold	2,8	Banknotenumlauf	10,6
Devisen	3,0		
Wertpapiere	3,3		
Forderungen	1,5		

- **Geldproduzenten** sind der **Staat** (Münzen), die **Europäische Zentralbank** (Noten- und Giralgeld) und die **Kreditinstitute.**
- Die Europäische Zentralbank **schöpft Geld,** indem sie Aktiva erwirbt; sie **vernichtet Geld,** indem sie Aktiva verkauft.

5.1.1.3 Geldschöpfung und -vernichtung durch Kreditinstitute

Die **Geldschöpfung (Kreditschöpfung)** der Kreditinstitute ist nur in einem **Giralgeldsystem** möglich, weil diese nur Giralgeld (Buchgeld, Kreditgeld) schöpfen können, falls das Recht zur Notenausgabe allein bei der Zentralbank liegt. Ein Giralgeldsystem ist mithin eine **Geldordnung,** in der neben der Zahlung mit Münzen und Noten (Bargeld) auch mit Giralgeld gezahlt werden kann.

Die Geldschöpfung (Giralgeldschöpfung, Kreditschöpfung) wird dadurch ermöglicht, dass die Kreditinstitute erfahrungsgemäß nur einen Teil der Sichteinlagen (Geldeinlagen der Bankkunden auf Girokonten) als **Reserve** in **bar** halten müssen. Den Rest, die sogenannte **Überschussreserve,** können sie wieder ausleihen. Fließen die im Wege des Kredits ausgeliehenen Gelder wieder in das Kreditbankensystem zurück, entstehen neue Einlagen, die zum größten Teil wieder ausgeliehen werden können. Umgekehrt führt die Kündigung von Krediten durch die Kreditinstitute zur **Geldvernichtung.**

Im Folgenden wird vereinfachend angenommen, dass die ausgeliehenen Gelder wieder **vollständig** bei den Banken einbezahlt werden **(Modell des vollständigen Bargeldrückflusses).**

Beispiel:

Angenommen, ein Bankkunde legt bei seiner Bank A eine Einlage in Höhe von 125 000,00 GE ein. Unter der Bedingung (Prämisse), dass **alle** Banken eine **Liquiditätsreserve** (Barreserve) in Höhe von 20 % ihrer Sichteinlagen halten, die Geldnachfrager alle von den Banken angebotenen Gelder in Anspruch nehmen und die erhaltenen Kredite auch vollständig wieder bei den Banken einbezahlt werden, ergibt sich folgender Prozess (Verlauf), falls sich die Zentralbank jeglicher Einflussnahme enthält:

Die Geschäftsbank, nennen wir sie Bank A, hat nach der Einzahlung nachstehende Bilanz:

Aktiva	Bilanz Bank A		Passiva
Kasse	125 000,00	Sichteinlagen	125 000,00

Unter der Voraussetzung einer 20 %igen Liquiditätsreserve (Barreserve) kann die Bank A nunmehr einen Kredit in Höhe von 100 000,00 GE neu schaffen („schöpfen"), da sie eine **Überschussreserve** in dieser Höhe besitzt. Wird dieser Kredit tatsächlich von den Bankkunden in Anspruch genommen, sieht die Bilanz der Bank A wie folgt aus:

Aktiva	Bilanz Bank A		Passiva
Kasse	25 000,00	Sichteinlagen	125 000,00
Forderungen	100 000,00		
	125 000,00		125 000,00

Wenn wir annehmen, dass der Betrag von 100 000,00 GE abgehoben wird und vollständig bei einer anderen Bank einbezahlt wird **(totaler Bargeldrückfluss),** bietet sich bei der nächsten Bank folgendes Bild:

Aktiva	Bilanz Bank B		Passiva
Kasse	100 000,00	Sichteinlagen	100 000,00

Hiervon kann die Bank B wiederum 80 % ausleihen:

Aktiva		Bilanz Bank B	Passiva
Kasse	20 000,00	Sichteinlagen	100 000,00
Forderungen	80 000,00		
	100 000,00		100 000,00

Diesen Prozess einer fortschreitenden (multiplen) Geldschöpfung (Kreditschöpfung) könnte man nun theoretisch in unendlich vielen Perioden verfolgen, wie die Darstellung des Prozessverlaufs zeigt:

Periode	Überschussreserve	Neue Kredite (Geldschöpfung)	Liquiditätsreserve-zuwachs
1	100 000,00	100 000,00	25 000,00
2	80 000,00	80 000,00	20 000,00
3	64 000,00	64 000,00	16 000,00
4	51 200,00	51 200,00	12 800,00
5	40 960,00	40 960,00	10 240,00
⋮	⋮	⋮	⋮
Ergebnis nach n Perioden	0,00 (Grenzwert)	500 000,00 (Summe)	125 000,00 (Summe)

Die **Höhe der Geldschöpfung** lässt sich auch nach folgender **Formel** berechnen:

Geldschöpfung (dM) = Überschussreserve (dZ) · Kreditschöpfungsmultiplikator (R)

wobei sich der Kreditschöpfungsmultiplikator errechnet aus 1: Reservesatz.

Es gilt also: Höhe der Geldschöpfung $= 100\,000{,}00 \cdot \frac{1}{0{,}2} = 100\,000{,}00 \cdot 5 = 500\,000{,}00$ GE

Von **Geldschöpfungsmöglichkeit** (vom Geldschöpfungsspielraum) wird gesprochen, weil die Kreditinstitute nur dann Geld schöpfen können, wenn die entsprechende Geldnachfrage (Kreditnachfrage) besteht.

- Je **höher** die Liquiditätsreservehaltung (Barreservehaltung) der Geschäftsbanken ist, desto geringer sind ihre Geldschöpfungsmöglichkeiten.
- Je **niedriger** die Liquiditätsreservehaltung (Barreservehaltung) der Geschäftsbanken ist, desto größer sind ihre Geldschöpfungsmöglichkeiten.
- Die Geschäftsbanken schöpfen Giralgeld, indem sie **Überschussreserven** ausleihen. Das Giralgeld wird **vernichtet,** wenn die Kreditnehmer die von den Geschäftsbanken gewährten **Kredite tilgen** oder die von ihnen gewährten **Kredite kündigen.**

5.1.1.4 Bedeutung des Modells der Giralgeldschöpfung

Die Bedeutung des Giralgeldschöpfungsmodells liegt nicht nur darin, dass es auf anschauliche Weise zeigt, wie die Banken Giralgeld schaffen, sondern wie sie es auch vernichten können, nämlich dann, wenn sie die von ihnen gewährten Kredite kündigen.

Eine Welle der **Geldvernichtung** kann auch ausgelöst werden, wenn ein Kreditinstitut Geld an **unsichere Kunden** ausgeliehen hat und sich herausstellt, dass diese ihren Verpflichtungen nicht nachkommen können.

22 Boller - ISBN 978-3-8120-0619-4

Beispiel:

Bank A verleiht Geld an Kunden, die den Kreditverpflichtungen nicht nachkommen. Die Bank A gerät in finanzielle Schwierigkeiten, denn die Gläubiger der Bank A (Geldinstitute, Versicherungen, Handels- und Industrieunternehmen, Private) werden ihr Geld zurückverlangen. Da die von der Bank A gewährten Kredite jedoch wenig oder überhaupt keinen Gegenwert besitzen, müssen die Gläubiger der Bank A – nennen wir sie Gläubigergruppe B – ihre Forderungen teilweise oder vollständig abschreiben. Ihre Kreditwürdigkeit nimmt ebenfalls ab. Kredite sind für sie kaum mehr zu erhalten, und wenn nur zu hohen Zinssätzen. Schlimmer noch: Die Gläubiger der Gruppe B werden – soweit dies vertraglich möglich ist – Kredite kündigen, sodass wieder Unternehmen der Gruppe B zahlungsunfähig werden.

Kurz: Es entsteht ein Dominoeffekt,[1] der durch die **leichtsinnige Kreditgewährung** eines Geldinstituts (oder einer Gruppe von Geldinstituten) verursacht wurde. Ein wirtschaftlicher Niedergang (eine Rezession) ist die Folge.

5.1.2 Geldmenge und Gütermenge

5.1.2.1 Handelsvolumen

In jeder Volkswirtschaft werden Güter erzeugt, deren Preise in einer sozialen Marktwirtschaft teils vom Markt her, teils durch den Staat bestimmt werden. Zur Vereinfachung unserer Überlegungen unterstellen wir, dass alle hergestellten Güter auch umgesetzt, d. h. verkauft werden. Außerdem nehmen wir an, dass sich die Importe und Exporte von Gütern wertmäßig die Waage halten.

In einer Geldwirtschaft gibt es ebenso viele Preise, wie es Güter gibt. Will man nun den **Wert** aller in einer Periode (z. B. in einem Jahr) hergestellten und umgesetzten (verkauften) Güter feststellen, muss man jedes umgesetzte Gut mit seinem jeweiligen Preis vervielfachen. Möchte man feststellen, ob die umgesetzte (angebotene und verkaufte) Gütermenge im Folgejahr gleich geblieben, gestiegen oder gesunken ist, muss man mit den alten Preisen **(„konstanten Preisen")** rechnen, denn bei Preisveränderungen erhielte man sonst ein falsches Bild. (Die Gütermenge an sich kann man nämlich nicht feststellen, denn die verschiedenartigsten Güter kann man nicht addieren.)

Beispiel:

In einem kleinen Inselstaat werden 2 Tonnen Kokosnüsse (Preis je Tonne: 1 000,00 GE), 500 kg Fisch (Preis je kg: 2,00 GE) und 5 Ruderboote (Preis pro Boot: 400,00 GE) hergestellt. Insgesamt wurden also Waren im Wert von 5 000,00 GE produziert.

Im Folgejahr werden nunmehr wiederum 2 Tonnen Kokosnüsse (Preis je Tonne: 900,00 GE), 500 kg Fisch (Preis je kg: 3,00 GE) und 5 Ruderboote (Preis Pro Boot: 440,00 GE) hergestellt; diesmal jedoch insgesamt Waren im Wert von 5 500,00 GE.

Diese Berechnung würde zu dem Ergebnis führen, dass die Produktion gegenüber dem Ausgangsjahr um 10 % gestiegen wäre, was faktisch jedoch falsch ist.

1 Seinen Namen hat der Dominoeffekt vom **„Dominospiel"**, einem Geschicklichkeitsspiel, bei dem die Spielsteine in einer Reihe hochkant so aufgestellt werden, dass beim Umwerfen des ersten Steins dieser den zweiten Stein, dieser den dritten Stein usw. umwirft, bis alle Steine zum Liegen gekommen sind. (Domino: lat. Herr. Im 18. Jahrhundert durfte sich der Sieger des Anlegespiels als „Herr" bezeichnen.)

Das Jahr, dessen Güterpreise man wählt, bezeichnet man als **Basisjahr.**[1]

Die Summe aller während einer Periode umgesetzten Güter, bewertet zu konstanten Preisen, bezeichnet man als **Handelsvolumen** (= H).

In der Statistik wird das Handelsvolumen meistens dem realen Bruttoinlandsprodukt gleichgesetzt.

Beispiel:

Angenommen, in einer Volkswirtschaft werden nur 5 Güterarten erzeugt und umgesetzt, und zwar Kohle, Stahl, Getreide, Kleidung und Bauleistungen. Sie werden zu den Preisen eines Ausgangsjahrs (= Basisjahr) bewertet. Nur so lässt sich feststellen, wie sich die Gütermenge von Jahr zu Jahr entwickelte.

In der Volkswirtschaft erzeugte und umgesetzte Güter	Jahr 00 (Basisjahr)			Jahr 01			Jahr 02		
	Umgesetzte Gütermengen (in Mio. Mengeneinheiten)	Preise je Einheit in GE	Wert der umgesetzten Güter in Mio. GE	Umgesetzte Gütermengen (in Mio. Mengeneinheiten)	Konstante Preise (Basisjahr) in GE	Wert der umgesetzten Güter zu konstanten Preisen (in Mio. GE)	Umgesetzte Gütermengen (in Mio. Megeneinheiten)	Konstante Preise (Basisjahr) in GE	Wert der umgesetzten Güter zu konstanten Preisen (in Mio. GE)
Kohle	10 t	400	4000	10 t	400	4000	11 t	400	4400
Stahl	20 t	750	15000	20 t	750	15000	22 t	750	16500
Getreide	50 t	500	25000	50 t	500	25000	60 t	500	30000
Kleidung	200 Stück	100	20000	200 Stück	100	20000	250 Stück	100	25000
Bauten	60 m³	600	36000	60 m³	600	36000	73,5 m³	600	44100
	Handelsvolumen →		100000	Handelsvolumen →		100000	Handelsvolumen →		120000

Das Beispiel zeigt, dass die Gütermenge (das Handelsvolumen) im Jahr 01 gegenüber dem Jahr 00 konstant (gleich geblieben) ist, während sie im Jahr 02 gegenüber dem Vorjahr um 20 % zunahm.

5.1.2.2 Geldmenge

Auch hier müssen wir vereinfachen, um zu einem eindeutigen Ergebnis zu gelangen. Wenn im vorigen Beispiel im Jahr 02 das Handelsvolumen 120000 GE betrug, wurde zum Kauf dieser Güter auch die **Geldmenge** in Höhe von 120000 GE benötigt, falls wir unterstellen, dass das gesamte Handelsvolumen in einem Zuge nachgefragt und gekauft wurde. Diese sogenannte **nachfragewirksame** Geldmenge ist in der Regel nicht mit der Gesamtgeldmenge der Wirtschaft gleichzusetzen, weil die Wirtschaftssubjekte einen Teil ihrer Einnahmen nicht wieder ausgeben, sondern sparen. Von der Gesamtgeldmenge ist also die Ersparnis (die dem Geldkreislauf entzogene Sparsumme) abzuziehen.

1 **Basis:** Grundlage; hier: Ausgangszeitpunkt.

Nun entspricht es aber nicht der Wirklichkeit, dass die gesamte Gütermenge, die in einem Jahr erzeugt wird, auf **einmal** umgesetzt wird. Vielmehr **verteilen** sich die Umsätze über das ganze Jahr hinweg.

Beispiel:

Lassen wir einmal die Umsätze zwischen den Unternehmen außer Acht. Vergessen wir auch, dass es einen Staatshaushalt gibt und dass die Haushalte sparen. Nehmen wir unter diesen Bedingungen an, dass die privaten Haushalte im Jahr 120 000 GE verdienen und dass ihnen dieses Geld nur *einmal* im Jahr ausbezahlt wird, dann wird tatsächlich eine Geldmenge (Buch- und Giralgeld) in Höhe von 120 000 GE benötigt: Den privaten Haushalten fließen einmal im Jahr 120 000 GE zu, die sie im gleichen Jahr zum Kauf von Gütern bei den Unternehmen verwenden. Die *Umlaufgeschwindigkeit* des Geldes ist 1.

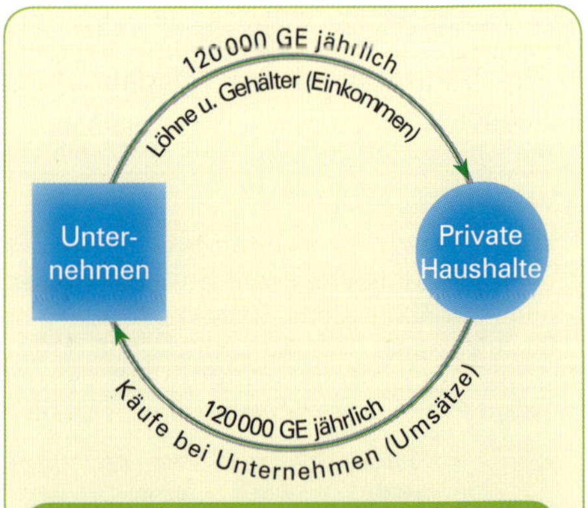

Mit einer Geldmenge von 120 000 GE wird im Jahr ein Umsatz von 120 000 GE bewirkt. Die Umlaufgeschwindigkeit des Geldes ist 1.

Beispiel:

Wenn wir unterstellen, dass die Löhne und Gehälter im Jahr *zweimal* ausbezahlt werden, kommt die Wirtschaft mit 60 000 GE aus. Der Grund: Mit der ersten Gehaltszahlung kaufen die privaten Haushalte Güter im Werte von ebenfalls 60 000 GE. Der gleiche Vorgang wiederholt sich danach im zweiten Halbjahr, weil die privaten Haushalte die zweite Lohnzahlung wiederum zum Kauf von Gütern im Werte von 60 000 GE verwenden. Mit einer Geldmenge von 60 000 GE wird also ein jährlicher Umsatz von 120 000 GE getätigt. Die *Umlaufgeschwindigkeit* des Geldes ist also 2.

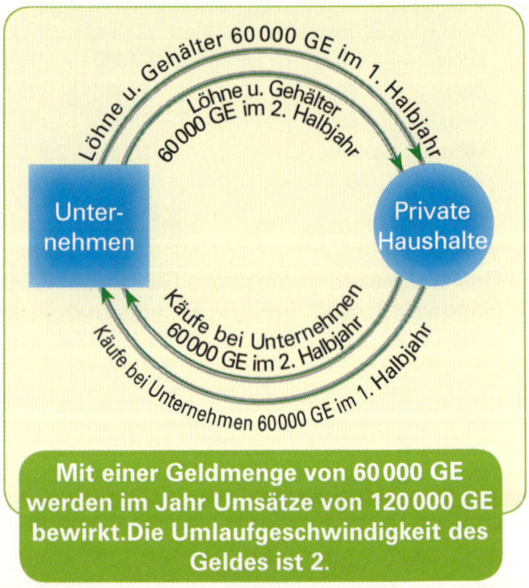

Mit einer Geldmenge von 60 000 GE werden im Jahr Umsätze von 120 000 GE bewirkt. Die Umlaufgeschwindigkeit des Geldes ist 2.

Beispiel:

Würden die Gehälter und Löhne z. B. 12-mal im Jahr ausbezahlt und wieder ausgegeben, könnte man mit einer Geldmenge von 10 000 GE einen jährlichen Umsatz von 120 000 GE bewirken. Die Umlaufgeschwindigkeit des Geldes beträgt dann 12.

Die nachfragewirksame Geldmenge setzt sich aus dem für Kaufzwecke bereitgestellten Bar- und Giralgeld, multipliziert mit seiner Umlaufgeschwindigkeit, zusammen.

Nachfragewirksame Geldmenge = Geldmenge (G) · Umlaufgeschwindigkeit (U)

5.1.2.3 Preisniveau

Beispiel:

Angenommen, im Jahr 01 sei die nachfragewirksame Geldmenge von 100000 GE auf 120000 GE gestiegen, während die zu konstanten Preisen gemessene Gütermenge unverändert blieb. Man sagt, dass sich das reale (= wirkliche) Handelsvolumen nicht verändert hat. Ein möglicher Grund hierfür ist, dass die Wirtschaft vollbeschäftigt ist, sodass aufgrund der gestiegenen Nachfrage nicht mehr angeboten werden kann.

Die Folge der gestiegenen Nachfrage (Geldmenge) ist, dass die Unternehmen ihre Preise so lange anheben, bis auf den Märkten wieder Gleichgewicht herrscht.[1]

Der Faktor, um den sich die Preise **aller** Güter im Durchschnitt verändern müssen, lässt sich leicht errechnen, indem man die nachfragewirksame Geldmenge durch das zu konstanten Preisen gemessene Handelsvolumen teilt:

Beispiel (Fortsetzung):

$$\text{Veränderungsfaktor des Preisniveaus (P)} = \frac{120000}{100000} = \underline{\underline{1{,}2}}$$

Allgemein gilt:

$$P = \frac{G \cdot U}{H}$$

Beispiel (Fortsetzung):

Die Zahl für P = 1,2 bedeutet, dass sich gegenüber dem Vorjahr das Preisniveau um das 1,2-fache oder um 20 % erhöht hat. Wäre die nachfragewirksame Geldmenge (G · U) z. B. um 50 % auf 150000 GE gestiegen, ergäbe sich eine Preissteigerungsrate von 50 %, sofern das Handelsvolumen konstant geblieben ist.

Steigt im Jahr 02 die Geldmenge z. B. auf 150000 GE und das Handelsvolumen (zu konstanten Preisen) auf 120000 GE, ergibt sich:

$$P = \frac{150000}{120000} = \underline{\underline{1{,}25}}$$

Dies sagt aus, dass sich im Jahr 02 das Preisniveau gegenüber dem Jahr 00 (Basisjahr) um das 1,25-Fache oder um 25 % erhöht hat.

- Die Entwicklung des **Preisniveaus** (die Höhe der Güterpreise) hängt weitgehend von der Entwicklung der **nachfragewirksamen Geldmenge** ab.
- Steigt die nachfragewirksame Geldmenge schneller als das Handelsvolumen (die Menge der zu konstanten Preisen bewerteten Güter), **steigt** in einer freien Marktwirtschaft das **Preisniveau.**
- Steigt die nachfragewirksame Geldmenge im gleichen Maße wie das Handelsvolumen, wird in einer Marktwirtschaft das **Preisniveau gleich bleiben.**

1 Dies ist natürlich nur in einer freien Wirtschaft möglich. Werden vom Staat Höchstpreise vorgeschrieben, können die Preise nicht im erforderlichen Umfang steigen. Es entsteht Übernachfrage, sodass der Staat rationieren muss.

Eine **Umkehrung** der letzten beiden Sätze ist jedoch nicht möglich. Eine Verringerung der nachfragewirksamen Geldmenge wird in der heutigen Wirtschaft nur selten und dann nur auf Teilmärkten zu **Preissenkungen** führen. Hierfür gibt es viele Gründe.

Zum einen **steigen** bei zurückgehender Produktion die Stückkosten der Betriebe, sodass die Betriebe, falls sie marktstark genug sind, sogar die Preise erhöhen können. Zum anderen gibt es viele Kosten, die trotz schwindender Nachfrage nicht sinken. Hierzu gehören einige Steuern (z. B. Grundsteuer, Kfz-Steuer), die tariflich festgelegten Mindestlöhne der Arbeitskräfte oder die Importpreise der Rohstoffe. Sinkt also die nachfragewirksame Geldmenge, wird i. d. R. nicht das Preisniveau fallen, sondern das Güterangebot abnehmen. Somit entsteht **Unterbeschäftigung** (Arbeitslosigkeit).

5.1.2.4 Kaufkraft

Mit steigendem Preisniveau **sinkt** die Kaufkraft des Geldes, denn mit einer Geldeinheit kann man jetzt **weniger** Güter kaufen als zuvor.

Beispiel:

Angenommen, vom Jahr 00 bis zum Jahr 01 steigt die nachfragewirksame Geldmenge von 100 000 GE auf 150 000 GE, während das Handelsvolumen von bisher 100 000 GE konstant bleibt. Die Veränderung des Preisniveaus beträgt 50 %:

$$P = \frac{G \cdot U}{H} = \frac{150\,000}{100\,000} = \underline{\underline{1{,}5}}$$

Die **Kaufkraft** hat sich gegenüber dem Vorjahr wie folgt verändert:

$$K = \frac{H}{G \cdot U} = \frac{100\,000}{150\,000} = \underline{\underline{2/3}}$$

Dies besagt, dass man sich im Jahr 01 mit einer Geldeinheit nur noch $^2/_3$ der Gütermenge des Jahres 00 kaufen konnte. Die **Kaufkraft** des Geldes ist also um $^1/_3$ (= $33\,^1/_3$ %) **gesunken.**

Der **Veränderungsfaktor** der **Kaufkraft** des Geldes ist der reziproke (umgekehrte) Wert des Veränderungsfaktors des Preisniveaus.

Steigen die Preise z. B. um 100 %, beträgt die Kaufkraft einer Geldeinheit nur noch 50 %.

Eine andere Bedeutung hat der Begriff „Kaufkraft", wenn er die Frage beantwortet, wie lange ein Arbeitnehmer arbeiten muss, um eine bestimmte Güterart kaufen zu können. Je kürzer die Arbeitszeit ist, desto höher ist die Kaufkraft des Arbeitsentgelts (die sogenannte **Lohnkaufkraft**).

Beispiele:

1960 war der durchschnittliche Arbeitsaufwand für 1 kg Schweinekotelett 2 Stunden und 37 Minuten, im Jahr 2008 nur noch 31 Minuten. Ein halbes Pfund Butter kostete damals noch 39 Minuten Arbeitszeit, heute nur noch 5 Minuten. Langlebige Haushaltsgeräte, die für einen Arbeitnehmerhaushalt Anfang der sechziger Jahre noch kaum erschwinglich waren, kamen im Zuge der Massenproduktion zu so günstigen Preisen auf den Markt, dass der Arbeitszeitaufwand für den Kauf dieser Waren besonders stark zurückging. Ein Fernseher zum Beispiel, der einen Durchschnittsarbeitnehmer 1960 noch mehr als 350 Arbeitsstunden kostete, war 2008 – technisch stark verbessert – schon nach rund 18 Stunden verdient.

Westdeutsche Arbeitnehmer konnten im Jahr 2012 mit ihren Nettoverdiensten im Durchschnitt neun Prozent mehr Güter erwerben als im Jahr 1991. Je nach Produkt hat sich die Kaufkraft jedoch unterschiedlich entwickelt. Während beispielsweise ein Arbeitnehmer in Westdeutschland für den Kauf eines einmonatigen Abonnements einer Tageszeitung im Jahr 2012 eine halbe Stunde länger arbeiten musste als 21 Jahre zuvor, verringerte sich die Arbeitszeit, die für den Erwerb eines Kühlschranks notwendig war, nach Berechnungen des Instituts der deutschen Wirtschaft Köln (IW Köln) im selben Zeitraum um rund zehn Stunden. Dabei ging das IW Köln davon aus, dass der durchschnittliche Netto-Stundenlohn in Westdeutschland im Jahr 2012 bei 15,89 Euro und im Jahr 1991 bei 10,31 Euro lag.

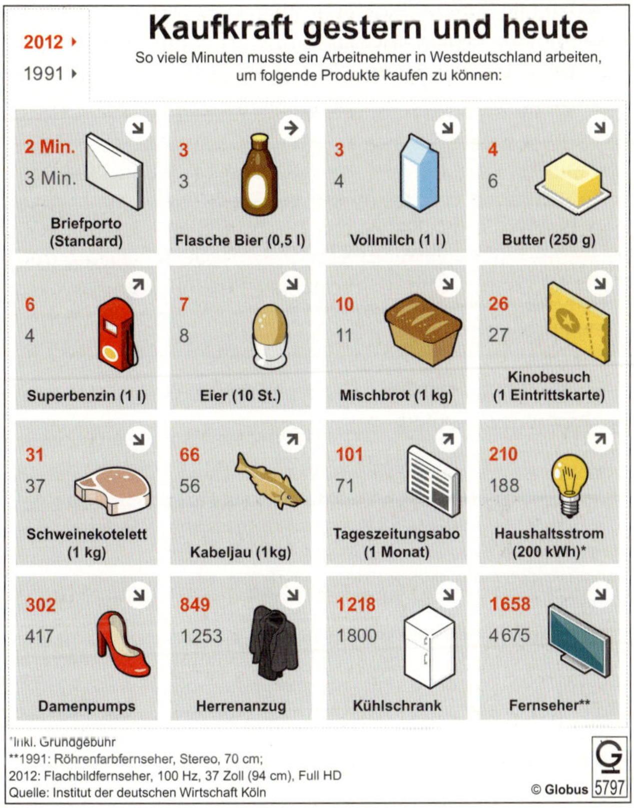

5.1.2.5 Verkehrsgleichung des Geldes

Aus der Formel zur Berechnung des Veränderungsfaktors des Preisniveaus lässt sich die **Fisher'sche Verkehrsgleichung des Geldes** (auch **Quantitätsgleichung**[1] oder **Tauschgleichung** genannt) ableiten, indem man die ganze Gleichung mit H (= Handelsvolumen) multipliziert:

$$H \cdot P = G \cdot U$$

Wie bereits im Kapitel 5.1.2.1 gesagt, wird das Handelsvolumen (H) i. d. R. dem realen Bruttoinlandsprodukt (BIPr) gleichgesetzt, um z. B. die Umlaufgeschwindigkeit des Geldes in einem bestimmten Währungsgebiet errechnen zu können.

Aus der Quantitätsgleichung ergibt sich Folgendes, wobei H mit BIP_r gleichgesetzt wird:

$$BIP_r \cdot P = G \cdot U$$

1 Quantität: Menge; die Quantitätsgleichung ist die formelmäßige Darstellung der **Quantitätstheorie,** die besagt, dass die Entwicklung der **Geldmenge** weitgehend Richtung und Umfang der wirtschaftlichen Entwicklung (des Handelsvolumens und dessen Preise) bestimmt.

Das Produkt aus BIP_r bzw. H und dem Preisveränderungsfaktor P ergibt das nominelle Bruttoinlandsprodukt (BIP_n) bzw. das nominelle Handelsvolumen, sodass man die Quantitätsgleichung auch wie folgt schreiben kann:

$$BIP_n = G \cdot U$$

$$U = \frac{BIP_n}{G}$$

Beispiel:

Angenommen, in der WWU betragen das nominelle Bruttoinlandsprodukt im ersten Quartal eines Jahres 1600 Mrd. € und die Geldmenge M3 4800 Mrd. €, dann errechnet sich die Umlaufgeschwindigkeit der Geldmenge M3 wie folgt:

$$U = \frac{BIP_n}{M3} = \frac{1600}{4800} = 0,\overline{33}$$

Auf das Jahr bezogen ergibt sich eine Umlaufgeschwindigkeit der Geldmenge M3 von $0,33 \cdot 4 = 1,32$.

Wie eine im Vergleich zur Gütermenge **stärker ansteigende Geldmenge** wirkt, verdeutlicht nachfolgender Artikel.

Es begann im vierten Jahrhundert von Dionysios, dem Tyrannen von Syrakus. Er ließ, als er klamm war, sämtliche Münzen einsammeln und neu prägen. Aus einer Drachme wurde zwei, die Hälfte gab Dionysios zurück, mit der anderen beglich er seine Schulden.

Nach der Einführung von Papiergeld ließ sich der Geldwert später noch einfacher manipulieren. Nun genügte eine Druckerpresse, um die Geldmenge aufzublähen und die Währung abzuwerten. Auf diese Weise entging das Deutsche Reich, nach 1918 von Kriegsschulden und Reparationsleistungen erdrückt, dem Staatsbankrott – freilich um den Preis einer galoppierenden Inflation.

Diese historische Grenzerfahrung war für den amerikanischen Ökonomen Friedman später der beste Beweis dafür, dass es einen Zusammenhang zwischen der Geldmenge und Geldentwertung gebe: Wird das Volumen ausgeweitet, während das Güterangebot gleich bleibt, führe dies zwangsläufig zu Inflation, lautet die zentrale Botschaft der sogenannten Monetaristen. „Inflation“, so Friedman, sei „immer und überall ein monetäres Phänomen“.

Quelle: Der Spiegel Nr. 41 vom 08.10.2012.

Kompetenztraining

36 1. In dem kleinen Land „Nirwo“ versorgen sich die Menschen selbst; das einzige dort gehandelte Gut ist Reis. Im Jahr 00 wurden 600000 dt Reis angeboten und verkauft. Die Umlaufgeschwindigkeit des Geldes in diesem Land ist konstant 2, weil die Menschen nur zum Zeitpunkt der Frühjahrs- und zum Zeitpunkt der Herbsternte auf Vorrat kaufen. Als Geld dienen Kupfermünzen mit dem Nennwert 1. Das Kupfer wird in den nahe liegenden Bergen gefördert und unmittelbar darauf zu Münzen verarbeitet, sodass die Geldmenge je nach Umfang der Funde ständig zunimmt. Für eine gewisse Geldwertstabilität sorgt allerdings der Brauch, dass man den Toten einen Teil ihres Barvermögens ins Grab legt und nie wieder zutage fördert. Im Jahre 00 waren 450000 Münzen im Umlauf. Die nachfragewirksame Geldmenge betrug also 900000 Geldeinheiten, weil die 450000 Münzen zweimal zum Kauf von je 300000 dt Reis ausgegeben wurden.

Im Jahr 01 wurden wiederum 600000 dt Reis gehandelt. Es wurden aber zusätzlich 50000 Münzen geprägt, von denen allerdings 5000 Münzen den zwischenzeitlich Verstorbenen als Grabbeigabe dienten.

Aufgaben:

1.1 Berechnen Sie mittels der Fisher'schen Verkehrsgleichung das Preisniveau für eine dt Reis im Jahr 00 sowie im Jahr 01!

1.2 Ermitteln Sie die Inflationsrate des Landes „Nirwo“ im Jahr 01 gegenüber dem Jahr 00!

2. An einem Derbyrenntag erstanden zwei Freunde, Bob und Joe, ein Fass Bier und machten sich auf den Weg nach Epsom, um es auf der Rennbahn auszuschenken. Als Preis wollten sie 6d fürs Maß rechnen und den Erlös brüderlich untereinander teilen. Unterwegs bekam nun Bob greulichen Durst, und da ihm als einziges von allen Gütern dieser Erde ein schönes Dreipennystück in der Tasche verblieben war, so trank er ein Maß von ihrem Bier und gab Joe die 3d als dessen Anteil am Marktpreis. Einige Zeit später wurde Joe von dem gleichen Bedürfnis übermannt und trank seinerseits ein Maß, worauf er die 3d an Bob zurückgab. Der Tag war heiß und nach kurzer Zeit war Bob aufs neue scheußlich durstig und Joe etwas später ebenfalls. So geschah es, dass sich die 3d bei ihrer Ankunft in Epsom wieder in Bobs Tasche befanden und dass sie einander immer redlich und vollständig ihre Schulden bezahlt hatten, und – dass das ganze Bier dabei draufgegangen war. Auf diese Weise hatte also ein einziges Dreipennystück ein Umsatzvolumen bewältigt für das viele Schillinge nötig gewesen wären, wenn man dem ursprünglichen Plane gefolgt und das Bier an die Zuschauer verkauft hätte.

Quelle: WiSt, Wirtschaftswissenschaftliches Studium, 1. Jahrgang 1972, S. 224f., nach D.H. Roberson: Das Geld, zweite verb. deutsche Auflage, Wien 1935,S. 33f.

Aufgaben:

2.1 Erläutern Sie, was durch das vorstehende Beispiel verdeutlicht werden soll!

2.2 Geben Sie an, welche Größen der Verkehrsgleichung angesprochen werden!

3. Berechnen Sie in nachstehender Tabelle die fehlenden Werte!

Jahr	Handelsvolumen (in Preisen des Jahres 00)	Nachfragewirksame Geldmenge (G · U)	Veränderungsfaktor des Preisniveaus gegenüber dem Jahr 00	Handelsvolumen zu tatsächlichen Preisen	Preisindex	Preissteigerungsrate
00	100 000,00 GE	100 000,00 GE	—	100 000,00 GE	100	—
01	120 000,00 GE	120 000,00 GE				
02	140 000,00 GE	154 000,00 GE				
03	140 000,00 GE	168 000,00 GE				
04	130 000,00 GE	162 500,00 GE				
05	150 000,00 GE	200 000,00 GE				

4. Berechnen Sie mithilfe der in Aufgabe 3 angegebenen Zahlen

4.1 den jährlichen Kaufkraftverlust gegenüber dem Jahr 00 und

4.2 den jährlichen Kaufkraftverlust gegenüber dem jeweiligen Vorjahr!

5. Ermitteln Sie mithilfe der Quantitätsgleichung anhand nachfolgender Daten die Veränderung des Preisniveaus in Prozent:

	Jahr 01	Jahr 02
Geldmenge in Geldeinheiten (GE)	250 GE	260 GE
Umlaufgeschwindigkeit	16	18
Handelsvolumen	4000	3744

5.2 Geldpolitik am Beispiel des Euroraumes

5.2.1 Europäische Wirtschafts- und Währungsunion (WWU)

Die Schaffung der Wirtschafts- und Währungsunion (WWU)[1] wurde 1991 von den Staats- und Regierungschefs der EU-Länder in **Maastricht** beschlossen. Der Maastricht-Vertrag trat 1992 in Kraft.

Die **Wirtschafts- und Währungsunion (WWU)** wurde in mehreren Stufen verwirklicht. Zum 1. Januar 1994 wurde das **Europäische Währungsinstitut (EWI)** in Frankfurt a. M. errichtet. Es hatte die Aufgabe, die Strukturen der Europäischen Zentralbank (EZB) vorzubereiten.

Die Wirtschafts- und Währungsunion wurde in mehreren Stufen verwirklicht:

1. Anfang 1998 fiel die Entscheidung durch die Staats- und Regierungschefs der EU über die Teilnahme der Länder von Beginn an.

   Die Teilnehmer hätten nach dem Maastricht-Vertrag folgenden Kriterien (auch **„Maastricht-Kriterien"** oder **„Konvergenzkriterien"**[2] genannt) genügen sollen:

   - Preisanstieg **höchstens 1,5 Prozentpunkte** über dem Preisanstieg der drei stabilsten Länderwährungen.
   - Haushaltsdefizit **höchstens 3 %** der Wirtschaftsleistung.
   - Staatsverschuldung **nicht höher als 60 %** der Wirtschaftsleistung.
   - Langfristiger Zinssatz **höchstens 2 Prozentpunkte** über dem durchschnittlichen Zinssatz der drei preisstabilsten Länder.

   Obwohl die „Maastricht-Kriterien" von vielen EU-Ländern nicht vollständig erfüllt wurden, hat die Europäische Kommission Anfang des Jahres 1998 **elf Länder** zur Teilnahme an der WWU empfohlen. Diese Länder waren Belgien, Deutschland, Finnland, Frankreich, Irland, Italien, Luxemburg, Niederlande, Österreich, Portugal und Spanien.

   Dänemark, Großbritannien und Schweden wollen (noch) nicht teilnehmen. Griechenland durfte wegen seines zu hohen Defizits des Staatshaushalts zunächst nicht teilnehmen, wurde aber zum 1. Januar 2001 zwölftes WWU-Mitglied. 2007 traten Slowenien, 2008 Malta und Zypern und 2009 die Slowakei der WWU bei. 2011 wurde Estland Mitglied der Eurozone, 2014 folgte Lettland und ein Jahr darauf schließlich Litauen.

   Die nicht teilnehmenden EU-Länder werden als **„Outs"**[3] bezeichnet. Zwischen den Euro-Ländern und den Outs bleibt das Europäische Währungssystem, das als **W**echsel**k**urs**m**echanismus II (WKM II) bezeichnet wird, erhalten.

2. Anfang 1999 begann eine weitere Stufe der WWU mit der **Einführung der europäischen Währung in „non-cash-form"**.[4] Das bedeutete, dass das ehemalige Bargeld in den Teilnehmerländern zunächst noch erhalten blieb.

1 WWW: Wirtschafts- und Währungsunion; WWU-Länder: Mitgliedsländer des Euro-Währungsraums („Eurolands"). Die Europäische Währungsunion wird auch mit EWWU oder EWU abgekürzt.

2 **Konvergenz**: Annäherung.

3 **Outs** (engl.): draußen Gebliebene, Außenstehende.

4 **Non-cash-form**: unbare (nicht bare) Form.

3. Am 1. Januar 2002 wurden die **Banknoten und Münzen der Euro-Währung** eingeführt. Damit verloren die nationalen Noten und Münzen in den WWU-Ländern ihre Gültigkeit.[1]

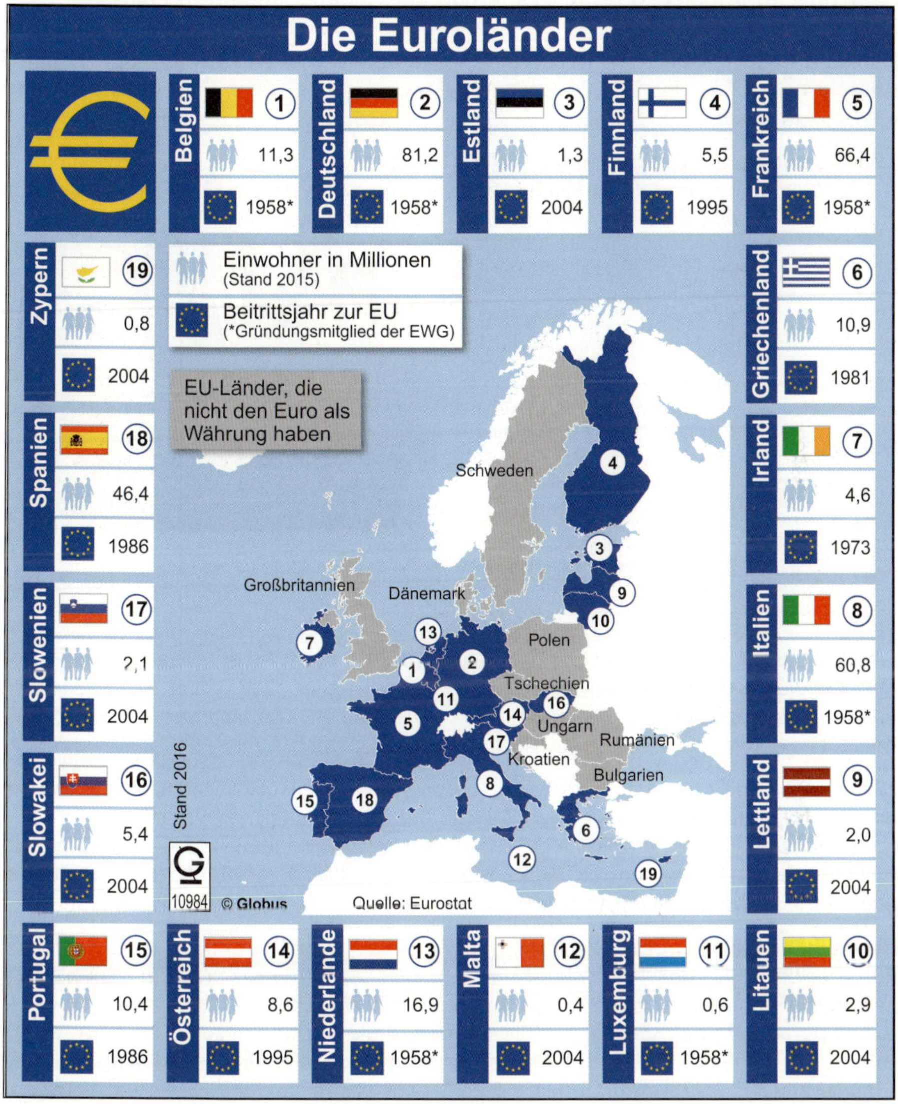

Das Gebiet der EU-Länder, die den Euro als Währung eingeführt haben, bezeichnet man als **Eurozone.** Die Eurozone umfasst darüber hinaus auch drei Staaten mit sogenannten Währungsvereinbarungen mit den EU-Mitgliedern. Hierzu zählen: Monaco, San Marino und der Vatikan. **Zusätzlich** wird der Euro in folgenden Ländern als **gültiges Zahlungsmittel** akzeptiert, obwohl dort formal eine andere Währung gilt: Andorra, Kosovo und Montenegro.

1 Auch über diesen Zeitpunkt hinaus tauschen die Hauptverwaltungen der Deutschen Bundesbank die DM-Banknoten und -Münzen in Euro um.

5.2.2 Europäische Zentralbank (EZB)

Verantwortlich für die Geldpolitik (Steuerung der Geldmenge und der Zinssätze) in den Mitgliedstaaten der Europäischen **W**irtschafts- und **W**ährungs**u**nion **(WWU)** ist die **E**uropäische **Z**entral**b**ank **(EZB).** Die Organe der EZB sind das Direktorium, der EZB-Rat und der Erweiterte EZB-Rat.

Direktorium	Das Direktorium (siehe nebenstehendes Bild)[1] besteht aus dem Präsidenten, dem Vizepräsidenten und vier weiteren Mitgliedern. Dem Direktorium obliegt die Geschäftsführung, d. h., ■ es führt die vom EZB-Rat beschlossene Geldpolitik aus, ■ verwaltet die Währungsreserven der Mitgliedstaaten, ■ führt Devisengeschäfte[2] (Geschäfte in Fremdwährung) durch und ■ sorgt für funktionierende Zahlungssysteme.  Quelle: EZB (www.ecb.int)
EZB-Rat	Der Europäische Zentralbankrat (EZB-Rat) setzt sich aus dem **Direktorium** und den Präsidenten der **nationalen Notenbanken** der WWU-Mitgliedstaaten zusammen. Der EZB-Rat trifft mit einfacher Stimmenmehrheit die geldpolitischen Entscheidungen und erlässt Weisungen und Leitlinien für die Zentralbanken der Teilnehmer.
Erweiterter EZB-Rat	Dem Erweiterten EZB-Rat gehören der **EZB-Rat** und die **Zentralbank-Präsidenten** der Staaten der Europäischen Union (EU) an, die (noch) nicht Mitglieder der WWU sind.

Damit die EZB ihre Aufgaben erfüllen kann, ist sie mit einer **dreifach gesicherten Unabhängigkeit** (Autonomie) ausgestattet:

1. Sie ist **institutionell unabhängig.** Weder die EZB noch eine nationale Zentralbank noch ein Mitglied ihrer Beschlussorgane darf Weisungen von EU-Organen oder von den Regierungen der Mitgliedstaaten einholen oder entgegennehmen.
2. Sie ist **personell unabhängig.** Der Präsident und die übrigen geschäftsführenden Direktoren der EZB werden von den Regierungen, vertreten durch die Staats- bzw. Regierungschefs der Mitgliedstaaten, für i. d. R. acht Jahre gewählt. Eine Amtsenthebung kann nur durch den Europäischen Gerichtshof erfolgen. Die im EZB-Rat vertretenen Präsidenten der nationalen Zentralbanken werden für eine Amtszeit von mindestens fünf Jahren berufen.
3. Sie ist **operativ unabhängig.** Die EZB entscheidet autonom über ihre geldpolitischen Maßnahmen.

1 **Hintere Reihe** (von links nach rechts): Yves Mersch, Peter Praet, Benoît Cœuré.
Vordere Reihe (von links nach rechts): Sabine Lautenschläger, Mario Draghi (Präsident), Vitor Constâncio (Vizepräsident).

2 **Devisen** (lat., frz.): Zahlungsmittel in Fremdwährung.

5.2.3 Europäisches System der Zentralbanken (ESZB)

(1) Begriffe ESZB und Eurosystem

Das **E**uropäische **S**ystem der **Z**entral**b**anken **(ESZB)** besteht aus der **Europäischen Zentralbank** und den **nationalen Zentralbanken der Mitgliedstaaten der Europäischen Union.** Vorrangiges Ziel des ESZB ist die Preisniveaustabilität [Art. 105 EGV]. Ebenso wie die EZB im Einzelnen, ist das ESZB im Ganzen von Weisungen politischer Instanzen unabhängig.

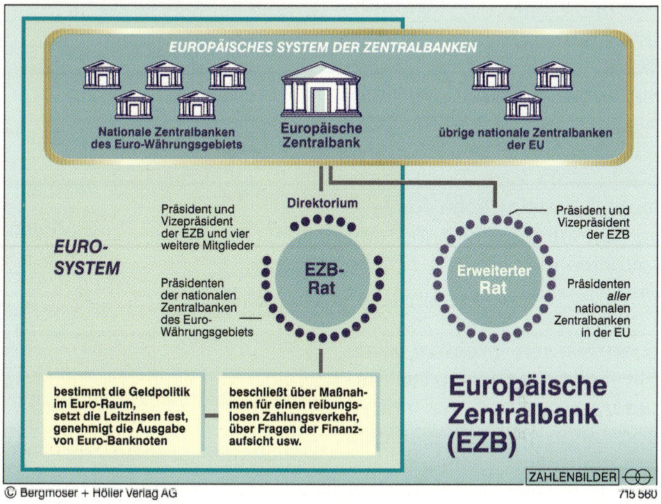

© Bergmoser + Höller Verlag AG 715 580

Das **Eurosystem** setzt sich aus der EZB und den EU-Ländern zusammen, die bereits den Euro eingeführt haben.

Öffentliche Haushalte dürfen vom **ESZB nicht finanziert** werden. Das ESZB **unterstützt** die **allgemeine Wirtschaftspolitik** der Mitgliedsländer, aber nur, soweit dies **ohne Beeinträchtigung der Preisniveaustabilität möglich** ist.

(2) Stabilitätsziel

Nach der Definition der EZB liegt Preisniveaustabilität (kurz: Preisstabilität) vor, wenn der Anstieg des **h**armonisierten **V**erbraucher**p**reis**i**ndex[1] **(HVPI)** der WWU **unter 2 %** gegenüber dem Vorjahr beträgt.

Preisstabilität soll dabei „in mittlerer Frist" herrschen – also im **Durchschnitt über mehrere Jahre.** Der Grund für diese Bestimmung ist, dass **geldpolitische Maßnahmen** oft **erst nach Monaten** wirken. Innerhalb des definitorischen Rahmens zielt der EZB-Rat darauf ab, **mittelfristig** eine Preissteigerungsrate von unter, aber nahe 2 % beizubehalten.

Zur Preisstabilität gehört aber auch die Vermeidung einer Deflation. Deswegen wird von der EZB eine Inflationsrate (Preissteigerungsrate) von jährlich weniger als 1 % als problematisch angesehen.

1 **Index** (lat.): Anzeiger. Indices: Mehrzahl von Index. „Harmonisierter" Preisindex deswegen, weil die statistischen Methoden zur Ermittlung der Preisveränderungsraten u. a. in den Mitgliedsländern der WWU aufeinander abgestimmt sind.

(3) Zwei-Säulen-Strategie[1]

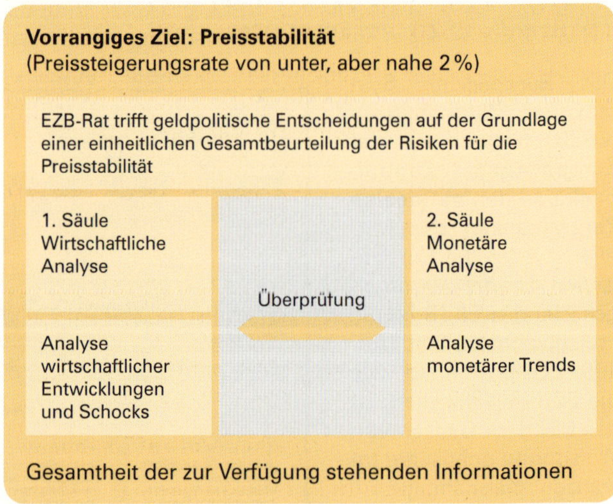

Quelle: Deutsche Bundesbank (Hrsg.): Geld und Geldpolitik, Frankfurt a. M. 2014.

Um mögliche Gefahren für die Preisstabilität rechtzeitig feststellen und die notwendigen Maßnahmen zur Abwehr ergreifen zu können, untersucht der EZB-Rat regelmäßig die wirtschaftliche Lage von zwei Seiten her. An erster Stelle steht eine breit angelegte **wirtschaftliche Analyse** zur Ermittlung der kurz- und mittelfristigen Risiken für die Preisstabilität. Die sich daraus ergebenden Inflationsanzeichen werden in einem zweiten Schritt anhand der **monetären Analyse** aus mittel- und langfristiger Perspektive ermittelt. Ein wichtiger Bestandteil dieser Analyse ist die Bewertung der Geldmengenentwicklung.[2] Richtschnur zur längerfristigen Beurteilung des Geldmengenwachstums ist der sogenannte Referenzwert,[3] der in längeren Zeitabständen von der EZB überprüft wird. Der Referenzwert wird in Prozent der Geldmenge M3 ausgedrückt.[4]

Beispiel:

Erwartet die EZB ein jährliches reales Wirtschaftswachstum von 3 % und eine jährliche Preissteigerungsrate (Inflationsrate) von 1,5 %, legt der EZB-Rat einen Referenzwert von 4,5 % für das jährliche Wachstum der Geldmenge M3 fest.

Zur geldpolitischen Strategie der EZB gehört aber auch die Transparenz (Verständlichkeit, Durchschaubarkeit), mit der sie ihre Analysen und geldpolitischen Entscheidungen darlegt und begründet. Auf diese Weise kann sie das Vertrauen in die Stetigkeit und Prinzipienfestigkeit ihrer Politik stärken.

5.2.4 Deutsche Bundesbank

Die währungspolitischen Entscheidungen des EZB-Rats werden i. d. R. dezentral durch die nationalen Zentralbanken – in der Bundesrepublik Deutschland durch die Deutsche Bundesbank – verwirklicht. Nur wenn der EZB-Rat Ermessensspielräume zulässt, hat eine nationale Zentralbank, wie z. B. die Deutsche Bundesbank, gestalterische Möglichkeiten der Umsetzung.

1 **Strategie** (gr.-lat.): genauer Plan des eigenen Vorgehens, um ein militärisches, politisches, wirtschaftliches oder ein anderes Ziel zu erreichen, indem man diejenigen Faktoren, die in die eigene Aktion hineinspielen könnten, von vornherein einzukalkulieren versucht. Wenn von strategischen Zielen die Rede ist, sind meistens langfristig zu erreichende Ziele gemeint.

2 Zum Begriff Geldmenge siehe Kapitel 5.1.2.2.

3 **Referenz** (frz. référence, engl. reference): Empfehlung, Referenzwert: empfohlener Wert.

4 Zur Geldmenge M3 siehe Kapitel 5.3.1.2 in Anforderungssituation 1.3.

- Die **Deutsche Bundesbank** ist wie die übrigen nationalen Zentralbanken der EU **integraler Bestandteil**[1] **des ESZB.** Sie wirkt an der **Erfüllung seiner Aufgaben** mit dem vorrangigen Ziel mit, die Preisniveaustabilität zu gewährleisten.
- Sie **verwaltet** die **Währungsreserven der Bundesrepublik Deutschland,** sorgt für die **bankmäßige Abwicklung des Zahlungsverkehrs** im Inland und mit dem Ausland und trägt zur **Stabilität der Zahlungs- und Verrechnungssysteme** bei [§ 3 BBankG].

Kompetenztraining

37 1. Focus Money online berichtete am 18. 11. 2011 u. a. wie folgt über eine Rede des Präsidenten der Europäischen Zentralbank:

Draghi pocht auf Unabhängigkeit der EZB

Der Präsident der Europäischen Zentralbank (EZB), Mario Draghi, hat die Unabhängigkeit seiner Institution verteidigt. Die EZB verliere ihre Glaubwürdigkeit, wenn sie – wie vielfach gefordert – mit mehr Geld auf den Finanzmärkten eingreife, sagte Draghi am Freitag in Frankfurt am Main. Auch Bundesbank-Präsident Jens Weidmann warnte vor einer zu starken Vereinnahmung der EZB.

Die Glaubwürdigkeit der EZB sei im Erfolg ihrer Geldpolitik begründet, mit der sie die Inflation eindämme, sagte Draghi auf der Konferenz Euro Finance Week. Das sei der Beitrag, den die Währungshüter leisten könnten, um das Wachstum, die Schaffung von Arbeit und die Finanzstabilität zu unterstützen. „Und wir leisten diesen Beitrag in vollkommener Unabhängigkeit", sagte Draghi.

Auf Einkaufstour

Ungeachtet dessen hat die EZB seit Mai 2010 für fast 200 Milliarden Euro Staatsanleihen kriselnder Euro-Staaten gekauft. Diese Ankäufe sind in der Euro-Zone sehr umstritten, weil die Notenbank nach Ansicht vieler Experten damit ihre Kompetenzen überschreitet und Geld- mit Fiskalpolitik verknüpft.

Aufgaben:

1.1 Erläutern Sie kurz, warum die Unabhängigkeit der EZB eine wichtige Voraussetzung für die erfolgreiche Arbeit der Notenbank ist!

1.2 Erläutern Sie, warum der Ankauf von Staatsanleihen kriselnder Euro-Staaten die Unabhängigkeit der EZB beeinträchtigen könnte!

2. Beschreiben Sie kurz die Aufgaben des Eurosystems!
3. Erläutern Sie, inwiefern der Erweiterte Rat der EZB eine Brückenfunktion erfüllt!
4. **Unterrichtsvorschlag: Referat**

   Untersuchen Sie, welche EU-Staaten bis dato noch nicht den Euro als offizielle Währung eingeführt haben. Gehen Sie in Ihrem Referat insbesondere auf die unterschiedlichen Ursachen ein, welche für die Nichteinführung des Euro genannt werden.
5. **Unterrichtsvorschlag: Vorbereitung einer Exkursion**

   Bereiten Sie einen Besuch des Geldmuseums der Deutschen Bundesbank vor!

1 **Integraler Bestandteil:** vollständig eingegliederter Bestandteil.

5.2.5 Geldpolitische Instrumente der Europäischen Zentralbank

Mithilfe der Geldpolitik kann die Europäische Zentralbank nicht nur die **Entwicklung des Preisniveaus,** sondern auch die **Konjunktur** beeinflussen. Unter Konjunktur versteht man die mehr oder weniger rhythmischen **Schwankungen** der wirtschaftlichen Aktivitäten (z. B. der Nachfrage nach wirtschaftlichen Gütern und damit der Beschäftigung von Arbeitskräften).

Der Europäischen Zentralbank stehen verschiedene geldpolitische Instrumente (Maßnahmen) zur Verfügung, um die Geldmenge und damit den Geldwert und die Konjunktur im Euro-Währungsgebiet zu beeinflussen. Im Folgenden werden die wichtigsten Mittel, die als geldpolitische Instrumente bezeichnet werden, dargestellt.

5.2.5.1 Mindestreservepolitik

(1) Begriff und Wirkungsweise

Mindestreserven sind Geldbeträge, die die Kreditinstitute gegen eine geringe Verzinsung oder auch unverzinslich bei der Europäischen Zentralbank einzahlen müssen.[1]

Die Mindestreservepflicht der Kreditinstitute bemisst sich nach der Höhe ihrer Verbindlichkeiten gegenüber Nichtbanken aus täglich fälligen Einlagen (Sichteinlagen), Einlagen mit vereinbarter Laufzeit, Einlagen mit vereinbarter Kündigungsfrist, Repo-Geschäften,[2] ausgegebenen Schuldverschreibungen und ausgegebenen Geldmarktpapieren. Die Mindestreservesätze sind der prozentuale Anteil der Mindestreserven am Wert der genannten Verbindlichkeiten. Sie können je nach Art der Verbindlichkeiten unterschiedlich hoch sein.

Zum Verständnis des Zusammenhangs genügt es, wenn wir die Mindestreserven für Sichteinlagen betrachten. Dabei ist es wichtig zu wissen, dass die Kreditinstitute zwar kein Bargeld (Münz- und Notengeld), wohl aber Giralgeld schaffen (schöpfen) können, weil sie **mehr** Geld ausleihen können als sie Einlagen besitzen. Der Grund: Es ist kaum zu erwarten, dass **alle** Bankkunden gleichzeitig ihr Geld abheben wollen. Es genügt vielmehr, wenn die Banken eine verhältnismäßig geringe Bargeldsumme zur Auszahlung bereithalten.

Beispiel:

Angenommen, ein Bankkunde zahlt auf sein Girokonto 10 000,00 € ein. Der Mindestreservesatz der EZB beträgt 1 %. Ferner pflegt die Bank 20 % der Sichteinlagen als Barreserve (Kassenreserve für Auszahlungszwecke) zu halten. Die Bank – nennen wir sie Bank A – kann nunmehr 7 900,00 € ausleihen, falls sich ein Kreditnachfrager findet.

Erhöht die EZB den Mindestreservesatz auf beispielsweise 2 %, muss die Bank A bei einer Einlage von 10 000,00 € eine Barreserve von 2 000,00 € und eine Mindestreserve von 200,00 € halten, sodass sich ihre Giralgeldschöpfungsmöglichkeit auf 7 800,00 € vermindert.

1 Zurzeit beträgt der Mindestreservesatz für täglich fällige Einlagen mit vereinbarter Laufzeit und Kündigungsfrist von bis zu zwei Jahren, Schuldverschreibungen und Geldmarktpapiere 1 %, für Verbindlichkeiten mit vereinbarter Laufzeit und Kündigungsfrist von über zwei Jahren, Repogeschäfte und Schuldverschreibungen 0 %.

2 Die Kreditinstitute können sich beim ESZB finanzielle Mittel beschaffen, indem sie beleihungsfähige Wertpapiere an das ESZB für eine bestimmte Zeit verkaufen. Diese Geschäfte bezeichnet man als Pensions- oder Repo-Geschäfte. Repo ist die Abkürzung für Repurchase (engl. Rückkauf). Das „o" am Ende hat sich wegen der Aussprache durchgesetzt. (Näheres zu den Pensionsgeschäften des ESZB siehe Kapitel 5.2.5.2.1.)

Aus dem Beispiel folgt:

- Je **höher** die Mindestreservesätze, desto **geringer** sind die Geldschöpfungsmöglichkeiten der Kreditinstitute.
- Je **niedriger** die Mindestreservesätze, desto **höher** sind die Geldschöpfungsmöglichkeiten der Kreditinstitute.

Somit lässt sich Folgendes festhalten:

Erhöhung	Senkung
Ist die Wirtschaft vollbeschäftigt und besteht Inflationsgefahr, erhöht die EZB die Mindestreservesätze. Die Kreditinstitute können **weniger** Giralgeld anbieten. Kaufwünsche der Wirtschaftssubjekte können nur in geringerem Umfang erfüllt werden. Die Nachfrage nach Sachgütern und Dienstleistungen wird gebremst, die Inflationsgefahr verringert.	Ist die Wirtschaft unterbeschäftigt und herrscht Preisstabilität, senkt die EZB die Mindestreservesätze. Die Kreditinstitute können mehr Giralgeld anbieten. Kaufwünsche der Wirtschaftssubjekte können erfüllt werden. Die Nachfrage nach Gütern wird gefördert. Die EZB hofft, dass die Wirtschaft angekurbelt wird.

Mindestreservesätze

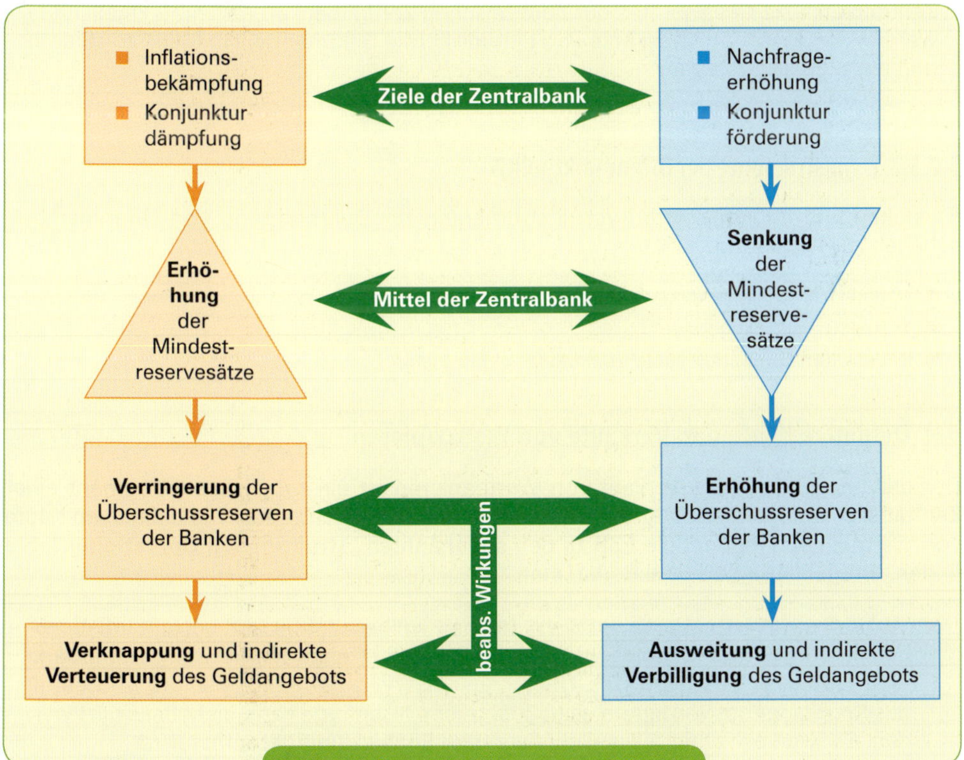

Modell der Mindestreservepolitik

23 Boller - ISBN 978-3-8120-0619-4

(2) Bedeutung der Mindestreservepolitik

Es wird häufig gesagt, dass die Mindestreservepolitik ein Schwert mit einer stumpfen und mit einer scharfen Seite ist. Die scharfe Seite ist die Erhöhung der Mindestreservesätze: Erhalten die Wirtschaftssubjekte das gewünschte Geld nur im Rahmen des von der EZB gewünschten Umfangs, können sie ihre Nachfrage nicht beliebig ausdehnen: Wo kein Geld ist, ist keine Nachfrage. Senkt indessen die EZB die Mindestreservesätze, zeigt sich die stumpfe Seite der Waffe. Die Kreditinstitute haben zwar mehr Geld. Wenn aber niemand dieses Geld in Form von Krediten haben möchte, steigt auch die Nachfrage nicht.

Bei der Beurteilung der geldpolitischen Instrumente der Europäischen Zentralbank sollte ferner beachtet werden, dass die Hauptaufgabe der EZB die Erhaltung der Preisstabilität ist. Die **Beschäftigungspolitik** ist hingegen Aufgabe der Regierungen.

Die EZB kann (und soll) die Regierungen bei der Verfolgung ihrer wirtschaftspolitischen Ziele **unterstützen,** insoweit das **Stabilitätsziel nicht gefährdet ist.**

5.2.5.2 Offenmarktpolitik

Die Offenmarktpolitik spielt eine wichtige Rolle in der Geldpolitik der Europäischen Zentralbank bzw. des Systems der Europäischen Zentralbanken. Offenmarktgeschäfte werden eingesetzt, um **Zinssätze** und **Liquidität** (die Geldmenge) am Markt zu steuern und um Signale zu setzen.

5.2.5.2.1 Instrumente der Offenmarktpolitik

Es stehen z. B. folgende Arten von Instrumenten zur Durchführung von Offenmarktgeschäften zur Verfügung:

- definitive Käufe bzw. Verkäufe von Wertpapieren,
- befristete Transaktionen und
- Emissionen von Schuldverschreibungen.

(1) Definitive Käufe und Verkäufe von Wertpapieren

Der definitive[1] Kauf oder Verkauf von Wertpapieren ist ein mögliches Instrument einer Zentralbank zur Beeinflussung der Geldmenge und des Zinsniveaus. Die definitiven Käufe von Wertpapieren rechnet die EZB zu den sogenannten **„strukturellen Operationen"**. Sie finden unregelmäßig, d. h. bei Bedarf statt.

- **Verkauf von Wertpapieren.** Ist die Wirtschaft vollbeschäftigt und besteht Inflationsgefahr, verkauft die Zentralbank Wertpapiere am offenen Markt. Dem Kreditmarkt wird **Liquidität entzogen.** Die Überschussreserven der Kreditinstitute und damit das Kreditangebot verringern sich. Zusätzliche Nachfrage kann nicht finanziert werden. Es ist zu erwarten, dass die inflationäre Entwicklung gebremst wird.

1 Definitiv (lat.): wörtl. bestimmt. Hier: Ein endgültiger Kauf ohne Nebenbedingungen wie z. B. Rücknahmevereinbarungen.

- **Kauf von Wertpapieren.** Ist die Wirtschaft unterbeschäftigt, kauft die Zentralbank Wertpapiere am offenen Markt. Dem Kreditmarkt wird **Liquidität zugeführt.** Die Überschussreserven der Kreditinstitute erhöhen sich und damit das Kreditangebot. Zusätzliche Kreditnachfrage kann also finanziert werden.

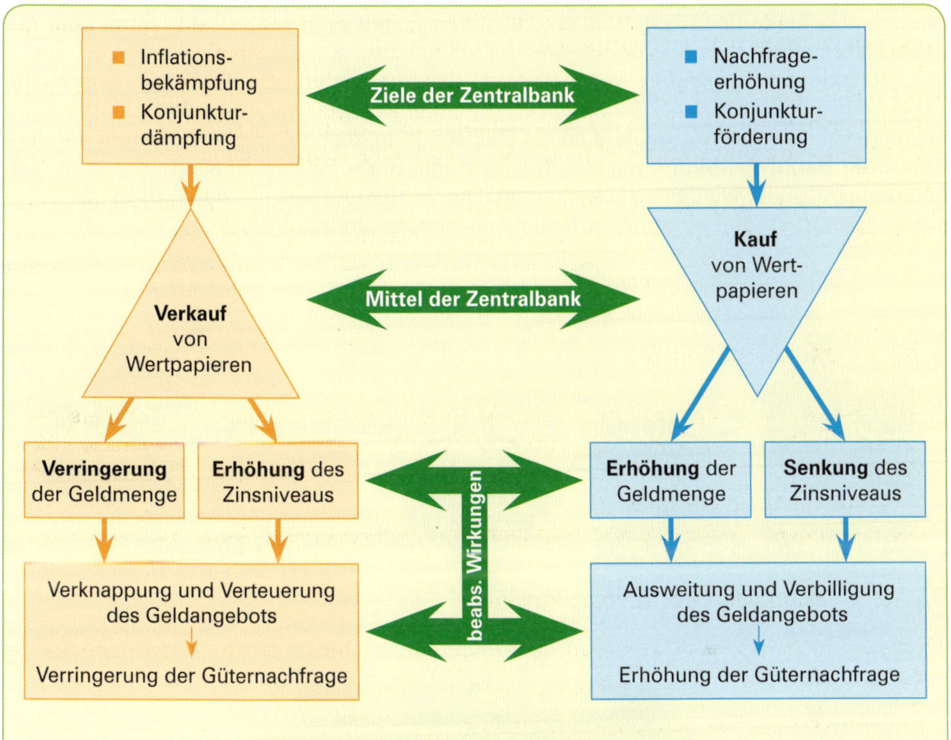

Modell der Offenmarktpolitik

(2) Befristete Transaktionen

Befristete Transaktionen werden vom Eurosystem in Form von **Pensionsgeschäften** und **Pfandkrediten** durchgeführt.

Pensionsgeschäfte

Pensionsgeschäfte sind **Offenmarktgeschäfte auf Zeit** (daher der Begriff „befristete Transaktionen"), weil den Kreditinstituten nur für eine im Voraus feststehende Zeit Zentralbankgeld (Sichtguthaben oder Bargeld) zur Verfügung gestellt wird.

Von Pensionsgeschäften spricht man deshalb, weil das Eurosystem Wertpapiere mit der Maßgabe kauft, dass die Kreditinstitute die Papiere nach Ablauf einer bestimmten Zeit (z.B. nach 28 Tagen) wieder zurückkaufen. Die Papiere werden von den Kreditinstituten beim Eurosystem sozusagen „in Pension" gegeben. Die Pensionsgeschäfte unterscheiden sich also von den definitiven Käufen durch die **Rücknahmevereinbarung** zwischen dem Kreditnehmer und dem Eurosystem. Sie werden deswegen auch als **Repogeschäfte** bezeichnet.

Praktisch vollzieht sich ein Pensionsgeschäft wie folgt:

Die Kreditinstitute verkaufen Wertpapiere an das Eurosystem. Da die Pensionsgeschäfte i.d.R. von den nationalen Zentralbanken durchgeführt werden, verkaufen z.B. die deutschen Kreditinstitute Wertpapiere an die Deutsche Bundesbank gegen Gutschrift auf dem Konto der Hauptverwaltung mit der Verpflichtung, diese Papiere zu einem späteren festgelegten Zeitpunkt wieder zurückzukaufen. Die Verzinsung besteht darin, dass das Eurosystem den Rückkaufbetrag höher festlegt als den Ankaufbetrag.

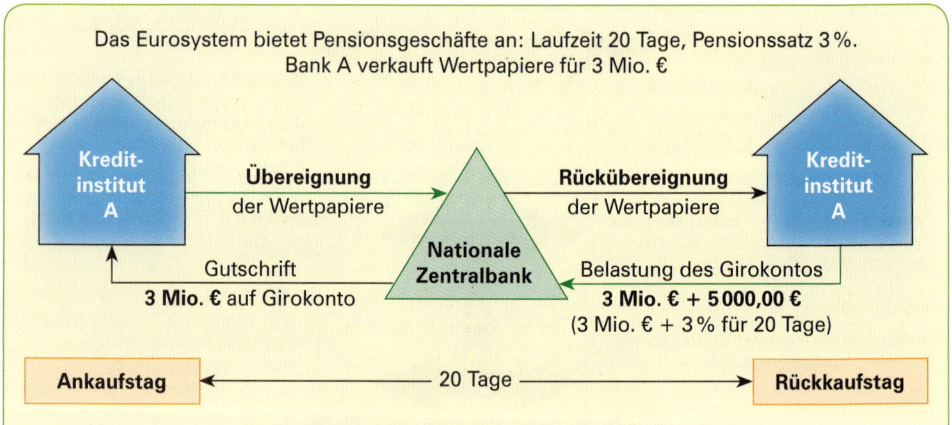

Wertpapierpensionsgeschäft

Die Kreditvergabe erfolgt im Wege sogenannter **Standardtender.**[1] Das Eurosystem kann Standardtender entweder als **Mengen- oder Zinstender** ausschreiben, wobei der Zinstender in Abhängigkeit von den Zuteilungsmodalitäten als **holländisches oder amerikanisches Zuteilungsverfahren** ausgestaltet sein kann.

Durch das Herauf- bzw. Heruntersetzen des Mindestbietungssatzes (Pensionssatzes) wird das gesamte Zinsniveau (gewissermaßen der gewogene Durchschnitt aller Zinssätze) beeinflusst, weil die Zinssätze interdependent, d.h. gegenseitig abhängig sind.

Beispiel:

Steigt der Zins für kurzfristige Kredite von 6 auf 8 % und verharrt der Zinssatz für langfristige Kredite noch auf beispielsweise 7 %, so werden kurzfristige Kredite durch langfristige ersetzt, d.h., langfristige Kredite werden so lange nachgefragt, bis auch auf den Kapitalmärkten die Zinssätze steigen.

1 Das Wort **Tender** hängt mit dem englischen Wort „to tend" (Kurzform von „to attend") und dem lateinischen Wort attendere (vgl. franz. attendre) zusammen. Es bedeutet so viel wie aufpassen, Sorge tragen für etwas, auf etwas achten.

Standardtenderverfahren im Überblick

Standardtender als:

Mengentender

Bei dem Mengentender wird der **Zinssatz** von der EZB **im Voraus festgelegt.** Die teilnehmenden **Geschäftspartner** bieten den Betrag, den sie zu diesem Festsatz übernehmen möchten.

Nach Vorliegen der Angebote teilt die EZB den Geschäftspartnern dann denjenigen Betrag zu, der ihren liquiditätspolitischen Vorstellungen entspricht. Übersteigt die Summe der Einzelgebote der Kreditinstitute die Vorstellungen der EZB, erfolgt eine gleichmäßige Quotierung aller Angebote.

Während das Eurosystem **bis Juni 2000** beim Hauptrefinanzierungsgeschäft **stets den Mengentender** einsetzte, benutzte es **bis 2008 den Zinstender.** Der Grund für den Wechsel lag darin, dass die Banken beim Mengentender so **hohe Gebote** abgaben, dass der Anteil der bedienten Gebote (Repartierungsquote) schließlich **unter ein Prozent** sank.

In der Zeit der Finanzkrise hat der EZB-Rat allerdings beschlossen, so lange wie nötig die Hauptrefinanzierungsgeschäfte wieder als Mengentender, jedoch mit **vollständiger** Zuteilung abzuwickeln, um dem Bankensektor so die benötigte Liquidität zuzuführen.

Beispiel:

Die EZB möchte dem Markt insgesamt 10 Mrd.EUR Liquidität zur Verfügung stellen.

Zinsvorgabe: 2,5 %

Gebote:

Geschäftspartner A:	4,0 Mrd. €
Geschäftspartner B:	7,0 Mrd. €
Geschäftspartner C:	2,0 Mrd. €
Geschäftspartner D:	4,0 Mrd. €
Geschäftspartner E:	3,0 Mrd. €
Gesamt:	20,0 Mrd. €

Quotierung: 50 %

Geschäftspartner A:	2,0 Mrd. €
Geschäftspartner B:	3,5 Mrd. €
Geschäftspartner C:	1,0 Mrd. €
Geschäftspartner D:	2,0 Mrd. €
Geschäftspartner E:	1,5 Mrd. €
Gesamt:	10,0 Mrd. €

Zinstender

Bei dem Zinstender bieten die Geschäftspartner des Eurosystems **sowohl** den von ihnen gewünschten **Betrag** als auch den **Zinssatz,** zu dem sie das Geschäft abzuschließen bereit sind. Wenn die Geschäftspartner **zu niedrige Zinsen** bieten, laufen sie Gefahr, bei der **Zuteilung leer auszugehen.** Umgekehrt haben sie bei **hohen Zinsgeboten** die Chance, **volle Zuteilung** des gewünschten Betrages zu erhalten. Die EZB setzt **intern** allerdings einen **Gesamtkreditbetrag** als Höchstgrenze fest. Gebote zu dem gerade noch zum Zuge gekommenen Zinssatz (marginaler Zinssatz) werden auch hier – falls erforderlich – quotiert.

Als **marginaler Zinssatz** wird der Satz bezeichnet, zu dem der Markt geräumt wird. Es handelt sich immer um den **letzten** Zins, zu dem noch **zugeteilt** wurde (hier: 3,50 %).

holländisches Verfahren

Die **Zuteilung** bei diesem Verfahren erfolgt zu einem **Einheitszinssatz.**

Dieser Zuteilungssatz ist der niedrigste akzeptierte Bietungssatz, für alle zum Zuge kommenden Gebote.

Beispiel:

Die EZB gibt einen Mindestbietungssatz von 3,0 % bekannt. Der Gesamtkreditbetrag wird **intern** auf 15 Mrd. EUR festgelegt.

Gebote:

Geschäftspartner A:	4,0 Mrd. € zu 4,00 %
Geschäftspartner B:	6,0 Mrd. € zu 3,75 %
Geschäftspartner C:	3,0 Mrd. € zu 3,60 %
Geschäftspartner D:	2,0 Mrd. € zu 3,50 %
Geschäftspartner E:	2,0 Mrd. € zu 3,50 %
Geschäftspartner F:	3,0 Mrd. € zu 3,20 %
Gesamt:	20,0 Mrd. €

Zuteilung erfolgt einheitlich zu 3,50 %:

Geschäftspartner A:	4,0 Mrd. € zu 3,50 %
Geschäftspartner B:	6,0 Mrd. € zu 3,50 %
Geschäftspartner C:	3,0 Mrd. € zu 3,50 %
Geschäftspartner D:	1,0 Mrd. € zu 3,50 %
Geschäftspartner E:	1,0 Mrd. € zu 3,50 %
Gesamt:	15,0 Mrd. €

Bei den Geschäftspartnern D und E erfolgt eine Quotierung mit 50 %

amerikanisches Verfahren

Bei diesem Zuteilungsverfahren entspricht der **Zuteilungszinssatz** dem **individuellen Bietungssatz** des jeweiligen Geschäftspartners.

Vor allem die **Hauptrefinanzierungsgeschäfte** werden nach dem **amerikanischen** Zinstenderverfahren durchgeführt.

Beispiel:

Die EZB gibt einen Mindestbietungssatz von 3,0 % bekannt. Der Gesamtkreditbetrag wird **intern** auf 15 Mrd. EUR festgelegt.

Gebote:

Geschäftspartner A:	4,0 Mrd. € zu 4,00 %
Geschäftspartner B:	6,0 Mrd. € zu 3,75 %
Geschäftspartner C:	3,0 Mrd. € zu 3,60 %
Geschäftspartner D:	2,0 Mrd. € zu 3,50 %
Geschäftspartner E:	2,0 Mrd. € zu 3,50 %
Geschäftspartner F:	3,0 Mrd. € zu 3,20 %
Gesamt:	20,0 Mrd. €

Zuteilung erfolgt nach den individuellen Geboten:

Geschäftspartner A:	4,0 Mrd. € zu 4,00 %
Geschäftspartner B:	6,0 Mrd. € zu 3,75 %
Geschäftspartner C:	3,0 Mrd. € zu 3,60 %
Geschäftspartner D:	1,0 Mrd. € zu 3,50 %
Geschäftspartner E:	1,0 Mrd. € zu 3,50 %
Gesamt:	15,0 Mrd. €

Bei den Geschäftspartnern D und E erfolgt eine Quotierung mit 50 %

Verpfändung refinanzierungsfähiger Sicherheiten

In diesem Fall hinterlegen die Kreditinstitute bei einer nationalen Zentralbank Sicherheiten (Pfänder), die von dieser befristet beliehen werden können.

(3) Emission von Schuldverschreibungen

Die Emission (Ausgabe) von Schuldverschreibungen durch das Eurosystem zählt ebenfalls zu den strukturellen Operationen. Die Schuldverschreibungen stellen eine Verbindlichkeit des Eurosystems gegenüber dem Inhaber der Schuldverschreibung dar. Sie werden stückelos[1] begeben und bei Zentralverwahrern[2] im Euro-Währungsraum verwahrt.

Die Schuldverschreibungen werden in **abgezinster** Form emittiert, d. h. zu einem Kurs, der **unter** dem Nennwert liegt, und bei **Fälligkeit zum Nennwert** eingelöst.

Die geschäftliche Abwicklung erfolgt über die nationalen Zentralbanken. Ebenso wie die definitiven Verkäufe und Käufe von Wertpapieren beeinflusst die Ausgabe von Wertpapieren die Geldmenge und das Zinsniveau.

- **Verkauf von Schuldverschreibungen.** Besteht Inflationsgefahr, emittiert die EZB über die nationalen Zentralbanken Schuldverschreibungen. Dem Geldmarkt wird **Liquidität entzogen.** Die Überschussreserven der Kreditinstitute verringern sich und damit das Geldangebot. Zusätzliche Nachfrage kann nicht finanziert werden. Es ist zu erwarten, dass die Inflation gebremst wird. Da das Geldangebot abnimmt, steigt das Zinsniveau.
- **Tilgung von Schuldverschreibungen.** Durch die Tilgung von Schuldverschreibungen wird dem Geldmarkt **Liquidität zugeführt.** Die Überschussreserven der Kreditinstitute erhöhen sich und damit das Geldangebot. Zusätzliche Geldnachfrage kann also finanziert werden. Unter sonst gleichen Bedingungen führt das zunehmende Geldangebot zu einem sinkenden Zinsniveau.

Die liquiditätszuführende Wirkung von Tilgungsleistungen kann geldpolitisch unerwünscht sein. Das Eurosystem kann diese Wirkung durch eine weitere oder erhöhte Ausgabe von Schuldverschreibungen kompensieren (ausgleichen) oder überkompensieren.

5.2.5.2.2 Kategorien der Offenmarktpolitik

Die Offenmarktgeschäfte können hinsichtlich ihrer Zielsetzung, der Abstände, in denen sie stattfinden, und der angewandten Verfahren in vier **Kategorien** (Gruppen) unterteilt werden:

- Hauptrefinanzierungsinstrument,
- längerfristige Refinanzierungsgeschäfte,
- Feinsteuerungsoperationen und
- strukturelle Operationen.

1 Stückelos heißt, dass keine Wertpapiere gedruckt werden.

2 Zentralverwahrer in Deutschland ist die Deutsche Börse Clearing AG (vormals Deutscher Kassenverein). Sie ist die zentrale Verwahrstelle für girosammelverwahrte Wertpapiere und Trägerin des Effektengirosystems.

(1) Hauptrefinanzierungsinstrument

Die Hauptrefinanzierungsoperationen sind die wichtigsten Offenmarktgeschäfte des Eurosystems. Es sind liquiditätszuführende Transaktionen, die **regelmäßig jede Woche** durchgeführt werden. Sie haben i.d.R. eine **Laufzeit von einer Woche** und werden von den **nationalen** Zentralbanken durchgeführt.

Der von der EZB festgelegte Zinssatz für die Hauptrefinanzierung **(Refi-Satz)** ist der entscheidende Leitzins in der WWU. Von **Leitzins** spricht man deshalb, weil sich nach ihm alle übrigen Zinssätze richten. Die Spanne zwischen der Zinssatz-Obergrenze für Übernacht-Kredite und der Zinssatz-Untergrenze für Übernacht-Einlagen wird als **Zinsband,** als **Zinskorridor** oder als **Zinskorsett** bezeichnet.

(2) Längerfristige Refinanzierungsgeschäfte

Bei den längerfristigen Refinanzierungsgeschäften handelt es sich um **regelmäßige** Refinanzierungsgeschäfte mit **dreimonatiger** Laufzeit.

Längerfristige Refinanzierungsgeschäfte werden regelmäßig **monatlich** von den **nationalen** Zentralbanken durchgeführt.

(3) Feinsteuerungsoperationen

Das Eurosystem kann Feinsteuerungsmaßnahmen in Form von befristeten Offenmarkttransaktionen durchführen, um unerwartete Liquiditätsschwankungen auszugleichen.

Feinsteuerungsoperationen finden **unregelmäßig** statt. Ihre **Laufzeit** ist **nicht standardisiert** (einheitlich festgelegt). Sie werden i.d.R. dezentral durch die nationalen Zentralbanken vorgenommen.[1]

(4) Strukturelle Operationen

Strukturelle Operationen sind liquiditätszuführende Operationen, die sowohl regelmäßig als auch unregelmäßig stattfinden können, wobei die **Laufzeit nicht von vornherein standardisiert** ist. Strukturelle Operationen werden dezentral von den nationalen Zentralbanken durchgeführt.

1 Der EZB-Rat entscheidet, ob in Ausnahmefällen bilaterale befristete Transaktionen zur Feinsteuerung von der EZB durchgeführt werden können.

5.2.5.3 Ständige Fazilitäten[1]

Ständige Fazilitäten umfassen

- **Kreditbereitstellungen** des Eurosystems, die von den Kreditinstituten jederzeit bei Bedarf in Anspruch genommen werden können, und
- die Bereitschaft des Eurosystems, **Einlagen** der Kreditinstitute entgegenzunehmen.

Im ersten Fall spricht man von Spitzenrefinanzierungsfazilität, im zweiten von Einlagenfazilität.

(1) Spitzenrefinanzierungsfazilität

Die Spitzenrefinanzierungsfazilität dient der **Abdeckung** von am Tagesende bestehenden (i.d.R. durch den Zahlungsverkehr entstandenen) **Sollsalden** der Kreditinstitute. Die Kreditgewährung erfolgt **„über Nacht"** gegen refinanzierungsfähige Sicherheiten (z.B. Wertpapiere, Wechsel). Der Zinssatz wird von der EZB festgelegt und bildet die **Obergrenze des Tagesgeldzinssatzes.**[2]

Die nationalen Zentralbanken (z.B. die Deutsche Bundesbank) können im Rahmen der Spitzenrefinanzierungsfazilität den Kreditinstituten Liquidität (Geld) in Form von **Übernacht-Pensionsgeschäften** oder als **Übernacht-Pfandkredite** zur Verfügung stellen. Beim Pfandkredit wird vom Kreditnehmer (Schuldner) dem ESZB (dem Gläubiger) ein Sicherungsrecht an den hinterlegten Pfändern[3] (z.B. Wertpapieren) eingeräumt, wobei der Schuldner das Eigentum an den Pfändern behält.

(2) Einlagenfazilität

Die Einlagenfazilität ist gewissermaßen das Gegenteil der Spitzenrefinanzierungsfazilität, denn hier ermöglicht das Eurosystem den Kreditinstituten, **Übernachtliquidität** (in der Regel durch den Zahlungsverkehr entstandene Habensalden) bei den nationalen Zentralbanken anzulegen. Die Einlagen werden zu einem im Voraus festgelegten Zinssatz verzinst, der im Allgemeinen die **Untergrenze des Tagesgeldzinssatzes** bildet.

Der Zugang zur Einlagenfazilität wird nur gemäß den Zielen und allgemeinen geldpolitischen Erwägungen des Eurosystems gewährt. Das Eurosystem kann die Bedingungen der Fazilität jederzeit ändern oder sie aufheben, z.B. in Zeiten konjunktureller Schwäche, in denen keine Liquiditätsabschöpfung erwünscht ist.

1 **Fazilität** (lat.): Möglichkeit. Fazilität (eigentlich „Kreditfazilität") bedeutet die Möglichkeit, einen Kredit aufnehmen zu können. Einlagenfazilität ist die Möglichkeit, Geld bei einer Zentralbank anlegen zu können.

2 Zinssatz, der für täglich fälliges Geld zu zahlen ist.

3 Die Kreditinstitute können beim ESZB Pfänder hinterlegen, um bei Bedarf z.B. die Übernacht-Pfandkredite in Anspruch nehmen zu können. Die hinterlegten Sicherheiten werden als **Pfanddepot** bezeichnet.

5.2.5.4 Zusammenfassender Überblick der Geldpolitik der EZB

Kompetenztraining

38 1. 1.1 Erläutern Sie die Begriffe Mindestreservesatz und Mindestreservepolitik!

1.2 Beurteilen Sie die Wirkungen steigender bzw. sinkender Mindestreservesätze!

1.3 Entscheiden Sie, in welchen wirtschaftlichen Gesamtsituationen die EZB die Mindestreservesätze

1.3.1 erhöhen und

1.3.2 senken wird! (Begründen Sie jeweils Ihre Entscheidung!)

1.4 Angenommen, die EZB erhöht die Zins- und Mindestreservesätze. Die Unternehmen gehen deshalb dazu über, Anleihen zu emittieren, um sich Kredite zu beschaffen. Erläutern Sie, wie die EZB diese Maßnahmen der Wirtschaft durchkreuzen kann!

2. **Textauszug:**

Einigung gibt es inzwischen auch über das anzuwendende notenbankpolitische Instrumentarium und seine Ausgestaltung. In der operativen[1] Geldpolitik agiert die EZB hauptsächlich mit Offenmarktinstrumenten in Form von Repo-Geschäften. Sie haben sich mittlerweile bei allen nationalen Zentralbanken als marktgerechtes und effektives Instrument durchgesetzt. Auch die deutschen Kreditinstitute sind in der Form der wöchentlichen Wertpapierpensionsgeschäfte damit schon seit langem vertraut. Eine sogenannte Hauptrefinanzierungsfazilität soll wöchentlich mit einer Laufzeit von zwei Wochen abgeschlossen werden. Daneben werden von dem ESZB längerfristige Refinanzierungsgeschäfte angeboten. Diese Geschäfte nehmen mit der Laufzeit von drei Monaten ein wichtiges Element des Diskontkredits auf. Entsprechend dem Charakter einer Basisfinanzierung ist der Kreis der teilnahmeberechtigten Kreditinstitute breit gezogen. Für die Vertenderung ist allerdings ein monatlicher Rhythmus vorgesehen. Um unerwarteten Liquiditäts- und damit auch Zinsschwankungen angemessen begegnen zu können, kann das ESZB auf ein breites Spektrum von Feinsteuerungsoperationen zurückgreifen.

Als ständige Fazilitäten, deren Inanspruchnahme auf Initiative der Geschäftspartner erfolgt, gibt es eine Spitzenrefinanzierungsfazilität und eine Einlagenfazilität. Die Spitzenrefinanzierungsfazilität entspricht dabei funktionell dem deutschen Lombard. Sie ist damit also in erster Linie ein Sicherheitsventil bei kurzfristigen Liquiditätsengpässen im Bankensystem und begrenzt so auch die Ausschläge der Geldmarktsätze nach oben. Die Einlagenfazilität soll kurzfristige Liquiditätsüberschüsse abfangen, wodurch ein Boden für die Geldmarktsätze eingezogen wird. [...]

Quelle: Tietmeyer, H.: Nach einer Rede vom 8. Juli 1998, zitiert in Deutsche Bundesbank, Auszüge aus Presseartikeln vom 10. Juli 1998, S. 3f.

Aufgaben:

2.1 Erläutern Sie die im Text unterstrichenen Begriffe!

2.2 Stellen Sie fest, welche Instrumente der Offenmarktpolitik im obigen Text nicht angesprochen werden! Erläutern Sie diese Instrumente!

2.3 Verdeutlichen Sie am Beispiel des effektiven Kaufs bzw. Verkaufs von Wertpapieren durch eine Zentralbank die Wirkungsweise der Offenmarktpolitik!

2.4 Erläutern Sie, inwieweit die Offenmarktpolitik eine Doppelwirkung hat!

2.5 Entscheiden Sie, in welcher Situation es für die Kreditinstitute günstiger sein wird, Wertpapiere bei einer Zentralbank zu lombardieren, als sie an die Zentralbank effektiv zu verkaufen!

2.6 Im Text wird gesagt, dass die Spitzenrefinanzierungsfazilität auch dazu dient, Ausschläge der Geldmarktsätze (Geldmarktzinssätze) nach oben zu begrenzen. Begründen Sie diese Aussage!

2.7 Erläutern Sie, wie die Inanspruchnahme der Einlagenfazilität durch die Kreditinstitute auf die Geldmarktzinssätze wirkt!

2.8 Der Text spricht von „Vertenderung". Damit ist die Anwendung eines Tenders bei der Vergabe von Krediten durch eine Zentralbank gemeint.

2.8.1 Erläutern Sie, was unter Mengentender zu verstehen ist!

2.8.2 Erklären Sie die beiden Zuteilungsmethoden beim Zinstender!

2.9 Angenommen, eine Zentralbank möchte 12 Mrd. GE zuteilen. Es bieten die Bankengruppen A 4,5 Mrd. GE, B 4,2 Mrd. GE, C 5,1 Mrd. GE, D 2,7 Mrd. GE und E 1,5 Mrd. GE.

Es wird ein Tenderverfahren angewandt.

1 Operation (lat.): Eingriff. Operative Maßnahmen der EZB sind Eingriffe in den Geldmarkt. Der Begriff „operativ" wird häufig im Sinne von „kurzfristig" gebraucht.

2.9.1 Angenommen, es wird der Mengentender eingesetzt. Ermitteln Sie, wie viel Kredit jede Bankengruppe erhält!

2.9.2 Angenommen, es wird das holländische Tenderverfahren eingesetzt. Die Bankengruppen bieten folgende Zinssätze: Bankengruppe A 3,80 %, Bankengruppe B 3,75 %, Bankengruppe C 3,70 %, Bankengruppe D 3,65 % und Bankengruppe E 3,60 %.

Stellen Sie fest, welche Bankengruppen zum Zuge kommen und wie hoch der jeweilige Zuteilungsbetrag ist!

2.9.3 Erläutern Sie, worin sich das holländische Tenderverfahren vom amerikanischen unterscheidet!

2.9.4 Führen Sie an, wie der Oberbegriff über die in den Aufgaben 2.9.2 und 2.9.3 genannten Tenderverfahren lautet!

3. Nennen Sie die Maßnahmen, die die EZB in folgenden Fällen ergreifen sollte! Begründen Sie Ihre Antworten und gehen Sie auf mögliche Zielkonflikte ein!

3.1 Die Wirtschaft befindet sich im Zustand der Unterbeschäftigung (Arbeitslosigkeit). Die Inflationsrate ist gering.

3.2 Die Wirtschaft befindet sich im Zustand der Überbeschäftigung mit hohen Preissteigerungsraten.

3.3 Die Importe übersteigen die Exporte. Die Inflationsrate ist hoch. Die Wirtschaft ist unterbeschäftigt.

3.4 In den USA sind die Zinssätze niedrig, in der WWU im Verhältnis dazu hoch. Die Inflationsrate in der WWU ist nach Ansicht der EZB zu hoch.

4. Die EZB beschließt, dem Markt Liquidität in Höhe von 200 Mio. € über eine befristete Transaktion in Form eines Mengentenders zuzuführen. Die Zinsvorgabe beträgt 2,5 %. Daraufhin gehen bei der EZB folgende Gebote ein:

Geschäftspartner A:	136 Mio. €	Geschäftspartner D:	140 Mio. €
Geschäftspartner B:	120 Mio. €	Geschäftspartner E:	180 Mio. €
Geschäftspartner C:	160 Mio. €	Geschäftspartner F:	64 Mio. €.

Ermitteln Sie die Zuteilungsbeträge für die einzelnen Geschäftspartner!

5. Die EZB beschließt, dem Markt Liquidität in Form eines Zinstenders zur Verfügung zu stellen. Als Mindestbietungssatz gibt sie 3,10 % bekannt.

Folgende Gebote in Mio. € gehen ein:

Zinssatz	A-Bank	B-Bank	C-Bank	Gebote insgesamt
3,20				
3,18			10	10
3,17		80	20	100
3,15		100	40	140
3,14	50	120	50	220
3,12	60	150	70	280
3.11	80	200	100	380
Insgesamt	**190**	**650**	**290**	**1130**

Die EZB beschließt, ein Volumen von 610 Mio. € zuzuteilen.

Aufgaben:

5.1 Führen Sie die Zuteilung nach dem holländischen Verfahren durch!

5.2 Nehmen Sie die Zuteilung nach dem amerikanischen Verfahren vor!

5.3 Ermitteln Sie für die Zuteilung nach dem amerikanischen Verfahren

5.3.1 den marginalen Zinssatz!

5.3.2 den gewichteten Durchschnittszinssatz (auf drei Nachkommastellen runden)!

6. Lesen Sie zunächst nachfolgende Geschichte!

Es war einmal ein höchst ehrenwerter und seriöser englischer Gentleman, der seinen Sommerurlaub regelmäßig auf einer netten kleinen Insel im Ägäischen Meer verbrachte. Er war dort Stammgast und seine Kreditwürdigkeit war bei den Inselbewohnern über jeden Zweifel erhaben. Die Inselbewohner hatten keinerlei Einwände dagegen, dass er alles per Scheck bezahlte. Man hatte ja aufgrund der langjährigen Erfahrung die Gewissheit, dass diese Schecks stets gedeckt waren. Der Engländer war auf der Insel schließlich allen so wohlbekannt und genoss ein so großes Vertrauen, dass die Inselbewohner sich sogar untereinander mit diesen Schecks bezahlten. Wenn zum Beispiel der Restaurantbesitzer einen Teil seiner Zahlungen an den Lebensmittelhändler mit einem Scheck, den er für ein Essen erhalten hatte, leisten wollte, war das dem Lebensmittelhändler nur recht. Er konnte dann mit dem Scheck seine Benzinrechnung begleichen, und auf diese Art und Weise zirkulierten die Schecks des Engländers auf der ganzen Insel. Das ging dann sogar so weit, dass sie nie die Londoner Bank des Engländers zur Einlösung erreichten.

Quelle: Maurice Levi, Ökonomie ohne Rätsel, Birkhäuser Verlag, Basel 1982.

Aufgabe:

Erläutern Sie, wer denn nun eigentlich die Ferien des Engländers bezahlt hat!

Stichwortverzeichnis

A

Abbaufaktor 138f.
abgestimmte Verhaltensweisen 211
Absatzförderung 208
Absatzpolitik 193
Absatzsicherung 208
Abschwung 185f.
absolut feste Wechselkurse 132
Abwertung 131
Allmendegüter 32f.
Allokation 154
alternative Wohlstandsindikatoren 169ff.
Alternativkosten 150
Altersrente 274
amerikanisches Verfahren 357
Anbaufaktor 139
Anbieterrente 105
Angebot 92ff.
Angebotsband 201
Angebotsdruck 222
Angebotsinflation 222
Angebotskurven 95
Angebotsmonopol 192ff., 202f.
Angebotsoligopol 196ff.
angebotsorientierte Wirtschaftspolitik 318ff.
Angebotsverschiebungen 96
Angemessenheitsprinzip 44
Ankaufskurs 125
Anlageersatzinvestition 145
Anlageinvestition 145
Anlageneuinvestition 145
Anmelde- und Anzeigepflicht 214
anomale Nachfrageelastizität 87
anomales Angebot 95
Anpassungskonsument 22
Anspruchsinflation 222
antizyklische Fiskalpolitik 313ff.
Arbeit 141f.
Arbeitnehmerentgelt 268
Arbeitseinkommen 266
Arbeitskosten 120
Arbeitslosengeld 294
Arbeitslosengeld II 275
Arbeitslosenquote 179
Arbeitslosenversicherung 275
Arbeitslosigkeit 285ff.
Arbeitsmärkte 101
Arbeitsmarktpolitik 295ff.
Arbeitsplatzexport 120
Arbeitsteilung 48ff.
Arbeitszeitverkürzung 302
Attac 250
atypische Nachfrage 87
atypisches Angebot 95f.
Aufschwung 185f.
Aufwandsminimierung 36
Aufwertung 131
Ausfuhr 239
Ausfuhrgüter 239
Ausgleichsfunktion 110
Ausschlussprinzip 31
Ausschuss der Regionen 243
Außenbeitrag 253
Außenhandel 116, 118, 238ff.
Außenhandelspolitik 246f.
Außennachfrageinflation 221
Außenwert des Euro 228f.
Außenwert des Geldes 122f.
außenwirtschaftliches Gleichgewicht 180f.
außergerichtliche Schuldenregulierung 71

B

Bandbreite 130
Banknoten 57
Bankzusammenbrüche 227
Bargeld 56
Bedarf 26
Bedarfsdeckung 15
Bedarfsgerechtigkeit 264
Bedarfsprinzip 264
Bedürfnispyramide 26
Bedürfnisse 24ff., 30ff.
befristete Transaktionen 355
Beobachtung 15
Beschäftigung 179
Bevölkerungsentwicklung 271, 279ff.
Bevölkerungspolitik 322
Bezugsgruppenmodell 20
Bildung 142f., 298ff.
Bildungspolitik 142, 322
Binnenmarkt 244ff.
Binnennachfrageinflation 221
Binnenwert 228f.
Binnenwert des Geldes 123
Boden 136ff.
Bodeneinkommen 266
Bodenschätze 136f.
Boom 186
Break-even-Point 93
Briefkurs 125
Bruttoinlandsprodukt 163
Bruttoinvestition 145
Bruttolohn 64f.
Bruttonationaleinkommen 163
Bruttowertschöpfung 165
Buchgeld 55
Budgetplanung 69
Bürgerbegehren 243
Bürgerversicherung 282
bürokratische Regelungsdichte 288

C

Ceteris-paribus-Klausel 16f.
Chancengleichheit 142

D

Dachgesellschaft 209
Deficit-Spending 314, 316
Deflation 226ff.
Deflationsspirale 228
demografischer Wandel 271, 279ff.
Depression 186
Deutsche Bundesbank 350f.
Devisen 124, 334
Devisenangebot 123
Devisenbewirtschaftung 132
Devisennachfrage 124
Dienstleistungsbetriebe 17
Dienstleistungsbilanz 253
Dienstleistungsgesellschaft 18
Dienstleistungsverkehrsfreiheit 245
Dilemma-Situation 197
direkte Steuern 265
Direktorium 348

E

einfacher Wirtschaftskreislauf 75f.
Einfuhr 239
Einfuhrgüter 239
Einheitspreis 205
Einkommenselastizität 91
Einkommensnivellierung 264
Einkommensstrom 75
Einkommens- und Vermögensverteilung 183, 268
Einkommensverteilung 265
Einlagenfazilität 360
Einzelmonopol 207
elastische Nachfrage 86
elastisches Angebot 95
Elastizität 196
elektronisches Geld 55
endogene Determinanten 187
Entstehungsrechnung 165f.
Erlebniskonsum 21
Erlebniskonsument 22
Ersatzinvestition 145
erweiterter EZB-Rat 348
erweiterter Wirtschaftskreislauf 76
Erwerbspersonen 179
Erwerbsquote 286f.
Erzeugungsbetriebe 49
Erziehungsfunktion 110
Erziehungsrente 274
Eurokrise 231ff.
Euroländer 347
Europa 2020 233
Europäische Investitionsbank 243
Europäische Kommission 243
Europäischer Gerichtshof 243
Europäischer Rat 242
Europäisches Parlament 242
Europäisches System der Zentralbanken 349
Europäische Union 240ff.
Europäische Wirtschafts- und Währungsunion 346f.
Europäische Zentralbank 332, 348
Eurosystem 349
Existenzbedürfnisse 24

exogene Determinanten 187
expansive Lohnpolitik 301 f.
Exportabhängigkeit 119
Exportkontingent 257
Exportüberschüsse 180
Exportverbote 257
externe Effekte 32, 150
externe Erträge 32
externe Kosten 32, 150
Extrahandel 238
EZB-Rat 348

F
Faktormärkte 75, 101
Faktorsubstitution 157 f.
Feinsteuerungsoperationen 360
Finanzkrise 231
Finanzpolitik 313 ff.
finanzpolitischer Pakt 232
finanzwirtschaftliche Konjunkturindikatoren 308
Fisher'sche Verkehrsgleichung 343
Fiskalismus 316 ff.
Fiskalpolitik 313 ff.
fixe Kosten 92
Floating 128 f.
Forschungspolitik 323
freie Güter 30
freie Märkte 101
freie Währung 58
freie Wechselkurse 128 f.
freigestellte Vereinbarungen 212
friktionelle Arbeitslosigkeit 287
Frühindikatoren 309
funktionelle Einkommensverteilung 266
Funktionen 58
Funktionen des Preises 110
Fusion 210
Fusionskontrolle 214 f.

G
galoppierende Inflation 219
gebundene Währungen 58
Geburtenentwicklung 279
gefühlte Inflation 220
Gegenwartsgüter 31
Geld 50 ff.
Geldarten 50
Geldentwertung 218
Geldfunktionen 58
Geldillusion 63
Geldkurs 125
Geldmenge 338 ff.
Geldmengenbegriffe 56
Geldmengenwachstum 310
Geldpolitik 332 ff.
geldpolitische Instrumente 352 ff.
Geldschöpfung 55, 332 ff.
Geldstrom 75
Geldvernichtung 332 ff.
Geltungskonsument 22
gerichtliches Verbraucherinsolvenzverfahren 71
Gesamtinflation 220
Gesamtnachfrage 89
Gesamtnutzen 39 f.
Gesetz der Massenproduktion 93, 95, 158, 196
Gesetz der Nachfrage 85, 105
Gesetz der Wertabnahme 39
Gesetz des Angebots 94, 105
Gesetz des Nutzenausgleichs 41
gesetzliche Arbeitsförderung 275
gesetzliche Krankenversicherung 273
gesetzliche Pflegeversicherung 273
gesetzliche Rentenversicherung 273 f.
gesetzliches Zahlungsmittel 59
gesetzliche Unfallversicherung 275
Gesetz vom abnehmenden Grenznutzen 40
Gesundheitspolitik 322
Gewässer 137 f.
Gewinninflation 222
Gewinnmaximierung 37, 41, 100
Gewinnmaximum 195
Gewinnquote 167
Gewinnschwelle 93
Giffen-Fall 87
Giralgeld 55
Giralgeldwirtschaft 55
Gleichgewichtskurs 126
Gleichgewichtspreis 103 ff.
Globalisierung 247 ff.
Gossen'sche Gesetz 38 ff.
Grenznutzen 39 f.
Grundsicherung 277
Grundsicherung für Arbeitsuchende 277
Grundsicherung im Alter 277
Güter 30 ff.
Gütermenge 338
Güterstrom 75

H
Hair-Cut 233
Handelsbilanz 253
Handelsschranken 239
Handelsvolumen 338 f.
harmonisierter Verbraucherpreisindex 62
harte Währungen 131
Hauptrefinanzierungsinstrument 359
Hochkonjunktur 186
holländisches Verfahren 357
homogene Märkte 197
Homo oeconomicus 35, 41 ff.
Human Capital 142
Human Development Index 171
Humanprinzip 44

I
immaterielle Güter 31
Immobilienmärkte 101
Importabhängigkeit 118
Importgüter 239
importierte Inflation 131, 221
Importkontingent 257
Importüberschüsse 181
Importverbote 257
indirekte Preiselastizität der Nachfrage 88
indirekte Steuern 265
Individualbedürfnisse 25
Individualgüter 151
Individualmonopol 207
inferiore Güter 90 f.
Inflation 217 ff.
Inflationsrate 60
Inflationstheorie 221 ff.
Infrastrukturpolitik 323
Inländerkonzept 163
Inlandskonzept 163
Insolvenz 227
Insolvenzgeld 295
Insolvenzverfahren 70
internationale Arbeitsteilung 116 ff.
Intrahandel 238
Invalidität 273
Investitionen 144 f., 321
Investitionsgüter 77
Investitions- und Sparförderung 321
Investivlohn 183

J
Joint Ventures 209

K
Kampfpreise 198
Kapital 143 ff.
Kapitalbilanz 254
Kapitalbildung 143 ff.
Kapitaleinkommen 266
Kapitalverkehrsfreiheit 246
Kartelle 197, 209
Kartellkontrolle 210 ff.
Käufermärkte 105
Kaufkraft 26, 342 f.
Kaufkraftparitätentheorie 129
Kaufkraftverlust 64
Kaufkraftzuwachs 64
Kerninflation 220
Klima 138
Knappheit 31, 33 f.
Kollektivbedürfnisse 25
Kollektivgüter 32, 151
Kollektivmonopol 207
Kombilöhne 183, 297
komparative Kostenvorteile 116
Komplementärelastizität 89
Komplementärgüter 85
Konformitätsprüfung 278
Konjunkturausgleichsrücklage 314
konjunkturelle Arbeitslosigkeit 287
konjunkturelles Kurzarbeitergeld 294
Konjunkturindikatoren 307 ff.
Konjunkturphasen 186
Konjunkturzyklus 184 ff.
Konsortium 209
Konsum 18, 68

Konsumentenrente 105f.
Konsumententypen 22
Konsumgüter 31
Konsumgütermarkt 76
Konsumverhalten 18ff.
Konsumzwang 21
Kontingentierung 239
Konvergenzkriterien 346
Konzentration 207ff.
Konzerne 209
Kosten 92ff., 149ff.
Kosteninflation 222
Kostenminimierung 37
Kreditmärkte 101
Kreditschöpfung 336
Kreuzpreiselastizität 88
Kulturbedürfnisse 24
Kurantmünzen 55
Kursbildung 124f.

L

Landschaft 138
längerfristige Refinanzierungsgeschäfte 359
Langzeitarbeitslosigkeit 292
latente Bedürfnisse 25
Lebenserwartung 280
Leistungen an Asylbewerber 277
Leistungsbilanz 253
Leistungsgerechtigkeit 264f.
Leistungsprinzip 264f.
Leitkurse 130
Lenkungsfunktion 110
Lohnkaufkraft 342
lohnkostenbedingte Arbeitslosigkeit 288
Lohnnebenkosten 297
Lohnquote 166
Lorenz-Kurve 267
Luxusbedürfnisse 24

M

Maastricht-Kriterien 346
magisches Sechseck 178
magisches Viereck 178, 182
manipulierte Bedürfnisse 25
marginaler Zinssatz 357
Markt 100ff.
Marktangebot 96
Marktarten 101f.
Marktbeherrschung 213
Marktformen 204f.
marktkonforme Maßnahmen 184
marktkonträre Maßnahmen 184
Marktmacht 204f.
Marktnachfrage 89
Markttransparenz 107
materielle Güter 31
Maximalprinzip 20, 36
Meinungsführermodell 20
Mengenanpasser 193
Mengennotierung 124
Mengenpolitik 194
Mengentender 357
Mindestreservepolitik 352ff.
Minimalkostenkombination 155ff.
Minimalprinzip 19, 36, 157
Ministererlaubnis 214
Ministerrat 243
Mismatch-Arbeitslosigkeit 292
Missbrauchsaufsicht 212f.
Mittelstandskartelle 212
Modellbildung 16
Modelle 16, 74
monetärer Strom 75
Monetarismus 318ff.
Monopolisierung 207
Münzen 56
Münzgeldwirtschaft 54

N

Nachfrage 24ff., 84f.
Nachfrageband 201
nachfragebedingte Arbeitslosigkeit 287f.
Nachfrageinflation 221
Nachfragekurve 86
Nachfragelücke 104
Nachfrageoligopol 196
nachfrageorientierte Wirtschaftspolitik 316ff.
Nachfragerrente 105
Nachfragesog 221
Nachfrageverschiebungen 90
nachfragewirksame Geldmenge 339f.
nachhaltiges Wirtschaften 140
Nachhaltigkeit 140
Nachhaltigkeitskonzept 140
nationale Parlamente 242
Naturaltauschwirtschaft 51
Net Economic Welfare 169f.
Nettoinlandsprodukt 165
Nettoinvestition 145
Nettolohn 64f.
Nettoproduktionsabgabe 165
Nettowertschöpfung 165
Nominallöhne 64f.
normales Angebot 95
Nutzen 37
Nutzenmaximierung 36, 41, 100
Nutzentheorie 37ff.

O

oberer Interventionspunkt 130
oberer Wendepunkt 185f.
offene Bedürfnisse 25
offene Inflation 219
offene Wirtschaft 78
Offenmarktpolitik 354ff.
öffentliche Güter 32, 139
offizielle Inflation 220
ökologisches Prinzip 43
ökonomische Modelle 15
ökonomisches Prinzip 19, 35ff.
Ökosteuern 184
Oligopolmarkt 203f.
Opportunitätskosten 150ff.
optimale Faktorallokation 155
Ordnungspolitik 177, 210

P

Papiergeld 55
Paritäten 130
Pensionsgeschäfte 355f.
personelle Einkommensverteilung 266ff.
Personenverkehrsfreiheit 245
persönliche Preisdifferenzierung 202
Polypolmarkt 103ff., 201
Präferenzen 107
Prämissen 74
Präsenzindikator 309
Preis-Absatz-Kurve 193
Preisbildung 103ff., 192ff.
Preisbindungen 211
Preisdifferenzierung 192, 202
Preiselastizität der Nachfrage 88
Preiselastizität des Angebots 96
Preisführerschaft 204
Preisgesetze 108f., 127
Preisniveau 341f.
Preisniveauveränderungen 60ff.
Preispolitik 194ff.
Preisstabilität 180
Preisstarrheit 197
Preisuntergrenze 92
Primäreinkommen 254
primärer Sektor 17
Primärverteilung 265ff.
Prinzip der gerechten Güterverteilung 44
private Güter 32
Privatinsolvenz 70f.
Produktdifferenzierung 204
Produktion 149
Produktionsfaktoren 75, 136ff.
Produktionsfunktion 154
Produktionsgüter 31
Produktionsmöglichkeitskurve 151ff.
Produktionspotenzial 151
produktivitätsorientierte Lohnpolitik 300f.
Produzentenrente 105
Prozesspolitik 177
Punktmarkt 103, 107

Q

qualitatives Wachstum 162
qualitative Ziele 178
Qualitätsvermutungseffekt 87
quantitatives Wachstum 162
quantitative Ziele 178
Quantitätsgleichung 343
Quasikartell 197
Quotenkartell 197

R

Rationalisierungsinvestition 145
Rationalisierungskartelle 212
Rationalprinzip 35
räumliche Preisdifferenzierung 202
realer Strom 75
Reallöhne 64ff.

realwirtschaftliche Konjunkturindikatoren 307 f.
Referenzkurse 125
Regelaltersrente 274
regulierte Märkte 101
relativ feste Wechselkurse 132
Renten wegen verminderter Erwerbsfähigkeit 274
Repogeschäfte 356
Restposten 254
Restschuldbefreiung 71
Rezession 186
Rivalitätsprinzip 31

S

sachliche Preisdifferenzierung 202
saisonale Arbeitslosigkeit 287
Saison-Kurzarbeitergeld 295
Sättigungsgrenze 39
Sättigungstendenzen 288
Schattenwirtschaft 168, 291
Scheidemünzen 55
schlanker Staat 289
schleichende Inflation 219
Schuldenbereinigungsplan 71
Schuldenfalle 68 ff.
Schuldenschnitt 233
Schuldenuhr 313
Schuldnerberatung 68 f.
Schuldverschreibungen 358
Schwarzarbeit 291
Sekundäreinkommen 254
sekundärer Sektor 17
Sekundärrohstoffe 43
Sekundärverteilung 269 ff.
Selbstkosten 92
Selbststeuerungsmechanismus des Marktes 100
Selffulfilling Prophecy 309
Sichteinlagen 55, 57
Signalfunktion 110
Snob-Effekt 87
Snob-Value 87
soziale Kosten 150, 168
Sozialgesetzbuch 272
Sozialhilfe 277
Sozialleistungen 277
Sozialpolitik 264 ff.
Sozialversicherung 272 ff.
Sozialversicherungsabgaben 270
Spätindikatoren 309
Spieltheorie 42
Spitzenrefinanzierungsfazilität 360
Staatsverschuldung 289
Stabilität des Preisniveaus 180
Stabilitätsgesetz 177 f.
Stabilitätsunion 233
Stagflation 224
Standardtender 356
ständige Fazilitäten 360
Standortfaktor 139
steigende Arbeitsproduktivität 289
Steuerinflation 222
strukturelle Arbeitslosigkeit 292
strukturelle Operationen 359
Strukturpolitik 177, 323
Strukturwandel 18
Stückkosten 93
Subprime-Krise 231
Substitutionselastizität 89
Substitutionsgüter 85
Subventionspolitik 257
Subventionsverbot 246
superiore Güter 90 f.
sustainable development 140
Syndikat 208
Synergieeffekte 210
System absolut fester Wechselkurse 132

T

täglich fällige Einlagen 57
tauschlose Wirtschaft 51
Tauschmittel 58
technischer Fortschritt 142
Teilmonopol 207
tertiärer Sektor 17
Transformationskurve 151 ff.
Trend 186
Trusts 209

U

Überbeschäftigung 179
Übernachtliquidität 360
Überschuldung 68
Überschussreserve 336
Ultimatum-Spiel 42
Umsatzmaximum 195
Umverteilung 270
Umwelt 136 ff.
Umweltbelastung 43
unelastische Nachfrage 86
unelastisches Angebot 95
Unterbeschäftigung 152, 179
Unternehmenseinkommen 266
Unternehmens- und Vermögenseinkommen 268
unvollkommener Markt 108
uropäischer Stabilitätsmechanismus 232

V

variable Kosten 92
Verbraucherinsolvenz 70 f.
Verbraucherpreisindex 60 ff.
verdeckte Arbeitslosigkeit 287
verdeckte Inflation 219
verdeckte Preisdifferenzierung 202
Verdrängungswettbewerb 198
Verkäufermärkte 101
Verkaufskurs 125
Vermögensänderungsbilanz 254
Verschuldung 68 ff.
Versicherungspflicht 273
Verteilungsbetriebe 49
Verteilungsrechnung 166 f.
Vertrag über die Arbeitsweise der Europäischen Union 245
Verwendungsrechnung 166
Volkseinkommen 166
Volkswirtschaft 15
volkswirtschaftliche Gesamtrechnung 164 ff.
Vollbeschäftigung 179
vollkommener Markt 107 f.
vollständiger Wirtschaftskreislauf 77 ff.
Vorratsinvestition 145

W

Wägegeldwirtschaft 54
Wägungsschema 61
Währung 57 f.
währungspolitische Maßnahmen 256
Waisenrente 274
Warengeldwirtschaft 51
Warenmärkte 101
Warenverkehrsfreiheit 245
Wechselkurs 122
Wechselkursmechanismen 128 ff.
Wechselkursmechanismus II 131
weiche Währungen 130
Wertaufbewahrungsmittel 58
Wertübertragungsmittel 58
Wettbewerbskontrolle 246
Wirtschaft 15
Wirtschaften 34
wirtschaftliche Güter 30
wirtschaftliches Handeln 33
Wirtschaftskreisläufe 74 ff.
Wirtschaftspolitik 176 ff.
wirtschaftspolitische Ziele 178
Wirtschaftssektoren 17 f.
Wirtschaftsstufen 49
Wirtschaftssubjekt 15
Wirtschafts- und Sozialausschuss 243
Wirtschafts- und Währungsunion 246
Wirtschaftswachstum 162 ff., 181 f.
Wissen 142 f.
Witwen- bzw. Witwerrente 274
Wohlstandsindikator 162 ff.
Wohlverhaltensperiode 71

Z

Zahlungsbilanz 252 ff.
Zahlungsbilanzungleichgewichte 254 f.
Zahlungsmittel 58
Zielharmonie 182
Zielindifferenz 182
Zielkonflikte 182 f.
Zinstender 357
zirkulare Konkurrenz 197
Zollpolitik 257
Zukunftsgüter 31
Zwei-Säulen-Strategie 350
Zwischentauschgut 51